新法科·法学核心课程系列教材



本书受上海市高水平地方高校（学科）建设项目资助

Forensic Psychiatry

# 新编司法精神医学

孙大明 主编

**图书在版编目(CIP)数据**

新编司法精神医学/孙大明主编. —北京:北京大学出版社,2022.8
ISBN 978-7-301-33145-3

Ⅰ. ①新… Ⅱ. ①孙… Ⅲ. ①司法精神医学—高等学校—教材 Ⅳ. ①D919.3

中国版本图书馆 CIP 数据核字(2022)第 112864 号

**书　　名**　新编司法精神医学
XINBIAN SIFA JINGSHEN YIXUE
**著作责任者**　孙大明　主编
**责任编辑**　尹　璐
**标准书号**　ISBN 978-7-301-33145-3
**出版发行**　北京大学出版社
**地　　址**　北京市海淀区成府路 205 号　100871
**网　　址**　http://www.pup.cn　　新浪微博:@北京大学出版社
**电子邮箱**　zpup@pup.cn
**电　　话**　邮购部 010-62752015　发行部 010-62750672　编辑部 021-62071998
**印 刷 者**　北京虎彩文化传播有限公司
**经 销 者**　新华书店
787 毫米×1092 毫米　16 开本　32.5 印张　771 千字
2022 年 8 月第 1 版　2024 年 6 月第 2 次印刷
**定　　价**　118.00 元

---

# 目录
MULU

## 上篇



## 中篇



## 下篇

## 附录

# 上篇

第一章

# 概　论

**内容提要**：本章主要介绍司法精神医学相关的基本概念，精神障碍者违法行为特点和精神病理基础，司法精神医学的主要研究对象、研究内容、研究方法，法科生学习司法精神医学的意义、方法、资源等。

**核心词汇**：精神医学　精神障碍　精神病　司法精神医学　精神鉴定　法律能力

**学习要求**：通过本章学习，掌握司法精神医学鉴定的概念、司法精神医学鉴定基本内容与程序，熟悉精神疾病发生的原因，了解司法精神医学鉴定在诉讼中的应用。

## 第一节　概　　念

### 一、精神障碍

精神障碍是指在各种生物学、心理学以及社会环境影响下，大脑功能活动发生紊乱，导致认知、情感、意识和行为等精神活动不同程度障碍的疾病。[①] 美国精神疾病诊断标准（DSM-IV）对精神障碍的定义是："精神障碍是发生于某人的临床上明显的行为或心理症状群或症状类型，伴有当前的痛苦烦恼，或者伴有明显较多的发生死亡、痛苦、功能不良或丧失自由的风险。而且，这种症状群或症状类型不是对于某一事件的一种可期望的、文化背景所认可的（心理）反应，例如对所爱者死亡的（心理）反应。不论其原因如何，当前所表现的必然是一个人的行为、心理或生物学的功能不良。但是，无论是行为偏离正常（例如，政治的、宗教的或性的），还是个人与社会之间的矛盾冲突，都不能称为精神障碍，除非这种偏离或冲突是个人功能不良的一种症状。"总体来说，在汉语语境中，精神障碍与精神疾病的内涵相似。只是在国际上，逐步显示出更多选择使用"精神障碍"一词的倾向。

精神障碍，原来多称精神疾病，广义上，是指由各种原因引起的感知、情感和思

① 参见沈渔邨主编：《精神病学（第 5 版）》，人民卫生出版社 2009 年版，第 1 页。

维等精神活动的紊乱或者异常，导致患者明显的心理痛苦或者社会适应等功能损害。精神障碍是以精神活动紊乱为主要症状的疾病（包括精神病及非精神病性精神障碍）。狭义上，精神障碍是指精神功能严重受损，存在自省障碍，不能应付日常生活要求与保持对现实的适应接触，造成本人与社会的严重影响或妨害的状况，即精神病性精神障碍。导致精神障碍的致病因素有多方面，既有先天遗传、个性特征及体质因素、器质因素，也有社会性环境因素等。许多精神障碍患者有妄想、幻觉、错觉、情感障碍、哭笑无常、自言自语、行为怪异、意志减退，绝大多数病人缺乏自知力，不承认自己有病，不主动寻求医生的帮助。

精神活动是指心理活动，是大脑对客观事物认识活动的复杂过程，包括感知（感觉、知觉）、思维、情感（情绪、感情）、注意、行为、意识、记忆、智能等。精神活动紊乱，就会出现各种精神范畴的异常症状。例如，感知障碍中的错觉、幻觉——幻听、幻视、幻嗅、幻味、幻影和幻触等；思维障碍中的联想障碍、逻辑障碍、妄想——被害妄想、嫉妒妄想、夸大妄想、关系妄想、钟情妄想、罪恶妄想、疾病妄想等；情感障碍中的喜、怒、哀、乐变化无常，如情绪高涨、眉飞色舞、情绪消沉、寡言呆板、情感淡薄，表现为对亲人毫无感情，对一些事件缺乏常人的情感反应等；意识障碍中的模糊、朦胧、谵妄等状态，自知力丧失以及各种不同的精神异常症状组合。

精神障碍根据病情的严重程度，分为一般精神障碍和严重精神障碍。基于《中华人民共和国精神卫生法》关于严重精神障碍的规定，除了严重精神障碍之外的精神障碍，可归入一般精神障碍，或可称为非严重精神障碍。两者的本质区别在于，患者的自知力是否完整、社会适应等功能是否受损、辨认能力是否完整、处理自身事务的能力是否具备等。严重精神障碍，是指疾病症状严重，导致患者社会适应等功能严重损害、对自身健康状况或者客观现实不能完整认识，或者不能处理自身事务的精神障碍，主要包括精神分裂症、分裂情感障碍、双相情感障碍、癫痫所致精神障碍、精神发育迟滞等。精神卫生法使用的“精神障碍”一词，是第一次在我国的国家立法中使用，之前的有关法律，如刑法、刑事诉讼法、行政处罚法，均使用的是“精神疾病”或者“精神病”等表述。从范围上说，精神障碍与精神疾病的范围大体相同，包括各种程度的精神方面的问题，而“精神病”的范围则比较窄，指比较严重的精神障碍。目前，国际上一些国家如英国、日本在立法中均使用“精神障碍”的表述，世界卫生组织有关文件中也使用“精神障碍”的表述。

全世界精神障碍患者的数字惊人。我国精神疾病发病率已高达17.5%，其中重性精神障碍发病率高达1%。①

## 二、神经症

神经症（neurosis），旧称神经官能症，是一组精神障碍的总称，包括神经衰弱

① 参见《我国精神疾病发病率高达17.5%》，https：//www. 163. com/news/article/ATL3TI4S00014AED. html，2021年12月10日访问。

(已经很少使用)、强迫症、焦虑症、恐惧症、癔症、躯体形式障碍等。神经症的发病通常与不良的社会心理因素有关，不健康的素质和人格特性常构成发病的基础。神经症的症状复杂多样，其典型体验是患者感到不能控制的自认为应该加以控制的心理活动，如焦虑、持续的紧张心情、恐惧、缠人的烦恼、自认毫无意义的胡思乱想、强迫观念等。患者虽有多种躯体的自觉不适感，但临床检查未能发现器质性病变。患者一般能适应社会，其行为一般保持在社会规范容许的范围内，可以为他人理解和接受，但其症状妨碍了患者的心理功能或社会功能。患者对存在的症状感到痛苦和无能为力，常迫切要求治疗，自知力完整。神经症也是门诊中最常见疾病之一。

此类疾病涉及刑事精神鉴定的比较少见，大多见于民事诉讼案件，主要是涉及人身损害赔偿有关案件。如果不能及时科学妥善处理，比较容易形成缠诉、信访案件。

### 三、神经病

神经病是指中枢神经（大脑、小脑、脑干、脊髓）及周围神经（神经节及遍及全身的神经纤维感受器）发生器质性病变或不明原因的功能障碍，如大脑、脊髓、周围神经炎症、中枢神经所在部位占位性病变、神经痛、神经性内脏功能障碍等。大脑的神经病亦会影响精神活动，出现精神疾病，如各种脑器质性精神病，但神经病不等于精神病。部分情况下，神经系统疾病可伴随精神疾病，如中风后伴随智能障碍、记忆障碍、行为障碍等。

## 第二节　精神障碍患者的违法行为

患有精神疾病的，轻者可以和正常人一样工作生活，重者才称为精神障碍患者，不能适应正常的生活。轻重之间的幅度很大。精神疾病已成为日常生活中的常见病、多发病。正常人中有违法者，精神疾病患者中也会出现违法者。在精神疾病的违法者中，有些人的违法行为是由于精神障碍所直接引起的。

在违法行为的类型方面，精神障碍患者会有杀人、伤人、性侵犯、偷窃、放火等行为，有时还会出现自伤、自杀这些自我伤害行为。和正常人的违法行为相比，精神障碍患者的行为显得比较“简单”，诈骗行为比较少见。

每个人的行为都受其思想的支配，精神障碍患者的违法行为有时表面看似毫无道理，不为人理解，但这些异常的行为对精神障碍患者本身来说，有一定的道理，这个所谓的道理就是患者产生危害行为的基础。

### 一、精神障碍患者发生违法行为的病理基础

1. 感知障碍

正常人中有时会出现感觉、知觉的异常。例如，在疲劳时，会出现耳鸣，眼前发黑；通过背影，把一个陌生人误认为是自己的熟人；胆小的人，独自走夜路时，听到风吹草动声，会误认为有人在后面跟着他（她）等。这些感知异常的现象出现在一定的环境、心理或生理背景条件下，持续时间很短，事后能够自己纠正，不属于病。

精神障碍患者的感知觉异常是病理性的。例如，一位精神障碍患者的家虽远离单位，但患者在自己家中，每天晚上都“听”到单位里的领导在开秘密会议，整理关于他的黑材料，准备对他审查。因此，他每天处于一种恐惧之中。这种听到客观上不存在的声音，并信以为真，属于病理性的幻听。其他还有幻视、幻嗅、幻触等感知觉的异常。

2. 思维障碍

思维障碍有一个重要的表现是妄想。妄想是一种病态的信念，它与事实不符，但精神障碍患者对此坚信不疑，且不能通过摆事实、讲道理对其加以说服。

常见的妄想有：

(1) 被害妄想：坚信本人正在受到迫害。

(2) 关系妄想：即把别人的一举一动当作针对他的行为。如前面提到有幻听的精神障碍患者，在一次路过厂长办公室门口时，看到办公室门开着，厂长正在写一份有关生产质量的报告。而患者却认为厂长现在正在整理一份关于他的黑材料，准备交给公安机关。厂长办公室的门开着，是为了麻痹别人，使别人感到厂长不是在写秘密材料。患者对厂长这种“卑劣”行为非常愤怒，便冲进办公室，顺手拿起桌上的台灯，向这位厂长的头部砸去，结果造成了厂长颅脑严重损伤。这个精神障碍患者的异常行为来源于他的被害妄想和关系妄想。

(3) 夸大妄想：坚信自己有非凡的才华、权势、财产。

(4) 罪恶妄想：把自己的小缺点夸大或无中生有，坚信自己犯了不可饶恕的罪。罪恶妄想在有自杀行为的精神障碍患者中比较多见。

(5) 钟情妄想：坚信自己被某个异性所爱。

(6) 嫉妒妄想：坚信爱人对他（她）不忠。

(7) 影响妄想：坚信自己被某种仪器所控制。

(8) 疑病妄想：坚信自己有严重的疾病，马上要死了。

在上述妄想类型中，被害妄想和法律的关系比较密切。在精神障碍患者的杀人、伤害案中，绝大多数精神障碍患者都有被害妄想。

3. 意识障碍

由于精神障碍患者意识不清、不能识别事物，对事物不能进行有效的判断、分析，因而导致其作出违法行为。意识障碍的患者常伴有幻觉，如病理性醉酒的人，在意识障碍时，将正在和他一起喝酒的亲友当成要来杀他的“鬼怪”，为保护自己而和“鬼怪”搏斗，结果造成了伤害。

4. 智力低下

智力低下者认识理解能力较差，容易上当受骗。自我控制能力也比一般人差，激惹性强。有时受到很小刺激就会发生严重扰乱社会治安的行为，甚至报复杀人。作案常以偷窃和性犯罪为多见。有的学者认为某些智力低下者常有本能行为如食欲、性欲的亢进等。智力低下的男性可以出现暴力性的强奸、猥亵；智力低下的女性常由于对性认识能力的不全或缺乏，在遭到性侵犯时，往往不能作出相应的反抗，有些对遭到性侵犯持有无所谓的态度；有些甚至会发展为主动追逐男性，要求发生性行为。

5. 病理性激情

在脑器质性精神病、精神分裂症、反应性精神病等患者和智力低下者中，由于精神障碍，一些人性格暴躁，不能理智地控制自己，稍有刺激就会产生冲动行为。

## 二、精神障碍患者违法（涉罪）行为的特点

1. 动机不明确

精神状态正常的人总是出于一定的目的、要求才会去犯罪，他能清楚地了解自己行为的性质，并能预见其行为的后果。精神障碍患者犯罪往往找不出其行为与目的在思维逻辑方面的联系，作案原因与过程缺损，大都动机不明确，或者动机和所造成的后果严重不相称。

例如，有一对夫妻，平时双方生活作风正派，最近一段时间，丈夫每天都接送妻子上下班，妻子单位同事都夸其丈夫关心体贴。但有一天，这个丈夫在接妻子时，突然拿出事先准备好的刀，将和他妻子一起出厂门的一位男职工刺伤。当时妻子对丈夫的这种行为感到非常奇怪，很难理解。在处理案件时，这位丈夫才被发现患有精神障碍。由于有嫉妒妄想，在接妻子回家时，总是看到这名男职工和其爱人同时出厂门，就认为妻子有了外遇。所以，这里所说的动机是相对的，有些精神障碍患者的作案动机，只有其本人能解释，别人很难通过他的行为了解其目的。

2. 作案手段极端残忍

在一些杀人、伤害案中常发现精神障碍患者有肢解、挖目、开膛破腹、割生殖器等一类令人发指的行为，整个行为目的不明确，逻辑紊乱，关联性差。若是凶杀的，往往很残忍，把人杀死后仍乱刀砍（当然乱刀砍的并非都是精神障碍患者），捣尸，有的把小孩活活地摔死。这些行为往往不符合常理，有学者称之为“过剩杀人”“多余动作”“返祖现象”等。但在实务中不能因此就认定案件行为人属于精神障碍患者，两者之间不具有必然的因果关系。

3. 作案的准备不充分、不周密或没有准备

精神障碍患者严重侵犯人身权益的行为多为突发性，难以查出其犯罪的预谋，并未在时间、地点和工具上有充分的准备。有的似有计划，但细查，这些准备活动与其精神障碍——如妄想的内容相符合，计划也很不周密，不合乎逻辑，如对作案时间、环境、场所等的选择，常常漏洞百出，显现出很不慎重、很幼稚的特点。要区分这种“预谋”和正常人有预谋犯罪的差别。

4. 作案后自我保护性差

一般都表现为作案后无所谓的态度，不隐藏、不躲避，甚至叙述犯罪过程。

有的精神障碍患者有隐匿销毁证据、逃避等行为，但往往毁证行为很暴露，逃避行为也很幼稚。有的会停留在作案现场附近，甚至睡在作案现场，有的还拿着杀人的刀去公安机关自首。精神障碍患者很少有伪装、灭迹和潜逃行为，被抓后也较少为自己的罪行辩解，一般都能陈述发案的经过，在交谈过程中常会暴露出其精神病

症状。

有的精神障碍患者作案后，也会为自己行为辩解，说些自卫、忍无可忍，或妄想支配下的话，但辩解单调，针对性差，说服力差，矛盾非常明显。

办案人员应注意下列两种情况：

一是一些精神障碍患者的作案是由于精神障碍直接引起的，而在审理案件时，其精神障碍情况会有好转，认识到其危害行为后果的严重性，而为自己辩解。

二是少数精神正常的人，肆无忌惮，当众犯罪，有时杀了人也会停留在现场。而精神正常的人中一些出于复仇心理者，在杀人、伤人后也会有投案自首的表现。

5. 其他

精神障碍患者作案时肌肉兴奋程度高，力气大，如正常人搬不动的物体，他可能搬得动，正常人不敢跳的地方，他可能敢跳。此外，精神障碍患者作案的现场及工具选择性差，现场痕迹往往比较凌乱。

## 三、精神障碍患者性侵犯行为

精神障碍患者自我控制能力差，在钟情妄想、性欲亢进等支配下，发生性侵犯行为并不少见。

(1) 强奸。精神障碍患者（如患精神分裂症、躁狂症等）在钟情妄想及性欲亢进（精神障碍患者性欲亢进现象颇常见）的支配下，可能出现以暴力手段奸淫妇女，偶见女精神障碍患者以暴力手段侵犯男性性器官。

(2) 淫乱。男女精神障碍患者可能发生淫乱行为。

(3) 奸污幼女、猥亵异性。精神障碍患者（如患精神分裂症、躁狂症、脑血管硬化性脑器质性精神病、老年性精神病等）在性欲驱使下可能发生这类性侵犯行为。此外，精神障碍患者也会做出性虐待行为，有的手段很残忍。

(4) 乱伦。精神障碍患者辨认事物能力差，伦理观残缺，在性欲亢进影响下，可能做出奸淫亲女、前辈及其他亲属的行为。

(5) 露阴。由于对环境辨别力差，可发生在公共场所露阴、自玩外生殖器。如男精神障碍患者露出勃起的阴茎乱碰物体，或当着妇女的面手淫等。

## 四、性侵犯精神障碍患者

正常人奸淫、猥亵精神障碍患者，多是侵害女精神障碍患者。

(1) 强奸女精神障碍患者。由于女精神障碍患者缺乏辨认和自我控制能力，遭到性摧残、奸淫、凌辱，不但不能作出反抗，反而表现出无动于衷，或以傻笑，或说“好玩”，甚至会使扭曲了的性心理得到满足，发展为主动要求。

(2) 奸淫。有的女精神障碍患者性欲亢进又无自尊自爱羞耻可言，追逐男性，主动要求发生性关系的事并不少见。随着性的发育，性本能驱使，智力低下的女青年亦常发生主动向男性调情，因而被奸淫，甚至被轮奸，或与他人鬼混淫乱。这一类女精神障碍患者被奸淫虽有“主动”的一面，但其行为是在缺乏辨认及自我控制能力情况下发生的。因此，凡知道女方有精神障碍而与之发生婚姻外的性关系，当以强奸论处。

若确实不知道对方有精神障碍而与之发生关系，则视具体情节而论。

(3) 猥亵。对女精神障碍患者外生殖器、乳房等处肆意猥亵亦是性侵犯行为。

### 五、精神障碍患者的自我毁灭行为

精神障碍患者的自伤及自杀行为被称为自我毁灭行为。一般由于患者产生诸如钟情妄想、罪恶妄想、被害妄想、物理性影响幻觉、忧郁症、疑病症，以及懊悔、自卑、朦胧状态、成仙妄想等导致。

精神障碍患者自杀行为往往是突发性的，同时很顽固，一次不成功，会有第二次、第三次等，防不胜防。自杀手段绝，如跳楼、卧轨、撞车、刎颈、缢颈、剖腹、服大剂量毒药等，成功率高。精神障碍患者的自伤行为也颇奇特，如毁容、裁肢、全身乱划乱割。因此，对精神障碍患者的监护十分重要，稍有疏忽，就有可能酿成悲剧。

## 第三节　司法精神医学

### 一、学科名称

精神医学又称精神病学，英文“psychiatry”源于希腊语，有心灵治疗的意思。我国现代精神医学就是源自西方。起初精神医学研究的疾病主要有精神分裂症、躁狂抑郁症、神经官能症等。前两者常被称为重性（重型）精神病，后者被称为轻性（轻型）精神病。到 20 世纪六七十年代，精神疾病日益受到重视，大量轻性精神疾病患者也来积极寻求治疗。而“精神病”一词在汉语语境中被很多人认为具有较强的贬义色彩，因此被局限用于专指重要精神疾病。学术界越来越多的人倾向于使用“精神医学”来代替原有的“精神病学”，这样的表述显然更加确切和中性化。与此相对应，“司法精神病鉴定”的表述也应改为“司法精神医学鉴定”，更为准确和严谨。有人认为，还没有经过鉴定程序，就用“精神病鉴定”或者“司法精神病鉴定”这样的名称，给人一种先入为主的嫌疑，缺少司法鉴定活动应有的公正性和中立性。因此，使用“司法精神医学”“司法精神医学鉴定”等表述代替原有的“法医精神病学”“司法精神病学”“法医精神病鉴定”“司法精神病鉴定”等说法更有合理性。这样既可以使表述更加准确、严谨，同时还有利于避免引起诉讼当事人和司法人员对精神鉴定的偏见。

### 二、学科内涵

司法精神医学又称法医精神医学，是介于精神医学和法学之间的一门边缘学科。它是以临床精神医学理论和科技为基础，以法律为准绳、法学理论为指导，主要研究和解决精神疾病患者涉及的法律问题和精神卫生问题，是运用精神医学理论为法律工作服务的科学。它主要对精神活动有异常的诉讼参与人进行鉴定，对有民事纠纷的公民的民事行为能力、犯罪嫌疑人的刑事责任能力等作出评定。对与精神卫生关系密切的立法问题，司法精神医学也有为科学立法提供专业咨询的任务。

司法精神医学是司法鉴定的一门专门学科，但研究及鉴定体系尚待完善。全国范围内，在司法鉴定机构以及科研、教学部门中从事司法精神医学工作的人员屈指可数，精神疾病的司法鉴定及管理工作，基本由卫生医疗部门担任。另外，从总体上看，涉及法律的精神疾病患者的鉴定、管理，公安、司法部门也未实行统管。同时，政法部门与卫生部门的分工亦不明确，出现多元化管理的局面。诸如对什么样的人应进行司法精神医学检查、应由哪一级具备什么样资格的鉴定人进行检查与鉴定、被认定有精神疾病的诉讼参与人应如何管理等，都处于各行其是的状态。

对精神疾病的司法鉴定在实践中常被称为法医精神病鉴定或司法精神医学鉴定。司法部颁布的《司法鉴定执业分类规定（试行）》第 6 条规定："法医精神病鉴定：运用司法精神病学的理论和方法，对涉及与法律有关的精神状态、法定能力（如刑事责任能力、受审能力、服刑能力、民事行为能力、监护能力、被害人自我防卫能力、作证能力等）、精神损伤程度、智能障碍等问题进行鉴定。"

## 三、研究对象

司法精神医学的主要研究对象包括：

（1）涉罪的精神障碍患者及其疑似者；

（2）涉及某法律事务的精神障碍患者及其疑似者；

（3）疑似精神障碍的性犯罪女性受害人；

（4）诉讼中的有关证人；

（5）狱内外服刑人员；

（6）涉嫌违法犯罪的青少年；

（7）被伤害、虐待、性侵等身体或精神的受害人；

（8）接受精神强制医疗的人员；

（9）精神医疗纠纷患者；

（10）恐怖、传销、诈骗、邪教活动等相关人员；

（11）军事司法精神医学研究对象；

（12）涉嫌违法犯罪或需办理相关法律事务的老年人；

（13）其他相关人员。

## 四、研究内容

根据我国和国际上司法精神医学的实践经验，本学科主要研究内容包括：

（1）特定人员在特定时间的精神状态；

（2）刑事诉讼中，特定人员在特定时间针对特定行为的辨认能力、控制能力（刑事法律能力，具体包括刑事责任能力、受审能力、服刑能力、作证能力、性自我防卫能力等）；

（3）刑事特别程序中，强制医疗的决定、解除涉及的精神状态、暴力风险、强制医疗必要性等；

（4）民事诉讼中，特定人员在特定时间针对特定行为的辨认能力［民事行为能力分为抽象民事行为能力、具体民事行为能力两大类，后者可根据具体法律事务的不同细分为若干种类，如针对某民事案件的诉讼行为能力、订立/解除特定合同的行为能力、订立遗嘱的行为能力、确立/解除劳动关系的行为能力、就医（或其他如人工授精等重要医疗决策）中的知情同意能力]；

(5) 民事特别程序中，如申请宣告无民事行为能力人、申请宣告限制民事行为能力人的民事特别程序中的民事行为能力鉴定，确立/解除/选任监护人等程序中对有关人员的民事行为能力、监护能力等的鉴定；

(6) 民事赔偿案件中，对受害人的精神伤残等级、伤后休息、营养、护理期限，护理依赖程度、医疗依赖程度、后续治疗等的鉴定；

(7) 刑事案件中，对受害人精神损伤程度的鉴定；

(8) 精神障碍与特定事件、行为之间的因果关系和原因力大小鉴定；

(9) 精神科医疗损害案件的司法鉴定，主要内容包括医疗过错鉴定、损害后果鉴定、医疗过错和损害后果之间的因果关系鉴定、参与度鉴定、精神伤残鉴定和三期评定等；

(10) 精神科有关的职工工伤和劳动能力鉴定；

(11) 行政执法中对行为人违法时的精神状态、受行政处罚能力的鉴定；

(12) 公证程序中对有关人员的精神状态和民事行为能力鉴定；

(13) 行政管理中对有关人员的精神状态和民事行为能力鉴定；

(14) 社会救助等民政事务中对特定人员的精神状态和民事行为能力鉴定；

(15) 监狱精神医学，包括精神卫生、安全管理、心理行为矫治等；

(16) 反恐怖、反传销、反诈骗、反邪教等活动中的有关司法精神医学鉴定；

(17) 军事司法精神医学；

(18) 精神卫生领域的民事、刑事、行政立法、司法、执法中的相关问题；

(19) 多道心理测试（测谎）；

(20) 其他相关内容。

## 五、研究方法

由于司法精神医学鉴定仍然依赖于精神症状的现象学观察与诊断，故科学的鉴定工作方法显得更加重要。遵循科学的鉴定工作方法是保证司法精神医学的鉴定结论正确、经得起法庭质证与时间考验的保障。当前由于司法精神医学理论的发展和鉴定实践经验的积累，已经形成一套完整的、行之有效的鉴定工作方法，包括阅卷审查、调查取证、精神检查、心理测量、躯体检查、大脑影像学检查等。

### （一）阅卷审查

司法鉴定人首先应对案卷中涉及法医学内容的鉴定资料进行技术性审查，依据委托单位（人）提供的鉴定资料，运用法医学专门知识对鉴定中的技术性证据材料的客观性、规范性、合法性、科学性及可靠性进行鉴别、分析，并在司法鉴定文书中予以分析说明。分析的要点包括：鉴定资料的合法性、客观性，是否经过质证或者诉讼双方确认，提供者是否具有相应的资质和专业水平，鉴定资料的完整性程度；鉴定资料的关联性，是否与委托事项存在必然或者偶然联系，鉴定资料之间的关联程度；鉴定资料是否合乎逻辑和规律，其形成过程是否科学和合乎程序。

通过阅卷，可以对被鉴定人的精神状态进行初步的诊断，可以明确鉴定中的关键问题，即疑点、难点所在，为下一步的调查及精神检查指明方向。要注意案前、案后被鉴定人的精神状态变化。刑事责任能力鉴定所关注的是被鉴定人案发时的精神状态。被鉴定人的口供，能直接反映被鉴定人在作案过程中的精神状态的主观方面。因此，应特别重视犯罪嫌疑人前三次的审讯记录，还要重视所有审讯记录的连续性和证言的一致性。注意有无思维逻辑障碍及思维内容障碍，有无其他提示精神异常的线索。阅卷还要注意收集反映被鉴定人犯罪学特征的依据。应注意将被鉴定人的口供与证据材料进行互相比对、印证。将两者结合起来才能形成比较全面、完整且符合实际的认识。

司法鉴定人通过阅卷分析，可以有效地发现和识别卷宗中的疑点和难点，制定下一步的鉴定检查策略。

（二）调查取证

调查取证是鉴定人在司法精神医学鉴定过程中，为了核实、补充必要的与鉴定有关的信息，通过各种方式对被鉴定人以外的和（或）与案情有关的相关人员进行调查的过程，以了解和澄清与鉴定案件有关的各种客观事实。调查取证是司法精神医学鉴定的工作程序之一，对鉴定意见的客观性与可靠性具有重要的意义。因此，调查取证应尽可能全面、客观、准确，为下一步的精神检查指明方向。

通过被鉴定人的父母或近亲属，可以了解被鉴定人的个性特征、兴趣爱好、既往史等。如果曾经诊治过，应进一步了解其诊疗情况。通过与被鉴定人案发前与被鉴定人有接触的知情人晤谈，可以了解案发前不久，被鉴定人的精神状态与社会功能等情况。当然，针对不同的知情人，鉴定人的询问也应有所侧重。应根据案件类型和委托事项进行相关调查，并核实阅卷中发现并需要解决的问题：

1. 犯罪嫌疑人的法定能力鉴定案件

调查被鉴定人在特定时段，或特定时点，或特定情形时的精神状况。

2. 民事行为能力鉴定案件

调查被鉴定人参与一般民事活动和特定民事活动时的精神状况和社会功能的具体表现，在独立判断是非和处理个人事务为自身取得合法权利和履行应尽义务中的行为表现。

3. 精神损伤和伤残的鉴定案件

调查受伤的具体经过（如何时、何地、如何发生的）；了解有无昏迷及昏迷时间、苏醒过程、治疗情况、治疗效果、目前精神、躯体后遗症情况及对社会功能的影响程度；了解与本次受伤有关的各个重要系统的损伤情况，以帮助判断各系统损伤对神经系统的影响及其影响程度。

4. 劳动能力与精神残疾鉴定案件

调查被鉴定人精神疾病发生的时间、原因、症状表现，发展过程，诊治经过及其对社会功能的影响程度。

（三）精神检查

精神检查是精神疾病诊断的重要手段，是通过交谈、询问、观察和评估等方式，系统了解和掌握被鉴定人的精神状态，澄清其哪些心理过程尚保持正常，哪些心理过程发生了障碍，障碍的性质、特点、程度、发生和持续的时间、变化过程等，为精神疾病诊断提供重要依据。

精神检查的基本内容包括检查被鉴定人当前的和特定时间段的精神状态、病程及其特点、病情的严重程度、社会功能的水平、既往史与精神活性物质滥用史，还应收集与某时段法定能力密切相关的证据等。

对于不合作的被鉴定人，应冷静应对，通过观察被鉴定人的面部表情、眼神接触、躯体语言、自发言语、生活自理情况及行为等方面进行判断，就可以提供大量有价值的信息。一时无法判断的，还可以通过住院观察。

（四）心理测量

心理测量是通过标准化的心理测量工具量化评估个体智力、记忆、情绪、精神病症状、个性、社会功能等多种神经心理功能，其中智力、记忆等成套心理测量由有心理测量专业资质的技术人员实施，其他临床症状评定等评定量表可以由熟悉量表功能的鉴定人员实施，但鉴定人应对所有心理测量结果的影响因素进行分析，并判断结果的真实性和可靠性。

（五）躯体检查

在司法精神医学实际鉴定中，躯体检查的重点更多在中枢神经系统的检查上。为了判断中枢神经系统有无损害及损害的部位和程度，需解决大脑病变的“定位”诊断。检查应按一定顺序，并注意和一般体检结合进行。通常先查颅神经，包括其运动、感觉、反射和自主神经各个功能，然后依次查上肢和下肢的运动系统和反射，最后查感觉和自主神经系统。检查亦应根据病史和初步观察，有所侧重，尤其在对危重的颅脑损伤、脑血管疾病患者进行检查时，更为重要。此外，失语、失用、失认等大脑皮层功能障碍，虽属于法医临床鉴定的范畴，但与司法精神医学鉴定密切相关，故也应给予充分的关注与检查。

（六）大脑影像学检查

在司法精神医学鉴定实践中，为了逃避惩罚、获得更高的赔偿或“心理获益”，被鉴定人经常诈病或夸大病情，精神检查与躯体检查有时无法明确精神障碍的性质与病变基础。颅脑影像学检查作为精神检查与精神障碍诊断的重要技术补充，可以排除或确定精神障碍的大脑器质性病变基础，在司法精神医学鉴定中起到至关重要的作用。

## 六、相关学科

（一）精神医学

精神医学，旧称精神病学，是研究精神障碍的发生原因、发生规律、分布状况、病理变化、症状表现、检查诊断、医疗预防的科学，它是医学中的一门独立的分支学科。精神医学经过多年发展也有诸多分支学科，主要有：生物精神医学、临床精神医学、成人精神医学、老年精神医学、儿童青少年精神医学、急诊精神医学、会诊联络精神医学、成瘾医学、司法精神医学、身心医学、睡眠医学、精神药理学、遗传精神医学、康复精神医学、社会精神医学等。

在精神鉴定工作中对被鉴定人精神状态的评定需要采用临床精神医学的理论、方法和技术。因此，从事精神鉴定工作的人员必须通晓临床精神医学的基本理论和基本知识，如精神疾病的症状学、病因学、分类和诊断标准，各种常见的和少见的精神疾病临床特征及其病程和预后。

不能把众多异常现象综合、归纳起来组成特征性临床综合病征，这样会出现诊断遗漏或错误。从事精神鉴定工作的人员同时还必须熟练掌握精神检查的方法和技巧，善于从被鉴定人的语言和非语言的表情和行为中揭示确实存在的精神疾病的证据或识别出伪装。

（二）法律心理学

法律心理学是运用心理学的理论和方法研究违法犯罪的原因和心理活动规律、诉讼参与人在不同处境时的心理活动特征、服刑中罪犯改造的心理学方法，以及变态心理与违法犯罪行为的关系等与法律相关问题的心理科学。美国的一些法律心理学家不仅研究上述理论问题，而且与司法精神医学家一同参与司法鉴定，为司法机构提供心理学证据。

法律心理学也有诸多分支学科，主要有证人心理学、被害人心理学、犯罪心理学、罪犯心理学等学科。

（三）行为科学

行为科学，是研究人类社会行为规律的科学，也研究一些与法律相关的行为问题，如暴力攻击行为，包括家庭暴力和虐待，以及自杀和自伤、酗酒、吸毒、赌博等。行为科学的分支学科犯罪行为学或犯罪学则研究违法犯罪活动的规律和行为矫治。精神障碍患者的行为规律不同于精神正常的人，从事司法鉴定应该注意两者的区别，不要把精神障碍患者受精神症状影响出现的暴力攻击行为与一般违法犯罪活动相混淆。行为科学与医学和法学都有密切联系。每个人都生活在特定的社会环境中，因地域、民族、文化、社会阶层、风俗、习惯、宗教信仰等不同，思维方法、情感体验、行为方式等方面都会深深地打上社会文化的烙印。凡符合所在社会文化背景的行为，通常被认为是正常行为；反之，则被认为是异常行为。不同社会文化背景，同一种疾病的患病率、症状内容也不相同。如患有精神疾病的犯罪嫌疑人，可因辨认能力或控制能力损害，出现违反社会规范的行为，在这种情况下，司法精神医学工作者应深入到社会中去调查，从社会文化的角度去观察精神现象，包括正常的和异常的。

（四）法医学

司法精神医学鉴定与法医学鉴定具有共同特征，即具有医学知识的人运用其掌握的医学知识和技术，按照法定程序为法庭提供公正司法的科学证据。因此，它属于法医学鉴定的特定类型。就学科体系而言，司法精神医学与法医病理学、法医物证学、法医毒理学、临床法医学等同属法医学的分支学科。但是，由于研究对象和研究方法的特殊性，司法精神医学鉴定主要由临床精神科医师进行。司法鉴定与临床医疗服务有许多重要区别，参与司法精神医学鉴定的临床精神科医师对法医学的一般知识应该有所了解，对司法鉴定程序和与精神疾病相关的法律、法规必须认真学习和掌握。

法医学与司法精神医学都是以医学为基础，但两者研究的对象、内容和任务各不相同。法医学研究的对象除人的活体外，还包括尸体、法医物证等；研究的内容主要是人身伤亡问题，常通过检验和鉴定，为公安、司法机关提供侦查信息和诉讼依据。司法精神医学研究的对象主要是活体，研究的内容主要是精神障碍患者的法律能力、法律关系等，为公安、司法机关处理有关精神疾病的案件提供科学依据。在司法精神医学鉴定中，常碰到颅脑损伤导致的精神障碍，在评定其精神损害程度和伤残等级时，需要应用法医学理论和技术来加以确定。反之，法医学工作者在鉴定颅脑损伤案件时，也需要司法精神医学工作者的协助，从颅脑外伤导致精神障碍的角度来确定其损伤程度或伤残等级。

（五）司法鉴定学

司法鉴定是指在诉讼活动中，司法鉴定人运用科学技术或者专门知识对诉讼涉及的专门性问题进行鉴别和判断并提供鉴定意见的活动。司法鉴定学作为一门独立的法学学科，其分支学科主要包括法医病理司法鉴定、法医临床司法鉴定、法医物证司法鉴定、法医毒物司法鉴定、精神疾病司法鉴定、文书司法鉴定、痕迹司法鉴定、微量物证司法鉴定、声像资料司法鉴定、计算机司法鉴定、会计司法鉴定、环境损害司法鉴定等。

（六）医学伦理学

医学伦理学是运用伦理学的理念和原则，探讨和论述医务人员行为的是非、善恶规范和准则的社会学科。其中一些行为规范和准则，从事精神鉴定的医师必须遵守。例如，对被鉴定人人格的尊重、自主权和知情同意权的尊重、隐私权的尊重，不得利用职业的便利谋取私利，不得超越司法鉴定的范围从事其他无关活动，不应受外界影响、损害被鉴定人利益，任意改变鉴定意见等。在精神鉴定活动中，被鉴定人的精神状态是鉴定人观察、检测和评定的对象，其本人的人格尊严和合法权益，应该受到尊重。在精神检查过程中，应该让被鉴定人充分、自由地表达自己的意思，被鉴定人有权保持沉默，不得采取强制、威胁、欺诈、诱导等方式逼迫被鉴定人按照检查者的意愿回答问题。被鉴定人有权知道自己在接受司法鉴定，也有权拒绝鉴定。在精神鉴定中，凡是涉及与鉴定内容无关的个人隐私，应该为被鉴定人保守秘密。不得将鉴定内容或结论泄露给委托方以外的人，从而给被鉴定人的利益造成损害。不得因他人指使、威胁或利用而对被鉴定人作出不公正、不客观的鉴定意见。绝对不允许违背医学标准和伦理学准则，把精神正常的人鉴定为精神障碍患者。在刑事案件中，鉴定意见客观上往往会有利于一方而不利于另一方，鉴定人必须严格遵守伦理学中公平的原则，不得故意偏袒一方而损害另一方的利益。

## 第四节　学 习 建 议

### 一、学习意义

精神疾病既然是常见病、多发病，公安、司法、执法等部门在工作中遇到这类疾病引起的案件当然就不会少。处理这类案件，如不了解精神疾病，就无法及时提请鉴定，更难准确理解鉴定意见。学习司法精神医学基本知识，对工作会有很大帮助。例如，一位律师为被告人辩护时，从材料中发现被告人似有老师讲过的精神障碍症状，遂提出鉴定要求，经鉴定其确患有精神疾病，结果判定其为无刑事责任能力。

### 二、学习方法

每个人的学习方法不同，不同专业领域的学习技巧也有侧重，结合本课程特点，简单归纳为五个结合：课堂讲授和课后自学相结合；教材学习和案例研讨相结合；文献阅读和作品研习相结合；探究一般规律和认识自我相结合；医学原理和法律原则相结合。因为精神医学、医学、心理学、法学的文献浩如烟海，作为上述学科的交叉学科，司法精神医学的学习内容更加庞杂。因此，应按部就班或循序渐进地学习，力求做到既能“走进去”，又能“走出来”。

### 三、学习资源

作为大学生，在学习期间不仅要学习本课程的基础知识、基本理论和基本技能，更为重要的是要掌握如何获取与司法精神医学相关的知识，便于将来在工作、生活需要时进一步进行专题性的研究学习。笔者根据多年从事本课程教学、研究和实务工作的经验，总结了与司法精神医学课程学习相关的重要资源，供大家在校内学习和将来需要时使用。

大体上，与司法精神医学相关的资源其实非常丰富，广义而言，所有研究精神医学、心理学、精神鉴定方面的资源都可以作为本课程学习所用。按载体不同大致介绍如下：

1. 传统的图书资料、学术论文

题名关键词包括精神医学、精神病学、心理学、精神鉴定、精神控制、心理测量等。可以参考每章的核心词汇。

2. 各类专业性网站

国际性、区域性、全国性、地方性学术组织的官方网站，如中华医学会、中国心理学会、美国心理学会、美国精神医学会、世界卫生组织、大型司法鉴定机构、司法鉴定协会等。

3. 与精神障碍、犯罪学有关的各类影视作品

包括国内、国外大量的获奖影片和各类经典心理、伦理影视作品。

4. 各类案例资料

这部分资源包括裁判文书网、北大法宝等中的司法判例，也包括有关司法鉴定机构完成的司法精神医学鉴定案例。医疗机构的有关病例资料，需要依法按程序在有关精神卫生医疗机构的病史室进行查询，并遵守相应的保密义务。

## 习题

1. 简述司法精神医学的主要研究对象。
2. 简述司法精神医学的主要研究内容。
3. 简述精神障碍患者违法行为的特点。
4. 简述精神障碍患者违法行为的病理基础。

## 拓展阅读文献

1. 孙大明：《刑事责任能力评定研究》，法律出版社 2013 年版。
2. 张丽卿：《司法精神医学：刑事法学与精神医学之整合》，中国检察出版社 2016 年版。
3. 向静：《刑事司法精神医学与刑侦实务》，法律出版社 2019 年版。
4. 胡泽卿主编：《法医精神病学（第 4 版）》，人民卫生出版社 2016 年版。
5. 杜志淳主编：《司法鉴定概论（第三版）》，法律出版社 2018 年版。
6. 杜志淳主编：《司法鉴定实验教程》，北京大学出版社 2009 年版。
7. 郑瞻培、高北陵主编：《精神疾病司法鉴定及精神伤残鉴定》，中国检察出版社 2008 年版。
8. 郑瞻培编著：《司法精神医学基础》，上海医科大学出版社 1997 年版。
9. 陈微等主编：《司法精神医学》，国际文化出版公司 1996 年版。
10. 杨德森、刘协和、许又新主编：《湘雅精神医学》，科学出版社 2015 年版。

第二章

# 发展简史

**内容提要**：在法律生活中，对精神障碍患者的关注起源于人类对于精神障碍这一精神现象的理性认识和人类内心深处与生俱来的仁慈怜悯之心和善良信念。可以说，没有人们对精神现象的客观和科学的认知，便不可能有针对精神障碍患者的立法关怀。这一点在中外法律史上呈现出相同的特点。本章就司法精神医学鉴定在中外法律史和法学史上的起源和流变过程进行初步的回顾。作为法学专业学生和未来的法律从业者，有必要了解这些历史知识及产生这一现象的社会根源。

**核心词汇**：司法精神医学　精神障碍患者　辨认能力　控制能力　野兽条例　麦克纳顿规则

**学习要求**：通过本章学习，了解我国古代司法精神医学的辉煌成就，熟悉国外司法精神医学的起源及发展趋势，掌握当前司法精神医学的现状及发展趋势。

## 第一节　中国司法精神医学的起源与发展

### 一、中国司法精神医学的起源

我国是世界上历史最悠久的国家之一。有关精神障碍患者涉及的立法、案例早有文字记载。

一方面，中国古代刑法中，包含对精神障碍患者客观上触犯刑律的行为予以免除刑罚或者从宽处罚的规定。

我国关于精神障碍患者的法律条文可见于《尚书·微子》；在《史记》的《殷本纪》和《宋微子世家》中均提到过箕子谏纣王不听，披发佯狂为奴；《周礼·秋官》的《司刺》篇中记载："司刺掌三刺、三宥、三赦之法。"司刺协助大司寇审理诉讼案件，用这三法求得当事人犯罪的实情，使得对于犯罪者的断决公正准确，这是我国古代法律对精神障碍患者的危害行为，认定部分刑事责任能力和无刑事责任能力最早的规定。

战国时期，韩非子在《解老》篇中说："目不明则不能决黑白之分，耳不聪则不能别清浊之声，智识乱则不能审得失之地。目不能决黑白之色则谓之盲，耳不能别清浊之声则谓之聋，心不能审得失之地则谓之狂。盲则不能避昼日之险，聋则不能知雷霆之害，狂则不能免人间法令之祸。”所谓“心不能审得失之地”，即对自己的行为是否得当缺乏辨认能力。他提出了辨认能力缺乏是“狂”的特征，并说明当时的精神障碍患者出现危害行为时，不能免除刑罚。

西汉时期强调在审讯中要注意受审讯者的精神状态，在量刑时要对过失犯罪或者儿童、老人、孕妇及痴呆患者等残疾、笃疾者给予宽容。《汉书·东方朔传》曾记述，对醉酒状态中实施的犯罪行为不能免负刑事责任。《后汉书·陈忠传》记载：“忠奏狂易杀人，得减重论，事皆施行。”到了魏晋时期，王叔和在《脉经（卷一）》中记载了伪装精神病的辨认方法。在《唐律》中也设有对废疾、笃疾之人触犯刑律减免刑罚的规定。《唐律疏议》释曰：《唐律》中因笃疾而减免刑罚的规定，是承继和符合周代三赦之法中对“惷愚”之规定的。《唐律疏议》明确规定把癫狂作为笃疾的量刑依据。

宋、明、清诸朝刑律都承继了《唐律》中关于废疾、笃疾之人减免刑罚的规定。一般认为，这些封建刑律中的废疾、笃疾，是包括痴呆及癫狂这些精神疾病在内的。

总之，我国古代立法中已包含对精神障碍患者的危害行为减免刑罚甚至免罪的规定。在司法实践中，也确有一些精神障碍患者的危害行为被减免处罚的事例。如元朝有一个叫康留柱的人心风病发作，用棍棒打死乔老，此外还打伤5人，结果未断偿命，只判令赔偿死者家属烧埋银即丧葬费白银50两。

另一方面，对精神障碍患者客观上触犯刑律的危害行为，我国古代刑法尤其是在司法实践中，也存在着照样处罚甚至不予从宽的做法。有些立法者或司法者，对精神障碍患者的所谓危害行为，完全与正常人一样追究刑事责任，采取所谓“狂则不能免人间法令之祸”[①] 的态度。据《太平御览》记载，汉朝时河内百姓张大精神病发作时杀死了自己的舅舅，当时被判处死刑，要枭首示众，恰遇大赦，但被认为不当赦免，仍处死刑并枭首示众。

在清朝文字狱中，也有一系列对丧失责任能力的精神障碍患者滥施严刑峻法的事例。乾隆十六年（1751年），皇帝下谕判处献诗的疯子王肇基时，虽知他是“病患癫疯之人”，确定献诗“竟是疯人所为”，但仍认为不可“复容于化日光天之下”，诏令即刻在闹市“当众杖毙”；乾隆二十六年（1761年），“染患疯病”“行事颠倒”的甘肃成县编写歌谣者王寂元，向陕西学政钟兰枝轿中投掷词帖，尽管词帖中的“逆词累累”被证明“实系病发，糊涂不由主”，但仍被判处凌迟枭首的极刑并株连亲属。

## 二、中国司法精神医学的发展

时至1925年，有关精神病的法律条文陆续见于当时的民事、刑事；选举、罢免、公职候选人检核；少年案件、保安处分执行、遗产和赠与等法律法规中，共计52条。例如，《中华民国刑法》第19条关于精神病人刑事责任能力规定：“心神丧失人之行为，不罚。精神耗弱人之行为，得减轻其刑。”我国现代法医学奠基人林几教授于

---

① 《韩非子·解老》。

1930年在北平大学医学院首建法医学教研室，所著《法医学讲义》将“精神鉴定”专列一章，介绍了德国和日本的法医精神病学；提到凡“心神丧失”者无责任能力，属“心神耗弱”者，或有部分责任能力。

20世纪50年代中期，虽然我国相关法律并不完善，但苏联司法精神医学的理论和实践对我国司法精神医学产生一定的影响，随着布涅耶夫所著《司法精神病学》传入我国，在北京、上海、南京、成都等地的精神科临床医师为了适应司法部门的需要，相继开展了精神障碍的医学鉴定工作。1979年《中华人民共和国刑法》颁布，其中第15条专门就精神病人犯罪作出了具体规定。此前，虽然我国从1950年至1963年几度拟制了刑法草案，每个草案中都包含如何处理精神障碍患者触犯刑律的问题，但由于复杂的历史原因，这些草案最终都夭折。

1980年后，有关精神病的系列法律法规的相继颁布和实施，为我国司法精神医学的建立奠定了法制基础，全国各地一批精神医学工作者开始进行该领域的研究和实践工作。1985年，卫生部精神卫生咨询委员会成立司法精神医学小组。1986年，中华医学会神经精神科学会成立司法精神病学小组，为本学科的发展奠定了组织基础。1987年6月，中华医学会在杭州召开了第一届全国司法精神病学学术会议，讨论了《中华人民共和国精神卫生法》和《精神疾病司法鉴定工作条例》两个草案。1989年，最高人民法院、最高人民检察院、公安部、司法部和卫生部联合颁布了《精神疾病司法鉴定暂行规定》，使我国的法医精神病学鉴定工作有规可循。1998年，国务院机构改革方案赋予了司法部负责面向社会服务的司法鉴定管理权，现在司法部已经成为全国统一的司法鉴定管理机关。2000年，司法部颁布《司法鉴定人管理办法》和《司法鉴定机构登记管理办法》，后者规定，司法鉴定机构的设立和管理均由司法行政机关负责。2001年，司法部颁布《司法鉴定程序通则（试行）》，其中规定了初次鉴定、补充鉴定、重新鉴定、复核鉴定，对反复多次鉴定起到了一定的扼制作用。

2005年2月28日第十届全国人大常委会第十四次会议通过《全国人民代表大会常务委员会关于司法鉴定管理问题的决定》（以下简称《司法鉴定管理决定》），这是我国首部关于司法鉴定的专门法律，起到了“基本法”的作用，对于改革和完善我国的司法鉴定管理，理顺司法鉴定机构设置和管理等方面的关系起到了重要作用。该决定除明确了对司法鉴定工作的管理法制、司法鉴定人和司法鉴定机构的准入条件及程序外，同时对进行司法鉴定活动应遵循的原则、相关要求及监督举措作出了相应的规定。该决定规定，遇鉴定结论当事人有异议时，精神医学鉴定专家接到法院的出庭通知后出庭作证是一项必须履行的法定义务。同时，该决定还规定了人民法院和司法行政部门不得设立鉴定机构，侦查机关根据侦查工作的需要设立的鉴定机构，不得面向社会接受委托从事司法鉴定业务。这使鉴定结论的科学性、客观性、中立性和公平性有了更好的制度保障。2007年司法部部务会议审议通过了《司法鉴定程序通则》；2012年《中华人民共和国精神卫生法》颁布，这是我国首部精神卫生法；2018年《中华人民共和国精神卫生法》修正。党的十九大报告指出，全面依法治国是中国特色社会主义的本质要求和重要保障，要深化司法体制改革，努力让人民群众在每一个司法案件中都感受到公平正义。

## 第二节　外国司法精神医学的起源与发展

### 一、外国司法精神医学的起源

国外关于精神障碍患者的法律条文最早见于古巴比伦王国的《汉谟拉比法典》，该法第 278 条规定，倘若某人购买一个男奴或女奴，一个月未满，就患癫痫发疯，则买主就可以退还给卖主，并收回他所付的银子。古罗马共和国的《十二铜表法》规定，患精神病或痴呆者丧失处理财产、买卖、婚姻和订立遗嘱的能力，并应对其进行监护。医学之父希波克拉底也曾描述过精神障碍的一些表现。与他同时代的柏拉图在《理想国》中提出，精神障碍患者应该受到亲属很好的照顾，否则应处以罚金；并认为精神障碍患者在肇事时，除了赔偿由他造成的物质损失外，不应受到其他惩罚。这是为保护精神障碍患者提出的立法主张。[①] 罗马帝国时代的法律把患精神病作为丧失权利和免除惩罚的一种依据。西塞罗主张，兴奋躁动的精神障碍患者触犯了法律不应负法律责任。

中世纪时期，教会与神权统治了一切，医学、精神病学与其他自然科学分支同样受到了严重破坏和摧残。精神障碍患者被视为“魔鬼化身”，并受到了各种非人道的残酷折磨。对精神障碍患者的犯罪行为更是采取“以眼还眼，以牙还牙”的摩西复仇法则。[②] 那些实行危害行为的精神障碍患者一律被惩治，甚至受到了比一般人更为严厉的制裁，如被严刑拷打，甚至被残酷地焚烧、活埋等。

早期的判例表明，在 11 世纪之前，英国已将精神障碍患者犯罪与一般人犯罪加以区别。精神障碍患者如果犯罪，由其亲属支付罚金，并由其亲属负责看管。诺曼人征服英国后，犯罪的精神障碍患者由国王决定是否免予处罚。在 13 世纪前，英国的普通法不问一个人的内心想法如何，只要他有违法行为就要接受法庭审判。直到亨利二世，首席法官布雷克顿（Henry de-Bracton）才首次提到审案时要考虑作案人的心理因素。在罗马的宗教法庭，教士将道德上的罪恶作为可罚性的一个必备要素，在那个时代，将过错之人的罪过描述为邪恶的意图或犯意。宗教法规中的“精神因素”是一个需要证实和确认的焦点问题，细致地分析判断伤害的意愿从时间上至少要追溯至公元 534 年的《查士丁尼法典》。布雷克顿把这一点引入普通法中，他认为精神要素与犯罪行为对于构成刑事责任同等重要，他的解释是：“除非有伤害的意志，否则不能判其有罪……对于其过错，我们在乎的是意志非结果。”根据意志来定义人的行为，接着是刑事责任。按照中世纪普通法的规定，一个人有刑法上的可罚性须具有有意志的行为，即有过失或故意的犯意。

---

① 参见胡泽卿主编：《法医精神病学（第 4 版）》，人民卫生出版社 2016 年版，第 3 页。

② 参见李建明主编：《司法精神病学》，人民卫生出版社 2009 年版，第 5 页。

## 二、外国司法精神医学的发展

### （一）精神病人的辨认能力

最早判精神病人无罪的时间虽可追溯至 11 世纪之前①，但最早成为法规的只能算 1265 年的野兽条例（Wild Beast Test）。它是由英国首席法官布雷克顿制定的一项条例，其内容是："因为精神错乱的人的行为类同一头野兽，故应免予治罪。"但野兽条例规定得较笼统，没有具体的操作标准，条件要求很高，必须是"足够的疯狂"（sufficient madness）。当时也不经常要求精神科医生出庭作证，仅由家人和邻居提供其平时的异常举动，如在满月时嚎叫，手持点燃的蜡烛在城里裸体奔跑等。只有那些平日表现安静的病人，突因琐事诱发过激的言行时，才会请医生来辨别他们是否有潜隐的精神病，如有妄想等。②

英国 1774 年首次有了对疯人院管理的立法，它要求伦敦的疯人院开业者由医生协会颁发执照，其他地方的则由当地的行政机关颁发开办疯人院的执照。③ 在 1760 年至 1815 年间，共有 165 名被告在伦敦中央刑事法庭（The Old Bailey）的审判中因精神病抗辩而获成功，所占比例为审判总量的 0.4%至 0.8%，其中 60%的精神病抗辩系简单的盗窃罪。④

1800 年发生了詹姆斯·哈德菲尔德（James Hadfield）刺杀英王乔治三世（George Ⅲ）案件。哈德菲尔德在参加法英的战争中头部受伤，患上了精神疾病后退役。他常伴有妄想的精神症状，病态地认为上帝要毁灭全球，只有自己以生命为代价才能拯救世界众生。因所持的宗教信仰视自杀为道德上的犯罪，所以不能自杀。他认为向国王行刺肯定会被处以极刑，故找了一个机会朝国王开枪（并不想真的打死国王）。英国杰出的律师、后来被任命为大法官的托马斯·厄斯金（Thomas Erskine）紧紧抓住妄想的证据，说服了英国陪审团将妄想作为一个精神病人无罪的评定标准。这样，詹姆斯·哈德菲尔德被判无罪，同时被判无限期地羁押。詹姆斯·哈德菲尔德案对英国 1800 年《精神错乱刑事法》的颁布产生了促进作用。该法允许以精神错乱作为叛国罪、谋杀罪和重罪的辩护理由，同时规定在宣告无罪裁决后，法院必须判令将被告人严加看管。

18 世纪，判精神病人无罪的标准是概括其有病即可，只要行为如同野兽一样达到了发狂和完全混乱的状态足矣。在 18 世纪下半叶，医生很难出庭作证，即使出庭作证，作证的内容与普通人相比也没有多少特色，他们的证词中没有不同寻常的术语或深奥的词汇。的确，如果他们用"麻木和谵妄"（insensibility and delirium）的术语，

---

① 参见刘白驹：《精神障碍与犯罪（下）》，社会科学文献出版社 2000 年版，第 727—728 页。

② See Joel Peter Eigen, Delusions Odyssey: Charting the Course of Victorian Forensic Psychiatry, *International Journal of Law and Psychiatry*, Vol. 27, 2004, pp. 397-402.

③ See Peter Bartlett, Ralph Sandland, *Mental Health Law (2nd edition)*, Oxford University Press, 2003.

④ See Joel Peter Eigen, Historical Developments in Psychiatric Forensic Evidence: The British Experience, *International Journal of Law and Psychiatry*, Vol. 6, 1983, pp. 425-426.

几乎不用解释大家就明白其内涵。与其说他们完成了证词，不如说他们转述了被告人同事和邻居提供的被告人的怪异行为。

随着“妄想”进入英国的法庭裁判中，上述格局才发生了改变。惩罚患有精神疾病的被告不再需要与想象中的“野兽形象”（wild beast imagery）保持一致，或向法庭提供一个生动的故事来形象地说明被告人古怪的、似乎无法解释的疯狂行为。到了1836年，最常出庭作精神病方面证言的医生吉伯特·麦克默多（Gibert McMurdo）和狱医纽盖特（Newgate）最爱提及妄想，称妄想为“一种极其普遍的精神病检验……对非健康精神的检验”。到了19世纪中叶，“妄想”成了支持发现精神病的全部医学内容，是证言中引用频率最高的一个术语。

在为精神错乱辩护的问题上，具有里程碑意义的判决是于1843年做出的。1843年1月20日，一个名叫丹尼尔·麦克纳顿（Doniel McNaghten）的偏执性精神分裂症患者将保守党领袖兼首相罗伯特·皮尔（Rober Peer）的秘书爱德华·德拉蒙德（Edward Drummond）当作皮尔杀害。1843年3月3日和4日，麦克纳顿因谋杀而在伦敦中央刑事法庭接受审判。控方认为麦克纳顿心智健全，并且没有大脑疾病的任何表面症状。辩方反驳，麦克纳顿没有杀人动机，他没有表现出对德拉蒙德或皮尔有敌意；同时没有任何心智健全的人会在必遭逮捕的地方去杀人。麦克纳顿平素忧闷，沉默寡言，不爱交际。在最近两年，他时常向人抱怨他被警察和为天主教以及保守党工作的间谍跟踪，他还宣称伦敦的报纸已开始败坏他的名声。在绝望之中，他决定进行反击，企图杀害皮尔。1月20日那天，他向皮尔的车开枪。但皮尔恰巧临时改乘女王的车，他自己的车由德拉蒙德乘坐，结果德拉蒙德遇害。

高等法院大法官廷德尔（Tindal）向陪审团指出：“要确定的问题是，这位被告人在作案当时能否理解其所作所为是错误的或者是邪恶的。假若作案当时，从上帝和人类的角度看，这位犯人不明白自己正在做违法的事，那么他就有资格得到对他有利的判决，反之就是不利的结果。”陪审团作出的判决是“因病无罪”，这一判决结论受到了人们广泛的关注，并引起了强烈的震惊和不满。

该案的判决和精神病辩护的一般问题在英国上议院掀起了一场论战，有十五名法官被邀请出席讨论。法官们的回答便形成了著名的麦克纳顿规则（McNaghten Rule）。该规则内容是：“应该假设每个被告人是心神正常的，并具有足够的理由认定他应对其犯罪负有责任，除非证明了是相反的情况。如果被告人以精神错乱为理由进行辩护时，那么必须能清楚地证明他在进行危害行为的当时，由于精神疾病而处于精神错乱状态，例如他不了解自己行为的性质，或者他虽然了解但不知道自己的作为是错误的或违法的。”[①]

（二）精神病人的控制能力

1840年发生了18岁的侍者奥克斯福德（Oxford）刺杀维多利亚女王的案件。奥克斯福德因精神错乱而被宣告无罪。法官托马斯·登曼（Thomas Denman）向陪审团

① 刘白驹：《精神障碍与犯罪（下）》，社会科学文献出版社2000年版，第730—731页。

指出，如果有一类疾病是一个人行为的真正动力，他不能抗拒，那么他将不负刑事责任。登曼肯定了不可抗拒的冲动的存在及意义。登曼的主张被称作“登曼裁决”，是不可抗拒冲动规则（Irresistible Impulse Rule）的发端。

因麦克纳顿规则中未含不可抗拒冲动规则的内容，因此在1843年至1922年间，英国的法庭上几乎一直未认可冲动控制障碍。

精神病学家认为一个人可能知道某一行为的性质，甚至可能知道其是错误的，然而却在几乎或完全不能控制的冲动下实施了该行为。按照麦克纳顿规则，该人不具有辩护理由。在科普施（Kopsch）案中考虑了这种情况。① 被告人供认，自己杀死了叔叔的妻子，说在被害人的要求下用领带勒死了她。有证据表明他在下意识支配下完成了该行为。辩护律师认为法官应指示陪审团，一个人在不可抗拒的冲动状态下不负刑事责任。这被大法官赫沃特勋爵（Lord Hewart）描述为“奇妙的理论……如果其成为我们刑法的一部分，将只能起到破坏作用”。

法官们坚持反对采纳这样的辩护，理由是在因精神病而造成的冲动与因为一般的贪婪、嫉妒或复仇动机而产生的冲动之间难以区分，甚至不可能区分。这种观点也反映出某一种冲动越是难以抗拒其就越需要加以遏制。

1922年，英国的法学家重新审核了麦克纳顿规则，并建议用不可抗拒的冲动这一观点来补充刑事案件中的精神错乱概念。他们主张：“如果被告是在冲动的情况下实施犯罪行为的，而被告因患精神疾病不能抗拒这一冲动，并在该冲动的支配下产生犯罪行为，那么，被告对他的犯罪行为不负刑事责任。”法庭将这一条例解释为“警察就在眼前条例”（Policeman at the Elbow Law）。换句话说，即使警察当时就在被告人身边，被告人仍会实施犯罪行为。法庭认为，只有在这种情况下，冲动才是不可抗拒的。

1957年英国《杀人罪法》第2条为谋杀罪引进了一个新的辩护理由，称作“减轻责任”。这样，不可抗拒冲动的部分辩护现在已通过新的辩护——减轻责任纳入法律之中。

总之，英美法系中司法精神医学史是由司法判决来书写的。法庭是一个法学的场地而非医学的论坛。出庭医生关注的重点是被告人的认知、情感和意志行为方面的问题。但法庭本身就是一个专门的场所，这个场所由它自己的动力系统来驱动，并解决不同的意见冲突。需要注意的是，法庭内外的所有医学和法学的争议点最终由外行的陪审团说了算，所以向法庭提供的医学证言要用通俗易懂的语言来说明何为精神错乱及其是否有可责性。

当时，国外关于司法精神医学的研究以及大量著作的出版，以精神分析为代表的心理学理论的兴起，使司法精神医学在19世纪末至20世纪初有了较大发展。进入20世纪以后，随着精神卫生立法和“去机构化”运动的发展，大量患者出院后无法真正融入社区，从而得不到稳定的治疗，导致了有违法犯罪行为的精神障碍患者大量增加，

① 参见〔英〕J.C. 史密斯、B. 霍根：《英国刑法》，马清升等译，法律出版社2000年版，第234页。

并且难以进入医院治疗，大多数只能被判入狱，司法精神医学服务领域也拓展到监狱等羁押场所。[①]

## 第三节　中国司法精神医学的总体趋势

我国的司法精神病学鉴定工作大多数是20世纪80年代陆续开始的，但是这个专业的发展之快却远远超出人们的想象。1984年11月，在杨德森、刘协和、贾谊诚教授等倡导下，第一届全国司法精神病学讲习班于广西柳州开班。此后，全国各地举办的培训班犹如雨后春笋般涌现，学术气氛空前活跃。1987年6月，中华医学会在杭州召开了第一届全国司法精神病学学术会议，标志着我国司法精神病学发展进入一个新阶段。1996年，西安司法精神病学学会的成立又构筑了新的专家平台，每年都举办全国性或区域性的大中型学术会议。迄今为止，司法精神病学专业学组已经组织全国性司法精神病学学术会议11次，西部和全国部分省市的司法精神病学学术会议5次，解决了许多重大的理论和实际问题，对于形成和发展司法精神病学独立的学科体系起到了积极的促进作用。除了组织学术会议之外，学组委员在各地的日常鉴定和解决疑难、重大案件鉴定及地方性年会及司法精神病学知识传授活动中也起到骨干作用。

三十多年来，一批德高望重的老专家对本专业的发展做出了重要贡献。例如，刘协和教授在华西医科大学法医学系创建司法精神病学教研室，开设司法精神病学课程，主编全国高等学校法医学教材《法医精神病学》，并在法医系培养司法精神病学的专业人才和研究生。

在刑事责任能力评定方面，北京医科大学的李从培教授和张湖教授坚持“有病（现症重性精神病）免责”的苏联精神病责任能力评定模式；上海医科大学贾谊诚教授提出了“有病可以有责（直接受妄想、幻觉驱使的行为免责）”的理念；首都医科大学田祖恩教授提出“分析作案动机判定责任能力”的概念等，这些重要的学术思想在我国司法精神病学的发展史上都有着不可磨灭的作用，为繁荣司法精神病学科学事业，促进社会的法治、安定和和谐发展做出了独特贡献。

结合我国当前司法鉴定改革发展动向，可以预见我国司法精神鉴定行业发展的几个总体趋势。

### 一、司法鉴定机构趋于中立化

在2005年《司法鉴定管理决定》颁布之前，我国的司法鉴定机构主要以司法机关内设机构为主体，自2005年10月1日以后，我国各级人民法院不再设立和保留司法鉴定机构。全国各地公安机关、检察机关等设立的司法鉴定机构也逐步退出了与各自司法职能无关的鉴定领域，如公安机关的司法鉴定机构不再受理民事类型的交通事故鉴定案件，检察机关设置的司法鉴定机构也不再受理一般经济和民事案件中的有关技

① 参见贾福军、郭光全、蔡伟雄主编：《精神疾病司法鉴定——刑事篇》，人民卫生出版社2015年版，第13页。

术鉴定案件。近年来，处于第三方地位的高等院校、科研院所的司法鉴定机构在鉴定人才、大型设备、资金投入、内部管理、业务量、科研成果等方面均得到了长足的发展。在未来的数年到数十年，我国的大学和科研院所设置的司法鉴定机构将会得到快速发展，并逐步承担起司法鉴定行业主力军的重任。①

## 二、司法鉴定人的权利和义务将更加明晰

随着我国法治建设的步伐加快，法制宣传的日益普及，法治知识、法治意识和观念将逐步深入人心，公众的权利意识也将逐步觉醒。作为为诉讼活动提供技术保障的司法鉴定工作必将受到来自司法机关、诉讼当事人等多方的监督，其职业要求也将会不断提高，因此司法鉴定职业风险也相应加大。当然，司法鉴定行业组织的不断健全、司法鉴定管理立法的完善也将促进司法鉴定人的权利得到进一步保障。②

## 三、司法精神医学的法律趋于健全

《司法鉴定管理决定》的施行，对于改革和完善我国的司法鉴定管理，理顺司法鉴定机构设置和管理等方面的关系起到了“基本法”的作用。2007 年司法部颁布《司法鉴定程序通则》，使得司法鉴定程序更加规范化。2012 年我国首部精神卫生法《中华人民共和国精神卫生法》颁布。随着科学技术的发展，司法精神医学法律法规也应结合技术规范，针对性完善制定司法精神医学鉴定执业相关法律法规。

## 四、司法精神医学行业发展将得到进一步加强

在司法鉴定管理领域内，在《司法鉴定管理决定》确定的行政管理与行业管理相结合的模式下，司法精神医学行业将会进一步发展、壮大。全国各地陆续开展司法精神医学研究，具有较强科研能力的人员参加了司法精神医学队伍，取得了一批重要研究成果。司法精神医学科研工作也得到了迅猛发展，同时培养了一大批专业人才和研究生。

## 五、司法精神医学将更好地服务于诉讼活动

司法鉴定服务于诉讼活动，是在诉讼活动中进行的一项科学技术活动。司法精神医学作为诉讼活动不可或缺的专业技术手段，在为诉讼活动提供专业鉴定意见，为查明案件事实提供科学支持的同时，也是保障诉讼当事人的权利的重要手段。因此，在司法鉴定人考核中逐渐加大法学和法律内容；在司法鉴定人培训中加重法学、伦理等方面内容确有必要。

## 习题》

1. 简述中国古代司法精神医学起源的思想文化基础。
2. 简述麦克纳顿规则的主要内容。

---

① 参见杜志淳主编：《司法鉴定概论（第三版）》，法律出版社 2018 年版，第 36 页。

② 同上书，第 38 页。

3. 简述我国精神卫生法的立法进程和主要内容。

4. 简述我国司法精神医学的发展趋势。

## 拓展阅读文献》

1. 杜志淳主编：《司法鉴定概论（第三版）》，法律出版社2018年版。

2. 贾静涛：《世界法医学和法科学史》，科学出版社2000年版。

3. 贾福军、郭光全、蔡伟雄主编：《精神疾病司法鉴定——刑事篇》，人民卫生出版社2015年版。

4. 胡泽卿主编：《法医精神病学（第4版）》，人民卫生出版社2016年版。

## 第三章

# 鉴定制度

**内容提要：** 本章主要介绍了司法鉴定、精神障碍司法鉴定、法医精神病鉴定、法律能力等基本概念，以及司法精神医学鉴定的主要内容、程序制度、实施制度，最后介绍了鉴定意见书的审查。

**核心词汇：** 司法鉴定程序通则　司法鉴定人执业资格　委托书　回避　法律能力

**学习要求：** 通过本章学习，掌握司法精神医学鉴定的主要内容，学会正确启动鉴定程序，全面收集鉴定资料和进行鉴定调查；能够客观科学地评价鉴定意见书。

## 第一节　概　　述

### 一、概念

司法鉴定，是指在诉讼活动中鉴定人运用科学技术或者专门知识对诉讼涉及的专门性问题进行鉴别和判断并提供鉴定意见的活动。精神疾病的司法鉴定，是指根据案件事实和被鉴定人的精神状态，作出鉴定结论，为委托鉴定机关提供有关法定能力的科学证据。[①] 精神疾病司法鉴定在实践中又被称为法医精神病鉴定或司法精神医学鉴定。司法部颁布的《司法鉴定执业分类规定（试行）》第 6 条规定："法医精神病鉴定：运用司法精神病学的理论和方法，对涉及与法律有关的精神状态、法定能力（如刑事责任能力、受审能力、服刑能力、民事行为能力、监护能力、被害人自我防卫能力、作证能力等）、精神损伤程度、智能障碍等问题进行鉴定。"事实上，我国目前的法律规定也好，学者的文章著作也好，对这个概念的表述并不统一，客观上造成一定的不便，包括造成立法上的冲突、司法上的困惑、行政管理上的矛盾，以及学科发展上的障碍。笔者认为，应该称为司法精神医学鉴定。原因有如下几点：（1）临床上存在这样的趋势，把原来的"精神病学""精神病医生"这样的称谓和说法改为"精神医学"

① 参见《精神疾病司法鉴定暂行规定》第 2 条。

“精神科医生”。说明我们的研究者、医生已经把研究的视角扩大到一般的心理问题、精神亚健康等问题上。相应的这门学科也应称为司法精神医学更为妥当。(2)司法精神医学也好，司法精神医学鉴定也好，发展至今，已经远远超出原来经典的法医学研究的范畴，而发展成为一门独立的学科，属于司法鉴定学科下的重要的支撑学科。(3)对鉴定实践而言，没有经过鉴定之前，或者即使经过鉴定之后，也可能有相当的被鉴定人没有精神病甚至没有精神疾病。如果使用“司法精神病鉴定”或“法医精神病鉴定”的说法，容易给人以先入为主的嫌疑，违背司法鉴定的独立原则。综上，笔者建议使用“司法精神医学”和“司法精神医学鉴定”这样的表述，并应用于立法文件、司法实践、鉴定实践以及科学研究、教学实践中。

## 二、有关法律依据

### （一）我国刑事法律中的有关规定

(1)《中华人民共和国刑法》（以下简称《刑法》）第18条，关于刑事责任能力的规定。

(2)《中华人民共和国刑事诉讼法》（以下简称《刑事诉讼法》）第62条，关于作证能力的规定；第146—149条，关于对专门性问题进行鉴定的规定，对犯罪嫌疑人进行精神病鉴定期间不纳入办案期限的规定。

(3)《最高人民法院关于适用〈中华人民共和国刑事诉讼法〉的解释》第97—101条，关于鉴定方面的规定。

### （二）我国民事法律中的有关规定

(1)《中华人民共和国民法典》（以下简称《民法典》）第21—24条，关于无民事行为能力、限制民事行为能力的规定；第26—39条，关于监护方面的规定等内容。

(2)《中华人民共和国民事诉讼法》（以下简称《民事诉讼法》）中关于“专门性问题的鉴定”的规定、关于作证能力的规定。

### （三）其他法律法规中的有关规定

(1)《精神疾病司法鉴定暂行规定》。

(2)《司法部、最高人民检察院、公安部关于印发〈罪犯保外就医执行办法〉的通知》。

(3)《中华人民共和国行政诉讼法》（以下简称《行政诉讼法》）中关于“专门性问题的鉴定”的规定。

另外，根据《中华人民共和国残疾人保障法》第2条第2款的规定，残疾人包括视力残疾、听力残疾、言语残疾、肢体残疾、智力残疾、精神残疾、多重残疾和其他残疾的人。因此，精神残疾人也享有劳动就业的权利。该法第38条第2款规定：“在职工的招用、转正、晋级、职称评定、劳动报酬、生活福利、休息休假、社会保险等方面，不得歧视残疾人。”第3款规定：“残疾职工所在单位应当根据残疾职工的特点，提供适当的劳动条件和劳动保护，并根据实际需要对劳动场所、劳动设备和生活设施进行改造。”有的精神障碍患者在发病期间，表现出工作不负责任，不遵守纪律，还主动向单位领导提出辞职请求，有的单位领导不加分析就随便批准其辞职请求，以致引起劳动争议而要求进行司法精神医学鉴定，有的由劳动争议仲裁委员会提出，有的由人民法院提出。这类案件虽然不算重大，但难度较大，因为进行鉴定时往往离事发已隔了一段时间，此时患者的精神症状可能已发生了变化，而人为影响因素较多，单位方常常强调患者的正常表现，而患者家属方则常常强调患者的异常表现，患者的朋友、同事、邻居等虽比较了解患者情况，但可能也会受到“形势”压力、人情等影响，不能客观、全面地反映情况。此时要求鉴定人对事发当时患者的精神状态作出回顾性评估，是一件很困难的事，如果确实证明事发当时患者处于发病状态，那么他所递交的辞职申请在法律上并不代表其真正意愿，应予撤销。

其他法律规定可详见本书附录。

### 三、主要任务

#### （一）刑事案件

（1）确定被鉴定人是否患有精神障碍，患何种精神障碍，实施危害行为时的精神状态，精神障碍与所实施危害行为之间的因果关系，以判定其有无刑事责任能力。

（2）确定被鉴定人在诉讼过程中的精神状态，以及有无受审能力。

（3）确定被鉴定人在服刑期间的精神状态，以及有无服刑能力。

（4）对服刑罪犯进行保外就医的司法鉴定。

（5）对被鉴定人（人身伤害案件的受害人）进行精神损伤程度的鉴定，即精神方面的轻重伤鉴定。

（6）对受性侵犯的女性，在怀疑其有精神异常时，确定其当时的精神状态，有无性自卫能力。

#### （二）民事案件

（1）确定被鉴定人精神状态是否正常，有无行为能力，从而确定与其有关的法律行为是否有效。如处理财产的能力，订立遗嘱的能力，签订契约的能力，缔结婚姻的能力，有无选举和被选举权，能否承担兵役或其他义务。

（2）确定被鉴定人在调解或审理阶段期间的精神状态，以及有无诉讼能力。

（3）确定被鉴定人（人身损害案件的受害人）的精神伤残程度，精神症状与外力作用之间的因果关系等，以及精神损伤的休息、营养、护理期限的鉴定。

（4）确定被鉴定人（患有精神疾病或出现精神损伤者）的劳动能力。

#### （三）其他有关案件

在各类案件中，对案件的陈述人，如原告、证人、检举人的精神状态有怀疑时，需进行精神鉴定，确定其陈述的可靠性。此即作证能力的鉴定。

### 四、鉴定方式

常见的精神疾病司法鉴定场合及方式分为以下四种：

（1）出诊鉴定（特殊场所鉴定），又称上门鉴定，如看守所、监狱、劳改农场等。在这种场合进行鉴定的优点是可以避免被鉴定人的不适，但精神检查难以全面展开。有的民事案件的被害人也可以在被鉴定人家中及居委会内进行。

（2）院内鉴定（门诊鉴定）。在鉴定单位内进行，可以进行全面精神检查及心理测验和必要的辅助检查，但容易造成被鉴定人的不适，有时会使鉴定过程复杂化。

（3）住院鉴定。被鉴定人住院的，鉴定人可以对鉴定对象进行全面检查，经过一定时间的观察，记录各种诊断性治疗或对症治疗后的效果，然后作出鉴定意见，其材料依据比较可靠也比较全面，结论科学性强。适合于案情重大或复杂的案件。而现在比较多的是鉴定人外出鉴定，由于缺乏全面的、一定时间的观察作出鉴定，材料依据不全面。

（4）缺席鉴定，又称文证鉴定。即只根据书面材料分析，这种鉴定应在不得已的情况下才采用，适用于如被鉴定人已死亡或失踪或因某种原因而不能见到被鉴定人。此方式不能作为首选的或常规的鉴定方式使用。

## 第二节　鉴定机构与鉴定人

### 一、鉴定机构

我国目前的司法精神医学鉴定机构包括：精神疾病司法鉴定委员会（协调机构）、司法鉴定机构、精神卫生中心、脑科医院、精神病院、安康医院、科研机构。根据《司法鉴定管理决定》第 5 条，法人或者其他组织申请从事司法鉴定业务的，应当具备下列条件：（1）有明确的业务范围；（2）有在业务范围内进行司法鉴定所必需的仪器、设备；（3）有在业务范围内进行司法鉴定所必需的依法通过计量认证或者实验室认可的检测实验室；（4）每项司法鉴定业务有三名以上鉴定人。司法精神医学鉴定机构必须满足以上条件，并按程序到省级人民政府的司法行政机关进行登记，领取司法鉴定许可证后，方可开展鉴定工作。

### 二、鉴定人

#### （一）鉴定人的种类与资格要求

目前，我国司法精神医学鉴定人有精神科医师、法医师、科研人员等。由于司法精神医学鉴定是一项技术难度较大的专门性工作，所以担任鉴定人必须具有丰富的精神科理论知识和实践经验，并且具有司法精神医学知识，资历上至少具备主治医师或者主检法医师及以上职称。即使具备主治医师及以上职称，也不能自然地担任司法精神医学鉴定工作。因为司法精神医学鉴定工作要求高、难度大，具体体现在：

（1）司法精神医学鉴定通过对鉴定对象的短时间观察，就要得出鉴定结论，不可能进行较长时间的观察和随访，这是由案件审理需要所决定的。

（2）司法精神医学鉴定不仅要在短时间内作出临床诊断，而且还要涉及法律能力评定，这是个专门性问题，一般临床精神科医师并不了解。

（3）调查材料来源可能受到种种影响，如承办人员的主观倾向；鉴定对象的家属及周围人员提供情况往往可出于某种需要或受到干扰，夸大或缩小真实情况，导致调查材料的可靠性受到影响。

(4) 案件审理过程中，有的患者原有的精神症状会发生改变或暂时收敛。甚至有人出于逃避罪责的动机，而伪装精神病。

要获取司法精神医学鉴定人资格，应当满足以下几方面要求：

1. 必要的知识素养

(1) 系统的基础和临床医学各科知识。作为一名合格的精神科医生来说，这一点也是必备的。作为一名司法精神医学鉴定人来说，其知识和能力方面的要求相对临床工作要求更高。目前，我国部分医学院校尝试开办本科学制的精神医学专业，笔者认为，这相对于我国精神科专门人才短缺的现状来说，无疑是一件好事。但从长远发展来看，一名精神科医生应该掌握的，绝对不能只有精神障碍、精神疾病等自己专业内的一些东西。反而，要想成为一名合格的、高水平的、有发展潜力的精神科医生，恰恰需要以扎实全面的基础和临床医学知识作为前提。笔者认为，目前精神医学领域大量的所谓的功能性疾病，若干年后，随着医学和各种生物基础科学的发展进步，都能逐步找到其明确的病因和病理基础。如果永远停留在功能性认识的水平上，精神医学是很难有较大发展的。同样，精神科的许多鉴定工作也很难满足和适应各种司法实践的需要。因为，如果大部分的疾病病因不明，病理机制不清，就缺乏说服力。

(2) 系统的精神医学理论和实践知识。因为具体从事的是精神鉴定工作，当然要对精神医学本身进行全面掌握，包括各种精神检查、诊断技能等，一些治疗方面的知识也要有所了解。有法医专业背景、开展精神医学鉴定工作的鉴定人，应该尤其加强这方面的继续教育和培训，否则无法胜任这项工作。这种培训应该是持续性和经常性的。需要不断接触精神医学领域的最新进展，掌握最新技能。

(3) 相关法学知识。尤其是刑法学、刑事诉讼法学、证据法学、法律文书和司法鉴定学知识。刑事责任能力鉴定属于司法鉴定中的一个重要门类。鉴定人应当对与司法鉴定工作相关的各种法律、法规和制度有所了解。刑事责任能力尤其与刑法学、刑事诉讼法学关系密切，因此有必要掌握了解。这对于正确把握鉴定工作的要点，并有效和司法人员进行沟通有重要作用。另外，司法精神医学作为司法鉴定学科体系中的一个分支，司法精神医学鉴定人理应通晓司法鉴定学的基础知识、基本原理、基本技能。

(4) 必要的心理学方面的知识。司法精神医学鉴定工作中有两个基本任务：一个是对被鉴定人精神状态的评价，并明确其是否患有精神疾病，如有，并确立诊断；另一个是对被鉴定人涉案行为的分析，主要分析其涉案行为发生的心理过程和目的、动机、机制。另外，对逻辑学和行为科学方面也应有所了解。因此，此类鉴定人应掌握必要的普通心理学和犯罪心理学方面的知识。这一点，从英国、美国等国家大量的心理学家和心理医生从事法医精神鉴定工作的状况可资证明。

2. 必要的能力素质

作为司法精神医学鉴定人应具备以下几个方面的专业能力：

（1）会看：观察能力。精神医学鉴定工作需要鉴定人具备较强的专业上的观察能力。这也是识别伪装精神病的基本功之一。

（2）会听：倾听能力。不管是从心理咨询，还是精神科医生或者是法医精神鉴定人的角度，仔细、能动地倾听来访者、就医者、被鉴定人、有关人员的陈述，是了解其精神症状、涉案时精神过程、当前的精神状态等最重要的途径。因此，鉴定人必须要掌握扎实的倾听技能。

（3）会问：询问技巧。询问通常与倾听综合应用。要知道什么时候该听，什么时候该问，该怎么问，尤其是针对不同的被鉴定人的个性特征、案件特点、案件侦查进展等情况进行询问，需要在实践中不断提高技巧。

（4）会写：准确书写。刑事责任能力评定工作的最终成果必须以书面形式呈现，文书表达的要求比较高。需要将整个鉴定的过程，尤其是对精神症状的描述、调查的发现、论证的依据等逐一阐明。鉴定意见的表述，尤其要明确、简短，防止出现含糊其辞的情况。

（5）会说：有效表达。不管是鉴定案件的受理过程、实施过程，还是鉴定人出庭作证的过程中，都需要鉴定人与委托人、被鉴定人、司法人员、当事人及其代理人等进行口头的交流。需要鉴定人具备相当的口头语言表达能力和临场应变能力。

（二）鉴定人的权利

（1）鉴定人有权查阅被鉴定人与案情有关的一切材料，包括卷宗、档案、日记、信件、医院诊疗记录等；

（2）被鉴定人案情材料不充分时，可以要求委托鉴定机关补充提供所需要的案情材料；

（3）鉴定人有权通过委托鉴定机关，向被鉴定人的工作单位和亲属以及有关证人调查情况；

（4）鉴定人根据需要有权要求委托鉴定机关将被鉴定人移送至专门医院进行检查和鉴定；

（5）鉴定机构可以向委托鉴定机关了解鉴定后的处理情况；

（6）其他法律法规规定的权利。

（三）鉴定人的义务

（1）进行鉴定时，应当履行职责，正确、及时地作出鉴定意见，并在鉴定书上签名；

（2）解答委托鉴定机关提出的与鉴定结论有关的问题；

（3）保守案件秘密；

（4）遵守有关回避的法律规定；

（5）不得徇情受贿做虚假鉴定，否则应当承担法律责任；

（6）其他法律法规规定的义务。

## 第三节 鉴定程序

### 一、鉴定的提出

根据我国的刑事法律规范及刑事司法实践，对精神障碍犯罪嫌疑人或疑似精神障碍的涉案人员的刑事责任能力鉴定，通常由负责侦查工作的公安机关、负责审查起诉工作的检察机关、负责审理案件的法院实施启动。如2018年修正的《刑事诉讼法》第146条规定："为了查明案情，需要解决案件中某些专门性问题的时候，应当指派、聘请有专门知识的人进行鉴定。"最高人民检察院和最高人民法院在其各自颁布的有关司法鉴定的工作规范中，也对司法鉴定启动问题作出了规定。当然也包括对刑事责任能力的鉴定启动。

当前在刑事责任能力鉴定启动方面存在以下几个方面的现实困境：

第一，启动主体不明，责任不清。公安、检察、审判机关均可以依法或依其职权启动鉴定，但常常也会因此出现应当委托鉴定，各家均不启动鉴定的情形。现行法律条文中并没有明确规定启动的实施主体，也没有对应当启动鉴定而不启动鉴定的法律后果或法律责任作出规定。可喜的是，根据2010年由最高人民法院、最高人民检察院、司法部、公安部、国家安全部联合颁布的《关于办理死刑案件审查判断证据若干问题的规定》第5条，死刑案件中必须要查明涉案犯罪嫌疑人在所涉案件中有无刑事责任能力。这一规定，算是对刑事责任能力鉴定启动程序作出了进一步充实。但也仅仅限于死刑案件中，仍然需要在今后进一步完善。

第二，整体而言，启动率不足。这一点在导论中已经述及。当然，启动率不高与前面的立法缺陷存在着一些因果联系。因为应当启动鉴定而不启动的法律后果不明，权利义务不清，一定程度上导致了启动率低下的后果。

第三，被告人及其辩护人或者家属的程序参与权缺乏保障。总体上，我国的刑事诉讼模式仍然是以职权主义为主要特点的。被告人及其辩护人或者家属在刑事诉讼中的程序参与权缺少具有操作性的规定。笔者认为，涉及被告人是否患有精神疾病的问题时，应当适度考虑家属和被告人的辩护人的意见，赋予其一定的程序权。如申请刑事责任能力鉴定的权利，司法机关应尊重其申请，如果不予同意，应给出书面理由，或配备适当的救济途径。

根据上述存在的问题，提出如下改进建议：

第一，制定切实可行的启动鉴定的技术标准。一个切实可行的启动标准就是，只要犯罪嫌疑人或被告人同时具备"涉案"和"涉病"两个要素就可以启动鉴定程序。"涉案"的标准主要是由司法机关实际掌握，具体依据有我国的刑法、刑事诉讼法和有关司法解释、部门办案工作规范等。标准目前还没有"涉病"的。可以考虑以下几方面的内容作为参考：犯罪嫌疑人、被告人具有精神或心理障碍的既往病史、家族史、脑部外伤史、精神活性物质滥用史、行为异常史以及其他可能导致精神障碍的个人史（包括早产、难产、宫内窒息、脑部感染、肿瘤等其他可能导致大脑功能障碍的各类病史）等。

结合刑事责任能力评定实践，在此提出以下判断“涉病”的初步识别指南（见表 3-1），可供立法机关或司法机关制定办案规程时参考：

**表 3-1　刑事诉讼中精神障碍疑似者初步识别指南**

| 序号 | 领域 | 描述 |
| --- | --- | --- |
| 1 | A. 出生史 | 1. 被告人在出生前有宫内缺氧史（包括各种原因和程度） |
| 2 | | 2. 早产（包括低体重儿、足月小样儿等） |
| 3 | | 3. 难产 |
| 4 | | 4. 母婴垂直传播的严重传染病，如胎传梅毒、胎传 AIDS 等 |
| 5 | | 5. 苯丙酮尿症、Wilson 病、唐氏综合征、脆性 X 综合征、半乳糖血征等遗传病 |
| 6 | | 6. 染色体或基因突变导致的疾病 |
| 7 | | 7. 其他先天畸形或缺陷 |
| 8 | B. 成长史 | 1. 幼儿园、小学阶段学习能力明显低于同龄儿童 |
| 9 | | 2. 智商低于 60 |
| 10 | | 3. 儿童期铅中毒及其他重金属中毒 |
| 11 | | 4. 严重营养不良，如“大头娃娃”等 |
| 12 | | 5. 婴儿期、幼儿期、儿童期、少年期的头部外伤史 |
| 13 | | 6. 儿童期严重的行为紊乱 |
| 14 | | 7. 儿童期严重的情感障碍 |
| 15 | | 8. 被告人有一种或多种类型的发育障碍 |
| 16 | C. 个人史 | 1. 被告人有明确的精神障碍病史 |
| 17 | | 2. 被告人有精神活性物质滥用史（包括酒精、毒品等） |
| 18 | | 3. 被告人曾有明确的颅脑外伤史 |
| 19 | | 4. 被告人曾有头部手术史（包括脑部肿瘤、寄生虫、出血、挫裂伤、脑积水等的手术治疗） |
| 20 | | 5. 被告人有癫痫病史（包括精神运动性发作在内的各种类型） |
| 21 | | 6. 被告人有中毒史，如煤气、农药、甲醛中毒等 |
| 22 | | 7. 被告人有严重的、控制不良的甲状腺功能亢进或减退病史 |
| 23 | | 8. 被告人有控制不良的严重糖尿病史 |
| 24 | | 9. 被告人长期使用某种药物，如激素、止痛剂、非正规中草药等 |
| 25 | | 10. 被告人有脑卒中、脑梗病史 |
| 26 | | 11. 被告人有明显的脑萎缩 |
| 27 | | 12. 被告人有其他脑部疾病史 |
| 28 | | 13. 被告人的学习能力、社会交往能力、个人生活自理能力等某一项或几项社会功能明显障碍或与过去某段时间相比有明显减退 |
| 29 | | 14. 被告人有严重的睡眠障碍，如严重失眠、发作性嗜睡、睡行症等 |
| 30 | | 15. 被告人曾有某种程度的自伤、自杀行为 |

（续表）

| 序号 | 领域 | 描述 |
| --- | --- | --- |
| 31 | D. 家族史 | 1. 父母或同胞、半同胞等直系近亲属中有精神障碍史 |
| 32 | | 2. 近亲属中有某种遗传性疾病 |
| 33 | | 3. 近亲属中有自杀史 |
| 34 | | 4. 近亲属中有其他行为异常者，如流浪、离家出走等 |
| 35 | | 5. 被告人的母亲在孕期有使用精神活性物质史、致畸风险药物史等 |
| 36 | | 6. 被告人的母亲在孕期接受过过量电磁辐射、核辐射等 |
| 37 | E. 本次涉案行为方面的异常 | 1. 被告人的涉案行为动机不明、不合常规或明显脱离现实 |
| 38 | | 2. 被告人针对亲近的人或无选择的路人实施伤害行为 |
| 39 | | 3. 被告人的行为明显反常，如过剩的杀人动作、有悖人性的行为等 |
| 40 | | 4. 被告人作案后毫无自我保护，或出现幼稚可笑的保护行为 |
| 41 | | 5. 被告人在审讯过程中有反常行为 |
| 42 | | 6. 被告人对所指控罪行或所犯的暴行缺乏常人的情绪反应（排除惯犯及反社会型人格障碍等可能），如表现的无所谓等 |

对于民事领域和行政执法领域的鉴定启动，可适当参照上述疑似标准执行。

第二，修订刑事诉讼法有关条文。建议今后在修订刑事诉讼法，或由最高人民法院、最高人民检察院出台有关司法解释时，对鉴定启动问题进行完善。在法律文本上，笔者提出如下建议：

（1）侦查机关应当委托有资质的司法鉴定机构，鉴定犯罪嫌疑人涉案时的精神状态及刑事责任能力。

（2）检察机关、人民法院在审查起诉、审判过程中，发现有证据表明犯罪嫌疑人、被告人在涉案时可能存在精神异常时，应当及时委托司法鉴定机构对被鉴定人进行涉案时的精神状态鉴定和刑事责任能力鉴定。

## 二、鉴定的委托

一般由司法机关委托，步骤如下：

（1）司法机关向鉴定单位提出鉴定申请。

（2）填交鉴定委托书，目的是为了让鉴定人对案件情况及被鉴定人的一般情况有整体性了解。委托书大致内容包括：被鉴定人的个人简历、家庭成员、社会关系、过去躯体疾病及精神疾病情况，平时一贯表现及群众反映，案情概要，案后表现及鉴定要求。委托书需加盖公章。

（3）递交涉及被鉴定人的全部卷宗，包括：

① 案情审理材料，如案情发生经过、审讯记录、证人材料、鉴定书、在押期间表现等。

② 关于被鉴定人个人史及家族史的调查材料。

③ 被鉴定人的病情材料，如医疗记录及证明、被鉴定人家属和周围人员的反映。

④ 被鉴定人的文字书面材料，如日记、信件等。

办理司法鉴定委托过程中应注意遵循鉴定人回避的法律规定。出现以下情形时应进行鉴定人回避：

(1) 鉴定人是本案的当事人或者是当事人的近亲属。

(2) 鉴定人本人或其近亲属和本案有利害关系的。

(3) 鉴定人担任过本案的证人、鉴定人的。

(4) 鉴定人与本案当事人有其他关系，或者受到外界压力和干扰，可能影响公正鉴定的。

### 三、鉴定调查

卷宗所提供材料不完全而需要进行补充调查的情况经常遇到，因为调查材料的全面与否，对于作出正确意见具有非常重要的意义。调查工作可由委托司法机关的办案人员进行，或者由鉴定人亲自进行，调查时要注意以下几点：

(1) 所调查对象要全面。要求包括所有有关人员，如家属、单位领导、同事、邻居等。如果案件涉及被告方、被害方有关人员的，应对两方面的有关人员都进行调查。

(2) 调查要个别进行，解除被调查人员的顾虑。由于利害相关或受到外界压力影响，被调查人可能存在各种顾虑，或不敢真实地反映情况，或仅反映部分情况。所以调查时必须了解背景，认真做好思想安抚工作。

(3) 调查场合要因人因事而异。既可在司法机关办公场所进行，也可在被调查人家庭居所或居委会进行。

(4) 调查方式要灵活。不要带着“框框”去调查，避免千篇一律的问话。例如，“你们看他（指被鉴定人）有没有精神病?”“他家里人有精神病吗?”等。要问清被调查人具体的工作、学习、生活表现等。

(5) 调查记录要详细地记录原话。

### 四、鉴定前准备（对鉴定人的要求）

鉴定人应全面、系统、深入地阅读全部卷宗材料及调查材料，并做一些必要摘录，包括：

(1) 案情及被鉴定人的病情概况。

(2) 提出疑问。如关于案情方面有哪些需要搞清的地方，调查材料中的不详或矛盾之处，有关精神异常的疑点等。

(3) 初步的分析看法。

这样可以在鉴定检查时对被鉴定人进行针对性的提问，也可以向办案人员作补充了解，或要求委托人补充调查材料，以形成最后的完整认识。

### 五、精神检查

精神检查内容主要包括了解被鉴定人对案情的回忆、作案动机，以及对案情性质和后果的认识，是非的判断，同时要发现各种精神病理症状。如果以往有过精神疾病史的，还要了解其发病的过程、表现和对疾病的认识。

取得被鉴定人的配合是精神检查鉴定成功的重要因素。只有让其充分暴露自己的想法，精神检查才能深入进行。条件允许的情况下，办案人员应参加旁听。另外，精神检查鉴定应注意下列事项：

(1) 鉴定前要对所检查内容做到心中有数，避免边翻卷宗边提问。

(2) 语气要平和，不要用审讯式口吻，要让被鉴定人自然表达，不要轻易打断其说话，也不要暗示或直截了当地根据已掌握的材料进行提问。

(3) 鉴定时要善于启发诱导，询问内容要根据对象特点灵活掌握。鉴定内容力求全面。当鉴定中发现某些关键性线索时，要深入追究。

(4) 鉴定场所要求环境安静，避免干扰，太特殊的环境易引起被鉴定人的误解。

(5) 为了取得被鉴定人的配合，在条件许可的情况下，进行鉴定时最好暂时解除镣铐。

(6) 遇到被鉴定人陈述反复时不要急躁，注意倾听其翻供的理由，并让其自然申述，边听边分析其供述的合理性，注意其心理动态及外观表现。

(7) 被鉴定人情绪激动时，可以询问其他问题以转移其注意力，待情绪平稳后再继续询问有关问题。

(8) 遇到被鉴定人不语或拒绝检查时，不要勉强进行，要耐心地解释和教育。

(9) 如发现被鉴定人有伪装精神病嫌疑时，需密切观察其动向，尤其是在点破其伪装伎俩时，需防止可能发生的意外。

(10) 心理测验及辅助检查宜安排在精神检查鉴定完成后进行。

## 六、鉴定讨论与撰写鉴定意见书

### (一) 鉴定讨论

鉴定讨论在精神检查鉴定结束后进行。每位鉴定人员都应发表自己的见解，内容包括对鉴定材料完整性的看法、精神检查鉴定发现的归纳、精神疾病诊断及依据、行为动机的分析、辨认及控制能力状况、法律能力的评定意见，以及对于有关疑问的解释等。讨论中出现意见分歧是正常的现象，不要简单地采取下级服从上级、少数服从多数的做法。

### (二) 撰写鉴定意见书的基本要求

通常情况下鉴定意见书应达到下列要求：(1) 格式上符合法律文件要求；(2) 内容必须完整，要能充分表达鉴定的意见和根据；(3) 鉴定意见书中使用医学术语时，应有相应的具体说明和例子；(4) 分析意见要表达得有根有据，条理层次分明，对需要说明的问题及疑问要交代清楚；(5) 鉴定意见要明确，不能模棱两可。

### (三) 鉴定意见书的主要内容

(1) 一般项目。包括被鉴定人的姓名、性别、年龄、民族、婚姻、文化程度、籍贯、职业、工作单位及家庭地址，委托机关名称、鉴定目的和要求、鉴定日期、鉴定场所、鉴定在场人、案由等。

(2) 案情摘要及委托鉴定原因。

(3) 被鉴定人概况或调查材料。

(4) 被鉴定人案发时及案发前后的精神状态（这一条仅适用于刑事案件）。

（5）检查所见。包括精神检查、心理测验、体格检查及其他辅助检查。

（6）分析意见。

（7）鉴定结论。包括医学诊断、法律能力评定及建议事项。

（8）鉴定人签名及加盖公章。

（四）鉴定意见书的若干具体要求

（1）鉴定目的和要求。与鉴定意见书的结论部分相呼应，如要求鉴定责任能力和受审能力，鉴定意见书的结论必须分别对此作出评定。

（2）案情摘要。内容要简明扼要，不要把被鉴定人审讯中的具体交代或未肯定的情节写入其中。

（3）被鉴定人概况。包括被鉴定人个人史、疾病史、家族史，以及有关案情的调查情况和反映等，主要根据卷宗材料进行摘录，还应注明材料来源，如“据×××提供”“摘自卷宗第几页”等。

（4）如属于刑事案件，作案行为有较明确时间界线的，可另列“案发时及案发前后的精神状态”。此项目内也包括被鉴定人在审理、拘监期间的精神状态表现。

（5）分析意见。这是鉴定意见书的核心部分，撰写的难度最大。内容力求详尽、全面，对司法机关所提出的问题都要有所交代，主要包括：① 医学诊断的结论和依据；② 作案时处于何种精神状态；③ 案情行为与精神症状的关系；④ 目前的精神状态；⑤ 对案情行为的辨认与控制能力状况，法律能力的评定及依据；⑥ 鉴定意见结论。只要求表达结论性意见，不必再重复详述理由。如果鉴定组个别成员持不同意见，应在鉴定书中注明，不能以少数服从多数原则进行表决。

## 第四节　鉴定意见书的审查

鉴定意见书作为证据材料的一种，必须经过法庭审查，才有可能采信为证据，产生法律效力。鉴定意见书的审查主要是认定鉴定意见的合法性、科学性和可靠性。

### 一、审查鉴定意见书的合法性

精神疾病鉴定意见书是否合法，主要是看鉴定机构、鉴定人及鉴定程序是否符合法律规定。

（1）鉴定机构审查。主要审查鉴定机构是否具有从事司法鉴定服务的合法资格，所开展的法医精神鉴定是否在核定的业务范围内，以及其资质力量情况。

（2）鉴定人审查。鉴定人是鉴定意见书的出具者，鉴定人是否具备解决法医精神病学这一专业问题的知识和实际能力，即是否具有鉴定人的资格，这是保证鉴定意见书准确的前提条件。同时还应审查鉴定人在鉴定过程中是否实事求是、公正客观、秉公执法，有无作虚假鉴定的情况。

（3）鉴定程序审查。司法鉴定程序是指按照司法鉴定活动的客观规律所制定的司法鉴定工作的具体步骤，它是保证鉴定质量、实现司法鉴定的科学性、客观性、独立性、公正性的有力保障。为此，必须严格遵照《司法鉴定程序通则》进行司法鉴定活动。

## 二、审查鉴定意见书的科学性和可靠性

鉴定意见书的科学性和可靠性是构成诉讼证据的基础，倘若鉴定意见书本身有差错，就可能把侦查、审判活动引向歧途，甚至造成冤假错案。因此，需要从以下几个方面进行审查：

（1）鉴定资料审查。鉴定资料是鉴定意见的基础和根据，司法机关提供的材料，尤其是涉及被鉴定人案发前精神状态的材料必须客观、详细、充分、真实可靠。要做到这一点，就必须广泛收集材料，查阅证人证言，不能仅凭被鉴定人本人及其家属提供的资料做出鉴定意见。

（2）鉴定方法审查。鉴定人使用的鉴定方法，是鉴定意见书科学性和可靠性的重要保证。鉴定的步骤、方法不当，也会导致鉴定意见书出错。

（3）鉴定意见书的科学依据审查。鉴定意见书的科学依据，体现其作为证据的可信程度。科学依据越充分，结论的可靠性越强。鉴定意见所依据的事实必须在鉴定意见书中有充分体现，即必须具有内在的连贯性和一致性，结论清楚、逻辑性强，令人信服。

（4）鉴定意见书与其他证据的关系审查。审查鉴定意见书与其他证据是否协调一致，相互间有无矛盾。若出现鉴定意见与其他证据不一致，则应查明产生矛盾的原因，以判定是鉴定意见书出错还是其他证据不实，避免错判。

委托鉴定机构如发现鉴定意见书中措辞有误或鉴定意见表述不确切，对鉴定要求答复不完备，或又获得了新的可能影响原结论的鉴定资料等，可以委托原鉴定单位或原鉴定人进行补充鉴定。若发现原鉴定意见与案件内其他证据之间有矛盾，或几处鉴定意见有分歧；或经进一步调查取得了新的鉴定资料，对原结论产生了怀疑；或发现原鉴定人不具备法医精神病学的专门知识；或原鉴定程序不合法，可委托其他鉴定单位，另行聘请鉴定人重新鉴定。当几处鉴定意见不一致，且经逐级复核仍未解决鉴定分歧时，可采用共同鉴定的形式，由组织鉴定的部门聘请权威的精神疾病学专家“会诊”。经过专家鉴定，如果取得一致的鉴定意见，即可共同出具鉴定意见书；如鉴定意见仍不能一致，可在鉴定意见书中分别说明不同意见的人数和理由，或者分别出具鉴定意见书。

## 三、鉴定意见书的常见问题

（1）鉴定意见书格式不统一，内容不全面，说理不充分。已出版的有关司法精神病学专著中都已列出了鉴定意见书的基本格式，可作参考。重大的缺项是不应该的，如有的意见书无“分析意见”相关内容，“被鉴定人概况”仅寥寥数语。

（2）被鉴定对象称谓不统一。如有称“罪犯”“该犯”“被告”“人犯”“病人”“患者”等，这些称谓都是不恰当的，宜用未定性称谓，如“被鉴定人”。

（3）“案情摘要”的记述详略失当。有的没有严格按照客观掌握的情况摘录，而写错日期、时间、情节等。

(4)“委托鉴定原因”常被忽略而影响鉴定意见书中分析意见的针对性。委托鉴定原因不仅指首次鉴定，而且也包括委托复核鉴定或重新鉴定的原因。鉴定意见书有时未能得到司法机关的认可和理解，未根据“原因”做有的放矢的分析是个很大的因素。

(5)“精神检查”记述中常出现的问题。如仅有医学术语而无具体描述；或仅记录了被鉴定人的陈述，而未加以医学归纳；或两者记述均不全面。

(6) 未进行必要的心理学及其他相关辅助检查。

(7) 项目名称的使用问题。如有的鉴定意见书列“精神检查”一项，而其中又包括心理测验、脑电图及CT等项目，这显然不合理，如果采用“检查所见”的名称，则其项内应列出相应各项的检查发现。

(8)“分析说明”写得不够深入透彻和全面是最常存在的问题。

(9) 鉴定意见使用不规范的诊断术语，如“性格缺陷”“情绪反应”等。

(10) 法律能力评定用语不妥。对责任能力评定，宜评为“具有责任能力”或“无责任能力”，而不宜用“负有责任能力”“不负责任能力”“相应责任能力”等。因为鉴定人只能评定被鉴定人是否具有责任能力，至于负与不负责任应由法院判决。另外，“建议评定为无责任能力(或限定责任能力)”的提法也不妥当，因为鉴定人对于被鉴定人的责任能力状况应有清晰了解，而不是向别人提出建议。至于有的鉴定意见书结论中，还写了“建议对被鉴定人从轻或减轻处理”等，这样做已经超出了鉴定人的职责范围。

### 四、鉴定意见书争议处置

司法鉴定意见虽是法定证据之一，但鉴定意见书对司法机关和司法人员来说并没有强制力。司法机关和司法人员应当结合案情，积极能动地去分析评价每一份鉴定意见书。对于同一案件的鉴定意见出现不同意见和认识时，可以采取补充鉴定、重新鉴定、联合会诊鉴定等方式进行解决。具体方式和程序可参见司法部《司法鉴定程序通则》的有关规定执行。

## 习题

1. 简述司法精神医学鉴定的主要内容。
2. 简述如何办理司法鉴定委托。
3. 如何审查判断司法精神医学鉴定意见书？

## 拓展阅读文献

1. 杜志淳主编：《司法鉴定概论(第三版)》，法律出版社2018年版。
2. 郑瞻培主编：《精神疾病司法鉴定实务》，法律出版社2009年版。
3. 杜志淳等：《司法鉴定法立法研究》，法律出版社2011年版。

第四章

# 伦理准则

**内容提要：**本章论述了司法精神医学鉴定相关的伦理准则，包括医学伦理准则、精神医学特有的伦理准则和司法鉴定行业的职业道德规范等。本章附录介绍了国外相关参考学习资料。

**核心词汇：**伦理准则　职业道德　隐私保护　药物麻醉

**学习要求：**重点掌握司法鉴定职业道德规范及其内涵，熟悉医学伦理准则的通用要求。

## 第一节　概　　述

应如何正确对待精神障碍患者？这个问题显然非常宏大，是多学科都在探讨的命题。就司法鉴定和医疗行业而言，也有许多值得探讨的内容。在很长一段时间内，由于医学本身的落后和人们对精神疾病的不了解、不理解，精神障碍患者一直被认为是“魔鬼附体”“神的惩罚”而遭到歧视、打骂、侮辱、虐待、遗弃，甚至惨遭迫害致死。直到今天，在少数落后地区和部分人群中还存在着类似的错误观点。不管是在医学临床实践还是司法鉴定实践中，精神障碍患者均是特殊群体，包括医生、鉴定人、司法人员在内的职业群体应按照各项国际、国内的伦理、法律准则进行对待。伦理准则是评价人们行动是非对错的框架，也是法律、法规制定的依据之一。[①] 司法精神医学伦理准则主要有尊重、不伤害和公正。尊重准则下包括被鉴定人的自主性、知情同意、保密和隐私保护等具体要求。在对涉案的精神障碍患者及疑似者的精神状态、法律能力、损伤、伤残、护理依赖、三期、医疗损害等项目的司法鉴定活动中，也同样涉及上述伦理准则。司法精神医学作为医学的分支，在专业实践中同时要遵守医学伦理基本原则和精神医学特有的伦理准则。

① 参见翟晓梅、邱仁宗主编：《生命伦理学导论》，清华大学出版社 2005 年版，第 51 页。

## 一、医学伦理准则

希波克拉底誓言是以“医学之父”希波克拉底的名字命名，流传了2000多年。直到今日，很多国家的医生就业时还必须按此誓言宣誓。该誓言中有不少医疗专业精神值得我们借鉴。具体内容如下：

### 《日内瓦宣言（2017版）》（希波克拉底誓言）

作为一名医疗工作者，我正式宣誓：

把我的一生奉献给人类；

我将首先考虑病人的健康和幸福；

我将尊重病人的自主权和尊严；

我要保持对人类生命的最大尊重；

我不会考虑病人的年龄、疾病或残疾、信条、民族起源、性别、国籍、政治信仰、种族、性取向、社会地位，或任何其他因素；

我将保守病人的秘密，即使病人已经死亡；

我将用良知和尊严，按照良好的医疗规范来践行我的职业；

我将继承医学职业的荣誉和崇高的传统；

我将给予我的老师、同事和学生应有的尊重和感激之情；

我将分享我的医学知识，造福患者和推动医疗进步；

我将重视自己的健康、生活和能力，以提供最高水准的医疗；

我不会用我的医学知识去违反人权和公民自由，即使受到威胁；

我庄严地、自主地、光荣地做出这些承诺。

该誓言中涉及有利于病人的原则、尊重人类生命的原则、保密原则、尊重同行原则、尊重人权原则、无偏见原则等。司法精神医学鉴定工作中也吸收了其中大部分原则并沿用至今。

此后，世界医学学会陆续发表或采纳过《日内瓦宣言》《东京宣言》等，作为指导全球医学界共同遵守的医学伦理准则。

## 二、精神医学伦理准则

精神医学属于医学的分支学科，同时又具有很强的社会属性、文化属性，并且有很强的专业特殊性。除了要遵守医学一般伦理准则之外，还要遵守精神医学行业多年实践积累形成的专科伦理要求。如我国著名精神医学专家、世界卫生组织精神卫生专家顾问组成员杨德森教授曾提出精神科医生的10条行为准则，具体为：（1）爱护、关心、同情病人，建立良好的医患关系；（2）病人名誉权、隐私权、知情权等不容侵犯；（3）合理取酬，不可乘人之危；（4）热爱专业、不断学习，实践常思己过，面谈莫论人非；（5）细致观察、重点检查、详细记录、尽量确诊，正楷签名，首诊负责；（6）对主病尽量单一用药，用药切忌垄断、武断、蒙骗；（7）注重病人心理问题与社会功能，综合指导处理，发挥亲属作用；(8) 尊重上级医生意见，保持独立思考精神；(9) 集体作业，分工合作，团结互助；(10) 临难勿苟免，临财勿苟得。

以上 10 条行为准则中不少内容就属于专业伦理方面的要求，值得我们学习遵守。

### 三、司法鉴定职业道德规范

为了规范司法鉴定执业行为，指导全国司法鉴定人遵守司法鉴定职业道德规范，司法部制定出台了《司法鉴定职业道德基本规范》。具体包括：

**表 4-1**

| 内容 | 基本要求 |
| --- | --- |
| 崇尚法治，尊重科学 | 树立法律意识，培养法治精神，遵守诉讼程序和法律规定；遵循科学原理、科学方法和技术规范 |
| 服务大局，执业为民 | 坚持以人为本，牢固树立社会主义法治理念；保障司法，服务诉讼，化解矛盾纠纷，维护公民合法权益 |
| 客观公正，探真求实 | 尊重规律，实事求是，依法独立执业，促进司法公正，维护公平正义；对法律负责，对科学负责，对案件事实负责，对执业行为负责 |
| 严谨规范，讲求效率 | 认真负责，严格细致，一丝不苟，正确适用技术标准；运行有序，保证质量，及时有效，严格遵守实施程序和执业行为规则 |
| 廉洁自律，诚信敬业 | 品行良好，行为规范，举止文明，恪守司法鉴定职业伦理；遵守保密规定，注重职业修养，注重社会效益，维护职业声誉 |
| 相互尊重，持续发展 | 尊重同行，交流合作，公平竞争，维护司法鉴定执业秩序；更新观念，提高能力，继续教育，促进司法鉴定行业可持续发展 |

《司法鉴定职业道德基本规范》提出的基本要求与精神医学伦理准则的内容具有同源性，本质一致。如崇尚法治，其中就包含了公正的要求、保持中立的要求、保密的要求等。另外，如严谨规范的要求，其中就包含了诸如对女性进行身体检查的技术规范，对未成年人进行鉴定检查的技术规范，都体现了法医学鉴定实践的伦理原则要求。

## 第二节 有关具体问题

根据上述伦理准则，下面就两个代表性的问题进行阐述：一是隐私保护政策；二是药物麻醉分析技术。

### 一、隐私保护政策

#### （一）有关伦理准则和法规

1977 年在夏威夷召开的第六届世界精神病学大会通过的《夏威夷宣言》第 8 条规定："精神病科医生从病人那里获悉的谈话内容，在检查或治疗过程中得到的资料均应予保密，不得公布。要公布得征求病人同意。如因别的普遍理解的重要原因，公布后随即通知病人有关泄密内容。"隐私保护政策同时也是司法鉴定保密原则的要求。《司法鉴定人登记管理办法》中明确规定了鉴定人的保密义务。《司法鉴定程序通则》第 6 条规定："司法鉴定机构和司法鉴定人应当保守在执业活动中知悉的国家秘密、商业秘密，不得泄露个人隐私。"在司法鉴定活动中，司法鉴定人和司法鉴定机构的工作人员应对因工作关系知悉的国家机密、商业秘密、个人隐私等信息保密。

（二）鉴定工作实际要求与应对

在司法精神鉴定领域，隐私保护的原则显得尤为重要。对精神障碍患者或疑似者进行精神状态和刑事责任能力鉴定，必然会涉及与被鉴定人或其家庭有关的大量具有隐私性质的信息。不管是作为精神鉴定的惯例，还是司法鉴定的保密原则要求，鉴定人及有关工作人员均应当坚持保守因鉴定工作所知悉的各种秘密和隐私。当因鉴定需要在鉴定文书中描述鉴定调查或检查获得的隐私信息时，也要在法定范围内合理使用上述信息，切不可随意泄露。如将鉴定文书不加处理，直接发布于报纸、网络等媒体上，可能会违背保密原则，给被鉴定人或有关人员造成伤害。即使是用于教学、科研等非营利性活动，也要注意对真实姓名、地址等进行隐名处理。

精神症状具有动态性，不同检查者在不同检查时间所发现的精神现象可能会存在诸多差异，甚至完全不同。有些类型的精神疾病的症状表现还具有一过性，如果不能通过有效的技术手段进行全面固定，可能会因此带来鉴定争端。因此，精神鉴定的检查活动具有相当的特殊性。对精神检查结果的全面有效的固定是一个现实难题。笔者认为，为了提高精神鉴定检查过程和结果的证据价值，保证精神症状的有关信息在传递过程中最大限度地保持"全息"，减少"失真"，可以将同步录音和录像作为鉴定的常规方法进行推广、普及。《司法鉴定程序通则》第 27 条规定："司法鉴定人应当对鉴定过程进行实时记录并签名。记录可以采取笔记、录音、录像、拍照等方式。记录应当载明主要的鉴定方法和过程，检查、检验、检测结果，以及仪器设备使用情况等。记录的内容应当真实、客观、准确、完整、清晰，记录的文本资料、音像资料等应当存入鉴定档案。"《司法鉴定程序通则》第 25 条第 2 款规定："对被鉴定人进行法医精神病鉴定的，应当通知委托人或者被鉴定人的近亲属或者监护人到场见证。"《上海市精神卫生条例》第 49 条规定："因医学教学、学术交流、宣传教育等需要在公开场合介绍精神障碍患者的病情资料的，应当隐去能够识别该精神障碍患者身份的资料。"

综上，建议将全方位全程同步录音、录像作为司法精神鉴定的常规检查记录的标准方法，并予以法定化、规范化。为了保证记录信息的完整性、准确性、全面性，储存格式的统一性和可比性，同时应制定相关的技术设备硬件标准、检查室建设配置标准、操作规程、操作人员资质标准。

## 二、药物麻醉分析技术

（一）问题的提出

药物麻醉分析是指直接利用药物使病人、来访者进入催眠状态，以进行心理分析或治疗的方法。在临床上主要适用于对癔症、强迫症以及缄默症等疾病的诊断和治疗。

药物麻醉分析所使用的一般是巴比妥类和苯二氮卓类药物。近年来，在司法鉴定领域，当出现被鉴定人不配合精神检查、接触差，或者涉嫌诈病，而依据其他方法一时又难以明确，或受条件限制无法进行住院系统观察等情况时，就有鉴定人使用安定进行药物麻醉分析。药物麻醉分析主要是借助药物的作用，使被鉴定人的大脑皮层的抑制功能下降，放松戒备，从而探知被鉴定人内心深处的想法。有学者认为，药物麻醉分析所得结果具有较大的可靠性，能解决司法鉴定中被鉴定人不配合的难题，具有可行性。[①] 笔者在这里主要是从医学伦理和法律角度出发，讨论下列问题：司法精神鉴定人是否可以使用该技术？该技术是否违反我国和国际有关的法律和伦理准则？使用该技术获得的鉴定意见能不能作为法庭证据使用？

（二）问题的分析与对策

要回答上述几个问题，就应首先对药物麻醉分析技术本身进行全面考察，判断其技术原理、准确性、安全性等情况对被鉴定人的健康和安全是否会带来侵害或隐患。然后，应从我国现行法律考虑犯罪嫌疑人（被鉴定人）是否享有沉默权，使用该方法是否对被鉴定人的人身权利和诉讼权利等造成侵害。

根据医学常规，药物麻醉分析通常不能使用于心、肺功能存在严重障碍的被鉴定人。因为麻醉剂的使用可能进一步加重被鉴定人心、肺功能的损害，严重者可能导致死亡。药物麻醉分析的机理，主要是使被鉴定人处于觉醒与睡眠的中间状态，大脑处于放松、毫无戒备的状态。药物麻醉的程度与药物的剂量大小和个体的反应性等因素有关。有资料显示，在美国通过药物麻醉获取办案证据的成功率并未达到 100%，大约在 97%。[②] 在医学临床和科研领域，对于被鉴定人（病人、来访者）能否采取药物麻醉分析的方法，可以按照既有的法律和伦理规则进行决策。主要可分为两种情况：第一种情况，如被鉴定人具有完全民事行为能力，具体而言就是具有对于医疗行为的知情同意能力的情况下，只要其了解药物麻醉分析的利弊、风险，并签署了药物麻醉分析治疗的知情同意书，医务人员和科研人员便可以具体实施。第二种情况，如被鉴定人为限制民事行为能力人或无民事行为能力人，则需要其家属、近亲属等代理人来代为行使知情同意权。

1950 年《德国刑事诉讼法典》第 136 条规定："对被指控人决定和控制自己意志的自由：(1) 不许用虐待、疲劳战术、伤害身体、服用药物、折磨、欺诈或者催眠等方法予以侵犯。只允许在刑事诉讼法准许的范围内实施强制。禁止以刑事诉讼法不准许的措施相威胁，禁止以法律没有规定的利益相许诺；(2) 有损被指控人记忆力、理解力的措施，禁止使用；(3) 第 1、2 款的禁止规定，不顾及被指控人承诺，必须适

① 参见王克勤：《司法精神医学鉴定中静注安定进行麻醉分析 7 例》，载《中国神经精神疾病杂志》2002 年第 2 期。

② 参见曾建林：《药物麻醉分析中的法律问题》，载《证据科学》2004 年第 2 期。

用。对违反这些禁令所获得的陈述，即使被指控人同意，也不允许使用。”[①] 这一规定反映了德国关于保障人的尊严和人格的自由发展的原则。德国法理论和实践一致认为，药物麻醉分析之所以受到禁止，是“因为藉由生理反应对无意识状态下的精神活动的测试，亦将侵害到不得被侵害的人格权的核心”[②]。德国的上述立场得到了欧洲许多国家的认同，意大利、法国等也作出了类似规定。

《中华人民共和国人民警察法》第 16 条规定：“公安机关因侦查犯罪的需要，根据国家有关规定，经过严格的批准手续，可以采取技术侦察措施。”从药物麻醉分析的性质以及法律规定来看，药物麻醉分析在刑事诉讼程序中的介入有一定的法律依据。在司法实务中，部分案件也曾利用该技术取得侦破线索，但并未将其作为诉讼证据。我国目前尚未正式确立刑事诉讼中犯罪嫌疑人的沉默权。关于这一点，在刑法学和刑事诉讼法学界已经有了广泛的讨论。《刑事诉讼法》中也没有对此问题进行明文规定。犯罪嫌疑人一方面有如实供述的义务，但 2018 年《刑事诉讼法》第 52 条规定，“不得强迫任何人证实自己有罪”。上述规定看似存在矛盾，在今后的司法实践中究竟该如何操作、如何协调目前尚不得而知。司法鉴定活动属于司法证明活动，其工作的一项成果《司法鉴定意见书》属于法定的证据种类之一。另外，根据联合国《公民权利和政治权利国际公约》第 14 条第 3 款，任何人享有不被迫作不利于他自己的证言或强迫承认犯罪的权利。[③]

综上，笔者认为不应将该技术应用于包括刑事责任能力评定在内的司法鉴定活动中。再言之，在目前法制和伦理环境下，以及对药物麻醉分析技术本身的研究尚不够深入的情况下，使用了该技术的鉴定意见亦不得作为诉讼证据使用。

## 习题》

1. 简述司法精神医学鉴定需要遵循的伦理准则的来源。

2. 简述医学中的有利于病人原则和司法鉴定的公正原则之间如何协调。

3. 简述司法精神医学鉴定伦理和精神医学临床伦理之间的区别。

## 拓展阅读文献》

1. 孙大明：《刑事责任能力评定研究》，法律出版社 2013 年版。

2. 杨天潼编译：《外国法庭科学规范文件汇编（第二辑）职业伦理》，中国政法大学出版社 2013 年版。

3. 杨小丽主编：《医学伦理学（第 5 版）》，科学出版社 2020 年版。

① 《德国刑事诉讼法典》，李昌珂译，中国政法大学出版社 1995 年版，第 62—63 页。

② 邵劭：《论测谎程序中被测人之同意》，载《当代法学》2012 年第 4 期。

③ 参见曾建林：《药物麻醉分析中的法律问题》，载《证据科学》2004 年第 2 期。

**本章附录：**

## 司法心理学鉴定人专业的指导方针[①]

美国心理学学会
司法心理学鉴定人伦理指导方针委员会

（1991年3月9日）

### 引　言

司法心理学鉴定人专业指导方针，要与心理学家的道德原则保持一致。为了给司法鉴定提供更为具体的伦理学行为指导，监督他们的职业行为，采取行动帮助法院、诉讼当事人、司法精神卫生机构以及立法机构的工作，该指导方针的首要目标是提高鉴定人和司法鉴定机构提供司法心理服务的质量，从而提高司法心理学（作为一门学科和职业）的学术水平。司法心理学鉴定人的专业指导方针发表了一项联合声明，代表了美国法心理学协会、美国心理学学会和美国儿科学会有关司法心理学的一致意见。

本指导方针不代表美国心理学学会的官方声明。

本指导方针提供了一个可被采取的心理学家专业实践的理想模式，在任何心理学的分支科学中，当他们作为法庭专家代表他们自己经常参与司法活动时，司法活动的主要目的就是给司法审判系统提供专业的心理学专业知识。这将包括：法医临床鉴定或司法心理健康系统所聘请的心理学家；向心境突变问题提供相关科学鉴定依据的证词的研究人员；审判行为顾问；参与编写法学出版物的心理学家；以心理学家、法庭专家身份出现的顾问以及司法的、立法的或行政机构的判决（能力上）行为。只能向司法系统提供不定期服务的个人，作为法庭专家（不代表自己）的人士可能会发现这些准则特别是在与其同事（法庭专家）协商时是极其有益的。

I. 目的和范围

A. 目的

1. 虽然专业标准的道德实践心理学作为一般的纪律原则，针对的是美国心理学协会的伦理原则和司法心理学鉴定人目前理想职业的愿望，但这些伦理学原则并不足够详细，但它的确扩大了这些原则在司法心理学的实践应用。

2. 本指导方针是在国家法律允许范围内制定的，其目的是为了符合各州和联邦法律要求。司法心理学鉴定人认为法律规定在和本指导方针相冲突的情况下，应按照本指导方针的程序准则和心理学家伦理原则去尝试解决冲突。

B. 范围

1. 本指导方针规定了司法心理学鉴定人理想化的专业实践性质，作为司法心理学

---

① 本指导方针原载于杨天潼编译：《外国法庭科学规范文件汇编（第二辑）职业伦理》，中国政法大学出版社2013年版，第143—150页。

鉴定人会经常涉及心理学的分支科学。

a. “心理学家”可以指任何个人，其职业活动是由美国心理学协会或由国家许可或注册的心理学的实践活动。

b. “司法心理学”系指各种形式的专业心理学行为，作为处理明确心理问题的专业人士，心理学专家直接协助法院、诉讼当事人、司法精神卫生机构以及行政、司法和立法机构的司法行为。

c. “司法心理学鉴定人”是按照Ⅰ(B)(1)(b)界定的经常进行定期的司法心理学实践的心理学专家。

2. 本指导方针不适用于以下情况：没有得到正式委托（按照上面的界定作为司法心理学服务时）要求提供心理学服务的时候，司法心理学鉴定人不能提供专业的心理咨询服务。

3. 心理学家不是Ⅰ(B)(1)(c)项所界定的司法心理学鉴定人，但对偶尔提供有限的司法心理服务的心理学家而言，他们可能会发现在准备和开展的专业服务时，这些指导方针对他们是有益的。

C. 相关标准

1. 司法心理学鉴定人，按照心理学家伦理原则和美国心理学协会的其他各种声明进行职业活动，那些伦理原则可能适用于特定的领域或分支科学相关的专业实践活动。

2. 行为标准和其他有关“专家职业组织”的道德准则包括有益的指导，甚至应借鉴当前伦理学规范准则。

Ⅱ. 责任

A. 司法心理学鉴定人都有义务提供符合他们最高职业标准的心理学鉴定服务。对他们自己的行为和在他们直接监督下的个人行为负责。

B. 司法心理学鉴定人做出合理的努力，确保他们的鉴定结论客观而公正。

Ⅲ. 职能

A. 司法心理学鉴定人提供的心理学服务应仅限于心理学领域中，在这个领域中他们有专门的知识、技能、鉴定经验和教育经历。

B. 司法心理学鉴定人都有义务向法院就具体事项作证：专家的事实基础（专业知识、鉴定经验、技能训练、教育经历等）可作为专家的资格；作为专家，他们在具体事件（鉴定）的鉴定事项应与其鉴定资格相匹配。

C. 司法心理学鉴定人要有基本且合理的知识机构及能够专家诉讼，并了解相关法律和职业化标准。

D. 司法心理学鉴定人都有义务了解在诉讼程序中当事人的权利，他们在以一定的方式参与和管理他们的职业行为时，不会削弱或威胁（当事人）这些权利。

E. 司法心理学鉴定人应该认识到自己的个人价值观念、道德观念或在当事人的诉讼中个人和职业的关系，可能会干扰他们胜任鉴定的能力。

Ⅳ. 诉讼关系

A. 在最初与寻求司法心理学服务的当事人协商时，司法心理学鉴定人有义务告知当事人一些与司法心理学鉴定人的约定（合同），可能会适当影响鉴定结论的因素。这些因素包括但不仅限于：

1. 预期专业服务的收费金额；

2. 以前和目前可能会产生利益冲突的个人或职业活动与义务的关系；

3. 各自的职权范围内，并在其职权范围内；

4. 他们使用已知的科学依据、方法和程序的限制和他们使用这些方法和程序的能力。

B. 司法心理学鉴定人不以“风险代理”的方式向法律诉讼当事人提供专业服务，这些服务包括向法院或行政机构提供专家证言证词，或者要求心理学家就案件事实作出断言或表述。

C. 司法心理学鉴定人的很大一部分收入来自鉴定或咨询服务，在遇到经济紧张时，或公共利益和被鉴定人的利益受到抑制（损害）的情况时，他们应当提供部分的免费服务或降低服务费用。

D. 司法心理学鉴定人应当认识到双方在法律诉讼程序中潜在的利益冲突，应设法尽量减少其影响。

1. 司法心理学鉴定人应当避免向在法律诉讼程序上与他们有个人或职业关系的当事人提供心理学服务。

2. 当有必要提供鉴定和治疗服务时，司法心理学鉴定人应采取合理步骤以尽量减少潜在的不利影响，在心理学鉴定或咨询中应注意保护隐私权。

E. 司法心理学鉴定人都有义务，确保被鉴定人知晓他们所经历的司法鉴定服务的合法权益、任何鉴定的宗旨、鉴定程序的性质及司法心理学鉴定人当事人团队的人员构成。

1. 除非受到法院的委托，在进行司法心理学鉴定之前，司法心理学鉴定人必须获得被鉴定人或当事人一方或其法定代表人的知情同意。如果被鉴定人在明确鉴定目的、方法，并打算开始法庭科学鉴定之后，一旦其不愿意继续进行鉴定，就应推迟鉴定，且心理学家应该履行相应程序，使被鉴定人在鉴定所涉及的具体事宜中与他/她的律师保持充分沟通。

2. 被鉴定人方或当事人方没有被告知要进行鉴定的情况下，即没有履行知情同意权，或鉴定服务是由法院委托的，那么在鉴定开始之前，司法心理学鉴定人应在合理时间内告知被鉴定人的法定代表人。如果被鉴定人的法定代表人对鉴定提出异议，司法心理学鉴定人应将上述事项通知委托法院。

3. 司法心理学鉴定人以司法心理学鉴定作为其主要工作内容，他们的鉴定结论应当清晰明确，应当尊重被鉴定人及被鉴定人法定代表人的利益。

F. 当司法心理学鉴定人从事研究或学术活动时，可以使用来源于被鉴定人或诉讼程序中的鉴定报酬。科研成果中所用来论证的鉴定依据可以来自实际鉴定案例，但他们必须澄清能够预期的研究或学术成果（产品）的应用价值，体现司法心理学家在学术研究或成果中的作用，并按照法律或职业标准获得同意或允许。

G. 当司法心理学鉴定人职业标准和法律标准要求之间发生冲突时，特别是与法庭、法院人员或司法机构的委托事项发生冲突时，司法心理学鉴定人有责任使司法系统意识到冲突的根源，并采取合理的措施来解决这个问题。这些措施包括：与司法鉴定行业的同行协商，获得当事人辩护律师的意见。

V. 保护隐私和特权

A. 司法心理学鉴定人都有义务了解与司法心理学服务或鉴定结果有关的工作内容，这些内容可能会影响或限制保护被鉴定人隐私的法律标准，应以尊重（遵守）那些已知的权利和特权的方式进行专业活动。

1. 司法心理学鉴定人应当建立和维持一个有关鉴定的资料库系统，记录其与被鉴定人的沟通情况，以保障被鉴定人的权益。

2. 司法心理学鉴定人应当保护鉴定记录和资料。他们只能依照法定的要求和法院的委托，或在被鉴定人同意的情况下，公开有关鉴定的信息。

B. 司法心理学鉴定人应告知被鉴定人鉴定和鉴定结果保密性的限制范围（参照细则Ⅳ-E)，向他们解释并使其理解他们的权利、特权和所能做到的隐私保护范围。

C. 在这样的情况下，被鉴定人或当事人的隐私保护是有限的，司法心理学鉴定人应尽一切努力维持保护隐私的原则。

D. 司法心理学鉴定人应当让被鉴定人或其授权的法律代理人获知有关鉴定的内容，解释鉴定事项是否符合现行的联邦或州立的法规、心理学家的伦理学原则、心理测验和教育的标准以及现有司法体制规定的规范和条例。

Ⅵ. 方法和程序

A. 由于其特殊的地位，作为法院聘请的有鉴定资格的法庭专家，司法心理学鉴定人都有义务呈现其在各自领域内的科学知识、专业素质和法律方面要求的能力。他们有义务利用这些知识选择收集鉴定依据的方法和程序，按照（符合）临床医学和科学研究的标准，为进行司法心理学鉴定、心理学治疗、心理学咨询或学术/实证调查做出努力。

B. 司法心理学鉴定人都有义务，按照法院的委托或证据规则，使用所有依据鉴定依据形成的证据或鉴定结论，并提供鉴定文书以备核查。该指导方针将适用于这些文件或鉴定文书，这些文件的细节和质量将接受合理的司法审查；这一标准高于一般临床实践的规范标准。当司法心理学鉴定人进行检查鉴定或处理当事人法律诉讼时，他们的专业鉴定（服务）将对司法裁判起到关键作用，在尽可能的情况下，他们承担着提供最好的司法心理学鉴定的特殊职责。

1. 作为鉴定证据基础的鉴定依据，则必须遵照正常的规范获取，并注意保护被鉴定人的隐私权。司法心理学鉴定人都有义务了解这些规则并遵照它们指导自己的鉴定行为。

2. 司法心理学鉴定人对鉴定所引用的鉴定依据负有责任，他们应该使这些鉴定依据具备合理性和客观性，最终使其可以作为证据使用，而不违反相关法律规定。

C. 在提供司法心理服务时，司法心理学鉴定人应特别注意，以避免应用不应有的方法、程序对鉴定结论造成影响，因为这可能会在经济赔偿或其他利益上影响被鉴定人司法诉讼的成败。作为一个法庭专家在进行司法心理学鉴定、心理学治疗、心理会诊或学术/实证调查时，司法心理学鉴定人应恪守职业操守和职业道德，通过从所有合理的角度出发进行鉴定，并积极寻求客观信息或实际差异，证实似是而非的假设。

D. 司法心理学鉴定人不单独向被鉴定人或诉讼的任何一方提供专业服务，在鉴定之前，他们应向被鉴定人的代理律师，以适当的方式表述鉴定人身份及鉴定事项。在适当情况下，当司法鉴定服务是根据法院的委托而必须进行，且被鉴定人律师提出鉴定请求时，司法心理学鉴定人要做出合理的努力，在鉴定之前将鉴定情况通知法院。

1. 司法心理学鉴定人可以在法院委托之前，提供鉴定人的初步紧急心理健康服务或指派一名律师提供鉴定前心理学服务，用以保护和改善被鉴定人的心理健康。但这种做法的先决条件是，如果不提供这种心理学服务，将构成被鉴定人迫在眉睫的重大危险，会损害被鉴定人或其他人员。司法心理学鉴定人虽然是在紧急情况需要下提供这种服务的，但仍然要通知被鉴定人的代理律师。

2. 提供紧急心理卫生服务的司法心理学鉴定人，应力求避免给被鉴定人提供进一步的司法心理学鉴定专业服务，除非这种鉴定是合理的并且是不可避免的［Ⅳ（D）(2)］。

E. 当司法心理学鉴定人需要向鉴定双方之外第三方寻求鉴定依据时，应当事先记录这些鉴定依据的来源，他们应仅限于按照法律要求，并得到事先许可，或由于法院的委托而进行的司法心理学鉴定。

F. 司法心理学鉴定人应非常清楚他们的专家证词会给他们的司法心理学鉴定带来很大的道德负担。当有确切的事实证明鉴定意见、证据或鉴定结论是来自于道听途说或其他不予许可的鉴定依据时，他们可以不予认可。在合理允许的情况下，司法心理学鉴定人应当争取获得独立的或亲自调查所获得的鉴定依据。鉴定依据是他们职业服务（鉴定）的组成部分，并应向法院或参加诉讼的被鉴定人完整地提供这些鉴定依据。

1. 虽然司法心理学鉴定人会使用多种形式证明鉴定结论的正确性，但司法心理学鉴定人必须证实这些作为他们鉴定基础的关键鉴定依据。当使用没有证实的道听途说的鉴定依据，而且仍然利用它们进行论证的，司法心理学鉴定人将肯定负有伦理学方面的责任，他们必须说明这些未经证实的鉴定依据的来源和依赖这些鉴定依据的理由。

2. 对其他任何类型的证据，除非法庭有其他方面的需求，司法心理学鉴定人应尽量避免应用与鉴定无关的信息。尤为关键的是，鉴定中所有的鉴定依据或信息必须能够支持他们的鉴定结论、证据或证词。

3. 当司法心理学鉴定人依靠他人收集的鉴定依据或资料进行鉴定时，他们要澄清这些鉴定依据的来源。此外，司法心理学鉴定人负有特殊的责任，确保这些鉴定依据是按照职业标准要求收集的。

G. 除非另有规定，司法心理学鉴定人都知道，在任何（司法）鉴定过程中，或在任何刑事诉讼程序中，没有对被鉴定人的鉴定，没有法庭专家陈述的证言，也没有任何其他声明可以被接纳或作为反驳被鉴定人的证据，只有对被鉴定人精神状态的问题进行司法鉴定才能起到司法证据的作用。司法心理学鉴定人有一个积极的义务，即确保其鉴定的书面结论和口头证词符合本联邦议事规则或其他相关规定。

1. 由于司法心理学鉴定人往往不能知道证据、文件或书面结论内容可能是什么或可能会导致什么样的“声明结论”，所以他们应该谨慎地撰写鉴定报告或提供证言证词，在被鉴定人的心理状态被确认之前，或有关被鉴定人的精神状态的鉴定结论做出之前，司法心理学鉴定人应当遵循各州的或联邦对法律报告的要求，尽力避免被鉴定人所被控告的内容对鉴定公正性的影响。

2. 一旦被鉴定人进入审判阶段，如果行为能力等鉴定问题已经得到解决，司法心理学鉴定人将把所有已鉴定的心理健康问题、有关被鉴定人的精神状态的证据或证词、鉴定事项的结论以及与被鉴定人直接相关的专家证据写入鉴定报告或质证陈述中。

H. 当司法心理学鉴定人无法亲自对被鉴定人进行身体检查时，他们应当尽力避免出具缺乏身体检查结果的意见陈述、鉴定分析或鉴定结论。司法心理学鉴定人应尽一切合理的努力，保证鉴定过程中对被鉴定人的身体检查。如果实在不能进行这样的检查而必须得出鉴定结论，那么他们必须明确这种情况下出具的鉴定结论、专家证言证词是有局限性的。

Ⅶ. 公众和职业人员的沟通

A. 司法心理学鉴定人应当做出合理的努力，以确保鉴定的公正性，确保他们自己的公开声明和专业的证词能够明确地表达和传达鉴定目的，促进理解和避免欺骗，并给予充分、详尽的解释，司法心理学鉴定人还应当能公正地和其他相关执业人员进行良好的沟通。

1. 司法心理学鉴定人可采取合理的步骤，以纠正他们的司法鉴定结论，证言证词或有关失实的陈述。

2. 司法心理学鉴定人有义务向被鉴定人解释符合职业和法律标准的有关司法鉴定工作，如鉴定过程结果的公开、鉴定依据的解释以及得出鉴定结论的事实依据等。他们应该用被鉴定人可以理解的语言描述结论、鉴定依据并充分解释鉴定结论。

根据《教育和心理学检测标准》第 16 条的规定，司法心理学鉴定人无权向除鉴定双方之外的第三方公开或解释鉴定依据或鉴定结论。如果确有必要，一定要向第三方公开鉴定依据或鉴定结果时，司法心理学鉴定人应确保所公布的信息安全可控。

3. 司法心理学鉴定人应采取合理措施，详细地解释原始鉴定记录和原始鉴定依据，以确保被鉴定人可以清晰明确地了解鉴定事项；为了提供可靠有效的信息，原始鉴定依据必须经由合格的专业人员负责解释。

B. 司法心理学鉴定人应当认识到，作为“法院法庭专家”或“法庭专家代表”，他们的神圣地位赋予他们在质证陈述中的公正性和准确性上负有特殊的责任。

在法律诉讼程序中，需要鉴定或评论鉴定工作的合理性，或评价另一法庭专家或当事方的资格，司法心理学鉴定人对其他法庭专家或另一方鉴定依据、观点理论、引用标准、意见公正和鉴定的准确性持有异议时，应指出其分歧所在。

C. 通常情况下，在参与司法裁判过程中，司法心理学鉴定人应避免做出详细的公众或庭外陈述（声明）。我们强烈建议司法心理学鉴定人一定要尽量地避免这种公众声明，法庭专家这种公开声明的目的是保证准确地反映他们的作用或其证据，而不是判断双方在法律程序中的立场，因而这些声明最好只限于在法庭内。

司法心理学鉴定人解决法律诉讼具体实践问题的出版物或论文其所参考和依据的信息应仅限于部分公开的纪录，或经过当事人授权，允许使用这些信息。

D. 在诉讼过程中出庭作证时，司法心理学鉴定人都有义务以公平的方式向双方当事人阐述他们的调查结果、分析或其他鉴定结论。这一原则并不排斥依据鉴定材料所作出的推理性判断，也不排斥由这些推理得出的鉴定结论。然而，它应当排除任何个人色彩或个人好恶的参与，不能（不论主动还是被动）扭曲事实或进行失实陈述。司法心理学鉴定人应当避免由于委任或送检材料疏漏所造成的鉴定依据缺乏，避免参与基于虚假证据的虚假陈述，也不能盲目逃避，拒绝或者颠覆违背自己的中立立场出示证据。

E. 司法心理学鉴定人在其整个司法鉴定服务中，凭借其可公布鉴定信息的职权和办事规则，积极地解释其所有信息的来源。解释的方式可以采用特殊的书面或口头证言的形式。

F. 司法心理学鉴定人都知道，他们的重要作用是作为法庭专家协助调查事实，了解证据或确定问题的事实，提供专家证据。他们要知道，自己的职业观察、推论和结论必须区别于法律的事实、意见和结论。司法心理学鉴定人要准备解释专家证词、有关的法律问题和事实之间的关系。

第五章

# 精神症状

**内容提要**：本章主要介绍常见精神症状的主要表现和法律意义。本章是司法精神医学的基础内容。

**核心词汇**：精神症状学 精神病理 描述性病理学 精神病综合征 精神病性症状

**学习要求**：掌握常见精神症状的表现，学会区分普通心理问题与精神症状。

## 第一节 概 述

### 一、学习意义

精神症状学是临床精神病学的基本内容。对于法学学生而言，在学习“司法精神医学”课程的过程中，也应对精神症状学有初步了解，这是因为：一方面精神症状学是“司法精神医学”课程的基础性内容之一；另一方面，较好地掌握本章内容对于提升将来的工作实践能力有着重要的意义。掌握本章内容有助于及时识别和判断常见的精神异常现象，及时发现办案过程中的专业性问题，及时依法启动有关司法程序，从而提高办案效率。

### 二、基本概念

精神症状就是不正常的精神活动。由于精神科缺乏客观的实验室检查方式来识别精神症状，因此，对精神活动正常还是异常的判断，无法像其他学科那样严格、确切。有些精神活动，很容易识别是否正常，有些则不易识别，即使是有经验的精神科医师，也不能一眼就作出判断，甚至需要经过一段时间的观察才能明确。

在精神病学中，所谓精神活动正常通常使用的是统计学的概念，即在同一环境背景下，大多数人的表现就是正常。“正常”还是一个对比的概念，包括横向对比和纵向对比。横向对比就是与其条件相同的人们相比，也就是上述的统计学概念；纵向对比则是与本人的过去一贯表现对比。人的精神活动经常处于波动之中，而且一个人在不同场合下可以有很不同的表现（如一个人，用公款时可以挥霍无度，而用自己的钱时则锱铢必较)，有时正常人也可能说出一两句不能让所有人都理解的言语，或因一时冲动而做出过激行为，因此不能只根据一时一地的观察就做出全面的评估。即使是精神障碍患者的精神活动也并不都是异常的，常常是正常和异常的精神活动交替着出现。精神症状的表现有时与正常精神活动相比有质的差别，这种表现较易识别；有的则只有量的差别，这就必须把这种表现与当时的背景联系起来考虑方能确定其是否异常。精神症状的表现在不同的文化之间也有差别。所以，要判定精神活动是否正常，必须结合一贯性格特征、行为表现、文化水平、民族、宗教信仰以及所处客观环境等进行全面综合分析，并观察精神症状出现的频度、持续时间和严重程度，进而作出判断。

## 第二节　常见精神症状

精神症状学传统上一般是根据心理学的分类，将精神症状分为意识障碍、感知障碍、思维障碍、情感障碍、意志障碍、动作行为障碍、注意障碍、记忆障碍、智能障碍等进行叙述。

### 一、意识障碍

意识在不同学科中具有不同的含义。在法学上，“意识”一词的含义通常指行为人在作出某种行为时的心理自觉性，即是否有明确的动机与目的。正常人有意识的肇事行为属于“故意”，而无意识的肇事行为则属于“过失”。在心理学上，弗洛伊德将正在进行的并能自己觉察的心理活动称为意识，而把未加注意、未能察觉或者遗忘了的心理活动称为无意识。在精神医学中，意识是大脑普遍的功能状态，是个体对周围环境及自身的认识和反应能力。它涉及觉醒水平、注意、感知、思维、记忆、定向、行为等许多方面，是各种精神活动的基础。

一般临床上的意识障碍是狭义的意识障碍，主要指周围环境意识障碍，而在精神医学领域中，还包括自我意识障碍。

(一) 周围环境意识障碍

1. 表现

(1) 对时间、地点、人物定向减退或消失；(2) 出现遗忘或部分性遗忘；(3) 感知觉清晰度降低，可出现错觉；(4) 注意力难以集中，注意的范围缩小；(5) 思维变得迟钝、不连贯；(6) 反应迟钝、茫然，行为动作常缺乏目的和指向。

2. 分类

意识障碍由脑功能的抑制引起，不同程度的抑制引起不同程度的意识障碍。如果以单纯的脑功能抑制为主，由轻到重可表现为意识混浊、嗜睡、昏睡和昏迷。如果抑制还伴有附加症状（如精神运动性兴奋、言语不连贯、错觉幻觉、一过性妄想等），则表现为谵妄、朦胧状态、神游症、梦样状态等。

(1) 意识混浊

意识清晰度轻度下降，患者似醒似睡，反应迟钝，思维缓慢，注意、记忆、理解都有困难，有周围环境定向障碍，能回答简单问题，但常重复别人的问话，如问他："饿了吧？"答："饿了。"再问他"吃不吃？"答："不吃。"对复杂问题则茫然不知所措。轻度的意识混浊可见于正常人的思睡、过度疲劳、情绪激动、普通醉酒，不属于精神病性症状。只有意识清晰度明显下降，在司法精神病学上才具有意义。

（2）嗜睡

在安静环境下经常处于睡眠状态，但接受轻度刺激后可以立即醒来，能进行简单交谈，口齿含糊，有时答非所问，刺激一旦消失患者又入睡。

（3）昏睡和昏迷

昏睡时患者整日处于熟睡状态，施加强刺激（推、针刺）才能有简单的轻微反应，如含糊应声、肢体稍微移动等。昏迷时意识完全丧失，对外界刺激毫无反应。两者都是严重的意识障碍，不能起床行动，不会发生危害行为。

（4）谵妄

患者意识损害的程度变异较大，可以从几乎没有被觉察的迟钝向着深度昏迷转变。意识障碍往往具有特征性波动，睡眠节律障碍时，日间嗜睡，夜间失眠，谵妄加重，出现大量的错觉、幻觉，视幻觉及视错觉的内容多为生动而鲜明的恐怖情境，如见到昆虫、猛兽等，也可有片断妄想，并支配患者的行为、情绪。患者往往紧张恐惧，躁动不安，有时可有危险的搏斗行为或突然狂乱逃跑。在程度更严重的意识损害时，患者反应变慢、活动减少、言速变慢、思维不连贯、情感淡漠，意识恢复后可有部分遗忘或全部遗忘。谵妄多见于躯体疾病所致精神障碍、中毒所致精神障碍，药物（包括酒精）依赖者在戒断时较多见。

（5）朦胧状态

意识范围狭窄，患者可有相对正常的感知觉，以及协调连贯的复杂行为，但除此范围以外的事物都不能进行正确感知判断，属于较为显著的意识障碍。表现为联想困难，表情呆板或迷茫，也可表现为焦虑或欣快的情绪，有定向障碍，片断的错觉、幻觉、妄想以及相应的行为。一般持续时间不长，常突然发生，突然中止，事后遗忘或部分遗忘。朦胧状态多见于癫痫性精神障碍、脑外伤、脑血管疾病，也可见于心因性及分离障碍。

（6）神游症

患者在意识范围狭窄的状态下，无目的到处乱走或漫游。患者可做出一些难以理解的行为，如将财物乱送人，侵入他人住宅乱拿东西，盲目进入危险地方等。发作时难以唤醒，可历时数小时甚至数天。突然清醒后，能部分回忆。神游症多见于癫痫，如一癫痫患者在神游症发作时，闯入军事禁区登上雷达支架，损坏了设备。神游症也可见于癔症，这时极少有危害或破坏性行为。

（7）梦样状态

梦样状态，指在意识清晰程度降低的同时伴有梦样体验，属于较为显著的意识障碍。患者完全沉湎于幻觉、幻想中，与外界失去联系，外表上有的像木僵，有的表现兴奋。对其幻觉内容过后并不完全遗忘。可见于急性起病的精神分裂症、致幻剂的使用。

（二）自我意识障碍

1. 人格解体

人格解体是一种有自知力的、不愉快的体验症状，患者有异乎寻常的陌生感、脱离感或不真实感。有的患者感到身体发生了奇异变化，失去了正常时的真实感和实质感，甚至觉得“我”似乎不存在了。有的患者感到周围世界似乎发生了改变，变得不真实了，一切变得疏远而陌生，称为现实解体。多见于神经症、精神分裂症、癫痫。

2. 身份改变

发作性身份改变是意识改变状态。患者突然一反常态，似乎变成了另一个人，说话的内容、口气、表情和姿势都和那个人一样。这种发作通常持续时间不长，会自动终止，事后遗忘。多见于分离性障碍。

3. 被动体验

如被控制感、强制性思维，以及被强加的思维、情感、意志行为等。患者强烈地感到他的意志不起作用，精神现象的出现完全违背了他的意志，使他不快。多见于精神分裂症。

## 二、感知障碍

感知是客观刺激作用于感觉器官而被意识到的过程，包括感觉和知觉两个部分。感觉和知觉都是客观事物在人脑中的反映，区别在于感觉只是对事物的个别属性的反映，而知觉则是将客观事物的个别属性综合起来，并借助以往经验，在脑中形成一个完整的印象。例如，人在喝咖啡时，看到咖啡的颜色，尝出咖啡的味道是感觉，得出咖啡的品种和产地是知觉。一般来说，孤立的感觉是很少的，人们实际上都是以知觉的形式把客观事物反映到意识中来。

（一）感觉障碍

感觉障碍在精神病临床上并不多见，且多属于非精神病性症状，主要有以下几种：

1. 感觉过敏

无神经系统器质性损害的情况下，患者对外界一般强度的刺激不适感特别强烈。如对关门声、脚步声感到震耳欲聋，正常的太阳光感到特别刺眼，普通的气味感到浓郁刺鼻，衣物接触到身体时也难以忍受。常见于神经衰弱、分离性障碍、疑病症等。

2. 感觉减退

无神经系统器质性损害的情况下，患者对外界强烈刺激无感觉或感觉轻微。如针刺皮肤感觉轻微或不产生任何感觉。多见于抑郁状态、木僵状态、意识障碍、分离性障碍等。

3. 感觉倒错

患者对外界刺激产生与正常人不同性质的或完全相反的异常感觉。如向患者手上滴一滴冷水时，称“烫得厉害”。多见于分离性障碍。

4. 内感不适

患者躯体内部产生各种不舒适或难以忍受的感觉，且不能指出具体部位。如感到腹部气流游走，内脏被牵拉、挤压。内感不适常构成疑病观念的基础。多见于精神分裂症、抑郁状态、脑外伤性精神障碍、疑病症、分离性障碍等。

（二）知觉障碍

知觉障碍是精神科临床上最常见的症状。常见的有以下两种：

1. 错觉

错觉是对客观事物歪曲的知觉。如将花朵看成蛇，将一棵树看成一个人。错觉的出现不一定都是精神病的表现，感官的缺陷、光线不足、过度疲劳、情绪紧张、恐惧、急切期待等情况下均可出现错觉，如杯弓蛇影、草木皆兵等。这类错觉属于心理或生理性错觉，是偶然出现的，改善感官条件或加以解释后，能够很快纠正和消除。

病理性错觉则不易纠正，基本上都伴有意识障碍。在此背景下出现的错觉，其内容往往带恐怖性质，以视错觉最为常见，患者往往坚信不疑，并伴有相应的情绪和行为反应。如处于谵妄状态的犯罪嫌疑人将另一犯罪嫌疑人看成骷髅而惊恐万状，并出现自伤、伤人行为。精神分裂症患者常将周围的人误认，如将民警误认为是他的亲属或亲属成了坏人的化身，这种症状并非错觉，而属于思维障碍中的妄想性知觉。

2. 幻觉

幻觉是在没有外在刺激作用于相应的感觉器官时出现的知觉体验，是一种异常现象。幻觉的分类如下：

（1）按临床意义分类

① 非精神病性幻觉，正常人也可出现，包括出现于入睡时或刚醒时的幻觉、与强烈情感因素有关的心因性幻觉（如母亲听到婴儿啼哭）、沉溺于幻想或白日梦时的幻想性幻觉、虔诚教徒在举行宗教仪式时出现的幻觉、被催眠或暗示后产生的幻觉。非精神病性幻觉持续时间短，个体可迅速了解它是虚幻的、无中生有的。

② 精神病性幻觉，是精神病性症状之一，可引起患者情绪与思维相应的变化，常同时伴有其他精神症状，具有重要的诊断价值。

（2）按幻觉出现的感觉器官不同分类

① 幻听

即听见了客观上并不存在的声音，是最常见的一种幻觉。幻听的内容往往多种多样，可以是噪声、音乐或言语，以言语性幻听最为多见，言语声可清晰可模糊，可熟悉可陌生，可一人可多人，多为谩骂、诽谤、讽刺，也可命令、赞扬。有时患者觉得自己心里想什么就听到什么，如果听到的是自己的声音，就称为思维化声；如果听到的是别人的声音，就称为读心症。言语性幻听是精神病性症状之一，多见于精神分裂症，在精神病的诊断中具有重要价值，因此要善于观察识别。如有的患者听到表扬他、恭维他的话，就表现为洋洋自得；有的患者听到说他坏话、隐私，则表现出恐惧、愤怒、对空谩骂。幻听常影响患者的思维、情绪，并支配其行为而导致严重危害社会的后果。例如，某患者突然用铁棍追打一陌生老人，称听见有一种来自太空的声音不断地说："打死他，打死他。"

② 幻视

即看见了客观上并不存在的景物。幻视的内容可以是单调的光和色彩，也可以是形象鲜明生动的人物或景象。幻视常和其他幻觉一起出现，其频率和特异性都明显逊于幻听。幻视有两种特殊形态：

a. 自体幻视：也称自窥症，患者能看到自己的形象，常较模糊。

b. 域外幻视：指出现在视野范围之外的幻视，如两眼前视时，却看到背后有人。

对于精神分裂症而言，大量的幻视并不多见，而在癫痫、谵妄、精神活性物质所致精神障碍等疾病中较为多见，幻视内容常带恐怖性质。如一犯罪嫌疑人因服用大量阿托品后兴奋躁动不安，称“看见许多矮人在跳舞”，见到民警惊恐万状，称“好多青龙过来了”。受这种恐怖性视幻觉的影响，患者可出现伤人、毁物、自伤等冲动行为。

③ 幻嗅或幻味

即闻到或尝到了客观上并不存在的特殊的气味或味道。多是一些令人不愉快的难闻气味，如腐臭、血腥气、物品烧焦味等，患者常以手捂鼻或出现厌恶等表情，或者认为饭菜里有毒而拒绝进食饮水。多见于精神分裂症或颞叶癫痫。精神分裂症患者常由此继发被害妄想而出现严重危害社会的行为。

④ 幻触

即皮肤黏膜的虚幻知觉。如患者诉称皮肤或黏膜有触电、烧灼、虫爬、针刺、刀割、抚摸、潮湿、液体流出等感觉。皮肤或皮下昆虫爬行感多见于可卡因成瘾、酒精中毒患者。有的患者出现性器官接触的感觉，这种触幻觉又称性幻觉，是一种特殊幻触，多见于精神分裂症、分离性障碍。如一女性患者状告有男子对她实施了“强奸”，引起法律纠纷。

⑤ 内脏性幻觉

即内脏器官的异常知觉，可产生于某一固定的器官或躯体内部。患者常可清楚地描述某一脏器出现了异常，如胃穿孔、肠扭转、肺在扇动、心脏被挤压、脑子溶化。这种幻觉往往在内感不适的基础上产生，可与疑病妄想、虚无妄想或被害妄想同时存在，多见于精神分裂症、抑郁症。

⑥ 运动性幻觉

即患者在静止状态下，自觉身体某部分有运动感。常见的有两种：第一种是精神运动性幻觉，涉及肌肉、肌腱、关节等部位，如患者虽确知自己睡在床上，却有一种像坐在轿子里被抬着走的颠簸感觉；第二种是言语运动性幻觉，患者虽沉默不语，但却感到自己的唇舌在运动，在讲话。常见于精神分裂症和脑器质性精神病。

（3）按产生的刺激分类

① 功能性幻觉

指当出现某种客观真实的刺激（通常是声音）时，同一感官出现的幻觉。如当听到自来水声（正常知觉）时就听见有人说话声（幻听）。当客观的流水声停止了，幻听也消失了，即流水声和说话声这两种声音是同时存在的。如果听到的流水声变成了说话声，这就是错觉了。

② 反射性幻觉

指当某一感官接受客观真实的刺激时，出现了另一感官的幻觉。如当听见马叫声

（正常知觉），便立刻看见一个武警站在眼前（幻视），幻视的出现是以马叫声为前提。

（三）感知综合障碍

对客观事物整体的感知是正确的，但对事物的部分属性（如形状、大小、颜色、空间位置等）产生了歪曲的知觉。它与错觉不同，错觉是客观事物的整体及其基本性质被歪曲。常见的感知综合障碍类型如下：

1. 视觉感知综合障碍

又称视物变形症，患者感到外界事物的形态、大小、颜色发生了变化。如见别人的脸凹一块、凸一块，房屋、树木歪歪斜斜要倒下来似的；看到的形象比实物大很多或小很多，分别叫视物显大或视物显小症。在视物变形的影响下，患者可做出严重危害行为。如犯罪嫌疑人李某突然用马桶将另一犯罪嫌疑人赵某打成重伤，审讯时李某供称："半夜见赵某青面獠牙，两只眼睛像窟窿，嘴张得很大，里面黑洞洞的，要我进去，我害怕，因此打他。"有的患者感到自身的形态发生了改变，这叫自体变形。如一患者整天不停地照镜子，认为自己相貌变得很丑，两只眼睛不一样大，鼻和嘴歪到一边，耳朵大得像猪耳，头上还长出一只角，颈部细如钢丝，脸色也变得可怕，感到无法见人，并企图上吊自杀。这类症状多见于精神分裂症和癫痫。

2. 空间感知综合障碍

患者感到周围事物的距离发生了改变，如将远物看得很近或将近物看得很远。如患者认为桌子离自己很近，结果把放上去的杯子摔得粉碎。多见于精神分裂症和癫痫。

3. 时间感知综合障碍

指对时间体验的综合障碍，如感觉时间变"慢"、变"快"或"不规律"，多见于颞叶癫痫或精神分裂症。癫痫患者常感岁月不再流逝或时间已"凝固"，或世界变化异乎寻常地快或时间在"飞驰"；精神分裂症患者常感时间忽快忽慢。正常人在某些特殊情况下也可有类似感觉，如在困境时（如被拘禁）往往感到"度日如年""时间停滞不前"，而在欢乐或与亲人分离时又会感到时间飞逝。但是，这类时间感知综合障碍对司法精神鉴定来说，意义不大。

4. 运动感知综合障碍

感到运动着的物体静止不动或静止的物体正在运动。如患者看见一幢幢楼房迎面而来，或看到正在转动的机器停止了。多见于癫痫和精神分裂症。

5. 躯体感知综合障碍

又称体像障碍，患者感到自己整个躯体或个别部分发生了变化，如感到自己脸变长，两眼有大小，鼻子变宽，手臂变细等。可见于精神分裂症、癫痫等。

感知障碍是导致精神病患者产生严重危害行为的重要精神病理基础之一。如幻觉可影响情绪、支配其行为，尤其受威胁命令性幻听的影响支配，患者可发生自伤、伤人、杀人等行为。同时幻觉还可以继发或强化妄想，如在食物或饮料中尝到"怪味"，便认为有人要谋害他，从而继发或强化被害妄想；在内脏幻觉的基础上可继发疑病妄想；听到爱人与其"情人"窃窃私语，可继发或强化嫉妒妄想。受妄想的支配，患者可出现严重危害社会的行为。

## 三、思维障碍

思维障碍是精神疾病的重要精神症状，可以分为三大类：思维形式障碍、思维过程障碍和思维内容障碍。

### （一）思维形式障碍

1. 思维联想障碍

（1）思维散漫

即联想结构松散，缺乏目的性、连贯性和逻辑性。如患者说的每一句话虽然基本符合文法，内容多少有些关联，但整段话没有中心思想，给人的感觉是谈话谈了半天，不知道要说明什么问题，即使鉴定人提出问题要求他澄清，也不能说清楚。如问患者为何发笑，他答道："人生在愉快地死去，在死亡中放出微笑，对于自己亲人的眼泪，冲到太平洋的海浪里，冒出放声大笑，涌出自己红波的青春……"严重者称为思维破裂，句与句之间完全没有联系。如问患者来这里多久了，他答道："农业生产'大跃进'，春天的花儿多么好，苹果好吃，昨天赶集我看见一只鸡。"更有甚者连完整的句子也不能表达，只是把许多词堆砌起来，称为词语杂拌，如问某发高烧的患者："你吃饭了吗?"答："床上、树木、飞、塑料、一去不复返、闪电、石头……"思维散漫多见于精神分裂症。

（2）接触性离题

即说话不切题。患者似乎总在接近交谈主题，但却总是擦边而过，从未能切入主题。他的话和鉴定人的提问沾了点边，接着就离题，接下去还会再沾上边，也就是不切题但并非完全没有联系。接触性离题可以认为是有特别价值的思维联想障碍，是很难伪装的，它与思维散漫的区别在于并非完全离开主题，概念间还是有些联系的。

（3）强迫观念

指反复出现的想法、冲动或印象，患者明知不对，但很难克制。患者有强迫和反强迫体验，每当一种意念产生，立即伴有另一种抵抗这种意念的冲动，两者的争斗使患者痛苦不堪。虽然有时强迫观念的内容可以很荒谬，但在整个过程中，患者始终知道这两种相反的意念都是他自己的，而非外界或他人的。强迫观念往往伴随强迫动作和行为。常见的有以下几种：

① 强迫意念：脑中反复出现一些不合时宜的念头或词句，如有关两性关系的念头。

② 强迫性穷思竭虑：反复思考和追究一些对本人生活毫无意义的问题，如"为什么习惯称男女而不是女男?""为什么人有两只手而不是三只手，如果有第三只手会长在哪里?"

③ 强迫性怀疑：反复怀疑刚刚做完的事情的正确性、可靠性，以至于反复检查与核实。常伴有强迫性核对与检查动作，如反复关门、检查煤气、检查刚写下的文字等。

④ 强迫性回忆：反复回忆刚才做了哪些事情、顺序如何等，一定要分毫不差，否则会焦虑万分。

⑤ 强迫性冲动：总是想去做某一动作，如把孩子从楼上扔下去、用刀刺人等。

2. 思维逻辑障碍

指推理障碍，联想没有正常的逻辑规律。常见以下几种：

(1) 概念错乱

患者对概念曲解，或把另一种不相干的概念混杂在一起。患者不分古今中外，不分幻想与现实，或者张冠李戴，把不同时间、空间的事物糅合在一起。如患者认为自己是莎士比亚或诸葛亮的父亲。多见于精神分裂症。

(2) 矛盾思维

患者脑中出现两种对立的概念，且并行不悖，可同时有矛盾情感、矛盾意志，统称为“矛盾症”，是精神分裂症的基本症状之一。

(3) 内向性思维

又称孤独性思维。患者的联想与思维推理，只有他自己懂得，别人完全不能理解，是精神分裂症的特征性症状。如患者说：“世界上万物生长靠空气和阳光，因此我可以一辈子不吃饭，只要有空气和阳光就能使我生活下去。”

(4) 病理性象征性思维

正常人也有象征性思维，如鸽子代表和平，火炬象征光明，这是被大家公认和接受的，也不会把象征当作现实的东西，如不会把多养鸽子当作防止战争的手段。而病理性象征性思维是把象征和现实混淆起来，虽然两者之间并非毫无关联，或象形，或有象征性意义的联系，但患者认为象征就是现实，而不经他本人说明，他使用的象征往往是别人所不懂的，是精神分裂症的特征性症状。如一精神分裂症患者，将邻居停在他家门前的三辆木板车烧毁。鉴定中他解释说：“木板车的车头都朝西放，我家正好有三口人，意思是要把我家三口人送到西天去，就是要我们全家人都死，所以我才烧了这三辆车子。”

(5) 语词新作

患者自创新词新字，或用奇怪的图形符号来表示只有他自己才理解的某种意义。如一患者写出：“仕＝志、佃＝思、怕＝想”，认为人的心位不正，都长在左边，应将所有含“心”笔画的字，统统改为“＋”作为偏旁，并把有的笔画省去。另一患者用“男｜女”来表示离婚。多见于精神分裂症。

(6) 逻辑倒错性思维

患者在联想过程中思维违背了逻辑规律，往往无前提或缺乏依据或偷换概念或因果倒置，因此，常得出荒谬离奇的结论。如患者称：“我长得很美，我是美国人。”他将“美国人”与“长得美”的概念混淆，把两者视为同一概念，违反了逻辑思维的同一规律。多见于精神分裂症。

(二) 思维过程障碍

1. 思维速度障碍

(1) 思维奔逸

指思维速度加快，思维内容十分丰富，思维转变快速，新的概念不断涌现。如患者语量增多，语速加快，显得健谈。思维速度太快时，言语再加速也无法跟上，后一句可能与前一句有音韵或意义上的连接，分别叫作“音连”或“意连”。同时患者的话题极易受到环境变化而转移，称为“随境转移”。如问某患者叫什么名字，他答：“我叫某某民，人民的民，人民，民主，老百姓翻身做主，无产阶级专政，共产党领导，建设社会主义，到共产主义按劳所需，这是我们大队长常说的。”讲到这里，看见了一位解放军军人，他马上站起来举手敬礼，一边说：“向解放军学习，向解放军致敬!”一边又踏步走，还唱：“雄赳赳，气昂昂，跨过鸭绿江。”这时天上响起了飞机声，又马上高呼：“空军！人民的空军万岁！万万岁!”该患者的讲话有音连、意连和随境转移。多见于躁狂症，这种症状往往是正常人难以伪装的。

（2）思维迟缓

指与思维奔逸恰好相反，思维抑制，思维速度过慢，不易产生新概念。患者反应迟钝，言语减少，说话内容简单，说话速度缓慢，言语低沉，虽然作了很大努力，但经再三追问对问题也难以回答出口。多见于抑郁症。

2. 思维数量障碍

（1）思维贫乏

指联想的数量减少，思维内容简单空洞，概念与词汇贫乏。对问题只能在表面上作出反应，缺乏进一步联想，如问老虎头上拍苍蝇的意思，答：“消灭苍蝇……打扫卫生。”问患者今后的打算、对住院的看法，答：“没什么……没看法。”多见于精神分裂症和脑器质性精神病等。

（2）病理性赘述

患者在叙述一件事时加入许多不必要的细枝末节。它不同于言语啰嗦，因为没有太多重复；也不同于精神分裂症患者最后完全离题，如果给患者足够时间，最终仍能绕到中心话题。最典型的病理性赘述见于癫痫，如患者思维进程黏滞，过分拘泥于细节。

（3）思维阻隔

指思维突然中断。患者在谈话时话题突然中断，接着出现新的与之前无关的话题，而患者对此不能解释。主要见于精神分裂症。

（4）强制性思维

患者感到脑内突然涌现出大量不属于自己的思维，认为是外力强加给他的，自己根本来不及抵抗，完全无能为力。有两种表现形式：一是感到某种观念或想法被强行插入脑内，称思维插入；另一种是感到大量毫无意义的联想不由自主地涌现在脑海里，突然出现，突然消失，称思维云集。均见于精神分裂症，被认为是此症的特征性症状之一。如有一患者在阳台上看报时，突然感到脑中被插入了一个想法：把花盆丢下去。他就这么做了，恰巧有一老人路过，造成老人头部重伤。虽然他知道这种行为不对，但无法控制这种强制性思维，丧失了自控能力。

（三）思维内容障碍——妄想

1. 概念

（1）妄想是病理性偏执信念，这种信念内容没有事实根据，与患者本人的文化程度、社会身份不相称，但患者坚信不疑，不能用一般的说理、证明、劝导等方法加以纠正。它是最常见的精神症状之一，有的精神病甚至只有妄想这唯一的症状。正常人可以有猜疑，但不可能存在妄想，一旦发现存在妄想，就属于精神病范畴。妄想在司法精神医学鉴定中有重大意义，对被鉴定人责任能力评定有很大影响。在司法精神医学鉴定中，被鉴定人发生重大危害行为案件中，由妄想引起的比例很高。

典型的妄想具有三个基本特征，缺一不可。

第一，妄想是病态的坚信，不可动摇，不能被客观事实所纠正。

第二，妄想是自我卷入的。妄想的核心判断总是包含着“我”，如“有人迫害我”，“我是某历史名人的儿子”，“我的配偶和某人关系暧昧”等。

第三，妄想是个人独有的。即妄想是个人所独有的信念，而不是任何集体所共有的信念。这一特点使它有别于宗教、迷信、巫术等与文化相关的信念。

(2) 妄想需与以下几种观念严格区分：

① 超价观念

区分妄想与超价观念有一定难度，容易导致误诊，造成法律纠纷。超价观念也可见于正常人，是一种直接涉及自我的确信，这种观念片面而偏激，以至于不被同一文化或亚文化的大多数人所接受，常常导致人际冲突。超价观念具有如下特点，也是与妄想的区别之处：

a. 可理解性。超价观念有一定的事实根据，往往事出有因，并不明显歪曲事实本身，推理也大体合乎逻辑，听起来颇有道理，具有一定的可接受性和社会真实性，只是过于偏激。

b. 与个体的人格特征和生活经历有关。超价观念多出现于具有敏感多疑的偏执性人格的人身上，除了与歪曲观念相关的行为和态度外，其余的精神活动与其人格协调一致，虽然长期存在，但不会导致人格改变。超价观念总是缓慢发展的，往往起始于带有强烈情感的事件之后。当对引起此观念的最初事件的情感“冷却”后，观念随之减弱或消退。

c. 有超价观念的人常利用各种机会、采取各种方式进行以理服人的“传道活动”，试图说服别人，不惜与人争辩。

在司法精神医学中常见的超价观念有被害观念、嫉妒观念、牵连观念、疑病观念。

② 迷信观念

迷信观念虽然也是错误的且无事实或科学根据，但并不超越当时当地的社会文化背景，是可以被同一文化群体中的人们接受的。如一迷信思想严重的妇女，受到神婆暗示，认为女儿是魔鬼，如不将其除去必给家庭带来灾害，故将女儿打死。由迷信思想引发的危害行为，需与妄想所支配的行动严格区分。

③ 成见和偏见

不同于妄想，成见和偏见是人们思想方法不正确或认识水平的局限所造成的。

2. 妄想的分类

妄想的分类多根据其内容和性质。下面介绍经常引起违法行为的几种妄想：

(1) 被害妄想

被害妄想是最常见的妄想类型之一。患者无事实根据，坚信自己被迫害，迫害的手段主要有跟踪、监视、下毒等，有的认为自己被人用科学仪器控制，要拿他做试验品。患者受妄想的支配可出现拒食、控告、上访、逃跑或采取自卫、自伤、伤人等行为，主要违法行为是凶杀。如服刑犯胡某，因“流氓罪”被判刑九年，某晚小组学习时突然用刀子连续刺伤本组四名服刑犯，值班民警前去制止，也被刺伤。审讯时供称：“他们一直在监视、跟踪我，说我的坏话，并向干部汇报，要给我加刑，我恨他们。”经查，他犯根本没有这种情况，民警也不知道此事。这是受被害妄想支配而出现的伤害行为。

在司法精神医学鉴定中，被害妄想应和被害观念作严格区分。当患者的想法毫无事实根据，荒谬离奇，如坚信饭中被下毒，别人毫不介意的生活小事他也认为有人故意为之，甚至认为别人联合成团体害他，那么应考虑被害妄想的可能。如果称“别人踩着我的肩膀往上爬”“吵架后邻居经常朝我院子里扬灰”等，则需考虑被害观念的可能，而且当事人对于现实的态度往往仅限于感到受压制、排挤、被人瞧不起等，而不是会被谋害。

(2) 关系妄想

患者无根据地将周围环境中与他毫不相干的事物或现象都认为与他有关或是针对他。如看见马路上的人在交谈，认为是在议论他，说他的坏话；别人咳嗽、吐痰是在鄙视他；新闻中的内容也是针对他的等。多见于精神分裂症、偏执性精神病。关系妄想可继发或加重被害妄想，可导致凶杀等严重危害行为的发生。如一患者认为同宿舍的人咳嗽、擤鼻涕都是在讽刺他，室友李某睡觉喜欢打鼾，则认为这是对他极端厌恶的表现，因此某日突然拿凳子将正在打鼾的李某砸成重伤。

在司法精神医学鉴定中，关系妄想应和牵连观念作严格区分。牵连观念是指觉得或认为别人的言语行动在指向自己，如形象不佳或有过失言行的人，常感到人们在注视自己或议论自己，尽管根据不足且本人也能认识到这一点（并非坚信不疑），仍然会有这种感受和观念，多与性格有关，争强好胜、爱面子而骨子里自卑的人容易出现。

(3) 嫉妒妄想

精神症状学讨论的嫉妒主要是性的嫉妒。患者无中生有地坚信配偶对自己不忠诚，另有所爱，为此患者跟踪监视配偶的日常活动或截留拆阅别人写给配偶的信件，检查配偶的衣服等日常生活用品，甚至暴力拷问以寻找私通情人的证据。可见于精神分裂症、偏执性精神病、酒精中毒性妄想症。嫉妒妄想是凶杀行为的重要危险因素，可将配偶或妄想中的第三者杀害，如果认为子女非亲生，也可能对子女下手。许多嫉妒妄想者伴有严重的家庭暴力行为，但对外人却极力隐瞒。如某患者在家对妻子施以酷刑逼迫其承认与人私通时，关紧门窗并开大电视机和收音机音量以掩盖妻子的惨叫，而在外人面前竭力表现出对妻子关心体贴。如某患者某日半夜突然打死老婆，当地法院要判处他死刑，上级法院认为他杀妻动机不明，对其精神状态表示怀疑，后将其送到某市作司法精神医学鉴定。开始被告人不愿开口，经三个月住院观察，才慢慢讲述打死老婆的缘由。据他所述，他经常怀疑老婆与某男子有不正当关系，为了顾全大局，一直将此事隐藏在心里，至今已八年。那天见老婆与该男子眉来眼去、神色慌张，估计他们要对自己下手了，于是先发制人，打死了老婆。经多方查证，其妻作风正派，与该男子并无不轨行为。这是被告人受嫉妒妄想影响支配而发生的凶杀行为。

司法精神医学鉴定时，应严格区分普通的“吃醋心理”（可理解的嫉妒）、嫉妒观念（病态嫉妒）与嫉妒妄想。

可理解的嫉妒指男性拈花惹草或女性红杏出墙，引起对方的嫉妒，这是人人都会有的，因此具有可理解性。

嫉妒观念是一种超价观念，可见于正常人，也可见于偏执性人格障碍者。有些敏感的女性或大男子主义的男性会对配偶的一举一动过分关注或乱加猜疑，同样可以发生跟踪、监视、检查、审问、暴力事件，和嫉妒妄想有时很难区别，因为涉及个人隐私，较难调查确定。一般而言，嫉妒观念者多与人格有关，女性多于男性，对“情敌”敌意明显，可有严重的暴力行为；嫉妒妄想者想法荒谬，难以理解，无法纠正，男性多于女性，多只攻击配偶。

另外，还应注意辨别一些似乎有依据的嫉妒，如被鉴定人因为怀疑妻子作风不端而杀了妻子，有证据表明其妻确有外遇。但是，被鉴定人并不只是怀疑妻子和某人有外遇，而是坚信妻子和周围所有男性都有染，其中包括自己未成年的侄子和70岁的老父，其推理和判断过程十分荒谬。

（4）疑病妄想

毫无根据地认为自己患了某种严重躯体疾病或不治之症，虽经反复的医学检查，证明无病，仍坚信不疑。如一患者认为自己肺烂了，心脏停止了跳动，血液已经凝固，虽然他能照常吃饭、劳动，但对其病仍坚信不疑。常在内脏性幻觉的基础上产生。多见于精神分裂症、抑郁症。患者会因此指责医生失职，造成纠纷，或认为医生使用“假药”害他，继发被害妄想而产生伤害行为。

在司法精神医学鉴定中，应将疑病妄想和疑病观念加以区别。疑病观念多见于疑病症等轻性精神障碍，作为一种超价观念，虽然也是无根据地疑心自己得了疑难杂症，深感痛苦，四处求医，但其主诉内容并不荒谬，如经医生详细检查、耐心解释保证，疑病观念可动摇而逐渐消失，也不会继发被害妄想或伤害行为。

（5）钟情妄想

严格地讲应称作“被钟情妄想”。患者毫无根据地坚信自己被某异性钟爱。认为对方一言一行都是对他爱慕的表示。因此，常与对方纠缠不休，即使遭到拒绝，仍坚信不疑。若一旦对方爱人出现，便对“第三者”极度仇视，甚至加以伤害、凶杀或“殉情”自杀。多见于精神分裂症。如张某因盗窃罪被判刑四年，服刑期间坚信中队某女管教爱上了他。理由是：一次女管教从厕所出来掏出手巾擦手，是在向他打手势；一次女管教从搅拌机旁经过向他暗送秋波。因此，张某常主动接近该女管教，当该女管教给他犯发放零花钱时，便在其身后做细小的亲昵动作，并给该女管教写情书，偷看其洗澡，甚至还请男管教转告该女管教：等他刑满释放后再结婚。经查，该女管教并无此意。

钟情妄想应与正常人的单相思相区别。正常人的单相思是知道自己在主动求爱，也知道对方不一定接受，当受到冷遇或别人劝解后便会打消这种念头。

(6) 非血统妄想

毫无根据地坚信自己的父母或子女不是亲生，多见于精神分裂症。受这种妄想的影响，患者可出现伤害、凶杀等严重危害社会的行为。如一患者认为自己的母亲不是生母而是养母，称生母在日本，他是日本血统，因此常毒打其母，并逼母亲将其“生母”交出。某日趁母亲不备，将母亲抱起从三楼窗口扔下摔死。

(7) 替身妄想

患者无根据地认定其亲人不是原来的人，而是别人冒名顶替的并对他有危害企图，因此可导致冲动伤害行为。常见于精神分裂症。如一患者将丈夫伤害致残，事后称：“他不是我丈夫，我丈夫在‘文革’中被关起来并被杀害了（其夫确实曾被关半年）。他是个特务，经过整形，变得和我丈夫模样一样，到国内进行破坏活动，还企图强奸我，我不能不干掉他。”

(8) 夸大妄想

毫无根据地夸大自己的才能、财富、地位。如认为自己有巨额的财富、无上的权力、渊博的知识，是世界领袖或有非凡的才能、有很多重大发明创造等。某患者称自己是世界领导人，并给党中央、国务院写信：“命令你们安排我的叔叔当省长、哥哥当市长，并将某市长弄去劳改。”甚至攻击现行制度或领导人，散发传单，组织非法集团，构成危害国家安全罪。多见于精神分裂症、麻痹性痴呆、躁狂症、拘禁性精神病。

(9) 罪恶妄想

毫无根据地认为自己犯了不可饶恕的大罪，应受到严厉的惩罚，或将过去微不足道的小事夸大其词，认为犯了弥天大罪。有的去“自首”，有的采取曲线自杀方式，故意做出危害行为后要求判处自己死刑。多见于重度抑郁症、精神分裂症。

(10) 赦免妄想

毫无根据地坚信自己的罪行已经被赦免。主要见于犯罪嫌疑人、被告人或罪犯。患者常纠缠管教干部，闹着要出狱，甚至出现冲监、越狱等行为。多见于拘禁性精神病。

(11) 无罪妄想

毫无根据地坚信自己无罪，而是因受迫害被关押。受妄想的影响支配，患者可出现伤害、冲监、越狱等行为。多见于拘禁性精神病。

(12) 被窃妄想

患者坚信自己的财物被别人偷窃，实际是由于患者记忆障碍而忘记财物放在了何处。受该症状影响患者常与妄想对象发生纠纷或到公安机关报案。多见于老年性痴呆。

## 四、情感障碍

“情感”(affection) 和“情绪”(emotion) 在精神医学中常作为同义词，它是指个体对客观事物的态度和因之而产生相应的内心体验。心境 (mood) 是指一种较微弱而持续的情绪状态。

在精神疾病中，情感障碍通常表现为三种形式，即情感性质的改变、情感波动性的改变及情感协调性的改变。

（一）情感性质的改变

可表现为情感高涨、欣快、抑郁、焦虑和恐惧等。正常人在一定的处境下也可表现上述情感反应，因此只有当此种反应的强度和持续时间不能以其现实环境刺激及其心境来解释时方可作为精神症状。在此介绍的都是病态的情感反应。

1. 情感高涨

指心情极度愉快，常伴有自我感觉良好，活动增多，自信心增强。患者在交谈中语音高昂，眉飞色舞，表情丰富，具有感染力，易引起周围人的共鸣，常见于躁狂症。

2. 欣快

欣快是一个器质性症状，患者表情轻松愉快，诙谐滑稽，爱开玩笑或恶作剧，但言行幼稚愚蠢，缺乏感染力，多见于器质性精神病、醉酒状态、慢性衰退的精神分裂症。

3. 抑郁

心境不愉快，常伴有自我评价降低，自卑自责，悲观消极。患者可有特征性的表情和姿势，嘴角下垂，眉头紧蹙，瞬目减少，目光向下，头部前倾，弓腰驼背，动作减少，唉声叹气。可伴有某些生理功能的抑制，如食欲不振、闭经等。常见于抑郁症。

4. 焦虑

指在缺乏相应的客观因素情况下，出现惶惶不安、坐卧不宁、莫名紧张，感到将有不幸的事要发生，可伴有心悸、出汗、手抖、尿频、四肢发麻、头晕头胀等自主神经系统症状。严重的急性焦虑发作称为惊恐发作，常伴有严重的心血管症状，患者可出现濒死感。多见于焦虑症、抑郁症。

5. 恐惧

指面临不利或危险处境时出现的情绪反应。表现为精神极度紧张、害怕、提心吊胆，伴有明显的自主神经系统症状，如心悸、气急、出汗、四肢发抖，甚至大小便失禁等。对特定事物的恐惧是恐惧症的主要症状。恐惧亦可见于儿童情绪障碍及其他精神疾病。恐惧与焦虑有些相似，但焦虑是对未来的担忧，恐惧是对当前事物、场所等的不安。

（二）情感波动性的改变

正常的情绪波动常与人的处境有关。当这种波动超过或低于正常水平即属异常。

1. 情绪不稳

表现为情感反应（喜、怒、哀、愁等）极易变化，从一个极端波动至另一极端，但持续不久，显得喜怒无常。与外界环境有关的轻度的情感不稳可以是一种性格的表现；与外界环境无相应关系的情感不稳则是精神疾病的表现，常见于脑器质性精神障碍。

2. 情感失禁

是一种情感失控现象，发作时患者心里明白，但无法控制其哭笑表现，常由轻微刺激引起，如当问及伤心事时，患者立即当众痛哭，片刻收敛，表示在大庭广众出了丑，但无法克制。多见于器质性精神障碍（尤其血管性痴呆）。

3. 情感淡漠

指对外界刺激缺乏相应的情感反应，即使对自身有密切利害关系的事情也如此。患者对周围发生的事物漠不关心，面部表情呆板，内心体验贫乏。临床上习惯将程度较轻的情感淡漠称为情感平淡。情感淡漠是精神分裂症的特征性症状。

4. 易激惹

表现为情绪反应过敏，极易因小事而引起较强烈的情感反应，持续时间一般较短暂。可见于多种疾病，诊断价值不大。然而，它的存在与否对于对患者采取怎样的处理措施具有十分重要的意义。如果存在易激惹，应对患者出现暴力行为的可能性进行评估。

（三）情感协调性的改变

1. 矛盾情感

指对一个人或一件事同时存在两种对立的情感。患者并不感到这两种情感的对立与矛盾，也不为此苦恼不安。如患者坚信妻子和外人合谋害他，十分痛恨妻子，同时又盼望她来医院探视。它与矛盾意志、矛盾思维共称为“矛盾症”，是精神分裂症的基本症状之一。

2. 情感倒错

指情感表现与患者内心体验或处境相反。如听到令人高兴的事时，反而表现得伤感；在描述自己遭受迫害时，却表现得愉快。多见于精神分裂症。

3. 情感幼稚

指成人的情感反应如同小孩，变得幼稚，缺乏理性控制，反应迅速而强烈，没有节制和遮掩，喜怒易形于色，或常傻笑。多见于精神分裂症、癔症、精神发育迟滞、器质性精神障碍。

## 五、意志障碍

意志是指人们自觉地确定目标，并克服困难用自己的行动去实现目标的心理过程。意志与认识活动、情感活动及行为紧密相连而又相互影响。在意志过程中，受意志支配和控制的行为称作意志行为。常见的意志障碍有以下几种：

（一）病理性意志增强

指意志活动增多。在病态情感或妄想的支配下，患者表现得固执、顽强、坚持不懈。多见于偏执性精神分裂症、偏执性精神病、偏执性人格障碍。如有嫉妒妄想的患者坚信配偶有外遇，而长期对配偶进行跟踪、监视、检查；有疑病妄想的患者到处求医；在夸大妄想的支配下，患者夜以继日地从事无数的发明创造等。

（二）意志减弱与意志缺乏

指意志、行动缺乏主动性。如患者无任何主动意志要求，处处被动，对前途毫无理想，甚至个人基本生活要求也需人督促，即为意志缺乏。多见于抑郁症及精神分裂症（慢性、单纯型）。

（三）易暗示性

缺乏主观意向，思想、行为容易受外来的影响或别人的暗示，同时对别人有较强的依赖性。暗示性过高是一种病理现象或人格障碍特性。多见于癔症、精神发育迟滞、文化程度低或迷信思想较重的人。

（四）犹豫不决

表现为遇事缺乏果断，反复考虑，不知如何是好。对于两可之间的事，更是不能作出选择和决定。患者对此有自知力，并感到痛苦，多见于强迫症。

（五）矛盾意志

是矛盾症的表现之一，患者对同一事物，同时出现两种完全相反的意向。例如，碰到朋友时，一边想去握手，一边却把手马上缩回来。患者对此毫无自知，不以为然。多见于精神分裂症。

## 六、动作行为障碍

动作是指较简单的运动，如摇头、摆手。行为是指一系列动作的组合。动作行为障碍又称为精神运动性障碍，可分为精神运动性兴奋、精神运动性抑制和本能行为异常等。

（一）精神运动性兴奋

指动作和行为增加。可分为协调性和不协调性两类。

1. 协调性精神运动性兴奋

指动作和行为的增加与思维、情感活动协调一致，并和环境密切配合。患者的行为是有目的的，可理解的，整个精神活动是协调的，多见于躁狂症。

2. 不协调性精神运动性兴奋

指患者的言语动作增多与思维及情感不协调。患者动作单调杂乱，无动机及目的性，使人难以理解，所以精神活动是不协调的，与外界环境也是不配合的。如紧张型精神分裂症的兴奋、青春型精神分裂症的愚蠢、淘气的行为等。在司法鉴定时，还应排除伪装。

（二）精神运动性抑制

指行为动作的减少。临床上包括木僵、蜡样屈曲和违拗症等。

1. 木僵

指动作行为和言语活动的完全抑制或减少，并经常保持一种固定姿势。严重的木僵称为僵住，患者不言、不动、不食、面部表情固定，大小便潴留，对刺激缺乏反应，如不予治疗，可维持很长时间。轻度木僵称作亚木僵状态，表现为问之不答、唤之不动、表情呆滞，但姿势较自然，在无人时能自动进食，能自动大小便。木僵可分为紧张性木僵（见于精神分裂症）、抑郁性木僵（见于严重抑郁症）、反应性木僵（见于急性应激性精神病、癔症）、器质性木僵（见于器质性精神障碍）。为了排除伪装的可能，木僵的临床诊断的时间下限一般定为 24 小时，即至少持续 24 小时才能认为木僵肯定存在。

2. 蜡样屈曲

指在木僵的基础上出现的状态，患者常静卧或呆立不动，肌张力增高，肢体任人摆布，即使是不舒服的姿势，也较长时间似蜡塑一样维持不动。有的患者头部抬高似枕着枕头的姿势，可维持很长时间。此时患者意识清晰，病好后能回忆。多见于紧张型精神分裂症。

3. 违拗症

指患者对于要求他做的动作，不但不执行，而且表现抗拒及相反的行为。若患者的行为反应与医生的要求完全相反时称作主动违拗，如要求患者张开口，他反而紧闭口。若患者只是拒绝医生的要求而不作出相反的行为，称作被动违拗。多见于紧张型精神分裂症。

（三）本能行为异常

人类的本能行为可分为保存生命的本能和保存种族的本能。具体表现为逃避危险、饮食、睡眠、性的本能等。本能行为的异常状态有以下几种：

1. 自杀

自杀的定义必须满足三个条件：要有自杀观念，即有想死的念头以及用行动结束生命的决心；要有自杀的行为，即有可以导致死亡的实际行动；要有死亡的结果。三者缺一不可。自杀可见于正常人，但精神障碍患者自杀率远高于正常人。在各种精神疾病引起的自杀中，以抑郁症最多见，其次是精神分裂症。

2. 蓄意自伤

指有意识的自伤行为，是一种非致死性的行动。自伤者可能有也可能没有结束生命的动机。多见于人格障碍、抑郁症、精神分裂症。常见的自伤方法有药物过量（但大多不对生命构成严重威胁）、割裂（割裂伤常在前臂或腕部）。精神分裂症患者的自伤行为往往较为残忍，如剜目、自行阉割、剖腹等。

3. 饮食障碍

常见五种形式：

（1）食欲减退。多见于抑郁症、神经性厌食。

（2）食欲亢进。多见于精神发育迟滞、精神分裂症、躁狂症等。

（3）拒食。多在幻觉、妄想、木僵等症状基础上产生。

（4）异食癖。喜欢吞食泥沙、墙土、石灰等正常人不吃的东西，常与肠道有寄生虫（钩虫），体内缺乏铁、锌等微量元素有关。

（5）食欲倒错。乱吃东西，吞食污秽脏物，或其他不能吃的奇怪东西，常由于幻觉、妄想、思维障碍、智能缺陷等原因造成，多见于精神分裂症、痴呆。

4. 睡眠障碍

指睡眠觉醒周期性变化的障碍。常见的有：

（1）失眠

包括入睡困难、多梦、易醒、早醒，是最常见的临床症状之一，可见于多种疾病。

（2）日间睡眠过多

常被忽略，多继发于夜间睡眠不足，如不规则的睡眠习惯、睡眠节律障碍、慢性躯体疾病，也可见于病理性睡眠障碍，如多发性睡病、阻塞性睡眠呼吸暂停综合征等。

（3）异常睡眠

① 睡行症

常在睡后的前一阶段出现。患者在睡眠中起床活动，行为呆板，意识恍惚，问之不答或含糊答应，活动一阵后又回到床上继续睡觉，次日不能回忆。

② 梦魇

即睡眠麻痹，指在入睡或朦胧刚醒时，感到全身不能动，也不能发出声音，感到焦虑，经努力挣扎或稍加刺激即可消失。可见于发作性睡病。

③ 夜惊

多见于儿童，在入睡数小时后，突然惊醒，大哭大闹，表情紧张惶恐，显得糊涂，心跳和呼吸加快。几分钟至十几分钟后逐渐安静，恢复正常平静睡眠，醒后没有或仅有部分梦境回忆。

④ 病理性半醒状态

主要见于从深度睡眠到觉醒的过渡阶段中。患者意识模糊，对周围事物感到扭曲，可伴有错觉、幻觉、妄想性感知体验，可有强烈的惊恐反应而发生冲动危害行为，事后可有部分回忆。多在长期睡眠不足或过度疲劳后的深度睡眠或噩梦后，也可在大量饮酒、心境恶劣等情况下入睡后发生。如有一案例，患者在睡前与丈夫发生争吵，感觉心烦郁闷，身体有灼热感。入睡后睡眠较深。半夜突然醒来，感觉全身不适更重，忽然听到有人叫她起床，“到桌子上来!”“你母亲是烈士，你是九仙女”。她就跳上桌子，见婆婆抱着自己的孩子，就从桌上跳下，夺过婆婆手中的孩子摔在地上，并将正在抢救孩子的婆婆打倒在地。之后就倒在地上入睡。天亮后才突然清醒，对孩子的死亡极为悲痛。鉴定检查时，只记得听到有大人物对她说话，记得打过婆婆，否认摔死孩子。

5. 性功能障碍

分为器质性性功能障碍和功能性性功能障碍。在精神科临床上，性功能障碍主要指功能性性功能障碍，常由心理因素、人格障碍、神经症、躁狂症、抑郁症等引起。常见的有性欲亢进、性欲减退、性欲倒错等。性欲倒错有多种形式，如恋物癖、露阴癖、施虐癖、受虐癖等。

（四）某些特殊症状

1. 刻板言动

指患者自发地机械而刻板地反复重复某一单调的动作、词句，如反复解纽扣，重复说：“让我出去吧，让我出去吧……”多见于紧张型精神分裂症。

2. 持续言动

患者对一个有目的而且已经完成的言语、动作进行无意义的重复。对前后不同的提问，总是用前面已经回答过的话来回答，往往限于语句的末端部分。如问患者：“吃过早饭了吗?”患者答:“吃过了。”再问他几岁了,又答:“吃过了。”多见于器质性精神障碍,如痴呆。

3. 模仿言动

指患者无目的地模仿周围人的动作、语言,与刻板言动同时存在,多见于紧张型精神分裂症、癔症。

4. 重复言语

指患者重复他所说的一句话的最末几个字词,虽明知不必,但无法克服。如患者说:“这事我不知道,不知道,不知道。”多见于癫痫与脑器质性精神障碍。

5. 作态

指用一种不常用的表情、姿势或动作来表达某一有目的的行为。如患者用某种特殊的姿势来握手,做出古怪的、愚蠢的、幼稚做作的动作、姿势、步态与表情,做怪相、扮鬼脸,与其处境不相称。多见于精神分裂症、器质性精神障碍,也可见于伪装者。

6. 强迫动作

指反复进行、看似有目的的刻板行为。患者在主观上感到这些行为必须完成的同时,又竭力抵抗,但难以克制,如果不去重复,就会产生严重的焦虑。常见的有强迫性洗涤、强迫性检查、强迫性计数等。多见于强迫症、精神分裂症。

7. 冲动行为

指突然产生的,通常引起不良后果的行为。多见于精神分裂症、人格障碍。

8. 缄默

即不说话。多见于紧张型精神分裂症。注意不要和不合作时的不愿回答相混淆。病态的缄默往往还伴有精神分裂症的其他症状。

**七、注意障碍**

注意是指专注于身边事物,并维持这种专注的能力。注意可分为主动注意和被动注意。主动注意又称随意注意,是自觉的、有目的的,有时还需要一定努力的注意,与个体的思想、情绪兴趣、爱好等有关,如学生集中注意力听讲;被动注意又称不随意注意,是由外界刺激引起、自然发生、不需要任何努力的注意,如大家正在开会讨论,忽然一个人推门进来,大家会不由自主地转过头去看他,这就是被动注意。常见的注意障碍如下:

1. 病理性注意增强

特别注意(包括主动注意和被动注意)某些事物或特别容易被某些事物所吸引。如有被害妄想、嫉妒妄想的患者对环境及妄想对象的举动特别注意,甚至连别人打电话也不放过;有疑病妄想的患者对身体各种细微变化异常关注。注意增强多见于精神分裂症、偏执性精神病、神经症等。

2. 注意减弱

主动和被动注意均见减弱,难以将注意力集中到固定对象并保持适当时间或需较强的刺激才能引起患者的注意。多见于疲劳、脑器质性精神病、抑郁症等。

3. 注意范围狭窄

注意范围缩小，当注意力集中于某一事物时，就不再能注意与之有关的其他事物。多见于轻度意识障碍和智能障碍。

4. 随境转移

主动注意不能持久，被动注意明显增强，注意力极易被外界新现象所吸引，注意目标不断转换，患者往往见啥说啥。多见于躁狂状态，常与思维奔逸同时存在。

5. 注意涣散

注意保持出现障碍，主动注意减弱，注意力不集中且不能持久。多见于过度疲劳、神经衰弱、精神分裂症、脑器质性精神障碍等。

## 八、记忆障碍

记忆包括记和忆。记指识记和保存，是记忆的前提；忆指回忆，是记忆要达到的目的，也是检验记忆的指标。因此，记忆包括识记、保存、回忆三个基本过程。识记，是通过反复感知，将客观事物在脑中留下痕迹的过程，即记住的意思；保存，是将痕迹储存在脑中免于消失的过程，即不忘的意思；回忆，是当原事物不在时，储存在脑中的痕迹能够重新提取出来，即回想的意思。记忆的这三个基本过程，相互紧密联系，不管哪个环节发生障碍，都将会影响记忆。

记忆可分为即刻记忆、短期记忆、近事记忆和远事记忆，但在划分上并无严格界限。一般而言，即刻记忆是指数秒钟至1—2分钟内经历的记忆；短期记忆是指1小时内经历的记忆；近事记忆是指24小时或48小时内经历的记忆；远事记忆是指48小时以上经历的记忆。司法精神医学鉴定中常见的记忆障碍如下：

1. 病理性记忆增强

患者记忆能力特别强，甚至对久远事件的具体细节都记忆犹新。多见于躁狂症、偏执性精神病、偏执性精神分裂症。后两者的记忆力增强仅限于与妄想有关的事物。

2. 记忆减退

指识记、保存、回忆三个基本过程普遍减弱，即通常称“记性不好”。开始是近事记忆减退，之后可涉及远事记忆。多见于神经衰弱、脑器质性精神障碍。神经衰弱者主要因注意涣散，识记困难，从而影响记忆，自感记忆减退；脑器质性精神障碍者，往往因意识障碍干扰了识记过程或因脑部器质性损害使记忆三个过程均受影响，起初突出表现为近事记忆减退，随着病情的加剧，可涉及远事记忆减退。

3. 遗忘

指记忆缺失，部分或全部不能再现以往经历。往往由于意识障碍或脑器质性病变而导致记忆某个过程严重受损。但要与逃避犯罪后果的伪装相区别。常见的遗忘有以下几种：

(1) 逆行性遗忘

典型的是发生在头部外伤后，患者在意识清醒后对外伤前长短不等的一段时间内的经历不能回忆。随着病情恢复，遗忘所涉及的时间逐渐缩短，但总有紧接着外伤前的一段时间的经历不能回忆。如脑震荡患者，当神志清醒后不能回忆受伤之前在什么地方和做什么事情。

（2）顺行性遗忘

对发病之后一段时间内的经历不能回忆。多见于脑外伤、急性器质性精神病。如脑震荡、脑挫裂伤患者，当神志清醒以后，对怎么受伤、怎么到医院、做过哪些检查治疗等不能回忆。

（3）界限性遗忘

又称为心因性遗忘、选择性遗忘，指对生活中某一特定阶段内的经历或事件不能回忆，这种症状往往发生在重大精神创伤之后，遗忘的内容通常是患者感到非常痛苦或不愉快或恐惧的事件或经历，而与此无关的记忆相对保存良好。多见于癔症、应激相关障碍。

（4）近事遗忘和远事遗忘

正常的回忆特点是近事较易回忆，远事较不易回忆。脑器质性疾病，尤其是老年性脑萎缩的患者，由于记忆的保存过程的障碍，对新近发生的事情常不能记忆，称为近事遗忘。随着疾病的进展，连过去的事情也不能回忆，称为远事遗忘。

4. 记忆错误

指由于回忆的失真而引起的记忆障碍。记忆错误在正常人中并不少见，但是是可以用客观因素解释的，也是可以用事实来校正的。只有当不能接受纠正而错误很明显，且反复发生，才具有临床诊断价值。常见的病态记忆错误有：

（1）错构

对过去真实经历过的事件，在其发生时间、地点以及情节上的错误回忆，并不易校正。多见于酒精中毒性精神障碍、脑器质性精神病。错构症可导致患者出现诬告行为，其证人证言不可信。

（2）虚构

在严重记忆障碍的基础上，将实际上从未经历过的事件，作虚幻的回忆，以此来填补自己被遗忘了的一段经历。虚构的内容可以很生动或荒诞离奇，常瞬间即忘。多见于慢性酒精中毒性精神病、老年性精神病、脑外伤后所致精神障碍等。

虚构与说谎不同，说谎没有遗忘的特征，记忆良好，甚至超过一般水平，是有意编造，多见于人格障碍。有的妄想患者，通过幻想制造许多不存在的“特殊经历”，认为确有其事并赋予妄想性解释，称为妄想性虚构。如刘某自称是举世闻名的科学家，称曾经驾驶过自己制造的宇宙飞船到了月球，在月球上还刻下了自己的名字。而刘某其他记忆完好，因此这属于思维障碍，并非记忆障碍。

（3）记忆的妄想性歪曲

指对某些细节的歪曲，对时间和处境的错配，并给予了妄想性解释。

（4）似曾相识感与旧事如新感

患者在经历完全陌生的事物时，有一种过去曾亲身经历过的感觉，称为似曾相识感。相反，对过去经历过的事物在重新经历时却感到完全陌生，称为旧事如新感。多见于癫痫和其他脑器质性精神病。

## 九、智能障碍

智能指人们认识客观事物，并运用知识与经验来解决实际问题的能力。它不是一个简单的心理过程，它牵涉到感觉、记忆、判断、分析等一系列的过程。临床上常以韦氏智力测验来推算智商（IQ），以评估智能高低。正常人群的智商呈正态分布曲线，多数人的智商值为 100±15。智商低于 70 者属于低智能，高于 130 者属于高智能。这两种情况虽然都不是常态，但通常把低智能称为病态，而把高智能称为天才。需要注意的是，智商测定是一种神经心理学测定，在检测过程中会受到很多因素的干扰，如精神症状、合作程度等，因此测定结果并不一定代表个体真正的智能水平，这在司法精神医学鉴定时尤其重要。

智能障碍有先天性和后天性两种类型。如果发生在大脑发育成熟前（18 岁前），称为精神发育迟滞；如果发生在大脑发育成熟后（18 岁后），称为痴呆。按预后分类，可分为可逆性痴呆和不可逆性痴呆；按性质分类，可分为真性痴呆和假性痴呆。下面就司法精神医学中较有意义的真假性痴呆进行重点叙述：

1. 真性痴呆

即器质性痴呆，由于脑部严重受损而发生的智能障碍。

2. 假性痴呆

由于精神病理因素或心理因素引起的类似痴呆状态，但不是真正的器质性痴呆。这里的“假性”是指非器质性，它仍是一种病态表现，不要误解为有意识地“装疯卖傻”。主要见于以下几种情况：

（1）重度抑郁症

尤其是中老年期抑郁症患者，因情绪低落，思维迟缓，反应迟钝，对提问常不回答，或答不出、答错，表现出明显的认知功能损害，易被误认为痴呆。经抗抑郁药物治疗，抑郁症状减轻后，就容易区别了。

（2）反应性或心因性精神障碍

在受到强烈精神打击后，表现出反应迟钝，表情呆滞，行为木然，对亲人缺乏感情，不能正确定向、记忆及计算，甚至日常生活也需人督促。

（3）癔症性假性痴呆

可表现为甘瑟综合征（Ganser Syndrome）及童样痴呆，患者像返回童年期一样，言行幼稚、淘气，自称是“三岁小宝宝”，对比自己小得多的人叫“叔叔”，向人讨要糖果玩具。多见于女性，常在较强烈的情绪刺激后突然发生。

## 十、自知力缺失

自知力缺失（lack of insight）也称自知力缺乏（absent insight），是指不能识别自己的病态心理活动（精神活动）或行为，否认自己的疾病，抗拒治疗。前提条件是必须有除自知力缺失以外的其他病态心理活动（精神活动）或行为表现，否则有可能把没有心理疾病的正常人否认自己有心理疾病作为自知力缺失，强行将其当作有心理疾病的人，尤其是当作有精神病性障碍的患者对待而诊断失误。相反，能认识自己的心理症状（精神症状），知道哪些表现是病态的，则称为有自知力或自知力完整。介于两者之间称为有部分自知力。自知力缺失通常是精神病性障碍发作期的表现，多见于精神分裂症等各种精神病性障碍的发作期。但在某些非精神病性障碍中也会有自知力缺失的表现，如神经性厌食症、人格障碍、强迫或相关障碍的某些亚型等，因而不能将自知力缺失作为诊断精神病性障碍的标准，诊断精神病性障碍必须具有精神病性特征，即必须具有精神病性症状。

## 第三节 常见精神症状综合征

在精神病临床中，常将若干具有内在联系的同时出现的精神症状集合在一起，称为综合征。有时也将某个特殊症状称为综合征，这是传统习惯，不再更改。具有重要司法鉴定意义的综合征有：

1. 甘瑟综合征

特点是近似回答，患者不能正确回答最简单的问题，智能缺损似乎特别严重，但从他的回答可以看出他完全理解问题的意义。如让患者数数，答“1，2，3，4，12，93……”；问“3+2”等于多少，答“4”或“6”；问患者有几个手指，答“11个”；问马有几条腿，答“3条”；又问大象呢，答“5条”。回答并非毫不相干，而是近似回答，表明患者了解问题的意义，而且患者往往有做作的行为表现，如在简单计算时，用手指帮忙加减。患者能生活自理，与其“严重的智能缺损”不相符。在起病前常有较强烈的精神刺激作为诱因，常突然发生，突然恢复，对发病经过不能回忆。该综合征并非伪装，也不属于精神病性症状，多见于癔症、拘禁状态下的犯人。

2. 病理性嫉妒综合征

又叫奥赛罗综合征（Othello Syndrome），得名于莎士比亚名剧《奥赛罗》，指认为伴侣不忠，常伴有强烈的嫉妒情感和跟踪、检查、盘问等特征性的行为。正常人发现配偶与情人在床上而体验到极度的嫉妒，也可能有失控行为，但这不是病理性嫉妒。只有那些缺乏合理证据和推理的嫉妒才是病理性的。多见于有嫉妒妄想的精神病患者、有嫉妒观念或病态嫉妒的偏执性人格者、夫权思想或醋心特别重的男女。病理性嫉妒者发生暴力行为的风险较高。

3. 科塔尔综合征

以虚无妄想伴焦虑、抑郁为特征。患者坚信自己已经一无所有，内脏发生严重变化，腐烂坏死，甚至感到自己已经不存在了，世界末日即将到来。多见于严重抑郁症，尤其是老年前期或老年患者。

4. 科萨科夫综合征

又称遗忘综合征。三大主要症状是近事记忆障碍、定向障碍尤其是时间定向障碍、虚构。该综合征属于器质性症状，多见于慢性酒精中毒。

5. 替身综合征

又称冒充者综合征、替身妄想。患者坚信与自己关系密切的一个亲人被与其亲人外貌特征完全相同的人替代，虽然两人的形象、气质无法辨别，但患者坚信现在在他身边的其实是个冒充者，目的就是要对他进行迫害。在此基础上可继发被害妄想，甚至对“冒充者”进行攻击。主要见于精神分裂症。

6. 精神自动症综合征

是对于精神分裂症具有高度诊断价值的综合征，由假性幻觉、物理影响妄想和被控制体验、内心被揭露感及系统的被害妄想组成。突出特点是患者具有强烈的精神上的不能自主感。最早由俄国的精神病学家康金斯基发现并命名，他本人就是该症患者。

## 习题

1. 简述学习精神症状的意义和注意事项。
2. 简述常见的感知障碍。
3. 简述常见的情感障碍。
4. 简述常见的行为障碍。
5. 简述妄想的概念及常见类型。
6. 简述常见的精神症状综合征。

## 拓展阅读文献

1. 许又新：《精神病理学（第 2 版）》，北京大学医学出版社 2011 年版。
2. 郝伟、陆林主编：《精神病学（第 8 版）》，人民卫生出版社 2018 年版。
3. 陆林主编：《沈渔邨精神病学（第 6 版）》，人民卫生出版社 2018 年版。
4. 郑瞻培、王善澄主编：《精神医学临床实践》，上海科学技术出版社 2006 年版。

第六章

# 精神检查

**内容提要**：本章主要介绍司法鉴定精神检查的一般方法、注意事项以及对检查结果的评估。

**核心词汇**：精神检查　接触　定向　意识　检查规范

**学习要求**：初步学会精神检查的方法，学会判断精神症状的性质。

## 第一节　概　　述

由于精神疾病没有客观的检查方法，因此精神检查就成为精神科的一项重要诊断手段。精神检查是指用观察及交谈的方式评估被检查者当前的精神状态，是一种基本技巧。与临床精神病学相比，司法鉴定精神检查有其特殊性。首先，临床精神病学面对的是精神疾病患者；而司法鉴定精神检查的对象可能会不同程度地受到疾病获益心理的影响，有的是病态的真实反映，有的怀着逃避罪责、索赔心理等不同动机而故意隐瞒、夸大或伪造精神症状。其次，在临床上，医生是以公开身份直接和被检查者接触；司法鉴定精神检查时，被鉴定人一般不首先亮明身份，因此不便直接询问精神症状，以防被鉴定人产生疑虑，或者给被鉴定人以暗示。此外，临床精神病学只要求发现精神症状，结合人格、智能等因素作出临床诊断，确定治疗方案；而司法鉴定除了要发现精神症状外，还需阐明被鉴定人精神状态与案情的关系，并评定有关法律能力。因此，司法鉴定精神检查更为复杂，更讲究技巧性。

### 一、司法鉴定精神检查前的准备

鉴定人在精神检查前应阅读全部卷宗和调查材料，掌握被鉴定人的基本情况、案情经过、既往有无精神异常、案发时和案发前后的精神状态等。

### 二、司法鉴定精神检查的基本方法

（一）观察

观察被鉴定人的外表衣着、表情姿态、口吻语调，对提问的反应，和周围人的眼神接触，目光如何，有无异常姿势动作，情感反应情况等。对于缄默或不能进行有效言语交流者，观察是唯一的精神检查手段。精神障碍患者可能有目光回避，但并不关注周围环境，显得注意力不集中，当用言语刺激时，可有短暂注视反应。伪装者的目光回避表现过分，对任何刺激都不予理会，仔细观察，可发现其对周围环境及人物极为关心，有窥视现象。

（二）交谈

通过言语交谈，了解被鉴定人的感知、思维、注意、记忆、理解、人格、意志行为以及内心情感体验等精神活动的各个方面，同时还要询问案件有关情况。大致可分为以下三个阶段：

1. 启动阶段

可以开放式的提问开始，即不能用简单的“是”或“否”来回答的提问。通常是从日常问题开始发问，首先不涉及案件和精神症状，如“说说你的一般情况”，目的在于了解被鉴定人的意识、情绪等一般精神状况，个人和家庭基本情况，言语理解程度，合作程度，以便选择进一步的交谈方式。对于合作者，在接下来的交谈中还是适宜使用开放式提问。对于话太多的人，可使用半开放式提问，如“说说你的工作情况”，限定一个谈话范围。对于不合作者，要把握提问的切入点，打开话题。

2. 深入阶段

多使用半开放式的提问，引导被鉴定人说出自己的真实感受，包括对精神症状的确定、案件事实的澄清、作案时的心理活动。在交谈过程中，可使用以下技巧：

（1）尽量让被鉴定人自然谈话，自由表述，注意其言语是否流畅，是否合乎逻辑，是否可以理解，是否存在思维散漫、病理性推理等思维障碍。不要根据症状清单进行刻板的提问。

（2）提问要恰当，避免使用太直接的询问方式，如问“耳朵听到有人说话吗？”“有人监视你吗？”“有人在饭菜里下毒吗？”这样容易给有伪装心理的人以暗示，他们往往会“顺竿爬”，而真正的精神病人，则会因为害怕被认为有病而给出否定的回答。此外，简单化的询问方式有时还会造成误判。如被鉴定人表示有邻居在议论他，听到有人的讲话声，家人在食物中给他下药。殊不知他的居住地周围人声嘈杂，是可以听到有人的讲话声；因为不肯服药，家人把精神药物放在食物中给他服下，这些属于实际情况，并非病理症状。

（3）当发现有病理症状的苗头，如被鉴定人称“被干扰”“被控制”“不安全”“外面闹哄哄”，这时就要抓住话头，顺藤摸瓜，深入探察，不要急于转换话题。如被鉴定人谈到最近身体状况时说：“身体虚弱了，总要小便，不然不答应，每次小便要使劲才能尿出一点。”一般的深入询问可能集中于是否有尿频、尿急、尿痛等症状，而实际上最重要的是夹杂于这段话中的“不然不答应”，这句听起来“没头没脑”的话。鉴定人敏锐地怀疑这句话可能潜藏重要症状，或者需要澄清为何这样说，因此问：“你刚才说‘不然不答应’是什么意思？”被鉴定人答：“有人总想找我要精子，要是不给他，他就说要杀我。”这又需要澄清：什么人找他要精子？如何要法？要去干什么？最后才知道是幻听让他捐献“精子”，因为他是著名伟人的后代。

（4）如果发现被鉴定人所谈内容很不真实，不宜立即加以纠正或指责。比如，被鉴定人称“大白天听见鬼唱歌，还能看见许多鬼”，此时有两种常见的反应方式，一是肯定方式。继续认真倾听，或者提问：“你能够说得更详细些吗?”“那一定很吓人，你当时有什么反应?”这样将得到更多的信息。二是否定方式。立即斥责：“胡说八道，大白天怎么会有鬼！这是迷信!”“老实点，别装蒜!”这样很容易陷入僵局或争论而影响检查。鉴定的目的之一是要澄清这些异常言行的性质，而不是纠正错误。即使怀疑被鉴定人伪装，也不要立即反驳或揭露，应让他继续说下去，说得越多，越能暴露其本质。

(5) 当被鉴定人过分主动，话多并且主题不集中时，必须进行引导，但一般不应提出一个另外的话题，而是顺着他的某个话题引申下去。如被鉴定人谈到某一件事情，鉴定人认为很重要，但被鉴定人又照例转换话题时，应立即引导提问：“这件事情请你说具体些。”“举个具体例子?”“后来呢?”等，引导其深入详细地描述。

(6) 当被鉴定人（尤其是精神病人）不愿暴露内心想法，在交谈中被动应付，谈到一般问题时表现合作，涉及关键问题时却顾左右而言他，此时应延长一般性交谈的时间与之“闲谈”，从他比较愿意回答的问题如家庭一般情况、个人经历、个人爱好或他感兴趣的话题等着手，逐渐迂回接近核心问题，同时观察和感觉其戒备的强度，逐渐深入到核心问题。对于不合作的被鉴定人，这是被应用最多的技巧，要求鉴定人有耐心和具备循循善诱的能力。

(7) 有时为了观察被鉴定人的情感反应，可以采用故意刺激的方法。有的被鉴定人对微小刺激会产生强烈反应，如某些人格障碍及易激惹者；有的被鉴定人无论怎样刺激也无动于衷，如情感淡漠的精神分裂症患者。但多数被鉴定人的情感反应介于两者之间，需要通过不同强度的言语刺激来观察。可以在检查中说一些反话，如知情人反映被鉴定人曾说母亲要害死他，但检查时他不主动涉及此情况甚至予以否认，可以在合适时提起“你母亲对你一定很好”，也可以直接对被鉴定人的话予以否定的评价。应当注意一般不应在会谈前期使用故意刺激的方法，避免过早陷入僵局。

3. 结束阶段

询问被鉴定人对案件的态度，对自己行为的法律性质、后果的认识。

## 第二节　精神检查的内容

### 一、发现精神症状

(一) 一般情况

(1) 意识状态

被鉴定人是否注意周围事物，是否能理解提问，是否能清楚地用语言表达，是否能对外界刺激作出恰当反应，以此来判断意识是否清晰。如有意识障碍，处于何种程度。

(2) 定向力

时间、地点、人物定向是否正确；对自己的身份和所处环境是否能正确理解。

（3）仪表仪容

年貌是否相符，衣着、举止是否适当，个人卫生状况如何。

（4）合作程度

言谈主动还是被动，对答是否流畅，有无眼神回避、敌意或抗拒。

（二）认知过程

（1）知觉障碍

是否存在错觉、幻觉和感知综合障碍，它们的种类、出现时间、持续时间、出现频率，与其他精神症状的关系、影响因素以及对社会功能的影响。

（2）注意障碍

是否有注意涣散、注意增强或减弱，是否有随境转移。

（3）思维障碍

语量语速是否异常，反应是否迟钝，交流是否顺畅，是否有思维形式和思维内容障碍，如判断有妄想存在，需确定妄想的种类、内容、出现时间，妄想对象是谁，与其他精神症状的关系以及对社会功能的影响。

（4）记忆障碍

是否有记忆增强或减退，是否有遗忘、错构、虚构。如疑有记忆减退，可进行标准化记忆测验。

（5）智能障碍

是否常识、计算能力、理解能力、分析能力、抽象思维能力有异常。如疑有智能问题，可进行标准化智力测验。

（6）自知力

是否了解自身的精神症状，对精神疾病及治疗的认知程度。

（三）情绪状态及情感反应

观察被鉴定人的表情、姿势、声调、情感强度、稳定性，与其他精神活动的协调性，来判断其是否有情感高涨、情感低落、情感倒错、情感淡漠、焦虑、紧张，以及情感障碍出现的时间、持续时间、与其他精神活动的关系、情绪变化的影响因素及对社会功能的影响。

（四）意志行为

了解被鉴定人日常活动情况，是否有意志减退或增强。观察其是否有怪异动作、冲动、自伤行为等，是否与其他精神活动协调。

## 二、询问案件有关情况

询问内容要紧扣委托鉴定要求和所涉案件过程，不能仅满足于被鉴定人能承认作案事实、能回忆案发经过、能表明当前态度。不仅要弄清事实真相，还要深入了解被鉴定人在整个作案过程中的心理活动，以及作案动机。了解被鉴定人作案时的精神活动状态，心理形成过程、机制，以及案发前、案发后的心理活动和认知、目前的认知状态等。便于后续对其作案行为的辨认能力、控制能力状态进行分析评估。

## 第三节　结果的评估

精神检查发现了精神症状，需要对其性质进行评估，这在司法精神医学中具有重要意义。从实践的可操作性角度来说，可以将精神症状分为一般性精神症状和精神病性症状。一般性精神症状不仅可见于精神病患者，也可见于轻性精神障碍者和正常人，如心境恶劣、食欲减退、失眠、思维迟钝等就是一般性精神症状。而精神病性症状指那些极度不正常的，可据此诊断为精神病的特征性症状，如命令性幻听、被害妄想、谵妄等，只见于重性精神病患者，常导致患者丧失辨认和控制能力。我们在进行司法精神医学鉴定时，要严格地将精神病性症状与一般精神症状区别开来。

在司法精神医学鉴定中，伪装和夸大精神症状的情况并不少见，因此即使发现了精神症状，也还要对其真实性进行评估。一般而言，症状暴露自然，病理体验叙述具体，并可发现其他相应症状，与调查证人反映的情况基本符合者属于比较真实的。如果发现有被鉴定人病态的书证材料则更为可靠。如果症状暴露突兀，主动提出，表现过分，有神秘感，症状单一，仅围绕作案事实，也没有其他相应症状者，则症状的真实性十分可疑。

## 第四节　检 查 实 例

精神检查是司法精神医学鉴定中的重要环节，本节提供精神检查实例一份，以便在实际案例中学习精神检查的相关术语及相关描述。

**表 6-1　精神检查记录**

| 检案号 | ［2010］精鉴字第×××号 | 时间 | 2010 年 4 月 5 日 |
|---|---|---|---|
| 被鉴定人 | 贾× | 鉴定人 | ×××、×××、××× |
| 在场人员 | 王警官 | 地点 | ×××中心精神检查室 |
| 一般描述：<br>由承办带入检查室，意识清，戴手铐，被动接触，检查合作。 | | | |
| 问 | | 答 | |
| 认识他（承办）吗？ | | 知道，他是警察，是我的承办——王警官。 | |
| 带你来干什么？ | | 知道，带我来做鉴定。 | |
| 那我们好好谈谈。 | | 行。 | |
| 你叫什么名字？ | | 贾×。 | |
| 出生日期？ | | 1977 年 9 月 13 日生，今年 32 岁，属蛇。 | |
| 讲一下你的简历。 | | 1985.9—1991.7，在×××小学读书。<br>1991.9—1994.7，在×××中学读初中。<br>1994.12—1997.12 在部队服役。<br>1998.8—2008.9，在×××县电信局工作。<br>2009 年 9 月被公安局关押至今。 | |

（续表）

| | |
|---|---|
| 讲一下家里人情况。 | 父亲：丁××，58 岁，×××县工业局退休职工。<br>母亲：贾××，58 岁，×××县邮政局退休职工。<br>前妻：肖×，×××县邮政局职工，2007 年 4 月与我离婚。<br>儿子：贾××，5 岁。<br>姐姐：丁×，33 岁，待业，与我及父母同住。 |
| 你是随母亲姓？ | 对。 |
| 平时吸烟吗？ | 不吸。 |
| 喝酒吗？ | 喝的。 |
| 什么时候开始喝酒的呢？ | 在部队时与战友聚会时喝点，退役到电信局上班以后喝的次数逐渐多起来。 |
| 喝到什么样程度？ | 只是几个人坐在一起喝，喝白酒、啤酒。 |
| 酒量怎么样？ | 五六两，一般般，中等。七八两不醉，很少醉。 |
| 平时在家一个人喝酒吗？ | 喝，大概喝一两白酒。有时也就喝一两瓶啤酒。朋友一起时才多喝一点。 |
| 一般怎么喝呢？ | 就是晚上吃饭时，自己一个人喝点，一边吃饭一边喝。 |
| 有没有强烈而难以克制地想喝酒，否则什么事也做不下去？ | 有时想喝，但多数情况下可以控制住。 |
| 是否存在不论在什么地方到一定时间总想喝酒的情况？ | 那倒没有，上班时肯定不能喝酒的。 |
| 戒过酒吗？ | 戒过，但不到一个月又开始喝。 |
| 为什么又开始喝酒？ | 心里想酒。不喝酒大便不通畅，人烦躁、难受。 |
| 你在戒酒时，是否有头痛、出汗、手抖、食欲减退等状况？ | 没有明显的感觉，就是人蛮烦躁的。 |
| 喝酒时间长了，对身体健康有什么影响？ | 没有明显的变化。 |
| 胃、肝功能有没有改变？ | 没有吧，也没有特别的感觉，没有检查过。 |
| 有没有手脚麻木、发抖的情形？ | 也没有。 |
| 酒喝多了可能导致性欲减退，你有这种情况吗？ | 没有，性欲蛮正常的。 |
| 近年来，喝酒情况怎么样？ | 和以前没有多大变化，但在离婚前几个月喝得少些，离婚后又变得跟以前一样了。 |
| 有没有人反对你喝酒？ | 有，前妻曾经反对过。 |
| 为什么呢？ | 喝了酒，会打她。 |
| 为什么打她呢？喝多了？ | 不是。不喝酒时也有打的情况。酒喝多了，打她时厉害一点。 |
| 夫妻关系怎么样？ | 结婚前几年蛮好的。后来不好了。 |
| 有什么原因？ | 这个不想说。 |
| 前妻作风不好？ | 对！ |
| 什么时候开始怀疑前妻的？ | 有好几年了，应该是在 2006 年年初吧。 |
| 有什么特别的事？ | 有一天晚上她没回来。 |
| 以前她有晚上不回家的情况吗？ | 有。 |
| 那天有什么特殊的吗？ | 也没有什么特殊，就是感觉不对。 |
| 哪里不对呢？ | 讲不清楚，反正就是感觉有问题。 |

（续表）

| | |
|---|---|
| 你当时怎么办？ | 要她交代。 |
| 交代什么？ | 问她那天晚上出去跟谁睡觉。 |
| 她承认吗？ | 她会承认吗？她当然说没有了。 |
| 后面你怎么办呢？ | 等她睡了，把她拉起来，让她交代清楚。 |
| 她怎么说？ | 说我有病。 |
| 你后来怎么办？ | 我寻找证据。 |
| 通过什么方法？ | 悄悄地跟着她，看她跟谁在一起。检查她的内裤，看看上面有没有什么东西。 |
| 有什么发现？ | 没有什么特别的。 |
| 怀疑哪些人和她有关系？ | 她们单位的，后来多了，觉得我们单位的男的也有。 |
| 有什么特别的发现？ | 有时说话很特别，眉目传情一样的。 |
| 你问过那些男的没有？ | 问过我们单位的几个。 |
| 人家承认吗？ | 没有。他们反问我是不是有病。 |
| 后来有没有继续让老婆交代？ | 有。 |
| 她承认过没有？ | 没有。等她晚上睡到半夜，抓起来，要她交代。不说，有时就打她。 |
| 上述情形维持了多长时间？ | 到离婚为止。 |
| 当时除了怀疑老婆，还有什么别的感觉？ | 不安全。 |
| 怎么了？ | 朋友在一起时有人不干好事，在我的酒里放东西，下毒。 |
| 你发现他们放东西？ | 没有，肯定是偷偷地，但是我能感觉得到。 |
| 怎么感觉到的？ | 看他们表情不对。怪怪的，好像在等什么。 |
| 喝后有什么不对吗？ | 说不上来，但总是感觉怪怪的。 |
| 这种感觉肯定吗？ | 很肯定的。 |
| 朋友之间有什么矛盾？ | 没有，我和他们挺不错的。 |
| 那他们为什么要这样做？ | 我也不知道怎么回事，只是感觉他们对我下毒。 |
| 对你有什么影响吗？ | 肯定是对我不利了。 |
| 你有什么反应？ | 害怕、担心，我就不大去参加聚会了。 |
| 下的什么毒？ | 不知道，可能是毒品。 |
| 听说过海洛因、冰毒、摇头丸吗？ | 听说过。 |
| 你用过这些东西吗？ | 没有。我朋友有用的，我见过他们的样子，我怕。 |
| 真的没有用过吗？ | 我真的没有沾过这些东西。 |
| 你喝了酒的感觉有他们吸毒后的表现吗？ | 这倒没有。 |
| 还有什么特别的感觉吗？ | 同事好像总是在背后说我。 |
| 为什么这样说？ | 我看见他们总在一起小声说话，我一到他们就不说了，有时候眼神还怪怪的。 |
| 你找他们问过吗？ | 没有。 |
| 还有什么特别的感觉？ | 家里有摄像头，随时监视我。出门，路上也有人跟踪。 |
| 为什么说有人监视你？ | 我做的事情，别人都知道。 |
| 你的想法不说出来别人知道吗？ | 别人不可能知道。 |

（续表）

| | |
|---|---|
| 怎么发现的？ | 刚开始，出门，走在路上，觉得有人跟在后面。我有意识地换了一个方向，他们也跟在后面。换了好几个方向，总是有人跟在后面。后来上了公交车，也有人跟上来。 |
| 出门在外后面有人很正常的呀！ | 是，但总跟在后面就不正常了。 |
| 这种情况多吗？ | 多，只要出去，就会有。 |
| 想过为什么吗？ | 想过。不知道为什么，我又没有什么特别的。应该是要对我不利吧。 |
| 那你怎么办？ | 不出门。请假，不上班。到四楼，一个人待着。只见老婆，只吃老婆送的东西。 |
| 老婆不是作风不好吗？ | 是作风不好，但她不会害我。 |
| 后面怎么了？ | 老婆带我去看医生，第一精神病医院。 |
| 刚才说的这些感觉都跟医生说了吗？ | 说了。 |
| 医生怎么说？ | 说街上很多人有这种病，是忧郁症。讲不要担心，但要吃药。 |
| 吃的什么药？ | 不知道，都是老婆安排。 |
| 吃药情况？ | 就吃了一点。 |
| 后来再去看过吗？ | 后来老婆又带我去第二精神病医院看。医生说得差不多，让我住院，我不愿意，就开药回家吃。 |
| 吃的什么药？ | 不知道，老婆安排的，吃了一段时间，心里没有那么恐惧了。 |
| 吃了多长时间？ | 一两个月吧。 |
| 吃药后有什么好转？ | 不那么害怕了。能出门，能去上班了。 |
| 老婆作风好点没有？ | 那段时间好点。 |
| 那为何停药了？ | 后来因为难受，没有吃了。 |
| 怎么难受？ | 流口水，脸感觉紧紧的，难受。 |
| 那段时间有没有喝酒？ | 有，每天都喝点，比平时少一点。 |
| 后来怎么样？ | 停药长了后又总感觉老婆在外面有男人。打她，让她交代。 |
| 那时你们夫妻生活怎么样？ | 有的，和平时变化不大。 |
| 你那时性欲怎么样？ | 和平时一样。不过为了让她少到外面瞎搞，有时故意和她多发生几次关系。 |
| 最后呢？ | 2007 年她离家，说受不了了。后来提出离婚，4 月份就离婚了，儿子跟着我。后来没有见过她，也没有联系过。 |
| 现在还觉得你当时的怀疑有道理吗？ | 我觉得她肯定有问题，可能男的没我当时想得那么多，离了婚我也不再想她这事了。 |
| 现在同事还在背后议论吗？ | 很少。 |
| 被监视、跟踪的情况呢？ | 没有了，就是那段时间的事。 |
| 还怀疑朋友对你下毒吗？ | 也没有了。不过现在我与他们玩得少了。 |
| 你现在如何看待当时的这种感觉？ | 不好说，但当时的感觉确实是这样的。 |
| 吃药有必要吗？ | 好像也没什么必要。 |

（续表）

| | |
|---|---|
| 儿子是你的吗？ | 是的，这个没有问题。 |
| 后来结婚没有？ | 没有。 |
| 工作情况怎么样？ | 还可以，他们也不太管我。 |
| 与同事、朋友关系怎么样？ | 也行，不过找我的人好像少了些。 |
| 什么原因？ | 可能他们忙吧。 |
| 与朋友一起玩一般是谁发起的？ | 都有。 |
| 谈了新的对象吗？ | 谈了个女朋友。一起玩认识的。 |
| 叫什么名字？干什么的？ | 张××，我们一个系统的。她是客户接待，接待大客户。 |
| 男客户还是女客户？ | 都有。 |
| 她接待男客户，你有什么想法？ | 正常的，没什么。 |
| 她有什么让你觉得别扭的吗？ | 没什么，就是电话多一点，经常有电话。 |
| 打电话的是男的还是女的？ | 我也搞不清楚。我为这事跟她谈过几次话，没什么效果。 |
| 你查看过她的手机吗？ | 看过一次。 |
| 为什么要看她的手机？ | 因为总是有男的打她电话，我有点反感。 |
| 你对她说过什么？ | 我说，“接电话不要在我面前”。 |
| 交往久了，感觉怎么样？ | 还可以。就是男的电话多了点。 |
| 有没有不正常的电话？ | 应该没有。 |
| 有没有不三不四的往来？ | 没有。 |
| 那她接电话，你烦什么？ | 反正，不是工作电话。 |
| 她长得漂亮吗？ | 还可以。 |
| 你与张××的关系怎么样？ | 还可以。就是没有结婚吧。 |
| 与张××吵过架吗？ | 我拿手机，摔过她一次，也是因为和别人打电话的事。我跟她说过几次了，叫她不要当着我的面。 |
| 以前有没有情绪低落的情况？ | 有。 |
| 因为什么事？ | 就是觉得不安全的时候。 |
| 持续多长时间？ | 讲不清楚，不太长。 |
| 有没有一段时间心情特别好，特别有精力，想做事的情况？ | 没有。 |
| 有没有看到不存在的或其他人看不到的东西？ | 没有。 |
| 听到或闻到其他人听不到的声音或闻不到的气味？ | 没有。 |
| 这次犯了什么事？ | 弄伤人了。 |
| 说说过程。 | 记不得了。 |
| 以前说的蛮清楚的嘛。 | （不语） |
| 你是自首的吗？ | 记不起来。 |
| 怎么总说记不起来，是不是脑子受过伤？ | 什么？没有。 |
| 那天喝酒了吗？ | 喝了点，与两个朋友。 |
| 与谁喝酒？ | 苏××。中午也喝了，没多少。加起来也就一二两白酒吧，和平时差不多。 |

（续表）

| | |
|---|---|
| 那天开车了吗？ | 开车了。 |
| 喝酒后影响开车吗？ | 没有影响。 |
| 下午什么时候接张××的？ | 不记得了。 |
| 是你叫她的吗？ | 是的，我去接的。 |
| 几个人吃的晚饭？ | 是的。 |
| 自己说说事情是怎么发生的？ | 记不住了。 |
| 逛步行街后发生了什么事？ | 就是一个男的打电话给她。 |
| 怎么知道打电话的是男的？ | 我在旁边听到的。她说："我正在跟男朋友逛街。"好像那个男的硬要她去。 |
| 那个男的什么意思？ | 不知道。 |
| 是朋友相邀？还是别的意思？ | 我也不知道，反正我烦。 |
| 当时你做了什么？ | 那个男的不肯挂电话，还在跟她说，我就有点火，我就问她是谁打来的，要干什么，她不讲，我就把她手机拿过来，问对方是谁，说："别人不理你，不要烦了。" |
| 对方什么反应？ | 对方讲："关你什么事，我喊她出来耍一下子。" |
| 接下来呢？ | 我那时脑子很乱的，记不起来了。 |
| 是你问了那个男的在哪？ | 好像是的。 |
| 为什么这样问？ | 可能是想当面问问情况，要他别缠着她吧。 |
| 说在哪里见面？ | 他约了我，他说了个地方。（停顿）是政府门口。 |
| 叫上朋友，是准备动手打架？ | 没有，在路上我还对江××讲不是去打架，看认得不，如果认得帮我讲一下。 |
| 什么意思？ | 就是要对方不要缠着她。 |
| 到了后发生了什么？ | 我下了车，他打电话过来，我问他在哪里，对方讲就在我后面，我回头一看，隔我车后六七米远停了一小车，有一人先下了车，紧接着司机也下来了。 |
| 你认识那个人吗？ | 不认识，后来听警察说他叫张×。他比我高。他厉害，他电话说。我看见两个人。 |
| 说了什么话？ | 他口气不好，又打我。 |
| 后来？ | 朋友将我拉开了。江××叫我别冲动，我听进去了。我站在街边撒尿，他还在骂我："一脸晦气，脑壳有病。"中间又说了几次："我搞了你老婆又怎么样？"我想了很多，第一个老婆被搞跑了，现在又这样。 |
| 以前为什么没有这样说？ | （头低下，不语） |
| 后来呢？ | 我想抽烟，但手边没打火机。我到车上去取打火机，看到车上有把水果刀。我听到他还在骂，脑子里都是他在骂人的声音。脑子里突然有个念头"就是这个家伙，搞得你日子过成这个样子"。 |
| 是听到声音？还是想法？ | 没有听到声音。就是有这种念头。 |
| 然后呢？ | 拿刀走向他。 |
| 干了什么？ | 我问他骂谁？他说骂的就是你。那时候，早就上火了。他还想拿拳头打我。 |

（续表）

| | |
|---|---|
| 然后呢？ | 反正脑子很乱。后来，朋友把我推醒过来。看他躺在地上，我很怕。 |
| 你跑了？ | 对。 |
| 刀呢？ | 扔掉了。跑到车上，开车跑了。总觉得后面有人跟着我，追我，就跑到贵阳。 |
| 打过电话给汪×？ | 打过。 |
| 说什么？ | 不记得了。 |
| 你车子呢？ | 扔在×××，钥匙丢进了垃圾桶。火车站候车室人多，坐在那里我觉得很安全。 |
| 然后呢？ | 我坐火车去西安了。 |
| 为什么去西安？ | 我有个朋友在那里，想到那里躲一段时间。 |
| 怎么想起投案？ | 我怕张×报复我。我好像觉得张×他们一直在追我。 |
| 打过什么电话？ | 我给我姐姐打过电话。我就说我出了点事。我也不知道为什么打电话。 |
| 是否与父母打过电话？ | 没有。 |
| 你还跟姐姐说了什么？ | 不记得。 |
| 后来还有没有打过电话回家？ | 打过。不记得说了什么。 |
| （宣读家属关于打电话的笔录） | （不语） |
| 这件事应该发生吗？ | 发都发生了，不去想。 |
| 这件事与喝酒有关系吗？ | 我认为没什么关系。我一般就这么喝，也没出过事。 |
| 你觉得自己有精神病吗？ | 病应该有的。 |
| 表现在哪些方面呢？ | 经常失眠。老喜欢怀疑别人。 |
| 其他呢？ | 我也说不清楚。 |
| 你觉得这次事情与病有关吗？ | 我说不清楚。 |
| 这件事怎么处理呢？ | 无所谓了，怎么处理都可以。 |
| 你觉得张×与你女朋友之间有问题吗？ | 我说不清楚。 |
| 现在心情怎么样？ | 能好吗？无所谓了。 |
| 你还有什么想说的吗？ | 没有。 |

**本章附录：**

## 精神障碍者司法鉴定精神检查规范
## （SF/Z JD0104001-2011）

1. 范围

本技术规范规定了精神障碍者司法鉴定精神检查的基本原则、要求和方法。

本技术规范适用于进行精神疾病司法鉴定时的精神检查。

2. 定义

本技术规范采用以下定义：

2.1　精神检查 Mental state examination

指鉴定人与被鉴定人进行接触交谈的活动，是提供鉴定意见的重要步骤之一。

2.2　精神症状 Mental symptom

指大脑功能发生障碍时，精神活动所表现出的各种精神病理现象的总称，包括感知觉、思维、情感、记忆、智能和意志、意识等方面的异常。

2.3　精神障碍 Mental disorder

又称精神疾病（mental illness），是指在各种因素的作用下造成的心理功能失调，而出现感知、思维、情感、行为、意志及智力等精神活动方面的异常。

3. 总则

3.1　制定本技术规范目的是为规范精神障碍者司法鉴定精神检查的方法和内容。

3.2　由精神疾病司法鉴定人完成精神检查工作。精神检查应在比较安静的环境中进行，尽量避免外界的干扰。

3.3　鉴定人在精神检查前要熟悉案卷材料，检查时应以材料中的异常现象和可能的病因为线索，有重点地进行检查，并根据被鉴定人表现及交谈中发现的新情况进行针对性检查，避免刻板、公式化。

3.4　鉴定人作精神检查时，应以平和、耐心的态度对待被鉴定人，以消除交流的障碍，建立较为合作的关系；应根据被鉴定人的年龄、性别、个性、职业和检查当时的心理状态，采用灵活的检查方式以取得最佳的效果。

3.5　精神检查可以采用自由交谈法与询问法相结合的方式进行，一方面使被鉴定人在较为自然的气氛中不受拘束地交谈，另一方面又可在鉴定人有目的的提问下使其谈话不致偏离主题太远，做到重点突出。

3.6　精神检查时，既要倾听，又要注意观察被鉴定人的表情、姿势、态度及行为，要善于观察被鉴定人的细微变化，并适时描述记录。

3.7　精神检查时，要注意覆盖下述检查内容，做到全面、细致，并适时作好记录，确保记录内容真实和完整，必要时可进行录像、录音。

3.8　鉴定人认为必要时，可进行相关心理测验或实验室检查。

4. 精神检查内容

4.1　合作被鉴定人的精神检查

4.1.1　一般情况

a）意识状态：意识是否清晰，有何种意识障碍，包括意识障碍的水平和内容。

b）定向力：时间、地点及人物的定向力；自我定向如姓名、年龄、职业等。

c）接触情况：主动或被动，合作情况及程度，对周围环境的态度。

d）日常生活：包括仪表、饮食、大小便；女性病人的经期情况；与其他人的接触及参加社会活动情况等。

4.1.2　认知过程

a）知觉障碍：

l）错觉：种类、出现时间及频度，与其他精神症状的关系及影响。

2）幻觉：种类、出现时间及频度。与其他精神症状的关系及影响，特别要检查有否诊断价值大的症状。

3）感知综合障碍：种类、出现时间及频度，与其他精神症状的关系及影响。

b）注意障碍：是否集中、涣散。

c）思维障碍：

1）思维过程和思维逻辑：语量和语速有无异常，有无思维迟缓、思维奔逸、思维中断、破裂性思维、思维贫乏及逻辑推理障碍等。

2）思维内容和结构：

有无妄想：种类、出现时间，内容及性质，发展动态，涉及范围，是否固定或成系统，荒谬程度或现实程度，与其他精神症状的关系。

有无强迫观念：种类、内容，发展动态及与情感意向活动的关系。

有无超价观念：种类、内容，发展动态及与情感意向活动的关系。

d）记忆障碍：有无记忆力减退（包括即刻记忆、近记忆及远记忆），记忆增强，有无遗忘、错构及虚构等，可辅助进行记忆测验。

e）智能障碍：包括一般常识、专业知识、计算力、理解力、分析综合及抽象概括能力等方面。可辅助进行智力测验。

f）自知力障碍：被鉴定人对所患的精神疾病是否存在自知力。

4.1.3　情感表现

包括是否存在情感高涨、情感低落、情感淡漠、情感倒错、情感迟钝、焦虑、紧张等。并注意被鉴定人的表情、姿势、声调、内心体验及情感强度、稳定性，情感与其他精神活动是否配合，对周围事物是否有相应的情感反应。

4.1.4　意志与行为活动

有无意志减退或增强，本能活动的减退或增强，有无木僵及怪异的动作行为。注意其稳定性及冲动性，与其他精神活动的关系及协调性等。

4.2　不合作被鉴定人的精神检查

处于极度兴奋躁动、木僵、缄默、违拗及意识模糊等状态的被鉴定人属于不合作被鉴定人。

4.2.1　一般情况

a）意识：通过观察被鉴定人的面部表情、自发言语、生活自理情况及行为等方面进行判断。

b）定向力：通过观察被鉴定人的自发言语、生活起居及接触他人时的反应等方面进行判断。

c）姿态：姿势是否自然，有无不舒服的姿势，姿势是否长时间不变或多动不定，肌力、肌张力如何。

d）日常生活：饮食及大小便能否自理，女性被鉴定人能否主动料理经期卫生。

4.2.2　言语

被鉴定人兴奋时应注意言语的连贯性及内容，有无模仿言语，吐字是否清晰，音调高低，是否用手势或表情示意。缄默不语时是否能够用文字表达其内心体验与要求，有无失语症。

4.2.3　面部表情与情感反应

面部表情如呆板、欣快、愉快、焦虑等，有无变化。周围无人时被鉴定人是否闭眼、凝视，是否警惕周围事物的变化。询问有关问题时，有无情感流露。

4.2.4　动作与行为

有无本能活动亢进、蜡样屈曲、刻板动作、模仿动作、重复动作。有无冲动、自伤、自杀行为。有无抗拒、违拗、躲避、攻击及被动服从。动作增多或减少，对指令是否服从。

4.3　与法律相关的问题

应根据相应的委托鉴定事项进行针对性询问，具体内容另行规定。

## 习题》

1. 遇到精神检查不配合时应如何处置？
2. 精神检查的场所、环境有何要求？
3. 司法鉴定精神检查中针对特殊人群有哪些注意事项？

## 拓展阅读文献》

1. 余发春、伍力主编：《实用临床精神检查手册》，云南大学出版社 2015 年版。
2. 张小宁、石美森编著：《司法精神病学》，中国政法大学出版社 2020 年版。
3.〔英〕詹姆斯·托马斯、坦尼亚·莫纳亨主编：《牛津临床检查与实践技能手册（第 2 版）》，李广平主译，天津科技翻译出版有限公司 2018 年版。

# 中篇

第七章

# 器质性精神障碍与相关法律问题

**内容提要**：本章主要介绍器质性精神障碍的病因、分类和发病机理。包括颅脑外伤所致精神障碍、脑肿瘤所致精神障碍、脑血管病所致精神障碍、癫痫性精神障碍、散发性脑炎所致精神障碍等代表性疾病的鉴定及相关法律问题。

**核心词汇**：器质性精神障碍　症状性精神障碍　会诊联络精神医学

**学习要求**：了解器质性精神障碍的病因、发病机理，器质性精神障碍的主要类型和相关法律问题。

## 第一节　概　　述

器质性精神障碍是一组由脑部疾病或躯体疾病导致的精神障碍。由脑部疾病导致的精神障碍，包括脑变性疾病、脑血管病、颅内感染、颅脑外伤、脑肿瘤等所致的精神障碍。躯体疾病导致的精神障碍只是原发躯体疾病症状的组成部分，也可与感染、中毒性精神障碍统称为症状性精神障碍。此类精神障碍的发生、发展，以及病程与原发器质性疾病相关。

器质性精神障碍尽管病因各异，但其临床表现具有一定的共同特征，对诊断与治疗均有重要意义。意识及认知功能障碍是器质性精神障碍最基本的临床表现，在这些基本症状的基础上，可出现局限性脑损害（如额叶、顶叶、颞叶、胼胝体等）的症状与体征，以及失去大脑皮质控制的“释放”症状和继发于脑器质性损害的情绪症状。

### 一、病因与发病机理

#### （一）脑器质性疾病

颅脑外伤、脑肿瘤、脑血管病、脑部急性或慢性感染、脑寄生虫病和脑变性疾病所致的精神障碍，是由脑部器质性病变直接引起的，故称为脑器质性精神障碍。不论病变性质如何，其精神症状的表现通常与病变部位、进展急缓、损害范围和严重程度有关。

（二）躯体疾病

心、肺、肝、肾疾病，内分泌功能紊乱，代谢和营养障碍，急性或慢性感染性疾病所致的精神障碍，是躯体疾病临床表现的一部分，故又称症状性精神病。该病的发生除与各种躯体疾病本身直接有关外，和体内各系统的改变也有关系，如高热、脱水、酸碱平衡失调、电解质代谢异常、毒性中间代谢产物蓄积、脑缺氧、脑微循环改变、维生素缺乏等，这些都可引起脑功能失调而出现精神症状。

（三）年龄因素

同一器质性病因，在不同年龄阶段的临床表现不同。儿童与青少年患者易发生谵妄状态，壮年以后易发生遗忘综合征或痴呆，老年人常见某种程度的大脑皮层细胞损害，处于功能代偿状态，也可因轻度呼吸道感染、全身麻醉、脱水或药物等的影响而导致谵妄。

（四）个体素质倾向

在器质性精神障碍中，当人格素质倾向的抑制解除而释放强化时，临床可表现为类精神分裂症、类偏执症、类情感障碍的精神状态。

（五）其他

心理社会因素及文化背景会对症状发展及严重程度产生影响。

## 二、临床表现

（一）常见表现

1. 意识障碍

病人在数小时至数日内呈现轻重不同的意识清晰水平降低，表现为感知迟钝，注意力涣散，定向力丧失，出现错觉或幻觉，语言不连贯，运动增多或减少。意识清晰水平在一天内有波动倾向，意识障碍是可逆的，病人清醒后完全不能回忆或只能部分回忆。

2. 谵妄

是指一组以意识内容改变和广泛认识功能障碍为特征的急性全面精神障碍。多继发于各种急性中毒、感染和躯体疾病。表现为急性起病，病程短暂，病变发展迅速，故又称急性脑病综合征。

谵妄的最初症状，可以从病人的一些非特异性症状表现出来，如焦急、抑郁、易激动、注意集中困难、健忘、做噩梦或言语散漫。出现自言自语，像是在与人对话。当伴有不安宁或完全失眠一至数天的睡眠障碍，是即将发生谵妄的信号。

注意力不集中、记忆障碍和定向障碍是诊断谵妄的三个必要条件：（1）注意力不能持久集中，以致话题不能说完，不能持续做一个工作或计算困难；（2）记忆障碍主要为近事遗忘，尤其是即刻记忆不良，但远期记忆良好，若持续地对月份或年份不能正确记忆，经再三校正仍不能记忆时，是谵妄的征象；（3）定向障碍是由于注意力不集中、新近记忆障碍所致。

此外，还可有情绪障碍、睡眠不良或失眠、感知及行为障碍。常伴有恐怖性的、生动的错视或幻视、被害妄想，导致出现情绪恐惧、抑郁、易怒或欣快；病人常动作减少，寻衣摸床、捻空动作或吵闹不安，早晨甚至出现攻击性行为，当众脱衣，玩弄大小便等；言语不连贯，常喃喃自语，自知力和判断力不良，生活不能自理。与此相反，当一个谵妄患者突然变得安静时，可能预示原发病病情加重，患者先变得不活跃，接着陷入昏迷。

3. 痴呆

痴呆状态以大脑认知功能的全面受损、缓慢出现全面智能障碍为主要临床特征，包括记忆、思维、理解、判断、计算等能力减退和人格改变，而无意识障碍。起病大多徐缓，近事记忆力和判断力缺损，抽象思维能力减弱，思维迟钝贫乏，社交或职业功能减退。同时，病人注意力涣散，主动性降低，情感迟钝，自制力减弱，道德败坏，人格发生明显改变。痴呆的病人可以出现片断幻觉和妄想。痴呆常常是进行性、不可逆的。因多见于起病缓慢、病程较长的慢性脑部病变（脑变性疾病与脑血管病），故又称为慢性脑病综合征。

4. 遗忘症

遗忘症是一种选择性或局灶性认知功能障碍，包括近事记忆缺损和远事记忆缺损，前者出现得更早、更明显。突出临床表现为意识清晰，智力相对良好，严重的近事记忆障碍和言谈虚构倾向，常伴有时间定向障碍。患者具有易暗示性，如给新的提示，可引出新的虚构内容。这一综合征又称科萨科夫综合征，是慢性酒精中毒的特征性症状，目前还可见于脑外伤、一氧化碳中毒、血管性病变、第三脑室肿瘤等。病理部位常在下丘脑后部及中线附近组织，亦见于两侧海马体。

（二）其他精神障碍表现

1. 精神病样表现

部分患者在意识清晰及智力完好的情况下出现精神病样状态。在疾病早期可出现类似癔症、恐惧症、强迫症及疑病症等神经症样临床相。某些患者还可出现类精神分裂症和类躁郁症样精神状态。

2. 局灶性脑损害的精神症状

器质性精神障碍时的脑损害可称为弥漫性损害，也有损害相对较局限的病变区，在这种情况下可出现局灶性脑损害精神症状。额叶损害可产生明显的人格改变，由于抑制的解除而变得夸大、不机智、多言、幼稚性兴奋和诙谐言语，社会道德性控制能力减退，不考虑个人前途，性行为不检点，还有的表现为极度淡漠或缺乏始动力；顶叶损害可有复杂的认知障碍，包括视觉—空间障碍和体象障碍，较少引起精神病性症状；颞叶损害常可见智力障碍、类似额叶损害的人格障碍、性功能紊乱和精神分裂症样精神症状；双侧颞叶内侧损害可产生严重的遗忘症，无其他智力缺损；慢性颞叶损害可有严重人格改变，特别是情绪不稳和攻击性行为；枕叶损害时能感知景象或事物的个别属性，不能说出整个事物的意义；非优势侧枕叶病变可导致视觉空间失认；胼胝体病变扩及两半球时可呈现严重的智力障碍；间脑及脑干等深部中线组织病变的特征性症状是遗忘综合征、嗜睡和运动不能性缄默症，以及进行性智力减退、情绪不稳、欣快、暴怒、多食及垂体功能障碍等。

### 三、诊断

器质性精神障碍在原发病诊断明确的情况下，不论表现为何种精神障碍，诊断一般不难。但临床上可见到有些器质性疾病，尤其是脑部疾患，精神异常为首发症状时，会造成诊断困难。经过精神检查，若有下列缺损，可考虑有器质性精神障碍，缺损伤越广泛，临床上诊断越容易。

（1）定向障碍：对时间、地点和周围事物的认识能力不良。

（2）记忆减退：近事记忆及某些远事记忆能力丧失。

（3）计算不良：“100－7”或“100－3”连续递减计算困难或错误。

（4）理解和判断困难：对问题的理解和判断困难，抽象思维能力明显减退，自知力不良。

（5）情感障碍：情感反应肤浅、不稳、淡漠或欣快。

在已确定有器质性精神障碍的基础上，结合病史、症状和体征，以及各项辅助检查结果，可找出相关的器质性病因。

### 四、鉴别诊断

主要与精神分裂症、躁郁症、神经症等相区分。这些疾病起病前可有精神诱发因素，或有家族病史可供参考，无意识障碍，虽有丰富的思维障碍内容，但无智力缺损，躯体和神经系统检查无器质性病因。

### 五、治疗

（1）病因治疗：以治疗原发病为主。

（2）精神药物：对器质性精神障碍患者，用药剂量应从常用剂量的1/2—1/3开始，缓慢递增，待精神症状好转即减量。药物中以奋乃静较常用，轻症者可用安定或硝基安定。氟哌啶醇由于易致严重的锥体外系反应，不宜选用。用药时必须注意原发病的禁忌症。

（3）护理：护理的好坏直接关系到器质性精神障碍的预后和结果。既要注意对躯体疾病的护理，又要注意对患者恐怖性的视错觉和幻觉、定向不良等的护理。室内夜间光线宜明亮，不宜用高床，防止意外跌落受伤，要让患者保持充分睡眠。

### 六、病程和预后

病程和预后视病因、脑组织是否受损及受损程度而定。原发病的病程可逆时，精神症状也随之逐步好转，除少数外，一般不遗留精神症状。若原发病呈进展性，或病程中曾有较长时间昏迷，则精神症状持续且加重，或遗留一定程度的后遗症状。急性或缓慢起病的遗忘综合征及痴呆，由于脑组织发生不可逆性损害，病程长且多遗留智力障碍及人格改变。

## 第二节　颅脑外伤所致精神障碍

颅脑外伤性精神障碍是指颅脑受到外力的直接或间接作用，引起脑器质性或功能性障碍时出现的精神障碍。多见于青壮年。

## 一、病因及发病机理

闭合性与开放性颅脑外伤是发病的主要因素，个体素质特征及外伤后的心理社会因素也会有一定影响。闭合性颅脑外伤所致精神障碍尤为常见，开放性颅脑外伤则与远期或慢性精神障碍的关系密切。颅脑外伤越重，发生精神障碍的概率越大，持续的时间也越长。意识障碍与间脑和脑干网状激活系统损害密切相关，额叶和颞叶损伤易致人格改变和精神病样症状。

## 二、临床表现

（一）急性期精神障碍

1. 意识障碍

多见于闭合性脑外伤，可能是由于脑组织在颅腔内较大幅度旋转性移动的结果。脑震荡患者意识障碍程度较轻，一般在伤后即刻发生，持续时间多在半小时以内。脑挫伤患者意识障碍程度严重，持续时间可为数小时至数天不等，在清醒的过程中可发生定向不良，紧张、恐惧、兴奋不安、丰富的错觉与幻觉，称为外伤性谵妄。如脑外伤的初期昏迷清醒后，经过数小时到数日的中间清醒期，再次出现意识障碍时，应考虑硬脑膜下血肿。

2. 遗忘症

患者意识恢复后常有记忆障碍，称外伤性遗忘。外伤后遗忘期是指从受伤到正常记忆的恢复的时间。以逆行性遗忘最为常见（即指对受伤前的一段经历的遗忘），多在数周内恢复。部分患者可发生持久的近事遗忘、虚构和错构，称外伤后遗忘综合征。

（二）后期精神障碍

1. 脑外伤后综合征

表现为头痛、头晕、头昏、恶心、易疲乏、注意力不易集中、记忆减退、情绪不稳、睡眠障碍等，通常称脑震荡后综合征，症状一般可持续数月。有的可能有器质性基础，若长期迁延不愈，往往与心理社会因素和患者的易患素质有关。

2. 脑外伤后神经症

可有疑病，或焦虑、癔症等表现，另有痉挛、聋哑症、偏瘫、截瘫等，起病可能与外伤时心理因素有关。

3. 脑外伤性精神病

可有精神分裂症样状态，以幻觉妄想为主症，被害内容居多，也可呈现躁郁症样状态。

4. 脑外伤性痴呆

部分严重脑外伤昏迷时间较久的患者，可有后遗性痴呆状态，表现为近事记忆、理解和判断明显减退，思维迟钝；并常伴有人格改变，表现为主动性缺乏、情感迟钝或易激惹、欣快、羞耻感丧失等。

5. 外伤性癫痫

指继发于颅脑损伤后的局限性或全身性痉挛，可分为早期癫痫（伤后1周内）和晚期癫痫（伤后1周到数年）；其中早期癫痫中于伤后24小时内发作者称为即刻发作，伤后2—7天发作者称为近期发作或延迟发作。

6. 外伤后人格障碍

多发生于严重颅脑外伤的患者，特别是当额叶损伤时，常与痴呆并存。患者变得情绪不稳、易激惹、自我控制能力减退，性格乖戾、粗暴、固执、自私和丧失进取心。

## 三、诊断

### （一）确定有无脑外伤

了解外伤前后详细经过，包括受伤时间、原因、性质、程度，有无意识障碍，意识障碍持续时间及其伴发症状。遇有工伤事故、交通事故或日常生活纠纷中所发生的脑外伤，因常牵涉到人事关系及赔偿问题更宜慎重对待，除患者自述外，应有旁证，包括当时医生诊治的详细记录，或邀神经外科医生会诊，除非确有脑外伤的诊断依据，勿轻易下脑外伤后遗症的诊断。

### （二）神经系统检查

确定有无局限性体征。

### （三）辅助检查

如头颅平片（正侧位、颅底位）、脑超声、脑电图、颅脑CT检查及心理测验等。

### （四）排除各种神经症

如精神分裂症、情感性精神障碍、病态人格、慢性硬膜下血肿及其他脑器质性疾病所致的精神障碍。

## 四、治疗

1. 急性期精神障碍的治疗

以颅脑外伤的专科处理为主，当生命体征稳定后以卧床休息和对症处理为主。对兴奋躁动并确诊为非颅内出血所致者，在密切观察瞳孔与意识状态的情况下，使用小剂量抗精神病药物或抗焦虑药物加以治疗。

2. 后期精神障碍的治疗

脑外伤后综合征与神经症参阅相应神经症的治疗，对恐惧与抑郁者可选用三环类抗抑郁药治疗，脑外伤性精神病可选用抗精神病药治疗。对脑外伤性痴呆和人格改变，以管理、教育和训练为主或进行行为治疗。神经营养药对智力障碍有一定效果。

## 五、病程与预后

病程和预后均与外伤的性质、类型、部位、意识障碍及遗忘症的时间、有无并发症、治疗条件，以及个体素质、心理社会因素等密切相关。一般认为较轻的急性精神障碍在积极治疗下，可于1—2个月内恢复。后期精神障碍病程较迁延，如颅脑外伤性神经症和脑外伤后综合征可持续多年，但经过适宜治疗仍有可能痊愈，脑外伤性痴呆及人格改变预后较差。

## 第三节 脑肿瘤所致精神障碍

脑肿瘤病程中可出现各种精神障碍，以情感淡漠、意识障碍、智力减退、人格改变较为多见，30岁以上患者较多见。

### 一、病因和发病机理

精神障碍表现与发生率同脑肿瘤部位、性质，以及患者年龄等因素有关。

（一）肿瘤部位

以额叶、颞叶、胼胝体等部位肿瘤较为多见，出现时间早，程度也严重，其次为顶叶、第三脑室及脑干部位肿瘤较多见。双侧大脑及多发性肿瘤较单侧大脑及单个肿瘤多见，幕上肿瘤较幕下多见。

（二）肿瘤性质

以胶质瘤、脑膜瘤与转移癌较多见，其中多形性胶质细胞瘤及转移瘤发展较迅速，星形胶质细胞瘤、脑膜瘤发展较缓慢。恶性肿瘤所致精神障碍较良性多见。

（三）患者年龄

20岁以下患者以意识障碍为主，30岁以上患者则以智力减退和人格改变较多见，情感淡漠则见于各年龄组。

（四）其他

颅内压增高与出现精神症状的关系尚难确定。有人认为遗传因素及个体反应可增加精神症状的发生率。

### 二、临床表现

（一）一般症状

因脑肿瘤所致的精神症状并无任何特殊性，通常几个方面均有不同程度的障碍或某一方面较突出，偶见严重精神病征象。一般而言，发展较快的脑肿瘤易致认知功能紊乱，迅速发展的脑肿瘤常引起急性脑器质性综合征，伴有明显的意识障碍，发展缓慢的脑肿瘤较少发生精神障碍，后期患者可有痴呆综合征或人格改变。

1. 意识障碍

轻者可见注意范围缩窄、注意力集中困难、近事记忆不良、反应迟钝、思维不连贯、定向障碍及嗜睡，随着病情发展出现意识障碍加重，直至昏迷。早期意识障碍具有波动性，间有意识相对清醒期。

2. 记忆障碍

早期患者表现为近事记忆减退或近事遗忘，后期可出现定向障碍或科萨科夫综合征。

3. 智力障碍

表现为全面痴呆，联想缓慢，思维贫乏，定向障碍，记忆困难，计算、理解和判断不良。

4. 情感障碍

脑肿瘤初期由于个体对大脑功能障碍的适应不良而情绪不稳，易激惹。随病情发展会出现焦虑、抑郁或欣快等情绪。后期则以情感淡漠为主，缺乏主动性，对周围事物不关心，对亲人冷漠。

5. 人格改变

患者与以往性格判若两人，表现为主动性丧失，羞耻感消失，低级意向增加，行为幼稚及不道德。

6. 其他

脑肿瘤的任何阶段都可出现各种精神疾病症状，如类精神分裂症、类躁狂抑郁症、类偏执性精神病。表现为幻视、幻听、幻触、感知综合障碍及妄想等。

（二）不同部位脑肿瘤的精神症状

临床上仅有早期出现的精神症状具有定位意义，以后随着病情发展，肿瘤使邻近及远处脑组织发生水肿、推移、挤压，脑室系统受压变形，脑脊液动力学改变、血循环受阻等，脑部损害范围复杂化，导致精神症状对肿瘤部位的定位特异性降低。各部位脑肿瘤所致精神症状简述如下：

1. 额叶

精神症状较其他部位多见（约70%），往往在早期及神经系统体征尚未显现之前发生，主要有：(1) 主动性缺乏；(2) 情绪障碍；(3) 智力障碍；(4) 人格改变；(5) 括约肌机能失控；(6) 其他，如言语呐吃、运动性失语、无动性缄默、抽搐发作等神经系统症状。有的出现精神分裂症样或躁郁症样，多见于额叶脑膜瘤，易发生误诊。

2. 颞叶

除出现酷似额叶肿瘤所致的持续性精神症状外，还可有发作性症状，如痉挛发生(50%)、钩回发作。后者常以幻嗅和幻味觉开始，随即出现意识障碍，呈梦呓样状态，谈话或活动中止，双目凝视，可有非真实感、感知综合障碍、强迫思维、异常恐怖或突然情绪变化，同时伴有伸舌、舐唇、咀嚼、摸衣等不自主动作，有时可出现感觉性失语。

3. 顶叶

精神症状较少。可有以抑郁为主的情绪改变，其他如主动性降低、思维缓慢、理解困难。此外，顶叶部位肿瘤还会导致失用与失认。损害在优势侧时，可有格斯特曼综合征（即手指失认、计算不能、书写不能和左右不分），非优势侧的症状有半侧身体失认、疾病失认。

4. 枕叶

精神症状较少见。可出现幻视。

5. 胼胝体

常于早期出现严重多样的精神症状，表现为智力减退、记忆障碍、人格改变等。

6. 间脑

出现精神症状较少，以显著的记忆障碍为主，也可有科萨科夫综合征、痴呆、人格改变、情绪障碍、嗜睡等。

7. 垂体

除内分泌机能障碍外，可有精神迟钝，行为被动、性欲减退、嗜睡等。

8. 幕下（颅后凹）

以早期出现意识障碍为主，精神症状较少见。

（三）神经系统症状与体征

多有头痛、呕吐、眩晕、痉挛发作、视乳头水肿等颅内压增高征象及局限性定位体征。

**三、诊断及鉴别诊断**

脑肿瘤所致精神症状多数发生在神经症状出现之后，故在原发病已确诊情况下，精神症状不论呈何种表现，诊断一般不难。但有额叶、颞叶及胼胝体肿瘤时，精神症状往往为首发表现，临床诊断易误诊为非器质性精神疾病。

1. 收集病史

了解既往有无精神病史，若中年以后首次出现精神活动异常，人格改变、小便失禁，再有头痛或者癫痫发作，要考虑脑瘤可能。

2. 精神检查

注意有无意识障碍和智力障碍。

3. 神经系统与躯体检查

有无可疑的阳性体征，各项辅助检查（如头颅平片、脑电图、颅脑 CT 检查），有助于脑瘤诊断，必要时进行颅脑核磁共振检查。任何单项检查均有一定的阴性率，须结合病史和临床表现全面考虑，成人脑部转移癌以来自肺、肝、肾、胃者居多，应进行相应的辅助检查。

鉴别诊断中注意与神经症、精神分裂症和躁郁症相区别，还应排除能引起相应精神障碍的其他脑器质性疾病。

**四、治疗**

(1) 病因治疗。以手术治疗为主。

(2) 脱水疗法。

(3) 药物治疗。无意识障碍情况下出现精神兴奋状态时，可适当采用安定剂。慎用抗精神病药物。

**五、病程和预后**

病程和预后取决于原发病的疗效。

## 第四节　脑血管病所致精神障碍

脑血管病所致精神障碍是指由于脑血管病变造成脑组织血流供应不正常所致的精

神障碍。一般发展缓慢，常因卒中引起病情急性加剧，病程波动。

## 一、病因及发病机理

### （一）高血压病所致的精神障碍

动脉压的持续升高，细小动脉痉挛和硬化导致脑供血不足或缺血，产生一过性或持续性的神经精神障碍。由于脑血管的功能性或器质性改变，短暂的或持久的精神障碍交织在一起，增加了精神症状的复杂性，患者易感性心理，社会因素也与精神障碍的发生有关。

部分患者由于过分关注自己的病情或对卒中发作产生恐惧，表现出焦虑不安、忧虑、疑病观念或死亡恐惧。当血压急剧增高，出现高血压危象或者高血压性脑病时，出现的意识障碍以意识朦胧、谵妄或精神错乱为主，伴有恐怖性幻觉、片断的妄想、定向力不良、思维不连贯及精神运动兴奋、冲动、自伤、伤人等行为。某些患者不产生意识障碍，而表现为幻觉妄想状态。精神症状的出现往往可使原有的高血压病加重，如果意识障碍持续存在或不断加重时，会导致预后不良。

### （二）多发梗死性痴呆

以往称脑动脉硬化性精神病或动脉硬化痴呆，近年又称血管性痴呆。动脉硬化及来自颅外动脉的栓子是致多发性脑梗死的最常见原因。可造成脑供血不足、脑组织缺血、脑软化灶等疾病，如各种原因引起的脑栓死、脑血栓形成、脑脉管炎、血管管腔狭窄均可导致多发性脑梗死，精神障碍的发生还与患者病前性格特征、遗传素质、环境因素及机体功能状态有关。

大脑深部的多个微小梗死是本病的主要病理基础，梗死也见于大脑皮质及皮质下，伴有局限性或弥漫性脑萎缩及脑室扩大、脑回变窄、脑沟增宽等。发生痴呆的原因与脑软化灶的大小、数量及部位有关。如丘脑网状系统是复杂思维活动的基础；乳头体位于边缘环路（Papez）上，可影响近事记忆力；杏仁核与情绪和行为有关；尾状核与学习和记忆有关；胼胝体病变常出现精神症状。

## 二、临床表现

多数患者有高血压病或脑血管病意外发作史，约半数患者起病缓慢。早期表现为头痛、头晕、耳鸣、睡眠障碍、注意力不集中、易疲劳等类似神经衰弱症状；情感脆弱也是早期常见症状，表现为情感控制能力减弱、易伤感、易激惹，或无故烦躁、苦闷、悔恨、忧虑等。随后出现近事记忆障碍，尤以人名及数字的记忆缺损为主；人格及智力在相当长时间内保持完好。晚期出现强制性哭笑，情感淡漠及痴呆等。在急性脑缺血发作或数次短暂脑缺血发作之后可出现意识朦胧、谵妄或错乱状态、智力减退、行为紊乱，以及疑病、被害、嫉妒、夸大或被窃等妄想，偶伴有幻觉。在卒中发作后或疾病晚期，痴呆严重时患者可出现人格改变，变得自私、挥霍、幼稚、懒散、性欲亢进，甚至作出违法行为等。病程常呈现跳跃性加剧和不完全缓慢发展的特点。一般伴随神经系统症状与体征。

## 三、诊断与鉴别诊断

（1）常有高血压和躯体其他部位动脉硬化的证据。

（2）有反复发作的短暂脑供血不足或卒中史。

（3）情绪不稳和近事记忆障碍为主要表现，人格在较长时间内保持完整。

（4）波动性病程。

（5）常伴有局灶性脑损害体征。

（6）排除老年性痴呆。老年性痴呆发病较晚，病程呈渐进性，发病早期即有人格改变和自知力减退，较少出现神经系统局灶症状，智力障碍程度较重。

### 四、治疗

早期诊断和早期治疗对于脑血管病所致精神障碍有重要意义。

（1）在治疗高血压和动脉硬化的基础上，及时诊治各种形式的脑缺血发作，对于脑血管病所致精神障碍的防治具有重要意义。

（2）改善精神症状。对脑衰弱综合征可参考神经衰弱的治疗方案；对兴奋躁动、幻觉、妄想常选用抗精神病药物治疗，严重兴奋躁动者可予以安定片或肌肉注射氟哌啶醇，但药物剂量应从小量开始，不宜剂量过大与用药过久；意识障碍时应给予促神经细胞代谢药；痴呆者除用镇静药和改善脑代谢药物外，可试用高压氧治疗与抗凝治疗，加强护理和对症处理亦十分重要。行为治疗可能有助于痴呆者不良行为的改善。

## 第五节　癫痫性精神障碍

癫痫性精神障碍是一组复发性脑异常放电所致的精神障碍。患者由于累及的部位及病理生理改变不同，症状表现各异，大致分为发作性与非发作性精神障碍两种。发作性精神障碍可表现为感觉、知觉、记忆、思维、精神运动性发作，情绪恶劣及短暂精神分裂症发作。非发作性精神障碍则表现为慢性精神分裂样障碍，人格与智力缺陷等。

### 一、临床表现

原发性或继发性癫痫均可导致精神障碍，表现形式多种多样。可见于癫痫发作前、发作时和发作后，亦可在发作间或癫痫起病多年后产生持久的精神障碍。部分患者会在发作前出现持续数小时至数天的先驱症状，如全身不适，易激惹、紧张、烦躁、抑郁，易挑剔或抱怨他人。一旦发作过后，先驱症状随之缓解。

#### （一）复杂部分性发作

以往称精神运动性发作或颞叶癫痫。常源于颞叶病变，亦见于其他部位局灶性病变。发作前常有历时数秒的幻嗅等先兆，伴有意识障碍。

##### 1. 单纯意识障碍发作

以持续数秒至数分钟的意识障碍，精神活动与躯体运动停止，伴有要素性症状的精神运动症状为主要表现，发作后不能回忆发作时的表现。发作时间较长，脑电图没有出现典型的3次/秒棘波。

2. 认知发作

主要表现为自我意识障碍和回忆错误，如似曾相识（熟悉感）、旧事如新（陌生感），也有失掉亲近感和非真实感等。强制思维发作多见于青少年期，表现为思维过程突然终止，某些相互缺乏联系的观念或感觉表象强制地浮现于脑内，发作后不能确切回忆。梦样状态发作以知觉和思维的疏远感为主，患者虽可认知周围情况，但如入梦境，变幻莫测，不断地进入意识中来。

3. 情感发作

表现有恐怖、愤怒、抑郁、喜悦或不愉快等情绪发作，以恐怖发作最为多见。恐怖发作可表现为轻微的惶惶不安或毛骨悚然的恐怖体验，持续时间一般不超过 2 分钟。儿童常表现为惊叫或害怕，很难问出具体体验；愤怒发作常伴有攻击行为；抑郁发作持续时间长者可达2周，多无运动抑制症状；严重的喜悦发作时，患者常陷入不可控制的极度喜悦的恍惚状态（销魂状态）中；不愉快发作常与幻嗅或幻味的内容有关。

4. 精神知觉性发作

错觉发作较常见，无论视错觉、听错觉、迷路错觉或远隔错觉均有自身与环境之间空间关系的变化，如变远、变近、变大、变小等，一般持续数秒钟。幻觉再现，意识清晰或呈似梦非梦状，有的表现为肛门、关节或性器官的幻触。

5. 自动症

临床表现为目的不明确的运动或行为发作。以消化道运动症状最为常见，如舐唇、伸舌、咀嚼、吞咽、流涎等（进食性自动症）；有的出现恐怖、愤怒或戒备、防卫表情，或小儿样嬉笑不止等（表情自动症）；抚摸衣扣、身体某一部位或摸索动作（姿势自动症）；机械地继续其发作前正在进行的活动，如步行、徘徊、骑车、进餐等，甚至有复杂的职业性的日常行为；或表现为梦游症、昼游症，发作中联想多不连贯，令人难以理解。有时伴有脱衣裸体、爬墙跳楼、冲动攻击等行为。自动症发作后多不能回忆，每次发作持续时间为数秒至数分钟不等。

（二）发作后意识模糊状态

除意识模糊外，还表现有定向障碍，反应迟钝，生动幻视或躁动、狂暴行为等，可持续数分钟至数小时。

（三）短暂的精神分裂症样发作

在抗癫痫药物治疗过程中突然出现思维障碍、幻觉、妄想、紧张不安，但意识清楚，颇似精神分裂样精神病，可持续数日至数周。与抗癫痫药所致的脑电活动强制正常化有关。

（四）发作间歇期持续性精神障碍

1. 癫痫性精神分裂症样精神障碍

在癫痫的病程中出现持续性或慢性精神分裂症样症状，可有：(1) 紧张兴奋；(2) 思维出现被洞悉或被剥夺感；(3) 幻觉妄想状态：以被害性幻听、恐怖性幻视较多见；(4) 抑制状态：表现为动作缓慢、言语寡少、情绪淡漠或抑郁等。各种症状多数混合出现，有的在某一阶段单独发生，无意识障碍；有的起病较急，病程较长；有的迁延成慢性。

2. 癫痫性性格改变

表现为粘滞性或爆发性性格特征。粘滞性性格表现为精神活动迟缓，一丝不苟、固执于琐事；爆发性性格者易激动、发怒、冲动，常因小事与人争执。此外，有自私、独断、顽固、情绪易波动等性格。

3. 癫痫性痴呆

癫痫患者有无智力障碍随病因而异，原发性癫痫患者的智力与正常人相比无明显差异，但器质性癫痫患者多有智力障碍。智力障碍的原因可能与引起癫痫的器质性脑损害有关，也可能是自幼癫痫频繁发作的结果，症状表现以领悟、理解障碍最明显，联想迂远、不得要领、计算迟缓、记忆障碍等症状却不明显，通常称领悟性痴呆。多见于病程较长、发作频繁的患者。

### 二、诊断与鉴别诊断

（1）既往有癫痫发作史。

（2）精神障碍的发作性与刻板性。

（3）脑电图、脑电地形图检查可作参考。检查结果正常时并不能排除癫痫，多次检查或美解眠诱发试验与蝶骨电极脑电图等有助于诊断。疑有脑局灶性病变时应进行详细的神经系统检查、脑脊液检查及颅脑CT、核磁共振等神经影像诊断学检查。

（4）排除分离型癔症、精神分裂症、情感性精神障碍及其他脑器质性精神障碍。

### 三、治疗

调整抗癫痫药的种类或剂量以防止癫痫发作前后的精神障碍。对智力障碍与性格改变者应加强管理教育，予以工娱等康复治疗。

### 四、病程与预后

取决于癫痫的病因及药物的疗效，有的迁延终生。频繁的痉挛发作、发作时与发作后意识障碍较深、日间发作等均是影响预后的不良因素。

## 第六节　散发性脑炎所致精神障碍

散发性脑炎又称散发性病毒性脑炎，常出现精神障碍，多见于青壮年，发病率无性别差异。

### 一、病因及病理

1. 病因

以单纯性疱疹病毒为常见病因。

2. 病理变化

弥散性大脑炎性改变，以颞叶中部、额叶眶面为主，重者呈急性坏死性炎性改变。

### 二、临床表现

急性或亚急性起病，病前常有上呼吸道或消化道感染症状。

（一）精神症状

半数以上病例出现精神障碍，其中约 1/3 为疾病的首发症状。

1. 谵妄状态

如兴奋躁动、片断幻觉妄想、定向障碍、注意涣散、理解困难、尿失禁等。严重时陷入昏睡或昏迷状态。

2. 木僵状态

如缄默、违拗、肌张力增高，可有蜡样屈曲。

3. 精神分裂症或躁郁症样状态

前者以联想散漫、幻觉妄想为主症；后者以情绪不稳、易激惹或情绪低落等为主症。

4. 智力障碍

如记忆、计算、理解困难、思维贫乏、主动性减退及情绪淡漠或欣快。

（二）神经系统症状

可有痉挛发作，颅神经损害、锥体束征、肌张力增高、共济失调、不自主运动、肢体轻瘫、脑膜刺激征及颅内压增高。

（三）辅助检查

血液白细胞总数中度增高，中性粒细胞稍多。脑脊液压力正常或稍高，细胞数正常或稍高，以淋巴细胞为主。脑电图有弥漫性异常，以颞区及额区局限性改变为主，对诊断有重要意义。颅脑 CT 显示有脑水肿及软化坏死灶。

## 三、诊断及鉴别诊断

本病确诊需进行脑组织病毒分离或免疫荧光检查。目前在我国此项检查尚不能广泛开展，主要依赖临床诊断，诊断依据有：

（1）病前可有上呼吸道或消化道感染病史；

（2）急性或亚急性起病；

（3）急性期精神症状以谵妄状态或木僵状态为主症；

（4）痉挛发作或神经系统阳性体征；

（5）脑电图阳性发现，尤其颞、额部显著；

（6）血及脑脊液轻度炎性反应，疱疹病毒抗体阳性；

（7）排除脑肿瘤、精神分裂症、躁郁症。

## 四、治疗

（1）病因治疗。常用清热、解毒、化湿的中药和氢化可的松或地塞米松、甘露醇等来抗炎和脱水，辅以神经营养代谢药（如 ATP、胞二磷胆碱等）和免疫制剂（如干扰素、转移因子等），也可试用抗病毒药物，如阿糖胞苷、板蓝根注射液等。

（2）精神症状突出时可用小剂量抗精神病药作短期对症治疗。紫雪丹、安宫牛黄丸或克脑迷、氯酯醒等苏醒剂可促进意识障碍的恢复。

（3）加强护理，对症治疗和支持治疗。

### 五、病程及预后

本病呈急性进展，病程一般 2—3 周。轻症者可痊愈，但重症者多有后遗症（占50%—70%），呈痴呆状态及神经系统损害体征。病程中意识障碍加深至昏迷者，预后差，严重者死亡。

## 第七节　器质性精神障碍的司法鉴定

### 一、脑器质性精神障碍精神伤残评定

华政［××××］法医精鉴字第×××号

1. 基本情况

委托机关：某某区拥挤踩踏善后处置工作组

委托事项：对刘某某的精神伤残等级鉴定（按照工伤标准）

受理日期：2016 年 3 月 3 日

案　　由：在某某区拥挤踩踏事件中受伤

鉴定材料：鉴定委托书、病史资料、身份证等

鉴定日期：2016 年 3 月 3 日

鉴定地点：本中心检验室

在场人员：被鉴定人姑姑刘某

被鉴定人：刘某某，男，1987 年 12 月 11 日出生，汉族，户籍地址为某某市某某区某某路×××号

2. 检案摘要

根据鉴定委托材料：被鉴定人刘某某于 2015 年 1 月 1 日在某某区拥挤踩踏事件中受伤。目前为明确其精神伤残程度，委托方特委托本中心对其作上述委托事项的司法鉴定。

3. 检验过程

(1) 调查材料摘录

① 据其姑姑刘某反映：被鉴定人发生事故时系在读硕士研究生，身体健康，无颅脑外伤史，性格脾气可，各项如常。事故至今已 14 月余，现行为改变厉害，常有危险行为，如会无端地按地铁上的紧急制动装置，乘坐汽车会在前行过程中打开车门；行为幼稚，如要吃人家吐出来的肥肉、人家的剩饭等，会无端屏蔽之前的好友，曾把钱包放在公交车车窗上。出院后患有严重抑郁，有撞墙自杀的行为，说自己无颜见江东父老等，现经心理治疗后有所好转。被鉴定人系某某大学机械系毕业生，以前记忆力很好、聪明，读书范围广泛，专注于做学问，短期效率特别高。现记忆力减退明显，行为怪异，起床会不穿其他衣服直接穿棉袄，天天拿错漱口杯，没洗脸、漱口却称洗过了，吃饭仅吃米饭，称忘了吃菜，外出不识路。现家属托关系找了一家工作单位，但其经常会忘记别人交代之事。口齿欠清，着急时与人交流困难。精细动作困难，手

抖。常诉头疼、胸痛等。他对未来的计划不切实际、不具体，机械专业称毕业后要学编程。生活不能自理。精神科医生诊断为中度抑郁焦虑。

② 摘录某某市某某中心医院病史资料：2015 年 1 月 1 日凌晨因“受挤压外伤后半小时，昏迷不醒”入院，病史记载，患者一小时前在某某区受挤压踩踏后昏迷不醒、神志不清，烦躁，面部青紫肿胀，胸部出现反常呼吸，四肢强直，面部、胸部、颈部出现大片瘀斑，急诊血压测不出，床边胸片左胸显示不清，右侧气胸，立即予以胸腔穿刺，左侧未见明显血性液体，右侧抽出少量血性液体，约 2—3ml，予以鼻插管，呼吸机辅助呼吸，输血及人体白蛋白补充血容量、多巴胺升压等抢救治疗，CT 示颅内未见明显出血，双侧气胸，急诊收住入院。当日即转至某某医院继续治疗，出院诊断为“全身多发性外伤，挤压综合征，继发性颅内综合征”等。

③ 摘录某某市某某大学医学院附属某某医院病史资料：住院日期自 2015 年 1 月 1 日至 5 月 11 日；入院后多次头颅 CT 及 MR 检查均示未见明显异常，但脑电图示弥漫性慢波、轻度异常脑电图等。出院时言语连贯性稍差等，出院诊断为挤压伤等。

④ 摘录门急诊记录资料：2015 年 8 月 27 日因“头痛再发 2 月”至某某医院急诊，查体示神清，表情略少，言语略清、含糊等。2015 年 8 月 31 日脑电图报告示为轻度慢波活动增多。2015 年 9 月 23 日门诊记录示，对事故发生无记忆，当前表现动作缓慢，情绪不稳，行为幼稚，焦虑担心，做事不计后果，诊断为焦虑状态。后多次门诊就诊。

⑤ 摘录某某市某某中心 2016 年 3 月 1 日出具的韦氏记忆（WMS）测验结果报告：被试测验合作，测得其记忆商数为 37，提示被试目前记忆力存在中度缺损。某某市某某中心 2016 年 2 月 29 日出具的韦氏智力测验结果报告：被试测验合作，测得其智商为 103，提示被试目前智力在正常范围中等水平。

（2）检查所见

① 检验方法：按照《精神障碍者司法鉴定精神检查规范》对被鉴定人刘某某进行检验。

② 精神检查：家人陪同下自行步入检查室，入室后即满脸笑容与鉴定人员打招呼，意识清，仪态整，接触良好，检查合作。能置答自己的姓名、年龄、生肖、出生年月日及求学经历等。称目前在天津，其父帮其找到一个编程工作，“智易时代，学编程，我不会，就会一个‘Hello World’（属菜鸟级编程技术），大概两三个月了”，问其对公司评价，对答显幼稚，笑嘻嘻称：“我觉得还可以，吃饭有时候发蛋糕。”承认曾拨弄消防栓及在地铁上按紧急制动装置，问其原因，均笑嘻嘻称：“我就看看。”远事记忆尚可，近事记忆减退明显，丢三落四，常忘记带钥匙，不能回忆早上吃了什么。性格脾气有所改变，承认伤后曾有情绪低落、求死的想法，现消极思想已消退。称以前比较沉默，现在变得有点开朗，问其为何一直笑嘻嘻，称：“不知道，现在说话就爱笑。”诉常有头疼，有时候晚上睡不着，精细动作困难，说话变得含糊不清等。完全不能回忆受伤经过及就诊经历，称听说是在某某广场发生事故、在某某区中心医院待了一天后转至某某医院住院 8 个月左右（实际住院四五个月）。被鉴定人知道今来此做伤

残鉴定，讲述不清具体赔偿事宜，对未来生活亦无任何打算。检查中，情感与所处环境不协调、与内心体验不一致，情感略欣快，行为显幼稚，对答尚切题，记忆力明显受损，性格脾气存在变化，存在头疼、眠差、精细动作困难、口齿不清等诉述，完全不能回忆受伤经过，讲述不清理赔事宜，未引出幻觉、妄想等精神病性症状，自知力部分，缺乏意志要求。

③ 本中心阅片：头颅 CT 及 MRI 示颅内未见明显出血等。

4. 分析说明

(1) 根据送检材料及调查所得：被鉴定人原系在读硕士研究生，身体健康，无颅脑外伤史，性格脾气及社会适应等如常。事故至今已 14 月余，曾有抑郁情绪及消极行为，目前有所好转，现常有危险举动及幼稚行为，记忆力减退明显，外出不认识路，易遗忘片刻前别人交代之事，工作能力差，日常生活及个人卫生常需家人协助监督，对未来打算不切实际。被鉴定人在事故中受挤压踩踏后昏迷不醒、神志不清、烦躁，急诊入住某某市某某中心医院，查体出现反常呼吸、四肢强直，急诊血压测不出等，即日转至某某医院治疗，出院诊断为“全身多发性外伤，挤压综合征，继发性颅内综合征”等。某某市某某大学医学院附属某某医院住院期间多次行头颅 CT 及 MR 检查均示未见明显异常，但脑电图示弥漫性慢波、轻度异常脑电图等。此后多次因“头痛”等门诊就诊，病史记载其动作缓慢，情绪不稳，行为幼稚，焦虑担心，做事不计后果，诊断为焦虑状态等。某某市某某中心韦氏记忆（WMS）测验示其记忆力存在中度缺损。结合本次精神检查，情感与所处环境不协调、与内心体验不一致，情感略欣快，行为显幼稚，对答尚切题，记忆力明显受损，性格脾气存在变化，存在头疼、眠差、精细动作困难、口齿不清等诉述，完全不能回忆受伤经过，讲述不清理赔事宜，未引出幻觉、妄想等精神病性症状，自知力部分，缺乏意志要求。虽头颅 CT 及 MRI 未见明显出血，但结合其脑电图改变及目前精神状态表现等，根据 ICD-10，被鉴定人患有脑器质性精神病。

(2) 被鉴定人患有脑器质性精神病，使其人格改变，存在明显社会功能受损等，参照《劳动能力鉴定 职工工伤与职业病致残等级》的 5.7.2 及附录 C 之条款，已构成七级伤残。

5. 鉴定意见

被鉴定人刘某某于 2015 年 1 月 1 日在某某区拥挤踩踏事件中受伤，使其患有脑器质性精神病，构成七级伤残。

## 二、器质性精神障碍者的服刑能力评定

华政［××××］法医精鉴字第×××号

1. 基本情况

委托机关：某某市某某监狱

委托事项：对被鉴定人欧阳某某的精神状态鉴定，服刑能力评定

受理日期：2016 年 3 月 2 日

案　　由：有无服刑能力

鉴定材料：鉴定委托书、刑事判决书、病史资料等

鉴定日期：2016 年 3 月 2 日

鉴定地点：某某市某某监狱

在场人员：某某市某某监狱某某警官

被鉴定人：欧阳某某，男，1987 年 5 月 28 日出生，汉族，初中文化，户籍地址为某某省某某县某某村某某街××号

2. 检案摘要

根据送检材料，被鉴定人欧阳某某因犯抢劫罪，于 2015 年 10 月 22 日被某某市某某区人民法院判处有期徒刑 3 年 3 个月，现服刑于某某市某某监狱，因在服刑期间出现精神异常，为确认其精神状态，委托方特委托本中心对其作上述委托事项的司法鉴定。

3. 检验过程

（1）调查材料摘录

① 据委托材料反映：被鉴定人自入监后表现较一般，经常独自一人静坐，行为举止怪异，造成同监犯都感觉他精神有问题，刻意疏远他。2016 年 2 月 22 日，该犯从新收犯监狱移押至某某监狱，新收犯监狱通报中显示该犯患有抑郁症。

② 摘录某某市某某总医院门诊病历：就诊日期为 2015 年 12 月 23 日，该患者新收入监，自述长期重度抑郁症，诉脑子里有肿块，粉碎性骨折，陷入颅内等，既往有甲亢病史，长期口服甲亢药物。体格检查：表情淡漠，言语不清，逻辑混乱，右眼突出。诊断：甲亢所致精神障碍。2016 年 2 月 4 日复诊：主诉情绪低落、无力，总病程 13 年。2016 年 2 月 23 日复诊：6 年前起病，反复手抖、多汗、消瘦，检查发现甲状腺功能亢进，予以口服甲巯咪唑治疗。该院于 2016 年 2 月 24 日出具的 CT 报告单显示：头颅 CT 未见明显异常。

（2）检查所见

① 检验方法：按照《精神障碍者司法鉴定精神检查规范》对被鉴定人欧阳某某进行检验。

② 精神检查：意识清，情感低落，语音低微，被动接触，检查欠合作。言语不清，尚能回答自己姓名，不知自己的确切年龄，能片段叙述个人简历。问其身体有何疾病，回答："我头痛好几年了，感到脑袋生了疮，头痛得受不了，有针扎样，是有人害我，怀疑背后有人议论我，说我坏话，听不清楚，看我个子小，全世界人都欺负我，我在这里干活，有人特别注意我，肯定是人家害我，晚上睡眠不好，听到有人敲玻璃窗，有人用手抓我，感到自己的心、脑子被虫吃掉了，2002 年就有这个病了。"问其因何事被关押，回答："我感到犯罪了，抢了电瓶车，没钱吃饭，我有甲亢，吃得多，胖不起来，心慌，脑子里有东西往上冲。"问其现有何想法，答称："恳求你们给我药吃，以前是个健康的男孩，这病折磨我太难受了。"检查中，情感低落，思维不连贯，内容荒谬，存在被害妄想，内脏幻觉，内感不适，意志要求缺失，自知力无。

4. 分析说明

(1) 根据送检材料：被鉴定人因犯抢劫罪被判处有期徒刑3年3个月，现服刑于某某市某某监狱，原患有甲状腺功能亢进、抑郁症病史十余年。自入监后行为怪异，胡言乱语，无端猜疑有人害他，同监犯感到他精神异常，并刻意疏远他。结合本次精神检查，情感低落，言语不清，思维不连贯，内容荒谬，存在被害妄想、内脏幻觉及内感不适，意志要求缺失，自知力无。根据CCMD-3，被鉴定人患有甲状腺功能亢进所致精神障碍，现为发病期。

(2) 被鉴定人由于存在被害妄想等精神病性症状，易产生突发性冲动行为，使其不能表达自己的真实意思，不能像常人那样接受教育和改造，故对其应评定为无服刑能力。

5. 鉴定意见

(1) 被鉴定人欧阳某某患有甲状腺功能亢进所致精神障碍，现为发病期。

(2) 被鉴定人欧阳某某为无服刑能力。

## 习题

1. 器质性精神障碍的病因、发病机理如何？

2. 器质性精神障碍主要包括哪些类型？

3. 如何鉴别各种类型的器质性精神障碍？

## 拓展阅读文献

1. 胡泽卿主编：《法医精神病学（第4版）》，人民卫生出版社2016年版。

2. 李建明主编：《司法精神病学》，人民卫生出版社2009年版。

3. 郝伟、陆林主编：《精神病学（第8版）》，人民卫生出版社2018年版。

第八章

# 中毒性精神障碍与相关法律问题

**内容提要：** 本章主要介绍了中毒性精神障碍及其相关概念；酒精中毒的分类，酒精中毒所致精神障碍的诊断与评定；其他精神活性物质、非成瘾物质所致精神障碍及其司法鉴定。

**核心词汇：** 中毒性精神障碍　病理性醉酒　复杂性醉酒　普通醉酒　精神活性物质所致精神障碍　科萨科夫综合征

**学习要求：** 掌握中毒性精神障碍相关的基本概念和常见类型；熟悉精神活性物质所致精神障碍的诊断标准与法律问题；了解慢性酒精中毒的表现。

## 第一节　概　　述

### 一、中毒性精神障碍及其相关概念

谈到中毒，首先需要了解什么是毒物，以及与毒物相关的几个概念，如药品、毒品等。所谓毒物，是指在一定条件下以较小的剂量进入生物体后，能与生物体之间发生化学和（或）物理作用并导致生物体器官组织功能和（或）形态结构损害性变化的化学物。

药品是指用于“预防、治疗、诊断人的疾病，有目的地调节人的生理机能并规定有适应症或者功能主治、用法和用量的物质，包括中药、化学药和生物制品等”[①]。

毒物与药品的区别有以下几个方面：一是使用的目的和场合。一种物质用于治疗疾病时称为药品，用作伤害机体时则称为毒物。有些毒物与药品只有量的不同，没有质的区别。微量用于治病，稍大剂量就为剧毒物。例如，阿托品是治病良药，是用于抗平滑肌痉挛，有机磷、锑剂中毒，感染中毒性休克的急救药；但它又是剧毒物，正常成人一次用量超过 5 mg 就会中毒，一次口服 80—130 mg 就可致死。吗啡是毒品，可是临床上常用于治疗剧痛、剧咳以及作为手术前用药等。砒霜（三氧化二砷）既是毒又是药，一次口服 1 mg 治病，一次口服超过 100 mg 致死。因此，毒物与药品只是

① 参见《中华人民共和国药品管理法》第 2 条第 2 款。

相对而言。二是剂量。剂量大小是最基本的，既不能说微量即可引起中毒的才叫毒物，也不能不管剂量多大，只要进入机体有毒性作用的就是毒物。有些食物食用不当也会中毒，如食用 150—300 g 生木薯即可引起中毒，甚至死亡。三是是否发生化学性变化。物质进入机体后虽有危害作用甚至致命，但如果没有发生化学变化与作用的，也不能称为毒物。如吞服碎玻璃、往血管注入空气、大量注射清水等都可致命，但都是物理作用，所以这些物质不是毒物。如古代记载的“吞金而死”便不属于毒物中毒。四是该物质进入机体的途径。毒物还要在一定条件下进入机体才能发挥毒性作用。如蛇毒进入血液立即发挥毒性，口服入胃却会被胃液分解而失去毒性。综上所述，毒物和药品的区别本质上在于使用的方式方法，而不在于物质自身成分。

毒品是指受国际和国内禁毒立法管制的、被非法生产、加工、贩运和滥用的、连续使用后产生依赖性并可造成人体机能损害的天然或合成物质。我国《刑法》第 357 条明确规定：“本法所称的毒品，是指鸦片、海洛因、甲基苯丙胺（冰毒）、吗啡、大麻、可卡因以及国家规定管制的其他能够使人形成瘾癖的麻醉药品和精神药品。”由此看出，毒品是社会学和法律上的概念，不属于生物学上的概念。毒品与药品、毒物有可能存在交叉。即一种物质既有可能是药品，也有可能被当作毒物使用，也有可能属于受到法律管制的毒品。

中毒是指生物体由于毒物的作用，器官组织功能和（或）形态结构发生变化而出现的疾病状态，因此而发生的死亡称中毒致死。

中毒性精神障碍是指由于某些有害物质进入人体内，引起机体中毒导致脑功能失调而产生的一种精神障碍。临床上较常见的是一氧化碳中毒、有机汞中毒、农药中毒、医用药物中毒（如肾上腺皮质激素、抗胆碱能药物等）、嗜好物中毒以及食物中毒等引起的精神障碍。

## 二、病因及发病机理

临床上较常引起中毒性精神障碍的物质有铅、四乙基铅、汞、锰、二硫化碳、一氧化碳、苯等化工原料；有机磷、有机汞等常用农药；激素、阿托品、萝芙木制剂、抗结核药、阿的平、合霉素、巴比妥类等医用药物以及酒精、吗啡等嗜好物。

据研究，各种毒物首先是引起大脑皮层主动性抑制过程的削弱，出现短时期的正诱导，因此兴奋性增高；然后大脑即出现弥散性超限抑制和保护性抑制，出现各种位相状态，这就是临床上出现不同程度的意识障碍和运动兴奋的机理。巴甫洛夫等研究指出，中毒时除了能导致大脑皮层的障碍外，还会导致皮层下机能的障碍，以及皮层及皮层下部相互作用的障碍。不同的人也会因为个体的敏感性、个体对应激的适应方式、年龄、躯体及精神等因素，而存在差异。另外，有毒物质的剂量不同，进入肌体的途径、速度和持续时间不同，以及它们理化作用的不同等引起的精神障碍表现也不同。

## 三、精神活性物质和非成瘾物质所致精神障碍的分类与诊断标准

根据《中国精神障碍分类与诊断标准（第三版）》（以下简称“CCMD-3”），中毒

性精神障碍可分为精神活性物质所致精神障碍和非成瘾物质所致精神障碍。

（一）精神活性物质所致精神障碍的诊断标准与分类（引自 CCMD-3）

10　精神活性物质所致精神障碍［F10—F19 精神活性物质所致精神障碍和行为障碍］

精神活性物质是指来自体外，可影响精神活动，并可导致成瘾的物质。常见的精神活性物质有酒类、阿片类、大麻、催眠药、抗焦虑药、麻醉药、兴奋剂、致幻剂和烟草等。精神活性物质可由医生处方不当或个人擅自反复使用导致依赖综合征和其他精神障碍，如中毒、戒断综合征、精神病性症状、情感障碍及残留性或迟发性精神障碍等。

［症状标准］

1　有精神活性物质进入体内的证据，并有理由推断精神障碍系该物质所致；

2　出现躯体或心理症状，如中毒、依赖综合征、戒断综合征、精神病性症状，以及情感障碍、残留性或迟发性精神障碍等。

［严重标准］　社会功能受损。

［病程标准］　除残留性或迟发性精神障碍之外，精神障碍发生在精神活性物质直接效应所能达到的合理期限之内。

［排除标准］　排除精神活性物质诱发的其他精神障碍。

［说明］　如应用多种精神活性物质，鼓励作出一种以上精神活性物质所致精神障碍的诊断，并分别编码。

10.1　酒精所致精神障碍［F10 酒精所致精神障碍和行为障碍］

符合精神活性物质所致精神障碍诊断标准，有理由推断精神障碍系酒精所致。

10.2　阿片类物质所致精神障碍［F11 阿片类物质所致精神障碍和行为障碍］

符合精神活性物质所致精神障碍诊断标准，有理由推断精神障碍系阿片类物质（如阿片、海洛因、杜冷丁等）所致。

10.3　大麻类物质所致精神障碍［F12 大麻类物质所致精神障碍和行为障碍］

符合精神活性物质所致精神障碍诊断标准，有理由推断精神障碍系大麻类物质所致。

10.4　镇静催眠药或抗焦虑药所致精神障碍［F13 镇静催眠药所致精神障碍和行为障碍］

符合精神活性物质所致精神障碍诊断标准，有理由推断精神障碍系镇静、催眠、镇痛、抗焦虑和麻醉等中枢神经抑制剂（阿片类物质除外）所致。

10.5　兴奋剂所致精神障碍［F14 可卡因；F15 其他兴奋剂所致精神障碍和行为障碍］

符合精神活性物质所致精神障碍诊断标准，有理由推断精神障碍系兴奋剂（如苯丙胺、甲基苯丙胺、咖啡因、利他林、可卡因等）所致。

10.6　致幻剂所致精神障碍［F16 致幻剂所致精神障碍和行为障碍］

符合精神活性物质所致精神障碍诊断标准，有理由推断精神障碍系致幻剂（如 LSD）

所致。

10.7 烟草所致精神障碍[F17 烟草所致精神障碍和行为障碍]

符合精神活性物质所致精神障碍的诊断标准，有理由推断精神障碍（主要是依赖综合征和戒断综合征）系由烟草所致。

10.8 挥发性溶剂所致精神障碍[F18 挥发性溶剂所致精神障碍和行为障碍]

符合精神活性物质所致精神障碍诊断标准，有理由推断精神障碍系吸入汽油等挥发性物质所致。

10.9 其他或待分类的精神活性物质所致精神障碍[F19 多种药物和其他精神活性物质所致精神障碍和行为障碍]

符合精神活性物质所致精神障碍诊断标准，有理由推断精神障碍系上述以外的其他或待分类的精神活性物质所致。

**（二）非成瘾物质所致精神障碍的诊断标准与分类（引自 CCMD-3）**

11 非成瘾物质所致精神障碍[F55.8 不产生依赖的物质滥用]

指来自体外的某些物质，虽不产生心理或躯体性成瘾，但可影响个人精神状态，如产生摄入过量所致的中毒症状（过去称为中毒性精神障碍）或突然停用所致的停药综合征（如反跳现象）。

[症状标准] 有非成瘾物质进入体内的证据，并有理由推断精神障碍系该物质所致。由此引发心理或躯体症状，如中毒、智能障碍、精神病性症状、情感症状、神经症样症状或人格改变等。

[严重标准] 社会功能受损。

[病程标准] 除残留性或迟发性精神障碍之外，精神障碍发生在非成瘾物质直接效应所能达到的合理期限之内。

[排除标准] 排除精神活性物质所致精神障碍和器质性精神障碍。

11.1 非成瘾药物所致精神障碍[F55.8 不产生依赖的其他物质滥用]

符合非成瘾物质所致精神障碍诊断标准，有理由推断精神障碍系非成瘾物质（如激素、异烟肼等）所致。应标明具体药物，如：① 抗抑郁剂（如三环类、四环类及单胺氧化酶抑制剂）[F55.0]；② 缓泻剂[F55.1]；③ 止痛药（没指定为精神活性物质的，如阿司匹林、非那西丁）[F55.2]；④ 制酸药[F55.3]；⑤ 维生素类[F55.4]；⑥ 类固醇或激素[F55.5]；⑦ 特殊的草药或民间验方[F55.6]等。

11.2 一氧化碳所致精神障碍[F55.8 不产生依赖的其他物质滥用]

符合非成瘾物质所致精神障碍诊断标准，有理由推断精神障碍系一氧化碳所致。

11.3 有机化合物所致精神障碍[F55.8 不产生依赖的其他物质滥用]

符合非成瘾物质所致精神障碍诊断标准，有理由推断精神障碍系有机化合物（如苯、有机磷等）所致。应标明具体有机化合物，如：① 有机磷；② 苯等。

11.4　重金属所致精神障碍［F55.8不产生依赖的其他物质滥用］

符合非成瘾物质所致精神障碍诊断标准，有理由推断精神障碍系重金属（如铅、汞等）所致。应标明具体重金属，如：① 铅；② 汞等。

11.5　食物所致精神障碍［F55.8不产生依赖的其他物质滥用］

符合非成瘾物质所致精神障碍诊断标准，有理由推断精神障碍系食物（如蕈类）所致。

随着工业化的发展，城乡居民与环境中有毒化学物质、重金属等接触机会日益增多，从而中毒可能性也随之增加。近年来医疗用药品种不断增加，如激素类药物、抗焦虑药物、抗精神病药物被广泛使用，产生的精神障碍也有所增加。嗜好物中毒如酒成瘾、鸦片类成瘾中毒近年来同样有所增加。食物中毒所伴发的精神障碍也偶有发生。

限于篇幅，这里仅选择司法实践中相对比较常见的中毒物质作介绍。

## 第二节　酒精中毒所致精神障碍

酒精为亲神经物质，一次大量饮用可出现急性神经精神症状。长期过量饮用可产生慢性神经精神症状，甚至出现神经系统不可逆的损害。

### 一、酒精中毒的分类

（一）急性酒精中毒（急性醉酒）分类

1. 普通醉酒

又称为生理性醉酒或单纯性醉酒，是指一般人在一次大量饮酒后出现急性中毒症状，主要表现为兴奋、话多、高谈阔论、欢欣、自我吹嘘、哭笑无常、自制力差、行为轻佻，但无幻觉、妄想，无显著的遗忘，有定向力及控制自己行为的能力。躯体症状为颜面潮红（有时可转为苍白）、心跳加快、出汗、发热感、呕吐、构音不清。

2. 复杂性醉酒

又称为恶性醉酒，多发生于躯体疾病脑器质性精神障碍者，系一次大量饮酒所致。患者意识障碍的程度超过了普通醉酒。基本症状为口齿不清，步态蹒跚，有较明显的意识障碍，易激怒，有时可出现精神运动性兴奋，伴有狂暴行为。醒酒后只有概括性回忆及片断回忆。

3. 病理性醉酒

又称为特质性酒精中毒，由于相对小量饮酒而出现的严重饮酒反应。患者有如下症状：① 遗忘；② 缺乏肢体麻痹症状，急骤地出现精神症状；③ 定向力障碍，主要表现为意识障碍、紧张、苦闷、激怒、幻觉、妄想等。缺乏躯体麻痹症状，有异常体验。这些醉酒者常常有头部外伤、癫痫、动脉硬化等病理基础。诊断病理性醉酒时，一定要有实验室过敏的证据。

**表 8-1 三种急性醉酒区别要点**

| | 分类 | | |
|---|---|---|---|
| | 普通醉酒 | 复杂性醉酒 | 病理性醉酒 |
| 性质 | 生理性 | 病理性 | 病理性 |
| 对酒耐受性 | 不定，无质和量变异反应 | 较好，量的变异反应 | 差，质的变异反应 |
| 个人体质 | 无特殊 | 原因复杂 | 对酒精特异反应 |
| 发病情况 | 渐进性 | 超一定量后突发 | 突发性进入谵妄状态 |
| 平时性格 | 正常 | 缺陷 | 正常 |
| 对酒嗜好 | 可有可无 | 有 | 无 |
| 诱发量 | 不一定，超量时出现 | 超过耐受量出现 | 少量即突然出现精神障碍 |
| 症状特点 | 运动先障碍 | 意识障碍、激情 | 意识先障碍 |
| 血酒浓度 | 高或较高 | 高 | 不高或稍高 |
| 辨认力 | 有（俗称“酒醉心定”） | 无 | 无 |
| 自控力 | 有或稍弱 | 无 | 无 |
| 违法犯罪情况 | 有选择、有目的、故意 | 或有或无 | 无选择、无目的、无故意 |
| 刑事责任能力 | 有 | 限定 | 无 |

（二）慢性酒精中毒分类

1. 酒精中毒性幻觉症

在慢性酒精中毒的基础上出现急性发作，多在停饮或在减少饮酒量后不久发生。临床表现为幻听、幻视，幻听为真性幻听，内容多为责难性的及低级下流的谩骂及威胁，幻视常为恐惧性场面。一般多持续数小时及数日。意识障碍不明显。

2. 震颤谵妄

在长期慢性酒精中毒的基础上出现的严重的急性精神障碍，多在戒酒后或停饮及减少酒量后发生。多夜间起病，由于有肢体粗大的震颤及谵妄而得名，此外还有失眠、害怕、短暂的幻觉、妄想、痉挛、自主神经系统亢进等症状。一般持续 3—5 天。事后对其发作中的经历多不能回忆，或仅能回忆若干个印象较深的片断情节。

3. 酒精中毒性妄想症

多为嫉妒妄想，患者无端怀疑妻子对自己不忠，并百般虐待；还会因对人际关系发生曲解，而形成被害妄想。

4. 科萨科夫综合征

起病较为缓慢，多发生在一次或多次震颤谵妄发作之后。主要表现为严重的记忆障碍，错构及虚构，定向力障碍以及情感幼稚，欣快、生活懒散等。

5. 慢性酒精中毒性痴呆

轻者影响其社会功能，重者可以发生记忆力全面丧失，不能认识周围环境及事物，生活需要他人照料。

## 二、急性酒精中毒的刑事责任能力评定

（一）普通醉酒的刑事责任能力评定

普通醉酒一般并不影响辨认能力及控制能力，较少出现严重的冲动攻击行为，最

多见的违法行为是谩骂及殴斗。我国刑法规定，醉酒（指普通醉酒）的人犯罪应负刑事责任。因在普通醉酒时，行为人并不丧失行为的辨认和控制能力，具有完全刑事责任能力，且饮酒过度是自主行为，当受法律制裁。

普通醉酒如发生在有既往精神病史的人身上，则应仔细地辨认两者的关系：① 如既往患有精神分裂症，目前精神症状消失，处于疾病的缓解期，此时如出现醉酒，则按普通醉酒处理。② 如一精神分裂症患者，其精神症状仍存在，则应考虑为复杂性醉酒。此时如出现了犯罪行为，则应根据病理特点及临床症状分析其犯罪行为是由于醉酒所致，还是由于精神疾病所致，其饮酒量有多少，来判断属于普通醉酒还是复杂性醉酒。

（二）复杂性醉酒的刑事责任能力的评定

由于有较明显的意识障碍，复杂性醉酒者可出现激烈的精神运动性兴奋，常伴有易激怒及狂暴行为，可发生攻击及伤害等犯罪行为。这种醉酒实质上是严重的普通醉酒，是本人理应控制饮酒量却不加控制所致。为此，对其可评定为完全刑事责任能力或限定刑事责任能力。

（三）病理性醉酒的刑事责任能力的评定

这类醉酒者往往有某些疾病素质的基础，如大脑有实质性的损害，如癫痫、颅脑外伤、脑动脉硬化等，也可发生在患有如精神分裂症、癔症、神经症的精神障碍患者身上，由于少量的饮酒即出现精神障碍及意识障碍，事后又不能回忆，对其刑事责任能力的评定应考虑其个体特异性。在饮少量酒后，在本人不知的情况下发生了违法行为，应排除其刑事责任能力。如果知道自己对酒精过敏而放任不加控制地去饮酒而作出了违法犯罪行为，则应评定行为人为完全刑事责任能力。

### 三、慢性酒精中毒的刑事责任能力评定

（1）患者在长期慢性酒精中毒的基础上出现的急性发作如幻觉症、震颤性谵妄、酒精中毒性妄想症、科萨科夫综合征等所致的复杂违法行为，均属于重度精神病的范畴，故在刑事责任能力评定时，可判定为无刑事责任能力。如果在只表现为多疑而妄想尚未固定的早期阶段，对其实施的危害行为尚能辨别，则可酌情对其评定为限定刑事责任能力。

（2）慢性酒精中毒者如仅有人格改变，其辨认和控制能力有一定程度的削弱而没有其他精神病变症状，则可评定为限定或完全刑事责任能力。

## 第三节　其他精神活性物质所致精神障碍

### 一、安眠镇静类药中毒

（一）来源

安眠镇静类药广泛用于医疗。种类繁多，其中常用的有巴比妥类、苯二氮䓬类（如利眠宁、安定等）、吩噻嗪类（氯丙嗪等），还有一些其他药品。一般人都可得到这

些药物。

（二）作用

这类药物均对中枢神经有抑制作用，口服治疗量时发挥镇静催眠作用，如入睡快、睡得熟。一般一次剂量超过治疗量的 5—10 倍就会严重中毒，中枢神经深度抑制；超过 15 倍可致死。呼吸中枢首当其害，致呼吸慢而浅，药量再加大，服用者会因呼吸衰竭而亡。氯丙嗪类药还有使血管扩张、血压下降的作用，故原有低血压症、心率过慢症者用氯丙嗪类药是很危险的。

（三）中毒症状

如头昏、嗜睡，运动失调，昏迷、呼吸浅慢，血压下降，体温低于正常，皮肤湿冷，口唇青紫，脉细速，死于呼吸中枢麻痹，或休克。吩噻嗪类药物中毒，还可有肌肉强直、抽搐、瞳孔缩小等症状，有的还会腹痛、呕吐。

（四）中毒、致死量

如表 8-2 所示。

**表 8-2　巴比妥类药**

| 药名 | 作用 | 口服治疗量 | 中毒量 | 致死量 |
|---|---|---|---|---|
| 巴比妥（佛罗那） | 催眠，作用较慢，长时效（6—8 小时） | 0.3—0.6 g | 3—6 g | 5—20 g |
| 苯巴比妥（鲁米那） | 长时效（6—8 小时） | 0.03—0.2 g | 2—7 g | 4—9 g |
| 二丙烯巴比妥（地阿尔） | 中时效 | 0.1—0.3 g | 2—2.5 g | ＞2.5 g |
| 戊巴比妥（冷比妥） | 作用快，短时效（3 小时） | 0.05—0.2 g | ＞0.5 g | 1.5—7.5 g |
| 司可巴比妥（速可眠） | 作用快，短时效（＞3 小时） | 0.1—0.2 g | ＞0.5 g | 1—5 g |
| 环己巴比妥（安眠朋） | 作用快，超短时效（1—2 小时） | 0.1—0.3 g | 1.2 g | ＞10 g |
| 硫喷妥钠 | 作用极快，超短时效（约 30 分钟） | 静脉注射麻醉 0.2—1.0 g | 0.5 g | 1g |

资料来源：闵银龙主编：《法医学》，中国法制出版社 2007 年版，第 264 页。

（五）相关法律问题

随着人们文化水平、科学知识的提高，运用安眠镇静类药自杀、杀人的案件有所增加。尤其要注意的是，罪犯除运用此类药直接毒死人外，有的还会利用安眠类药的作用，作为进一步实施犯罪行为的先行的辅助性手段，以此使被害人处于意识朦胧或丧失、无抵抗能力的状态。有的犯罪分子把速效安眠药混于糖果里，嘴馋的人易上当；有的用有麻醉作用的中草药制成蒙汗药进行犯罪活动；有的用吸入性麻醉药作案。对此，司法工作者应提高警惕性。

## 二、阿片中毒

### （一）来源

阿片（opium）是罂粟嫩果的乳汁干燥物。罂粟（papaver somniferum）是一年生草本，罂粟科，一般高1米左右。叶状椭圆形，无毛，花枝长，一株可有几只花蕾，一般为四瓣，红、白、紫花均有。花落结果，果形球状或椭圆形，未成熟果壳含白色乳汁，把果壳表层划破，乳汁就会流出凝结，收取乳汁凝块，经干燥搅拌，就成棕色的黏稠胶状物，若脱水程度高，则为黑色膏状，可做成各种形状。一只果实可反复几次划取乳汁。世界上很多地区都能种植。

阿片味苦，有特殊芳香，含有20多种生物碱，有两类不同化学结构，分别为菲类和苄基异喹啉类。主要成分有：吗啡（morphine）占2.7%—23%、那可汀（narcotine）占4%—7%、可待因（codeine）占1%、蒂巴因（thebaine）占0.4%—0.8%、罂粟碱（papaverine）占0.4%—0.7%、那碎因（narceine）占0.2%—0.5%。阿片重量的70%以上为有机酸、树脂、树酸、糖类等。

### （二）作用

阿片主要作用于神经，对脊髓、延脑、丘脑等痛觉传导区具有强烈的麻醉作用，还有镇静、镇痛的作用。阿片对大脑皮层有兴奋作用，还能兴奋脊髓、延脑呕吐中枢及其他一些皮层下中枢。还可作用于周围神经，使平滑肌松弛。临床上用于镇痛、止咳、止泻、解痉等。

### （三）中毒症状

临床上使用次数过多，致成瘾。

社会上吸阿片烟致成瘾者颇多，阿片烟吸入时有欣快感，常吸即可发生慢性中毒。主要症状包括：食欲不振、肤干体瘦、感情冷淡、意志薄弱、精神萎靡、思维迟钝、阳痿性冷、便秘等。阿片烟瘾发作时，成瘾者烦躁不安、意识朦胧、运动系统兴奋、心悸苦闷。

急性中毒时，成瘾者动作迟钝，颜面潮红、眩晕、疲劳、动作不协调、想象力亢进，出现幻觉，有满足感，陷入陶醉状态，恶心呕吐，瞳孔缩小，呼吸缓慢，脉快而浅，接着进入昏睡、昏迷、四肢冷却，最终死于呼吸中枢麻痹。

### （四）致死量

阿片胶状物约2—5 g可致死。完全干燥的阿片1—2 g即可致死。各人敏感性不同，如成瘾者耐受性强，而儿童致死量为0.1—0.2 g。

## 三、吗啡中毒

### （一）来源

吗啡是阿片中含量最高的生物碱。常见的吗啡类有：吗啡、可待因（甲基吗啡）、蒂巴因，以及吗啡衍化物海洛因（二醋吗啡）、乙基吗啡、阿扑吗啡等。

吗啡为白色晶形粉末，盐酸吗啡则为针形晶体。味苦。吗啡难溶于水，易溶于氯仿及热乙醇中，盐酸吗啡可溶于水和酒精，吗啡水溶液对石蕊试纸呈碱性反应。对福马林硫酸溶液呈红色反应（马贵氏试验），弗劳德试验呈紫色。

可待因是阿片中分离的磷酸盐或硫酸盐，呈白色针状或结晶性粉末。可溶于水，味苦。马贵氏试验呈紫红色。临床用于镇咳剂，毒性比吗啡弱。含磷酸可待因1%以上的制剂，属于受管制的麻醉药。

海洛因是吗啡的二乙酰化合成物，多见制剂为盐酸盐。毒性与吗啡相当。有很强的成瘾性，兴奋作用强烈，不用于临床。

阿扑吗啡是吗啡人工合成物。马贵氏试验呈紫色。盐酸阿扑吗啡是催吐剂，中毒时对大脑皮层有抑制作用，但对延脑呕吐中枢有强烈的刺激，表现为剧烈的恶心呕吐，中毒深时全身肌肉弛缓，呼吸中枢麻痹。

另外，还有其他化学合成物，如类似吗啡作用的派替啶、美沙酮等。派替啶临床用于镇痛，美沙酮主要用于缓解海洛因戒断症状。

（二）作用

吗啡类与阿片作用一样，但程度更为强烈，对中枢神经有抑制与兴奋两种作用。抑制是自上而下，先抑制大脑皮层高级中枢，然后逐渐扩散到皮层下中枢，最后抑制延脑的呼吸中枢进而导致死亡；兴奋作用是强烈、全中枢性的，自下而上，先兴奋脊髓，出现运动亢进，继而刺激皮层下中枢、大脑皮层高级中枢，延脑的呼吸、血管中枢、呕吐中枢均产生兴奋。

（三）中毒症状

(1) 吗啡急性中毒症状与阿片中毒相似，表现更强烈，如呕吐抽搐、瞳孔缩小、皮肤苍白、体温和血压下降、呼吸浅慢、全身紫绀、昏睡、昏迷、反射消失，最终由于呼吸麻痹而亡。

(2) 吗啡慢性中毒症状表现为人格丧失、意志薄弱、消瘦贫血、食欲不振、便秘、皮肤干燥、全身无力、情绪多变、反应迟钝。停止使用吗啡后，会出现烦躁不安、头痛头晕、恶心、呼吸时快时慢、鼻泪俱下、流涎、出汗、心悸、抽搐、肌肉、关节痛、饮食无味、失眠，甚至各器官系统功能紊乱。

(3) 可待因中毒时麻痹作用很明显，知觉亦麻痹。由于脊髓受刺激，易出现强直性痉挛、副交感神经兴奋、肌肉无力、听视觉障碍、眩晕、瞳孔缩小、昏睡、急性呼吸衰竭等症状。

(4) 海洛因中毒症状与吗啡、可待因中毒相似，开始是头痛、头晕、呼吸缓慢、听视觉障碍、四肢痉挛，最终由于呼吸麻痹而亡。戒断症状特别严重。

（四）致死量

吗啡类都是麻醉剂，重复使用容易成瘾，一旦成瘾，耐受性大大增强，因此，致死量因人而异。一般如下：

(1) 吗啡：成人中毒量为0.06 g，致死量为0.2—0.3 g；儿童致死量为0.01 g。

(2) 海洛因：成人致死量为0.2 g，耐受量大的可到2.8 g。

(3) 可待因：成人致死量为0.8 g。

(4) 派替啶：成人致死量为0.2 g。

(5) 美沙酮：成人致死血浓度≥3 mg/L。

(五) 相关法律问题

阿片、吗啡等中毒及鉴定是全球性重大课题。吸毒是世界性灾难，男女老少均遭其害。吸毒者为了支付庞大的毒品开支很容易走上违法犯罪的道路。为预防犯罪，强化社会治安综合治理，应大力开展毒品鉴定工作，并对疑似吸毒者进行强制性鉴定，如证实吸毒，立即对其进行集中教育或强制戒毒。

## 四、可卡因中毒

(一) 来源

可卡因（cocaine）又称古柯碱，是在古柯叶中提取的生物碱。古柯类植物盛产于南美洲，当地人称之为圣草，并喜欢嚼古柯叶来提神。可卡因是表面麻醉剂，此外还有人工合成的制剂，如普鲁卡因、辛可卡因、利多卡因等，均是局部麻醉剂。

可卡因是强兴奋剂，也是常见的毒品，成瘾性与海洛因不相上下。

(二) 作用

可卡因能够兴奋中枢神经，先兴奋大脑、小脑，产生欣快感，解除疲劳，有陶醉感，接着有抑制、麻醉功能，导致精神忧郁，呼吸麻痹。

(三) 中毒症状

早期兴奋、欣快、情绪饱满，眉飞色舞，飘飘欲仙，言多语快，如酒醉的兴奋期；接着激动不安，眩晕，恶心呕吐，冒冷汗，心跳快，呼吸不规则，出现幻觉，有类似精神分裂样，反射亢进，有的出现幻觉如与人发生性关系；继而血压下降，进入抑制状况，肌肉松弛、昏迷，循环系统、呼吸系统衰竭而亡。

(四) 致死量

成人口服致死量为0.5—1.0 g；敏感者致死量为30 mg。

## 五、大麻中毒

大麻是古老的麻醉药，原产于印度、小亚细亚一带，有止痛、抗痉和松弛肌肉的作用。麻烟是以大麻雌株上的花穗，以及顶尖端的嫩叶、花瓣、枝托等上面附着的树脂霜为原料制成的毒品。吸入后能引起神经活动改变，开始时有欣快感，话多，情绪高涨，自我陶醉，茫然，感到有飘浮在空气中的感觉，头部变轻；继之出现思维混乱，阵发性的得意与恐怖相交替，非真实感，人格解体，双重人格，视物变形，感知综合障碍，生动恐怖的错觉和幻觉。摄入过量时会产生不同程度的意识障碍，并出现下列神经症状：四肢抖动、舞蹈样动作、震颤、共济失调、动作不灵活、耳鸣、眩晕、触觉过敏、呕吐、瞳孔对光反应迟钝等。

长期吸食大麻会引起人格及智能改变，如记忆减退，学习新事物困难，思维迟钝，思维中断，癫痫样失神，注意力涣散，工作效率下降，意志衰退，不讲卫生，精神萎靡，道德观念薄弱，以及形体消瘦、皮肤干燥、面容憔悴。

## 六、致幻剂中毒

### （一）来源

致幻剂是指能引起精神活动异常，出现幻觉的药剂。较常使用的有麦角胺衍化物类，如麦角二乙酰胺（LSD）、苯乙胺衍化物类的麦司卡林（Mescaline）、哌啶（Piperidine）。

### （二）作用

易导致感知障碍，思维紊乱，情感异常，幻觉，以色彩丰富的幻视为典型。一般颜色的衣服，却看成颜色丰富，五彩缤纷，漂亮至极；正常天空，看成色彩斑斓的无限风光；同时出现时间、空间（距离）感觉异常，还可出现兴奋、抑郁或恐怖感。

### （三）LSD中毒症状

LSD为白色结晶，对光不稳定，易在碱性溶液中分解，一些国家青少年乱用此药，已成为社会问题。

LSD作用于大脑，造成精神活动紊乱，典型的症状是产生色彩丰富的幻觉和错觉。距离感紊乱，有四肢分离感，情绪抑郁、兴奋不定，还为恐怖不安所笼罩，出现精神分裂样症状；还伴有心悸、脉快、血压升高、周身热感、出汗、体温升高。一般成人口服20—75 mcg，30—60分钟就出现幻觉，持续半天左右。

## 七、兴奋剂中毒

### （一）来源

兴奋剂是指能引起精神兴奋，消除疲劳的药剂，主要是苯丙胺类药。医疗上有时用于辅助性给药。已被普遍认识的有：苯丙胺、甲基苯丙胺（又称去氧麻黄素或冰毒）、苯异丙胺、麻黄碱、二亚甲基双氧苯丙胺（摇头丸）、甲基麻黄碱等。

### （二）作用及症状

这类药剂能释放紧张物质如儿茶酚胺，引起交感神经兴奋，对中枢神经、大脑皮层及脑干均具兴奋性，能消除疲劳，消除精神的抑郁。患者表现得精神焕发，精力充沛，思维敏捷，综合判断力强，工作效率高，生命体征各方面均呈旺盛状态。但上述作用均是一时性的，患者同时还表现交感神经兴奋的其他征象，如出汗、颜面潮红、口渴、失眠、不安、恶心、眩晕、心悸等，常产生虚脱感。有的兴奋剂还会使人性欲亢进。连续使用出现成瘾。

### （三）致死量

右旋苯丙胺成人致死量为200 mg，小儿为20 mg；甲基苯丙胺成人致死血浓度为4 mg/L。

## 八、烟碱中毒

### （一）来源

烟碱是烟草中的一种生物碱，以烟叶含量最高，达1%—9%，烟碱为无色油状，遇空气即变褐色，具挥发性，有辛辣味。卷烟含烟碱达3—4 mg。

### （二）作用

烟碱对全身及局部都有毒性作用。对中枢神经系统，对交感神经、副交感神经节，均有较强的选择作用，先刺激兴奋，后转入抑制，阻滞神经节内乙酰胆碱和烟碱的相互作用，对分布在横纹肌的神经末梢有麻痹作用，严重中毒时抑制大脑皮层及皮层下中枢。

（三）中毒症状

接触烟碱有腐蚀征象，如皮肤或黏膜变性坏死，变白，并有刺痛。口服后恶心呕吐、腹痛、流涎，全身性肌无力、抽搐、强直性痉挛，眩晕，头痛，脉搏不规则；逐渐呼吸困难，意识模糊，进入昏迷，瞳孔散大，脸色苍白，四肢发凉，呼吸渐弱；最终死于呼吸中枢衰竭。

（四）致死量

烟碱是剧毒物。一般烟碱成人致死量为0.16—0.60 g，烟碱提纯品成人致死量为0.06 g（相当于1滴）。连续吸入10—20支卷烟即可严重中毒，甚至死亡。

**表8-3　世界卫生组织对引起依赖和滥用的药物分类（1973）**

| 类别 | 主要内容 |
|---|---|
| 1. 苯丙胺类 | 苯丙胺、右旋苯丙胺、甲基苯丙胺和利他灵等 |
| 2. 大麻类 | 大麻制剂 |
| 3. 阿片类 | 阿片、吗啡、海洛因、美沙酮和哌替啶等 |
| 4. 可卡因类 | 可卡因、可卡糊和古柯叶 |
| 5. 致幻剂 | 麦角二乙酰胺（LSD）、苯环己哌啶（PCP）等 |
| 6. 挥发性化合物 | 丙酮、四氯化碳和其他溶剂 |
| 7. 酒精—安眠药类 | 乙醇、巴比妥类、苯二氮䓬类及其他镇静催眠药 |
| 8. 烟碱 | 烟草、鼻烟 |

资料来源：闵银龙主编：《法医学》，中国法制出版社2007年版，第280页。

## 九、其他精神活性物质所致精神障碍的司法鉴定

（一）涉案类型

由于成瘾者对药物的强烈依赖，可能为此做出违法行为，如诈骗、偷窃、贩毒、赌博、卖淫等，有时还会行凶。

在服毒过量和中毒时，或出现戒断反应时，在意识障碍状态或精神病理症状影响下偶尔可引起危害性行为，但很少见，引起严重智能障碍的也少见。由药瘾所致人格改变而导致发生违法行为，一般直接依法处理，而不必经过司法鉴定。所以，司法鉴定中这类案例是十分少见的。

（二）刑事责任能力评定

（1）属于对毒物的违法占用、制造、贩卖等直接犯罪行为的，应受到法律严惩。即使存在药瘾引起的人格改变，也应受到法律的严厉制裁，因为药物成瘾的原因是自由的、自愿的、自陷性行为，而且属于国家严禁的行为。

（2）属于吸毒过量，或戒断反应时出现危害行为的，要考虑下列因素：

① 开始应用的原因是出于医疗需要，还是出于消遣动机。

② 成瘾后有无强烈的戒瘾愿望和实际行动。

③ 是否存在意识障碍及精神病理症状。

④ 精神障碍是发生在过量吸毒过程中，还是在戒断过程中。

考虑到国家对毒物的政策，一般来说，除了开始使用时是出于医疗需要、过程中有强烈戒瘾愿望和实际行为、在戒断过程中出现意识障碍或精神病理症状者可视作例外之外，属于其他情况的一般都属于完全刑事责任能力。至于少数开始使用并非出于医疗需要，而在成瘾后有强烈戒瘾愿望和行动，在戒断时出现严重精神障碍的，可根据情况考虑为限定刑事责任能力，但应当慎重，并严格掌握。

（三）行为能力及其他法律能力评定

首先进行明确诊断，然后根据被鉴定人精神症状的实际严重程度，对辨认能力、控制能力、表达能力等法律能力评定要素的影响程度，具体结合案件实际情况，进行实事求是的评定。

## 第四节　非成瘾物质所致精神障碍

非成瘾物质所致精神障碍包括一氧化碳、重金属、杀虫剂、杀鼠药等物质所致精神障碍。本节主要选取代表性的几种物质进行介绍。

### 一、一氧化碳中毒

（一）来源

一氧化碳（CO）为气体毒物，无臭无味。含碳物质（柴、草、碳、煤、石油等）燃烧不完全会产生大量一氧化碳，如汽车尾气、煤气燃烧、火药燃烧等。各种气体毒物中毒发生率中，一氧化碳中毒属最常见之一。近年来，安装燃气热水器的家庭大量增加，由于通风排气问题没解决好，或排出废气倒流入房间，引起意外中毒事故常有发生。尤其冬天闭门关窗，室内一氧化碳达到0.03%浓度时就可明显中毒。除了意外中毒，也有自杀、他杀中毒。有的犯罪分子在室内通风条件差的情况下，打开煤气开关或把接口拧松使其漏气，或乘人入睡用管子引来煤气熏鼻，或拎煤炉入室等，达到杀人目的，有的还会伪装成自杀或意外现场。由于一氧化碳中毒死者尸斑颜色与氰化物中毒相似，有的罪犯投氰化物杀人后，会伪装成煤气中毒现场。

（二）作用

体内红细胞中的血红蛋白（Hb）主要功能是从肺结合氧气输送给全身组织细胞。一氧化碳与血红蛋白的亲和力比氧化大200—350倍，所以一氧化碳被吸入肺后即进入肺泡壁血管内与血红蛋白结合成碳氧血红蛋白，血红蛋白一旦与一氧化碳结合，就失去输氧能力，若中毒者血液中碳氧血红蛋白浓度达10%—20%时，就会因组织细胞缺氧而出现中毒症状。浓度达40%以上时，严重中毒，直至死亡。若中毒者处于一氧化碳含量较低但达中毒量的环境时间过长，吸入的一氧化碳不断与血红蛋白结合，血中碳氧血红蛋白浓度越来越高，可达90%以上。

（三）致死量

空气中一氧化碳含量达到0.02%以上为中毒量；含量为0.07%时，呼吸几小时可致人死亡。一般来说体内碳氧血红蛋白浓度达45%以上可致死，平均致死浓度为50%—60%，但与个体情况有很大关系。

（四）中毒症状

头痛（前额尤甚）、头晕、恶心、呕吐、肌肉麻痹、心悸，四肢无力，往往意识尚清时已自知中毒，很想喊但又喊不出声，想脱离险境又走不动、爬不了，继而意识模糊、昏迷，死于呼吸中枢衰竭。主要症状与碳氧血红蛋白浓度关系见表8-4：

**表8-4　一氧化碳浓度与中毒症状**

| 空气中一氧化碳浓度（%） | 吸入时间 | 碳氧血红蛋白浓度（%） | 主要症状 |
|---|---|---|---|
| 0.01以下 | 无限 | | 无症状 |
| 0.02 | 3小时 | 20 | 头痛 |
| 0.03 | 5小时 | 30 | 头痛、恶心、呕吐、头晕 |
| 0.06 | 3.5小时 | 40—50 | 上述症状加剧，四肢无力，自救力丧失，心慌（悸），面色苍白，昏迷，可死亡 |
| 0.1 | 2小时 | 60 | 死亡迅速 |
| 0.5 | 0.5小时 | 65 | 死亡迅速 |
| 1.0 | 1—2分钟 | 70—80 | 立即发生症状昏迷死亡 |

资料来源：闵银龙主编：《法医学》，中国法制出版社2007年版，第248页。

一氧化碳中毒患者的临床表现与其吸入浓度直接相关。精神症状的产生以及严重程度与中毒后的昏迷时间长短有直接关系。一般来说，昏迷时间长达四小时左右者半数患者会产生精神症状。没有出现昏迷者，则一般不会出现精神症状。也有不少患者在昏迷苏醒后经过数日、数周，甚至长达两个月的清醒期后，才出现精神症状。患者突然发病，出现定向障碍，行为异常或者怪异，面部表情茫然，反应迟钝；有的患者躁动，有的喃喃自语，之后可表现为言语减少，构音不全，大小便失禁，还可出现器质性痴呆和人格改变。清醒后的神经系统症状和体征，也可以表现多样，如大脑局灶性损害，偏瘫，癫痫发作，失语症，震颤麻痹，神经炎，视力模糊，晚期可出现视神经萎缩等。

## 二、杀鼠药中毒

（一）来源与分类

为除鼠害，城市、农村大量使用杀鼠药，由于药源丰富、易得，毒性大，人、畜意外中毒很常见，用于自杀、他杀亦很普遍。近年来，杀鼠药中毒事件呈明显上升态势，已超过有机磷农药中毒事件。

常见杀鼠药分类如下：

(1) 有机磷杀鼠药：主要有除鼠磷、毒鼠磷、溴代鼠磷、马拉硫磷等。

(2) 有机氟杀鼠药：常用的有氟乙酰胺、氟乐灵、氟乙酸钠等。

(3) 脲胺嘧啶类：毒鼠强、鼠立死等。

(4) 氨基甲酸酯类：灭鼠安、灭鼠优、鼠特灵等。

(5) 茚二酮类：敌鼠、氯鼠酮、杀鼠效等。

(6) 无机杀鼠药：磷化锌、硫酸铊、亚砷酸钠等。

（二）毒鼠强中毒

1. 来源

毒鼠强又称特效灭鼠灵、“424”，化学名为四亚甲基二砜四胺，剧毒，白色粉末，无味，对人、畜毒性大。我国虽于1991年对其禁用，但由于高效灭鼠，人们乐用，私产私销，屡禁不止，人、畜中毒案件时有发生。

2. 作用与症状

口服吸收快，体内代谢较慢，主要作用于机体代谢机制，口服后数分钟即可出现症状，半小时可死亡。主要症状为：初时头昏、恶心呕吐，继之瞳孔散大，呼吸困难，肌肉强直，阵发性抽搐，似癫痫样间歇发作，最后因呼吸心跳衰竭而死亡。

3. 致死量

成人口服致死量为5 mg/kg。

（三）氟乙酰胺中毒

1. 来源

氟乙酰胺又称敌蚜胺、“1081”，高效杀鼠药，对人、畜毒性大，投毒、自杀、意外中毒案件较常见，还可以引起二次中毒，人吃了氟乙酰胺中毒死亡的鸡、猫、狗等也会导致中毒死亡。

2. 作用

口服进入机体后脱胺形成氟乙酸，代解形成氟柠檬酸，主要破坏糖代谢，还作用于中枢神经、心脏、骨骼系统等，最后因心脏、肺、肾脏等脏器功能衰竭而死亡。

3. 主要症状

初为头昏，四肢无力，恶心，呕吐，呕出物带血，腹痛，烦躁，抽搐，感觉障碍，肌肉颤动，呼吸困难，阵发性惊厥，心跳慢，肺水肿，最后因肺、心、肾功能衰竭而死亡。

4. 致死量

成人致死量为0.2—0.5 g。

5. 尸体表现

尸僵出现早且强，尸斑暗红，全身可有出血小点，胃肠黏膜充血且有出血点，脏器瘀血、水肿。

## 三、非成瘾物质所致精神障碍的司法鉴定

（一）刑事责任能力评定

非成瘾物质中毒的原因和程度多样，加上个体差异巨大，所产生精神障碍的表现差异也很大。因此对鉴定案例需要具体情况具体分析。有以下内容可资参考：

(1) 脑功能轻度衰弱时，被鉴定人的辨认和控制能力往往保存完好，一般应评定为完全刑事责任能力。

(2) 急性脑病综合征时，常见有意识障碍，一般都丧失了对自己行为的辨认和控

制能力，应评定为无刑事责任能力。

（3）中毒患者伴有轻度躁狂状态，欣快症，易激惹时控制能力存在不同程度的削弱，辨认能力也有影响。此时应根据具体案情评定为限定刑事责任能力。

（4）中毒患者伴有明显痴呆或者明显人格改变时，应评定为无刑事责任能力。如果人格改变不明显，智能损害不严重，可根据实际情况评定为限制刑事责任能力或完全刑事责任能力。

（5）伴有幻觉时，如果该幻觉与涉案行为存在因果关系，则应评定为无刑事责任能力为宜。

（二）行为能力评定

参照刑事责任能力评定原则进行，主要考虑辨认能力要素。

（三）残疾等级与劳动能力评定

中毒引起昏迷的患者，其精神损害通常比较严重，应当引起司法人员和鉴定人的重视。应根据其智能损害情况、人格改变情况、情感障碍程度、适应能力等要素，对照我国的评残标准进行科学评定。

## 第五节　中毒性精神障碍的司法鉴定[①]

### 一、普通醉酒者杀人案的刑事责任能力评定

1. 案情摘要

1990年12月12日晚8时许，被鉴定人祝某酒后到同厂职工吴某家纠缠，被邻居送回家。随后，祝某又持猎枪到被害人吴某家叫门，趁吴某不备向其胸部开枪射击，致吴某当即死亡。祝某杀人后畏罪潜逃，次日被抓获并刑事拘留，同月18日被批捕。经某某市中级人民法院审理，认为祝某犯有故意杀人罪，判处死刑，剥夺政治权利终身。宣判后，祝某不服，并提出既往有精神病史，应对其进行司法精神医学鉴定。

2. 检查所见

（1）精神检查

鉴定在案发三个多月后进行。被鉴定人意识清晰，仪容欠整；定向力、领悟力正常；精神运动一般，接触良好；知道被送来做检查，表情自然，没有回避对视现象；联想过程无障碍，对答切题。被鉴定人诉其十几岁时和别人打架，从树上跌落导致头部受伤，但不能详述伤后经历，上学时感到头脑乱，学习成绩不好；1972年在原籍当合同工未及时转正，转正后因户口冻结不能农转非，为此生气饮酒出现精神失常，胡言乱语，在街上打人，持续3天。1985年前每次可饮酒（多为50°以上高浓度白酒）三两，但不常饮。1988年孩子意外死亡后心情不好，一连数日精神不好，自感头脑不清，爱忘事，此后经常借酒浇愁，酒后曾经打破桌凳，为此去外地游转散心，约一年

① 本节内容摘自纪术茂、高北陵、张小宁主编：《中国精神障碍者刑事责任能力评定案例集》，法律出版社2011年版。

未上班。此后，他不仅饮酒次数越来越频繁，每周饮酒二三次；而且饮酒量也逐渐增加，每次可饮六七两到八两，酒后多次出丑。如有一次饮酒后脱去裤子向别人身上撒尿被殴打，一次在某某市饮酒与路人打架。每次饮酒时如遇到别人说了刺激的话，便容易出事，因此，朋友和家人均劝他少饮酒。但是，不饮酒时，自感浑身无力，心慌、心跳，心里呼呼响，恶心，夜间不能入睡，饮少量酒后这些不适即可缓解。

被鉴定人诉：本次出事当日给别人帮忙时，从下午 3 时至 7 时，陆续饮入白酒一斤多；醉酒后到吴某家，开枪打死了吴某，骑摩托车出走时跌入渠沟中；次日步行到一个庙里，后被抓获，直至几天后才清醒。他强调醉酒后糊涂，提审时供词是糊里糊涂回答的，或者说是他人询问时才回答的。他还强调与受害人的关系很好，不知吴某背后告状的事，即使知道告状的事，也不会去杀人。他诉其酒后曾经持枪去老师家闹事，也是事后他人告诉才知道。

被鉴定人未查及病理性错觉、幻觉和妄想等精神病性症状。自知力存在。

(2) 体格及神经系统检查

被鉴定人意识清晰，检查合作。发育营养中等。血压 130/90mmHg，心率 80 次/分，律齐。腹部平软，肝脾未扪及。神经系统检查未引出阳性体征，病理性反射阳性。

(3) 心理测验

WAIS-RC、WMS-RC 提示：认知测验欠合作，故智商、记忆商数均较低。

EPQ 提示：被鉴定人为典型的外向，喜欢参加聚会，健谈，不喜欢独坐静处，做事急于求成，一般来说属于冲动型；好动，总想找些事来做；富于攻击性；不能很好地控制自己的情感，因此，往往不是一个足以信赖的人；不关心人，常有麻烦，在哪里都不合适，可能是残忍的、不人道的，缺乏同情心，感觉迟钝，对人抱敌意，即使是对亲友也是如此；进攻型，即使是喜爱的人；喜欢一些古怪的不平常的事情，不惧安危。

Y-G 性格测验：A 型性格。

MMPI 量表：答卷有效。提示受试者通常是有长期冲动性行为历史的人格障碍者，容易恼怒，平时隐藏其敌意及攻击性冲动，往往以“被动—攻击”方式，或通过发作性暴怒反应释放其冲动行为；可能经历过爆发性行为时期，间歇期善于交际、合作，较友好，但却有心身疾病，这种情况往往交替发生；通常有长期的家庭不愉快和长期婚姻问题史，常见多种行为发泄，性问题及性发泄，对药物及酒精嗜好有高度易感性；往往要求受人注意和获得别人的认同，对他人的反对态度极敏感，对向他们提出要求敏感；通常在一段时间的情绪发泄或过量饮酒后可能发生冲动性自杀企图。躯体疾病包括头痛、胃肠疾病、反复的眩晕发作。有时，受试者与反社会者有着持久的联系，并通过他们将负面情绪发泄出来；有显著的“依赖—自立性”冲突，往往有反社会问题。在子女患精神病的父母中常见这种编码。大多数诊断是适应性障碍，伴随情绪抑郁或混合情感障碍。存在情感性或反复无常性人格障碍，即表演性或边缘性与“被动—攻击”人格，对物质滥用有易感性。

MAC-R：T65 提示受试者可能为酒精滥用者或其他物质滥用者，可能存在反社会问题行为，情绪不稳，难以控制自己的行为，甚至有犯罪性冲动行为。受试者性格外向，寻求刺激，行为冲动，情绪不稳，有普遍性社会适应不良表现。

（4）其他检查

EEG：正常脑电图。

3. 分析说明

（1）精神医学诊断分析

① 被鉴定人的父亲患精神病多年未愈，其家族中可能存在精神疾病高危发病因素。按其平时表现，不存在智力障碍。被鉴定人平时喜欢打猎和饮酒，多次酒后与人打架，脾气暴躁，人际关系较差。客观性人格测验提示其有长期冲动性行为历史，往往以“被动—攻击”方式，或发作性暴怒反应释放其冲动行为。上述情况提示其存在被动攻击型人格倾向。

② 调查资料证实，1972年被鉴定人因未转正生气，酒后出现精神失常，持续3天即愈，说明曾出现急性心因性反应。虽诉其少年时期从树上跌落使头部受伤，但是此后社会功能一直良好，也没有发现精神失常的表现和证据。

③ 被鉴定人平时有饮酒习惯，特别是1988年孩子意外死亡后饮酒次数越来越频繁，饮酒量也越来越大，不饮酒时则出现难以忍受的躯体不适及精神不安表现，饮酒后这些表现即缓解消失。虽有多方劝告，又有酒后惹是生非的教训，但是本人不顾其明显的危害性后果，仍不能改变饮酒习惯。这些事实说明，被鉴定人对酒精产生了精神和躯体依赖，符合酒精依赖症的临床特征。客观性人格测验还提示，其存在酒精依赖问题，已经成为其根深蒂固的人格特征的组成部分。

④ 1990年12月12日下午3时至7时，被鉴定人共饮入白酒（60°）一斤（500 ml）以上，不仅远远超过常人饮酒量，也明显超过其本人平时饮酒量。饮酒结束后其精神状态也发生变化，主要表现为话多，无理纠缠，情绪易受激惹。这说明其当时已处于急性醉酒状态。

⑤ 据案卷资料，被鉴定人饮酒后骑摩托车到受害人家中时，活动自如，没有共济失调性步态，被邻居鲍某送回时尚知道叫人把自己的摩托车推回。被鉴定人自供开枪后感到害怕而回家骑摩托车出走，想待弄明情况后再决定是否投案自首或自杀。居士李某证明，被鉴定人到庙中自称是某某市某厂工人，进食后入睡。诉述情节口供和旁证基本一致。上述情况说明其当时没有明显的意识障碍，处于普通醉酒状态。

综上所述，被鉴定人祝某的情况符合《中国精神疾病分类方案与诊断标准（CC-MD-2)》关于单纯醉酒（普通醉酒）、酒精依赖综合征（成瘾综合征）和冲动性人格障碍（攻击性人格障碍）诊断标准。

（2）作案时辨认和控制能力分析

① 侦查证实，1990年12月12日晚8时许，被鉴定人祝某酒后持猎枪向被害人胸部开枪射击，致其当即死亡。之后，祝某骑摩托车潜逃，说明其有自我保护能力。

② 讯问时，祝某回忆其开枪射杀吴某的经历时说，自己与被害人有宿怨。认为吴某在背后说他的坏话。平时虽然未表现出来，但内心对吴某怀恨，并且列举多种具体

事实，如同年9月下旬，他从承包的鱼塘捞了2斤鱼，被吴某发现；11月，吴某批评他不该卖鱼苗，厂长知道此事后，两人又争吵了几句，甚至几乎与厂长打起来。因此，被鉴定人“心里总是恨吴某”，怀疑吴某向厂长反映此事使其受到批评。说明，被鉴定人的行为与现实的冲突密切相关，有可理解的动机和目的。

③ 1990年12月12日，被鉴定人饮酒过量去吴某家时，吴某的行为使他生气进而发生争吵。能够回忆开枪打吴某后，鲍某骂他不该干这事。他由于内心害怕，骑上摩托车出走，后步行一整夜，次日中午到达某某庙中。祝某虽称自己和吴某争吵的事不能回忆，但知道曾骂吴某是小人，当面不说，背后捣鬼；说争吵时，吴某躺着，斜眼瞟视，又认为吴某说话讽刺他，使他感到很气愤。

④ 调查资料和检查结果证明，被鉴定人于12月12日大量饮酒后出现普通醉酒。这种醉酒的特点是一次较大量饮酒后出现特殊的兴奋状态，情绪具有高度的激动性及不稳定性，易激惹，在愤怒发作的同时可出现悲伤、伤感等。由于此时被鉴定人控制自己行为的能力减弱，因此可将平时的冤仇或琐事吐露出来，而对怨恨对象实施攻击。

⑤ 正如被鉴定人陈述的，多年来他与受害人有种种矛盾和冲突，并由此受到挫折（经查均属实）。1990年12月12日大量饮酒后，他与受害人的亲属发生争吵，受害人又对其行为进行批评并投以鄙视目光，使其感到受辱和轻视。在此情况下突然出现激情发作，对其平时不满意的事和人，可能无节制地进行暴力攻击。但是，普通醉酒属于轻度醉酒，并非完全不能辨认或控制其行为能力，故通常评定为完全刑事责任能力。

4. 鉴定意见

（1）被鉴定人祝某曾患急性心因性反应，1988年以来患有酒精依赖症。1990年12月12日下午大量饮酒后处在普通醉酒状态。

（2）被鉴定人1990年12月12日晚实施危害行为时处于普通醉酒状态，评定为完全刑事责任能力。

### 二、女教师酒后被轮奸案的性防卫能力评定

1. 案情摘要

2007年11月3日中午，被鉴定人程某与同事齐某、董某等二十余人参加单位在某酒店与某盲哑学校的师生联欢会，在宴会上因饮酒较多而醉酒。下午2时许，齐某、董某两人受托开车送被鉴定人回单位，途中见被鉴定人醉酒，心生歹念，经商量后将被鉴定人带至某大酒店，轮番与被鉴定人发生了性关系。11月5日被鉴定人报警，一审法院对齐某、董某以轮奸罪判决。两人不服判决，认为当时被鉴定人并未丧失意识和识别能力，故上诉于某某市中级人民法院，同时被告人律师再次向法院提出要求对被鉴定人进行司法鉴定（一审法院未采纳被告人律师提出对被鉴定人进行司法精神医学鉴定的要求）。为明确被鉴定人案发当时处于何种醉酒状态和有无性自我防卫能力，某某市中级人民法院采纳被告人律师的申请，委托对被鉴定人进行司法精神医学鉴定。

2. 检查所见

（1）精神检查

鉴定在案发六个多月后进行。被鉴定人意识清晰，定向力无误；仪容整洁，瘦长

身材，眉清目秀；开始对检查者不信任，担心不公正，后能逐渐配合检查，对答切题，言语流畅，思维有条理，未引出妄想。被鉴定人对案情经过有部分遗忘，称那天喝了红酒、白酒和啤酒，自己如何上车的事已经记不得了，只记得上车时头撞在车窗上有点痛，来到房间时好像梦里一样，董某口里含有钥匙牌什么的，双手将她往上拉，有一个人在她耳边讲话，其他不记得了。经劝说，稍后回忆道："……有光着身子的人在里面，至于我的衣服谁脱的不知道，只听到一些不堪入耳的话，说不出的。回来的路上，感觉到刚才好像做了一个可怕的梦，不相信那是真的（大哭不止）……后来感到胸部非常痛，下身也痛，发现耳环不见了，打电话问齐某，他说：'找不到，我给你买一副好了！'口气有点调侃，很暧昧，我才基本确定刚才发生的事情并非是梦，是真的出事了。"检查中问："他们有无其他恶劣的行为，如拍照？"答："迷糊地感到有'咔嚓声'，可能是手机。"问她是否记得被奸污时的体位。答："好像是下面，爬不起来，有人扶我。"问："有无东西塞进你的嘴里？"答："呼吸困难，好像有东西塞入。"问是什么东西，答："……（不语）我迷迷糊糊的，好像很痛，痛醒过。"问："当时你处于体上位？"答："记不得。"问之又诉："当时闻到一种特殊的香味，较浓郁的，我也记不清了，我在瞎想他们会不会用什么药。"

被鉴定人在检查过程中智能良好，但情绪不稳定，多次哭泣，表情痛苦，情感反应协调，自知力存在，知道自己那天确实喝醉了。问："何时决定报警的？"称："一直在犹豫，怕家庭、怕丈夫接受不了，5日早上才报的警。"

（2）体格检查

被鉴定人发育正常，营养中等。血压110/70mmHg，心率100次/分，律齐。未闻病理性杂音，肺部听诊阴性。神经系统检查未发现阳性体征。

（3）心理测验

MMPI-2量表提示：受试者表现长期紧张、焦虑及躯体疾病，如头痛、胃肠疾病；不善于直接表达自身的感受，一般不否认自身的敌意意向。当受试者意识到其恼怒时，即以合理化的方式表达。

（4）其他检查

脑电地形图（BEAM）：正常。

头颅CT平扫：未见明显异常。

3. 分析说明

（1）精神医学诊断分析

① 被鉴定人程某平时夫妻关系好，个性偏外向。据单位同事及本人反映，平时在单位与齐某、董某是正常同事关系，齐某、董某一直把她当姐姐看的。被鉴定人平时不喝酒，偶尔能喝红酒一瓶左右。被鉴定人既往身体健康，无精神病史。

② 关于2007年11月3日那天的事，被鉴定人说："所以那天我很激动……领导嘱咐我放开肚量喝酒，我喝了一瓶红酒，还喝了白酒、啤酒……别人敬酒我都喝……人醉了，站不住，迷迷糊糊的，不知谁扶我上车。"单位同事叶某、苏某等人及被告人齐某、董某二人都有证言，说明被鉴定人当天酒喝多了，"她（那天）大杯、大杯地

喝，人兴奋，说话声响很大，有点反常……乱说话，脸发白，走路不稳，走路有点晃，行为失控、失态。”被告人也说：“（她）酒喝多了，嘴里乱说胡话，脚还乱动（指在汽车上），路也走不好，（以前）从来没有的，像她那天主动来亲我和董某这种情况，肯定她喝多了，放在平时，根本是没法理解的。（她人）都是迷迷糊糊的，走路不稳了，在我身上东倒西歪的。”以上说明被鉴定人事发当天，饮酒量多，并饮用不同种类酒，并且酒后出现不寻常表现。

③ 从被鉴定人事发当时迷迷糊糊、兴奋、话多、乱说胡话、行为失控、步态不稳、脸色苍白等酒后表现，结合精神检查发现当时有意识障碍，未引出病理性错觉、幻觉和妄想，但有遗忘症等情况。

综上所述，符合ICD-10和CCMD-3关于单纯醉酒（普通醉酒）诊断标准。根据当时醉酒情况分析，被鉴定人有较严重的意识障碍，处于朦胧状态：迷迷糊糊，事后大部分遗忘，并有一过性错（幻）觉（闻到一种特殊的较浓郁的香味）和出现胡言乱语、行为反常的情况，提示其醉酒程度较深，已处于通常所说的第三期醉酒（胡言乱语期）。

（2）法定能力评定

① 酒精是一种精神活性物质，一次大量饮用会使中枢神经系统和精神功能发生紊乱，随着血液中酒精浓度的升高，可产生脱抑制现象，精神状态上表现为“花言巧语—豪言壮语—胡言乱语—不言不语”，躯体上表现为步态蹒跚、面色潮红或苍白等。被鉴定人醉酒时意识处于朦胧状态，正常思维脱抑制，正常礼仪紊乱，不能保持自我，对自身行为及自身遭受的性侵犯及由此引起的后果（人格、名誉、贞操）均失去正常的辨认能力。被鉴定人出现“平时根本无法理解的行为”，说明其对行为的控制能力也严重受损。

② 鉴于被鉴定人因深度醉酒在事发当时辨认能力和控制能力均有严重障碍，故评定为性自卫能力削弱（即具有部分性自卫能力）。

4. 鉴定意见

（1）诊断：酒精所致精神障碍，单纯醉酒。

（2）法定能力：性自我防卫能力削弱。

（注：“性自我防卫能力”简称“性自卫能力”，1989年的《精神疾病司法鉴定暂行规定》只分为有性自卫能力和无性自卫能力两级，但在司法鉴定实践中一般都运用三级法，即有、部分、无。性自卫能力削弱之含义与有部分性自卫能力一样，前者不易引起审判人员误解，后者则是法律用语）。

### 三、交通肇事者刑事责任能力评定

1. 案情摘要

1985年2月13日上午10时许，吴某在市区突然闯入一辆刚刚起步的大卡车驾驶室内，对司机说：“我是公安部的，要执行特殊任务，赶快把我送到五路口！”同时，吴某顺手捡起车内一个榔头粗暴地在驾驶室乱敲，并且威胁司机，“开快点！你不开，我就敲死你！”当大货车遇红灯信号时，吴某又说：“往过闯！交警敢挡，我就下去揍他！”正当司机准备下车接受执勤交警纠正其违章行为时，吴某又猛然将司机推到车下，乘机将车开跑。卡车在繁忙的大街上摇摇晃晃地行进，横冲直撞，直到在约2000

米处的交叉路口与另一辆正在行驶的货车尾部猛烈相撞。交警赶到现场时，吴某又与交警对峙、吵闹不休，强词夺理，即被拘留审查。因其作案行为动机和目的不清，故由公安局委托对其进行司法精神医学鉴定。

2. 检查所见

(1) 精神检查

案发四十多天后鉴定。被鉴定人意识清晰，着装整洁，年貌相符，个人卫生良好；对人物和身份、时间、方位和地点定向准确，领悟力正常，主动和被动接触均良好，交谈合作，无回避对视和做作等表现。吴某陈述自己12岁时被铅球击中头右顶部致颅骨骨折，昏迷约三十分钟，月余返校后常感头痛、头昏，注意力不能集中，思考困难。之后，因为逢“文革”，他高中毕业后就去当工人。由于他爱钻研技术，擅长无线电技术，经常帮助他人修理收录音机和电视机等。后来他感到在用脑过度时会全身不适，站立不稳，每次持续十多分钟至半小时，但是自我放松时，此种感觉亦消失，在体检时曾经发现患高血压。他对自己的工作很满意，在单位人际关系正常。问其既往饮酒情况时，被鉴定人诉说由于其父及自己兄弟6人均对酒精敏感，所以家里人几乎从来不饮酒，家里也不备酒。几年前，他曾经少量饮酒出事，因此自己平时滴酒不沾。

被鉴定人对于1985年2月11日参加婚礼宴请尚能够回忆，对当时被数人强劝拉扯下饮白酒少许，以及酒后乱开收音机和言语粗暴无礼等行为不能回忆，其态度诚恳，愿意回答任何问题，但是“记不得”2月13日如何走出单位，把自行车抛在路边，以及劫持、抢劫车辆和交通肇事的过程。他明明知道所谓要去的街道是商业步行街，他的孩子也并不在那里，特别是自己从来没有开过带方向盘的汽车，没有驾驶证，也不知道当日如何能够把汽车开出近2000米。现在他回想起来感到十分后怕。被关押数日后，自己感到十分诧异，对口供中胡乱编造的违法犯罪行为也完全不能回忆。问其1973年饮入白酒约一杯后的感受时，被鉴定人说他当时看到素不相识的人跟踪他，因此极度恐惧、东碰西撞，被人发现送回单位，至于其行为经过并不能回忆。被鉴定人自知力存在。

(2) 体格及神经系统检查

被鉴定人意识清晰，检查合作。发育和营养中等。血压140/90 mmHg，心率80次/分，律齐。双肺（—）。腹部平软，肝、脾、肾未扪及。右顶部颅骨凹陷2 cm×2 cm。神经系统检查未引出阳性体征，病理性反射阳性。眼底（—）。

(3) 心理测验

EPQ提示：性格外向不稳，紧张、易怒，有多种心身不适。

SCL-90：阳性症状总计64，阳性症状程度1.4，总症状指数1.0。因子分（躯体化）1.3，D（焦虑）1.3，（敌对）1.4。

Jacobs认识能力筛选测验：28分。

选择性提醒测验：10次未通过。

H-RB神经心理测验（A）：音乐节律测验高分22，低分10，手指敲击测验右手60.6，左手42.6，指写字左手错误一次。脑损伤指数：0.25。

第四例外测验提示：正常。

（4）其他检查

肝功能：正常。

心电图：大致正常。心动过速：左束枝不完全传导阻滞。

脑电图检查（EEG）：正常范围脑电图。

声音诱发：可见前部导联出现少许慢活动。

3. 分析说明

（1）精神医学诊断分析

① 被鉴定人的家族中，母系亲属有2人患精神疾病或者智力缺陷，父亲及自己的兄弟6人均对酒类饮料高度敏感，平时滴酒不沾。该情况提示其家族中存在对酒精特异性敏感因素。据其单位同事反映：吴某平时如果饮一小杯（约10 ml）白酒时即感到头昏不适，故平时绝对拒绝饮酒。1973年被鉴定人曾经饮入一小杯白酒，突然骑车闯入军事禁区东张西望，表情极度恐惧，跌跌撞撞，深睡后清醒，对此经历完全遗忘。

② 被鉴定人12岁时头部被铅球击中致颅骨骨折，昏迷约三十分钟，伤后一个多月返校，常感头痛、头昏，注意力不能集中。他在用脑过度或集中注意力时感到全身不适，站立不稳，每次持续十多分钟至半小时，通过自我放松调节，能够使此种感觉消失。当时意识清楚，没有癫痫发作的表现，既往有高血压病史。

从上述两项可见，被鉴定人既往有酒精不耐征，有过少量饮酒出现急剧的意识障碍和情绪行为严重紊乱的历史。鉴定人推测其家族对酒精特异性敏感及头部外伤史、高血压等躯体因素为其发病的重要因素。

③ 调查资料证实，1985年2月11日下午，被鉴定人在参加他人婚礼时被数人强劝饮少许白酒后，突然出现明显的言行异常。例如，在喜庆场合搅局，不顾礼仪不断地摆弄扩音器，言语粗俗无礼，被人强行拉离现场；回车间后沉默不语，问话时不加理睬，夜间呕吐两次。直至12日，其眼神仍然发呆，反应迟钝，他人大声呼唤其名字也不能应对。但是，其一直活动自如，没有共济运动失调的表现。

④ 2月13日上午10时许（距离饮酒四十多个小时），被鉴定人骑自行车径直外出，突然飞身闯入正在起步的大货车驾驶室，声称自己是公安部人员在执行特殊任务，暴力威逼司机把大卡车开到繁华闹市区。之后，被鉴定人抢劫并自行驾驶汽车在大街上横冲直撞，肇事后还与执勤交警吵闹不休。对其即刻讯问时，被鉴定人滔滔不绝，有时答非所问，但是并不否认作案行为，说，“今天开汽车了，也可以说是抢汽车，想抢个汽车去看孩子”，“把车开到市区（繁华商业区）”。他还说自己有重大犯罪行为，“买了150台彩电，每台赚100多元……”在多次审问时，他对抢劫和肇事行为满不在乎，还揭发“和王某做生意赚了大钱，倒贩过汽车……”被鉴定人还向同室被关押人员胡乱吹嘘自己身份。经反复查证，被鉴定人所述自己与王某的违法犯罪行为纯属子虚乌有。他还一本正经地说被撞坏的车号。五天后，被鉴定人意识逐渐恢复，对饮酒之后如何返回单位以及抢劫汽车肇事经过和口供情况完全不能回忆。

⑤ 鉴定检查时，被鉴定人意识清晰，合作；对作案过程以及审问时的情况完全不能回忆；神经心理测试及相关检查没有发现明显的认知功能损害；脑电图常规检查和诱发

试验未发现明显异常；血压目前已经控制在正常稍高范围；心脏左束枝传导不完全阻滞。

综上所述，被鉴定人吴某在案发前至案发后一段时间的精神状况符合《中国精神疾病分类方案与诊断标准（CCMD-2）》关于病理性醉酒的诊断标准，并有原发性高血压，少年时期有颅顶骨折，有其他精神及行为障碍的家族史。

（2）作案时辨认和控制能力分析

① 经过反复查证：1985 年 2 月 11 日下午，吴某在少量饮酒后立即出现意识障碍和明显的言行举止反常，2 月 13 日上午突然飞身闯入正在启动的卡车驾驶室，声称自己是公安部机密人员威逼司机闯红灯，然后推开司机，自己驾驶大卡车肇事。据查，被鉴定人在光天化日之下，又是在大城市交通主干道和众目睽睽之下，赤手空拳实施抢劫暴力作案，其行为表现有悖常理。

② 被鉴定人平时遵守规章制度，遵纪守法，没有前科或者不良行为记录，没有人格障碍精神病态的倾向，该次行为与其一贯表现全然不符。审讯过程中，被鉴定人强词夺理，还交代有其他重大犯罪行为。经查证，这些纯属胡乱编造的情节，他与被诬告的人也无冤无仇。没有能够使人理解的正常的作案动机和目的。

③ 鉴定时，被鉴定人意识清晰，检查合作，接触良好，对作案过程完全遗忘。这说明被鉴定人实施危害行为期间的精神状态为“病理性醉酒”，其当时处于严重的意识障碍状态，并在病理性错觉和夸大妄想等精神病性症状的支配下而实施作案行为。

综上所述，被鉴定人案发时的表现符合“病理性醉酒”的临床特点。被鉴定人作案行为是在意识障碍状态中，受精神病理活动的影响，致使其对现实环境及自身行为丧失了实质性辨认能力，应评定为无刑事责任能力。

4. 鉴定意见

（1）被鉴定人吴某于 1985 年 2 月 11 日在被他人强劝下饮入少许白酒后出现病理性醉酒。

（2）1985 年 2 月 13 日上午，被鉴定人吴某实施危害行为时处于病理性醉酒状态。作案时丧失了对现实环境及自身行为的实质性辨认能力，评定为无刑事责任能力。

## 习题

1. 简述精神活性物质所致精神障碍的常见类型。
2. 简述病理性醉酒的诊断要点。
3. 简述如何及时识别可能的慢性酒精中毒患者。
4. 简述普通醉酒、复杂性醉酒、病理性醉酒的区别。

## 拓展阅读文献

1. CCMD-3、DSM-4、ICD-11 的有关内容。
2. 李从培：《司法精神病学鉴定的实践与理论》，北京医科大学出版社 2000 年版。
3. 陆林主编：《沈渔邨精神病学（第 6 版）》，人民卫生出版社 2018 年版。
4. 贾少微主编：《精神活性物质依赖》，人民卫生出版社 2013 年版。

第九章

# 精神分裂症与相关法律问题

**内容提要：** 本章主要介绍了精神科最常见的疾病之一——精神分裂症的基础知识和常见的法律问题。前者主要包括概念、流行病学、病因与发病机制、常见临床表现、诊断要点、治疗与预后等。后者包括刑事责任能力与民事行为能力的评定等。

**核心词汇：** 精神分裂症　精神病性障碍　严重精神障碍

**学习要求：** 掌握精神分裂症的常见临床表现与法律能力评定要点。熟悉精神分裂症的诊断标准。

## 第一节　概　　述

### 一、精神分裂症的概念

精神分裂症（schizophrenia）是一组最常见的、病因未明的精神病，多起病于青壮年，常缓慢起病，表现为思维、情感、行为等多方面障碍，以及精神活动不协调。患者通常意识清晰、智能尚好，部分患者在疾病过程中可出现认知功能损害，病程多迁延，进展缓慢，呈反复加重或恶化状态；部分患者有发展为衰退的可能；部分患者可保持痊愈或基本痊愈状态。我国 12 个地区精神疾病流行病学调查报告的精神分裂症患病率为：城市 6.71‰、农村 4.13‰。①

在我国，精神分裂症是涉及法律问题最多的一组疾病，在精神疾病司法鉴定案中约占 70％。患者往往受精神症状的影响支配，作出伤害、凶杀、强奸、放火等严重危害社会的行为，成为刑事案件中的犯罪嫌疑人或被告人，涉及刑事责任能力评定的问题；有的因外伤或其他原因而发病，涉及法律关系评定问题。

### 二、流行病学

精神分裂症可见于各国的各类人群中。雅布伦西（A. Jablensy）在总结最近一个

① 参见沈渔邨主编：《精神病学（第 5 版）》，人民卫生出版社 2009 年版，第 504 页。

世纪精神分裂症流行病学一文中指出：精神分裂症见于不同人群，其患病率为1.4‰—4.6‰。工业化，一定程度上导致患病率有所上升，但未达显著性。[①] 总的来看，发展中国家的平均患病率要低于发达国家。这种差异除了地域、种族、文化等因素之外，各地区诊断标准不一也是相当重要的原因。

精神分裂症的发病高峰一般男性为15—25岁，女性稍晚。精神分裂症的慢性病程导致患者逐步出现工作不正常、个人生活混乱。有50%的患者曾试图自杀，10%的患者最终死于自杀。此外，精神分裂症患者遭受意外伤害的概率也高于常人，平均寿命较低。[②]

全国流行病调查资料显示：1982年精神分裂症的患病率为5.69‰，1993年为6.55‰，两者相比差别不大。我国的流行病资料都显示女性患病率高于男性，性别差异在35岁以上年龄组较明显；城市患病率高于农村。同时发现，无论城乡，精神分裂症的患病率均与家庭经济水平呈负相关。[③] 据估计，我国目前有近700万人患精神分裂症。

### 三、精神分裂症病名的历史来源

19世纪末，现代精神病学的“里程碑式人物”德国医生克雷丕林（Emil Kraepelin）在对一些患者的不同精神症状群进行分析后，认为是同一疾病过程的不同临床表现。尽管有的表现出幻觉妄想，有的情感淡漠、行为退缩，但最终都趋向于痴呆，克雷丕林首次提出了“早发性痴呆”这一疾病名称，并对此类精神疾病进行了分类。此后，瑞士医生布洛伊勒（E. Bleuler）从心理学角度分析了精神分裂症的临床症状表现，他认为这一疾病的本质是由于病态思维过程所导致的人格分裂，并将这一疾病称为“精神分裂症”。之后，这一名称被全世界广泛接受，沿用至今。

## 第二节　病因及发病机制

### 一、遗传因素

根据国内外相关的家系调查，发现精神分裂症患者近亲中的患病率要比一般人群高数倍，且血缘关系越近，发病率越高。双生子研究发现同卵双生的同病率是异卵双生的4—6倍。寄养子研究发现，精神分裂症母亲所生子女从小寄养出去，生活于正常家庭环境中，成年后仍有较高的患病率，显示遗传因素在本病发病中的主要作用。但是，目前分子遗传学技术的基因定位仍然没有明确的结果。对上海精神分裂症患者家属成员进行的调查中，发现父母及同胞的精神分裂症患病率最高，与患者的血缘关系越近，患病率越高。患者亲属中精神病的患病率比当地一般人口高6.2倍。有研究资料表明：父母双方均患有精神分裂症，其子女患此病的概率为39.2%，较父母一方患

---

① 参见沈渔邨主编：《精神病学（第5版）》，人民卫生出版社2009年版，第503—504页。

② 同上书，第516页。

③ 同上书，第503页。

有此病的子女患此病的概率（16.4%）高出1倍左右。[①]

## 二、神经病理学及大脑结构的异常

对精神分裂症的研究表明，病人大脑存在轻微的多局灶或弥漫性的解剖变异，尸体解剖发现部分精神分裂症病人在中前颞叶存在脑组织萎缩，CT也发现部分病人在疾病的早期就出现脑室的扩大和沟回的增宽。

## 三、神经生化方面的异常

针对精神分裂症神经生化基础方面的研究，主要有以下三个方面的假说。

### （一）多巴胺假说

20世纪60年代出现了精神分裂症的多巴胺假说，即认为精神分裂症病人中枢多巴胺功能亢进。该假说有不少证据支持，如长期使用可卡因或苯丙胺，一个无任何精神病遗传背景的人会产生幻觉和妄想。苯丙胺和可卡因的主要神经药理学作用是可以提升大脑神经突触间多巴胺的水平。而阻断多巴胺受体的药物可用来治疗精神分裂症的阳性症状。多项研究显示、精神分裂症患者血清高、香草酸（多巴胺的主要代谢产物）增高，尸体脑组织中多巴胺高于对照组，多巴胺受体数量增加，因此推测脑内多巴胺功能亢进与精神病症状有关。抗精神病药物均是通过阻断多巴胺受体发挥治疗作用的。

### （二）氨基酸类神经递质假说

中枢谷氨酸功能不足可能是精神分裂症的病因之一。谷氨酸是皮层神经元重要的兴奋性递质。使用放射配基结合法及磁共振波谱技术，发现与正常人群相比，精神分裂症患者大脑某些区域谷氨酸受体亚型的结合力有显著变化，谷氨酸受体拮抗剂可在受试者身上引起幻觉及妄想，但同时也会导致出现情感淡漠、退缩等阴性症状。抗精神病药物有增加大脑中谷氨酸数量的功能。

### （三）5-羟色胺假说

早在1954年，沃利（Wolley）等就提出精神分裂症可能与5-羟色胺代谢障碍有关的假说。5-羟色胺受体可能与情感、行为控制及多巴胺调节释放有关。5-羟色胺受体激动剂可促进多巴胺的合成和释放，而5-羟色胺受体拮抗剂可使多巴胺神经元放电减少，并能减少中脑皮层及中脑边缘系统多巴胺的释放。非典型抗精神病药物氯氮平、利培酮、奥氮平等除了对中枢多巴胺受体有拮抗作用外，还对5-羟色胺受体有很强的拮抗作用。

## 四、子宫内感染与产伤

研究发现，母孕期曾患病毒感染者及产科并发症高的新生儿，成年后发生精神分裂症的比例高于对照组。

## 五、神经发育病因学假说

英国的一项研究发现，精神分裂症患者在童年期学会行走、说话的时间均晚于正

---

① 参见沈渔邨主编：《精神病学（第5版）》，人民卫生出版社2009年版，第504、532页。

常儿童，同时有更多的言语问题和较差的运动协调能力，与同伴相比，智商较低，在游戏活动中与其他儿童的交往不良。根据此假说：由于遗传的因素和母孕期或围产期损伤，在胚胎期大脑发育过程就出现了某种神经病理改变，主要是新皮质形成期神经细胞从大脑深部向皮层迁移过程中出现了紊乱，导致心理整合功能异常。即刻效应并不显著，但随着患者进入青春期或成年早期，在外界环境因素的不良刺激下，会比较容易出现精神分裂症的症状。[①]

### 六、社会心理因素

社会心理因素对精神分裂症的发生具有一定的作用。

#### （一）经济状况

据国外资料发现，精神分裂症在贫穷人群中的发病率是富裕人群的 3 倍，因而认为该病与社会经济状态有关；也有人认为这是由于具有此种素质者不善于竞争和经营，导致经济状况不良陷入贫穷，从而导致了该病在贫穷人群中患病率的增加。我国 12 个地区的协作调查资料表明，精神分裂症在经济水平低的人群中的患病率，明显高于经济水平高的人群。因此，社会生活环境差、生活动荡、职业无保障等社会心理因素在进行对比后发现与精神分裂症发生率存在相关关系。

#### （二）家庭环境

寄养子研究发现，母亲患精神分裂症的寄养子中有精神分裂症或严重人格障碍的比例高于正常对照组，并发现无论是精神分裂症母亲的养子还是正常孩子寄养在有功能障碍的家庭中，其患病比例均要高于正常的寄养家庭。[②]

#### （三）病前性格

病例研究发现，大多数精神分裂症患者的病前性格多表现为内向、孤僻、敏感多疑，很多患者病前 6 个月可追溯到相应的生活事件。国内调查发现，精神分裂症发病前有精神因素者占 40%—80%。[③]

虽然社会心理因素对精神分裂症的产生是否具有直接的因果关系仍不能得到确认，但社会心理的精神刺激因素对精神分裂症的产生可能起到了诱发的作用。

精神分裂症是非常复杂的疾病，涉及的范围非常广，上述学说仍在假说阶段，有待于进一步论证。

## 第三节　临床表现

精神分裂症患者的意识和智能没有明显障碍，症状可分为带有特征性的基本症状和其他精神疾病中会出现的附加症状两大类。特征性的基本症状主要是“精神分裂”，即精神活动脱离现实，与周围环境不协调，以及思维、情感、意志活动之间的互不配

① 参见沈渔邨主编：《精神病学（第 5 版）》，人民卫生出版社 2009 年版，第 506—507 页。

② 同上书，第 504 页。

③ 参见闵银龙主编：《司法精神医学》，法律出版社 2012 年版，第 65 页。

合。基本症状包括联想障碍、情感障碍、矛盾症状和内向症等。附加症状并不是各个类型都具有的，但可以是本病的主要症状，且在部分患者中十分突出，因此具有一定的诊断意义。附加症状包括幻觉、妄想及行为动作障碍。基本症状可出现于任何患者和疾病的任何阶段，但有时很轻微，不易引起注意；附加症状则仅见于部分患者和疾病的某一阶段，但往往较突出，较易被人觉察。

## 一、基本症状

### （一）思维联想障碍

思维联想过程缺乏连贯性和逻辑性，是精神分裂症最具特征性的症状。特点是病人在意识清晰的情况下，联想散漫或破裂，缺乏具体性和现实性。思维障碍在疾病的早期阶段表现为思维联想过程在内容意义上的关联不紧密，此时病人对问题的回答叙述不中肯、不切题，使人感到不易理解，称联想散漫或松弛。言语和书写，虽然语句文法正确，但语句之间、概念之间或上下文之间缺乏内在意义的联系，因而缺乏中心思想和现实意义，此类表现被称为破裂性思维。出现对词义的曲解和错用，患者可以完全忽略词的意义，虽然每个句子都可被人听懂，但前后联系起来却不知所云，如“我口渴想喝水，阴沟里的水也是水。”问患者：“你心情沉重吗?”患者答：“是的，铁是沉重的。”严重时，言语支离破碎，甚至词句之间也缺乏联系，他人无法听懂。有的患者终日忙于只有自己懂得而他人无法理解的概念、理论或研究发明。在他人看来明显有误，而患者独自一人沉湎于脱离现实的幻想世界中，如只有初中文化水平的患者关起门在家中研究和制造宇宙飞船。

思维联想障碍的另一种形式，是以抽象概念和具体概念相混淆为特点的思维逻辑障碍。患者将一些普通的词句、符号或动作赋予某些特殊的意义，且除患者自己外旁人无法理解，称为病理性象征性思维。如某一患者在夏天将棉袄反穿在烈日下行走，表示“我是一个表里如一的人”；有的患者将两个或几个无关的概念或词拼凑起来，赋予特殊意义，即所谓“语词新作”。

精神分裂症患者的联想过程可在无外界因素影响下突然出现思维中断，或涌现大量的强制思维，有时思维可突然转折，或出现一些与话题无关的联想。这类联想障碍往往使患者感到难以控制自己的思想，并常常作出妄想性的判断，如认为自己的思维受外力的控制或操纵。

### （二）情感障碍

情感淡漠、情感反应与思维内容及周围环境不协调，是精神分裂症的重要特征。精神分裂症患者的重要特征是情感淡漠，最早涉及的是较细腻的情感，如对同事的关心、同情，对亲人的体贴等。之后，患者对周围事物的情感反应变得迟钝，对生活、学习的兴趣要求和爱好减少。随着疾病的发展，患者的情感日益淡漠和贫乏，对外面的刺激均无动于衷，丧失了与周围环境的情感联系，如见到远道而来的亲人，不会产生激动时血压上升、心跳加快的生理表现，虽然认识亲人，但将亲人视若路人，没有情感上的共鸣和联系。被形容为“隔着玻璃看世界”，是典型的情感淡漠的表现。

有的患者对于客观刺激作出不相称的情感反应，如对细小事件产生爆发性情感反应，有的情感反应出现倒错，如获悉亲人病故却大笑，笑着叙述自己的痛苦和不幸，这是情感与外界环境的不协调。有的患者在谈及自己不幸遭遇或妄想内容时，缺乏应有的情感体验，或表露出不相称的情感，这是情感与内在思维的不协调。

（三）意志行为障碍

在情感淡漠的同时，患者的活动减少，做事缺乏主动性，行为被动、退缩，即意志减退。表现为患者对社交、工作和学习缺乏应有的热情，不主动与人来往，对学习、生活和劳动缺乏积极性和主动性，行为懒散，不理发，不梳头，无故不上课、不上班。严重时患者行为极为被动，终日卧床或呆坐，无所事事。随着意志活动越来越减退，患者日益孤僻离群，脱离现实。

有些患者吃一些不能吃的东西，如吃肥皂、昆虫，喝痰盂水，或意向倒错伤害自己的身体。对事物产生对立的矛盾意向，顽固拒绝一切，如让患者睁眼，患者却违拗闭眼。有时患者被动服从外界任何要求，任人摆布自己的身体，如让患者将一只腿高高抬起，患者可出现“蜡样屈曲”，在一段时间内保持所要求的姿势不动，或机械地重复、模仿周围人的言语或行为。有时出现一些突然的、无目的性的冲动行为，如一连几天卧床不动的木僵患者，可以突然脱离木僵状态，从床上跳起，打碎窗户玻璃，之后又卧床不动。行为动作不受自己意愿的支配，是最具特征性的症状。

## 二、附加症状

（一）幻觉

幻觉是精神分裂症最常见的症状之一。以听幻觉为主，亦可见触、嗅、味等幻觉。主要有以下特征：

(1) 多在意识清晰情况下出现。

(2) 患者常不能觉察幻觉的不现实性，如患者无法解释为什么在楼下能听到摩天大楼屋顶上的说话声。

(3) 有时幻觉的感受很模糊，但患者却能据此作出肯定的判断，如尽管听不清楚幻觉的声音，却确信此声音是在说某事。

患者的幻觉同前面的基本症状联系在一起具有内向性，生活在自己的幻想世界之中，完全脱离现实，甚至以幻想代替现实。正常人也可以有幻想，但能区分幻想与现实，不会整日沉湎在幻想之中而不问他事。

（二）妄想

妄想也是本病的常见症状。特征是妄想的结构松散，妄想对象和内容易泛化和多变。以被害、钟情、疑病和夸大等妄想为多见。妄想和幻觉常相互影响，相互加重。内容荒谬的牵连观念、被控制感、被洞悉感等往往是精神分裂症的特征性症状。原发性妄想也是本病的特征性症状，但多在疾病早期出现。

# 第四节 诊断与鉴别诊断

## 一、诊断标准

我国按照世界卫生组织的“ICD-10 临床描述与诊断要点”，参考了美国的精神疾病诊断和统计手册，于 2001 年制定了 CCMD-3，其中精神分裂症诊断标准是：

1. 症状标准

至少有下列两项并非继发于意识障碍、智能障碍、情感高涨或低落，单纯型精神分裂症另有规定：

(1) 反复出现的言语性幻听；

(2) 明显的思维松弛、思维破裂、言语不连贯，或思维贫乏、思维内容贫乏；

(3) 思想被插入、被撤走、被播散，思维中断，或强制性思维；

(4) 被动、被控制，或被洞悉体验；

(5) 原发性妄想（包括妄想知觉、妄想心境）或其他荒谬的妄想；

(6) 思维逻辑倒错、病理性象征性思维，或语词新作；

(7) 情感倒错，或明显的情感淡漠；

(8) 紧张综合征、怪异行为，或愚蠢行为；

(9) 明显的意志减退或缺乏。

2. 严重标准

自知力障碍，并有社会功能严重受损或无法进行有效交谈。

3. 病程标准

(1) 符合症状标准和严重标准至少已持续 1 个月，单纯型另有规定。

(2) 若同时符合精神分裂症和情感性精神障碍的症状标准，当情感症状减轻到不能满足情感性精神障碍症状标准时，分裂症状需继续满足精神分裂症的症状标准至少 2 周以上，方可诊断为精神分裂症。

4. 排除标准

排除器质性精神障碍及精神活性物质和非成瘾物质所致精神障碍。尚未缓解的精神分裂症患者，若又罹患本项中前述两类疾病，应并列诊断。

综合上述诊断标准，精神分裂症的诊断可以归纳为：有典型的精神分裂症症状；病人无自知力，不承认自己有病，往往拒绝就医；无意识障碍；无智能下降；若无并存疾病，体格检查一般无特殊病变，神经系统检查也无异常发现。

## 二、鉴别诊断

在精神疾病的临床诊断中，智能下降才能诊断为精神发育不全（痴呆或低能），无情感活动的改变就不能诊断情感性精神障碍。但在精神分裂症中，却没有这样的特征。任何有关精神分裂症的诊断，都必须确认不存在可导致类似表现的其他精神障碍，因此实际上精神分裂症是依靠排除法做出的诊断。精神分裂症必须与下列疾病相区分：

1. 强迫性神经症

部分精神分裂症的早期阶段以强迫状态为主，此时需要与强迫性神经症相区别。精神分裂症强迫状态具有内容离奇、荒谬和不可理解的特点，自知力一般不完整，精神分裂症患者摆脱强迫状态的愿望不强烈，为强迫症状纠缠的痛苦体验不深刻。随着病程的进展，情感反应日趋平淡，并在强迫性症状的基础上，逐渐出现精神分裂症的特征性症状。强迫症常在某种特殊性格基础上产生，病程较长，社会适应一般尚可。少数患者的症状表现虽有些怪异，但不具有精神分裂症的其他症状，人格完整，有自知力。

2. 神经衰弱

部分精神分裂症患者，早期可出现无力、迟钝、完成工作困难、注意力不集中等类似神经衰弱症状。但神经衰弱患者的自知力是完整的，患者完全了解自己病情的变化和处境；有时还对自己的病情作出过重的估计，情感反应强烈，积极要求治疗。早期精神分裂症患者有时虽有自知力，但不完整，一般年龄较小、情感反应较平淡、求治心不甚迫切，如果深入接触，详细了解病情，还可发现有兴趣减少、情感迟钝、行为孤僻或思维障碍等症状，均可与神经衰弱作区分。

3. 情感性精神障碍

急性起病并表现兴奋躁动的精神分裂症患者，外观上与情感性精神障碍的躁狂患者相似，但两者的情感反应以及与周围的接触明显不同。躁狂症患者在情感高涨状态下，情感活跃、有感染力，与患者的心境相协调、与患者的思维内容相一致、与周围环境协调配合，保留着与人情感上的交往。精神分裂症患者虽然活动增多，但患者与环境接触不好，情感变化与环境也不配合，且动作较单调刻板。

躁狂症患者如果行为受到约束，可能产生短暂的妄想症状而被误诊为精神分裂症；抑郁症患者可能有听幻觉，但一般都是“他有罪”“该死”等，字句简单，不会产生精神分裂症的系统性妄想。

4. 应激相关障碍（反应性精神障碍）

多数的精神分裂症患者的亲属都强调外来因素对精神病发作的影响，在明显精神因素影响下起病的精神分裂症，其早期症状可带有反应色彩，需要与应激相关障碍相区别。一般而言，在精神分裂症和应激相关障碍的鉴别中，外来因素对精神的影响是一个重要的基本鉴别点。应激相关障碍的患者情感反应鲜明强烈，患者往往愿意主动叙述自己的体验，以求得周围人的支持与同情，精神症状可以被他人理解、同外因彼此联系。如果精神因素能去除，症状可随精神因素的解除而逐渐消失。精神分裂症患者的妄想体验，随病程的发展，在内容和结构上，同精神刺激的关联越来越疏远，其精神症状内容不易被理解，在结构和逻辑推理上越来越荒谬。患者不主动暴露其内心体验，对病态体验也缺乏相应的情感反应，即使是去除了外来因素，仍然不能使疾病得到缓解和好转。应激障碍患者的情感反应鲜明强烈。精神症状随着精神刺激的解除而逐渐减轻、消失。

5. 脑器质性精神病

脑器质性精神病多具有智能障碍和神经系统阳性体征，一般鉴别诊断不难。但有些脑器质性病变，如癫痫、颅内感染、脑肿瘤，常以精神症状为首发症状。如木僵状态，淡漠少语，生动鲜明的幻觉和被害妄想，患者早期阶段未见神经系统体征，因而容易造成误诊。如周密观察，往往能及时发现这类患者有定向、记忆和注意障碍，以及大小便失禁等脑器质性损害症状，可资鉴别。如果有脑电图异常及脑脊液改变，则可作为诊断的重要依据。

总之，对精神分裂症患者只要能仔细收集病史，反复进行检查，大多数精神分裂症的诊断是可以确定的。

## 第五节　病程与预后

### 一、病程

精神分裂症的病程主要有持续进展和间断发作两种，前者病程是随着疾病不断发展，精神症状日益加重，后期可出现精神衰退。间断发作者可在精神症状急剧出现一段时间后，间隔以缓解期，缓解期期间精神活动基本恢复正常，也可能遗留部分精神症状或人格的缺损。部分患者随着发作次数的增多，精神衰退症状日益加重，社会功能严重受损，最后处于慢性衰退状态。此时患者情感淡漠、思维贫乏、意志缺乏。

有学者调查发现：衰退的出现与病程经过的性质有密切关系。起病缓慢的患者大多数出现衰退，而周期性发作病程者出现衰退只是少数。同时，家庭照料的好坏对精神分裂症的病程也有很大的影响。①

### 二、预后

精神分裂症患者在初发病时确定预后比较困难，在缓解后有不同的病程变化，病程与预后首先与疾病的类型有关，另外与病前性格、病型、治疗、环境等亦有密切关系，因此在估计和分析时必须全面考虑。有利于预后的一些因素是：起病年龄较晚，急性起病，明显的情感症状，病情发作与心因关系密切。通常女性的预后要好于男性。

精神分裂症的预后与下列条件相关：

(1) 家族史中有典型的精神分裂症者一般预后较差，家族中有躁狂抑郁症且其病程呈间歇发作者，缓解可能较好。

(2) 病前性格内向者预后较差，病前社交与适应能力良好、外向开朗者预后较好。

(3) 发病年龄越早，预后越差；中年发病者病程虽可较长，但病情一般较轻，进展缓慢。

(4) 有明显发病诱因者预后较好，反之较差。

---

① 参见沈渔邨主编：《精神病学（第5版）》，人民卫生出版社2009年版，第516—517页。

(5) 急性发病者预后较好，缓慢发病者预后较差。一般认为精神分裂症的预后同及时的治疗有密切的关联，急性发病者容易被发现而能得到及时的治疗，而缓慢发病者由于不能及时发现病情而会延误治疗，因此预后较差。

(6) 临床症状典型（如荒谬离奇或伴有强迫症状）者预后较差，不典型者预后较好；情感淡漠者预后较差，情感丰富者预后较好。

(7) 单纯型预后较差，青春型次之，偏执型预后稍好，紧张型近期疗效较好，但易复发。

(8) 治疗及时而合理者预后较好，以往未经过系统治疗者预后不良。在首次发作后未经系统治疗者，以后再次或多次发作的往往预后较差，如能早期发现及治疗，多数可获得满意疗效症状可及时控制。

(9) 有良好的监护照顾者预后较好，反之较差。

上海市精神卫生中心 1978 年曾对 1958 年初次住院的 2000 例精神分裂症患者进行了全面随访，随访到的 1472 例患者中 272 例已死亡，其余 1200 例患者处于临床痊愈状态者占 1/4，基本缓解者占 1/3，仍有较轻的精神症状者占 1/4，精神症状严重者占 1/6。需要指出的是，1958 年出院疗效差的患者中，1990 年后有 1/2 的患者处于良好状态。现在由于广泛应用了精神药物治疗，精神分裂症的病程有了较明显的改变，即缓解型的病程增加了，持续进展型的减少了；在慢性患者中，处于慢性稳定状态的患者增加了。精神分裂症的病理过程本身不会导致死亡，但患者在急性期可因受幻觉妄想影响而自杀、自伤，故死亡率较一般人高。随访到的 272 例死亡病例中，查明死因者 140 例，其中 60%死于因精神症状所致的自杀、衰竭等，40%死于其他疾病。现在由于生活水平和医疗条件的逐步提高，因疾病死亡的比例要降低许多。

总的来说，大概有 1/3 以上的患者在一次或几次发作之后获得社会性痊愈；1/3 的患者在发作间期有轻度缺陷性症状；这两部分人如能及时得到合理的治疗，绝大多数都有不同程度的好转，可以达到临床痊愈或基本痊愈的水平。约 1/5 的患者持续残留不同程度的精神症状，不到 1/10 的患者病程持续进入痴呆状态。

## 第六节　精神分裂症的预防、治疗和康复

精神分裂症是一种反复发作的慢性、迁延性疾病，它的高复发特点能够严重伤害患者的社会功能和劳动能力，复发常常导致病人不可逆的脑损伤是精神分裂症致残的主要原因。许多中断治疗后复发的患者，社会功能不能再达到先前的水平，往往累及家庭和集体，无可避免地影响到劳动生产，给社会增添长期负担，甚至造成危害。由于精神分裂症人数众多，对精神分裂症患者的管理、安排与治疗护理，需要庞大的财政支持。WHO《全球疾病负担》及《全球健康统计》显示，精神分裂症的疾病负担位列第五。在中国，精神分裂症造成的疾病负担占总疾病负担的 1.3%。因此，预防精神疾病的发生不单是医学问题，而且也是重要的社会问题。

## 一、精神分裂症的预防

精神分裂症同遗传因素、环境因素及社会心理因素有一定的关联性。处于生育年龄的病人，在精神症状明显时，不宜生育子女。如此既可减少下一代发病的机会，也可以减轻病人抚育子女的负担。现有研究资料表明，母孕期病毒感染、围产期的疾病、外伤、幼年被迫与双亲分离等原因可能对精神分裂症的发生均有一定影响。因此，需要对高危人群给予适当的关注，注意母孕期和分娩过程的保健，在其子女生长发育的不同阶段进行相关的心理指导。①

由于精神分裂症的病因和发病机制至今尚不明确，使得精神病预防工作的开展受到了一定的阻碍。预防的重点应放在早期发现、早期治疗和预防复发上。因此，要在社区建立精神病防治网络，对群众加强卫生宣传，普及精神病防治知识，及时发现周围的病人，消除对精神病的不正确看法，使病人能及早发现和及早得到治疗。防治网络的建立有利于患者及时诊断和就近治疗。这些措施可以使疾病不致转入慢性或进一步恶化，使已治愈者减少复发。

## 二、精神分裂症的治疗

精神分裂症的急性发作治疗中，药物的治疗是首选方法，其次是电痉挛治疗和胰岛素治疗，心理治疗往往作为一种巩固手段帮助患者康复。

20世纪50年代初，随着抗精神病药物的兴起和广泛应用，越来越多的抗精神病药被用于治疗精神分裂症，临床缓解率有明显提高。药物治疗应该根据患者的特点，选择治疗药物的种类，确定药物的剂量和疗程，在服药过程中有条件的可以进行血药浓度检测，对药物剂量进行调整、合并用药，密切观察药物副作用并予以相应处理。精神分裂症药物治疗应系统而规范，强调早期、足量，告诉家属用药需要长期维持治疗。

电痉挛治疗（电抽搐治疗）是用短暂适量的电流刺激大脑，引起患者意识丧失，皮层广泛性脑电发放和全身性抽搐，以达到控制精神症状的一种治疗方法。目前已对传统电痉挛治疗进行改良，即在电痉挛治疗前加用静脉麻醉药和肌肉松弛剂，使患者抽搐明显减轻和无恐惧感。由于其对缓解紧张症状、抑郁症状、兴奋躁动都有较好疗效，对有自杀倾向的病人疗效显著，安全性高，并发症少，因此已作为一种标准治疗手段。

胰岛素治疗可用于一些有妄想或经其他治疗手段无效的病人。但此类治疗方法有一定的危险性，患者在治疗时有时会发生意外死亡，而引发医疗纠纷。所以这种治疗方法目前在我国应用得并不广泛。

治疗精神分裂症的首要目标是预防复发，患者出院后，要在社区康复机构的指导和家庭配合下，提高患者社会适应能力，减少心理应激，监督其规律服药避免复发。坚持规律服用抗精神分裂症药物是避免再次复发的重要手段，很多的患者和家属在进

---

① 参见沈渔邨主编：《精神病学（第5版）》，人民卫生出版社2009年版，第532页。

行了一段时间的抗精神分裂症药物治疗后，没有发病，加上药物的副作用，使患者不愿意继续服用药物，家属也认为疾病已经完全好了而停药。由于没有规律地长时间遵医嘱服药，导致了疾病的再次复发，这方面国内外都有许多的经验和教训。因此，应该更关注精神分裂症患者的依从性及家属对治疗的配合度。

### 三、心理与社会康复

心理精神治疗一般作为辅助治疗手段，多在恢复期进行，目的是使患者正确认识、对待自己的疾病，消除顾虑，减少复发。心理治疗不但可以改善患者的精神症状、提高自知力、增强治疗的依从性，也可改善家庭成员间的关系，促进其与社会的接触。行为治疗有助于纠正患者的某些功能缺陷，提高其人际交往技巧。家庭治疗使家庭成员发现存在已久的沟通方面的问题，有助于宣泄不良情绪，简化交流方式。劳动治疗即提供给患者适当的社会生活环境，对提高和巩固疗效，预防复发都很重要，可由医院指导，组织患者家属、工作单位、街道里弄社区共同进行。

## 第七节　精神分裂症的司法鉴定

在司法实践中，司法鉴定人对被鉴定人（案件的当事人）进行责任能力和行为能力的评定是司法鉴定的重要方面，最终目的是为了在法律上能够帮助法官对被鉴定人作出正确的精神评价。司法鉴定是要确定被鉴定人是否是精神分裂症患者、何种类型、是否在发病期；若是精神分裂症患者则需要对其进行法律责任的评定：根据检查到的精神障碍情况判断与行为之间的联系、因果关系，最后才是行为能力和责任能力的鉴定意见。

在精神疾病的分类中，精神分裂症虽然有不同的疾病阶段，但仍属严重的精神病类型，其总人数为精神病人数之最，也是涉案最多的精神疾病。在精神病人杀人、伤害等刑事案件中，有精神分裂症的据首位；在民事案件中，需进行精神鉴定判断当事人行为能力的，也是以精神分裂症较为多见。

### 一、精神分裂症患者的刑事责任能力

刑事责任能力指行为人在实施危害行为时，对所实施行为的性质、意义和后果的辨认能力以及有意识的控制能力。达到法定责任年龄且精神正常的人都具有刑事责任能力。而对被鉴定精神病人的刑事责任能力评定，必须具备两个要件：一是医学要件，即必须是患有精神疾病，是何种类；二是法学要件，即造成危害行为时是否具有辨认或控制能力。对被鉴定人精神疾病的种类划分是医学方面的判断，对被鉴定人的行为同精神障碍之间的联系及因果关系的判断是法律方面的判断。

在司法实践中，当违法者达到法定年龄后，我国对精神病人的刑事责任能力评定运用的是三分法，即无刑事责任能力、限定刑事责任能力和完全刑事责任能力。

1. 无刑事责任能力

我国《刑法》第 18 条规定，精神病人在不能辨认或不能控制自己行为的时候造成

危害结果，经法定程序鉴定确认的，不负刑事责任。精神分裂症患者如果处于发病期且作案行为直接与精神疾病相关，并且丧失了对自己行为的辨认或控制能力，作出严重危害社会的违法行为，此时，患者应评定为无刑事责任能力。

2. 限定刑事责任能力

我国《刑法》第 18 条规定，尚未完全丧失辨认或者控制自己行为能力的精神病人犯罪的，应当负刑事责任，但是可以从轻或减轻处罚。即患者在实施危害行为时，辨认或控制自己行为的能力并未完全丧失，但又因疾病的原因使这些能力有所减弱的，应评定为限定刑事责任能力。精神分裂症患者如果处于发病期，但作案行为与精神症状不直接相关；或间歇期缓解不全，遗留不同程度后遗症的，在这些情况下作案，其辨认能力或控制自己行为的能力必然减弱，应评定为限定刑事责任能力。

3. 完全刑事责任能力

我国《刑法》第 18 条规定，间歇性的精神病人在精神正常的时候犯罪，应当负刑事责任。精神分裂症患者如果处于间歇期且无任何后遗症状；或者病情完全缓解，自知力恢复良好，对自己的行为有完全的辨认和控制能力，应评定为完全刑事责任能力。

## 二、精神分裂症患者的民事行为能力

在司法精神医学鉴定中，判断精神分裂症患者民事行为能力的有无，也需要满足医学要件和法学要件。医学要件即确定被鉴定人精神障碍的性质、内容及预后的精神医学诊断。在明确了被鉴定人的医学诊断后，分析其对自己行为的性质和后果的辨认程度，这就是判断精神病人民事行为能力的法学要件。医学要件是法学要件成立的前提，法学要件又是对医学要件的确认，两者缺一不可。关键要明确的就是患者症状与其意思及其意思表示的关系。

精神分裂症患者的民事法律问题主要涉及民事行为能力。民事行为能力指公民参加的某一项或某一民事活动中对自己行为的辨认能力，同刑事责任能力一样也有法律规定的年龄标准和精神状况的标准。年龄标准为：根据《民法典》第 17、18 条的规定，十八周岁以上的自然人为成年人。不满十八周岁的自然人为未成年人。成年人为完全民事行为能力人，可以独立实施民事法律行为。十六周岁以上的未成年人，以自己的劳动收入为主要生活来源的，视为完全民事行为能力人。

当被鉴定人达到法定年龄后，我国对精神疾病患者的民事行为能力评定运用的也是三分法，即无民事行为能力、限制民事行为能力和完全民事行为能力。

1. 无民事行为能力

我国《民法典》第 21 条规定，不能辨认自己行为的成年人为无民事行为能力人，由其法定代理人代理实施民事法律行为。患者在精神分裂症病理的影响下，不能辨认和判断自己的行为的适当性，因此应评定为无民事行为能力。

2. 限制民事行为能力

我国《民法典》第 22 条规定，不能完全辨认自己行为的成年人为限制民事行为能力人，实施民事法律行为由其法定代理人代理或者经其法定代理人同意、追认；但是，可以独立实施纯获利益的民事法律行为或者与其智力、精神健康状况相适应的民事法律行为。精神分裂症患者发病后，并不是所有的事情都不能分辨和判断，不仅是在疾病的间歇期，有的患者即使是在疾病的发作期对某些行为也有一定的辨别和判断能力，这一点需要在处理具体案件时引起注意。

3. 完全民事行为能力

则可理解为精神分裂症患者在疾病完全好转后，达到了社会性痊愈和康复，对自己实施的民事行为的实质性意义能完全理解和作出合理的判断。

## 三、典型案例

（一）精神分裂症患者武某杀人案的刑事责任能力鉴定[①]

1. 鉴定要求

（1）目前精神状态；

（2）作案时精神状态；

（3）责任能力评定意见。

2. 主要案情

被鉴定人武某于1983年3月10日晚，因不满祖母管教，趁夜晚无人用斧头将祖母及其好友薛某砍死。

3. 被鉴定人个人及家庭的有关情况

被鉴定人：武某，男，26岁，未婚，农民。

父：健在，原籍务农。母：病故。兄：原籍务农。父母两系三代无精神病家族史。

被鉴定人幼年发育正常，小学毕业后务农，个性开朗，办事精明。1980年2月来沪寄居叔父家，经祖母托人介绍进工厂做临时工，不久被辞退。几经更换单位，均因不能完成厂方任务被辞退。祖母好言相劝，被鉴定人非但不接受教训，反而吵吵闹闹，破口骂人，婶母训责，竟脱光全部衣服任意胡闹，后由父亲领回原籍，经当地中医调治，逐渐复原。

4. 作案时及前后的精神状态

被鉴定人在原籍学得木工手艺，1982年再次来沪，寄居叔父家中，与祖母同室，相互照顾，白天走街串巷，凭一手好手艺做工自给，祖孙相安无事。临近1983年元旦，武某见自己日夜辛苦，省吃俭用，业已攒积千余元，乃购电视机和缝纫机各一台，催其兄来沪带回，准备次年国庆结婚，并打算春节期间继续留沪，多干活，多攒些钱。春节期间，被鉴定人日夜开工，收入较丰，祖母、叔父均为之高兴。不料1983年3月某晚，被鉴定人回家后突然抱头痛哭，不停重复地说："我完了，到头了"，祖母见状急问其故，才知被鉴定人无端猜疑其兄将他的电视机、缝纫机卖掉，并听到别人均在骂他"憨大、死劲做生活，攒钱给别人用"。劝说无效，被鉴定人继续哭闹，口出秽语，随即砸碎厨房中杯盘，将生活用品乱甩，逼祖母给500元钱购买电视机，未允，即破口骂人，用工具砸碎玻璃，婶母见状劝阻，被鉴定人抓其衣领拖往马路，并将她

① 参见闵银龙主编：《司法精神医学》，法律出版社2012年版，第75—77页。

往电线杆上撞，谁上前劝说就打谁，直至晚上11时仍吵闹不休。全家计议一边急电其父迅速来沪商讨对策，一边请当地医院为其注射镇静剂以求安宁。两天后，被鉴定人突然变得一声不吭，呆若木鸡，问之不答，呼之不应，滴水不进，仅靠医生来家鼻饲流质维持生命，整天卧床，膀胱充盈，导尿也无反应。其父来沪，问之不答，推之不动，一时无法带他回乡，白天由父看管，夜间请祖母照料。数日后某晚，祖母发现，置其床边之食物减少，心中起疑，暗中探视，但见被鉴定人在夜深人静时自行侧身摄食，翌日询之又不作声，连续三晚均如此。祖母误认其病情有好转，心中稍觉放心，第四夜祖母邀得好友薛某为伴帮助照顾，不期次晨六时许，祖母与薛氏正憩睡，被鉴定人突然起床，手持斧头向熟睡的两位老人乱砍，邻居发现后，急唤众人破门而入，将被鉴定人抓住，两位老人均已惨死。

拘审期间被鉴定人复僵卧于床，不言不食，依靠鼻饲维持生命，关押数天每况愈下，故急作司法精神医学鉴定。

5. 鉴定时的精神状态及躯体情况

作案后20天，鉴定检查时，发现被鉴定人仰卧在地，双目紧闭，插有鼻饲管，全身僵住不动，四肢微屈，肌张力增高，呼之不应，推之不动，呈缄默状态，无法接触交谈。挪动四肢，出现典型蜡样屈曲症状；抬高其头部，长时间不回复原状，存在空中枕头征。神经系统检查未发现异常。

6. 鉴定诊断

紧张型精神分裂症。

7. 责任能力评定意见

无刑事责任能力。

8. 鉴定分析说明

紧张型精神分裂症的临床特征主要表现为精神运动障碍，往往以两种发作形式重复或交替出现。一是精神运动性抑制，常称紧张性木僵：病人僵住不动，不言不食，口水外溢而不知吞咽，甚至膀胱充盈也不排尿，可出现违拗状态，此时肌张力增加，甚至蜡样屈曲，即肢体被任意摆布为某一姿态，可维持较长时间而不自动恢复原状。有些患者在木僵状态基础上可突然暴发强烈的破坏或行凶伤人行为，过后又恢复原有木僵状态，因而易被误认为装病。二是精神运动性兴奋，以冲动行为为主，伤人毁物而难以理解。上述紧张型精神分裂症症状在发作前常无预兆，其持续时间长短不一。近年来此型已明显减少。本案例突然起病，发作前无预兆，唯一可推测的发病诱因可能系工作劳累导致旧病复发。临床表现为出现精神运动性兴奋，冲动毁物，而后出现紧张性木僵状态，违拗、僵住、缄默，往往使家属放松戒备。从病理生理机理分析，这种状态乃属于一种催眠位相状态，一旦这种催眠位相状态得到释放，往往突然暴发强烈的破坏或行凶、伤人行为，过后又恢复原来的木僵状态。本案例就是在这期间突然出现无目的凶杀伤害行为。由此可见，本案例病史及临床表现完全符合紧张型精神分裂症，其作案行为处于发病期，由紧张性木僵期间出现的一种病理性突发性冲动行为所致，患者完全丧失辨认和控制能力，故不具有刑事责任能力。

(二) 精神分裂症患者姚某的刑事责任能力鉴定

华政法医鉴字［××××］精第×××号

委托机关：某某市公安局某某分局

委托日期：2007 年 8 月 24 日

委托事项：对姚某的精神状态鉴定，刑事责任能力和受审能力评定

送检材料：鉴定委托书、病史资料复印件等

鉴定日期：2007 年 8 月 24 日

鉴定地点：某某市某某区看守所

被鉴定人：姚某，男，1980 年 6 月 24 日出生，汉族，文盲，家住某某市某某区

1. 案情摘要

根据鉴定委托书，被鉴定人姚某于 2007 年 7 月底至案发，在本区某某镇、某某镇等地多家网吧，乘人熟睡之际，盗窃手机作案数起。

审理中，因被鉴定人以往有精神异常史，为慎重处理本案，委托机关特委托本中心对其作精神疾病司法鉴定。

2. 被鉴定人概况

根据送检材料，被鉴定人自幼父母双亡，依靠政府补助维持生计，平时一直闲散在家，自 2001 年 12 月 25 日起在某某区精神卫生中心接受治疗数次，其中于 2001 年 12 月 25 日至 2002 年 9 月 12 日及 2003 年 10 月 28 日至 2004 年 11 月 9 日，入院治疗两次，经诊断为人格障碍。

摘录某某市某某区精神卫生中心第一次住院病史：住院日期为 2001 年 12 月 25 日至 2002 年 9 月 12 日，出院诊断为精神分裂症（未定型），第二次住院日期为 2003 年 10 月 28 日至 2004 年 11 月 9 日，出院诊断为反社会型人格障碍。

摘录某某市某某区精神卫生中心门诊病史：自第二次出院后至 2007 年 8 月 1 日均定期去该医院复诊，病史记载为病稳，配服氯氮平，0-2-3 服用。

3. 检查所见

精神检查：意识清，仪态整，接触被动，检查尚合作，能回答自己的姓名、年龄、出生年月及家庭住址。问其是否有工作，回答："人家不要我，……（人家为何不要你）胃不好，有精神病。……（精神病表现）不知道。"问其身体有何不适，回答："毛病发起来，想做什么就做什么，自己控制不住。……耳朵里面经常听到很大的声音，头脑里转得很快。……（何种声音）机器声，人家讲话声音，不正常时听到声音心里很难过的。"问其还感到什么异常情况，答称："发作时感到马路上的人像鬼一样，感到很害怕。……控制不住自己，有时会去打人、放火、跳楼。"问其为何要服用氯氮平等药，答称："不吃药睡不着，……（晚上看电视）电视看不懂，电视内容与我有关系。"问其为何被公安局关押，答称："偷手机，……（为何要偷）没钱。（如何将手机卖掉）卖给收手机地方。（需要证件）用我自己的身份证。（害怕案发）不怕的。（犯盗

窃罪要吃官司）不要吃官司，我身体吃不消。”检查中，情感淡漠，思维贫乏，存在牵连观念，有可疑幻听，意志要求缺乏，自知力无。

4. 分析说明

（1）根据病史资料，被鉴定人因夜眠差，胡言乱语、冲动、毁物等精神异常，于2001年12月25日至2002年9月12日在某某区精神卫生中心住院，出院诊断为精神分裂症（未定型），后又于2003年10月28日至2004年11月9日住院治疗，出院诊断为反社会型人格障碍。第二次出院后至2007年8月1日，均定期去医院配服氯氮平等抗精神病药物，据门诊病史记载，服药后睡眠好，病情稳定。据材料反映，被鉴定人患病以来，未能参加工作，显示其社会适应功能下降。结合本次精神检查，情感淡漠，思维贫乏，声称服药后，睡眠好，存在牵连观念，有可疑幻听，意志要求缺乏，自知力无。根据《中国精神障碍分类与诊断标准（第三版）》，被鉴定人患有残留型精神分裂症。

（2）被鉴定人患有精神分裂症，作案动机并非完全脱离现实，但由于受到精神病影响，对自己行为的控制能力削弱，故对被鉴定人应评定为具有限定刑事责任能力。

（3）被鉴定人对本次案发经过叙述与以往在公安局的讯问笔录基本相符，能配合审理该案情，能表达自己的意思，在本案中应评定为具有受审能力。

5. 鉴定结论

（1）被鉴定人姚某患有残留型精神分裂症。

（2）被鉴定人姚某对本案具有限定刑事责任能力。

（3）被鉴定人姚某对本案具有受审能力。

（三）精神分裂症患者陶某的服刑能力鉴定

华政法医鉴字［××××］精第×××号

委托机关：某某市某某监狱

委托日期：2007年2月28日

委托事项：对陶某的精神状态鉴定和服刑能力评定

送检材料：委托书、判决书、被鉴定人亲笔书写材料及同监犯的反映材料复印件

鉴定日期：2007年3月2日

鉴定地点：某某市某某监狱

被鉴定人：陶某，曾化名王某某，男，1966年12月19日出生，汉族，初中文化，农民，家住某某省某某市

1. 案情摘要

根据鉴定委托书，被鉴定人陶某因在服刑期间，出现精神异常，为确认其精神状态，委托机关特委托本中心对其作精神疾病司法鉴定。

2. 被鉴定人概况

摘录某某市某某区人民法院刑事判决书：被鉴定人陶某犯以危险方法危害公共安

全罪、故意杀人罪、放火罪，于2004年10月10日对其判处有期徒刑十五年。

摘录某某市某某区人民法院刑事判决书：2003年7月23日17时许，被鉴定人窜至某集贸市场内，为泄愤，趁摊主不备，拿起两把砍肉刀，连砍十名群众，造成多人重伤和轻伤。证人反映，被鉴定人手持两把刀，大叫“我要杀人了”后，追着菜场里的群众砍过去，有多人被砍伤。

摘录上述刑事判决书中的被害人陈某反映：他在睡觉时，陶某进入房间并持刀刺其头部，又用竹椅砸其头部，用锅铲打其头部并按住其头朝地上磕，还说过“今晚要整死你”，“你害得我家破人亡”等话。经某某市公安局安康医院司法精神医学鉴定，结论为陶某案发当时辨认和自控能力有所削弱，评定为限定刑事责任能力。

据管教干部刘某反映：被鉴定人于2005年1月13日来本中队，同年1月26日发现其与其他罪犯举止行为表现不一样，起床时不愿起床，不愿穿衣，并多次无故突然发生冲动，用拳殴打他人，又无原因出现2—3天的拒食，对其交谈时，说什么“你把我放出去，我可以为社会作贡献，可以改变农村的客观规律”。

据同室罪犯密某反映：与他接触一年多，发现他容易钻牛角尖，别人意见他不接受，因违反监规监纪将其关在严管队，说什么是要拿他做什么试验，有时突然要打人，用头撞墙。有时他有莫名其妙的想法，说什么人类要搬到月球上去，山要移动等。有时控制不住地痴笑，自言自语，有时两眼顶着太阳看，说什么会增强自己的视力，使得农业亩产量增加。有时不吃饭，怀疑菜里有什么问题要嗅一下，问干警“你们为什么要给我吃得这么好”，给他吃过东西后，隔几天又要追问“为什么要给我吃”。最近突然发生冲动打人，与被打的人也没有什么矛盾。有时把饭菜倒在地上，或将吃进去的饭菜吐在地上，像狗样趴在地上，把撒在地上的饭菜吃下去。有时学大象用鼻子吸水后喷水。对卫生工作乱搞，用马桶水洗手，甚至喝自己刚解的小便。被多次关进严管队，好像也无所谓的样子，对自己案子的事情、服刑情况从未谈论过。

据同室罪犯周某反映：与被鉴定人接触一年多来，发现其情绪变化大，这次进严管队是因无故打别人。他说自己不知道打人，有次半夜突然起来，无故扑在一个罪犯的身上，已出现好几次突然打人。这几天，早、中、晚均拒食，用鼻子吸汤，进食后又将饭菜吐出来，又趴在地上吃掉吐出来的东西。喝自己刚解的小便，问其原因，说什么在外面听人说，喝尿可以治病。经常双手握拳，做出欲与人打架的样子，有时用头撞墙，有时晚上赤身裸体去洗头、擦身。反正就是情绪不稳，反复无常。

摘录同室罪犯赖某于2007年2月22日的笔录：关于陶某晚上情绪反常情况汇报如下：21：30以后刚睡时狂笑，凌晨4：07坐起来说要小便，突然扑向杨某（罪犯），自言“我打你”，在4：00以后头抬起几次，又是几次狂笑，有时无声地笑，总之昨晚举动反常。

摘录被鉴定人于2007年2月12日亲笔书写的思想汇报：“……在这三个月的时间中，我感觉我是想尽办法了的，我已作出最大的努力，但不知我的方法是否正确。现在我感觉在这里只有看看太阳、灯光，不断换眼神的看法和站在不同的位子（置）观看，比如观看的时间可能是不准确，我感觉把我关在严管队，就只有做这些，目的是增强视力，以便观看太空，帮助你们政府了解太空有所帮助，我发现站在一个位子（置）能看上几个太阳，通过门缝能在一个位子（置）看出 4 种光线，灯泡能一分二，太阳好像能定它的位子（置），发现能通过光线改变太阳的位子（置），发现许多人的肉色好像跟我不一样，发现我身体长子（了）二十多斤，发现我周围有许多人好像没有其他思维能力，发现这里的气候跟我外面的不一样。我吃水果是连皮吃下去，我想通过出气和阳光的照射是否能还原，……这段时间我出操是从严管队的门到武警站岗那边是看太阳影子，我感觉太阳影子通过视力发射出去的光线有利于农作物的发展。我现在回忆我在老家的庄稼，它的长势好像跟别人的不一样，这是否与我的视力的反射光线有关。我被关到 1 号房间二十多天，在这二十多天的我感觉房屋的光线有所改变，比如从门缝射进来的光线，通过过道反射出来要亮了许多，我感觉是视力增强的因素。”

摘录被鉴定人于 2007 年 2 月 28 日亲笔书写的思想汇报：“我今天在地板上发现过道灯泡口有一个黑影，我思考有可能是太空光线的倒影所致，这个黑影究紧（竟）是何物，还有待于探索，我想我把视力增强是不是可以探索到，如果能探索到，就请你们想办法增强我的视力。我今天由于生病，我在外面听别人说，喝尿能治疗视力……”

3. 检查所见

精神检查：意识清，仪态不整，双手用约束带保护于腰部，在两个罪犯的搀扶下步入检查室，接触被动，检查欠合作，对其提问需反复询问后尚能低声回答，能回答自己的姓名、年龄、出生年月及家庭地址。问其家中人员，不作回答，东张西望。问其父母是否亲生，自言自语，听不清内容，再次询问，回答：“我不知。”问其为何要用约束带给其保护，两眼呆视前方，全神贯注作出似乎看到或听到什么的情况，再次大声问话，突然醒悟似的问鉴定人员：“什么?”问其为何要打人，仍然心不在焉地望着窗外，回答：“不舒服。”问其有何不适，仍是不作回答。问其有什么特异功能，例如视力如何，两眼呆呆地望着鉴定人员，突然起立用头要撞击鉴定人员，问其为何要这样冲动。答称：“我打你打不到。”问其对太阳光有何研究，望着别处又是自言自语。问其对自己刑期有什么想法，有什么要求，低声自语：“不想……不想。”睁大两眼呆视着鉴定人员，露出一副极其凶相的样子，又是突然起立，两个罪犯也按不住他，使劲地用脚踢鉴定人员，答称：“答不了你话……我认为……我感觉有什么，我想你理解我的心情，……我希望，我感觉，改造就是一种感觉……要求。”问其在监房内是否受人欺侮，仍是两眼凝视前方，再三问话，许久后，突然回答：“噢，什么……”检查中，情感淡漠，目光呆滞，注意力不集中，自言自语，有明显的冲动行为，思维怪异，内容暴露不畅，智能好，无意志要求，自知力缺损。

4. 分析说明

(1) 根据送检材料，被鉴定人早在 2002 年 3 月 8 日，因家庭矛盾而携带尖刀等作案工具，将其亲戚陈某刺伤，被鉴定人还对陈某说："今晚要整死你，你害得我家破人亡。"又在2003年7月23日在一个菜场内，突然从肉摊上抢了两把刀，大叫"我要杀人了"后，追着菜场里的群众砍过去，有十人被砍伤。为此，曾在某某市公安局安康医院作过司法精神医学鉴定，结论为案发当时辨认和自控能力削弱，评定为限定刑事责任能力。提示被鉴定人早已存在精神异常。据管教干部、同室罪犯的反映及提供的材料，被鉴定人刚入监狱服刑期间，就有与常人不一样的情况，表现为睡眠障碍，无故狂笑，或独自痴笑，自言自语，生活疏懒，思维怪异，与其谈话难以沟通，回答问题难以理解。给其服用饭菜，反复查看饭菜内有什么对其不利的东西。给其服用水果等较好食品，以及因违反监规监纪将其留置在严管队，说什么要对其做试验，这种表现不能排除存在被害妄想。存在明显的行为紊乱，说什么喝尿能提高视力，将刚进食的饭菜吐在地上，再趴在地上吃下去，用鼻子吸汤及水，又将汤、水喷出来，并多次发生冲动行为，无故殴打他人及自己用头撞墙。分析被鉴定人亲笔书写的"思想汇报"的材料，内容奇特、荒谬，完全脱离实际，其思维活动与目前处境格格不入，常人无法理解。结合本次精神检查，被鉴定人情感淡漠，目光呆滞，注意力不集中，自言自语，存在明显的冲动行为，思维怪异，内容暴露不畅，智能好，无意志要求，自知力缺损。根据《中国精神障碍分类与诊断标准（第三版）》，被鉴定人患有精神分裂症，现为发病期，防冲动、自杀，建议给予治疗。

（2）被鉴定人患有精神分裂症，目前存在明显的精神病性症状，不能表达自己的真实意思，不能对其说服教育，无法对其劳动改造，应评定为无服刑能力。

5. 鉴定结论

（1）被鉴定人陶某患有精神分裂症，现为发病期。

（2）被鉴定人陶某现无服刑能力。

（四）精神分裂症患者龚某离婚案的民事行为能力鉴定

华政法医鉴字［××××］精第×××号

委托机关：某某市某某区人民法院

委托日期：2007年1月30日

委托事项：对龚某的精神状态鉴定和民事行为能力评定

送检材料：鉴定委托书、病史资料复印件等

鉴定日期：2007年2月13日

鉴定地点：本中心司法精神病鉴定室

被鉴定人：龚某，女，1972年11月12日出生，家住某某市某某区某某路

1. 案情摘要

根据鉴定委托书：被鉴定人龚某（原告）因与被告杜某某夫妻感情破裂，起诉于人民法院要求离婚。

审理中，因被鉴定人以往有精神异常史，为确认被鉴定人的精神状态，委托机关特委托本中心对其作精神疾病司法鉴定。

2. 被鉴定人概况

据其弟反映：被鉴定人 1996 年结婚，1997 年分娩时发病，当时主要表现为自言自语，反复声称“烦死了”，并割手腕自杀，现经常发呆，哭哭啼啼，无故发脾气，对离婚一事也不知如何处置。

摘录某某市精神卫生中心门诊病史：诊断为精神分裂症。末次门诊为 2006 年 10 月 24 日，服用氯丙嗪和舒乐安定。

3. 检查所见

精神检查：意识清，仪态整，接触可，检查合作，对提问能理解，对答切题，能回答自己的姓名、年龄、出生年月及家庭一般情况。问其工作经历，回答：“因我父母是知青，落实政策我就回来了，在胶州路一纺织厂工作，因自己读了电脑后就辞职了，后来做了几个厂，在饭店也做过，现在是在良友超市做理货员。”问其耳闻人语，答称：“耳朵里经常听到阿婆、老公在骂我，同事对我说话的声音。”问其他人对其陷害，答称：“我怀疑饭、菜里放毒物。……有人指指点点讲我神经病。……但我感到有人盯着我。”问其为何提出离婚，答称：“我有病后，男人看不惯我的反应慢，做生活不灵活，有时我发脾气，他就打我。他（丈夫）的情况我不知，家里开销由我。……我现在单位里人讲我反应慢，工作做不好，夜里睡不着。”问其如果离婚后的安排，回答：“他提出孩子由他管，我也管不了，我现在记性差，又睡不着，我父亲说由我父母来照顾我。”问其是否有精神病，答称：“医生要我吃药，我也说不清。”检查中，情感反应平淡，存在言语性幻听及被害妄想，缺乏合理的意志要求，自知力无。

4. 分析说明

(1) 根据送检材料及调查所得：被鉴定人于 1997 年出现睡眠障碍、自言自语、自杀等精神异常，就诊于某某市精神卫生中心，诊断为精神分裂症。据被鉴定人自述，其平素反应迟钝，单位反映工作做不好，显示被鉴定人社会功能下降。据精神卫生中心门诊病史，至 2006 年 10 月，被鉴定人经常在该院定期门诊，服用氯丙嗪等抗精神病药物。结合本次精神检查，情感反应平淡，存在言语性幻听及被害妄想，无合理意志要求，自知力无。根据《中国精神障碍分类与诊断标准（第三版）》，被鉴定人患有精神分裂症。

(2) 被鉴定人患有精神分裂症，现仍存在精神病性症状，不能完整、正确表达自己的真实意思，不能运用法律手段来维护自身的合法权益，不能有效参与本案诉讼，对本案应评定为无民事行为能力。

5. 鉴定结论

(1) 被鉴定人龚某患有精神分裂症。

(2) 被鉴定人龚某对本案无民事行为能力。

## 习题

1. 简述精神分裂症的病因与发病机制。

2. 简述精神分裂症的诊断要点。

3. 简述如何及时识别可能的精神分裂症患者。
4. 简述精神分裂症的治疗与预后。
5. 如何评估精神分裂症患者的肇事肇祸风险？

## 拓展阅读文献》

1. 陆林主编：《沈渔邨精神病学（第6版）》，人民卫生出版社2018年版。
2. CCMD-3、DSM-4、ICD-10有关精神分裂症诊断方面的内容。
3. 刘勉、王一博主编：《精神分裂症》，中国医药科技出版社2019年版。

# 第十章
# 心境障碍与相关法律问题

**内容提要：** 本章主要介绍了心境障碍的医学基础知识及相关法律问题。前者主要包括心境障碍的基本概念、病因与发病机制、常见临床表现、诊断标准、治疗与预后等；后者包括心境障碍患者常见的涉案类型、暴力行为的发生机制、相关法律能力的评定等。

**核心词汇：** 心境障碍　双相障碍　抑郁发作　躁狂发作　产后抑郁　扩大性自杀　怜悯杀人　重型抑郁

**学习要求：** 掌握心境障碍的常见类型、临床表现与法律能力评定要点；熟悉心境障碍的诊断标准。

## 第一节　概　　述

### 一、概念

心境障碍（又称情感性精神障碍）是以明显而持久的心境高涨或低落为主的一组精神障碍，并有相应的思维和行为改变。可有精神病性症状，如幻觉、妄想。大多数病人有反复发作的倾向，每次发作多可缓解，部分可有残留症状或转为慢性。

### 二、病因与发病机制

心境障碍的病因尚未完全确定。大量的研究资料显示，遗传因素、神经生化因素、心理社会因素对本病的发生有明显的影响。家系研究、双生子研究与寄养子研究均证实遗传因素的影响大于环境的影响。具体数据为：有家族史的患者占 30%—41.8%，单卵双生子的同病率为 56.7%，双卵双生子的同病率为 12.9%。寄养子的亲生父母患病的，其患病率为 31%，养父母患病的，其患病率只有 12%。另外，据研究发现，本病患者存在生化代谢的中枢神经递质改变和内分泌系统功能不正常。[①]

社会心理因素的作用也不容忽视。布朗（Brown）等研究发现有抑郁症的女性在

① 参见沈渔邨主编：《精神病学（第 5 版）》，人民卫生出版社 2009 年版，第 548—559 页。

发病前1年所经历的生活事件频度是正常人的3倍。92%的抑郁症患者在发病前经历了猝发的生活事件，而精神分裂症仅为53%。常见的负性生活事件有丧偶、离婚、婚姻不和谐、失业、严重躯体疾病、家庭成员患病或突然病故。经济状况差、社会地位低下者也易患本病。女性应激能力低于男性，更易患本病。

### 三、发病率

由于疾病概念、诊断标准和流行病学调查方法与工具的不同，故不同研究者报道的患病率相差较大。1992年，我国针对部分地区（全国七个地区）进行的调查显示，心境障碍的终身患病率为0.083%。欧洲国家的流行病学调查结果大致和美国接近，终身患病率一般为3%—5%。相比之下，西方国家的患病率远远高于我国报道的患病率。心境障碍是一种高患病率、高复发率和高自杀率的精神疾病。据统计，在中国疾病总负担中，抑郁症已排名第二。我国精神疾病司法鉴定资料统计，在刑事案件鉴定结果有精神障碍的案例中，心境障碍所占比率仅次于精神分裂症，排第二位，而且疑难及重复鉴定的案例较多。①

## 第二节　心境障碍的医学基础

### 一、诊断名称和分类的历史沿革

心境障碍的分类演变发展得很快，尤其是抑郁症，传统分类逐渐被新的分类概念代替，但传统分类方法长期影响临床实践。传统的分类和命名主要有下述四种：(1)根据病因：分为反应性抑郁症和内源性抑郁症。主要由生物原因或内在原因引起的称为内源性抑郁症，亦即传统意义上的情感性精神病或躁狂抑郁症；主要由心理刺激引起的称为反应性抑郁症。(2)根据症状：分为精神病性抑郁症和神经症性抑郁症。精神病性抑郁症相当于内源性抑郁症（不论伴有或不伴有精神病性症状）；神经症性抑郁症过去是神经症的一个类型，又称为抑郁性神经症。(3)根据病程：分为单相和双相障碍，单相指只有躁狂或抑郁发作，双相指既有躁狂又有抑郁发作。此概念近些年已有很大变化，不少学者认为并不存在单相躁狂。(4)根据年龄、发病时间：分为更年期忧郁症、产后抑郁等。

与传统分类相比，疾病的现代分类已有很大变化，ICD-9把本病命名为情感性精神障碍，主要包括躁狂和抑郁；抑郁性神经症归入神经症性障碍；情感性人格障碍归在人格障碍范围。ICD-10把本病称为心境障碍后又括号注明“情感”，下设项目除了躁狂、抑郁发作、双相情感障碍之外，还包括持续性心境障碍，该项下包括环性心境及恶劣心境。我国CCMD-3也充分吸收借鉴了上述做法。

总之，“躁狂抑郁性精神病”的名称已随着亚型扩大，变得不合适，基本已不用。至于“情感性精神障碍”和“心境障碍”名称的使用无严格区别，后者为前沿病名，

① 参见沈渔邨主编：《精神病学（第5版）》，人民卫生出版社2009年版，第545—548页。

前者为保留病名。现代关于疾病内涵范围的扩大（尤其是抑郁症），对于临床工作并无很多不便，遇到适当病例，诊断抑郁症，就选用合适的抗抑郁剂进行治疗。而在精神疾病司法鉴定中，由于现代概念的抑郁症包括了精神病性障碍和非精神病性障碍，这在涉及刑事责任能力评定时会出现很大差别。因此，目前遇到此类案例，为达成共识，有时在采用现代诊断命名的同时，还加传统命名“标签”，以说明此病性质，或在鉴定书的分析说明中加以阐明。

**二、临床表现**

心境障碍的临床表现分为躁狂发作、抑郁发作、双相障碍、恶劣心境等几种主要类型。

（一）躁狂发作

躁狂发作的典型临床表现是情感高涨、思维奔逸和活动增多。简称“三高症状”。

1.“三高症状”

（1）情感高涨

患者主要表现为情绪愉快、乐观，自感幸福、健康，精力充沛，表情活跃，对外界环境注意、敏锐，情感富有感染性，使其所到之处充满欢乐气氛。有的患者以易激惹和发怒为主，易为琐事大动肝火，不时与人发生冲突，甚至伤人毁物。

（2）思维奔逸

患者表现为联想敏捷，思潮泉涌，滔滔不绝，但言语散漫。言语内容多与现实有关，不显荒谬，常伴“幽默”色彩，前后概念可以通过语音或意义联系起来进行联想，称为音联及意联。由于自我评价高，富有幸福感，可以出现夸大妄想，自命不凡，或以为具有特殊才能，攻击他人或发泄对现实的不满。

（3）意志活动增多

患者表现为意志增强，动作活动增多，终日忙碌却有始无终，善提意见，一反往日节俭习惯，任意挥霍，频繁外出购物，劝阻无效。有的患者活动增多是良性的，如广交朋友，热情助人，不辞辛劳地为人服务，而受到社会好评；有的患者活动增多是恶性的，如日夜酗酒、赌博、殴斗、玩乐，甚至偷窃、抢劫，妨碍社会治安。

2.躯体症状

由于患者自我感觉良好，精力充沛，故很少有躯体不适感，常表现为面色红润，两眼有神，体格检查发现瞳孔轻度扩大，心率加快，且有交感神经亢进的症状，如便秘。因患者极度兴奋，体力过度消耗，容易引起失水、体重减轻等生理症状。患者食欲增加，性欲亢进，睡眠需要减少。

躁狂发作临床表现较轻者称为轻躁狂。患者可存在持续数天的情感高涨、精力充沛、活动增多，有显著的自我感觉良好，注意力不集中也不能持久，轻度挥霍，社交活动增多，性欲增强，睡眠需要减少。有时表现为易激惹，自负自傲，行为莽撞，但不伴有幻觉、妄想等精神病性症状。对患者社会功能有轻度影响，部分患者有时不影响社会功能，常人不易察觉。

（二）抑郁发作

抑郁发作的典型临床表现是情感低落、思维迟缓和意志活动减退。简称“三低症状”。

1.“三低症状”

(1) 情感低落

患者主要表现为心情抑郁寡欢，兴致索然，对前途缺乏信心，悲观消极，凡事总从坏处着想，不愿交往，即使与亲友欢聚，也自叹息“天下哪有不散的宴席”。严重时有自杀观念，有时伴有焦虑，心情烦躁、坐立不安。

(2) 思维迟缓

患者表现为联想困难，自感脑子空虚，记忆力减退，注意力难以集中，处事犹豫不决，言语减少，声音低沉，有的自责自罪，有疑病妄想。

(3) 意志活动减退

患者整日不思动弹，虽感到事情繁多，但不知如何着手料理，工作、学习难以胜任，不思交际，严重时呆坐或卧床不起，甚至发展成木僵状态。

2. 躯体症状

患者主要有睡眠障碍、食欲减退、体重下降、性欲减退、便秘、身体多个部位的疼痛、阳痿、闭经、乏力等症状。

不典型患者常多躯体不适主诉，如身体疲劳、乏力、精神不振、头昏、记忆不好、失眠、易激惹、工作和学习效率减退等，临床就诊常获得多个诊断或诊断不明，疗效欠佳。临床常误诊为神经衰弱，以至经久不愈。建议家人、医生应及时考虑抑郁症，并到专业医疗机构作及时规范治疗。

(三) 双相障碍

双相障碍的临床表现特点是反复（至少 2 次）出现心境和活动水平明显紊乱的发作，有时表现为心境高涨、精力充沛和活动增加（躁狂或轻躁狂），有时表现为心境低落、精力减退和活动减少（抑郁）。发作间隙期通常表现为完全缓解。男女患病率相近。

(四) 恶劣心境

恶劣心境是一种以持久的心境低落状态为主的轻度抑郁，从不出现躁狂。常伴有焦虑、躯体不适感和睡眠障碍，患者有求治要求，但无明显的精神运动性抑制或精神病性症状，生活不受严重影响。

另外，ICD-10 把心境障碍的临床表现分为核心症状和附加症状，较为实用。

躁狂发作的核心症状是心境高涨，身体和精神活动的量和速度增加。抑郁发作的核心症状为：① 抑郁心境，对个体来说肯定异常，存在于一天中的大多数时间，基本上不受环境的影响；② 丧失兴趣和愉快感；③ 精力不足或过度疲劳。(DSM-Ⅳ 抑郁发作的核心症状包括：① 心境抑郁；② 对活动失去兴趣或愉快感。)

ICD-10 把下述七种列为抑郁发作的附加症状：

(1) 自信丧失和自卑；

(2) 自罪观念和无价值感；

(3) 集中注意和注意的能力降低；

（4）对前途悲观；

（5）自伤或自杀的观念或行为；

（6）睡眠障碍；

（7）食欲下降。

ICD-10 把环性心境和恶劣心境称为持续性心境（情感）障碍，其特点为患者每次发作时极少发展到轻躁狂或轻度抑郁的程度，因此不适用上述症状标准。

同时，ICD-10 把抑郁发作的严重程度分为轻度、中度和重度。轻度抑郁发作具有核心症状至少 2 条，核心和附加症状共计至少 4 条。中度抑郁发作具有核心症状至少 2 条，核心症状和附加症状共计至少 6 条。重度抑郁发作具有全部 3 条核心症状，核心症状和附加症状共计 8 条。重度抑郁发作又分为不伴精神病性症状和伴有精神病性症状两种。

说明中并指出轻度、中度、重度抑郁之间的区分依靠综合性临床判断，包括症状的数量、类型以及严重度。日常工作和社交活动的表现通常是帮助了解严重程度的有用指标。但是，个体的、社会的、文化的影响使症状的严重程度与社会功能之间并不是呈平行关系。

CCMD-3 的病程标准：躁狂发作一周以上，抑郁发作两周以上，环性心境障碍两年以上，恶劣心境两年以上。

### 三、诊断标准

根据 CCMD-3，不同类型的情感性精神障碍诊断标准如下：

30　躁狂发作［F30］

躁狂发作以心境高涨为主，与其处境不相称，可以从高兴愉快到欣喜若狂，某些病例仅以易激惹为主。病性轻者社会功能无损害或仅有轻度损害，严重者可出现幻觉、妄想等精神病性症状。

［症状标准］　以情绪高涨或易激惹为主，并至少有下列 3 项（若仅为易激惹，至少需 4 项）：

1　注意力不集中或随境转移；

2　语量增多；

3　思维奔逸（语速增快、言语急促等）、联想加快或意念飘忽的体验；

4　自我评价过高或夸大；

5　精力充沛、不感疲乏、活动增多、难以安静，或不断改变计划和活动；

6　鲁莽行为（如挥霍、不负责任，或不计后果的行为等）；

7　睡眠需要减少；

8　性欲亢进。

［严重标准］　严重损害社会功能，或给别人造成危险或不良后果。

［病程标准］

1　符合症状标准和严重标准至少已持续 1 周；

2　可存在某些分裂性症状，但不符合分裂症的诊断标准。若同时符合分裂症的症状标准，在分裂症状缓解后，满足躁狂发作标准至少 1 周。

[排除标准]　排除器质性精神障碍，或精神活性物质和非成瘾物质所致躁狂。

[说明]　本躁狂发作标准仅适用于单次发作的诊断。

30.1　轻性躁狂症（轻躁狂）[F30.0]

除了社会功能无损害或仅轻度损害外，发作符合30躁狂发作标准。

30.2　无精神病性症状的躁狂症 [F30.1]

除了在30躁狂发作的症状标准中，增加“无幻觉、妄想，或紧张综合征等精神病性症状”之外，其余均符合该标准。

30.3　有精神病性症状的躁狂症 [F30.2]

除了在30躁狂发作的症状标准中，增加“有幻觉、妄想，或紧张综合征等精神病性症状”之外，其余均符合该标准。

30.4　复发性躁狂症 [F30.8其他躁狂发作]

[诊断标准]

1　目前发作符合上述某一型躁狂标准，并在间隔至少2个月前。有过1次发作符合上述某一型躁狂标准；

2　从未有抑郁障碍符合任何一型抑郁、双相情感障碍，或环性情感障碍标准；

3　排除器质性精神障碍，或精神活性物质和非成瘾物质所致的躁狂发作。

30.41　复发性躁狂症，目前为轻躁狂 [F30.8其他躁狂发作]

符合30.4复发性躁狂的诊断标准，目前发作符合30.1轻躁狂标准。

30.42　复发性躁狂症，目前为无精神病性症状的躁狂 [F30.8其他躁狂发作]

符合30.4复发性躁狂的诊断标准，目前发作符合30.2无精神病性症状的躁狂标准。

30.43　复发性躁狂症，目前为有精神病性症状的躁狂 [F30.8其他躁狂发作]

符合30.4复发性躁狂的诊断标准，目前发作符合30.3有精神病性症状的躁狂标准。

30.9　其他或待分类的躁狂 [F30.8；F30.9]

31　**双相障碍** [F31]

目前发作符合某一型躁狂或抑郁标准，以前有相反的临床相或混合性发作，如在躁狂发作后又有抑郁发作或混合性发作。

31.1　双相障碍，目前为轻躁狂 [F31.0]

目前发作符合30.1轻躁狂标准，以前至少有1次发作符合某一型抑郁标准。

31.2　双相障碍，目前为无精神病性症状的躁狂 [F31.1]

目前发作符合30.2无精神病性症状的躁狂标准，以前至少有1次发作符合某一型抑郁标准。

31.3　双相障碍，目前为有精神病性症状的躁狂 [F31.2]

目前发作符合30.3有精神病性症状的躁狂标准，以前至少有1次发作符合某一型抑郁标准。

31.4　双相障碍，目前为轻抑郁［F31.3］

目前发作符合 32.1 轻抑郁标准，以前至少有 1 次发作符合某一型躁狂标准。

31.5　双相障碍，目前为无精神病性症状的抑郁［F31.4］

目前发作符合 32.2 无精神病性症状的抑郁标准，以前至少有 1 次发作符合某一型躁狂标准。

31.6　双相障碍，目前为有精神病性症状的抑郁［F31.5］

目前发作符合 32.3 有精神病性症状的抑郁标准，以前至少有 1 次发作符合某一型躁狂标准。

31.7　双相障碍，目前为混合性发作［F31.6］

［诊断标准］

1　目前发作以躁狂和抑郁症状混合或迅速交替（即在数小时内）为特征，至少持续 2 周躁狂和抑郁均很突出；

2 以前至少有 1 次发作符合某一型抑郁标准或躁狂标准。

31.9　其他或待分类的双相障碍［F31.8；F31.9］

31.91　双相障碍，目前为快速循环发作［F31.8］

在过去 12 个月中，至少有 4 次情感障碍发作，每次发作符合 30.1 轻躁狂或 30 躁狂发作、32.1 轻抑郁或 32 抑郁发作，或情感障碍的混合性发作标准。

32　**抑郁发作**［F32］

抑郁发作以心境低落为主，与其处境不相称，可以从闷闷不乐到悲痛欲绝，甚至发生木僵。严重者可出现幻觉、妄想等精神性症状。某些病例的焦虑与运动性激越很显著。

［症状标准］　以心境低落为主，并至少有下列 4 项：

1　兴趣丧失、无愉快感；

2　精力减退或疲乏感；

3　精神运动性迟滞或激越；

4　自我评价过低、自责，或有内疚感；

5　联想困难或自觉思考能力下降；

6　反复出现想死的念头或有自杀、自伤行为；

7　睡眠障碍，如失眠、早醒，或睡眠过多；

8　食欲降低或体重明显减轻；

9　性欲减退。

［严重标准］　社会功能受损，给本人造成痛苦或不良后果。

［病程标准］

1　符合症状标准和严重标准至少已持续 2 周。

2　可存在某些分裂性症状，但不符合分裂症的诊断。若同时符合分裂症的症状标准，在分裂症状缓解后，满足抑郁发作标准至少 2 周。

［排除标准］　排除器质性精神障碍，或精神活性物质和非成瘾物质所致抑郁。

［说明］　本抑郁发作标准仅适用于单次发作的诊断。

32.1　轻性抑郁症（轻抑郁）［F32.0］

除了社会功能无损害或仅轻度损害外，发作符合32抑郁发作的全部标准。

32.2　无精神病性症状的抑郁症［F32.1］

除了在32抑郁发作的症状标准中，增加“无幻觉、妄想，或紧张综合征等精神病性症状”之外，其余均符合该标准。

32.3　有精神病性症状抑郁症［F32.2］

除了在32抑郁发作的症状标准中，增加“有幻觉、妄想或紧张综合征等精神病性症状”之外，其余均符合该标准。

32.4　复发性抑郁症［F33］

［诊断标准］

1　目前发作符合某一型抑郁标准，并在间隔至少2个月前，有过另1次发作符合某一型抑郁标准；

2　以前从未有躁狂符合任何一型躁狂、双相情感障碍，或环性情感障碍标准；

3　排除器质性精神障碍，或精神活性物质和非成瘾物质所致的抑郁发作。

32.41　复发性抑郁症，目前为轻抑郁［F33.0］

符合32.4复发性抑郁的诊断标准，目前发作符合32.1轻抑郁标准。

32.42　复发性抑郁症，目前为无精神病性症状的抑郁［F33.2］

符合32.4复发性抑郁的诊断标准，目前发作符合32.2无精神病性症状的抑郁标准。

32.43　复发性抑郁症，目前为有精神病性症状的抑郁［F33.3］

符合32.4复发性抑郁的诊断标准，目前发作符合32.3有精神病性症状的抑郁标准。

32.9　其他或待分类的抑郁症［F32.8；F32.9；F33.8；F33.9］

**33　持续性心境障碍［F34］**

33.1　环性心境障碍［F34.0］

［症状标准］　反复出现心境高涨或低落，但不符合躁狂或抑郁发作症状标准。

［严重标准］　社会功能受损较轻。

［病程标准］　符合症状标准和严重标准至少已2年，但这2年中，可有数月心境正常间歇期。

［排除标准］

1　心境变化并非躯体或精神活性物质的直接后果，也非分裂症及其他精神病性障碍的附加症状；

2　排除躁狂或抑郁发作，一旦符合相应标准即诊断为其他类型情感障碍。

33.2　恶劣心境［F34.1］

［症状标准］　持续存在心境低落，但不符合任何一型抑郁的症状标准，同时无躁狂症状。

[严重标准]　社会功能受损较轻，自知力完整或较完整。

[病程标准]　符合症状标准和严重标准至少已2年，在这2年中，很少有持续2个月的心境正常间歇期。

[排除标准]

1　心境变化并非躯体病（如甲状腺功能亢进症），或精神活性物质导致的直接后果，也非分裂症及其他精神病性障碍的附加症状。

2　排除各型抑郁（包括慢性抑郁或环性情感障碍），一旦符合相应的其他类型情感障碍标准，则应作出相应的其他类型诊断；

3　排除抑郁性人格障碍。

33.9　其他或待分类的持续性心境障碍［F34.8；F34.9］

39　其他或待分类的心境障碍［F38；F39］

心境障碍的第5位编码表示：

3x.xx1　意识障碍（如谵妄）［F38］

严重躁狂发作可出现意识障碍（如谵妄），可称谵妄性躁狂等。

3x.xx2　伴躯体症状［F38］

[说明]　在抑郁发作中，有显著的躯体症状与自主神经症状，而无相应的躯体疾病可以解释，有时甚至掩盖了抑郁症状，有人称为“隐匿性抑郁症”，这一名称未被国际公认，本分类系统亦不列入。

3x.xx3　慢性［F38］

一次抑郁或躁狂发作的病程至少持续2年。

3x.xx4　缓解期［F38］

曾有1次以上情感性精神障碍发作史，目前已完全缓解至少2个月。

## 四、鉴别诊断

### （一）分裂情感性障碍

根据ICD-10、DSM-Ⅳ及CCMD-3，分裂情感性障碍都被界定为一种发作性障碍，情感性症状与分裂性症状在疾病的同一次发作中都很明显，两种症状多为同时出现或至多相差几天。在诊断伴有精神病性症状的躁狂或抑郁发作时，强调与心境状态不协调的妄想幻觉只是偶见，如果显得突出且持续，则主张诊断为分裂情感性障碍，即在分裂情感性障碍的同一次发作中除情感症状之外，同时存在典型的精神分裂症症状。

至于情感性症状和分裂性症状交替发作，且发作间歇期表现正常的患者该如何诊断，现代分类系统尚不明确，实际上此类病例在临床上并不罕见。目前医学实践只能按照每次发作的临床特征，分别作出诊断。

### （二）非典型抑郁

常用以指严重度中等的抑郁，具有下述特点：

（1）存在不同程度的心境低落，但对实际的或潜在的正性事件有积极反应；

（2）多睡和多食；

（3）极度疲劳和肢体沉重感（铅样瘫痪）；

（4）显著的焦虑；

（5）长期存在对人际交往中被拒绝的敏感态度（对拒绝敏感），因此常被认为属于人格缺陷而非抑郁。

以上发作特征不符合典型抑郁发作诊断标准。

有些患者的躯体症状突出，如胃肠不适、疲劳、身体不定位疼痛、疑病症状等，过去又称为隐匿性抑郁。诊断时仍需根据抑郁症状的存在作出判断，而且这种情况还需鉴别抑郁是原发性还是继发性的，因为躯体形式障碍病例也多伴有继发性抑郁。只有肯定抑郁是原发性的，躯体症状是其中的一种症状时，才可认为属于抑郁障碍范畴。

临床及司法鉴定中发现，在我国某些地区，男子对性功能状态特别关注，因此当出现性功能障碍时就容易产生自卑、愧疚、心境恶劣等体验，这种情况就十分需要鉴别性功能障碍是抑郁发作的一个症状，还是由于性功能障碍继发性出现抑郁反应。

（三）应激与抑郁的关系

应激与抑郁两者关系密切，很多抑郁的病例发作前可追溯到心理原因，如工作或生活挫折、感情冲突、人际关系不和等，常导致抑郁症和应激相关障碍两者鉴别诊断困难，原则上根据以下几点判断：

（1）应激事件的严重程度。急性应激性精神病和创伤后应激障碍的诊断都强调存在异乎寻常的刺激，而抑郁症起病的心理因素多属一般。

（2）疾病发生、发展与应激事件的消长关系。应激性障碍发病的应激事件是客观和实际存在的，并与病情发展相平行；应激事件对抑郁症发病而言可以是诱因，也可以是抑郁体验基础上对事态回忆的夸大。

（3）疾病特征性症状。例如，创伤后应激障碍可以出现重现、警觉和回避反应；抑郁症存在核心症状和附加症状。

（4）与人格特征的关系。例如，适应障碍可发现相对明显的人格缺陷基础，抑郁症状并不一定符合抑郁发作的诊断标准；抑郁症的人格缺陷相对不突出，抑郁症状符合抑郁发作的诊断标准。

## 第三节　心境障碍的司法鉴定

### 一、常见的涉案类型与发生机制

据我国各地统计，心境障碍在精神疾病司法鉴定中的占比为5%—10%，仅次于精神分裂症和精神发育迟滞，位列第三。常见的主要有躁狂症和抑郁症。

1. 躁狂症

躁狂症引起违法行为的主要病理心理机制是患者情感高涨导致自控能力削弱，从而出现行为轻率、道德观念薄弱、不计后果、多冲动激惹、性欲亢进等。常见案型有伤人、诈骗、偷窃、妨碍公共秩序、性犯罪，凶杀案较少见。发生严重犯罪较少的原因可能是由于疾病症状明确，暴露早而被人发现；或患者尚存在对外界事物的辨认能力，可以预见行为后果。

2. 抑郁症

除自杀、自伤行为外，常见案型有凶杀、盗窃、纵火等。分述如下：

(1) 扩大性自杀

也称怜悯性自杀、家族性自杀、利他性自杀等，是指患者在实施自杀行为前，担心自己死后亲人受苦受难，出于慈悲心理，怜惜亲人而先将亲人杀死后再自杀。特点：① 以女性患者多见；② 患者情绪异常低落，存在强烈的自杀意念，杀人后自杀，先后行为相连；③ 被害对象一定是自己最疼爱、最亲密、最怜悯的亲人，如子女、配偶等；④ 患者对作案时间、场合、手段、工具有选择、有准备，一般选择不易被发现的地方和容易实施行为的时间、地点和手段；⑤ 患者与被害人之间没有嫌隙，也没有激烈争吵等促发因素。

(2) 间接性自杀

也称曲线自杀，是指通过实施杀人或其他重大刑事犯罪行为（如大量盗窃）来达到由司法机关对自己判处死刑的目的。特点：① 患者具有强烈的自杀意念和反复多次的自杀未遂行为；② 患者的作案动机纯粹出于要求对自己判处死刑；③ 患者与作案对象之间无嫌隙，对象选择一般是容易达到目的的，如老弱病残等，多为家属亲人以外人员；④ 患者作案很少出于一时冲动，通常经过一番准备后才付诸实施；⑤ 患者作案后不逃遁、不破坏现场，但不一定自首，因为自首可从轻处罚；拘捕后不逃避罪责，供认不讳，要求尽快判处死刑。

(3) 偏执性凶杀

抑郁症患者对被害人产生怀疑，对其产生敌意或持对立态度，从而实施暴力。患者与被害人之间可有一些接触摩擦，但并无突出矛盾。患者由于抑郁、自卑，对周围人的举动敏感，把平时与其关系不和睦者本来并无十分恶意的过激言语和行为，理解为有意攻击、恶意中伤，而产生敌意和对立态度。患者实施自杀行为前往往会觉得自己不能白白去死，而产生要将自己所谓的仇恨对象一起带走的想法。这种凶杀行为具有一定的报复性质。

(4) 幻觉、妄想等精神病性症状支配的危害行为

抑郁症患者可有幻觉、妄想或紧张综合征等精神病性症状，在被害妄想、嫉妒妄想、疑病妄想、罪恶妄想等影响下，或命令性幻听等幻觉支配下可实施危害行为；有的处于深度抑郁甚至木僵状态下，刹那间突然狂暴起来，产生严重地侵犯他人人身、财产安全的危害行为，行为结束后又回到原先抑郁少动状态；少数重症抑郁症患者在强烈情绪冲动之下可伴有意识障碍，以致发生危害行为。作案特征符合精神病性症状导致作案的特征规律。

(5) 愤怒发作的凶杀行为

也称激越性凶杀或激情发作性凶杀。患者由于受到恶劣情绪影响，在生活事件刺激下产生激怒，或在激情状态下冲动杀人。特点：① 凶杀行为有促发因素，以家庭、婚恋矛盾最多见，但行为与刺激因素显著不相称；② 此类案件中杀害亲属者多，杀人

后自杀者多；③ 发作突然，持续时间短暂；④ 患者事后悔恨，可投案自首，称行凶非其本意，而是不能控制；⑤ 作案时大多伴有心动过速、出汗及颜面潮红等自主神经征象；⑥ 大多陈述有无助感、受挫感；⑦ 作案后抑郁症状可减轻。

（6）焦虑或心境恶劣状态下的危害行为

焦虑性或激越性抑郁状态下，患者感到极度苦闷难熬，或不能忍受持续焦虑、抑郁，为了摆脱抑郁情绪，在难以忍受时向外攻击，产生危害行为，行为发生后精神得到疏泄。如过度酗酒或吸烟、吸毒、赌博、纵火、偷窃等。

（7）自我诬陷行为

在罪恶妄想支配下，把与己无关的罪责归咎于自己，去有关部门自首或揭发自己所谓的罪错，坦白交代自己并不存在的罪行。

（8）赎罪性危害行为

有些抑郁症患者出现严重的自罪自责，甚至构成荒谬的罪恶妄想，坚信自己有罪，应该受到惩罚，如为了赎罪杀害家人。有时也会采取一些不危及他人生命的犯罪，如抢劫等。但作案目的不是为了获取经济利益等现实利益，而只是借助犯罪手段来实现“自己有罪应受惩罚”的病态想法，有时利用赌博时大量输钱以赎罪。

（9）过失性危害行为

患者由于精神运动性抑制，注意力涣散，漫不经心时而实施的过失性行为，如无动机的行窃、收集物品，漫不经心地驱车等。

（10）其他

罕见的抑郁症支配的强奸行为，感应性抑郁的集体自杀、赎罪自杀等。

波林（J. Pollin）曾经提出，非典型抑郁症发病时生理机能并不一定表现为失调。例如，不出现早醒而出现入睡困难；食欲、性欲不见减退而出现亢进；体重不仅不减少，反而增加等。抑郁症患者出现性欲减退是常见现象，但实际鉴定中偶尔也见抑郁症患者犯强奸的案例。

## 二、法律能力评定

1. 刑事责任能力

躁狂症患者严重发病阶段，控制能力受到严重损害，也可伴有意识障碍，对危害行为丧失辨认或控制能力，应评定为无刑事责任能力。轻躁狂时的控制能力一般为削弱，此时发生的危害行为要区分是病理性的不能控制，还是出于意识性放纵自己，需结合其危害对象、一贯品质、前科等因素综合考虑，如确认由于控制能力削弱所致，可评定限制刑事责任能力。

女性躁狂症患者由于活动增加、性欲亢进，喜欢与异性接近，可能发生被人奸淫或乱淫现象，此时一般存在控制能力削弱，为满足本能需要，而对于两性行为的性质、意义和后果等都无法辨认，一般评定为部分性自卫能力。但也必须区别某些犯有性罪错前科的女性，利用自控能力减弱机会有意识地索取减刑利益的情况，此时不宜轻易评定其具有部分性自卫能力。

抑郁症发作的刑事责任能力评定较为复杂，大致根据下述原则：

（1）疾病性质

尽管现代分类系统已不用内源性抑郁症、抑郁性神经症、反应性抑郁症、环性人格等诊断名称，但同样诊断为抑郁症的案例，其疾病性质却各不相同。DSM-Ⅳ除列出重性抑郁障碍之外，把恶劣心境和环性心境都单独列出；ICD-10对抑郁发作和恶劣心境、环性心境都分别列出诊断标准。这些标准说明现代分类系统虽有抑郁症的大范围规定，但都把恶劣心境和环性心境作为“另类”对待。这一概念对于司法鉴定中评定刑事责任能力时还是很有意义的。

（2）疾病严重程度

ICD-10把抑郁发作分为重、中、轻三个等级程度，DSM-Ⅳ把重性抑郁障碍再划分为重、中、轻三个等级程度，并且都分别列出了标准，可以参考。但问题是，司法鉴定对患者案发时的抑郁程度评估只能依据调查反映及案例自供，可信性经常存在问题；而且鉴定距案发时往往已有一段时间，鉴定时使用量化工具测定的结果难以真实反映案发时的情况，而且同样存在可靠性的疑问。发现精神病性症状或意识障碍无疑是判断抑郁障碍严重程度的重要标志。存在严重自杀意念及行为是反映抑郁程度严重的重要参考，且并不一定与抑郁程度并行。社会功能损害情况能在一定程度上反映抑郁的严重程度，但也要考虑到个例的具体情况，如有的虽心境不佳，但出于不同原因仍支撑着去应对环境，表面看来似无事一般，这类情况也最易被人误解。

（3）辨认和控制能力状况

抑郁障碍可使辨认和控制能力受到不同程度的损害，损害程度与疾病严重程度有关，判断时要结合下列因素：① 作案动机纯粹属于抑郁心境，还是有报复成分等现实因素；② 与受害对象关系：是亲密者，还是有恩怨关系；③ 作案后自我保护表现：是否有逃避罪责、破坏现场、抵赖、逃遁行为；④ 作案行为特点：是冲动性的，还是有严密预谋即属于技巧性作案；⑤ 以往的道德品质、人格特点及前科等。

根据以上原则：严重抑郁发作或受精神病性症状、意识障碍影响，丧失对危害行为的辨认和控制能力的，评定为无刑事责任能力；轻度抑郁发作的情况比较复杂，存在辨认或控制能力削弱的，评定为限定刑事责任能力；恶劣心境和环性心境属于非精神病精神障碍，作案大多有现实原因，辨认和控制能力大多无实质性损害，一般评定为完全刑事责任能力；抑郁发作间歇期，评定为完全刑事责任能力。

2．民事行为能力

心境障碍属于发作性精神疾病，一般不评定一般（总体）民事行为能力。特定民事行为能力方面，当处于躁狂或抑郁发作期，由于病理性情感高涨或低落，可影响其对民事行为的辨认能力和真实意思表达能力，评定为无民事行为能力或限制民事行为能力。恶劣心境或环性心境对民事行为的辨认和真实意思表达能力无影响，一般评定为完全民事行为能力。

3．性自卫能力

根据心境障碍的性质和严重程度，结合女性案例对两性行为实质性辨认能力状况，具体作出性自我防卫能力评定，包括有、部分和无三级。

## 三、司法鉴定中的难点和问题

（一）抑郁症作案的辨认和控制能力

司法精神病学界对此问题讨论较多，传统观念认为抑郁障碍属于情感性疾病，情感活动主要对控制力有影响，因此历来对心境障碍作案的法学要件分析，强调控制能力障碍。随着现代精神医学对抑郁障碍认识的发展，认为抑郁发作时不仅有控制能力损害，也存在辨认能力障碍。疾病发作时患者往往存在负性思维，称为抑郁性认知，具体分为无价值感、悲观及负罪感三种。除了受妄想、幻觉支配下作案存在辨认能力损害外，某些案件，如扩大自杀、赎罪杀人、自我诬陷等，都与抑郁性认知障碍有关。例如，扩大自杀案件中，患者受到抑郁情绪影响产生强烈自杀观念，但把杀死亲人理解为拯救、慈悲和爱护，已然对善恶是非产生了歪曲认知，因此属于抑郁性认知障碍，属于辨认能力丧失。

（二）几种特殊情况的刑事责任能力评定

1. 扩大自杀和间接自杀

司法鉴定中对扩大自杀的刑事责任能力评定意见大体一致，主张评定为无刑事责任能力，原因之一是受害人为患者的最亲密者，引起异议较少见。至于间接自杀（或曲线自杀）的责任能力评定争议较大，虽都认为患者同样处于严重抑郁发作期，存在强烈的自杀意图，但有的学者认为间接自杀者虽最后的目的是追求死亡，但其选择其他对象作为牺牲品（并非自己亲人），也知道通过严重犯罪方式可以达到死亡的目的，说明其在作案时清晰地意识到自己是在犯罪，且主动追求犯罪结果，其对危害行为的性质、意义和后果尚具有辨认能力，因此主张评定为限定刑事责任能力。目前此观点在学术界尚未达成共识。

在判断间接自杀时特别需要与“仇世杀人”相区别，后者虽有抑郁情绪基础，但作案行为明确指向怨恨者，动机是为了报复，而并不是为了判己死刑。

2. 愤怒发作性凶杀

这种情况较复杂，是生物学因素和社会心理因素共同对犯罪心理起作用的结果。受害对象多与患者有现实矛盾关系，根据抑郁障碍严重程度，结合辨认和控制能力状况，可评定为限制或完全刑事责任能力。

3. 偏执性凶杀

患者存在抑郁情绪，且对危害对象有一定怨恨，因此患者往往既有病理基础，又有现实作案动机，一般评定为限制刑事责任能力，但也要考虑抑郁障碍的严重程度。

4. 焦虑或心境恶劣状态下的危害行为

这种情况较复杂，一般存在控制能力削弱，可评定为限定刑事责任能力或完全刑事责任能力。

（三）注意事项

1. 全面收集资料

心境障碍的刑事案件与其他案例鉴定一样，都是回顾性的，并且由于心境障碍的病程有发作性特点，鉴定时所发现的案例实况与案发时并不相同。因此，对案发前后的调查资料收集显得格外重要。有的被鉴定人家属对抑郁症并不了解，因此仅反映其表面的生活起居表现，反映材料并不具有真正价值，即使有某些异常发现，也不一定全面。当然也难免有些家属为了让被鉴定人减轻罪责，对异常表现的反映夸大其词，使诊断陷入困境。被害人方面则常持相反立场，一方面，可能与被鉴定人只有表面接触，不了解其真实的心理状况；另一方面，即使有所发现，也常刻意隐瞒，而强调其现实因素的一面，认为被鉴定人个性横蛮、嫉妒好强、气量狭小等，并夸大现实冲突的程度，给人以被鉴定人因欲求不满而引起情绪问题的印象。

鉴于以上复杂背景，鉴定人在收集调查材料时要特别注意下述问题：

（1）调查对象要全面。除了双方当事人，还要兼听多方人士反映，重视收集客观证据。

（2）调查内容要全面。包括被鉴定人的人格特征、生活环境、生活事件、家族史、过去发作史及诊疗病史、精神障碍的具体表现、有无妄想和幻觉、有无自杀及自伤行为、社会功能损害状况等。特别注意收集有关书面材料，如日记、遗书等。取证时要注意甄别有无伪造。

2. 精神检查要有充分的耐心，善于开导

检查时要善于掌握抑郁症者的心理特点。有的抑郁症案例在开始接受审讯时，可能出于自责自罪动机及消极意念，呈现自我诬陷性交代内容，或者在不恰当的审讯方式下交代不属于自己的罪行。等到病情缓解后出于保命本能，又一举推翻之前的供词。因此出现开始审讯交代和精神鉴定检查口供截然相反的情况。鉴定时要有相当的耐心，循循善诱，使其吐露真实的心理体验。只有这样，才可能在错综复杂的背景下作出客观可靠的诊断结论。

3. 鉴定文书表述要严谨

由于在鉴定实践中，抑郁症的鉴定争议较多，重新鉴定比较常见，包括临床诊断名称及法律能力评定意见等，不同鉴定机构的意见可能出现分歧。因此，为了能在学术上达成共识，鉴定文书的撰写必须做到证据充分、论证严密、说理透彻。

4. 关注鉴定后的沟通

社会上对抑郁症的特点并不十分了解，一般认为“神志清楚，思路正常”就不是精神病人。如果被鉴定人案前社会功能损害不明显，抑郁症的鉴定诊断意见常受质疑，因此要对司法机关办案人员及有关人士做好沟通工作，取得他们的理解。特别是通过司法精神医学鉴定作出初次鉴定诊断的，尤其要注意沟通。

5. 提醒安全

对于确诊是抑郁症的被鉴定人，务必要提醒司法机关办案人员加强管理、治疗，严防被鉴定人自杀、伤人、杀人等意外，即使被鉴定人处于缓解期也不能大意。对于此类因抑郁而导致伤人、自伤、自杀、杀人等行为的法律定性和处理，值得立法部门予以专门关注和研究，不宜等同于普通犯罪嫌疑人、罪犯为了逃避罪责而实施的自伤、自杀行为。

## 四、典型案例

华政法医鉴字［××××］精第×××号

委托机关：某某市公安局某某分局

委托日期：2007 年 9 月 20 日

委托事项：对朱某的精神状态鉴定，刑事责任能力评定

送检材料：鉴定委托书、卷宗材料复印件等

鉴定日期：2007 年 10 月 10 日

鉴定地点：某某市某某区看守所

被鉴定人：朱某，男，1952 年 7 月 9 日出生，汉族，户籍地为某某省某某市，现住地为某某区某某镇。

1. 案情摘要

根据送检材料：2007 年 9 月 7 日左右，被鉴定人因涉嫌猥亵幼女而案发。

审理中，因被鉴定人自称有精神病史，为确认其精神状态，委托机关特委托本中心对其作精神疾病司法鉴定。

2. 被鉴定人概况

摘录被鉴定人于 2007 年 9 月 26 日在某某公安分局的讯问笔录："在 2007 年 9 月上旬的一天中午，我在某某镇某某村的健身操场上闲玩，看到有个 4、5 岁的小女孩摔了一跤，我就上前将她扶起来，接着就把手从小女孩子的裙子里伸了进去，再伸到她的三角裤里面，用手摸她的阴部。我摸了约 1 分钟，然后就把手拿了出来，然后她哭了，我就跟在她后面把她送回家了。（你为什么要摸小女孩）因为我离婚十几年了，那天是一时冲动。……大约 2007 年 9 月 7 日左右的一天下午一点多，我一个人溜达至某某镇某某村一个出租房外，看见上次我摸过的那个小女孩和她姐姐在屋里睡觉，我就进屋抱住那个小姑娘的姐姐，并把手伸进她的短裤里摸她的阴部，摸了一会儿，她就醒过来了，她醒后我就走了……"

负责某某村的外来人口登记管理人员姜某反映："我去登记时，那个老头子正在睡觉，我听到他媳妇张某说，老头子有毛病，经常抱小孩，我当时也没有在意，我听他媳妇说，就是无缘无故抱着小孩玩，那些小孩都是不认识的。"

摘录某某市第×人民医院 1971 年 8 月 15 日门诊记录：去年有半个月话多，半个月话少。7 月 20 日后精神又失常，话多，见到什么讲什么，乱跑，到东家西家讲个不停，打人、骂人，要放火烧房子，好吹牛"中央有熟人"，好照镜子……查体：情绪激昂，话多夸大，声音嘶哑，主动与医生交谈，动作敏捷，反应快，随院转移……自知力不全。

摘录某某市第×人民医院出院记录：住院日期自 1988 年 1 月 12 日至同年 2 月 5 日，出院诊断躁郁症（躁狂型）用氯丙嗪治疗。

摘录某某市第×人民医院出院记录：住院日期自 1994 年 5 月 17 日至同年 6 月 5 日，出院诊断为双相情感性精神障碍——躁狂相，用氯丙嗪治疗。

3. 检查所见

精神检查：意识清，仪态端正，接触好，注意力集中，理解提问，能正确回答自己的姓名、年龄、老家地址、文化程度及家庭情况。问其为何离婚，回答："1993 年离婚了，（为何离婚）她讲我有精神病，我与她经常不在一起（不过夫妻生活），我吃了药，不过夫妻生活，她要改嫁。"问其患什么病，答称："精神病，我吃药，不吃药不行，不吃药要发病，（发病怎么表现）控制不住要到外头瞎跑，（跑了累不累）不累，有使不完的劲。（睡眠）不行，只睡 2、3 个小时，（白天困不困）白天不困。（最远跑到哪）跑了几百里，爬上人家车子，跟着车子瞎跑。（跑到外面开心）很开心。（外面跑没钱又没吃的，开心什么）就是开心。（有人叫你出去跑）没有人叫我。（跑到外面怕不怕）不知道怕。（看到人多怕不怕）不怕。（有人讲你）不在我当面讲，我不知道。（有女人看中你）没有，（你看中女人）也没有。（人家讲你坏话）没有。（有没有人要害你）没有。（离婚后谈过女朋友）没有。"问其来沪 5 年了是否有工作，回答："有时做小工，事情没了就在家，儿子、媳妇对我好。"问其来沪 5 年了，是否发过病，答称："94 年到现在没有发过，吃药后一直没发过，这次进来之前每天晚上吃二粒氯丙嗪，进来 27 天来没有药吃，还可以。药都是自己吃的，儿子帮我配的药。"对于案发经过的叙述与其在公安局的讯问笔录基本相符。问其在里面考虑什么，回答："后悔已没有用了，后悔不应有错误想法。"问要对其处理了有什么想法，答称："没什么想法，服从处理。"问其是否请律师，回答："没钱请律师，请了律师我也犯罪，不请律师也犯罪。（要判刑）判了刑受教育，将来出来后好好做人。"声称夜眠好，否认受到他人欺侮。检查中，情绪平稳，情感适切，言谈有序，语速适中，未发现言语增多及减少，未引出幻觉、妄想等精神病性症状，未发现逻辑推理障碍。智能良好，对自己的疾病有认识，有自知力，能了解自己目前处境，知道通过服刑来接受教育，将来回归社会后好好做人，存在意志要求。

4. 分析说明

（1）根据送检材料：被鉴定人约于 1970 年起出现精神异常，表现为言语增多，讲个不停，外出乱跑，打人、骂人，情绪激昂，话多夸大，声音嘶哑，主动与他人交往，动作敏捷，反应快，存在随境转移。曾于 1988 年及 1994 年两次住院治疗，均诊断为双相情感性精神障碍——躁狂相。用氯丙嗪治疗。出院以来长期坚持服药治疗，病情稳定。平时能打打工，与儿子、媳妇关系正常，也无精神异常的表现。结合本次精神检查，情绪稳定，情感适切，语速及语量适中，思维内容未发现夸大，未引出幻觉、妄想等精神病性症状，未发现逻辑推理障碍。智能良好，能了解自己目前处境，有自知力，存在意志要求。根据 ICD-10 第五章、CCMD-3 的规定，被鉴定人患有心境障碍，目前为发病间隙期。

（2）被鉴定人目前为心境障碍间隙期，对作案行为有现实动机和目的，对自己的行为存在良好的辨认与控制能力，故对本案应评定为具有完全刑事责任能力。

5. 鉴定意见

（1）被鉴定人朱某患有双相情感性精神障碍，目前为间隙期。

(2) 被鉴定人朱某对本案具有完全刑事责任能力。

## 习题

1. 简述心境障碍的主要类型与特点。

2. 简述心境障碍患者常见的涉案类型。

3. 简述何谓间接自杀、扩大性自杀。

4. 简述心境障碍的预后。

## 拓展阅读文献

1. 〔美〕Robert P. Reiser 等:《心境障碍的心理治疗》,池培莲等译,中国轻工业出版社 2012 年版。

2. 陆林主编:《沈渔邨精神病学(第 6 版)》,人民卫生出版社 2018 年版。

3. CCMD-3、DSM-4、ICD-10 的有关内容。

4. 姚芳传主编:《情感性精神障碍》,湖南科学技术出版社 2016 年版。

第十一章

# 人格障碍与相关法律问题

**内容提要**：本章主要介绍人格、人格障碍、人格改变等基本概念，人格障碍的常见类型与表现，人格障碍的诊断标准，以及与人格障碍有关的法律问题。

**核心词汇**：人格　人格障碍　人格改变　人格缺陷　反社会性人格障碍

**学习要求**：了解人格形成过程；掌握人格障碍相关的基本概念，常见类型与临床表现；熟悉人格障碍的诊断标准与法律问题。

## 第一节　概　　述

### 一、人格与人格特征

人格又称个性，是一个人固定的行为模式及日常活动中待人处事的习惯方式，是个体全部心理特征的综合。每个人的人格和其面貌一样，各有不同。可以说人格是个体差异在心理学上的高度概括。

人格与个人性格、先天素质、气质、高级神经活动类型、日常人际活动习惯模式，以及个人心理特点等因素有关。通常所言“人格高尚”“人格卑劣”“人格魅力”等，更多的是侧重于道德含义，不在本书讨论范畴之中。有学者总结人格的特征为：(1) 独特性与共同性并存。意思是每个人的人格既具有不可替代的独特性，也存在着和同一社会群体相类似的人格共性。(2) 稳定性与可塑性并存。一般而言人格具有较强的稳定性，正如俗语所言“江山易改，本性难移”，但在良好的教育和心理指导等社会条件下，也可以使原有的人格缺陷得到弥补和改善，即人格在一定条件下具有可塑性的一面。(3) 与社会的统一性。个人的人格是在周围环境的文化及教育影响下形成的，即社会条件制约着人格的形成，也可以说人格和社会保持着一定的统一性。(4) 人格具有整体性、功能性和自然性等特点。

人格的形成与先天的生理特征及后天的生活环境均有较密切的关系。童年的生活事件及个人成长经历会使人格发生一定程度的变化，说明人格既具有相对的稳定性又具有一定的可塑性。另外，关于所谓的“面具人格”，是指人们为了适应外在环境而表现的人格，可能与其内在的人格不同，但并非双重人格，也不能理解成是伪君子。

人格特征影响一个人对环境的适应能力和对具体事物的反应力，决定一个人特有的行为和思维方式，也包括对其自身的认识和态度。人格特征还与犯罪有密切关系，各种犯罪动机的产生，各种犯罪行为的出现，往往与人格有密切关系，因此通过人格分析，不仅可以进一步认识犯罪行为的特征和产生原因，而且可以预测其未来的犯罪动向。

在心理学上，人格、性格、个性的含义虽有差异，但在司法精神医学上时常混同使用。

## 二、人格障碍

人格障碍，既往又称变态人格、病态人格。现与国际接轨，多统一采用“人格障碍”这一名称。人格障碍是一种儿童或青少年期出现并长期持续发展至成年或终身，至少已持续 2 年明显偏离正常的根深蒂固的适应不良的行为模式。患者人格在内容上、质上或整个人格方面异常，因此，常遭受痛苦和（或）使他人遭受痛苦，给个人或社会带来不良影响。人格的异常妨碍了他们的情感和意志活动，破坏了其行为的目的性和统一性，给人以与众不同的独特认识，在待人接物方面表现尤其突出。

人的性格差异是普遍现象，性格完全相同的人是没有的。正常人格与异常人格之间并无绝对的界限。因此，所谓正常人格系指一种常态范围，不能把稍有“过头”的人就认为有人格障碍。只有那些人格在发展和结构上明显偏离正常，而且影响了社会适应的人，才称为有人格障碍。狭义的人格障碍仅指反社会性人格障碍。

人格障碍是一种精神障碍，但不属精神病。在人格障碍基础上可以发展成为各种类型的精神病，与其他某些类型的精神障碍关系密切。如人格障碍可能作为精神疾病发病的素质性因素之一。临床研究发现，不少精神分裂症患者病前就有分裂性人格的表现，偏执性人格容易向偏执性精神障碍发展。人格障碍会影响精神疾病的疗效。

## 三、人格改变

人格改变与人格障碍存在根本区别。实践中经常有人混用，给司法鉴定和诊断治疗工作带来困难，易引起分歧。人格改变是指一个人原本人格正常，受到严重或持久的应激、精神损伤以及脑部疾病或损伤后发生的行为模式异常改变，出现适应障碍或引起他人痛苦。随着疾病的痊愈和境遇的改善，有可能恢复或部分恢复。例如，脑外伤后人格改变就是一种常见的获得性人格改变，在司法鉴定中具有重要的意义。严重的外伤性人格改变可能使被鉴定人丧失胜任原有工作岗位的能力，甚至导致社会交往方面出现障碍、家庭关系破裂等后果。司法鉴定中可以凭此鉴定伤残等级。人格障碍没有明确的发病时间点，一般始于童年或青少年而且持续终身，与境遇变化的关系不大，矫治难度较大。人格改变的参照对象是病（伤）前的正常人格，人格障碍的参照对象是当时当地普通社会群体的行为模式。人格障碍与人格改变在症状和后果方面存在某些相似之处，但人格障碍是原发性的，人格改变是继发性的。

### 四、人格特征突出

凡事都有量变到质变的过程，有些个体的确存在人格偏离，但程度相对较轻，没有或少有社会功能障碍，几乎没有给他人和社会带来痛苦，一般称之为人格特征突出，通常不属于精神障碍范畴。

### 五、品行障碍

品行障碍是一种发生于18岁以下，以反复和持久的明显反社会性、攻击性或对立性行为为主要特征，并且已经成为行为模式的精神障碍。如果品行障碍情节严重且属于犯罪性质，则称为少年犯罪。主要表现为经常说谎、经常偷窃、逃离家庭在外过夜、反复挑起或参与打架斗殴、反复违背家规或校纪、曾被学校处罚、过早有性活动且随便，以及习惯性抽烟与饮酒等。品行障碍患者到成年期后可能演变为人格障碍。

## 第二节　人格障碍的病因与发病机制

到目前为止，精神医学界对人格障碍的病因仍然没有达成共识。通行的观点认为，人格障碍是在多因素综合作用下形成的，包括生物学因素、心理因素、社会因素等多个方面。

### 一、生物学因素

1. 遗传学证据

经医学研究证实，人格障碍的大多数类型均有家族遗传倾向。如冲动性、焦虑性、依赖性人格障碍均有较高的遗传概率。分子遗传学研究显示，此类遗传倾向与患者体内的神经递质多巴胺、5-羟色胺的受体的基因有关。例如，著名的家谱调查案例柯克里克（Kallikak）案就是例证。18世纪美国独立战争期间，柯克里克在参军期间，与一精神障碍女性同居并生了孩子。这个家系在以后的150年左右时间内，共繁衍后代约480人，有详细资料的有189人，其中人格正常的仅46人，其余143人分别为精神薄弱者、癫痫患者、罪犯和娼妓等。柯克里克退役后在自己的家乡与另一正常女子结婚，同时期内，这个家系约有496人，其中有些是学者、律师和实业家，未发现有人格异常者。家系调查可以说明一些问题，但难以排除环境的影响。所以有人就采取双生儿犯罪调查的方法对人格障碍进行研究。其中双生儿犯罪一致率的调查结果显示，同卵双生儿与异卵双生儿犯罪的一致率明显不同，分别为64.4%和19.0%。所以有人认为，犯罪是行为的后果，而本质是人格的异常。笔者认为，这种观点有其合理的一面，但并不绝对。

2. 电生理学证据

反社会性和冲动性人格障碍者的习惯性暴力攻击行为与其语言功能缺损有关，表现为言语智商较低，该类患者对听力材料的接收和记忆、分析能力较弱，缺少问题解决技巧。神经影像学研究证实，与此类功能相对应的大脑额叶前部灰质体积减小达11%。研究显示，分裂样人格障碍者存在视觉和空间记忆方面的认知功能缺陷，这一点与精神分裂症患者有类似之处，只是程度相对较轻。分裂样人格障碍和偏执性人格障碍均存在眼追踪运动障碍。

3. 神经生物化学方面的证据

一般来说，分裂样人格障碍与多巴胺功能过高有关。情感失控症状与胆碱能系统敏感性增高有关，5-羟色胺功能减低与冲动攻击性行为有关。去甲肾上腺素功能与人格障碍患者的激惹和攻击行为成正相关。反社会性人格障碍者的雄性激素水平偏高。

### 二、社会心理因素

多年来多学科的研究均证实，成年以前各个阶段家庭、学校和社会的环境都会对人格发育产生重要影响。不良的环境可能造成人格障碍。一般情况下，童年时期，儿童已经可以通过单纯模仿、观察习得许多情绪反应和行为方式，其中包括许多不良的行为方式。所以，有人说父母是孩子的第一任老师，这是很有道理的。这个老师不仅是教知识，更重要的是教孩子成人，早期良好的父母教育能够促进孩子人格的完美发育。相反，父母离异，一方或双方死亡，父母中有精神病患者、酗酒、吸毒或违法犯罪行为，父母对孩子的遗弃、虐待、专横、忽视、溺爱、放纵，都可能造成儿童的人格发育偏离正常。下表是鲍德温（Baldwin）的研究结果。

**表 11-1　父母的教养态度对孩子性格的影响**

| 父母的态度 | 孩子的性格 |
|---|---|
| 支配 | 消极、缺乏自发性、依赖、顺从 |
| 干涉 | 幼稚、胆小、神经质、被动 |
| 娇惯 | 任性、幼稚、神经质、温和 |
| 拒绝 | 反抗、冷漠、自高自大 |
| 不关心 | 攻击、情绪不安定、冷酷、自立 |
| 专制 | 反抗、情绪不安定、依赖、服从 |
| 民主 | 合作、独立、温顺、善交往 |

资料来源：《七种教养态度，你是哪一种？》，https：//www.jianshu.com/p/cc7b70af6d49，2022年3月4日访问。

学校教育和环境对孩子的影响也是不可低估的，孩子经常可以从同伴那里习得许多行为方式，所以学校教育一定要重视素质教育和学校环境建设。另外，不良社会风气，如大众传媒的不良影响，网络暴力、色情行为，社区犯罪行为等都会影响孩子的正常身心发育。与此同时，成长过程中重大的生活应激事件，如移民、创伤性生活事件（丧亲）等均可能增加孩子心理变态发生的机会和程度。

综上所述，人格障碍的最终形成是多因素综合作用的结果，包括遗传因素、家庭因素、教育因素、社会生活事件的影响等。具体到某一个案时，各因素所占比重会有所不同。

## 第三节　人格障碍的常见类型与表现

人格障碍主要表现为情感和意志方面的异常，早年开始，持续稳定，不易改变。

人格障碍者的认知功能通常没有明显障碍，即使久病患者也很少出现认知障碍。人格障碍类型不同，具体表现亦有差异。

### 一、偏执性人格障碍

表现为广泛的猜疑和不信任。始于成年早期。通常男性比女性多见。此类患者经常怀疑别人要伤害、欺骗自己或有针对自己的阴谋，不肯信任他人，对别人的一言一行都要琢磨出内在的“含义”。患者心胸狭隘，善于记仇，把自认为受到的侮辱、不公正待遇牢记于心、耿耿于怀。微不足道的怠慢便可以引起其强烈的不满，而且记恨在心。经常伴有对其配偶或恋人的无故怀疑和嫉妒，但不是妄想。而对自己的能力和重要性经常有较高的估计、判断和不切实际的幻想。表现为固执、情绪化、易推诿、善讥讽和批评他人。

### 二、分裂样人格障碍

分裂样人格障碍以观念、外貌、行为装饰的奇特、情感淡漠，以及人际关系明显缺陷为特点。男性多于女性。表现为孤独、退缩、被动、与家庭和社会关系疏远，喜欢独来独往，少有面部表情，兴趣爱好贫乏，他们难以体验到欢乐和温情，缺乏亲密的知心朋友，通常无婚恋史。其中，有些人可有先占观念、超价观念、牵连观念等，但与现实尚保持一定的联系，未形成妄想。他们的言语结构显得松散离题或模棱两可，但尚未达到散漫或破裂的程度。这类人处于应激状态时，可出现一过性的精神病性症状和抑郁发作。

### 三、反社会性人格障碍

反社会性人格障碍又称悖德型人格障碍、社会病态、社会病态人格，是一种以行为不符合社会规范、社交严重不良为主要特征的人格障碍。在一些特殊人群中，如吸毒者人群及违法人群中，该类精神障碍的患病率比较高。

反社会性人格障碍者通常在18岁以前就有各种品行障碍表现，如抽烟、喝酒、逃学、斗殴、虐待动物、过早的性行为等。成年后则表现为各种反社会行为和违法乱纪行为。这种人通常无视他人和公众利益、情感，只顾满足一时的快乐和欲望，而且往往不择手段。他们做事缺乏周密计划，也从不考虑后果，因此反复失业或多次离异，他们的工作条件、经济条件和个人生活均极不稳定。这类人缺乏责任感，不愿意承担任何义务，与人交往中经常使用欺骗甚至暴力攻击手段；他们不愿承担基本的家庭责任，缺乏罪责感和悔恨感，屡教不改。由于社会适应能力差，这类人格障碍者易合并适应障碍、心境恶劣障碍、焦虑症和抑郁症，酗酒或物质滥用的比例也很高。

有研究表明，反社会性人格障碍一般在患者21岁以后开始趋于缓解，且缓解率随着年龄增长而逐年增高。究其原因，可能有两方面：随着年龄增长，患者的心理逐步走向成熟；另外，患者体力精力随着年龄增长而下降。但是，疑病、抑郁等问题则可能逐步增加，酒精或其他精神活性物质成瘾等问题可能长期存在，并且影响着此类患者的总体预后。

## 四、冲动性人格障碍

冲动性人格障碍以情感爆发，伴明显行为冲动为特征。男性患者多于女性。美国精神疾病诊断标准已将冲动性人格障碍划入冲动控制障碍这一大类中。冲动性人格障碍者典型的行为特征为：行为不可预测性、不计后果，好争吵和攻击，易失控和爆发愤怒，做事缺乏连贯性，反复无常。这类患者对攻击冲动缺乏自控能力，微不足道的小事便可能导致严重的暴力攻击后果。冲动性攻击发作过后，患者立即会感到某种紧张状态的缓和和释放。此后会对自己刚才的行为感到懊悔、烦恼甚至迷惑不解。间歇期患者的各种心理、社会活动基本保持正常，人际关系也较反社会性人格障碍者好。经常和反复的冲动行为也可导致大多数这类患者社会功能下降，他们的职业表现和人际关系通常较差，还经常会有财务和法律上的问题。患者自幼可有发育迟缓等的历史，神经系统检查也可发现一些异常；脑电图检查可见慢波活动增加，脑脊液检查可有5-羟色胺含量异常。

要注意冲动性人格障碍和习惯与冲动控制障碍的区别。冲动性人格障碍者的暴怒和暴行都继发于行动受挫等精神刺激，尽管这种精神刺激在旁人看来微不足道，但对于患者来说却是无法忍受的，暴怒、暴行之后无轻松感和满足感，行为一般不具备反社会性质。习惯与冲动控制障碍患者的冲动行为并不继发于精神刺激，而是来自于内心驱动的强烈欲望和浓厚兴趣，行为实施过程或实施后轻松感和满足感明显，且通常具有反社会的性质。

## 五、表演性人格障碍

表演性人格障碍以过分的感情或夸张言行吸引他人的注意为特点。表演性人格障碍，又称癔症性人格障碍，发病率女性略微高于男性。家族成员中有人患此病者，其他成员患病的概率较一般家族微高，不以血缘关系为前提，提示此类人格障碍的发生与患者成长环境有关。形成表演性人格障碍的主要原因为心理因素。

表演性人格障碍者主要表现为很喜欢引人注目，感情变化多端，使人无法捉摸。因此很难与人保持长久的社会联系和人际交往。这类人高度以自我为中心，其言语和观点富夸张性和表演性；另外，他们也易受暗示，过分轻信他人、有较强的依赖性。他们对人显得过分热情，但持续时间不长。此外，他们追求新奇，时常变换环境、职业和朋友；他们注重外表，不能忍受寂寞，常以卖弄甚至调情来诱惑异性，但感情肤浅，一般不能持久。有些患者的表演性特征表现为通过某种方式试图操纵别人，或者竭力试图得到别人的保证和赞同。为取悦别人，他们总是力图避免人际冲突。有人表现出各种躯体不适或病症，但与解剖和生理规律不符，其目的是引起别人注意、关心或同情。

## 六、强迫性人格障碍

强迫性人格障碍以过分谨小慎微，严格要求与完美主义，以及内心的不安全感为特征。男性比女性发病率高2倍。同时，70%强迫症患者存在着强迫性人格障碍。这类患者要求程序严格和完美，缺少灵活性、开放性和效率。在日常生活和工作中总是按部就班、墨守成规，不容许有变更，生怕遗漏某一要点。他们常因过度仔细和重复，过度注意细节而导致无法脱身。他们经常处于紧张、焦虑之中，神经得不到松弛。在道德、伦理和价值观上，这类人同样表现谨慎且固执，强迫自己或他人遵循某种僵化的道德原则和严格的完美主义标准，不肯接受别人的批评和帮助。

### 七、焦虑性人格障碍

焦虑性人格障碍以一贯感到紧张、提心吊胆，不安全感，以及自卑为特征。总是需要被人喜欢和接纳，对拒绝和批评过分敏感，因习惯性夸大日常处境中的潜在危险，而有回避某些活动的倾向，又称回避型人格障碍。患者在幼年和童年时期就开始表现出害羞、孤独、害怕陌生人、害怕陌生环境等，成年以后这些问题便会对患者的社交和职业功能产生不利影响。

这类患者总感到自己缺乏社交能力、缺乏吸引力，在各方面都不如别人，因而显得过于敏感和自卑。自尊心过低加上过分敏感，担心自己会被他人拒绝。患者因此很难和他人建立亲密互信的关系，除非对方能保证不加批评完全接受患者。

### 八、依赖性人格障碍

依赖性人格障碍主要特征为缺乏自信和在社会生活中缺少独立性。研究资料显示，女性患者多于男性。起病原因与心理因素有关。

依赖性人格障碍患者由于缺乏自信和独立性，其生活的大多数方面均需要他人为其承担责任。他们将自身的需要附属于其所依赖的人，为的是避免自己做主。这类患者常伴有焦虑和抑郁，尤其在独处时间较长后，这种情绪便会越来越强烈。他们经常认为自己会被抛弃，为避免出现被人抛弃的后果，他们会表现得对其所依赖的人百依百顺。

### 九、情感性人格障碍

情感性人格障碍是一种不受环境因素影响的某种突出的不良情绪状态在一生中占有优势的人格障碍。具体表现为抑郁性人格障碍、情绪高涨性人格障碍、环性人格障碍。抑郁性人格障碍也称情绪低落性人格障碍，表现为精神不振，寡言少语，过分担忧，容易发怒，自感负担沉重，精力不济，对任何事情都感到困难重重、无能为力和难以预料结局，对生活的看法充满悲观愁情。情绪高涨性人格障碍表现为精神振奋，乐观欢愉，笑口常开，感到生活有莫大的乐趣。但做事想当然，或凭空设想，匆忙下结论，或草率从事，有始无终，给人盲目乐观，不自量力的感觉。环性人格障碍则是患者情绪变化极不稳定，常在情绪高涨和低落之间变动，交替出现。该种类型较前两种严重。环性人格障碍者始终存在情绪自我调节障碍。

### 十、边缘性人格障碍

边缘性人格障碍是在人际关系、情绪表现与自我形象诸方面均显得不稳定的人格障碍。主要表现为情绪不稳，人际关系波动，自我同一性混乱。情绪不稳表现为：患者情绪变化无常，尤其在遇到挫折时，瞬间由正常情绪转为激动、焦虑或抑郁，短则数小时，多则数日，完全不能自控，行为也常常具有明显的冲动性，可能出现自我伤害和自杀行为。

人际关系波动表现为：患者在情绪不稳的情况下，出现对原有人际关系的动摇。如对眷恋的人变得厌烦，对依赖的人变得疏远等，但又不能忍受孤独，常有莫名的空虚感。自我同一性混乱表现为个人内部状态与外部环境整合、协调一致性的破坏，即对自己本质、信仰等重要方面前后一致性的破坏，结果是自我形象矛盾。比如，明明自己属于正常的异性恋者，却常常莫名其妙怀疑自己可能有同性恋倾向。

人格障碍者并非只能有一种单一类型的表现，有时会出现具有多种人格障碍的特征。同一行为也可能出现在不同类型的患者身上。也就是说，不同类型的人格障碍的表现具有交叉性，有学者称之为“共病”现象，反映了人格障碍诊断具有相当的复杂性。

## 第四节　人格障碍的特征与诊断

对人格障碍必须严格掌握诊断标准，切忌把一般的性格特殊或性格缺陷扩大化而诊断为人格障碍，诊断时务必要考虑被鉴定人所处地区或民族的社会文化特征和其成长经历。

### 一、人格障碍的特征

(1) 人格障碍开始于童年、青少年或成年早期，并一直持续到成年乃至终身，没有明显的起病时间和明确的发生发展过程，即时间上具有延续性。

(2) 可能存在脑功能损害，但一般没有明显的神经系统病理形态学变化。即性质上表现为功能性，而非器质性。

(3) 人格显著、持久地偏离了所在社会文化环境应有的范围，从而形成与众不同的行为模式。个性上有情绪不稳、自制力差、与人合作能力和自我超越能力差等特征。人格偏离的程度上具有显著性和持久性。

(4) 人格障碍主要表现为情感和行为的异常，但其意识状态、智力均无明显缺陷。一般没有幻觉和妄想，由此可与精神病性精神障碍相区别。通常认知功能基本完整，即在症状表现上具有局限性。

(5) 人格障碍患者对自身人格缺陷常无自知之明，难以从失败中吸取教训，屡犯同样的错误，因而在人际交往、职业和感情生活中常常受挫，以致害人害己。

(6) 人格障碍患者一般能应付日常工作和生活，能理解自己行为的后果，也能在一定程度上理解社会对其行为的评价，主观上往往感到痛苦。

(7) 治疗措施很难产生明显效果，思想教育亦难奏效。

### 二、人格障碍的诊断标准

根据CCMD-3，人格障碍的诊断需要具备以下条件：

60　人格障碍［F60 特定的人格障碍］

指人格特征明显偏离正常，使病人形成了一贯的反映个人生活风格和人际关系的异常行为模式。这种模式显著偏离特定的文化背景和一般认知方式（尤其在待人接物方面），明显影响其社会功能与职业功能，造成对社会环境的适应不良。病人为此感到痛苦并已具有临床意义，病人虽然无智能障碍但适应不良的行为模式难以矫正，仅少数病人在成年后程度上可有改善。通常开始于童年期或青少年期，并长期持续发展至成年或终身。如果人格偏离正常系由躯体疾病（如脑病、脑外伤、慢性酒精中毒等）所致，或继发于各种精神障碍，应称为人格改变。

[症状标准]　个人的内心体验与行为特征（不限于精神障碍发作期）在整体上与其文化所期望和所接受的范围明显偏离，这种偏离是广泛、稳定和长期的，并至少有下列 1 项：

1　认知（感知，及解释人和事物，由此形成对自我及他人的态度和形象的方式）的异常偏离；

2　情感（范围、强度及适切的情感唤起和反应）的异常偏离；

3　控制冲动及对满足个人需要的异常偏离；

4　人际关系的异常偏离。

[严重标准]　特殊行为模式的异常偏离，使病人或其他人（如家属）感到痛苦或社会适应不良。

[病程标准]　开始于童年、青少年期，现年 18 岁以上，至少已持续 2 年。

[排除标准]　人格特征的异常偏离并非躯体疾病或精神障碍的表现或后果。

60.1　偏执性人格障碍 [F60.0]

以猜疑和偏执为特点，始于成年早期，男性多于女性。

[诊断标准]

1　符合人格障碍的诊断标准；

2　以猜疑和偏执为特点，并至少有下列 3 项：

① 对挫折和遭遇过度敏感；

② 对侮辱和伤害不能宽容，长期耿耿于怀；

③ 多疑，容易将别人的中性或友好行为误解为敌意或轻视；

④ 明显超过实际情况所需的好斗，对个人权利执意追求；

⑤ 易有病理性嫉妒，过分怀疑恋人有新欢或伴侣不忠，但不是妄想；

⑥ 过分自负和自我中心的倾向，总感觉受压制、被迫害，甚至上告、上访，不达目的不肯罢休；

⑦ 具有将其周围或外界事件解释为“阴谋”等的非现实性优势观念，因此过分警惕和抱有敌意。

60.2　分裂样人格障碍 [F60.1]

以观念、行为和外貌装饰的奇特、情感冷漠，以及人际关系明显缺陷为特点。男性略多于女性。

[诊断标准]

1　符合人格障碍的诊断标准；

2　以观念、行为和外貌装饰的奇特、情感冷淡，以及人际关系缺陷为特点，并至少有下列3项：

① 性格明显内向（孤独、被动、退缩），与家庭和社会疏远，除生活或工作中必须接触的人外，基本不与他人主动交往，缺少知心朋友，过分沉湎于幻想和内省；

② 表情呆板，情感冷淡，甚至不通人情，不能表达对他人的关心、体贴及愤怒等；

③ 对赞扬和批评反应差或无动于衷；

④ 缺乏愉快感；

⑤ 缺乏亲密、信任的人际关系；

⑥ 在遵循社会规范方面存在困难，导致行为怪异；

⑦ 对与他人之间的性活动不感兴趣（考虑年龄）。

60.3　反社会性人格障碍［F60.2］

以行为不符合社会规范，经常违法乱纪，对人冷酷无情为特点，男性多于女性。本组病人往往在童年或少年期（18岁前）就出现品行问题。成年后（指18岁后）习性不改，主要表现为行为不符合社会规范，甚至违法乱纪。

［诊断标准］

1　符合人格障碍的诊断标准，并至少有下列3项：

① 严重和长期不负责任，无视社会常规、准则、义务等，如不能维持长久的工作（或学习），经常旷工（或旷课），多次无计划地变换工作；有违反社会规范的行为，且这些行为已构成拘捕的理由（不管拘捕与否）；

② 行动无计划或有冲动性，如进行事先未计划的旅行；

③ 不尊重事实，如经常撒谎、欺骗他人，以获得个人利益；

④ 对他人漠不关心，如经常不承担经济义务、拖欠债务、不抚养子女或赡养父母；

⑤ 不能维持与他人的长久的关系，如不能维持长久的（1年以上）夫妻关系；

⑥ 很容易责怪他人，或对其与社会相冲突的行为进行无理辩解；

⑦ 对挫折的耐受性低，微小刺激便可引起冲动，甚至暴力行为；

⑧ 易激惹，并有暴力行为，如反复斗殴或攻击别人，包括无故殴打配偶或子女；

⑨ 危害别人时缺少内疚感，不能从经验，特别是在受到惩罚的经验中获益。

2　在18岁前有品行障碍的证据，至少有下列3项：

(1) 反复违反家规或校规；

(2) 反复说谎（不是为了躲避体罚）；

(3) 习惯于吸烟、喝酒；

(4) 虐待动物或弱小同伴；

(5) 反复偷窃；

(6) 经常逃学；

(7) 至少有2次未向家人说明外出过夜；

(8) 过早发生性活动；

(9) 多次参与破坏公共财物活动；

(10) 反复挑起或参与斗殴；

(11) 被学校开除过，或因行为不轨至少停学一次；

(12) 被拘留或被公安机关管教过。

60.4　冲动性人格障碍（攻击性人格障碍）[F60.3]

以情感爆发，伴明显行为冲动为特征，男性明显多于女性。

[诊断标准]

1　符合人格障碍的诊断标准；

2　以情感爆发和明显的冲动行为作为主要表现，并至少有下列3项：

① 易与他人发生争吵和冲突，特别在冲动行为受阻或受到批评时；

② 有突发的愤怒和暴力倾向，对导致的冲动行为不能自控；

③ 对事物的计划和预见能力明显受损；

④ 不能坚持任何没有即刻奖励的行为；

⑤ 不稳定的和反复无常的心境；

⑥ 自我形象、目的，及内在偏好（包括性欲望）的紊乱和不确定；

⑦ 容易产生人际关系的紧张或不稳定，时常导致情感危机；

⑧ 经常出现自杀、自伤行为。

60.5　表演性（癔症性）人格障碍 [F60.4]

以过分的感情或夸张言行吸引他人的注意为特点。

[诊断标准]

1　符合人格障碍的诊断标准；

2　以过分的感情用事或夸张言行，吸引他人的注意为特点，并至少有下列3项：

① 富于自我表演性、戏剧性、夸张性地表达情感；

② 肤浅和易变的情感；

③ 自我中心，自我放纵和不为他人着想；

④ 追求刺激和以自己为注意中心的活动；

⑤ 不断渴望受到赞赏，情感易受伤害；

⑥ 过分关心躯体的性感，以满足自己的需要；

⑦ 暗示性高，易受他人影响。

60.6　强迫性人格障碍 [F60.5]

以过分的谨小慎微，严格要求与完美主义，以及内心的不安全感为特征。男性多于女性2倍，约70%强迫症病人有强迫性人格障碍。

[诊断标准]

1　符合人格障碍的诊断标准；

2　以过分的谨小慎微、严格要求与完美主义，以及内心的不安全感为特征，并至少有下列3项：

① 因个人内心深处的不安全感导致优柔寡断、怀疑及过分谨慎；

② 需在很早以前就对所有的活动作出计划并不厌其烦；

③ 凡事需反复核对，因对细节的过分注意，以致忽视全局；

④ 经常被讨厌的思想或冲动所困扰，但尚未达到强迫症的程度；

⑤ 过分谨慎多虑、过分专注于工作成效而不顾个人消遣，及人际关系；

⑥ 刻板和固执，要求别人按其规矩办事；

⑦ 因循守旧、缺乏表达温情的能力。

60.7 焦虑性人格障碍［F60.6］

以一贯感到紧张、提心吊胆、不安全及自卑为特征，总是需要被人喜欢和接纳，对拒绝和批评过分敏感，因习惯性地夸大日常处境中的潜在危险，而有回避某些活动的倾向。

［诊断标准］

1 符合人格障碍的诊断标准；

2 以持久和广泛的内心紧张及忧虑体验为特征，并至少有下列3项：

① 一贯的自我敏感、不安全感及自卑感；

② 对遭排斥和批评过分敏感；

③ 不断追求被人接受和受到欢迎；

④ 除非得到保证被他人所接受和不会受到批评，否则拒绝与他人建立人际关系；

⑤ 惯于夸大生活中潜在危险因素，达到回避某种活动的程度，但无恐惧性回避；

⑥ 因“稳定”和“安全”的需要，生活方式受到限制。

60.8 依赖性人格障碍［F60.7］

［诊断标准］

1 符合人格障碍的诊断标准；

2 以过分依赖为特征，并至少有下列3项：

① 要求或让他人为自己生活的重要方面承担责任；

② 将自己的需要附属于所依赖的人，过分地服从他人的意志；

③ 不愿意对所依赖的人提出即使合理的要求；

④ 感到自己无助、无能，或缺乏精力；

⑤ 沉湎于被遗忘的恐惧之中，不断要求别人对此提出保证，独处时感到难受；

⑥ 当与他人的亲密关系结束时，有被毁灭和无助的体验；

⑦ 经常把责任推给别人，以应对逆境。

60.9 其他或待分类的人格障碍［F60.8；F60.9］

## 第五节 人格障碍的司法鉴定

### 一、人格障碍者常见违法犯罪类型与作案特征

在各类人格障碍中，反社会性人格障碍对社会的危害最大，这种人格障碍表现为不受法律约束，经常作出违法行为，如盗窃、殴斗、酗酒、不正当两性关系、长期说

谎、侵犯他人权利等。

人格障碍者中涉及法律问题的主要是反社会性人格障碍者、偏执性人格障碍者、癔症性人格障碍者。国外曾报道，边缘性人格障碍者也常发生违纪行为，而其他类型的人格障碍者则很少发生违纪问题。

人格障碍在司法精神医学中具有特殊地位，是因为精神障碍者中出现违法犯罪行为的以人格障碍者最多，尤其是反社会性人格障碍，与违法犯罪关系最为密切。据国外多项调查统计，罪犯中有20%—70%的人有人格障碍，反社会性人格障碍者的终生犯罪概率可达50.1%。

至于犯罪与人格障碍类型之间的关系，根据施耐德（Schneider）对反社会性人格障碍的分类，以意志薄弱型（偷盗、诈骗为主）、情感高扬型、性情冷酷（无情）型、情感爆发型为多。我国的鉴定实践发现，一般来说，强迫性和分裂样人格障碍者很少有违法行为；偏执性人格障碍者可有盗窃、凶杀、伤害（主要是针对亲朋好友）等危害行为；表演性人格障碍者多发生伤害、妨碍治安、诈骗等案件；冲动性人格障碍者多有凶杀、伤害、妨碍治安等行为；而反社会性人格障碍者则可见于各种刑事案件中。

（一）犯罪类型

各类人格障碍者的犯罪类型主要有：

（1）反社会性：偷窃、伤害、诈骗、性犯罪等，但凶杀少见。

（2）冲动性：凶杀、伤害、毁物等。

（3）癔症性：伤害、妨碍社会治安、诈骗等。

（4）偏执性：凶杀、伤害等。

（5）强迫性及分裂样：少见违法行为。

（6）特殊性：偷窃、纵火、诈骗等。

（二）作案特征

（1）人格障碍者作案时常常表现为意志行为、情绪的障碍，本能的欲望失常和自我控制能力差，无精神病性症状如幻觉、妄想等。

（2）作案手段较隐蔽，作案后想掩盖或逃脱罪责，有较大的自我保护性。

（3）作案的动机、目的明确，往往有预谋，行为具有冲动性及一贯性，一般在15岁以前开始。对作案行为缺乏内疚感，惩罚往往无效，以致导致严重犯罪。

## 二、人格障碍者的法律能力评定

人格障碍者责任能力的评定一直都是司法精神病学界争论的焦点。德国学者赛费特（Seyffert）总结了1934—1947年198例人格障碍者的司法精神疾病鉴定案例，发现其中58%有完全刑事责任能力，40.5%有限定刑事责任能力，1.5%无刑事责任能力。赛费特曾提出对人格障碍者不能评定为限定刑事责任能力。从理论上讲，人格障碍者的人格结构与正常人不同，自我控制能力差，责任能力应减免，但在实际工作中，这种评定往往不利于社会的安定与稳定，使社会公众的利益得不到保证。如果将这部分人评定为限定刑事责任能力，则他们有可能回到社会后继续肇事肇祸，这对社会稳定有极大的潜在危险。

目前许多司法精神病学家认为，反社会性人格障碍者应评定为完全刑事责任能力，依据是这类人对违法犯罪行为无辨认能力及自我控制能力有明显障碍，是与其缺乏道德、自私自利、冷酷无情、放任自我等心理特征有关。

## 三、典型案例

### （一）反社会性人格障碍者涉嫌抢劫案[①]

被鉴定人耿某，男性，18岁，初中文化，无职业。耿某一年前在10天之内采取威胁、殴打、劫持等暴力手段，先后抢夺、抢劫他人财物共计八次，包括手持电话、寻呼机和现金等，价值人民币7000余元，并用威胁暴力手段多次将蒋某（女）劫持到自己家中，限制其人身自由。在此期间，耿某还对舒某（女）实施了强奸。于一年前某月在对耿某抓捕过程中，耿某拒捕，还将民警打伤，并将手铐挣坏。在关押期间，耿某单独或伙同其他犯人对同监号的杨某多次进行殴打和折磨，造成杨某重度闭合性颅脑损伤，为此将耿某批准逮捕。耿某家属亲友反映耿某自幼精神异常，行为怪异，经常控制不住自己，初中二年级即休学。根据五年前某精神病院门诊病历记述：耿某曾于五年前某月四次在门诊就诊，每次由耿某父亲伴诊。由耿某父亲提供病史略称：耿某小学时上课小动作多，淘气，时常打架，学习成绩差，注意力不集中，数学、历史等功课不及格，说话生硬，常作怪相，弄坏课桌。五年前春节时，曾因一氧化碳中毒，昏迷两小时，送医院抢救。精神状态检查表明，耿某意识清晰，对答尚好，表示控制不住折腾。经检查智能尚可，脑电图正常，诊断为行为异常，以后17个月门诊记录：病况好转，小动作仍有，略能控制。之后半年的复诊仍由父亲伴诊，称耿某失眠，四门功课不及格，由于与同学打架被学校开除。根据另一精神病院同年相近时间门诊记录：由父亲伴诊，称耿某心烦坐不住，注意力不集中；失眠心烦，多动，与同学打架，病前曾煤气中毒昏迷三小时，一个月前与同学打架后症状加重。精神症状检查所见：意识清晰，接触主动，诉失眠、心烦、记忆力减退，表情自然，自知力良好，诊断为神经衰弱。

另据被害人舒某（女）向公安机关报案称："某年8月某日晚12时，我与表妹和她的男朋友跳完迪斯科后回家，在我们前面车上下来一个人（即耿某），他说表妹的男友用眼睛瞪了他，即用酒瓶要打表妹的男友，并用威胁手段把我和表妹及她的男友分开，之后耿某就把我劫持到某地附近的一个锅炉房内用暴力把我强奸了。"据女青年蒋某反映："我在今年五月，经人介绍与耿某交朋友，认识后耿某就让我住到他家，我不听不行，我看他挺厉害的，很害怕他，他不让我回家，也不让我打电话，我非要打电话，也得必须按他编的话说，否则他就把电话挂断。有两次我想让家里人来救我，可我还没有说话他就把电话给挂断了。他走到哪里都拉上我，我不去也不行。我认识他没几天，就看见耿某抢人家的东西，最少不低于三十次，他带我和郝某抢过三次。他让我们站在马路中间，让我们故意撞骑三轮车的外地人，我们不敢撞，他就自己拦截骑三轮车的外地人，说人家骑车撞了他，让对方带他看病或赔钱。他经常用这种办法

① 参见闵银龙主编：《司法精神医学》，法律出版社2012年版，第145—148页。

抢别人的钱。有一次把一个外地人眼角打破了，并逼迫那人回家拿一千元给他。耿某还经常和其他人一起抢别人的东西。”另外据证人郝某称：“我通过蒋某与耿某认识的，耿某这人很坏，常借口别人撞了他，然后采用暴力等手段抢劫他人的财物。”

耿某在审讯交代罪行时供称：“那年某日，我和某人（同案犯）打车到了迪斯科舞厅，要了一包间，还叫一小姐陪酒，12 点我们出来，临走时约那小姐出去吃饭，我和某人在迪厅门口等她，过了一会儿，那小姐和一男一女骑自行车出来了，我们打了一辆夏利车追了过去。我从车上拿了一个啤酒瓶，并借口要与那个男的打架，把那一男一女吓走了，我把那小姐劫持到某地一个锅炉房，把她拉进房后逼她脱衣服，并说‘这里都是我的人，你不脱就掐死你。’后来她就脱光了衣服，就和她发生了性关系。”耿某还交代说跟某人（同案犯）和另外一个人想弄点钱花，就打车在某地路边遇到腰挂着手机的男人，采用寻衅、威胁等办法，把对方骗上车后将手机抢走，并在他处卖了 500 元钱。

鉴定时精神状态检查：耿某意识清晰，主动接触，表情自然流露，回答切题，言语正常，他对个人经历、个人状况记忆清楚，声称 1978 年 4 月 16 日生，上过 8 年学，以前学习成绩还好，初中煤气中毒以后脑子较差，功课跟不上，自己不守纪律，常捣乱，每年逃学 100 多节课，常打架。“为了我的事，老师、教导主任都被开除了。以后学校把我开除了。”他还说：“煤气中毒后曾头昏眼花，后来慢慢地也好了。”他认为自己干什么都没长性，曾在饭店、商店干过活儿，都不长，最近一年来什么工作都没干。谈到作案时，他说：“我没有事，就常到自由市场待着，那里的不好的人把我带坏了，我没钱花就对我说‘你去抢呀!’开始时我抢了外地人卖水果的 100 元，后来又抢了别人的一个手机。”耿某对强奸妇女一事不承认是强奸，表示是给了她钱后她同意发生性关系的。他表示有时睡不好，做噩梦。在检查过程中，耿某情感表现活跃，叙事条理清楚，逻辑性强，有明显自我保护能力。根据各种卷宗调查和既往病历，结合鉴定检查所见，说明耿某在幼年时期生长发育正常，进入少年期后表现不守纪律，小动作多，打架斗殴，有逃学出走等不良行为，曾在医院诊查，诊断为行为异常等。又因在校成绩不良，学校难以教育，曾被诊断为儿童少年品行障碍。辍学以后曾短期工作，都没有坚持，而是整日在社会上游荡，在结交了有罪行的社会青年以后，作出了抢夺、抢劫以及强奸妇女等行为。根据行为表现和特征，诊断为青少年品行障碍，属严重类型(青少年犯罪)。由于被鉴定人在 18 岁以前有品行障碍的证据，如经常逃学，被学校开除，反复打架斗殴，反复违反校规等，18 岁以前和以后不能维持长久工作，并有不符合社会规范的行为，如对家庭漠不关心，反复作出攻击别人的行为，甚至犯罪等，可以明显看出耿某属于一种以行为不符合社会规范为主要特点的人格障碍，即反社会性人格障碍。耿某本人还表现出对别人冷漠无情，危害人时无内疚感，这也是本类型人格障碍的显著表现。由于耿某在行为当时辨认和控制行为能力完好，评定为完全刑事责任能力。

（二）癔症性人格障碍者反复企图卧轨自杀案①

被鉴定人张某，女性，31 岁，已婚，家庭妇女。由于张某被发现在火车铁轨旁企

---

① 参见李从培：《司法精神病学鉴定的实践与理论》，北京医科大学出版社 2000 年版，第 75 页。

图卧轨自杀而被审查，在讯问过程中发现张某情绪不稳定，时哭时笑，精神异常，故要求对张某作司法鉴定和检查。张某系家庭妇女，丈夫系工人，已于三年前患病身亡。张某父早亡，身为长女，与母亲一起住，由她管家。张某自幼性格外向，好说好动，个性强，很有主见，热情开朗，争强好胜，一向不服输。张某平时能讲好说，大家反映她“蛮不讲理”，没理也要争三分，人际关系很差，经常因一些小事与周围邻居发生冲突，还爱小偷小摸，大家都不愿理她。张某曾在农村居住，常偷割公社的玉米、麦子或豆角，私自贩卖，别人若干涉她，就打闹，并把人家的庄稼给搞坏。在农村五年期间，曾打骂村民共 18 人。如一次某村民种了一点菜，却被张某的小孩给拔了，该村民骂了孩子一顿，从此以后，张某一见到这位村民就骂。一次在该村民不注意时，张某用提包将其头部打得头破血流。一次学校老师邓某反映张某偷学校的木料、煤和柴，张某就怀恨在心，经常寻衅打骂邓某，一次张某拿走邓家的一口缸，却硬说是她自己的。一次，张某撬开了邓家的门，翻箱倒柜，把衣服和布票抢走。还有一次张某在剧院门口堵住邓某用石头掷打。她还常蹲在十字路口，手拿石头等着邓某，并声称：“要豁出命来和他干!”她的邻居不堪其骚扰，纷纷搬走。最近几年来，张某与五六家居民结下了宿怨，张某只要与他们一见面，不打即骂，想办法找人家闹事，明明是她打了人，却反而一口咬定别人欺负了她。一年前张某打了邓某的妻子，伙食员汪某给拉架劝开，十多日以后邓某的孩子又遭到张某的毒打，汪某实在忍不住就说这是张某不对，张某就开罪于汪某，从此张某经常骂汪某是邓某的狗腿子、汉奸，并诬汪某在两年前抢过她 2000 元现金和五百斤粮票。约在一个月前，汪某儿媳外出到旅社途中被张某发现，张某即抢走她的军大衣，派出所出面教育也解决不了。张某和汪某曾动手打过架，张某认为自己吃了亏，在深夜跑到火车道旁的坑里，被巡夜人发现，问讯之下，张某声称：“被汪某打了，我也不想活了，想卧轨自杀，想把枕木放在火车轨上，让火车出事故，也让汪某负责。”

鉴定检查时，张某意识清晰，定向力很好，情感活跃，主动接触，言语正常，谈话时态度激昂。张某声称：“邓某和汪某等人都打了我，这些人都是坏蛋，他们的亲属不是劳改的，就是国民党兵（按：都不是事实）。因为我主持正义，揭发了他们的问题，如偷公家东西，所以报复我，打我。”另称：“我的丈夫（死于胃癌）是因为受了汪某的气，吃了鸡蛋不消化死的。”还说：“汪某偷过我 2000 元现金和粮票。”“已偷了四五年了（按：都不是事实）。”又说：“自己被打被迫得去卧轨自杀。”医生问她：“要自杀又为什么藏在铁轨以外的坑里?”张某答称：“想等火车来了再去寻死。”医生又问：“后来火车不是来了吗，为什么不去寻死呢?”张某则说：“火车来的时候，灯太亮了，怕人看到。”张某又说她在以前由于挨打和生气，也曾去火车道旁想卧轨自杀，已经有二三十次了（据调查张某确曾到火车道旁企图自杀，被人找回有两次）。根据卷宗材料及知情人调查，以及精神状况检查等材料表明，张某性格外向，开朗，个性强，情绪反应鲜明强烈，情绪较不稳定，易于激动。她的推理能力也易为情绪所支配和影响，有一定的自我中心倾向，平时往往只考虑自己，不顾及别人，而且讲话常夸大，有时给人一种说谎的印象。张某还易激动，常常是喜怒无常，难以与人和睦相处。根据以上种种表现，诊断为癔症性人格障碍，存在对本人行为的辨认和控制能力，评定为完全刑事责任能力。

（三）涉嫌盗窃的人格障碍者的刑事责任能力评定

华政法医鉴字［××××］精第×××号

委托机关：某某市公安局某某分局某某派出所

委托日期：200×年××月××日

委托事项：对沈某某的精神状态鉴定和刑事责任能力评定

送检材料：鉴定委托书、卷宗材料复印件等

鉴定日期：200×年××月××日

鉴定地点：某某公安分局某某派出所

被鉴定人：沈某某，男，汉族，1977年2月6日出生，初中文化程度，现住某某市某某区某某镇某某村××号

1. 案情摘要

根据送检材料：被鉴定人沈某某于200×年××月××日×时许，伙同他人因涉嫌盗窃轻便摩托车而案发。

为慎重处理本案，委托机关特委托本中心对其作精神疾病司法鉴定。

2. 被鉴定人概况

根据送检材料：被鉴定人于1997年9月因盗窃罪，被判处有期徒刑一年；2001年8月、2004年9月均因偷窃，被治安拘留十五天；2005年3月因销售赃物行为，被收容劳动教养一年。

根据呈请精神病鉴定报告书：案发后对被鉴定人讯问时，表现为神情呆滞、目光涣散、精神不集中。后将其刑事拘留并羁押至看守所，在看守所里提讯被鉴定人时，其表现为精神恍惚、思想不集中、自言自语等。现患有先天性心脏病。

据其母反映：被鉴定人自幼读书至初中二年级，学习成绩一般，老师反映读书不聪明，说其人好，没有主意，平时头脑有点问题，有时糊里糊涂，在家很少与家人说话，经常一个人独进独出，不知在想什么。结婚八九年了，老婆是外地人，现在已经跑掉了，他也从来不关心老婆出去的事情，也不关心自己孩子的事情，因多次有偷盗行为，家人教育他，表面答应，事后又重犯，村上的人讲他有点“毒兮兮”（意指精神不正常）。

3. 检查所见

精神检查：意识清，仪态尚整，接触被动，检查尚合作，能回答自己的姓名、年龄，声称因学习成绩差，至初二时辍学。也回答自己做过电焊工、油漆工，后在一锅炉厂上班，两年后就回家不干了，问其为何不去上班，回答：“路远，不去了。”问其以往盗窃一事，回答：“他们要我去玩……一家人家……他们去翻存折，……我在外面，……给我买一套衣服。判一年，在金山。”问其老婆在何处，回答：“跑掉了，……不知（在哪里），（跑掉）有几个月了。……（去找她），急什么啊!”反复问其本次作案情况，不作任何置答，问其在家考虑何事，回答：“不想什么。”问其处理要求，以摇头不语示意。检查中，情感冷淡，自始至终或是低头不语，或是东张西望，

与其交谈，常需反复数次对其问话后，尚能轻声细语勉强简单回答数句，言语简单，对目前处境缺乏应有的内心体验，也无意志要求，对作案一事存在自我保护，未引出明显的精神病性症状。

4. 分析说明

(1) 根据送检材料及调查所得：被鉴定人以往因学习成绩低下，早年已辍学在家。性格内向，孤独，不与他人往来，也不与家人交谈，与社会和家庭疏远。对人冷漠，无责任感，不关心家人，对其妻子出走已多日，从来不闻不问，如同陌生人。年幼儿子由其老母照顾抚养，也从不主动去关心冷暖和学习情况。对其自己已成家立业，仍依赖于父母亲，以及对多次的违法犯罪行为缺乏羞耻感，村民也反映被鉴定人的平素表现有悖于常人。结合本次精神检查，被鉴定人表情呆板，情感冷淡，言语简单，对其各种提问常不作置答，与以往在公安局的讯问笔录基本相符，对目前处境缺乏应有的内心体验，也无意志要求。根据CCMD-3，被鉴定人存在人格障碍。

(2) 被鉴定人虽然存在人格障碍，但对作案一事有现实动机和目的，对作案行为存在自我保护，对自己行为有辨认和控制能力，故对本案应评定为具有完全刑事责任能力。

5. 鉴定结论

(1) 被鉴定人沈某某患有人格障碍。

(2) 被鉴定人沈某某对本案具有完全刑事责任能力。

(四) 人格障碍者的服刑能力评定

华政法医鉴字［××××］精第×××号

委托机关：某某市某某监狱

委托日期：200×年××月××日

委托事项：对刘某某的精神状态鉴定和服刑能力评定

送检材料：鉴定委托书、有关材料复印件

鉴定日期：200×年××月××日

鉴定地点：某某市某某监狱

被鉴定人：刘某某，男，1981年××月××日出生，汉族，初中文化程度，无业，家住某某省某某市某某区某某路××号

1. 案情摘要

根据鉴定委托书：被鉴定人刘某某因抢劫罪，被某某市某某区人民法院判处有期徒刑八年，现在某某市某某监狱服刑。因在服刑期间，出现过激行为，为确认其精神状态，委托机关特委托本中心对其作精神状态鉴定和服刑能力评定。

2. 被鉴定人概况

据管教干部反映：被鉴定人九岁时，父母死于海难，自幼由外婆带大，自认为社会看不起他。来沪打工后，所攒之钱均被女友及他人骗走，且女友及朋友也远离他，为此憎恨社会，要报复。现在监狱内情绪激惹，外出劳动时夹带碎玻璃进监房要自杀。在与其谈心及教育时，会流泪感动，认为自己对人很真诚而社会看不起他，因此憎恨

社会，认为出去后要报复社会上曾骗他、抓他的人。

摘录被鉴定人亲笔信件："……反正改造就那么回事，别人不逼我，我也不和人家搞，别人逼急我了，我就和他们闹命。……我这一生，怎么倒霉事都让我摊上了！现在这世上一切美好的东西都永远离开我了，我也感觉自己的心理有些不正常了，我恨别人过得快乐，为什么人家那么快乐！如果我能出去，我一定干很多坏事，叫别人和我一样痛苦，叫人家也尝尝生不如死的滋味。……我的这种想法，我就是恨别人，恨别人骗了我的感情，恨别人出卖了我，恨别人把我抛弃了。我没做错什么，为什么别人要这样对我，我一定要将我的恨十倍奉送这个乱社会，让这个社会再多一些黑暗。……就是脾气有点倔，和我有点像。"

摘录被鉴定人"我的自传"的内容："……我在成长过程中曾经倍受白眼，从小没爸妈，很多人都看不起我，我小时候也很有志向，想通过自己努力让别人都看得起我，于是我来到上海工作。在工作中我努力认真，对同事也真诚，也过了几年好的生活。后来我在一家赌场将自己的钱都输了，还欠了别人一些钱，别人知道后怕我跟他们借钱都躲着我，都看不起我。而我对那些人平时都很好的，他们却在我最困难的时候抛弃了我。于是我心灰意冷地回到老家，也想好好地工作，重新来过。没想到老家人一看我没钱了，也嫌弃我。于是我又来到上海，想通过犯罪使自己发财致富，让别人看得起！……我从小父母双亡，这使我比同龄人更早地长大，但也因为这样，我形成了不好的性格，一遇到别人的轻视容易走上犯罪的道路，再加上平时没有可交心的人容易犯罪……"

摘录被鉴定人在监狱内做的心理测验结果：存在严重心理素质不良，测验结果显示：个性极端内向，抑郁性气质，脾气倔强，情绪严重不稳定，心理冲突明显，情感冷漠，行为孤僻，敌视他人，认知歪曲，不能承受挫折，易产生被动攻击行为。

3. 检查所见

精神检查：意识清，仪态整，开始交谈时存在明显的抵触情绪，声称："你们是来作鉴定的吗？我在看守所（去年）已经做过了，没有什么病。"对其耐心劝说，来的人是心理医生，与他聊聊一些情况，有什么想法，遇到什么事情大家相互沟通。被鉴定人态度生硬地回答："我认识我自己，不需要你们管。命是我自己的，我觉得活就活，死就死。……我就想杀人，杀一个够本，杀两个赚一个。……身上装了碎玻璃就想死（被鉴定人在草地劳动时，将几块碎玻璃带回监房时被查获）。"问其性格脾气，答称："读书到初中没毕业，因与同学打架，被学校开除，因为同学在背后都笑我没有父母，看不起我的感觉，就与他们打架。……我软弱人家就欺，我反过来，强硬就不被欺了，我从小好勇斗狠，谁欺侮我就拼，自己性格脾气不太好。"问其成长过程中遇到什么刺激，回答："太多了，太多了，没什么好讲了，骗了骗了，那方面都被骗了。"检查中，情绪激动，思维无异，联想无障碍，未引出幻觉、妄想等精神病性症状，智能可，有意志要求。

4. 分析说明

(1) 根据送检材料及被鉴定人自述：被鉴定人童年时便失去双亲，后由其外婆抚养长大，外婆只是供其生活，对其也无思想上的沟通和教育，父母的同胞对其也缺乏关爱。求学期间，因无父母，受到他人歧视，经常被同学欺侮和打骂，后因与同学打架时拼命，把最凶的同学打败，认为凶者为主，为此也被学校开除。由于被鉴定人在成长过程中，失去了亲情、友情，受人歧视和欺侮，使其人格发展受到阻碍，人格产生扭曲，对社会及他人产生偏见。来沪后，通过自己双手劳动积得了一点钱，也交上了女朋友，与朋友也能友好往来。但后来参与了赌博，钱款输空，还欠了债，便憎恨好友，认为是他设的赌博骗局，将他的钱骗走，且也不与他往来，谈了较长时间的女朋友，也因其身无分文与其中断恋爱关系，结果是人财两空。被鉴定人遭受了如此巨大的打击，产生了严重的憎恨心理，对社会、对他人充满敌意，有严重的报复心理。结合本次精神检查，被鉴定人情感反应协调，思维内容未见脱离现实，逻辑推理无障碍，未发现任何精神病性症状，智能无异，意志要求明确。纵观被鉴定人亲笔书写的信件和自传，语句通顺，条理清晰，言谈有理，剖析自己的性格不健全，与他人对其分析基本相似，与其生长过程的现实处境相符，未发现有精神异常表现。所以，被鉴定人的人格特征显著偏离正常，使其形成了特有的行为模式，对社会适应不良，明显影响其社会功能。根据 CCMD-3，被鉴定人患有人格障碍。

（2）被鉴定人存在人格障碍，但不是精神病，能表达自己的真实意思，能接受改造教育，对自己行为存在辨认能力。应评定为具有服刑能力。

5. 鉴定结论

（1）被鉴定人刘某某患有人格障碍。

（2）被鉴定人刘某某具有服刑能力。

## 习题》

1. 简述人格障碍的成因。
2. 简述人格障碍的常见类型。
3. 简述如何识别可能的人格障碍者。
4. 简述人格障碍者常见的涉案类型与特点。

## 拓展阅读文献》

1.〔美〕亚伦·T. 贝克等：《人格障碍的认知行为疗法（第 3 版）》，王建平等译，人民邮电出版社 2018 年版。

2. 纪术茂、高北陵、张小宁主编：《中国精神障碍者刑事责任能力评定案例集》，法律出版社 2011 年版。

3. 郑瞻培：《司法精神病学鉴定实践》，知识产权出版社 2017 年版。

4. 陆林主编：《沈渔邨精神病学（第 6 版）》，人民卫生出版社 2018 年版。

5. CCMD-3、DSM-4、ICD-10 的有关内容。

第十二章

# 习惯与冲动控制障碍与相关法律问题

**内容提要**：本章主要介绍了习惯与冲动控制障碍的基本概念、成因、常见类型与表现，最后介绍了与习惯与冲动控制障碍有关的法律问题。

**核心词汇**：习惯与冲动控制障碍　病理性偷窃　病理性纵火　病理性拔毛　病理性赌博　病理性网瘾　病理性谎言

**学习要求**：掌握习惯与冲动控制障碍及其相关的基本概念；熟悉习惯与冲动控制障碍常见的涉案类型、特征及法律能力评定。

## 第一节　概　　述

### 一、习惯与冲动控制障碍的概念

习惯与冲动控制障碍指在过分强烈的欲望驱使下，采取某些不当行为的精神障碍，这些行为系社会规范所不容或给自己造成危害，其行为目的仅仅在于获得自我心理的满足，不包括偏离正常的性欲和性行为。

### 二、习惯与冲动控制障碍的主要类型

#### （一）病理性赌博

患者有难以控制的赌博欲望和浓厚兴趣，并有赌博行动前的紧张感和行动后的轻松感。此类患者赌博的目的不在于获取经济利益，关键在于满足偏离正常的精神需要。

病理性赌博患者通常在青春期开始赌博活动，男性多于女性。多见于受教育程度较低者。家庭成员多有强烈的竞争心及追求钱财的欲望，家庭环境具有不稳定性特点。病理性赌博具有成瘾的性质，临床上和情感障碍、有害物质滥用有一定的联系。病理性赌博可能是作为应付抑郁焦虑的方法，也可能是情绪障碍的结果。

#### （二）病理性纵火

患者有纵火烧物的强烈欲望和浓厚兴趣，并有行动前的紧张感和行动后的轻松感；纵火和目击火焰时有强烈的愉快、满足和轻松的体验，经常思考或想象纵火行为及其周围情景；纵火往往缺乏明确动机，并非为了获取经济利益、报复或政治目的，纵火

行为系出于一种不可克制的冲动，男性多于女性。

（三）病理性偷窃

以前多称偷窃癖。患者有难以控制的偷窃欲望和浓厚兴趣，并有偷窃前的紧张感和行动后的轻松感。偷窃的目的不在于获取经济利益，也不是为了泄愤或报复，偷窃物品并非生活必需品，也不一定具有实用价值、经济价值和收藏价值。患者有时将偷窃物品送人、丢弃或搁置一边，关键是完成偷窃行为本身并从中获得乐趣。偷窃行为有时有计划性，但无长远计划。没有与他人合谋或共同实施偷窃行为，几乎都是单独实施偷窃行为。偷窃行为可以始于童年或青少年时期，病程可有慢性化倾向。部分患者有对偷窃物品表现出专门化的特点，如偷书癖等。实际办案过程中，要避免把病理性偷书行为误认为是惯偷的犯罪行为。这些病理性偷书患者的偷书行为不是为了使用、阅读，也不是为了经济利益，可能有收藏的行为，但重在偷窃行为能使其达到精神满足和放松。注意病理性偷窃与恋物症者偷窃异性贴身衣物的区别。病理性偷窃与性心理和行为无关；恋物症者的偷窃行为本身并不引起其心理满足，主要是通过偷来的异性使用过的贴身衣物，可以使其达到性的满足。

（四）病理性拔毛

又称拔毛症。患者有拔除毛发的强烈欲望并付诸行动，并伴随行动前的紧张感和行动后的放松感。患者虽然企图控制这些行动，但却常常失败，最终导致毛发缺少。可以看到患者的头发缺少或胡须呈现明显的斑块状毛发缺少。这种拔毛的意向并非源于皮肤病或精神病性的妄想、幻觉等其他精神障碍。

（五）病理性谎言

以往又称谎言癖。患者为了满足自己的虚荣心或变态心理而虚构自己的出身与经历，向人们进行夸耀，但没有以此进行诈骗获取经济利益、政治利益等动机和目的。

（六）病理性网瘾

患者对上网有一种难以控制的强烈欲望，尤其处于工作、学习、生活的应激状态时，表现更为强烈，因而常常置学习和工作于不顾，为了获得上网费用而不惜撒谎甚至违法犯罪。

## 第二节　医学诊断与司法鉴定

习惯与冲动控制障碍者一般在行动前常有强烈的紧张感，能预见到行为可能造成的不良后果，但却专注于考虑或想象这种行动或有关情境，无法约束自己。在行动时或行动后出现满足感和轻松感，事后可有内疚感和自责，但没有实际效果，经常会故伎重演，其行为具有明显的反社会性、习惯性和一贯性。

### 一、医学诊断要点

① 冲动行为没有明确的现实动机，具有反复性、习惯性。② 冲动行为不为社会容忍或给自己造成危害，其行为目的仅仅限于获得自我心理满足，多数具有明显的社会危害性。③ 冲动行为发生前伴有明显的紧张感，发生后伴有明显的轻松感和满足感。④ 病程和发作频率上的要求。病理性偷窃在 1 年内至少有过 3 次偷窃发作；病理性纵

火至少有过1次无明显动机的纵火行为或企图；病理性赌博持续至少已2年，且1年中至少有过3次赌博发作；病理性拔毛有明显的头发缺失，拔毛并非皮肤疾病所致，也不是精神症状的反应；病理性网瘾持续至少1年以上，上网行为在个人生活中占统治地位且频繁反复发作。

1. 病理性纵火与正常人纵火的区别

（1）病理性纵火者的行为缺乏动机，乃出于不可克制的纵火冲动；正常人纵火有明确动机，为了报复、财物、掩盖罪行或政治性目的等。

（2）病理性纵火者的纵火行为反复出现；正常人纵火非经常发生。

（3）病理性纵火者的行为是冲动性的、偶然性的，没有明确对象，没有预谋过程；正常人纵火有对象、有预谋过程。

（4）病理性纵火者纵火后无严密自我保护；正常人纵火后有严密自我保护。

2. 病理性偷窃与普通偷窃的区别

（1）病理性偷窃者的行为动机是出于不能控制的偷窃冲动；普通偷窃者的动机明确，为了个人私利。

（2）病理性偷窃者的偷窃目标通常并不计较物品的经济价值，仅从偷窃行为过程中求得心理满足，家庭经济条件一般较好，并不需要通过偷窃获得物质满足；普通偷窃者的目标一般都是指向实用价值高的，或者经济价值高的物品，价值越高，越能满足。

（3）病理性偷窃者将窃得之物或保存起来，或送还，或丢掉；而普通偷窃者将所得之物或自用，或变卖。

（4）病理性偷窃者的偷窃行为发生突然、没有预谋性；普通偷窃者在作案前对于对象、时间、场合均有选择和预谋。

（5）病理性偷窃者案发后多供认不讳；而普通偷窃者常采取抵赖、避重就轻、嫁祸于人等手段保护自己。

（6）病理性偷窃者单独作案；普通偷窃多有同伙或集团。

（7）病理性偷窃者的行为仅限于偷窃行为本身，当被发现时不会伤害对方；而普通偷窃者当行为被发现时，可能采取强行攫取或伤害对方等方式以保护自己。

3. 病理性谎言与正常人诈骗的区别

病理性谎言者把想象当现实，为了博取他人关注，会编造虚幻情节，以重要人物自居，给自己加上著名头衔，到处说谎行骗，其与正常人犯罪的不同点是：

（1）病理性谎言者的说谎行为缺乏动机，仅是通过谎言获得心理上满足；正常人诈骗有明确动机，如达到某种政治或经济目的，或为了逃避处罚。

（2）病理性谎言者的谎言是一贯的，有时为了没有意义的事情或者对自己不利的事情也谎言连篇；正常人诈骗有明确的利害选择性。

（3）病理性谎言者的谎言常是随机的，到处宣扬，缺乏自我保护，随时可掌握到其证据；正常人诈骗有对象、机会的严格选择，有预谋过程，有严密的自我保护。

（4）病理性谎言者触犯法律时，不会抵赖；正常人诈骗有明显的抵赖行为。

## 二、法律能力评定

1. 责任能力评定

习惯与冲动控制障碍有时被认为存在冲动性人格障碍，但其属于非精神病性症状精神障碍，没有精神病性症状的影响。在刑事责任能力评定过程中，法院一般给予有罪处罚，对于结果影响大，危害重的不予以从轻处罚。司法精神医学对于此类鉴定案件可参考以下原则评定：

（1）病理性偷窃、病理性纵火、病理性谎言：目前，在理论上，对于首次犯案的精神障碍患者，在案件事实清楚，证据确实充分的基础上评定为限定刑事责任能力；如屡次犯案，评定为完全刑事责任能力。

（2）病理性赌博：评定为完全刑事责任能力。

2. 其他法律能力

行为能力、受审能力、服刑能力等都无影响。如发生拘禁性精神障碍，影响受审能力和服刑能力，应采取治疗措施。

## 三、典型案例

### （一）盗窃案例

华政法医鉴定［××××］精第×××号

1. 基本情况

委托机关：某某市公安局××分局

委托事项：对陆某某的精神状态鉴定，刑事责任能力及受审能力评定

受理日期：2016 年 6 月 1 日

案由：涉嫌盗窃罪

鉴定材料：鉴定委托书、卷宗材料等

鉴定日期：2016 年 6 月 1 日

鉴定地点：某某市××区看守所

在场人员：顾某某警官

被鉴定人：陆某某，女，1953 年××月××日出生，汉族，已婚，户籍地为某某市某某区某某街××号，现住地为某某市某某区某某路××弄××号楼××室

2. 检案摘要

根据送检材料：被鉴定人陆某某于 2016 年 2 月至 4 月期间在凌晨 2、3 时，多次窜至某某区某某路×××弄××号×××室、××号×××室、××号×××室、××号×××室，盗窃业主晒在阳台上的衣物 20 多件，价值人民币 400 多元而案发。

被鉴定人疑有精神异常，为慎重处理本案，委托方特委托本中心对其作上述委托事项的司法鉴定。

3. 检验过程

（1）调查材料摘录

① 摘录被鉴定人于 2016 年 4 月 27 日在某某市某某派出所的讯问笔录：“……小学文化，现退休在家，无前科。（犯罪经过）2016 年 2 月过完年的一天，时间大概在

凌晨 1、2 点，当时没有一点睡意，我就独自一人去小区走走透透气，走着走着我看到小区内一楼的业主都将洗干净的衣服晾在阳台上，我就随便找了一家，将那家人家晾在阳台上的衣服偷回去了，之后我每周隔一两天就会半夜起来偷人家的衣服，直到今天被公安机关抓住。（为什么要偷）只要看到小区一楼业主有人晾衣服的，我都会去偷，拿回家的时候感觉像自己买到了新衣服带回家的感觉。（偷来的衣服你用来做什么）就放在自己的衣柜里，也不敢穿出去，怕被人发现。（除了衣服还偷过其他东西吗）我之前在超市还偷过肉什么的，当场被抓住，后来分别在某某派出所和某某派出所赔钱调解了。”

② 摘录被鉴定人丈夫陆某于 2016 年 5 月 30 日在某某市公安局某某分局某某派出所的询问笔录：“……我和陆某某是法定夫妻，1981 年结婚。……她没有特别的精神疾病发生过，但是到了 40 几岁的时候，她老是头晕的不得了。……第一次我送她去医院，是因为她突然失去意识晕倒了，倒在床上吐白沫，之后几次送她去医院，都是因为陆某某喝酒引起的。喝了酒后她睡十几个小时还醒不过来，我就送她去医院了。……她有羊痫风的。”

（2）检查所见

① 检验方法：按照《精神障碍者司法鉴定精神检查规范》（SF/ZJD0104001—2011）对被鉴定人陆某某进行检验。

② 精神检查：自行缓步入室，意识清，定向全，仪态尚整，接触主动，检查合作，一问一答，边说边哭泣，谈及偷窃之事则痛哭流涕，责备自己不该偷衣服，要求宽大处理。能正确回答自己的姓名、年龄、出生日期、文化程度、家庭情况等，问其何时因何事进看守所，答：“偷东西，今年 2 月份，晚上睡不着，喝了一瓶黄酒，出去在小区里兜，拿小区居民晾在阳台上的衣服，两个月拿了 10 次左右，共 29 件，价值 454 元。（为啥去偷）6 年前在世博家园借住期间，去市民中心游玩，路上被 4 名陌生男人抢了我的耳环、戒指、项链，我不敢报警，也没和家人说，那段时间我心里慌、人发抖、睡不着，老是担心害怕，去医院看过，打过针。今年过年后老是不开心，睡不着，喝酒麻痹自己，心里想偷点东西回来弥补损失，于是喝酒后在小区拿二三件衣服，心里好过些，没有选择性的，都是一些不值钱的衣服，装在塑料袋里，放在床下，这件事老公都不知道的。吃了酒后我脑子不清楚，胆子大。（何时开始酗酒的）那次被抢受刺激后，天天吃酒，喝黄酒，去年 8 月份有一次喝了一斤半，差点死掉，病危通知都下来了，11 个小时后才醒过来。”问及身体状况，称：“不好，去年发过 2 次羊痫风，把自己的舌头咬破了，人昏过去了，什么都不知道，被老公送到医院，医生说喝酒过多引起的，吃过治疗羊痫风的药。现在睡得不好，容易醒。”问其有何想法，说：“对不起家人，偷东西见不得人，以后再也不偷了，我认罪！这次进来，老公、女儿生我的气，我不该这样。”本次精神检查：情感协调，思维连贯，能完整叙述实施盗窃行为的过程，但是频繁盗窃不是为了本人使用或获取钱财，而是藏于床下来隐瞒其偷窃行为，反复偷窃前以饮酒来缓解其紧张感，且在偷窃中和紧接于偷窃后有一种满足感，未引出幻觉、妄想等精神病性症状，拘留后深感后悔，智能无异常，意志要求适切，存在自我保护。

4. 分析说明

(1) 根据送检材料：被鉴定人系上海知青，毕业后去云南插队，“文革”结束后回沪工作，成家立业，提示其社会功能与适应能力良好，羁押期间也无精神异常表现。被鉴定人于2016年2月至4月期间在凌晨2、3时，多次窜至某某区某某路×××弄××号×××室、××号×××室、××号×××室、××号×××室，盗窃业主晒在阳台上的衣物20多件，价值人民币400多元而案发。被鉴定人自称有“癫痫”，偷窃是为了弥补自己被抢金饰品后的损失，频繁盗窃不是以本人使用或获取钱财为目的，且在偷窃前以饮酒来缓解其紧张感，偷窃中和紧接于偷窃后伴有一种满足感。结合本次精神检查，情感协调，思维连贯，能完整叙述实施盗窃行为的过程，逻辑推理无明显障碍，未引出幻觉、妄想等精神病性症状，拘留后深感后悔，智能无异常，意志要求适切，存在自我保护。根据CCMD-3，被鉴定人作案时患有习惯与冲动控制障碍(病理性偷窃)。

(2) 被鉴定人患有习惯与冲动控制障碍（病理性偷窃），作案时辨认和控制能力削弱，故对本案应评定为限定刑事责任能力。

(3) 被鉴定人能简要叙述作案经过，与其在公安机关的讯问笔录基本相符，能配合司法机关对本案的审理，能参与诉讼活动，故对本案应评定为具有受审能力。

5. 鉴定意见

(1) 被鉴定人陆某某作案时患有习惯与冲动控制障碍（病理性偷窃）。

(2) 被鉴定人陆某某对本案具有限定刑事责任能力。

(3) 被鉴定人陆某某对本案具有受审能力。

（二）杀人案例[①]

1. 简要案情

某年某月，10岁的杨某突然失踪。当地警方随即展开了侦查，数日后确认为李某将其活埋致死。因在办案过程中民警发现李某作案动机不明，且案件造成当地群众恐慌，特对李某进行司法精神医学鉴定。

2. 调查材料摘要

被鉴定人李某幼年生长发育情况无特殊，适龄上学，初中毕业后在家务农，曾外出务工，2007年起经营出租车。据被鉴定人读书时的班主任反映：“李某在校期间学习成绩差，但尚能遵守学校纪律、尊重老师，从不打骂同学。”据该村村主任反映：“李某爱冲动，有时吓着人，有一次平白无故将外来人的头发揪起来，差点将人打死，但对村民还是非常有礼貌的。10多岁时其父在石场被石头砸伤头部送医院抢救无效死亡，李某则不问青红皂白无故打翻医院的办公桌，劝都劝不住。平时没有发现其胡言乱语，行为怪异等情况。”又据被害人父亲反映：“我们与李某家是邻居，平时相处很好，没有矛盾，平时我儿子与李某关系相当好，常在一起玩，为什么会发生这样的事我们想不通，也理解不了。”据李某女朋友反映：“我与李某相处三年多，他人品好，

① 参见张迎锋、孙大明：《习惯与冲动障碍凶杀案的司法精神病学鉴定1例》，载《中国法医学杂志》2017年第1期。

与人交往好，偶尔也会有无故说控制不住自己，会冲动发脾气与人争吵，但过后又好了。平时睡眠好，也没有发现胡言乱语，行为怪异的情况，总的来说较为礼貌诚实，他为什么这样做，到现在我们都弄不明白。”据看守所其同室在押人员反映：“李某进看守所后，饮食、睡眠好，与人相处好，遵守看守所的规矩，无异常言行。”

3. 法医精神病鉴定

(1) 辅助检查

① MMPI 量表提示：测试者以自我为中心，自私，处理事情肤浅，表面化，与人交往缺乏诚意，过分运用否认、投射、合理化心理机制，经常表现出矛盾，想依赖于人，又为自己的依赖感到不安，欲得到别人关注和同情，又把困难怪罪于别人。

② 头颅 CT 扫描显示：头颅 CT 平扫未见异常。

③ 脑电地形图、脑电图检查报告：正常。

(2) 精神检查

被鉴定人意识清晰，动作无异常，接触交谈合作，彬彬有礼，对答切题，逻辑性强，对作案行为供认不讳，交代作案经过时称：“某年某月某日上午 10 时许，我还在睡觉，邻居家杨某来找我，叫我给他做鱼竿，做好鱼竿后又缠着我跟他一起去钓鱼，我们就一起往村子鱼塘方向走，刚出门时也没有什么想法，大约走出去 200 米，我脑子里突然产生今天要把他弄死的想法。到了鱼塘边钓鱼时心神不定，脑子里想着的就是如何才能把他弄死，曾想过把他淹死在鱼塘里或用随身携带的跳刀将他杀了，但始终下不了手。天黑后，我们坐车到城里，在××宾馆开了一间房，随后他就睡着了。当天晚上我在床上想了大半夜，用什么办法杀死他，首先想到的方法之一是把他带到桥上，丢到河里，但这个方法要经过我们村子，害怕被村民发现而否定了。后来又想到把他带到山上找地点杀了。第二天早上 9 时许他醒了，吃过早点后我骗他说去山上看飞机，我们乘车到××山庄下车。我带着他往山上走，我看山坡上有一些土坟，我就在那里用跳刀挖坑，挖了三到四个小时，终于挖出一个长约 130 公分，深约 50 公分的土坑。坑挖好后，杨某说这坑刚好够他睡，随即仰卧着睡下去，这时我乘他睡下之际，用事先准备好的松树枝压在他的身上，将挖出的土埋上，他在坑里哭泣、挣扎，头往上动，我骑跨在土坑上，怕他起来，土盖好后还听见他的哭泣声，后来哭声越来越小，我把土拍得很紧，一直到没有声音了，我才走了。”问其为什么要杀人时，称：“我们之间无冤无仇，也没有人叫我杀他。就是突然出现想杀人的想法，控制不住自己。”问其在整个过程中是否想过终止杀人行为，称：“当时没想过，我知道这是违法的，但当时要杀死他的意念占据了整个大脑。”问其当时的心理感受时，称：“把他杀了后心里感到愉快、舒服，就像平时干活干累了休息时那种舒服的感觉。而没有杀人前心里烦躁不安，非常紧张，杀完人后有满足感、快乐感，当时心里一点也不害怕，像做完一件大事获得满足感一样的愉快。一直到第二天早上起床后心里才感到害怕，觉得不应该杀人。公安机关起初问我时我不敢承认，撒谎了，后来才向公安机关供述了作案过程。”问其以前是否有过类似的冲动意念时，称：“有过，但不是杀人意念，而是从小学三年级开始就曾多次出现想与人打架的冲动，不与人争吵前感到非常紧张和难受，争吵后即使被人打伤，心里都非常舒服，觉得很享受争吵这个过程一样。”整个精神检查过程中，被鉴定人李某言语连贯、流畅，未查出幻觉、妄想等精神病性症状，感情反应协调，能理解作案行为的性质和由此产生的社会后果，记忆、智能良好。

（3）鉴定意见

被鉴定人作案时的精神状态符合习惯与冲动控制障碍的诊断，在本案中评定为完全刑事责任能力。

## 习题

1. 简述习惯与冲动控制障碍的概念。
2. 简述习惯与冲动控制障碍的主要类型。
3. 简述习惯与冲动控制障碍者刑事责任能力司法鉴定的注意事项。

## 拓展阅读文献

1. 谢斌等编著：《人格障碍与冲动控制障碍》，人民卫生出版社2012年版。

2. 杨向东主编：《偏离常轨的行为：解读人格障碍》，陕西科学技术出版社2012年版。

3. 〔美〕兰迪·克雷格：《边缘型人格障碍》，周珏筱译，台海出版社2018年版。

第十三章

# 性心理障碍与相关法律问题

**内容提要**：本章主要介绍了性心理、性行为、性心理障碍等基本概念，性心理障碍的常见类型与表现，最后介绍了与性心理障碍有关的法律问题。

**核心词汇**：性心理障碍　恋物症　同性恋　性窒息

**学习要求**：掌握性心理障碍及其相关的基本概念；了解性心理障碍的病因；熟悉性心理障碍常见的涉案类型、特征及法律能力评定。

## 第一节　概　　述

### 一、性与性心理、性行为

性是人类的重要功能。在原始社会，人类的繁衍需要占第一位。生殖是性的重要功能，但性行为不仅意味着生殖。原始人类在狂热的性活动中，不但培养了自己的社会意识，而且发展了最原始的审美感情。人的性行为不仅具有生物学属性，同时具有社会意义。人类性功能与性行为是在高级神经中枢支配下的一个复杂的生理、心理过程，是大脑皮质与体内、体外环境紧密联系而又相互协调的结果。个体神经系统的先天机能、体内、体外环境都存在着差异，必然导致性功能、性行为的差异。人的大脑是性行为的最高控制中枢。社会文化诸因素通过人脑制约着人的性行为。人类性行为既受外界环境影响，又受到自我意识的控制。

### 二、性心理发育

人类性心理发育并非起始于青春期，而是始于出生后。如弗洛伊德关于儿童性心理发育的理论将儿童性心理发育分成五个阶段，分别为口欲期、肛门期、生殖器期、潜伏期、生殖期，相对应的年龄分别为 0 到 1 岁半、1 岁半到 3 岁、3 岁到 6 岁、6 岁到 11 岁、12 岁到 20 岁。性心理的发育伴随着人的成长过程。儿童少年期的不良生活经历和生活环境都可能影响其性心理的正常发育，最终可能导致成年后的性心理异常。

### 三、性心理障碍

性心理障碍既往称性变态（该说法因饱含贬义色彩，不符合国际医学潮流，不符合以人为本的医学伦理，逐步被弃用)，泛指两性性行为的心理和行为明显偏离正常，并以这类性偏离作为性兴奋、性满足的主要或唯一方式为主要特征的一组精神障碍。患者正常的异性恋爱遭到全部或者某种程度的破坏、干扰或影响。一般的精神活动并无其他明显异常。

在不同的种族、国家和社会常有不同的评价标准，甚至同一种族、国家、社会、地区，处在不同的历史阶段，对性心理、性行为的评判标准亦有不同甚至有天壤之别。因此性心理和性行为“常态”与“变态”的界线是相对的。一般而言，可以从以下三方面来考察：

(1) 性行为既符合个体的生物学需要（生殖和满足性欲），又符合个体所处的社会环境公认的道德准则（被社会接受）和法律规定，则被视为正常。

(2) 医学上所指的性心理和行为障碍，是一种长期的社会适应不良模式，表现特征是性欲的唤起、性对象的选择、性满足的方式等方面具有明显不同于一般正常人的特点，而且形成长期的或唯一的性活动模式，给自己或他人造成痛苦，影响其社会功能。

(3) 在日常生活中，作为正常性行为的辅助和补偿的行为，一般不视为性心理障碍，如正常性爱活动中为了营造气氛增加快感而观看性活动影像、轻度的施虐和受虐行为等，或孤独环境中因暂时无法通过正常渠道满足性要求而采取的异常性行为等，如果这些性行为演变成唯一的性行为模式，则应视为性心理障碍。

### 四、性心理障碍与人格障碍

性心理障碍和人格障碍既有区别又有联系。性心理障碍在寻求性对象及满足性欲的方式方法方面与常人不同。性心理障碍者大多性格内向，但多数患者社会适应良好，除性心理障碍所表现的异常性行为外，并无其他与社会不相适应的行为，更没有反社会行为，有不少患者还是社会知名和成功人士，不具备人格障碍所具有的特征。

性心理障碍患者触犯社会规范，不应一概简单认为他们道德败坏、流氓成性或性欲亢进。事实上，大多数此类患者性欲低下，甚至不能参加或完成正常的性生活，家庭关系常常不和谐，甚至破裂。他们具备正常人的道德伦理观念，对寻求满足性欲的异常行为方式，有充分的辨认能力。事后多有愧疚心理，但却常难以控制再犯的冲动。各类型性心理障碍患者往往具有以下性格特征：内向、怕羞、安静少动、不喜交往；或孤僻、温和、具有女性气质。另有相当数量的男性患者当其自尊心受损时易对妇女产生偏见，从而激起强烈的仇恨和报复心理。

### 五、性心理障碍与性犯罪

性犯罪是法律概念，是否属于性犯罪直接取决于当时当地的法律规定。性心理障碍属于心理学和精神医学范畴，取决于当时当地的社会主流意识形态。广义的性犯罪可以是严重的刑事性犯罪行为，也可以是一般的性罪错和性越轨行为。性心理障碍可以导致性犯罪；不少性犯罪者可以寻找到性心理方面的障碍或缺陷，即性心理障碍可以作为部分性犯罪的原因或辅助条件。性心理障碍与性犯罪都具有社会性和时代性。

但两者并不能等同。在对此类罪犯进行改造时亦需要考虑其精神因素，制定适当的治疗方案，进行相应的心理矫治，方能获得较好的矫正效果。

性心理障碍是常见的一大类精神障碍。总体而言，性心理障碍属于轻型精神疾病（属于非精神病性精神障碍）。但是，人类性心理和性行为既具有生物学属性，又具有社会性。人类性心理和性行为一方面受到特定的社会文化的影响，另一方面也受到社会习惯、历史传统、法律法规、文化观念的约束。在立法和司法实践中经常会涉及对某种性心理、性行为的认识、判断。了解一些这方面的知识和技能，便于及时发现和识别常见的性心理障碍者的违法肇事行为，分析作案人的心理特征，迅速锁定作案嫌疑人，进而有效打击和预防犯罪活动，保护人民的生命财产安全，维护社会稳定。

## 第二节　性心理障碍的病因和发病机制

### 一、性心理障碍的病因

性心理障碍表现形式多种多样，关于其形成原因目前并无一致看法，当前的主流观点认为：性心理障碍是在多因素综合作用下引起的，即生物—心理—社会因素；也可以说是遗传、环境和教育因素共同作用的结果。

爱因斯坦对于性偏离有关的强迫观念及行为进行的家族性心理病理学研究发现，这种病理心理往往在某一家族内连续数代出现。研究显示，这类在性感情方面发生显著改变的情绪，能够像记忆密码一样被存储，在遗传的基础上传递下去。

生物学因素研究还证明：性心理障碍的发生与动物本能、返祖现象或遗传、退化及神经生理、生化因素有关。

心理学因素研究主要有两大流派：一是以弗洛伊德为代表的精神分析学派的观点，认为儿童早年的不良遭遇在潜意识中留下“痕迹”，成年后，潜意识冲动对人的行为有重大影响，而导致性心理障碍；二是行为学派提出的学习理论，认为性心理障碍主要是患者受后天环境和不良教育因素影响。事实上两个学派的观点都强调了儿童不同时期环境和学习的作用。出生前的影响主要是宫内环境对发育的影响，宫内体验形成的早期回忆和胎教影响；出生后主要是家庭环境，家庭的养育态度、养育方式，父母的观念、角色行为和父母性别影响以及幼儿园、学校及社会文化大环境和早期性教育的影响等。

性心理障碍的产生与文化背景有一定的关系。如有的社会认为同性恋伤风败俗，有的社会对同性恋行为相对宽容。同性恋合法化不符合我国现行法律、风俗习惯和文化背景，在可以预见的将来，同性恋也不会为主流文化和广大民众所接受，但对同性恋者的宽容程度将会加大。

### 二、性心理障碍的发病机制

#### （一）正常的性欲、性心理发育受阻

正常的性欲、性心理发育受阻会干扰儿童性生理和性欲心理的正常发育，使之发

生发育的停滞、返祖或者偏异。以各时段发育停滞为例加以说明，如口欲期发育停滞，成人后会出现口腔需要突出的性心理障碍行为，如被动口交、主动舌淫等。

（二）性别心理发育的偏异

有的学者主张把人的性别分为六种：基因性别、生理性别、脑性别、认识性别、性取向性别、行为（社会）性别。前三种为生理性别，其发育受性激素水平的显著影响。脑性别发育不完善，影响性别认识、性取向定势和日后性行为，是性别心理发育的基础。性别心理发育的偏常可导致各种性心理障碍。

（三）变态反应模式的形成

特别感觉刺激与性快感条件反射的建立，如窒息感、痛感及其他感觉，与性快感建立联系，都可能发生相应的性心理障碍行为。这些联系可以是早年的特殊经历（体验），以后得以强化，也可以是一种不断学习的过程，逐步建立起固定的反应模式。

## 第三节　性心理障碍的分类与主要表现

### 一、性心理障碍的分类

总体上，性心理障碍可分为性身份障碍、性偏好障碍和性指向障碍。

（一）性身份障碍

患者长期对自己的生理性别有强烈的厌恶和排斥感，同时具有强烈的转变性别的心理要求和实际行为。主要类型是易性症。

（二）性偏好障碍

患者长期或唯一地采取不同于正常人的性欲满足方式。包括恋物症、异装症、露阴症、窥阴症、性摩擦症、性施虐症、性受虐症等，恋兽症、恋尸症和恋童症等也属于此类。

（三）性指向障碍

患者性心理的指向对象有悖于所处的社会认同，如同性恋，但按照国际疾病诊断标准，同性恋已经不属于精神障碍。

临床上尤其是精神鉴定中常见混合表现。只有各种表现都同样明显突出时才并列诊断。一般情况下依据最主要的临床表现诊断。诊断和鉴别诊断时应明确：行为目的是否为了满足性欲？所偏好的物体有何区别？如恋物症和恋物性异装症行为都是为了满足性欲望，获得性兴奋，区别在于恋物症者所恋的物品是异性穿戴的衣饰，如胸罩、内裤等，恋足症、恋粪便症等也属于此类，均是以此来达到性兴奋；而恋物性异装症者所恋的是异性的整体外表装束，常穿戴全套异性服装来达到性兴奋。易性症者也表现为穿着全套异性服装，但目的不是以此达到性兴奋，而是希望别人认可其变态的性身份，于是在公共场所也总是如此穿戴。恋物症却是隐蔽地穿戴，达到性兴奋后很快卸装。同性恋者也会穿戴异性服装，目的主要是为了吸引性对象，并不想改变性别，也不是为了获得性兴奋。

## 二、性心理障碍的主要表现

### （一）恋物症

恋物症是一种通过与异性穿戴与佩带的服饰的非性感部位相接触，并常常以此作为偏爱方式或唯一方式而引起性兴奋和达到性满足的性心理障碍。对刺激生殖器官的各种性器具的爱好不属于恋物症。恋物症属于性偏好障碍。

恋物症常起始于青少年的青春发育期，几乎都是男性。临床表现主要是通过抚弄或嗅咬异性的贴身用物而引起性兴奋和达到性满足。贴身用物主要有内衣、内裤、乳罩、月经带、丝袜、头巾及胭脂、唇膏等，有时候也可把正常的性对象行为置于次要地位或不顾，而把异性身上非性感部位作为性活动对象以引起性兴奋和达到性满足。所谓非性感部位是指平时一般不会引起性联想的部位，如足、头发等。恋物症者常费很大精力去搜集所恋的物品，并将其珍藏起来。搜集的手段除买以外，更多的则是偷捡或偷盗。例如，偷捡异性废弃的乳罩、偷盗异性晾晒的内裤、偷剪异性的发辫等。恋物症者在玩弄这些异性物品时，常发生手淫。

### （二）异装症

异装症是一种通过穿戴与佩带异性服饰而引起性兴奋和达到性满足的性心理障碍，是恋物症的一种特殊形式。属于性偏好障碍。男性多于女性。

异装症者一般从青春期开始主动穿戴异性服饰。临床表现主要是：刚开始时患者所穿内衣裤为异性服装，并且是偷偷穿戴，如男性戴胸罩、穿连袜裤等，外套仍为符合自己性别的服装，最后在公共场所也穿戴异性服装并佩带异性饰物。穿戴异性服饰时有明显性兴奋感。

### （三）露阴症

露阴症是一种向毫无心理准备的陌生异性显露全身裸体或外生殖器以引起性兴奋和达到性满足，但无进一步性行为施加于对方的性心理障碍。露阴症属于性偏好障碍。露阴症者几乎都是男性，但也有极少女性反复暴露自己的乳房和外阴。

露阴症的临床表现主要是患者在露阴行动前往往有渐增的精神紧张亢奋和克制不住的露阴冲动，然后选择偏僻的角落或者易于逃跑的场所，突然对异性暴露全身或显露外生殖器，以求被对方注意、耻笑，或使对方惊叫、晕倒，有的同时进行手淫，从而在获得性兴奋和性满足后迅速逃离现场。露阴症者有时也会冒被抓获的危险，在众多异性场合实施露阴行为，以寻求更强烈的性刺激。露阴症者在露阴的同时，通常不会进一步对陌生异性发生强暴行为，其目的只在于从对方的好奇、慌乱、惊恐和厌恶反应中寻求性的刺激和获得性的满足。露阴症者事后并不自责，只有少数人会有后悔感。

### （四）窥阴症

窥阴症是一种反复窥视异性裸体或他人性活动，并以此作为偏爱方式而引起性兴奋和达到性满足的性心理障碍。观看淫秽音像制品获得性满足不属于窥阴症。窥阴症属于性偏好障碍。窥阴症者均为男性。临床表现主要有甘冒被扭送公安机关的危险而不择手段地窥视和偷看异性脱衣、裸体、沐浴、小便以及他人性生活过程，以引起自己性兴奋，同时往往伴有手淫或者随后进行手淫的行为。窥视和偷看时一般小心隐蔽，力求不让被窥视者发觉，但却很难不被他人发现。除窥视外，并不谋求与异性有身体上的接触，也无任何性行为强加于异性。

（五）易性症

易性症是一种性别认同或性别角色发生严重障碍，自信自己是与外生殖器所表示的相反的性别，对自身性别有逆反心理，厌恶自身性别并持续存在转换自身性别的强烈愿望的性心理障碍。属于性身份障碍。

主要表现是鄙视自己的外生殖器所表示的性别，有强烈的逆反心理。认为自己解剖上的性别是错误的，坚信自己属于相反的性别，因而强烈希望能改变自己的体型、外貌和生殖器，使之成为完全意义上的异性，并被他人接受。男性患者要求切除阴茎，做人工阴道，注射雌激素以使乳房膨大；女性患者要求切除乳房和子宫，做人造阴茎。易性症患者在心理上以异性自居，男性患者变尖嗓门，模仿女性姿势，甚至涂口红、画眉毛，喜欢选择女性的工作和业余爱好；相应的，女性患者在衣着、声音、动作、爱好和社交行为上装得像男性一样。同时，易性症患者往往多伴有强烈的抑郁和焦虑情绪，也可有自杀企图，有的易性症患者能结婚，但离婚率较高。

（六）其他性心理障碍

（1）性施虐症：是一种偏爱通过在异性身上造成屈辱、痛楚和伤害来满足性欲的性心理障碍。一般包括捆绑、鞭打、脚踢、牙咬、手拧、针扎、刀割等手段。

（2）性受虐症：是一种偏爱通过异性所给予的屈辱、痛楚和伤害的体验来满足性欲的性心理障碍。一般对情境有某些控制能力，即可以在严重受伤前中止被凌辱的行为。性施虐症与性受虐症的病程要求至少持续 6 个月以上。

（3）性摩擦症：是一种反复用外生殖器在陌生异性身上接触或摩擦以达到性兴奋的性心理性障碍。一般发生于商场、公交车等拥挤热闹的地方，但没有暴露自己生殖器的愿望和与摩擦对象性交的要求。摩擦行为至少已存在 6 个月。

（4）恋粪症：是一种想到或注意到大便时的动作便产生性兴奋的性心理障碍。

（5）恋尿症：是一种看到排尿动作便产生性兴奋的性心理障碍。

（6）自窥症：是一种窥视自己的肉体或性器官便引起性兴奋的性心理障碍。

（7）恋童症：是一种反复多次与未成年异性或同性发生性行为，并以此作为偏爱的或唯一的满足性欲的方式的性心理障碍。

（8）恋兽症：是一种反复以某种动物为性对象而达到性兴奋的性心理障碍。病程要求至少持续 6 个月以上。

（9）恋尸症：通过与异性尸体的性接触产生性兴奋，获得性满足，包括猥亵尸体、奸尸及毁伤尸体。以毁伤尸体的行为作为性满足方式的，又称为施虐恋尸癖。有的偷窃死者的部分衣物（或毛发等），通过对这些衣物的触摸作为达到性满足方式的，称为恋物恋尸癖。恋尸症者较为罕见，都为男性，以成年人居多。以盗取死者具有经济价值的物件为目的，并无性兴奋过程的，不属于恋尸症；有的由于没有接触异性的机会发生偶然的、作为替代正常性交的奸尸，亦不属于恋尸症；有的利用职务之便（如殡仪馆工作人员）猥亵或奸淫女尸，由于他们的性欲对象仍主要是活人，亦不能归属于恋尸症；恋尸行为如在谋杀异性后进行，则属于犯罪行为；如果单纯毁伤尸体的，亦可能构成侮辱尸体罪。

（10）色情狂：是一种通过想象编造各种细节等病态性的性幻想来满足性欲的性心理障碍，性幻想的对象常为某个杰出的男性。色情狂患者多数是女性。

（11）性窒息：行为人利用自缢或者触电后处于半窒息的状态以获得性的快感，有的处在半窒息的情况下伴有手淫，目前我国报道仅见于男性，国外有关于女性的报道。有些在自缢前着女装。自缢准备工作时常用绳索等在颈部打活结，触电者则利用可使电流在预定的时间内自动断电的复杂措施。如果在准备过程中稍有不慎，就会将活结打成死结，或者未自动断电，就可能造成死亡的意外后果。这在法医窒息学中有专门研究，通常都是要求判断死亡的性质。涉及司法精神医学鉴定的极少，应注意区分“性窒息”和“性窒息死亡”这两个相关但完全不同的概念。

## 第四节　性心理障碍的矫治和预防

### 一、性心理障碍的矫治

由于很多性心理障碍者常有不同程度的扰乱社会秩序、危害治安的行为，单纯的处罚并不能解决其性心理障碍的根本问题，还应当采用积极的监护措施及相应的治疗，包括有关的性教育、行为疗法及适当的药物治疗。这些都应由专业的医疗机构进行，采取教育、处罚及治疗综合措施可收到良好效果。

（一）影响矫治效果的因素

1. 患者本人

对性心理障碍感到痛苦与不安，有坚决治疗要求及年龄较小者，效果较好，本人缺乏体会，无治疗要求的效果差。年龄超过 35 岁，变态心理已较固定的，较难矫治。

2. 治疗者

建立合理治疗方案，足够的耐心和毅力，充分的疗程都是取得效果的重要因素。

（二）方法

曾有人对性心理障碍者采用强制性阉割手术、脑定向手术、性激素治疗等方法，报道有一定效果，但或由于手术残酷，或由于缺乏跟踪研究，或由于治疗的不良反应等，无法根本矫治。现常用下述心理治疗：

1. 支持性心理治疗

使患者认识其行为对社会的危害性及对自身的损害，从而产生内心的强烈不安和焦虑，有接受治疗的要求。心理转移或“升华”是常采用的方法，鼓励患者集中精力于工作和学习，培养高尚兴趣。把性冲动的对象作为自己的艺术创造，是“升华”的一种形式。境遇型或相对型同性恋者与异性结婚通常有效。

2. 行为疗法

一般常用厌恶疗法，即处在一定环境下引起性冲动的同时，给予厌恶性刺激，如电流刺激或注射阿扑吗啡引起恶性条件反射，经过若干次治疗后会引起异常性冲动的减退。

### 二、性心理障碍的预防

因为性心理障碍治疗难度大，所以预防更重要，预防要点如下：

(1) 优生优育、优化遗传素质。

(2) 优化儿童早期的家庭环境和性别影响，在儿童早期的家庭环境的各项要素中，最重要的是父母的相互关系，父母的文化素质，父母的观念，角色行为和父母的榜样影响，家庭的性别比例，父母的性别期望、性别评价、性别特征和性别影响力等。

(3) 早期性别教育。不能对孩子施加相反的性别影响，不能给予孩子反性别的期望和抚养方式，不对孩子进行异性性别行为规范的学习和要求。从早期就让孩子接受正确的双性别影响，让父母成为孩子认同的同性偶像和爱慕的异性偶像。

(4) 早期关注孩子的心理卫生。从孩子一出生就让孩子与母亲（或父亲）接触，并母乳喂养，在对孩子的喂乳和护理活动中，注意科学施行儿童早期性心理卫生的各项要求，促进儿童各时期性生理和性欲心理的健康发展。从小为孩子提供正确的性知识，培养孩子正确的性观念和健康的性行为。

(5) 对儿童早期的偏异嗜好要加强引导。尤其是当儿童出现追求口腔需要，追求肛门尿道刺激，出现过分的肤体接触，对特定物品、对动物和异性父母过分依恋的情况时，要加强教育，及时纠正。

(6) 对儿童期各种性心理障碍倾向及时予以矫正。包括儿童期的同性恋、异装癖、恋物癖、恋兽癖、恋老人癖和自恋癖倾向等，均需早期干预，早期矫正。干预方法可以是调整环境，说服教育，严格要求，必要时施予行为治疗等。

## 第五节　性心理障碍的司法鉴定

目前，国内外司法精神病学家一般认为，当性心理障碍者触犯了法律时，原则上仍具有刑事责任能力，这是因为：① 性心理障碍在医学和精神病学所处的地位与人格障碍相类似，是由于性心理的偏差而表现的性冲动障碍和性对象偏差，不存在其他精神病性症状，因此不属于重性精神病的范畴；② 性心理障碍者在作案时，并无认识功能及意识活动障碍，仅表现为控制及调节自己这一行为的能力有所削弱，认知活动良好，能认识自己的犯罪行为，认罪态度良好，并有内疚及悔改表现。

但是，性心理障碍者与正常人犯罪又有明显不同。正常人强奸、猥亵是以暴力等手段直接侵犯女性这一客体来获得性满足的，事后无内疚自责。而性心理障碍者往往无明确的犯罪动机，他们的行为主要是采取背离正常的方式来获得性满足，事后有自责、内疚及悔改之意。

目前，对于性心理障碍者刑事责任能力的评定，不同地区在把握上有些差异，这一类人在作案时往往有一定控制能力的削弱，分歧也就在于如何判断及看待控制能力的削弱。尽管评定时有差别，但有一点应当坚持，不能评定为无刑事责任能力。因此，在具体评定时应考虑性心理障碍者在以下几个方面存在的问题综合评定：① 性心理障碍偏离正常的严重程度；② 作案当时控制能力损害的程度；③ 与作案对象的关系及作案对象的选择性；④ 作案的社会危害性；⑤ 性心理障碍者一贯表现及道德表现，有无前科。

## 一、常见性心理障碍的法律能力评定

### （一）同性恋者刑事责任能力评定

目前，不同国家和社会对同性恋的认识态度之间有很大的差异，有些国家的某些地区认为同性恋和异性恋一样，可以为人们所接受，并认为可以视为亚文化的一类行为，如美国就是如此，日本等国对同性恋也不处罚。有些国家虽然没有惩罚性的法律规定，但在行为准则及道德规范上都是加以限制和反对的，如德国的刑法规定同性恋行为要受到处罚，同性恋也为我国的社会道德标准所不容，因为同性恋者可对社会形成危害，如对儿童、少年的猥亵、强奸、拐骗。另外，由于失恋的忌妒心对于性对象还可能产生暴力行为，而且屡教不改，难以矫正。但我国法律对于同性恋相关行为的性质缺少明确规定，实践中各地掌握也各不相同。历史上曾经把同性恋行为作为流氓罪处理。同性恋者引诱、拐骗未成年儿童作为其性行为对象，或对不愿继续维持同性恋关系的性对象进行威胁、伤害、破坏其家庭及婚姻关系者，应评定为具有完全刑事责任能力，依法追究其刑事责任。鸡奸青少年儿童的行为，可能对受害人产生严重的精神损害，影响其健康成长，但目前尚无明确的法律规定。

### （二）窥阴症者刑事责任能力评定

窥阴症者在一般情况下辨认能力良好，而控制能力有所减弱，可根据实际情况评定为限定刑事责任能力。但要认识到，严厉的处罚可使其不良行为得以消退，因此对初发者，控制能力却非明显减弱的窥阴症者，应考虑判定为完全刑事责任能力，以使其尽早纠正不良行为。

### （三）露阴症者刑事责任能力评定

露阴症者在一般情况下具有良好的辨认能力，但控制能力有所削弱，同时不会给对方造成严重的危害，一般评定为限定刑事责任能力或减轻处罚，对于屡教不改者则评定为完全刑事责任能力。也有学者认为，对于初犯者，控制能力如无明显削弱，则给予完全刑事责任能力的评定，以使其尽早纠正不良行为。

### （四）恋物症者刑事责任能力评定

一般恋物症者很少发生严重的危害行为，但有时可出现偷窃行为，此时其辨认能力存在但控制能力有所减弱，可评定为完全刑事责任能力。

### （五）异装症者刑事责任能力评定

异装症者如果不出现在公共场所，不会对社会造成危害，如果出现在公共场合，可能扰乱社会治安，应评定为完全刑事责任能力。

### （六）性受虐症及性施虐症者刑事责任能力评定

由于性受虐症往往不触及刑法，也未触及治安处罚条例，因此，可不涉及其刑事责任能力评定，应以心理治疗为主。

性施虐症是一种比较严重的性心理障碍，是通过虐待性对象使其遭受肉体痛苦，从中获得性满足，其虐待的方式如鞭打、针刺或伤害性对象的乳房、阴部、头发，殴打、捆绑性对象，少数者可导致色情杀人，即把杀人作为性交的同等物或一种替代，或在性交时为达到性高潮而杀人，或性犯罪杀人灭口，或强奸致死，或突然杀人。性施虐者不存在辨认能力及控制能力削弱，因此应评定为完全刑事责任能力，这类案件如致人伤残及死亡者，应依法追究其刑事责任，而对色情杀人狂者，则应从重处罚。

（七）恋童症者刑事责任能力评定

恋童症行为方式主要有抚摸、手淫、玩弄外生殖器等，严重的可行鸡奸及强奸，由于恋童症对儿童身心造成极大损害，性质较为恶劣，且恋童症者在实施危害行为时无辨认能力及控制能力的削弱，应评定为完全刑事责任能力。在刑事上应依法给予严惩。

（八）恋尸症者刑事责任能力评定

恋尸症者辨认能力及控制能力一般完好，所以在刑事责任能力评定时，应评定为完全刑事责任能力。

（九）性摩擦症者刑事责任能力评定

性摩擦症者由于辨认及控制能力完好，所以，在一般情况下具有完全刑事责任能力。

## 二、典型案例

（一）恋尸症者涉嫌流氓、强奸案①

案由：涉嫌流氓、强奸案

被鉴定人：张某，男，27岁，汉族，高小文化，农民，未婚，××省×县人

鉴定目的：是否有精神病及其作案时的辨认和控制能力

鉴定日期：1984年9月18日

1. 案情摘要

张某自1974年（17岁）起，与有夫之妇Y某通奸并长期姘居。为此，双方家庭多次对张某、Y某二人批评、指责并进行捆打。1981年后，双方来往明显减少。同年4月17日，张某偶然得知W女（31岁）病死，便伺机潜入停尸间触摸女尸乳房及阴部并获得强烈性快感。W被埋葬后，张某遂于深夜掘墓奸尸。此后，只要打听到附近地区有年轻女性死亡，张某便千方百计趁夜深人静之际潜入墓地作案。每次钻入墓穴后都要点燃油灯或蜡烛查看并触摸女尸，然后或进入棺内或拖尸至地面进行奸尸。3年来，张某先后掘墓7处，被凌辱女死者最小18岁，最大34岁，平均25.9岁。奸尸时距死亡时间最短3.5天，最长35天，平均13.1天；距埋葬时间最短1天，最长8.5天，平均2.4天。有的尸体被凌辱时已明显腐败；张某在作案时，偶尔也盗窃死者的随葬物品与衣物等。案发后，Y某受牵连（接受部分张某盗窃的随葬物），自缢身亡。

---

① 案例摘自纪术茂、高北陵、张小宁主编：《中国精神障碍者刑事责任能力评定案例集》，法律出版社2011年版。

另外，还发现张某涉嫌强奸案1宗。

案件审理中，被鉴定人的亲属提出其行为不符合常理，认为其患有精神疾病，因此办案机关委托对其进行司法精神医学鉴定。

2. 检查所见

被鉴定人意识清晰，仪装整洁。入室后即主动与在场的工作人员打招呼，接触合作良好，对各种检查均表现合作。对人物、时间、地点的定向力与领悟力均正常。情感适切并与思维活动协调一致。对答切题，语言流畅，联想过程无异常。一般常识尚可，知道农事季节与农作物播种和收割的关系。但计算能力稍差，两位数加法常出错。被鉴定人诉说其于17岁时和Y某发生不正当两性关系，之后就再也控制不住自己，听不进长辈与亲友的好意劝说。由于其执迷不悟，为此导致双方亲属大闹3次，Y某的亲属曾把他头部打成重伤。以后感到恐惧才与Y某交往稍疏，但仍有来往。而且，还曾经趁夜深人静的时候潜入他人居室，与熟睡中的某妇女发生性行为（偷奸，被法院定为强奸）。出于无奈，他曾经到X县等地流浪，给人家打零工混饭。问其案件情况时，被鉴定人愿意回答提问。据其诉说，某日，他得知村民L的妻子因病死亡，便溜进停尸房偷摸尸体胸部和阴部时获得强烈的性快感。从此，他为了满足与发泄性欲，便经常有目的地打听附近地区年轻妇女死亡消息，再千方百计确认地点后去掘墓奸尸。由于当地处黄土高原，棺木埋葬深度均达2米或以上，所以常劳累半夜或翌日凌晨才挖掘到。他随身携带火柴和蜡烛，钻入墓室撬开棺材查看女尸和奸尸；由于墓室地方狭小，就用裤带等将尸体绑在自己的一条腿上拖到地面。掘墓奸尸时既兴奋又紧张，也害怕被人发现，而且也有被夜间行路人惊动仓皇逃走的情况。他并不想沉尸地面，而是来不及掩埋。问其奸尸时的感受时，被鉴定人愿意陈述细节，并说："尸体只不过不会说话，不能活动，但照样能满足性欲要求，甚至感到比与活人性交还满意，还好。"他说，这些女尸虽然冰冷，有的已高度腐败糜烂发臭，面目全非，他便将死者的衣服翻转掩盖面部，但他仍能从中获得性高潮与射精（与现场勘验、法医检查结果一致）。他还承认从奸尸得到的性高潮比与其姘妇性交还要高，这是与Y某的交往较前疏远的原因之一。

让其自由陈述原因时，被鉴定人认为自己这样做是因为：(1) 受到社会上不良风气的影响，养成流氓淫荡的坏习气；(2) 从17岁受到Y某的性挑逗后再也难以控制自己，性欲过旺，而又与Y某交往遇到困难；(3) 养父对他冷待，使他产生了厌世与自暴自弃心理；(4) 1976年（19岁）曾听到有人讲过"奸尸还阳"的故事，使他知道了"世上还有这种事（奸尸）"，但他再三强调，实际上并不相信女尸因此会复活的说法；(5) 缺乏法制观念，认为奸尸并不犯法。

被鉴定人对其既往的行为追悔莫及，不时悲伤流泪。能正确评价其行为对社会的危害性与恶劣影响，诉说自己的行为"给社会上的人们带来痛苦和恐慌，给社会主义国家造成了极大耻辱，对不起党和政府，感到极端对不起死者及其亲人"。被鉴定人知道附近几个乡县的农村中若有年轻妇女死亡下丧后，常有家属日夜轮流守护，以免坟墓被掘的事情。不认为自己有精神疾病，只说被逮捕后思想负担很大，夜里常做噩梦。

未发现被鉴定人病理性错觉、幻觉、感知障碍与病理性思维内容及思维逻辑障碍。自知力存在。

3. 分析说明

(1) 精神医学诊断分析

① 被鉴定人张某幼年体质较弱，三四岁开始学走路。于 8 岁入学后，语文成绩居中游，但数学常不及格。但是，成年之后劳动能力一般，会做各种农活，与多数同龄村民表现无明显差异。智能测验成绩（HQ 78）稍差，但他在较难的相似性测验中得分较高（10 分）。第四例外测验结果提示其抽象概括能力在正常范围，据其既往表现和量表评定也无社会适应能力障碍，说明并无明确的智力缺陷。

② 被鉴定人在案发前虽曾头部受伤，但无后遗症；既往亦无癫痫发作史。调查资料和各种检查结果，可排除精神分裂症或者其他精神病性障碍。

③ 在连续几年中，被鉴定人不仅触摸女尸乳房、阴部能获得性快感，并且对死亡已达 35 天之久，业已腐臭糜烂的女尸进行奸淫也能获得性欲满足，其性高潮可以与活着的人性交一样或超过之，在这同时，他与姘妇的性结合中性驱力却明显减弱。这些表现显然是一种异乎寻常，符合恋尸症的特征，属于变态的性偏好障碍。

④ 调查资料证实，被鉴定人平素性格固执，任性，话少，与邻居等交往较少，长期感到家庭不愉快，生活缺乏准则和目的，不服管教。心理测验结果显示被鉴定人一系列心理适应不良特征，性格内向，情绪不稳，容易出现情绪消极，迟缓，犹豫不决，往往把失败归咎于环境和条件不好；好抱偏见，不关心他人，喜欢一些古怪的不平常的事情，易发生问题行为（包括违法行为）。有许多性幻想和现实冲突，主要是通过反向作用（将不好的欲望相反地表现出来）、置换（以相似对象替代不能获得的），并以明知可能受惩罚的行为等消极的应对方式处理日常生活中遇到的难题和心理冲突。测验还提示其存在社交脱离，孤僻，固执，倔强，怪癖，思维奇特，遇事喜欢钻牛角尖，待人冷淡，对赞扬或批评都无所谓，以及缺乏愉快情绪体验为特征的分裂样人格障碍倾向。可与调查资料印证。综上所述，被鉴定人张某的临床表现符合恋尸症和分裂型人格障碍可以排除癫痫、精神分裂症或者其他精神病性障碍。

(2) 作案时辨认和控制能力分析

① 侦查发现，被鉴定人于 1981 年至 1984 年 3 月期间，连续掘墓奸尸 7 次，强奸妇女 1 人。被鉴定人实施作案行为长达 3 年之久，其平时留意对象、事前精心踩点、作案选择夜深人静的时候、携带并不引人注目的劳动作案工具等一系列手段，使得其行为十分诡秘隐蔽，长期不被人发现。而且，侦查期间被鉴定人还混迹于人群之中打听消息，甚至跟上他人的议论发表意见，表现得异常镇静。

② 被鉴定人行为的动机和目的十分明确，即获得性快感和性欲满足。恋尸症属于性心理障碍，它是一种性偏好障碍，并非精神病性障碍。综观全案，其一，从其作案行为的经过和侦查审讯，以及鉴定中的表现，均说明被鉴定人并不是对自己的行为丧失了实质性的辨认能力。事实上，正如被鉴定人自己所说，其行为的原因是缺乏法制观念，认为奸尸并不犯法。其二，被鉴定人从来没有想过，也绝不会在警察或其社会

管理者前作案。事实上，他总是采取十分隐蔽的方法和时时刻刻想到如何保护自己，也说明并非真正丧失了控制能力。鉴于上述事实，评定其为完全刑事责任能力。

4. 鉴定意见

（1）被鉴定人张某患有恋尸症（性偏好障碍）和分裂型人格倾向。

（2）被鉴定人张某于 1981 年至 1984 年 3 月实施掘墓奸尸和强奸行为时，不存在精神病性障碍，能够辨认和控制自己的行为，评定为完全刑事责任能力。

（二）多形性性心理障碍涉嫌强奸、猥亵妇女案[①]

案由：陈某某涉嫌强奸、猥亵妇女案

被鉴定人：陈某某，男，28 岁，汉族，农民，初小三年文化，某某省某某县某某公社人

鉴定目的：有无精神病及对自己行为的辨认能力和控制能力

鉴定日期：1984 年 11 月 7 日

1. 案情摘要

1984 年 2 月 9 日，被鉴定人陈某某因强奸妇女被某某县公安局依法逮捕。因其除有强奸幼女，拦路企图抢劫或强奸妇女，长期偷窃等违法行为外，尚有经常窥视妇女大小便、洗澡，用妇女月经带蒙在嘴部当口罩，收集和饮用女性尿液等异常行为，怀疑其患有精神疾病。因对其精神状态不能确定，故县公安局申请司法精神医学鉴定。

2. 检查所见

被鉴定人意识清晰，主动和被动接触良好，合作尚佳。人物、时间、地点的定向力大致正常，领悟能力较差。常识能力差，不能够正确回答日常农事常识。计算能力很差，简单二位数字加减亦有差错，即便是让其扳手指计算也感到相当困难。经常面带不适当的微笑，显得无忧无虑和不适当的天真，没有做作或者避免对视的现象。思维内容比较贫乏单调，当问即答，对答切题，但是均过分简单。抽象思维能力检查有明显障碍，不能理解“过河拆桥”“朝生暮死”等成语的含义。

被鉴定人对档案中犯罪事实能承认并简单叙述回忆，也愿意复述，没有明显的羞耻感。承认自己经常喜欢窥视妇女下身。有时趁机躲在厕所下方收集妇女的尿液，并且饮用；有时千方百计地偷窃妇女的月经带做口罩。问其为何如此，被鉴定人诉说，这样做可以获得强烈的性兴奋及性快感，因此乐此不疲。而且，明知这种行为为人不齿，很丑恶，并说自己这样做“不对”，但自感控制不易。被鉴定人虽然能够肤浅地了解其行为违法，“对社会造成了危害”，是“对他人的侵犯”，但智能检查有明显缺陷，对自己违法行为的社会影响与意义的实质性理解明显不足。

未发现病理性错觉、幻觉、妄想及特殊思维障碍等精神病性症状。

---

① 案例摘自纪术茂、高北陵、张小宁主编：《中国精神障碍者刑事责任能力评定案例集》，法律出版社 2011 年版。

3. 分析说明

（1）精神医学诊断分析

① 被鉴定人于12岁之后入学，学业很差，难以接受初等文化教育，小学三年级便辍学。鉴定时，被鉴定人领悟能力较差。常识能力差，不能够正确回答日常农事常识。计算能力很差，简单二位数字加减亦有差错，即便是让其扳手指计算也感到相当困难。经常面带不适当的微笑，显得无忧无虑和不适当的天真，没有做作或者避免对视的现象。思维内容比较贫乏单调，当问即答，对答切题，但是均过分简单。抽象思维能力有明显障碍，不能理解“过河拆桥”“朝生暮死”等成语的含义。智力测验成绩为64，明显低于正常值。但是结合其平时社会适应能力评定，被鉴定人应该属于轻度（偏重）精神发育迟滞。结合其脑电图异常、六指畸形和轮替动作协调障碍等体征，考虑有脑器质性病理因素存在。因其胞弟也有六指畸形，所以很可能与其遗传基因有关。

② 被鉴定人自幼多动，逃学，说谎，品行不良；成年之后，生活无目的，很少参加劳动，到处流浪，偷窃成性，而且经常有与社会习俗和道德规范不相容的行为，屡教不改。这些表现符合反社会人格障碍的特征。

③ 调查资料证实，被鉴定人于少年时期（15—16岁）就因为性犯罪而被判处有期徒刑3年。1979年11月被鉴定人刑满释放，在夜间用纱布、毛巾等蒙面对过路妇女拦截，企图抢劫和强奸，造成人心惶惶。他经常在河边、桥下窥视妇女洗澡和大小便过程，收集和饮用女性尿液，把妇女月经带当成口罩，在人群拥挤处对妇女进行抚摸猥亵。被鉴定人承认，这样做是为了引起强烈的性兴奋和获得性满足。这些事实说明，其存在多形性性心理障碍。

被鉴定人的表现符合多形性性心理障碍和反社会人格障碍的诊断标准。可以排除癫痫性精神病和精神分裂症等精神病性障碍。

（2）作案时辨认和控制能力分析

① 侦查证实，被鉴定人因为涉嫌强奸、猥亵妇女案，已经于1984年2月9日在某某县被依法逮捕。讯问时，被鉴定人对其犯罪行为事实供认不讳，口供前后一致。

② 调查资料证实，被鉴定人不仅涉嫌强奸妇女，而且有猥亵妇女的行为。被鉴定人行为古怪离奇，他不仅经常以窥视妇女洗澡和大小便过程为乐，而且收集和饮用女性尿液，把妇女月经带当成口罩，在人群拥挤处对妇女进行碰撞抚摸。这些行为的动机和目的不同寻常，是为了获得强烈的性兴奋和获得性满足，主要与多形性性心理障碍有关。

③ 根据司法精神病学原则，被鉴定人的精神状态，虽不属于精神分裂症等重性精神病，但由于精神发育迟滞与脑器质性病理因素等原因，从而削弱了其实质性的辨认能力与自控能力，对其性本能冲动违法行为起一定的作用。

④ 被鉴定人作案时不存在“法律性精神错乱”，但是其尚有多形性性心理障碍（窥阴、恋物及恋尿色情癖）表现，也与其精神发育迟滞、脑器质性病理因素有关。对这种精神障碍目前尚无根治医疗方法，可认为属于一种“心神耗弱”或“精神薄弱”

状态。“心神耗弱”状态，对其实质性辨认能力与自控能力有一定的削弱，故评定为限定刑事责任能力（建议适当减轻而负大部分责任）。

⑤ 因被鉴定人属于轻度精神发育迟滞和反社会人格障碍者，其今后仍可能继续对社会造成危害后果，因此建议对其长期进行严格管理监护。

4. 鉴定意见

（1）被鉴定人陈某某患有多形性性心理障碍（性偏好多相障碍）、轻度精神发育迟滞和反社会人格障碍。

（2）被鉴定人陈某某实施强奸、猥亵妇女行为时，因为疾病影响使其对自己的行为的实质性辨认能力与自控能力有一定的削弱，故评定为限定刑事责任能力。建议对其设立监护人。

## 习题

1. 简述性心理障碍的病因与发病机制。
2. 简述性心理障碍的常见种类与表现。
3. 简述如何识别性心理障碍。
4. 简述性心理障碍者的刑事责任能力评定要点。

## 拓展阅读文献

1. 骆世勋、宋书功主编：《性法医学》，世界图书出版公司 1996 年版。
2. 王保捷、侯一平主编：《法医学（第 7 版）》，人民卫生出版社 2018 年版。
3. 郑瞻培：《司法精神病学鉴定实践》，知识产权出版社 2017 年版。
4. 陆林主编：《沈渔邨精神病学（第 6 版）》，人民卫生出版社 2018 年版。
5. 〔英〕霭理士：《性心理学》，潘光旦译，浙江文艺出版社 2018 年版。

第十四章

# 神经症、癔症与相关法律问题

**内容提要：** 本章主要介绍了神经症、癔症的基本概念、常见类型与表现，最后介绍了与神经症、癔症有关的法律问题。

**核心词汇：** 神经症　癔症　恐惧症　强迫症　惊恐发作

**学习要求：** 掌握神经症、癔症相关的基本概念、常见类型与临床表现；熟悉神经症、癔症的诊断标准与法律问题；了解神经症、癔症的病因。

## 第一节　神　经　症

### 一、概述

神经症，旧称神经官能症，是轻型精神疾病的代表，是一组主要表现为焦虑、抑郁、恐惧、强迫、疑病等症状，或神经衰弱症状的精神障碍。该症有一定的人格基础，起病受心理社会（环境）因素影响。症状没有可证实的器质性病变基础，与患者的现实处境不相称，但患者对存在的症状感到痛苦和无能为力，自知力完整或基本完整，病程多迁延。各种神经症症状或其组合可见于感染、中毒、内脏、内分泌或代谢性、器质性疾病，称为神经症样综合征。

根据 CCMD-3 的规定，神经症包括抑郁性神经症、焦虑症、强迫症、疑病症、恐惧症、神经衰弱等。本组疾病具有下述共同特点：

（1）不健全的个性常构成发病基础；

（2）有一定精神因素成为起病诱因；

（3）一般无精神病性症状，社会适应障碍不明显；

（4）无相应的器质性损害；

（5）对疾病有自知力，有治疗要求。

### 二、常见类型与表现

#### （一）抑郁性神经症

本症以持久的心境低落为特征，病前常有程度不是很严重的精神刺激，有的为疾病困惑，有的受到迷信暗示影响。常有不健全个性特点，如缺乏自信、多愁善感、过分敏感、消极自卑等。病程常持续较久。具体表现为：

(1) 情绪症状：自感情绪低落，容易哭泣，兴趣减退，缺乏信心，对前途及自身疾病感到悲观失望，精神不振，无明显的精神运动性抑制症状。当受人关心、同情、劝慰时，或注意力集中于其他事物时，或在良好环境下，情绪会有暂时性好转。

(2) 躯体症状：常伴有头痛、周身不适、疼痛、心悸、胸闷、肢体冷热感、睡眠障碍等。

(3) 自感病情严重，痛苦，有主动治疗要求。

(4) 社会适应能力一般不受影响。

患者在抑郁性神经症的不良情绪影响下可发生伤害、凶杀等行为，但其对象是有指向性的，心境恶劣状态下对所有事物都看不顺眼，在又怨又恨的情绪驱使下会对宿怨者或现实冲突的当事人进行攻击或报复。所以具有现实动机，辨认能力多无障碍，控制能力可有不同程度削弱，由于疾病性质属于非精神病性精神障碍，多数患者不排除刑事责任能力，少数有控制能力明显削弱的患者，才评定为限定刑事责任能力。

（二）恐惧症

又称恐怖症、恐惧焦虑障碍，是一种以过分和不合理地惧怕外界客体或处境为主的神经症。患者明知没有必要，但仍不能防止恐惧发作，恐惧发作时往往伴有显著的焦虑和自主神经症状。患者极力回避所害怕的客体或处境，或是带着畏惧去忍受。主要包括场所恐惧症、社交恐惧症以及其他特定的恐惧症。

(1) 场所恐惧症的诊断标准：① 符合恐惧症的诊断标准；② 害怕对象主要为某些特定环境，如广场、闭室、黑暗场所、拥挤的场所、交通工具（如拥挤的船舱、火车车厢）等，其关键临床特征之一是过分担心处于上述情境时没有即刻能用的出口；③ 排除其他恐惧障碍。

(2) 社交恐惧症（社会焦虑恐惧症）的诊断标准：① 符合恐惧症的诊断标准；② 害怕对象主要为社交场合（如在公共场合进食或说话、聚会、开会，或怕自己作出一些难堪的行为等）和人际接触（如在公共场合与人接触、怕与他人目光对视，或怕在与人群相对时被人审视等）；③ 常伴有自我评价低和害怕批评；④ 排除其他恐惧障碍。

(3) 特定的恐惧症［特定的（单项）恐惧障碍］的诊断标准：① 符合恐惧症的诊断标准；② 害怕对象是场所恐惧和社交恐惧未包括的特定物体或情境，如动物（昆虫、鼠、蛇等）、高处、黑暗、雷电、鲜血、外伤、打针、手术，或尖锐锋利物品等；③ 排除其他恐惧障碍。

（三）焦虑症

焦虑症是一种以焦虑情绪为主的神经症，主要分为惊恐障碍和广泛性焦虑两种。焦虑症的焦虑症状是原发的，凡继发于高血压、冠心病、甲状腺功能亢进等躯体疾病的焦虑应诊断为焦虑综合征。其他精神病理状态如幻觉、妄想、强迫症、疑病症、抑郁症、恐惧症等伴发的焦虑，不应诊断为焦虑症，而只能称为焦虑（状态）。

(1) 惊恐障碍是一种以反复的惊恐发作为主要原发症状的神经症。这种发作并不局限于任何特定的情境，具有不可预测性。惊恐发作为继发症状，可见于多种不同的精神障碍，如恐惧症、抑郁症等，并应与某些躯体疾病相区别，如癫痫、心脏病发作，内分泌失调等。

（2）广泛性焦虑是一种以缺乏明确对象和具体内容的提心吊胆，及紧张不安为主的焦虑症，并有显著的植物神经症状、肌肉紧张及运动性不安。患者因难以忍受又无法解脱，而感到痛苦。

（四）强迫症

又称强迫性障碍，是指一种以强迫症状为主的神经症，其特点是有意识的自我强迫和反强迫并存，二者强烈冲突使患者感到焦虑和痛苦；患者体验到观念或冲动来源于自我，但又违反自己意愿，虽极力抵抗，却无法控制；患者也意识到强迫症状的异常性，但无法摆脱。病程迁延者要以仪式动作来减轻精神痛苦，且社会功能严重受损。

（五）躯体形式障碍

躯体形式障碍是一种以持久地担心或相信各种躯体症状的优势观念为特征的神经症。患者因这些症状反复就医，各种医学检查阴性和医生的解释，均不能打消其疑虑。即使有时存在某种躯体障碍也不能解释所诉症状的性质、程度，或其痛与优势观念。经常伴有焦虑或抑郁情绪。尽管症状的发生和持续与不愉快的生活事件、困难或冲突密切相关，但患者常否认心理因素的存在。本障碍男女均会病发，为慢性波动性病程。

（1）躯体化障碍是一种以多种多样、经常变化的躯体症状为主的神经症。症状可涉及身体的任何系统或器官，最常见的是胃肠道不适（如疼痛、打嗝、返酸、呕吐、恶心等），异常的皮肤感觉（如瘙痒、烧灼感、刺痛、麻木感、酸痛等），皮肤斑点，性及月经方面的主诉也很常见，常存在明显的抑郁和焦虑。常为慢性波动性病程，常伴有社会、人际及家庭行为方面长期存在的严重障碍。女性远多于男性，多在成年早期发病。

（2）疑病症，又称疑病性神经症，目前归类为躯体形式障碍中，主要指患者担心或相信患有一种或多种严重躯体疾病，病人诉躯体症状，反复就医，尽管经反复医学检查显示阴性以及医生给予没有相应疾病的医学解释也不能打消病人的顾虑，常伴有焦虑或抑郁。本病多在50岁以前发病，为慢性波动病程，男女均可发生。

（3）躯体形式自主神经紊乱，是一种主要受自主神经支配的器官系统（如心血管、胃肠道、呼吸系统）发生躯体障碍所致的神经症样综合征。患者在自主神经兴奋症状（如心悸、出汗、脸红、震颤）基础上，又发生了非特异的，但更有个体特征和主观性的症状，如部位不定的疼痛、烧灼感、沉重感、紧束感、肿胀感，经检查这些症状都不能证明有关器官和系统发生了躯体障碍。因此，本障碍的特征在于明显的自主神经受累，非特异性的症状附加了主观的主诉，以及坚持将症状归咎于某一特定的器官或系统。主要包括：

① 心血管系统功能紊乱：包括心脏神经症、神经循环衰弱、β-受体功能亢进综合征。

② 高位胃肠道功能紊乱：胃神经症包括心因性吞气症、呃逆、消化不良、幽门

痉挛。

③ 低位胃肠道功能紊乱：包括心因性激惹综合征、腹泻综合征、胀气综合征。

④ 呼吸系统功能紊乱：包括过度换气症及心因性咳嗽。

⑤ 泌尿生殖系统功能紊乱：包括心因性尿频和排尿困难。

（4）持续性躯体形式疼痛障碍，是一种不能用生理过程或躯体障碍予以合理解释的持续、严重的疼痛。情绪冲突或心理社会问题直接导致了疼痛的发生，经过检查未发现相应主诉的躯体病变。病程迁延，常持续6个月以上，并使社会功能受损。诊断需排除抑郁症或精神分裂症病程中被假定为心因性的疼痛、躯体化障碍，以及检查证实的相关躯体疾病与疼痛。

（六）神经衰弱

神经衰弱，是指一种以脑和躯体功能衰弱为主的神经症，以精神易兴奋却又易疲劳为特征，表现为紧张、烦恼、易激惹等情感症状，及肌肉紧张性疼痛和睡眠障碍等生理功能紊乱症状。这些症状不是继发于躯体或脑的疾病，也不是其他任何精神障碍的一部分，多缓慢起病，就诊时往往已有数月的病程，并可追溯导致长期精神紧张、疲劳的应激因素。偶有突然失眠或头痛起病，却无明显原因。病程持续时轻时重。近代以来，“神经衰弱”的概念经历了一系列变迁，随着医生对神经衰弱认识的变化和各种特殊综合征和亚型的分出，在美国和西欧已不作此诊断，CCMD-3工作组的现场测试证明，在我国神经衰弱的诊断也明显减少。

## 第二节　癔　　症

### 一、概述

癔症是司法精神医学鉴定中常见的一类精神障碍，尤其多见于伤害案件中。癔症属于发作性疾病，少有迁延性，但也有迁延数年、数十年不愈的。女性患者多于男性。不少患者有性格缺陷或属于癔症性人格，往往受到某种精神刺激后初次发病，可以因再次受到刺激后复发，也可以在没有任何外界刺激的情况下，由于回忆、联想、自我暗示、内心不满情绪的发泄而复发。根据弗洛伊德的观点，癔症的发病主要是内心深处或潜意识内的矛盾冲突所致。癔症的表现可以说是千变万化的，几乎可以表现出任何一种精神疾病的症状，实际上，所有这些表现都有其内在的心理活动作为基础，常常表现为做作、夸张、戏剧性。有人将癔症的表现比喻为做戏，患者潜意识进行自编、自导、自演的做戏行为。但这种做戏行为并非患者的故意伪装行为，并非来源于意识层面，而属于潜意识层面。所以，千万不可将癔症看作患者的诈病行为。

### 二、发病原因

癔症发作大多在精神因素作用下诱发，在原有性格特征基础上发生。

（一）精神因素

涉及司法鉴定的案件中，患者大多数是在争吵、斗殴等纠纷中受伤，尤其是在头部受到外伤后更加容易发病，有的就在受伤当时发病。大多数是伤后一段时间，一两天到数周时间内，往往见于经济赔偿要求、惩罚对方的要求难以得到满足的情况下，因气愤、委屈、恐惧等情绪作用下诱发，以后可以因受到别人暗示或自我暗示而复发，也有因家庭纠纷、婚姻问题受到外来干涉而发病的。弗洛伊德认为癔症是纯粹精神因素起决定作用的疾病。

（二）患者的个性特征

癔症患者病前的个性特征大致如下：

1. 感情丰富夸张

病前患者大多表现出感情丰富，对人热情而又易波动，容易受到环境的影响发生过分强烈的情感反应，往往带有夸张和戏剧性的色彩。感情变化较快，可由一个极端走向另一个极端，如由过分喜爱一下子走向极度的憎恨。

2. 自我中心

患者希望自己成为众人关注的中心，喜欢以各种方法来夸耀和显示自己。对别人百般挑剔，总认为别人不如自己。

3. 易受暗示

患者容易接收别人的暗示而影响自己的言语行为及感情，尤其对于情投意合的或者自己崇敬的对象，则更容易接收其暗示。同时由于感情作用而又发生自我暗示。尤其以往有过癔症发作者，当回忆到以前促使他发病的情景时，更容易因自我暗示作用而发病。

4. 丰富的幻想性

患者特别富于幻想，而且幻想的内容生动。在强烈的情感反应的影响下，可能将现实和幻想混淆，甚至患者自己也难以辨别真假，而作出出格行为，但在情绪平静后又会后悔。

癔症的发病与个性特征及环境因素之间的关系具有相对性，当性格特征不是很突出时，环境因素则起到较大作用；当性格特征非常明显时，环境因素即使不明显，也可能发病。

历史上对癔症的发病原因，曾经有过各种各样的解释。古希腊医圣——希波克拉底曾经坚持认为，癔症是属于女性特有的疾病，与女性的子宫有关，由于女性的子宫位置不固定所致，甚至将癔症命名为“子宫病”。还有一些迷信的观点认为癔症是鬼神附体所致，这种观点到目前为止，在很多人的脑海中仍然存在，为此还产生了用桃枝鞭打、灌血或灌粪便等荒谬的治疗方法。但事实上，确实有一些人因此而获得自愈。这与此类“治疗”方法的暗示作用有关，并非是真正的治疗结果。

## 三、常见类型与表现

癔症的症状表现可谓种类繁多，形式各异，有些以精神症状为主，有些以躯体症状为主，也有两者兼而有之。发作的内容与患者个人生活背景、经历、文化程度等均密切相关。尤其当患者所处的生活环境中曾经出现过癔症患者，目睹过癔症患者发病，其产生的症状会具有某种相似性或联系。常见类型有：

（一）癔症性精神障碍

又称分离症状，指那些本来是属于一个整体的精神活动现在相互分离了。常见有下列类型：

（1）癔症性朦胧发作。表现为患者意识范围狭小，精神活动局限于引起发病的不快体验，行为动作与这些体验相符合，情感反应鲜明生动，表情动作富有戏剧性和幻想性。对周围定向不完整，常错认亲人，有时可出现错觉和幻觉，内容形象生动、具体，富幻想性。一般一次发作不超过几十分钟，发作突然终止，大多不能回忆。

有的朦胧程度较轻的患者，发作持续时间可较久，动作行为保持完整性，可外出流浪，称癔症性漫游症，特征为：① 从住处和常去的地方出走，不辞而别；② 发生在白天醒觉时；③ 事先无任何目的和构想，开始和结束都突然；④ 在漫游过程中基本能自我照料（饮食、个人卫生等）及与陌生人的正常简单交往（如搭车、问路），一般短暂的接触不能发现明显的精神异常；⑤ 存在身份觉察障碍；⑥ 事后有遗忘。

（2）癔症性情感爆发。患者常在精神因素作用下迅速发病，表现为哭笑、打滚、喊叫、吵闹、撕衣、毁物、咬人、殴打等，行为幼稚，表情夸张做作，言语内容反映内心的不快体验。一般发作时间较短，呈阵发性，人多时发作更频繁、严重，俗称“人来疯”。发作过后部分遗忘。

（3）癔症性身份障碍。患者在精神因素影响下急性起病，主要表现为自己身份的觉察障碍，即呈现双重或多重人格，常见形式为认为神鬼或死者的亡灵等附体，取代患者的原来人格，或不同时期内表现为两种以上的人格。发作时对周围环境不能充分觉察，注意和知觉限于周围人和物的某些方面，且与患者改变了的身份相联系。

（4）癔症性遗忘症。患者遭受精神创伤后，通过强烈的情感体验而急剧发病，表现为阶段性遗忘或选择性遗忘，对自己生活中某一段时间的经历完全不能回忆，或遗忘那段不幸遭遇及痛苦经历。也可以表现为对既往的一切全部遗忘，甚至连自己的姓名、年龄和职业也不复记忆。虽然记忆完全丧失，但患者仍然能对周围环境应付自如，料理好生活，呈现矛盾现象。当深入观察和检查时，尚能发现实际上的记忆犹存迹象。遗忘的内容可以通过催眠暗示重新恢复记忆。

（5）癔症性假性痴呆。即在强烈精神因素下导致的暂时性脑功能障碍，患者表现出痴呆症状，但并非器质性的，也并非不可逆的。如对生活经历遗忘，不认识亲友，不知自己的姓名和年龄，说不出普通事物的名称，或给予荒谬回答，或近似回答，行为表现错误百出，情感幼稚。此种现象发生突然，消失迅速。智能检查发现其严重程度与行为表现显得矛盾、不一致，如对简单问题不能正确回答，而对较复杂问题反能正确回答，智能检查结果很差的人，却能作出复杂行为，或对外界应激作出适当的反应，给人以有意做作的印象。有的患者伴有意识障碍，称为甘瑟综合征。

有的患者自称儿童，其讲话声调、内容、表情、动作都和儿童一样，显得十分幼稚，称为童样痴呆，也是假性痴呆的一种表现。持续时期一般较短，但也可长年累月地持续下去，甚至生活不能自理，可见于轻度颅脑外伤后。

（6）癔症性木僵。患者在遭受强烈精神创伤后，表现缄默不语，不食，全身僵直，呼之不应，推之不动，大小便不能自理，对外界刺激无反应。但对光反应灵敏，双目紧闭，强行翻开眼皮时，可见眼球转动，伴有一定程度意识障碍，持续时间一般较短，数十分钟至数小时，个别患者持续时间较长。采用麻醉分析方法，患者的症状能迅速改善。

（二）癔症性躯体障碍

又称转换症状。根据精神分析理论，未能得到满足的本能愿望和未能解决的心理冲突被压抑到无意识中去，然后在转换反应中以躯体的形式表现出来，而且转换反应的症状表达方式具有象征意义，疾病获益是其最终目的。可有下列表现：

(1) 感觉障碍：包括失明、弱视、复视、管状视野、耳聋、疼痛、咽喉部梗阻感等。

(2) 运动障碍：包括肢体瘫痪、站立不能、步行不能、痉挛发作、舞蹈样动作、失音等。

(3) 自主神经障碍：包括打嗝、嗳气、呕吐、腹痛、尿频、尿急等。

## 第三节　神经症、癔症的司法鉴定

### 一、神经症的司法鉴定

（一）神经症的认定

神经症的发生、发展与社会、心理因素密切相关，主要以患者主观感觉上的不适为主，没有相应的器质性损害。患者大部分的社会功能可以保持或相对保持。有良好的自知力，对自己的不适有充分的感受，而且大多数能主动求治，因此在司法鉴定实践中涉案的比例不是太高，据文献显示大约占 1.13%。① 涉案的主要类型包括伤害、杀人、危害公共秩序、妨碍公务，个别有涉及诈骗。

刑事与治安处罚刑事责任能力评定方面，综合考虑病情严重性和病情与涉案行为之间的因果关系两方面的要素。如强迫症，病情严重，涉案行为与病理性直觉有明确的因果关系的，可评定为限定刑事责任能力。强迫症继发严重的抑郁时，可参考抑郁症的有关评定准则。精神分裂症伴强迫症状的，一般以精神分裂症的评定原则来定。恐惧症伴随严重的强迫性恐怖情绪，处于重性抑郁状态而实施危害社会行为，参照抑郁症的评定原则进行评定。对于焦虑症和疑病症，一般而言其辨认能力和控制能力无明显障碍，通常评定为完全刑事责任能力。除非有足够证据表明其辨认或控制能力明显削弱或丧失的，可评定限定或无刑事责任能力。一般情况下应从严掌握。

（二）典型案例②

案由：赵某涉嫌故意杀人案

① 参见纪术茂、高北陵、张小宁主编：《中国精神障碍者刑事责任能力评定案例集》，法律出版社 2011 年版，第 744 页。

② 案例摘自纪术茂、高北陵、张小宁主编：《中国精神障碍者刑事责任能力评定案例集》，法律出版社 2011 年版。

被鉴定人：赵某，男，29岁，已婚，汉族，中专文化，某某市某某设计院干部

鉴定目的：有无精神病及其对自己行为的辨认能力和控制能力

鉴定日期：1994年7月22日

1. 案情摘要

1991年2月10日晚10时许，被鉴定人赵某同妻子南某某入住某某县城某某旅社，闲谈中发生口角，赵某打了南某某一拳，又推了一把，将南某某的头碰在墙上。南某某呼喊时，赵某用双手掐其颈部，致南某某机械性窒息死亡。赵某把南某某的尸体装入麻袋投弃于离旅社50米处的河桥涵洞内，随即外逃。1994年4月16日，赵某到某某市火车站广场派出所投案自首。审理中，群众反映其精神状态反常，因对其精神状态不能确定，故由当地公安机关委托对其进行司法精神鉴定。

2. 检查所见

第一次（1994年7月22日，距案发时间三年半）：被鉴定人意识清晰，仪容整洁，定向力、领悟力正常。知道被送来检查，接触良好，表情自然，没有任何伪装表现。对答切题，联想过程无障碍。情感反应与思维协调一致。能正确陈述其既往经历。诉其既往体健，性格较内向，心情舒畅时则喜欢交际，给人以比较活跃的印象。被鉴定人能够主动地表达自己的病后不适，并能分析其发生的原因。

被鉴定人在自由陈述时，诉说了其多年来的不适体验。诉其1989年毕业于南京某技工学校，同年与南某某结婚，虽然婚前接触不多，但婚后相爱体贴，生活浪漫，双方感到满意。之后，因长期分居两地产生情感隔阂，互相怨恨，精神受到很大刺激，心情压抑，十分苦闷。这使其逐渐出现反常体验，主要是感到脑力迟钝，工作能力下降。更奇特的是感到自己的身体变成了空壳，灵魂逸出体外，飘浮在头顶之上，或似电波样可以从头部一下子流到地上，有时还感到他与周围的人粘贴或吸引到一起，分离时还有嘣嘣的响声。有时感到头脑一下子变得非常聪明，一会儿又感到头脑胀满，像被充了气或者灌了水一样，人变得很烦躁，情感失去自我控制（人格解体、情感解体）。经常感到外界事物不真实，整天模模糊糊，如雾里看花，懵懵懂懂（现实解体）。有时见了不相识的人，感到似曾见过，对熟悉的人却又感到十分陌生。时间也变得停滞不前，或者很快流逝（感知觉综合障碍）。病后自己变得极易发怒，心情不悦时更受不得刺激。一次别人未打招呼拿走了他的计算器，一周才归还时，就感到头脑一下子变得很大，像要炸裂一样。每次妻子来信刺激他，与他争吵或对他表示不满时，他就会突然出现这种体验，并感到心痛、背痛，好像是她用刀刺自己。妻子在他面前，也有被吸引的感受，感到非常恐惧、害怕。而且，在生气时会手发抖、身体麻木、呼吸不畅、憋气、胸闷。由于感到极端痛苦，曾找民间巫医看过病。也因此离开单位准备出家，又因看到当和尚太清苦，加之手续复杂未办成，才返回到大同住在南某某处。问其出事时的情况，被鉴定人诉说当日到某某地洗澡、玩耍，晚上因说话不投机，他打了她一拳。她高声呼喊时使他又突然感到极为恐惧，害怕南某某吸引他，又怕她告诉她家人找他麻烦，还怕她叫来人，这使他当时就歇斯底里发作了，一直到将其扼颈致死。事后外出游荡，给人家干活，混饭吃。在小庙干活时遇到一位懂医的和尚，给

他服中草药等“开窍药”，连服两三个月，前述不适基本消失了。前后历时约一年之久，没有明显的异常感受。剃度之后一度又出现灵魂逸出体外的感受，认为周围的和尚扮演了南某某的角色。经常做噩梦，认为这是“受魔”了。加之心里有事修行不下去，就想到必须先消罪，把罪过说出来让人知道，受到应有的惩罚，得到别人谅解和不再追究，自己心里感到安慰。经过一番折磨和思考，才幡然悔悟并决然回原籍投案自首。在看守所又感到受不了，前述异常体验又出现，但不甚严重，尚能忍受。愿与政府合作，受到公正的法律制裁。自知力存在。

第二次（1994 年 8 月 1 日）：意识清晰，合作，诉其在经历了长期的精神创伤后出现精神崩溃，头脑像塌方了，心脏像受到南某某的刀捅过一样。一看到南某某的信件即出现这种感受，过后又感到不能集中注意力，丢三落四，不能胜任工作。出事前约半年，在敦煌找乡下的巫医看过，巫医说他是“回光返照”，精神不正常。

让其对自己的笔记本上的杂乱图形及文字进行解释时，被鉴定人说这些都是出家后画的。它记载的是本人的体验和煎熬，因为身在寺庙不便于明文直叙，只好采取这种方式。如指着某图形说他因使用电热壶烧水，入睡后头顶上便出现了众多神魂咆哮的恐怖气氛。自己如果说了一句言不由衷的话，或做了悖逆佛教的事，就会做噩梦，感到身体极度不适，如感到头面部出现犹如要爆炸一样的振荡、崩裂或沉重感。有时感到神志被人控制，处于一种难以名状的被动状态（类似被控制感）。能感到自己的神经回归大脑，有时又脱出。某日，感到一条长长的神灵之带进入脑中，随即感到全身有缠绕感，身体被扯拉。打太极拳时，胃内出现南某某魂魄哭泣声。认为头顶出现层层雾罩感，左腿麻木是南某某神魂所致。剃度之后，上述情况加重，认为这也是南某某的神魂使然。佛教把这类情况称“受魔”，是因为有罪过。他认为世上确有神鬼，因为确实感觉到了，也真实看到了正如佛学所说的五眼（肉眼、天眼、佛眼、慧眼和法眼）和六通（天眼通、天耳通、他心通、宿命通、漏尽通和身如意通），他的感觉就不是通过肉眼，而是天眼神通，这是常人感受不到也无法理解的。他认为这是科学，不是迷信。佛教让他学会忏悔，为了自己心灵感到安慰，不能苟且偷生，因此决然投案自首。经过反复检查和核对，被鉴定人对于自己书写物之解释，及其神秘体验与其宗教信仰或者自我暗示等有关，并非精神病性症状。自知力存在。

3. 分析说明

（1）精神医学诊断分析

① 被鉴定人赵某平素体健，兴趣广泛，自尊心强。参加工作后靠自学考上南京某技工学校，工作能力和人际关系正常。家人反映被鉴定人既往没有智力障碍，也没有明显的病态人格表现，其家族成员中亦无精神病史。

② 1990 年以来，被鉴定人由于婚姻和家庭生活充满矛盾，感到极为痛苦和不满，又无从发泄，逐渐出现精神活动异常。主要表现在以下几方面：

第一，被鉴定人有明显的以现实解体和人格解体为主的异常体验，如感到外界事物失去真实感，整天模模糊糊，有奇怪的似曾相识或陌生感等，伴有时间知觉的改变。感到自己的灵魂逸出体外，有时感到头脑变得非常聪明，或者变得异常迟钝。有受到吸引的感受，感到非常恐惧、害怕。感到内心体验变得疏远、异己，像处于梦境之中，丧失了对自己精神或躯体的支配，处于一种难以名状的被动状态。期间伴有焦虑、抑郁和恐怖等表现，但是不占突出位置。

第二，被鉴定人的上述体验具有发作性或者波动性特点。如心情不悦时极易发怒，感到头脑一下子变得很大，像要炸裂一样。伴有手发抖、身体麻木、呼吸不畅、憋气、头昏、焦虑和恐惧，担心自己会失去理智，或害怕这种现象再次出现。难以忍受挫折，如妻子刺激他，与他争吵或对他表示不满时，他就会突然出现这种体验，还有感到心痛、背痛，好像是她用刀刺自己。有时体内出现南某某魂魄哭泣声，头顶上出现层层雾罩感，认为左腿麻木是南某某神魂所致。

第三，被鉴定人变得冷漠，不愿与人接触，情绪反复无常，办事不循常理，工作效率明显下降，其社会功能因此受到明显影响。

③ 鉴定发现其性格内倾不稳，有许多受压制的敌意，有将其愤怒合理化的倾向，但是能够主动地表达自己的病后不适和分析其发生的原因。知道这类体验是异常的，感到十分痛苦，但难以消除，曾主动找民间医生诊治。从调查材料及其书写物中可以看出，上述情况的波动性出现以及严重程度与其所遭受的精神挫折密切相关。

④ 被鉴定人的上述疾病表现已经存在四年之久。但是，在服中草药两三个月后，前述不适基本消失。之后历时约一年之久，没有明显的异常感受。

⑤ 被鉴定人在鉴定中虽讲述了许多令人难以理解的故事，但是经过反复检查和核对，其神秘体验与宗教信仰或者自我暗示或者他人暗示等有关。未查及情感淡漠、思维松弛和逻辑障碍等精神病性症状，自知力存在。

综上所述，被鉴定人的精神状态符合 ICD-10 和 CCMD-2 关于“其他神经症性障碍”中人格解体障碍之其他或待分类的神经症诊断标准。可以排除心境障碍、精神分裂症以及其他神经症。

(2) 作案时辨认和控制能力分析

① 据单位证明和调查材料，被鉴定人刚结婚时很爱妻子，经常为妻子的调动而奔波。但是 1990 年下半年以来，夫妻两人来往信件中互相激烈地指责对方，而且语言尖酸刻薄，不堪入耳，被鉴定人愤而将颇费周折才转来的妻子档案材料退回大同，决定出家皈依佛门。同年 11 月 15 日还电告妻子做人流手术，此前还流露两人都去死的念头。1991 年 2 月 10 日晚，被鉴定人与妻子在某某旅社发生口角中，将妻子扼颈致死。这些情况均反映被鉴定人杀害妻子的行为有现实根基和现实矛盾冲突。

② 被鉴定人实施作案行为后，清理了现场，移尸于河桥涵洞内，然后逃之夭夭。在外逃亡三年多，曾几经周折，剃度为僧，直至投案自首。反映被鉴定人长期以来能保持良好的社会功能，没有明显的精神异常表现，对自身作案行为的性质和后果有清醒认识，即有常人的辨认能力，并有良好的自我保护能力。在多次讯问中，赵对其杀人行为事实供认不讳，所述杀人经历与勘验结果一致。这些事实说明其实施杀人行为时没有意识障碍。

③ 调查材料显示，被鉴定人第一次出家未成，曾有行为异常表现。鉴定中，被鉴

定人说他实施杀人的原因是害怕，他打了被害人一拳，自己立即陷入极度紧张恐惧状态，主要怕南某某给她家里人说了寻他麻烦。同时，还说他因病后出现头部似向外溢出什物，妻子又喊叫，增加了其恐惧感。南某某呼喊时，他又双手扼其颈部致其死亡。从上述情况分析，被鉴定人在当时确有情绪激越亢奋，随即将日积月累的绝望付诸激烈的外在行为，这与其所患人格解体神经症、控制自己行为的能力稍有减弱有一定关系。但人格解体神经症并非重性精神病，对其作案行为时的辨认和控制能力并未构成实质性影响。

综上所述，被鉴定人赵某 1991 年 2 月 10 日实施杀人行为时其对自己行为的辨认和控制能力无精神病的影响，应在正常范围内，评定为完全刑事责任能力。

4. 鉴定意见

(1) 被鉴定人赵某患人格解体神经症。

(2) 被鉴定人赵某于 1991 年 2 月 10 日实施杀人行为时，对自己行为的辨认和控制能力无精神病的影响，评定为完全刑事责任能力。

## 二、癔症的司法鉴定

### (一) 癔症的认定与处置

癔症的发生与疾病获益心理机制有关，但不是说患者一旦获得益处之后癔症就会立即消失。实际上在法医学鉴定中常可遇到一些病情长久迁延的癔症患者，虽说已获得益处，但疾病并不就此结束，仍持续存在，这是由于长期疾病后形成的条件反射所致。具有运动障碍者，症状持续较长时间后还可能出现肌萎缩，也不能凭此否定癔症诊断。

癔症性人格是癔症发作的人格基础，癔症性人格患者遇到心理挫折时，也会出现躯体诉述、情绪激动、冲动行为等。但典型的癔症发作是非意识性的，而且有发作性的特点，与单纯的癔症性人格不同，不要把两者混淆。

由于癔症可模拟各种疾病的表现，所以需要鉴别的疾病很多。(1) 鉴别颅脑外伤性精神障碍，还是颅脑外伤诱发的癔症。核心问题涉及经济赔偿，常见现象为痴呆、木僵、遗忘等，需要鉴别真性痴呆与假性痴呆、器质性木僵与癔症性木僵、器质性遗忘与癔症性遗忘。(2) 癔症的临床特点与诈病类似，鉴别上相当困难，实质区别在于"意识"两字，癔症的表现虽有做作性和夸张性，是受疾病心理机制驱使，并非有意识要如此"扮演"；而诈病完全出于意识性动机。需通过详细调查及深入精神检查加以鉴别。

癔症发作原则上不评定伤害程度，特殊情况例外，如轻度颅脑外伤后出现持久性癔症性木僵或假性痴呆状态，对此问题学术界尚有争议，有待以后探讨。

在处理这类案件时，正确的处理方式十分重要。必须抱着客观的、善意的、中立的态度对待患者，这样才有利于顺利办案。当然，迅速地、干脆地了结赔偿也很重要。与此同时，也要采取相应的治疗措施，包括躯体治疗及心理治疗。

### (二) 癔症患者的法律能力评定

(1) 刑事责任能力评定。癔症属于非精神病性精神障碍，发病时一般仍保持辨认及控制能力，基本上评定为完全刑事责任能力。有些患者存在意识障碍，辨认和控制能力受到显著损害时，可评定为限定刑事责任能力。癔症患者是否可评定为无刑事责任能力，应特别慎重，一般不评定为无刑事责任能力。

(2) 行为能力评定。癔症属于发作性疾病，一般不影响行为能力，在发作期间，一般不会进行民事活动。发作期间较长者，可能影响行为能力。

(3) 其他法律能力评定。发作间歇期具有受审能力和作证能力。发作期有意识、智能障碍时，无作证能力和受审能力。一般不影响服刑能力。

另外，癔症发作后可有遗忘现象，这种遗忘需与有意识抵赖相区别，有的案例在作案前和作案时精神状态正常，但作案时由于精神紧张而使之后出现癔症性遗忘，声称回忆不起作案经过，这种现象并不是伪装，而是一种心理防御机制反映。这类案件如果证据调查充分，证明其作案前及作案时处于精神正常状态，仍应评定为完全刑事责任能力。如果患者除了对案件过程遗忘外，能理解诉讼的性质、意义和后果，也能为自己辩解，这样的情况也不应影响案件的正常审理。

(三) 典型案例[①]

案由：李某涉嫌故意杀人案

被鉴定人：李某，男，23 岁，未婚，汉族，农民，初中文化

鉴定目的：被鉴定人有无精神病及其对自己行为的辨认能力和控制能力（刑事责任能力）

鉴定时间：1990 年 9 月 18 日

1. 案情摘要

1989 年 7 月 24 日下午，被鉴定人李某得知其在某某市干活的弟弟李甲（15 岁），由被害人杨某护送返家途中走失后，即约被害人杨某、同村村民张某，于 7 月 25 日早上外出寻找。7 月 25 日，三人乘车到某某市砖厂未查到下落。7 月 26 日，李某、杨某二人又到某某市原干活工地寻找仍未找到。当日下午，二人返途中行至某某市时，李某因找不到其弟与杨某发生口角。当晚二人到某某市下火车前往某某砖厂。行至某某市某某汽车修理部门前躺下休息时，李某乘杨某熟睡之机，用石头照杨某头部猛砸数下，拖至房后又用砖头照杨某头部、面部猛砸数下。李某将杨某砸死后，移尸于房后一土沟里，略加掩埋后逃跑回家。事发两个月余，杨某失踪案件被侦破。李某于 1989 年 10 月 7 日被某某市公安局刑事拘留，同年 11 月 2 日被批捕。在案件审理过程中，李某的亲属反映李某患有精神病，故由市公安局委托对被鉴定人进行司法精神医学鉴定。

2. 检查所见

鉴定在案件发生 56 天之后进行。被鉴定人李某意识清晰，仪态整洁，对人物身份、方位、地点和时间定向正常，领悟力和记忆力正常；检查尚合作，问答切题，联

① 案例摘自纪术茂、高北陵、张小宁主编：《中国精神障碍者刑事责任能力评定案例集》，法律出版社 2011 年版。

想过程无障碍；情绪低落，情感反应与思维内容协调一致；陈述时总是抱着期望得到理解和同情的目光，没有伪装的表现。被鉴定人自称其又叫李乙（系其乳名），从小学到初中二年级，在学校成绩都是刚及格，留级一次；辍学后一直在家务农，同龄人能够干的农活，他都会，会割麦、耙地，还学过木匠活。1989 年 4 月 22 日，女方不愿意了，看不中他了，向他提出要彩电、收录机、自行车，还要一千元钱，还嫌他腿有病。即将登记结婚了，却突然遇到这种变化是他始料不及的。之后，他一度精神失常，原来有肝炎病，现在心里也有病（负担），吃不下饭，光想呕吐，好像是胃病，不过有病时仍能继续劳动。后来经乡司法所调解，女方把彩礼都退了，自己现在已不为这事生气。李某强调其家庭遭遇不好，不仅婚事受挫折，其父 1976 年患精神病，脑子不管用，胡唱乱跑不干活，至今病情时好时坏。

问其作案行为时，被鉴定人述称砸死杨某是因为杨某把他弟弟推下汽车轧死。问其："理由?"答："我叫他去找他不敢去，说明就是他害的。把杨砸死全当给弟弟抵命了。"还说自己"把人打死后有点害怕。"问其："为什么当时不报案?"答："他不投案，我也不投案。"问其："现在你弟弟不是回家了吗?"答："那不是我弟弟。""他是谁?""别人装扮的。""你怎么知道是装扮的?"被鉴定人长时间不语。再问："你整天和弟弟一块下地干活，难道你不认识他?"答："我觉得是别人装扮的。"其陈述时情真意切，坚信不疑，但是不能自圆其说。

未查及病理性错觉、幻觉和妄想等精神病性症状。

3. 分析说明

（1）精神医学诊断分析

① 被鉴定人李某的近亲中有精神疾病史，提示其家族中存在精神疾病高危发病因素。他本人既往性格内向，不善交际，遇事不善自我解脱。例如，1989 年 4 月因被迫解除婚约出现发愣，摇头，晚上睡不着觉，哭笑无常等癔症样表现，持续两月余。

② 被鉴定人李某此次犯案被判决以后，有明显思想压力，又出现精神活动异常，表现出害怕、哭泣、晚上睡不着等，同时其自称其弟已经死亡，他所见的弟弟是他人装扮的。这些表现与数月前出现的精神异常雷同，也反映被鉴定人具有癔症的临床特征。

③ 鉴定检查发现，被鉴定人李某意识清晰，领悟力、记忆力正常。虽陈述说自己的弟弟是他人装扮的，貌似"替身妄想综合征"的表现，但据村民反映，其弟弟回家后，在杨某失踪案件被侦破之前，被鉴定人与其弟弟终日生活在一起，两人朝夕相处，一起下地干活，从来未流露过弟弟是别人装扮的思想和行为。检查中没有发现联想松弛、情绪淡漠或者倒错，其情感反应与思维一致，也未查及任何精神病性症状。实际上，被鉴定人对于自己的信念并不能自圆其说，即便确有此种观念，从其所述的时间、内容和经过，以及其确信的程度和解释来看，也是与其所处不利的法律地位有关的幻想性观念，并受其不良个性（癔症性个性）的影响，而非精神病性妄想。

综上所述，被鉴定人李某有个性缺陷，于 1989 年 4 月被迫解除婚约后出现以情绪障碍为主，伴有适应不良的行为障碍，而影响其社会适应能力，持续两月余缓解。这些表现符合癔症的诊断标准。可以排除精神分裂症、分裂情感性精神病等精神病性障碍。

(2) 作案时辨认和控制能力分析

① 调查资料证实，被鉴定人李某产生杀人行为的原因是：被害人杨某护送其弟弟回家时，其弟中途走失。外出寻找其弟时，杨某的态度不积极，两人还为寻人发生了冲突。加之途中发现一死者，使其疑心杨某把其弟害了，而决意报复。这说明其杀人行为是事出有因。

② 据案卷记载，被鉴定人李某得知在外打工的弟弟返家途中走失，即约被害人杨某等四处寻找。途中，被鉴定人怀疑其弟是被杨某所害。7 月 26 日，李某因找不到其弟与杨某发生口角，当晚乘杨某熟睡之机将其杀死并掩埋后回家。在侦查、预审、审查、起诉和一审审理中，被鉴定人对其实施杀人的行为诉述清楚，并且与旁证及勘验结果一致，这说明其实施杀人行为时无意识障碍。

③ 被鉴定人母亲和邻居证明，李某回家以后对其弟李甲不错，一直与其弟共同生活，两人一起下地干活，相处关系正常，并无错认。而且，在他人追问杨某的去向时，被鉴定人编造谎言搪塞，且在两个月的公安侦查过程中，一直对其杀人行为守口如瓶，滴水不漏。反映被鉴定人对其作案行为的性质、意义和后果有清醒认识，辨认能力良好，这些也不符合精神病人的表现特征。

④ 经查证，李某在两次供述中均说："我回家的当天就见俺弟李甲已回去在家。一见兄弟，我害怕啦，从那以后经常做梦，睡不着觉。"鉴定时，被鉴定人李某陈述真切，貌似坚信不疑。但是，没有发现其存在病理性错觉、幻觉和离奇的思维内容等精神病性症状。由此可见，被鉴定人李某所诉其弟为冒名顶替者是一种类似妄想样的幻想，与其所处不利的法律地位的幻想性观念有关，而这种幻想性观念系其个性特征的突出表现，并非精神病。

综上所述，1989 年 7 月 26 日被鉴定人李某实施杀人行为事出有因，与其性格缺陷有一定联系，他能够辨认自己行为的意义，并且希望其行为产生期望的后果。评定为完全刑事责任能力。

4. 鉴定意见

(1) 被鉴定人李某既往患有癔症。

(2) 被鉴定人李某 1989 年 7 月 26 日的杀人行为系受其癔症个性的影响，非精神病表现，评定为完全刑事责任能力。

## 习题

1. 简述神经症的病因与发病机制。
2. 简述癔症的诊断要点。
3. 简述如何及时识别神经症患者。
4. 简述癔症的治疗与预后。

## 拓展阅读文献》

1. 许又新：《神经症（第 2 版）》，北京大学医学出版社 2008 年版。

2. 郑瞻培：《司法精神病学鉴定实践》，知识产权出版社 2017 年版。

3. 陆林主编：《沈渔邨精神病学（第 6 版）》，人民卫生出版社 2018 年版。

4.〔奥〕弗洛伊德著、车文博主编：《日常生活心理病理学》，九州出版社 2014 年版。

5.〔奥〕弗洛伊德著、车文博主编：《癔症研究》，九州出版社 2014 年版。

第十五章

# 智能障碍与相关法律问题

**内容提要：**本章主要介绍了精神发育迟滞的概念、临床主要表现、诊断标准及相关的司法精神病评定的注意事项。痴呆的概念、类型、相关法律问题、司法鉴定问题。

**核心词汇：**精神发育迟滞　痴呆　老年性痴呆　血管性痴呆　发育障碍

**学习要求：**掌握精神发育迟滞、痴呆的概念、临床主要表现、诊断标准及司法精神医学评定的要点。

## 第一节　概　　述

### 一、概述

智能障碍主要包括精神发育迟滞和痴呆。精神发育迟滞，在国内既往称为精神发育不全。它是一组以智力发育障碍为突出表现的疾病，是指个体在发育阶段（通常指在18岁以前），由先天的或后天的，生物学方面的或社会的、心理方面的不利因素，使精神发育受阻或停滞，造成智力显著不足及社会适应困难。

痴呆是指较严重的、持续的认知障碍。临床上以缓慢出现的智能减退为主要特征，伴有不同程度的人格改变，但无意识障碍。器质性痴呆是精神损伤与精神伤残中最常见的临床形式。痴呆主要包括阿尔茨海默病（AD）、血管性痴呆（VD）、外伤性痴呆等。精神发育迟滞和痴呆两者在概念上存在一定重叠，但也存在明显区别。痴呆大多是后天因素所致，但也有先天因素造成的，只是发病时间是在18岁以后。如肝豆状核变性（Wilson Disease，WD）作为一种常染色体隐性遗传的铜代谢障碍性疾病，以铜代谢障碍引起的肝硬化、基底节损害为主的脑变性疾病为特点。WD好发于青少年，男性比女性稍多，如不恰当治疗将会致残甚至死亡。WD也是至今少数几种可治的神经遗传病之一，关键是早发现、早诊断、早治疗。该病可以同时导致智能损害。

### 二、分级

智能障碍通常按智商进行分级，但并不绝对，需要结合精神检查、调查等综合判断。

智商值50—69为轻度；智商值35—49为中度；智商值20—34为重度；智商值低

于19为极重度。很多时候，智商低到某一程度后，往往无法完成有关测试。因此更加需要综合判断，不能机械式唯数字论。

## 第二节　精神发育迟滞

### 一、概述

精神发育迟滞（mental retardation），是一组以智力发育障碍为突出表现的疾病，是指个体在发育阶段（通常指在18岁以前），由先天的或后天的，生物学方面的或社会的、心理方面的不利因素，使精神发育受阻或停滞，造成智力显著不足及社会适应困难。

一般而言，多数精神发育迟滞者的病程是非进行性的，随着年龄增长及后天教育、训练，患者的智力及社会适应能力可能有不同程度的提高。在精神功能充分发育之后，有的人智力还可能达到接近正常人的水平。一般讲，在智力充分发育以后再由于疾病或颅脑外伤所导致的智力缺损不属于精神发育迟滞的范围。

无论在国内或国外，精神发育迟滞都是一种十分常见的临床现象，是造成人类残疾的主要原因。因不同国家和地区的诊断标准不同，因此其报道的患病率有所不同。据世界卫生组织1985年报道，轻度智力发育障碍患病率为3%，中度、重度为0.3%—0.4%。1987年我国29省市（自治区）智力残疾调查显示智力残疾患病率为1.268%，其中男性1.315%，女性1.220%。[①] 世界范围内，在社区中，50岁及以上人群全因痴呆的患病率粗测为6.97%，阿尔茨海默病的患病率为3.24%，血管性痴呆的患病率为1.16%。在全因痴呆中，百岁及以上老人的患病率是50—59岁人群的244倍。[②] 本症患病率有随年龄增长而增高的趋势。轻度精神发育迟滞在婴幼儿早期诊断较为困难，往往在入学后，在智力较其他儿童明显落后时才被发现，部分轻度患者在无特殊事件的情况下可以适应社会，并能从事机械的技能工作，因而在一般人群中难以识别。

### 二、病因

精神发育迟滞是由于出生以前、出生时及出生后的发育阶段大脑发育受到干扰，阻滞或损害的结果。本病的病因十分复杂，涉及范围广泛，现代医学的进展虽然解决了部分病因问题，但至今仍有一部分疾病的原因有待研究解决。精神发育迟滞的病因大致分为以下几类：

1. 遗传性

遗传因素在精神发育迟滞的发病中占有重要地位，在全部病因中所占比率，从20%至90%不等。

---

① 参见陆林主编：《沈渔邨精神病学（第6版）》，人民卫生出版社2018年版，第229页。

② 参见曹晴：《痴呆患病率的研究》，南京医科大学2021年硕士学位论文。

（1）遗传代谢异常

人体的蛋白质、氨基酸、糖类、脂类、核酸等，在体内分解、合成及转化，无不受到酶的催化。人体有 23 对染色体，在染色体上的基因，可因为各种不利因素的影响发生突变，造成酶活性不足或缺乏，形成代谢方面的障碍，可造成遗传代谢性疾病，一旦影响到中枢神经系统的发育，则患者可表现为智力低下及其他精神方面的异常。例如，苯丙酮酸尿症就是由于苯丙酮酸羟化酶缺乏所致。又如，半乳糖血症乃由于 1-磷酸半乳糖转变成 1-磷酸葡萄糖的过程受阻断，半乳糖聚集在血液组织内，对肝肾脑等器官的细胞有损害，除其他症状外，这种患者表现出智力低下。

（2）染色体畸变

染色体畸变包括数目和结构的改变，数目改变如多倍体、非整倍体，结构改变如染色体断裂、缺失、重复、倒位和易位。从而影响到相对基因遗传信息的传递，引起机体遗传性状的改变，可以产生疾病。染色体疾病所引起的精神发育迟滞也较为多见，有人估计占全部精神发育迟滞的 15％—20％，一般为中度或重度智力低下，常伴有多种躯体畸形或发育异常。

（3）颅脑畸形

如原发性小脑畸形、颅骨缝骨化过早、先天性脑积水等，都表现有智力发育方面障碍。

2. 母孕期有害因素的影响

母孕期受到环境中有害因素的影响，如辐射、药物、病毒，在胚胎发育过程中受到干扰，如果使胎儿中枢神经系统发育受到障碍时，可造成智力低下。

（1）感染

妊娠早期各种病毒感染可影响胎儿大脑的生长发育。如风疹病毒，妊娠头 3 个月孕妇患风疹，所生婴儿有 15％—20％概率出现先天畸形，常见的畸形有白内障和小头畸形。

（2）药物及毒性物质

母孕期如服用某些药物，可导致胎儿畸形，一般认为以妊娠前 3 个月影响最大，4 个月后较为安全。畸形小儿中一部分伴有智力发育障碍，已被确认对胎儿有致畸作用的药物只有极少数。在动物实验及妊娠妇女对照观察中，发现有以下药物可能有致畸作用：冰杨酸类、安定、眠尔通、利眠宁等，在妊娠早期服用，可能有致畸作用。此外，慢性铅中毒、一氧化碳中毒、有机磷中毒都可导致胎儿畸形。

（3）烟和酒

有吸烟习惯的妇女早产发生率是不吸烟妇女的两倍，而且新生儿体重也较后者小。烟碱可降低子宫内绒毛间隙中为胎儿的氧气供应，进而损害胎儿脑组织的生长，影响智力的发育。经常饮酒的妇女，所生婴儿往往生长差，小头，智力低下。

（4）环境化学物质

随着工业的发展，环境污染日益严重。如果孕妇大量吃含无机汞量很大的鱼时，生下的婴儿可出现类似大脑麻痹样神经症和行为障碍，或智力发育迟滞等。此外，乙烯醇、聚氯乙烯、麻醉气体、有机磷等对胎儿也有潜在威胁。

（5）X线照射

妊娠三个月以内，放射线对胎儿有一定的损害。射线可使DNA断裂，也可使胎盘发育受损，导致胎儿发生畸形并影响中枢神经系统的发育，引起智力低下。是否致畸与孕妇接触X线的剂量有密切关系，有报告指出最低剂量为10—25伦琴。

（6）孕妇营养不足

不同妊娠阶段营养不足，对胎儿产生的影响不同：妊娠12—18周能使胎儿的脑细胞总数发育受限制；若发生在妊娠最后三个月，则对脑细胞数量的影响较小，而对细胞大小的影响较大。此外，营养状况差的孕妇，易生低体重儿，低体重儿智力发育落后率高于正常体重儿。

（7）孕妇的健康状况

孕妇患高血压、各种心脏疾患、肾脏病、严重贫血、先兆流产等，都可致使胎儿在发育过程中缺血、缺氧，严重者则会影响胎儿脑发育。

（8）母孕期年龄

母孕期年龄大于35岁时，其胎儿畸形发生率为对照组的4倍。如果是45岁以上的孕妇，其胎儿畸形的发生率是25岁孕妇的7倍。

（9）机械损伤

异常分娩造成机械损伤并不少见，是否留有后遗症与损伤程度密切相关。如重者可有脑性瘫痪、癫痫等，伴有智力障碍。

（10）情绪因素

现代医学证实，孕妇的情绪能影响胎儿的正常发育。如亲人的死亡、夫妻不和睦、事业失败或不合法婚姻等，造成精神紧张而引起焦虑、恐惧、悲哀等情绪。伴随产生的生理反应，又可引起交感副交感神经兴奋失调，以及改变体内激素水平和代谢过程，以上改变均可影响胎儿的发育。

3. 有害因素对小儿发育的影响

（1）各种中枢神经系统感染。如化脓性脑膜炎、流行性乙型脑炎、结核性脑膜炎、各种感染引起的中毒性脑病、疫苗注射后脑病等。

（2）严重的颅脑外伤。

（3）各种原因引起的脑缺氧。尤其3岁以内，中枢神经系统处于迅速发育时期，无论任何原因引起的小儿惊厥，若抽搐持续30分钟以上，可造成婴幼儿的神经元缺氧，导致智力低下；高热惊厥小儿，反复发作也可伴有智力低下；一氧化碳中毒，导致脑缺氧，可造成智力低下。

（4）核黄疸等。新生儿时期可由于各种原因引起病理性间接胆红素增高，如溶血（由于血型不合造成的A、B、O溶血，Rh因子溶血，药物引起的溶血等）。各种感染引起的新生儿败血症，如不及时治疗，可造成死亡或严重的后遗症，症状之一即为精神发育迟滞。

（5）后天不良心理社会因素。由于各种原因幼年受文化教育的机会被剥夺，可造成患儿智力轻度障碍。有些学者报道：这类患者大约 2/3 找不到任何生物学因素，其中发现部分患者确实缺乏早年教育，大多生活在边远或少数民族或贫困落后、交通不便地区。在改善这些地区经济文化条件及提供良好的教育条件下，这类小儿智力水平可有明显提高。

## 三、临床表现

精神发育迟滞的基本临床症状是智力低下，但智力水平个体差异相当大，我国将本症分为轻度、中度、重度、极重度与非特定的精神发育迟滞。

(1) 轻度精神发育迟滞。轻度患者一般语言能力发育较好，通过学习，他们对阅读、背诵大多无困难，应付日常生活交谈能力尚可，因此与其短时间的接触中不易觉察。轻度患者思维活动水平不高，抽象思维、有创造要求的活动能力差，如读书、读报无大困难，但对作文感到吃力。难以与同龄儿一起升班，需要特殊教育和帮助。日常生活可以自理，并能学会一技之长，在他人照顾下从事熟练技能劳动。轻度患者大多数性情温顺、安静，比较好管理，可参加社会生产劳动自食其力，少数患者意志活动缺乏主动性和积极性，需要他人安排和督促。轻度患者可以建立友谊和家庭，但遇到特殊事件时需要给予其支持，才能保持良好的社会适应能力。轻度患者可对事物缺乏抽象和概括能力，对一些事物不能辨别是非。患者可能难以分辨教唆犯等的花言巧语，从而轻易地接受教唆而产生违法犯罪行为。

(2) 中度精神发育迟滞。中度患者语言发育水平较差，词汇贫乏，部分患者还发音不清，阅读及理解能力均有限，与其短时间的接触即能察觉。对数的概念模糊，大部分甚至不能学会简单的计算。有一定的模仿能力，训练后能学会一些简单的生活和工作技能，大部分可从事简单、重复性劳动。他们的生活技能较差，需要经常的帮助和辅导，才能在社区中生活和工作。多数患者情感反应尚适切，对亲人和常接触的人有感情，可以建立较稳定的关系。有的患者可因微小事因或似乎缺乏明显外界动因而出现情绪激动，这种情绪激动可能由于智力低下，耐受力差，对外界刺激易于过敏的缘故。有的患者难以适应外界的环境变化，外界的一些变化可引起患者严重不安、焦虑，进而导致行为异常。这些患者常是缺乏主见，依赖性强，因此常易受他人支配。也有的由于缺乏自我控制能力，激惹性增强，易于冲动性地出现越轨或犯罪行为。多数中度患者有生物学原因，躯体和神经系统检查常常有异常发现。

(3) 重度精神发育迟滞。重度患者智力极差，语言发育水平低，有的几乎不会说话，由于掌握的词汇量少，理解困难，表达亦有限，与其短时间接触便能察觉。有的患者经常重复单调的无目的的动作和行为，如点头、摇摆身体、奔跑、冲撞甚至自残，有的生活自理能力极差，有的甚至不会躲避危险。情感反应不适切。活动过多，容易冲动但动作笨拙，不灵活，不协调。少数患者发呆，少动，终日闲坐。在长期反复训练下有可能提高生活自理能力，部分患者在监护下可从事无危险的简单重复的体力劳动。重度患者也可能由于激惹性增强，而出现攻击和破坏行为。这些行为可能是由于对挫折的耐受性低的缘故。

重度患者几乎均由显著的生物学因素所致，躯体检查常有异常发现，还常常伴有各种畸形。

（4）极重度精神发育迟滞。极重度患者智力水平极低，大多数既不会说话也听不懂别人的话。他们往往具有明显的生物学病因。生活能力极低，大多数患者完全依靠他人照料来生存，在特殊训练下仅能获得极其有限的自理能力。大多数患者因生存能力差及严重疾病而早夭。

（5）非特定精神发育迟滞。该类精神障碍患者常有精神发育迟滞的一般表现，但由于可供鉴定资料较少，医学上无法归为轻度、中度、重度和极重度任意一种。

## 四、诊断与鉴别诊断

精神发育迟滞是一种综合征，其症状特征是智力低下和社会适应困难，可以同时伴有某种精神病或躯体疾病，或由后者所继发，在发育成熟前发病。精神发育迟滞的诊断标准主要是智商的测定，智商（按韦氏智力量表，下同）低于70为精神发育迟滞，智商在70—85为边缘智力。

### （一）精神发育迟滞诊断标准

1. 轻度精神发育迟滞诊断标准

（1）智商值为50—69。

（2）学习成绩差，在普通学校中学习时常不及格或留级，或工作能力较差，只能完成较简单的手工操作，能学会一定的谋生技能及家务劳动。

（3）能自理生活。

（4）无明显言语障碍。

2. 中度精神发育迟滞的诊断标准

（1）智商值为35—49。

（2）不能适应普通学校学习，只能计算个位数加、减法。

（3）可从事简单劳动，但质量差，效率低。

（4）可学会简单的自理技能，但常需督促、帮助。

（5）能掌握日常生活用语，但词汇贫乏。

3. 重度精神发育迟滞的诊断标准

（1）智商值为20—34。

（2）不能学习和劳动，不会计数。

（3）生活不能自理。

（4）言语功能严重受损，不能进行有效的语言交谈。

4. 极重度精神发育迟滞的诊断标准

（1）智商值为19以下。

（2）社会功能完全丧失，不会逃避危险。

（3）生活完全不能自理。

（4）言语功能缺损。

确定诊断及其严重程度，需要全面采集病史、精神检查和躯体检查，其中详细的生长发育史特别重要，据此可对儿童生长发育情况作出全面的临床评估。同时，根据年龄和智力损害的程度选择适用于患者的标准化发育量表或智力测验辅助诊断。国内常用韦氏智力量表评估儿童智商。近年来社会适应能力也作为诊断方法之一，CCMD-3建议使用儿童社会适应行为评定量表来评估儿童的社会适应能力。

若儿童18岁以前有智力低下和社会适应困难的临床表现，智力测验结果智商低于70，则可诊断为精神发育迟滞，再根据智力发育的水平和智商确定精神发育迟滞的严重程度。智商在70—90者列为智力正常与异常之间的边缘状态。

对所有确诊为精神发育迟滞的患者，应通过病史和躯体检查，遗传学、代谢、内分泌等实验室检查以及颅脑特殊检查，尽量寻找病因，做出病因学诊断，有利于治疗和康复，也为患者家庭的优生、优育提供有用的资料和指导。有人主张对于病因不明者应做常规染色体检查，进行核型分析。

（二）鉴别诊断

(1) 暂时性发育迟缓。各种心理或躯体因素，如营养不良、慢性躯体疾病、学习条件不良或缺乏，视觉、听觉障碍等都可能影响儿童心理发育，包括智力发育延迟。当这些原因去除或纠正以后，心理发育速度在短期内加速，赶上同龄儿童的智力水平，据此与精神发育迟滞相区别。

(2) 特定性发育障碍。特定性言语和语言、学校技能或运动技能发育障碍都可能影响儿童在学习和日常生活中智力水平的发挥，表现为学习困难、人际交往困难和社会适应能力下降。通过对儿童发育水平的全面评估可发现，特定性发育障碍患者除了特定的发育障碍以外，心理的其他方面发育完全正常，在不涉及这些特定技能的时候，可以完成学习任务。例如，有语言发育障碍的儿童，能够通过书面方式学习，达到与智力水平相当的学习成绩。与之不同，精神发育迟滞患者在任何情况下，智力和学习成绩都保持相等水平。

(3) 精神分裂症。儿童精神分裂症患者的精神症状会影响到他们的正常学习、生活、人际交往等社会功能。精神分裂症患者病前智力相对正常，有起病、症状持续及演变等疾病的发展过程，存在确切的精神病性症状，应根据这些特点与精神发育迟滞相区别。

(4) 注意缺陷与多动障碍。患者可伴有注意缺陷和活动过多，轻度精神发育迟滞患者在进入小学之初，尚未明确精神发育迟滞诊断之前，容易被误诊为注意缺陷与多动障碍。但注意缺陷与多动障碍患者经过治疗，注意缺陷得到改善后其学习成绩能够提高，达到智力相当的水平。精神发育迟滞患者，具有语言、运动发育迟滞，判断力、理解力和社会适应力较差等特点。

(5) 儿童孤独症。多数孤独症谱系障碍伴有智力低下，突出特点是语言发育障碍，明显的社会交往问题。儿童孤独症患者智力各方面发展不平衡，智力测验各分量表的得分高低不一，而精神发育迟滞患者，智力测验各分量表得分普遍较低。

## 五、预防与治疗

精神发育迟滞一旦发生难以逆转，因此重在预防。监测遗传性疾病、做好围产期保健、避免围产期并发症、防止和尽早治疗中枢神经系统疾病是预防精神发育迟滞的重要措施。一些发达国家依据专门的法律对所有新生儿实施一些常见遗传代谢性疾病的血液生化筛查，能有效预防精神发育迟滞的发生，也为早期治疗提供了病因学治疗的依据。对于病因明确者，若能及时采用病因治疗，可以阻止智力损害程度的进一步加重。

精神发育迟滞的治疗原则是以教育训练为主，药物治疗为辅。

1. 教育训练

由学校教师、家长、临床心理治疗师以及职业治疗师相互配合进行。教师和家长的任务是使患者能够掌握与其智力水平相当的文化知识、日常生活技能和社会适应技能。临床心理治疗师针对患者的异常情绪和行为采用相应的心理治疗，常用的方法是采用行为治疗来矫正患者的异常行为。目前国内还缺乏专业的职业治疗师为精神发育迟滞患者提供服务。在对患者进行教育训练时，要根据患者的智力水平因材施教。对各种程度的精神发育迟滞患者的教育训练内容如下所述：

轻度精神发育迟滞患者一般能够接受小学低年级到中年级的文化教育，最好在普通小学接受教育，但如果患者不能适应普通小学的学习也可以到特殊教育学校就读。目前国内绝大多数城市已开设了这类特殊学校，或者在普通小学设立了特殊教育班。教师和家长在教育过程中应采用形象、生动、直观的方法，同一内容反复强化。日常生活能力和社会适应能力的培养和训练包括辨认钱币、购物、打电话、到医院看病、乘坐公共交通工具、基本的劳动技能、回避危险和处理紧急事件等。当患者成长到少年期以后开始对他们进行职业训练，使其成年后具有独立生活、自食其力的能力。

对中度精神发育迟滞患者着重训练生活自理能力和社会适应能力，如洗漱、换衣，与人交往中的行为举止和礼貌，正确表达自己的要求和愿望等内容，同时给予一定的语言能力训练。

对重度精神发育迟滞主要训练患者与照料者、护理者之间的协调配合，以及简单的生活能力和自卫能力，如进餐、定点如厕、简单语言交流以表达饥饱、冷暖、避免受外伤等。可采用将每一种技能分解成几个步骤，再逐步反复强化训练的方法。

对极重度精神发育迟滞患者几乎无法实施任何教育训练。

2. 药物治疗

（1）病因治疗。适合于病因明确者。例如，对半乳糖血症和苯丙酮尿症患者给予相应饮食治疗，对先天性甲状腺功能低下患者给予甲状腺激素替代治疗，对先天性脑积水、神经管闭合不全等颅脑畸形患者可考虑相应外科治疗。对一些单基因遗传性疾病，国外已开展基因治疗。

（2）对症治疗。精神发育迟滞患者约30%—60%伴有精神症状，导致接受教育训练困难。因此，可根据不同的精神症状选用相应药物治疗。

（3）促进脑功能发育的治疗。主要有益智药和脑代谢改善药。

## 第三节 痴　呆

### 一、概述

痴呆（dementia）是指较严重的、持续的认知障碍。临床上以缓慢出现的智能减退为主要特征，伴有不同程度的人格改变，但无意识障碍。器质性痴呆是精神损伤与精神伤残中最常见的临床形式。

其中最常见的为阿尔茨海默病及血管性痴呆。阿尔茨海默病是一种起病隐匿的进行性发展的神经系统退行性疾病。临床上以记忆障碍、失语、失用、失认、视空间技能损害、执行功能障碍以及人格和行为改变等全面性痴呆表现为特征。65 岁以前发病者，称早老性痴呆，65 岁以后发病者称老年性痴呆。有家族遗传倾向的称家族性阿尔茨海默病（FAD），无家族发病倾向的称散发性阿尔茨海默病（SAD）。符合临床诊断标准的阿尔茨海默病病程多在 10 年左右。

血管性痴呆是指由于脑血管病变导致的痴呆，过去曾称为多发性梗死型痴呆（multi-infarct dementia），近年来病理形态学研究发现，除了多发性脑梗死性病变外还有其他脑血管病变，故现已改称为血管性痴呆，血管性痴呆也是一种常见的痴呆，患病率仅次于阿尔茨海默病，血管性痴呆在 65 岁以上人群中的患病率为 1.2%—4.2%，在 70 岁以上的人群中的发病率为 0.6%—1.2%，血管性痴呆的发病率与年龄有关，男性多于女性。导致血管性痴呆的危险因素尚不清楚，但通常认为与卒中的危险因素类似，如高血压、冠状动脉疾病、房颤、糖尿病、高脂血症、吸烟、高龄、既往卒中史等。与阿尔茨海默病相比，血管性痴呆的认知功能受损也很明显，但在一定程度上是可以预防的，血管性痴呆对治疗的反应也优于阿尔茨海默病，因此对血管性痴呆可疑病侧的早期检测和准确诊断尤显重要。

血管性痴呆的自然病程为 5 年左右，其预期寿命较普通人群甚至阿尔茨海默病患者短。

## 二、病因

1. 阿尔茨海默病

阿尔茨海默病为多病因复杂疾病，其发病机制尚未完全阐明。多年来，阿尔茨海默病的病因的发病机制研究取得了许多进展，下面介绍几种主要的病因和发病机制理论。

（1）遗传

三个常染色体显性遗传基因的突变可引起家族性阿尔茨海默病。21 号染色体的淀粉样前体蛋白（APP）基因突变导致 β-淀粉样蛋白（Aβ）产生和老年斑形成，另外两个是早老素 1 和早老素 2 基因（PS1、PS2）。PS1 位于 14 号染色体，PS2 位于 1 号染色体。在家族性阿尔茨海默病患者中检测到上述三个基因突变的概率低于 10%，在散发性阿尔茨海默病患者中检测到上述三个基因突变的概率低于 1‰。载脂蛋白 E（APoE）基因是阿尔茨海默病的重要危险基因。APoE 基因定位于 19 号染色体，编码的 APoE 是一种与脂质转运有关的蛋白质。在大脑中，APoE 是由星形细胞产生，在脑组织局部脂质的转运中起重要作用，与神经元损伤和变性后，髓鞘磷脂的代谢和修复密切相关。APoE 有三种常见亚型，即 E2、E3 和 E4，分别由三种复等位基因 ε2、ε3 和 ε4 编码。APoEε4 等位基因的频率，在家族性和散发性阿尔茨海默病中显著升高。家族性阿尔茨海默病的 APoEε4 等位基因的频率最高，约为 50%，经尸检确诊的阿尔茨海默病患者的 APoEε4 也比较高，散发性阿尔茨海默病的频率在 16%—40%。携带 APoEε4 等位基因使患阿尔茨海默病的风险增加而且使发病年龄提前。APoEε2 等位基因似乎具有保护效益，携带此基因可减少患病风险，使发病年龄延迟。APoE 等位基因型为 ε4 的患病风险最高，至少增加 8 倍。

（2）老年斑

老年斑为神经元炎症后的球形缠结，其中包含退化的轴突和树突，伴有星形细胞和小胶质细胞增生，此外还含有多种蛋白酶。老年斑的主要成分是 Aβ，它是 β-APP 的一个片断。APP 为跨膜蛋白，由 21 号染色体的 APP 基因编码，其羧基端位于细胞内，氨基端位于细胞外。正常的 APP 代谢的酶切位点在 Aβ 的中央被 α 分泌酶切断，故不产生 Aβ。异常代谢是先由 β 分泌酶在氨基端的第 671 个氨基酸位点后将 APP 切断，产生一条可溶性 β-APP 和一条包含全部 Aβ 的羧基端片段；后者再经 γ-分泌酶切断，释出 99 个氨基酸的羧基端片段和具有神经毒性的 Aβ。Aβ 为异质多肽，其中含 42 和 40 个氨基酸的 Aβ 多肽毒性最大（Aβ42 和 Aβ40），Aβ42 是老年斑的主要成分，Aβ40 主要见于阿尔茨海默病的血管性病损。Aβ 的神经毒性作用是通过自由基、刺激细胞死亡程序或刺激胶质细胞产生肿瘤坏死因子等炎性物质而使神经元死亡。

（3）神经原纤维缠结

神经原纤维缠结是皮质和边缘系统神经元内的不溶性蛋白质沉积。在电子显微镜下，构成缠结的蛋白质为双股螺旋丝，主要成分是过度磷酸化的 Tau 蛋白。Tau 蛋白的分子量为 50KD—60KD，是一种微管结合蛋白。编码该蛋白的基因位于 17 号染色体的长臂。Tau 蛋白对维持神经元轴突中微管的稳定起重要作用，而微管与神经元内的物质转运有关。Tau 蛋白氨基酸序列的重要特征是 C 末端三个或四个重复序列，这些系列组成微管结合位点。

Tau 蛋白过度磷酸化后，其与微管的结合功能受到影响，参与形成神经原纤维缠结。现在对 Tau 蛋白的磷酸化机制尚不明确。蛋白激酶和谷氨酸能神经元的活性异常可能与 Tau 蛋白的过度磷酸化有关。

（4）氧化应激

氧化应激学说是阿尔茨海默病的发病机制之一。蛋白质糖残基增多称为糖化，蛋白质糖化会增加细胞的氧化应激压力。老年斑和神经原纤维缠结的主要成分 Aβ 和 Tau 蛋白是过度糖化的蛋白质。阿尔茨海默病的易感皮质区的神经元基因受损明显，反映氧化应激水平的 8-羟基鸟嘌呤浓度升高。在阿尔茨海默病患者的脑细胞中，能量代谢过程中的酶（如丙酮酸脱氢酶、α-酮酸脱氢酶等）的活性严重减少。这些酶的活性严重不足可能是由于编码这些酶的基因受到了氧化性损害所致。

（5）神经递质

阿尔茨海默病患者的胆碱能神经系统有特异性的神经递质缺陷。阿尔茨海默病患者的皮质和海马的胆碱乙酰转移酶（ChAT）减少，胆碱能神经元合成和释放乙酰胆碱明显减少。ChAT 减少不仅与痴呆患者的认知症状密切相关，而且也与患者的生物节律改变和谵妄有关。

人脑中谷氨酸是主要的兴奋性神经递质，谷氨酸激活氢离子受体，引起钙离子和钠离子内流。氢离子的谷氨酸受体过度激活在阿尔茨海默病的发病中起重要作用。人脑中主要的抑制性神经递质是氨基丁酸（GAβA），在阿尔茨海默病等神经退化性疾病中，谷氨酸脱羧酶水平下降，GAβA 结合位点减少。不过，目前对 GAβA 系统在阿尔茨海默病的发病中的作用还知之甚少。

去甲肾上腺素和 5-羟色胺是脑中主要的单胺能神经递质。阿尔茨海默病患者脑中去甲肾上腺素总量和再摄取量都有减少，合成去甲肾上腺素的酪氨酸羟化酶减少，脑干的蓝斑中神经元脱失。蓝斑神经元受损程度及去甲肾上腺素减少的程度与认知功能减退的程度无关，与阿尔茨海默病患者的情感症状有关。阿尔茨海默病患者的缝际核中的神经元有脱失，皮质和脑脊液中 5-羟色胺及其代谢产物浓度有降低，5-羟色胺的改变可能与阿尔茨海默病患者的非认知性精神症状如抑郁、攻击行为等有关。

目前较为公认的是淀粉样蛋白级联假说和 Tau 蛋白异常假说。近年来有学者认为淀粉样蛋白级联假说过于简单，不能阐明阿尔茨海默病病理进展，而提出新的理论，包括“双通道假说”和“宿主反应假说”，前者认为共同的上游分子事件损害导致 Aβ 升高和 Tau 蛋白过度磷酸化，后者认为年龄相关等病因学因素导致多种阿尔茨海默病相关的宿主反应。炎症、氧化应激反应、激素变化等可调节 Aβ 和 Tau 蛋白代谢的作用机制，导致神经元退化，这些机制还有待阐明。

2. 血管性痴呆

血管性痴呆发病率与年龄有关，男性多于女性，通常由高血压、冠状动脉疾病、房颤、糖尿病、高血脂病、吸烟、高龄、缺血性卒中、出血性卒中和慢性低灌注损伤等疾病引起。

## 三、临床表现

1. 认知功能缺损症状

（1）记忆减退。记忆障碍是诊断的必备条件。痴呆患者的记忆损害有以下特点：新近学习的知识很难回忆；事件记忆容易受损，比远记忆更容易受损；近记忆减退常为首发症状。

（2）语言障碍。早期患者尽管有明显的记忆障碍，但一般性的社交语言能力相对保持。深入交谈后就会发现患者的语言功能损害，主要表现为语言内容空洞、重复和赘述。

（3）失认症。指患者的大脑皮质水平难以识别或辨别各种感官的刺激，这种识别困难不是由于外周感觉器官的损害如视力减退所致。可分为视觉失认、听觉失认和体感觉失认。

（4）失用症。指感觉、肌力和协调性运动正常，但不能进行有目的性的活动，可分为观念性失用症、观念运动性失用症和运动性失用症。

（5）执行功能障碍。执行功能指患者的多种认知活动不能协调有序地进行，与额叶及有关的皮质和皮质下通路功能障碍有关。

2. 精神行为的症状

痴呆的精神行为症常见于疾病的中晚期。患者早期的焦虑、抑郁等症状，多半不太容易暴露。当病情发展至患者基本生活完全不能自理、大小便失禁时，精神行为症状会逐渐平息和消退。明显的精神行为症状提示痴呆程度较重或病情进展较快。痴呆的精神行为症状多种多样，包括失眠、焦虑、抑郁、幻觉、妄想等，大致可归纳为神经症性、精神病性、人格改变、焦虑抑郁、谵妄等症状群。

3. 神经系统症状和体征

轻中度患者常没有明显的神经系统体征。少数患者有锥体外系受损的体征。重度或晚期患者可出现原始性反射如强握、吸吮反射等。晚期患者最明显的神经系统体征是肌张力增强，四肢屈曲性僵硬呈去皮质性强直。

## 四、临床分级

目前，世界各国多采用轻、中、重、极重度的四级分类法。

(1) 轻度患者智商55—69，此类患者约占精神发育迟滞患者总数的80%。这些患者一般无脑器质性损害及躯体畸形。早年发育可能较正常儿略迟，入学后才发现智力缺陷。部分温顺患者可生活自理，部分兴奋型的内抑制力弱，容易冲动或发生违法犯罪，因此，在司法精神医学鉴定中占有重要地位。

(2) 中度患者智商40—54，此类患者约占精神发育迟滞患者总数的12%。部分兴奋型患者易发生违法犯罪。

(3) 重度患者智商25—39，此类患者约占全部患者的7%。因为他们的活动范围较小，所以违法犯罪的较少。

(4) 极重度患者智商在24以下，仅占全部患者的1%。由于他们的精神活动严重障碍，常被监护在家，在司法精神医学鉴定中极为罕见。

## 五、诊断与鉴别诊断

1. 诊断

(1) 首先要熟悉病史，包括何时开始发病，是否伴有头痛、步态不稳或大小便失禁，是否有家族史，是否有脑外伤、卒中或酒精及药物滥用等病史。了解患者是否有智能减退和社会功能下降表现。智能检查有助于确定有否意识障碍及全面或局部的认知功能不全。简易精神状态检查（MMSE）对认知功能障碍的评定比较全面，且简便易行。

(2) 体格检查非常重要。多数颅内疾病（除变性疾病外）所致的痴呆患者往往有神经系统定位体征，可借以明确诊断。

(3) 实验室检查有助于明确诊断和鉴别诊断。对怀疑痴呆的患者，需检查血常规，血清钙、磷，血糖，肾、肝和甲状腺功能，血维生素B，叶酸，以及梅毒、艾滋病的血清学筛查，也可按临床需要做神经系统影像检查，以明确病因。

(4) ICD-10中痴呆的诊断标准：① 脑部疾病所致的一种综合征，通常为慢性，或进行性记忆障碍，同时至少有下列一种或多种大脑皮质功能障碍：思维、定向、理解、计算、学习能力、语言、判断；② 意识清晰；③ 认知功能通常伴有情感控制、社会行为或动机退化，对个人生活能力有影响。

2. 鉴别诊断

（1）抑郁症。抑郁症具有典型的抑郁心境，兴趣缺乏、对生活和工作丧失信心，全身疲乏或不适，睡眠障碍，体重减轻，食欲和生理欲望都下降。因其思维迟缓、言语减少、对周围事物不闻不问可导致判断能力下降，容易给人“痴呆”的假象。但是抑郁症是以负情绪为核心症状，患者记忆障碍等认知功能障碍不明显，经有效治疗后，上述症状都可消失。

（2）谵妄。谵妄往往迅速起病，病情昼夜波动，表现为意识障碍、广泛的认知功能障碍和明显的精神运动紊乱，多数患者在4周或更短的时间内恢复。结合各种辅助检查，不难与痴呆区别，但要注意谵妄状态可伴发痴呆。

（3）老年发生的中毒性、症状性和反应性精神病。可根据详尽的病史、全面的体格检查和精神状况检查，结合实验室检查和影像学检查，加以鉴别。

### 六、治疗

（一）阿尔茨海默病的治疗

治疗认知功能障碍的药物较多，但目前尚无特效药物可逆转认知功能受损或有效阻止病情进展。胆碱能理论认为，阿尔茨海默病患者胆碱能神经元的进行性蜕变是记忆减退、定向力丧失、行为和人格改变的原因。组织学研究结果也支持胆碱能理论，胆碱酯酶（AchE）抑制剂便是基于这一理论而推出的。

广义的治疗除了对患者进行早期干预和治疗外，还包括对患者家属进行相关知识的健康教育以及为患者提供各种社会服务（如日间照料）。

（二）血管性痴呆的预防与治疗

对血管性痴呆危险因素的预防和治疗可减少血管性痴呆的发病率。治疗能防止血管性痴呆患者病情继续恶化，有时可改善部分患者的病情。

首先要控制血压和其他危险因素如高脂血症、糖尿病、吸烟、酗酒和肥胖等，注意其他危险因素如房颤和颈动脉狭窄等。

目前还没有特效药治疗血管性痴呆。此外，对伴发精神症状和行为障碍者应给予相应的治疗。

## 第四节　智能障碍的危害与违法行为

### 一、精神发育迟滞的危害与违法行为

（一）违法行为的精神病理原因

（1）由于理解力和判断力差，文化素质低，对违法行为的后果缺乏认识。

（2）常伴有人格异常，智能与人格有密切联系，加重了违法行为倾向。

（3）由于智力低下，自我控制能力较弱，所以易于兴奋，易受到周围人的影响，

易为细小枝节发生冲动性行为。

(4) 由于常伴有较强的劣等感和情绪的不稳定，也容易导致冲动犯罪。

(5) 由于智力低下，不能适应正常生活和工作，容易与现实发生冲突。

(6) 由于人格发育不成熟，单纯、幼稚，易受人利用或欺骗。

(7) 有一部分人，由于自我抑制和控制能力差，而本能意向亢进，可出现性犯罪。

(二) 主要案件类型

精神发育迟滞者的违法犯罪以性犯罪及纵火较多见，这与一般违法犯罪明显不同，也是其特征之一。相反，需要较高智力和体力的案件类型，如诈骗、抢劫、恐吓等少见。

国内外一致报道精神发育迟滞者的违法犯罪行为以性犯罪较多见。精神发育迟滞患者较多见强奸未遂案，对象以幼女较多。一般的性犯罪，特别是强奸案，多见团伙作案。这些智力正常的团伙性犯罪，由于有预谋，强奸的成功率可高达90%。而精神发育迟滞者恰好相反，多出于一时的性冲动，作案缺乏预谋和计划性，加上他们缺乏性知识，而且缺乏手段，因此强奸未遂案件较多见。精神发育迟滞者性犯罪对象的选择也明显有别于正常性犯罪。正常智力少年或成年性犯罪者，为了取得性满足，选择的对象往往是成熟的年轻女性或少年女性。而精神发育迟滞者，由于智力低下和难以接近成年女性，因此在对象选择上多为幼女，且多采取变态的方式，如鸡奸、乱伦行为等。

纵火案是精神发育迟滞者常见的违法案件。纵火的原因常较单纯，如受到父兄、老师的责备，以怨恨或复仇的激情为动机放火。也有的案例由于恶作剧或微小原因引起冲动而放火。

偷窃也是精神发育迟滞者常见的违法犯罪行为，其动机与性犯罪、纵火等类似，多数是极单纯的。他们的作案动机多出于生理本能的需要，这些人没有职业或收入低微，而食欲要求较高，收支不平衡。而且大多数作案者品性低劣，好吃懒做，道德观念缺乏，为了满足个人私欲，不考虑社会后果。除智能缺损外，往往还存在反社会人格，多属惯犯，是出入公安局的“常客”。往往开始在自己周围，如家庭、学校进行偷窃，进一步偷窃到近邻。

(三) 作案特征

精神发育迟滞者作案一般有下列特点：

(1) 作案动机单纯、幼稚，对行为后果缺乏考虑，常显得动机与行为后果不相称。少数可有所谓“预谋”，由于思考简单，往往显得不周密，有时漏洞百出。

(2) 由于他们智力低下，往往不受智力正常的违法犯罪少年团伙的欢迎，一般来讲，大多单独作案，参加团伙的较少。

(3) 作案对象和目标常具有一定的选择性，作案条件的选择不严格，行为多带有冲动性，显得公开而粗暴，所以被当场发觉者多。

(4) 作案后对其行为的后果有不同程度的认识，大多表示愿意悔改，也有少数抵触，但自我保护不严密，易被识破。

### 二、痴呆的危害

（一）违法行为的精神病理原因

（1）由于人格的改变，道德伦理观念薄弱，对违法行为的后果缺乏认识。

（2）由于严重的智能障碍，言语功能减弱或丧失，接触困难，从而丧失正常的认识能力和判断能力，加重了违法倾向。

（3）由于记忆力差，注意力减退、不爱与人交流，行走欠稳，通常外出走失，因此增加了违法犯罪的风险。

（4）由于反应迟钝，对现实和违法行为丧失辨认能力，对自己实施的违法犯罪行为通常缺乏相应的认识并予以否认。

（二）主要案件类型

少数患者由于人格改变，道德伦理观念薄弱，可发生偷窃、诈骗、猥亵与奸淫幼女等违法乱纪行为；在谵妄、错乱状态或被害妄想支配下，可出现纵火、伤害等侵犯行为。与精神发育迟滞者的作案类型大致相似。

## 第五节　涉案智能障碍者及其疑似者的司法鉴定

### 一、刑事案件司法鉴定

（一）刑事责任能力评定

近年来，世界各国多主张智力水平的评定应以一切可能得到的资料为根据，包括临床证据、社会的适应能力以及心理测验的结果。在责任能力评定上，还要结合犯罪本身特征。

在评定刑事责任能力时，多数学者主张不仅应注意智能的程度，而且还应注意情感障碍的程度、人格的分化程度以及社会的适应能力。在此基础上还应顾及患者作案当时的环境以及是否有暗示和模仿行为等方面进行综合分析，以判定责任能力。一般是把中度、重度患者评定为无刑事责任能力，把轻度患者评定为限定或完全刑事责任能力。

（二）性自卫能力的评定

在司法精神医学鉴定实践中，对被害人性自卫能力的评定，智力缺陷程度是一个重要因素。在一般情况下，智力缺陷程度与性自卫能力呈负相关，但并不完全一致。重度和极重度患者，丧失对性行为的认识理解能力和自控能力，属于无性自卫能力。中度智能障碍的患者，有的性自卫能力丧失，有的则属于削弱。轻度智能患者，多数性自卫能力削弱，但也有部分是基本保存完整的。甚至还有个别患者以获取钱财为目的，多次与人淫乱，以满足自己的需要。在事情败露后，又千方百计把责任推给对方。对于这类患者不能认为是受害者，同时对于她们的淫乱甚至是卖淫行为，也不应免除她们的责任能力。

在评定智能障碍者的性自卫能力时，应考虑以下因素：

(1) 智能缺陷的程度。

(2) 对性行为性质和后果的认识:

① 对性行为的实质性认识,包括非婚性行为的是与非;能否认识到行为的后果,包括非婚妊娠等;能否认识到非婚性行为对个人和家庭生活诸方面带来的不利影响。

② 有无谋求利益的要求,如金钱、财物等。

③ 有无自卫保护表现,如是否为自己开脱责任,强调被骗、被威胁等。

本症患者对于性行为无实质性辨认能力,或者无性防卫能力者,均属于无性自卫能力。不管被害人有无反抗或表现服从,致害人都应以强奸罪论处。

(三) 精神损伤评定

《人体损伤程度鉴定标准》5.1.1.e规定,颅脑损伤致重度智能减退或者器质性精神障碍,生活完全不能自理者,评定为重伤一级。

评定注意事项:常规的人体损伤程度鉴定是由法医临床鉴定人进行,但涉及精神障碍鉴别诊断的意识障碍、癫痫、失语等症状往往需要精神疾病司法鉴定专业人员参与评定。

(四) 作证能力评定

智能障碍患者在被讯问或法庭公审时,由于智力低、记忆力差或注意力不集中,难以把发生的事件复述出来,也有的由于受到暗示或相信自己是想象中的"英雄"而诬告自己或他人。智能障碍患者是各类精神疾病中,诬告自己倾向最高的一种,因此对于他们的诬告、证词必须持慎重态度,反复调查核实方可确定取舍。因此,智能障碍患者多无作证能力。

## 二、民事案件司法鉴定

(一) 民事行为能力评定

有的患者由于智力低下严重,不能依法履行自己的权利和承担自己的义务,这些患者多数属于无行为能力人。中度、重度、极重度患者多属于无行为能力人。这些人由于无行为能力,为了保护他们的利益,相应地应建立监护制度。轻度患者一般认为属于有行为能力,但对这些患者的民事行为也应进行具体分析,如看其签订的契约是否合理,是否与高度暗示性明显有关。如果患者被利害关系者说服,签订了有损于自己的契约时,在这种情况下也应对其行为能力加以限制。在进行行为能力判定时,不仅要考虑患者智力水平,还要对具体案件进行具体分析,要综合判断。

(二) 精神伤残鉴定

精神伤残通常是指器质性损伤因素导致个体出现不可逆的器质性精神功能缺损或残疾的情形。精神伤残的概念也有三个方面的含义:(1) 精神伤残是由器质性致病因素所致;(2) 精神伤残的结果是永久性的精神功能缺损,并达到"残"的程度;(3) 精神伤残是较为严重的精神损伤后果,即精神伤残首先是因为有精神损伤,当精神损伤达到了不可逆的损伤程度或后果时则为精神伤残。

目前我国还没有单纯的精神伤残评定标准,同精神损伤的评定一样,精神伤残的评定条款依然是附加在躯体伤残的评定标准中,但比精神伤残的条款内容具体得多。

（三）劳动能力评定

劳动能力是指劳动者能够以自己的行为依法行使劳动权利和履行劳动义务的能力，是人的体力和脑力的总和。

劳动能力评定有广义和狭义之分，广义的劳动能力评定是指任何原因引发的精神和（或）躯体疾病、中毒、受伤等导致劳动能力减损或丧失的残疾程度评定（包括劳动功能障碍程度和生活自理障碍程度）。狭义的劳动能力评定仅指劳动者非因工伤病丧失劳动能力程度的评定，评定标准是《职工非因工伤残或因病丧失劳动能力程度鉴定标准（试行）》，少见病种有时需要与《劳动能力鉴定 职工工伤与职业病致残等级》配套使用。

重度、极重度智能障碍患者，一般属于完全丧失劳动能力。中度、轻度智能障碍患者，多属于部分丧失劳动能力。

## 三、典型案例[①]

**［案例 1］**

袁某，男，74 岁，小学文化，丧偶，退休工人。

袁某已退休多年，生活安闲自在，在家中尚可从事编织副业。3 年前妻子病故，此后变得迟钝，常呆坐不语，精神萎靡不振，对儿女离家外出或归来表现无所谓。言语重复，啰嗦。将物品东藏西放，隔几天找不到，就认为被邻居偷去了。有时将庭院里别家晾晒的衣物捡回来，不肯交出，为此经常与邻居发生口角。有时夜间不眠，分不清时间早晚。生活不能自理，不知饥饱。外出时总拾取一些废物，加以珍藏。2002 年 4 月某日到隔壁家索取“丢失的物品”，纠缠不休。将该家一老妇人掀倒在地，用木棍敲打其头部，致其头皮挫裂伤、颅骨线性骨折。

精神检查：被鉴定人神清，衰老貌，并有明显肺气肿体征，头部及肢体不自主震颤。接触被动，检查配合性差，言语表达简单，定向力不完整，以为自己仍在家中。记忆力明显减退，不能回忆昨日所进饮食。有时有虚构。诉说邻居偷他家东西，问及偷了些什么又答不上来，反复说家中被他人偷光了（被偷窃妄想），打死他们才解恨，对作案后果亦缺乏相应的认识。自知力缺乏，否认有病。

韦氏智力测验不能配合完成。

MRI 检查结果：脑室明显扩大，脑皮质萎缩。

鉴定分析及意见：被鉴定人患阿尔茨海默病，认知功能明显受损，并有明显的人格改变和精神病性症状（如被偷窃妄想），对现实环境和自身违法行为丧失辨认能力，评定为无刑事责任能力。

**［案例 2］**

杜某，男，62 岁，大学文化，退休前长期从事政法工作。

杜某自 2000 年 6 月从单位内退后渐出现记忆力差，注意力减退、不爱与人交流，

① 本部分案例来自华东政法大学司法鉴定中心办理的司法鉴定案件。

行走欠稳。

2003年病情加重，出现焦虑、多疑、情绪不稳定，有时突然大声喊叫，数次外出后走失。2005年起，语言表达能力基本丧失，生活不能自理，不能独自出门，身体平衡能力差。多家医院诊治效果差，均诊断为阿尔茨海默病。因家属欲转让其名下的一套房产而提请鉴定其有无民事行为能力。精神检查：意识清晰，扶入检查室，精神欠佳，目光呆滞，接触困难，难以进行有效的言语沟通，仅有零乱的无意义字词发音。可被动完成部分检查动作，有时傻笑，表情不适切，定向力差，智能粗测难以进行，成人智残评定量表得分为20分（极重度智能障碍），存违拗行为及重复性动作，自知力丧失。

体格检查：血压130/85 mmHg，步态不稳，肢体可见不自主活动，精细动作不协调，肌力可，肌张力增强，神经系统检查不配合。颅脑CT显示：全脑脑萎缩，前后数次复查片对比有明显加重趋势。

家属否认既往有高血压病、颅脑外伤及其他严重躯体疾病史。

鉴定分析：① 被鉴定人发病早，病情进展迅速，表现为认知功能障碍及精神活动异常，CT检查提示脑萎缩呈进行性加重；精神检查时被鉴定人表现出严重的智能障碍，言语功能丧失，接触困难，难以有效交流，并有阳性躯体体征，故诊断为阿尔茨海默病；② 被鉴定人智能严重受损使其对各种民事活动丧失了正常的认识能力和判断能力，其对自身行为的后果缺乏应有的预期能力及自我保护能力，亦缺乏主客观一致的（真实的）意思表达能力，因此，评定为无民事行为能力。

鉴定结论：被鉴定人患有阿尔茨海默病，无民事行为能力。

## 习题》

1. 精神发育迟滞的主要临床表现有哪些？
2. 精神发育迟滞的诊断标准有哪些？
3. 如何对智能障碍患者及其疑似者的刑事责任能力、民事行为能力进行评价？
4. 痴呆的临床表现有哪些？
5. 痴呆患者的危害行为有哪些？
6. 在对智能障碍患者进行司法鉴定时应注意哪些问题？

## 拓展阅读文献》

1. 郝伟、陆林主编：《精神病学（第8版）》，人民卫生出版社2018年版。
2. 陆林主编：《沈渔邨精神病学（第6版）》，人民卫生出版社2018年版。
3. 贾建平主编：《中国痴呆与认知障碍诊治指南》，人民卫生出版社2016年版。
4. 郑瞻培、汤涛、管唯主编：《司法精神鉴定的难点与文书》，上海科学技术出版社2009年版。

第十六章

# 其他精神障碍与相关法律问题

**内容提要：**本章主要介绍了几种与法律关系密切的与文化相关的精神障碍的概念、临床表现及诊断，以及相关法律问题。

**核心词汇：**恐缩症　偏执狂　急性短暂性精神障碍　周期性精神病　产后抑郁症　产后精神病　病理性激情　发作性昏睡　创伤后应激障碍

**学习要求：**了解精神障碍的文化因素，常见的与文化相关的精神障碍的表现；了解病理性激情的特点。

## 第一节　概　　述

### 一、文化相关精神障碍

与文化相关的精神障碍是一类与某种特定的文化或亚文化背景密切相关的心因性精神障碍。社会文化因素对这类精神障碍的发作和在人群中的传播有重要作用。主要包括气功偏差、迷信、巫术等所致精神障碍。

### 二、偏执性精神障碍

主要介绍偏执狂、偏执状态、急性短暂性精神障碍等。

### 三、其他有关精神障碍

主要介绍周期性精神病、产后心绪不良、产后抑郁、产后精神病、病理性激情、病理性半醒状态、发作性昏睡、创伤后应激障碍等经常涉及法律问题的精神障碍。

## 第二节　文化相关精神障碍

### 一、气功偏差所致精神障碍

（一）概念

气功是我国传统医学中健身治病的一种方法，通常做法是维持一定体位、姿势，或有某些动作，使注意集中于某处，沉思、默念、松弛和调节呼吸等，练功者在教功者的暗示或自我暗示的作用下，意识状态发生改变，进入自我诱发的“气功态”或迷离状态（trance），可出现各种异常感觉或特殊体验，发生情绪释放，或摇摆身体，或手舞足蹈，或不自主地哭笑。此时再通过自我暗示，可恢复正常。经常反复进行这种练习，可提高暗示性随时都能进入迷离状态。如果对那种特殊体验和境界刻意追求，迷恋过深，欲罢不能，则可出现分离症状（dissociation），表现为各种异常感觉在体内乱窜，伴有情绪紧张、恐惧、焦虑，俗称“走火”，或出现幻觉、妄想、思维紊乱、自言自语、行为失去自我控制的现象，俗称“入魔”。

女性、暗示性高者、人格有缺陷者、文化程度低者是气功所致精神障碍的易患人群。本病多在练气功 1 个月内发病，病程短暂，经脱离现场，中断练功，给予适当处理后可很快恢复正常。

（二）发病机理及预防

1. 发病机理

病因学说法不一，主要与下列因素有关：(1) 练功者对文化场的迷醉效应；(2) 练功者性格心理素质不良；(3) 功效求切；(4) 功法选择不当，环境与姿态不适；(5) 自我暗示反应；(6) 长期压于潜意识之中的欲望与情绪奔腾而出，形成病态激流等。

患者可视为非人为的自觉参入的实验对象，气功偏差可看作一种实验方式，形成气功偏差的迷恋过程，最后导致类感觉剥夺等为实验条件，最终出现精神障碍为实验阳性结果。它的发生机理是：以上述有关因素为基础，患者非人为地、自觉不自觉地成为实验对象，因为他对气功形成超常信仰的心理状态，尤其对气功意念坚信不疑，渴求功效等种种因素，很快进入迷恋过程，这时练功次数越来越频繁，持续时间越来越长，形成气功偏差阶段，使注意力过分集中，导致外界一切刺激信息不易被感知，大脑外界信息传入减少。同时，大脑气功意念有关信息兴奋灶活跃增强，甚至成为异常的优势兴奋灶，其他区出现一定的超限抑制，最终异常兴奋灶传导失控，形成类似感觉剥夺或隔离状态所致精神障碍。单以自我暗示所致癔症不能解释所有气功所致精神障碍，只能说气功自我暗示的副作用对部分患者起到一定作用。

2. 预防问题

发生机理提示我们，预防气功所致精神障碍首先应防止练功时出现气功偏差，这样会完全阻止气功所致精神障碍的发生。具体有如下几项措施：(1) 对气功疗法宣传适度，不能将气功神秘化；(2) 气功疗法也要从心理学角度上认识，作为精神放松调整疗法使用；(3) 根据躯体状态和心理素质选功恰当；(4) 对气功意念正确认识，克制功效渴求偏急心理；(5) 训练有指导，训练形式有规律，持续时间不宜过长；(6) 要了解练功增多是不良预兆；(7) 出现气功偏差、情绪不稳、心理创伤要暂停练功；(8) 心理障碍的患者必须在精神科医生指导下进行。

（三）临床表现及分型

1. 临床表现

所有病例均有幻觉妄想并严重影响工作生活的严重精神病症状。精神症状表现为：幻觉 62.8%，多为言语命令性幻听，思维语量多、语速快、条理性差；妄想 80.1%，多见被害妄想和影响性妄想；情绪不稳、恐惧紧张30.5%；抑郁焦虑23.2%；紊乱性兴奋27.8%。另外，冲动、伤人、自伤、食异物等8.79%。可见运动抑制性木僵、神经症样症状及躯体形式症状也较常见。

2. 分型

(1) 分裂样精神障碍：大多数病人练功后表现为急性发病，临床表现比较复杂，可以出现妄想、幻觉、言语错乱，也常有言语增多、情绪兴奋和行为障碍，也可见一级症状，但并非每人均有。

(2) 神经症性精神障碍：临床表现可分为躯体障碍和精神障碍，躯体障碍患者主诉："气体在体内行窜，气冲头部"或气滞留身体某部位，引起各种躯体症状，常见的有头痛、头晕、胸腹胀痛、丹田鼓胀、四肢发麻和肢体不自主运动，如四肢抖动和肌肉颤动，与所练动功有关；精神障碍主要指神经症性心理障碍，表现为睡眠障碍和情绪障碍，如焦虑、紧张、恐惧、易激动、抑郁、疑病观念、消极悲观和动作减少等。

(3) 癔症性精神障碍：气功诱发的癔症性精神障碍主要表现为急性发病，但DSM-IV和ICD-10已取消了癔症精神障碍分类，而用分离性和转换性的机制不能解释气功所致精神障碍的现象。

(四) 诊断标准与鉴别诊断

1. 诊断标准

(1) 由气功直接引起。

(2) 症状与气功书刊或气功师所说的内容密切相关，通常只在做气功时出现，并在结束练功时迅即消失，而患者却持续出现或反复出现症状，无法自控。

(3) 至少有下列1项：

① 精神病性症状，如幻听、妄想等；

② 癔症样综合征；

③ 神经症样综合征。

(4) 社会功能受损。

(5) 病程短暂，经脱离现场，中断练功，给予适当处理后很快恢复。

2. 鉴别诊断

(1) 排除以类似表现作为治病手段，及获取财物或达到其他目的，或可随意自我诱发或自我终止者。

(2) 排除其他精神障碍，尤其是癔症或严重应激障碍。

## 二、迷信、巫术相关精神障碍

### (一) 概念

迷信、巫术相关精神障碍是一类由迷信或巫术直接诱发的精神障碍。症状与迷信、巫术密切相关，以神鬼附体的身份障碍、片断的幻觉、错觉、妄想，或行为紊乱等为主要表现。以巫术作为获取财物或达到其他目的者或可随意自我诱发或自我终止者不属于该障碍。

附体状态（possession state）是一种意识改变状态。表现为鬼神或精灵入侵，入侵者变成了自我或自我的一部分，或躯壳被外来入侵者所借用，出现了身份的转换。此时其全部行为，包括思想、情感都表现为外来入侵者。此状态一种是由信众在暗示作用下自发产生的，而另一种是由巫师、巫医、神汉等通过自我诱导方式而“大鬼附体”。巫师、巫医利用鬼神附体常产生消极作用或严重的社会危害作用。他们借助于附体的“权威”身份，随心所欲，有时甚至置所谓的“邪魔缠身”的求治者于死地。

（二）临床表现

（1）意识障碍，多见于意识处于朦胧及意识范围狭窄状态。

（2）鬼神附体感及自我身份障碍，常有双重人格及多重人格。

（3）幻觉、错觉和妄想。

（4）行为紊乱。

（三）诊断标准与鉴别诊断

1. 诊断标准

（1）精神障碍由巫术诱发。

（2）症状与迷信巫术密切相关，以神鬼附体的身份障碍、片断的幻觉、错觉、妄想，或行为紊乱等为主。

2. 鉴别诊断

（1）以巫术作为获取财物或达到其他目的者。

（2）可随意自我诱发或自我终止者。

（3）其他精神障碍。

（四）治疗

（1）立即停止接触相应的迷信活动。

（2）药物治疗。如抗精神病药物治疗，如果说患者出现了幻觉、错觉、妄想、附体或者是行为紊乱的一些精神症状，可以适当地应用抗精神病药物，宜小量短期使用。在自制力恢复以后，减量或者是停用。

焦虑抑郁明显的患者可以服用抗焦虑或者是抗抑郁的药物。

（3）心理治疗。暗示治疗是以一个身份而对患者实行言语和行为的暗示，往往对焦虑症状有效。

（4）认知治疗。迷信作为一种落后的社会意识，是愚昧无知的文化，它拒绝科学。因此对于这一类患者，要开展一些无神论和科学教育，针对患者存在的一些心理问题给予认知纠正，引导他们尽早从愚昧、迷信当中解脱出来，培养其积极向上的人生观，使其积极地参加有益的社会实践活动，提高自身的文化水平，克服一些个性缺陷，增强社会适应能力。

## 三、邪教所致精神障碍

（一）概述

邪教，是指不正当的、邪恶的势力和组织。邪教的特征是绝对的教主崇拜、精神控制、秘密结社、宣扬末世论、聚众敛财、扰乱社会秩序、残害教徒身心，具有反社会、反人性等性质。虽然邪教一般性犯罪（盗窃、抢劫、作风等）较少，但其利用精神控制手段破坏人的心理功能，导致强迫性心理障碍而引发的犯罪行为比比皆是。[①]

邪教通过精神控制使正常人异化、畸化，把正常人与他真正的自我分离开来，塑造出新的邪教信徒的自我，完全依赖于邪教组织，使其行为完全像一个失去了独立人格的患者的行为，表现出许多异于常人的症状。

（二）临床表现

1. 认知偏差

邪教人员由于被精神控制而长期陷入痴迷状态，丧失掉人最可贵的批判能力和鉴别能力，导致出现认知偏差，真假不辨，是非不分，就是由于感知觉被剥夺而进入一种完全自我封闭的状态，在思想上只接受教主的信息，只认可教主。

2. 情感冷漠

邪教人员受教主歪理邪说的蛊惑，逐渐变得绝情寡义，犹如冷血动物，在情感上疏离常人，主动割断与社会的联系，把所有情感寄托在教主和邪教组织上面。

3. 思维混乱

在邪教精神控制下，邪教人员形成特定的思维定式、逻辑怪圈、行为方式和语言系统等，甚至诱发心理障碍、精神异常，整天精神恍惚，经常出现幻视、幻听而走火入魔，精神错乱，疯疯癫癫，失去自控能力。

4. 意识病态

邪教的精神控制能够使信徒产生一种病理性的执着，钻牛角尖、认死理，顽固到“见了棺材都不落泪”的地步。

5. 行为恐怖

精神异常、意识病态必然会导致行为恐怖，这是邪教的本质。邪教信徒痴迷到一定程度，就会做出诸如杀人、自杀等种种恐怖行为。

（三）治疗与预防

1. 脱离强迫环境

立即停止接触相关的邪教，多参加有益的社会或集体活动，激发对生活的热爱和对生命的珍惜，也不再沉浸于病理心理中，在思想、情感、体力等方面得到锻炼。

2. 心理治疗

包括倾听主诉、深入观察，走进患者的内心来剖析原因。

3. 理性认知教育

说透邪教教义，指明练功中出现神秘体验的科学道理，理清现实与虚幻的关系；引导从客观角度认识邪教的危害性；认识自己的强迫性心理给家庭、他人以及社会带来的破坏性；强化正确价值观。

---

① 参见陈青萍：《邪教痴迷与强迫性心理障碍》，载《陕西师范大学学报（哲学社会科学版）》2002年第6期。

需要注意的是，帮助邪教精神依赖和精神痴迷者康复和摆脱邪教团体还需要注意的是：同情、支持、接受这些成员；治疗时保持专业领域职业操守；注意对方的反应和我方应对的态度。

### 四、恐缩症

（一）概述

恐缩症是一种与文化相关的害怕生殖器、乳房或身体某一部分缩入体内导致死亡的综合征，是一种急性焦急反应。

恐缩症表现形式特殊，多发生在南方或偏远农村，有流行性特点。发病者一般文化程度较低，病前性格有缺陷，预后一般良好，但可能会反复发作。①

（二）临床表现

（1）精神症状：多伴有恐怖性焦虑，严重者可达惊恐发作程度。

（2）植物神经症状：可有心慌、气促、面色苍白、出汗、血压升高、尿急、眩晕。

（三）诊断

我国《中国精神疾病分类方案与诊断标准（第二版修订本）》（CCMD-2R）关于恐缩症的诊断标准主要有：

（1）急性心因性起病，表现为强烈的恐惧和焦虑，伴有植物神经系统症状或有濒死感。

（2）惧怕生殖器、乳房或其他器官回缩入体内导致死亡并采取相应措施（如系带牵引）等，同时具有强烈的焦虑或恐惧情绪。

（3）急性起病，病程短暂。

## 第三节　偏执性精神障碍

### 一、偏执狂

（一）基本概念

偏执狂是以持久存在、不可动摇和极为系统化的妄想为突出症状的精神障碍，思维保持逻辑和条理，行为和情感反应与妄想保持一致，无幻觉，妄想内容常为被害、夸大、疑病，也可能与诉讼有关。属于偏执性精神障碍的一种。

（二）发病因素

（1）个性特点：患者个性往往有主观、固执、敏感多疑、对他人怀有戒心、不安全感、嫉妒、好争论、不能接受别人的批评、自我中心、自命不凡、自我评价过高、对人吹毛求疵、强词夺理、野心勃勃、爱空想、遇事专断、不坦率、情绪易激动和不能冷静面对现实等素质特点（这些个性缺陷，在遭遇某种心理社会因素或内在冲突时，自己不能妥善应对，而将事实加以曲解或长期耿耿于怀，就有可能逐渐形成偏执状态，

① 参见徐维亮、段元东、许玲玲：《恐缩症1例报告》，载《医学理论与实践》2014年第5期。

导致发病)；(2) 遗传因素；(3) 文化背景。

(三) 临床表现

患者外貌衣着整洁，日常活动无异常，可显露奇怪、多疑、偏执或敌意。主要的症状为缓慢发展的系统妄想，并伴有相应的情感和意向活动，人格保持较完整。所谓系统妄想，系指妄想内容固定，不泛化，思维逻辑形式是连贯的，陈述时可能有些冗长赘述，但不荒诞，有时近似现实。妄想体系往往使患者有强烈心境或带有警觉性。

(四) 诊断标准

1. 症状标准

以系统妄想为主要症状，内容较固定，并有一定的现实性，不经了解难辨真伪。主要表现为被害、嫉妒、夸大、疑病或钟情等内容。行为紧张。

2. 严重标准

社会功能严重受损和自知力障碍。

3. 病程标准

符合症状标准和严重标准至少已持续 3 个月。

4. 排除标准

排除器质性精神障碍、精神活性物质和非成瘾物质所致精神障碍、分裂症或情感性精神障碍。

## 二、偏执状态

(一) 基本概念

偏执状态，是指妄想结构没有偏执狂那样有层次和系统，妄想内容亦不固定，可伴有幻觉，一般预后相对较好(随访中，有的患者最后趋向于精神衰退)，患者多于 30—40 岁发病，以女性为常见，且以未婚者居多。据临床观察，个性特征有一定缺陷，如主观、以自我为中心、自卑、敏感多疑或固执等。个别患者发病可能有心理社会因素，如移民、流亡海外、被俘或隔绝等诱因。听力障碍也可能为促发因素之一。听力障碍者由于人际交往之间难以得到互相理解，患者往往感到自己被人冷落、轻视。尤其是在人多的场合下，认为自己受到排斥，甚至感到被嘲笑。

(二) 临床表现

(1) 患者具有幻想性妄想和幻觉，并有相对受限的思维障碍和保留较好的情感。同精神分裂症相比，有较少的人格退缩和意向较少的损伤。

(2) 患者有社会交往的能力和良好心境。同偏执狂相比，妄想结构和系统性均较差。

(3) 患者病程是缓慢进行的，随着时间的进展，妄想内容趋向片段化，患者的社会交往可能保持相对较好，无明显的精神衰退。

## 三、急性短暂性精神障碍

(一) 基本概念

急性短暂性精神障碍是一组起病急骤、缓解彻底、持续时间短暂的精神病性障碍。

（二）临床表现

（1）急性起病。患者可在两周及两周内从缺乏精神病性特征的状态发展为有显著异常的精神病性状态；ICD-10 称在 48 小时内爆发。表现为迅速变化的幻觉、妄想、短暂剧烈的情绪变化和言行紊乱。

（2）病程短暂。发作时间至少持续 1 天，但不足 1 个月。预后好，最后功能完全恢复到病前水平。

（三）诊断标准

1. 症状标准

精神病性症状，至少需符合下列 1 项：

（1）片断妄想或多种妄想；

（2）片断幻觉或多种幻觉；

（3）言语紊乱；

（4）行为紧张或紧张症。

2. 严重标准

日常生活、社会功能严重受损或给别人造成危险或不良后果。

3. 病程标准

符合症状标准和严重标准至少已数小时至 1 个月，或另有规定。

4. 排除标准

排除器质性精神障碍、精神活性物质和非成瘾物质所致精神障碍、分裂症，或情感性精神障碍。

（四）常见类型

（1）急性妄想发作，又称妄想阵发；

（2）分裂样精神障碍；

（3）旅途性精神病（CCMD-3 单独列出）。

## 第四节　其他有关精神障碍

### 一、周期性精神病

（一）基本概念

按月呈周期性发作的精神病，称为周期性精神病。原因不明，可能与间脑功能紊乱有关。这种病以女性为多且多在青春发育期起病。本病症状可以分为两类。一类表现为精神兴奋、言语增多、情绪高涨、奔跑叫喊等；另一类出现意识障碍，有片断零碎的幻觉，呆滞少语，甚至出现木僵。发作后常遗忘。

（二）临床表现

周期性精神病的表现较多，一般分为前驱症状、精神症状和躯体症状。

1. 前驱症状

大多突然起病，持续 1—2 天，如头痛、头昏、失眠、腰痛、口干、食欲改变、情绪不稳定、失眠、嗜睡等。同一患者，前驱症状每次发作是一样的。

2. 精神症状

大多数于月经前数天开始，经过 1—2 周好转，极少于月经结束时出现症状，但绝无月经周期前半期起病者。同一患者每次发病与月经周期的关系是一致的。

(1) 意识混乱。又称错乱状态，是本病的基础症状。患者表现为意识模糊，理解和反应迟钝，记忆力衰退，主动注意减退，自我意识存在，周围意识障碍，定向力错误等。在意识障碍的基础上，伴发行为紊乱和不协调性精神运动兴奋。

(2) 幻觉和妄想。可有片断的幻觉和妄想，具有含糊和梦样特征。幻听内容简单，妄想多不系统，结构不严密，且较短暂，对患者情感的影响不大。

(3) 行为紊乱。患者一旦起病，兴奋症状即达高峰，表现为夜间不眠，激越，躁动不止，乱跑，就地滚爬、打物，甚至打人等。

(4) 情感症状。情感症状和行为紊乱是该病的主要临床表现，很多病例表现为躁狂和抑郁交替出现。

(5) 精神运动性抑制。个别病例一开始即表现木僵状态，不语、不食、不动，肌张力增强。

精神症状与起病一样，症状可以突然中止，之后出现嗜睡、疲乏无力，逐渐恢复正常。

3. 躯体症状

该病常伴有植物神经症状，如颜面潮红或苍白，四肢末梢发凉或发热，出汗，心动过速，肢体浮肿，尿频，乳房肿痛或乳头痛，腹痛，恶心呕吐等，有的可出现低血糖，多尿，向心性肥胖，肢体非凹陷性水肿，体重增加，皮脂分泌增加，头发脱落，大便频繁等内分泌和营养功能障碍。

## 二、产后心绪不良

### (一) 基本概念

产后心绪不良是指产后轻度和短暂的心境障碍，通常于1周内发生，病程可延续至产后 2 个月，可发展为严重的产后抑郁症，其发生率在我国为 23.08%—66%。[①]

### (二) 临床表现

症状较轻，主要表现为情绪不稳、沮丧爱哭、担心多虑、委屈、内疚、失眠、食欲下降、易发怒、注意力不集中。产后 10—14 天内可自行缓解。

## 三、产后抑郁症

### (一) 基本概念

产后抑郁症是女性精神障碍中最为常见的类型，是女性生产之后，由于性激素、社会角色及心理变化所带来的身体、情绪、心理等一系列变化。典型的产后抑郁症一

---

① 参见王健：《产后心绪不良的中医人格分型和社区干预研究》，北京中医药大学 2019 年硕士学位论文，第 6 页。

般于产后6周内发生，可持续整个产褥期，有的甚至持续至幼儿上学前。

（二）临床表现

（1）常感到心情压抑、沮丧，行为表现为孤独、不愿见人或伤心、流泪，甚至焦虑、恐惧、易怒，每到夜间加重。

（2）自我评价降低，自暴自弃、自责、自罪，或表现对身边的人充满敌意、戒心，与家人关系不协调。

（3）创造性思维受损，行为上反应迟钝，注意力难以集中。

（4）对生活缺乏信心，觉得生活无意义，出现厌食、睡眠障碍、易疲倦、性欲减退。

（三）诊断

美国精神病学会1994年制订的产后抑郁症的诊断标准是在产后两周内出现下列5条或5条以上的症状，首先必须具备前两条：（1）情绪抑郁；（2）对全部或多数活动明显缺乏兴趣或愉悦感；（3）体重显著下降或增加；（4）失眠或睡眠过度；（5）精神运动性兴奋或阻滞；（6）疲劳或乏力；（7）遇事皆感毫无意义或有自罪感；（8）思维能力减退或注意力涣散；（9）反复出现死亡想法。

目前国内运用较多的产后抑郁症筛选诊断方法主要有Zung氏抑郁自评量表（SDS）和爱丁堡产后抑郁量表（EPDS）。Zung氏抑郁自评量表是一个20道题的自评调查表，将抑郁程度分为4个等级，中国常模SDS标准分为（41.88＋10）分，分界值标准为53分，即将SDS＞53分者定为阳性（抑郁症状存在）。EPDS可用于孕期筛查可能患有抑郁症的妇女，也可用于产后抑郁症的粗略诊断。EPDS为自评量表，共有10个项目，分别涉及心境、乐趣、自责、焦虑、恐惧、失眠、应付能力、悲伤、哭泣和自伤等，得分范围0—30分，9—13分作为诊断标准。此外，贝克抑郁问卷（BDI）也是一种常见的抑郁筛查工具，BDI是一个21道题的问卷，包括认知、情感和身体因素，被证实对诊断产后抑郁临床病人和非临床病人均具有较好的一致性和重复性。但是，BDI问卷中包含了身体状况方面的内容，对于身体处于不适状态的孕妇和产妇来说，BDI问卷结果会比其他方法偏高。

## 四、产后精神病

（一）基本概念

产后精神病是因妊娠和分娩诱发，多种致病因素共同作用，通常在产后数天至数周内急剧起病的精神障碍疾病，尤以产后3—10天最为常见。

（二）临床表现

（1）失眠、情绪不稳定及易激惹，容易被当作分娩后的“正常”生理及情绪反应。

（2）以心境不协调的错觉、幻觉、妄想常见，多为负面内容，妄想以被害妄想及关系妄想居多，内容常针对婴儿及自身，受妄想支配会出现自杀、伤婴及杀婴行为。

（3）易激惹，情感高涨，心境常不稳定；伴有其他躁狂症状，如睡眠需求减少及语速加快；焦虑、激越、烦躁或担忧、情绪低落。

（4）急性脑器综合征样表现，如谵妄状态，注意涣散，意识混乱，言语、行为紊乱，定向力障碍，睡眠障碍等。

（三）诊断

(1) 精神检查。方式为诊断性谈话，内容一般包括四个部分，即一般情况、认识活动、情感活动、意志及行为活动。

(2) 体格检查、实验室检查及其他辅助检查。主要目的是为了排除诊断及鉴别诊断，如血常规、尿沉渣分析、血生化、代谢相关指标、甲状腺功能、尿药毒理学检查，若出现神经系统症状，还要重点进行脑脊液分析、边缘性脑炎及抗体检查、血氨、脑电图、头颅核磁等检查。

(3) 排除产前精神障碍及其他原因导致精神障碍。

## 五、病理性激情

（一）基本概念

病理性激情是一种短暂的严重意识障碍的激情发作。正常人在强烈的精神刺激下，也可出现暴怒、恐惧、冲动等生理性激情。病理性激情与生理性激情的主要区别是患者是否具有意识障碍。

（二）临床表现

(1) 起病急剧。患者在精神因素作用下突然起病。

(2) 意识障碍。患者表现出不同程度的意识障碍，可以是意识范围狭窄或意识模糊状态，发作后对发作过程部分或全部遗忘。

(3) 情绪障碍。患者情绪十分激动，常呈恐惧、愤怒、暴怒状态，与所受刺激很不相称。

(4) 行为冲动。患者行为不受理性控制，有强烈的冲动行为，攻击伤害他人或造成自身伤害。

（三）诊断标准

(1) 有极难自控的激动或暴怒、情绪发作，伴有明显意识障碍与冲动行为。

(2) 有削弱大脑代偿动能与自控能力的脑病史（如脑缺血、缺氧、炎症、外伤、癫痫史），以及实验室检查证明有脑部形态或功能异常。

(3) 起病突然，病程短暂，数分钟至数小时后自行恢复，发作后病中经历部分或完全遗忘。

(4) 应排除器质性精神障碍、躯体疾病或精神活性物质和非成瘾物质所致精神障碍的人格改变或精神病性症状。

## 六、病理性半醒状态

（一）基本概念

病理性半醒状态是一种睡眠和觉醒之间的移行状态。患者从深睡到不完全觉醒的不同阶段，出现意识模糊、知觉障碍、恐惧情绪、运动性兴奋等暴力行为。

（二）临床表现

病理性半醒状态患者常在发生前存在一些不良的躯体和心理因素。如过度疲劳、睡眠不足、过度饮酒、不愉快心理体验、心理负担较重等，在深度的睡眠中出现突然的不完全觉醒。具体表现为：① 意识障碍：意识范围狭窄、朦胧状态，清醒后大部分遗忘；② 知觉障碍：错觉、幻觉、妄想体验；③ 情绪障碍：紧张、恐惧、愤怒；④ 冲动行为：出现强烈的冲动行为，攻击伤害周围的人和物。冲动行为常具盲目性、紊乱性。

（三）诊断标准

（1）发生于睡眠进程中，多数在凌晨 1—4 时发生。

（2）入睡前带有过度疲劳或精神应激因素，深睡眠后受到干扰而觉醒不完全。

（3）以意识不清、片断错觉、幻觉、惊恐与愤怒情绪、非协调性精神运动兴奋、攻击行为为特征。

## 七、发作性昏睡

（一）基本概念

发作性昏睡以难以控制的嗜睡、发作性猝倒、睡瘫、入睡幻觉及夜间睡眠紊乱为主要临床特点。国外报道患者通常在 10—20 岁开始起病，人群患病率估计在 0.02%—0.18%，男性和女性患病率大致相当，是继睡眠呼吸障碍之后，引起白天过度嗜睡的第二大病因。它是一种终身性睡眠疾患，可严重影响患者的生活质量，甚至酿成意外事故而危及生命。我国的患病率在 0.04%左右，起病于儿童时期者也不少见，男女患病比例为 2∶1。

（二）临床表现

1. 白天过度嗜睡

患者睡眠持续时间多为数十分钟，可短至数秒，也有长达数小时者，每天发作次数为数次到数十次不等，多数患者经短时间的小睡后即可头脑清醒，但不能维持太长时间。

2. 猝倒

60%—70%的发作性昏睡患者可见脱力发作甚至猝倒，为该病的特征性表现，常在日间嗜睡（EDS）出现数月至数年后出现。见于强烈情感刺激如发怒、大笑时。发作时患者意识清晰，无记忆障碍，可完全恢复。

3. 睡眠瘫痪

多在入睡或起床时出现，是发作性睡病患者从快动眼（REM）睡眠中醒来时发生的一过性全身不能活动或不能讲话状态，可持续数秒至数分钟。正常人也可发生，但发作性昏睡患者的发作频率及程度均严重得多。

4. 睡眠幻觉

多在入睡时发生，表现为患者在觉醒和睡眠转换时出现幻觉，可以为视、触或听幻觉，也可表现为梦境样经历。有时在白天犯困时也会出现。

5. 夜间睡眠紊乱

是患者的主诉之一，患者常无入睡困难，但易醒多梦，入睡后 2—3 小时即难以再入睡，早晨常因缺觉而起床困难。

### 八、创伤后应激障碍

（一）基本概念

创伤后应激障碍（PTSD）是指患者遭受异乎寻常的威胁性或灾难性的心理创伤，刺激的强度超过了日常不幸事件，以致出现严重的触景生情反应，引发强烈的情感体验。患者一般在事件发生后数日、数周至 6 个月以内发病。

（二）临床表现

1. 创伤性体验的反复重现

精神创伤性情境与个体的思维和记忆有关，并反复地、不由自主地涌现，在意识之中萦绕不去，梦境中亦经常呈现。

2. 持续的警觉性增高

表现为入睡困难或睡眠不深，集中注意困难，过分地担惊受怕，犹如惊弓之鸟。在与创伤性事件近似的情景提示下，发生强烈的反应，伴有一定程度的意识状态改变，可出现精神自动症，如逃跑、呼救或冲动伤人等。

3. 持续的回避

至少有下列 6 项中的 2 项：① 极力不想有关创伤性经历的人与事；② 避免参加能引起痛苦回忆的活动，或避免到会引起回忆的地方；③ 不愿与人交往、对亲人冷淡；④ 兴趣爱好范围狭窄，但对与创伤性经历无关的某些活动仍有兴趣；⑤ 对创伤性经历的选择性遗忘；⑥ 对未来失去希望和信心，存在焦虑和抑郁，自杀观念也较常见。

（三）诊断

创伤后应激障碍病程持续 3 个月以上，可长达数月或数年。症状严重程度常有波动，少数个体在多年后仍可触景生情，出现应激性体验。诊断本病必须有证据表明它发生在极其严重的创伤性事件后的 6 个月内。但是，如果临床表现典型，又无其他适宜诊断（如焦虑或强迫障碍或抑郁）可供选择，即使事件与起病的间隔超过 6 个月，给予可能诊断也是可行的。

## 第五节　其他精神障碍的司法鉴定

### 一、刑事责任能力评定

（一）气功偏差所致精神障碍的刑事责任能力评定

一般气功偏差所致精神障碍，其辨认或控制能力只是某种程度的削弱，并非完全丧失，对患者在辨认或控制能力削弱情况下所发生的危害行为，应评定为限定刑事责任能力。极少数在严重幻想的作用下，出现十分荒唐的危害行为，往往手段十分残忍，由于辨认能力和控制能力完全丧失，评定为无刑事责任能力。此类案例并不多见，在鉴定和处理时可参照病理性醉酒的相关评定标准。第一次犯案者，应给予警告，责令其戒绝“练功”，如经警告、处罚、教育再犯者，在法理上属于“自陷”，则评定为完全刑事责任能力。

（二）迷信、巫术所致精神障碍的刑事责任能力评定

由于迷信活动与文化落后、愚昧无知有关，这是一种必须纠正的不良社会现象。巫术所致精神障碍的有关违法行为是一种应该预知而未能加以防止的结果。巫术所造成的伤害行为的社会影响极其恶劣，这种精神障碍的性质不属于严重的精神疾病。因此，评定时应根据具体情况，评定原则是从严掌握，分清是迷信职业者还是受害者来加以评定。原因是：首先，迷信活动根源于愚昧无知，迷信观念违反科学规律，麻痹人们的思想，使人们对客观世界产生错误的认识，且具有较强的传播腐蚀性，社会影响恶劣，与现代文明社会的要求格格不入；其次，迷信所致精神障碍是由迷信巫术诱发，与迷信巫术密切相关，换言之，不相信迷信、不搞迷信活动就不会患此病。被鉴定人应当知晓搞迷信活动有百害而无一利，应该响应国家号召破除迷信，但却放纵自己自陷泥潭，属于自陷风险行为；最后，此类精神障碍的性质不属于严重的精神病。

具体评定责任能力时应考虑几个因素：（1）精神障碍的程度，即是否存在明显的意识障碍、幻觉、妄想等症状及持续时间、影响社会功能的程度；（2）在迷信活动中扮演的角色，是迷信职业者还是参与者、受害者；（3）受害对象与被鉴定人的关系；（4）被鉴定人有无现实作案动机和原因；（5）被鉴定人以往的人品特征，有无犯罪前科。因此，在综合考虑上述因素的情况下评定责任能力时应着重依照如下所述：

（1）如果是迷信职业者如“神汉”“巫婆”，其搞迷信巫术活动的动机是为了骗取钱财或者是出于其他犯罪目的，加害与己无关的信男善女，即使有“附体症状”及意识模糊，这也是由于自己故意自我暗示的结果，这种情况下发生的违法犯罪行为应评定为完全刑事责任能力。

（2）如果是饱受迷信职业者欺骗的受害者，出现附体状态时，评定责任能力应考虑被鉴定人当时的精神状态，行为的动机、目的及受害人与被鉴定人的关系。如果被鉴定人受到欺骗性迷信或巫术暗示而出现幻觉、妄想及巫术观念及鬼神附体感，从而丧失了辨认能力，加害自己的亲友，显然其并没有犯罪的动机和目的，这是由于辨认能力和控制能力丧失或削弱所致的结果，根据这种情况，可评定为限定刑事责任能力或无刑事责任能力。如果迷信或巫术的受害者发作时有明显意识，伴有丰富的幻觉，其危害行为受到精神症状的控制及影响，丧失了辨认能力及控制能力，可评定为无刑事责任能力。

（三）邪教所致精神障碍的刑事责任能力评定

（1）如果是邪教组织者，目的在于利用制造、散布邪说等手段整蛊、蒙骗他人，发展控制成员，危害社会，此类邪教组织者即使在出现意识障碍的情况下实施违法犯罪行为，也应当评定为完全刑事责任能力。

（2）如果是被蒙骗加入邪教组织者，在邪教组织人员的强力洗脑、催眠下丧失自我意识及辨别是非的能力，从而对身边亲人及他人实施违法犯罪行为的，考虑其自身也是受害者，一般评定为限定刑事责任能力或无刑事责任能力。

（四）恐缩症所致精神障碍的刑事责任能力评定

恐缩症多伴发精神症状，以恐怖性焦虑为主，严重者可达惊恐发作程度，发作时

自感生殖器官缩入体内，烦躁不安有濒死感，并伴有幻觉，如听到鬼叫声等，部分有意识障碍和意识模糊。

对恐缩症患者进行责任能力评定时，应综合考虑患者在实施违法犯罪时的精神状态。若在实施违法犯罪时处于疾病发作状态，一般评定为限定刑事责任能力或无刑事责任能力；若在实施违法犯罪行为时并不处于意识模糊状态，而是处于意识清晰状态，应评定为完全刑事责任能力。

## 二、民事行为能力评定

对于某一具体民事行为的行为能力问题，可视患者病情的严重程度对其真实的意思表达能力的影响而评定。较轻或一般的精神障碍患者对自己的民事行为的辨认、理解和处理的能力尚未受到损害，可评定为有完全民事行为能力。正在发病中的较严重的急性应激障碍者，常常表现为有强烈恐惧体验的精神运动性兴奋，或者为精神运动性抑制状态，对周围事物不能正确感知，不能正确认识和判断，更不能正确表达自己的意愿与处理自己的事务，即在民事活动中，不能真实表达自己的意愿，可评定为无民事行为能力。但是，由于急性应激障碍发病急、病程相对较短、预后好，只是在发病期间暂时无民事行为能力，如涉及民事行为能力的法律问题，可暂缓处理，待病情缓解后再作评定。

## 三、案例分析①

周某，女，39 岁，文盲，农民。

周某自幼性格浮躁，好表现自己，好逸恶劳，好骂人。一年前因牙痛去邻村找巫医“王灵仙”看病，“王灵仙”说她家也有神，如能领下来，她自己也能看病。她回家后，即认为自己是“灵仙”，一阵阵出现“大神附体”样发作。某日下午，周家姐妹四人在一起闲谈，周某声称：“我得了灵仙了，什么病都能治，腰弯了的可以治得直起来。”其三姐说：“你既然是神，你算算谁能死。”于是，周某就自称是“王美荣大仙”，说其二姐明天 4 点死，因肚子里有“小金龙”，整天在肚子里喝血，得给她接下来。并声称一个神不行，还要把“杜大神”“赵大神”请来。自语一阵之后，即上炕摸其二姐小腹，说听到里边“咦”的一声，是要小产了，令其二姐脱裤，用手伸进阴道，掏出了一个肉团，说“小金龙”出来了，用菜刀切下，致使受害人失血过多死亡。周某找一块红布将切下的肉团包上，又将被子盖在死者身上，令其大姐、三姐叩头，又在死者面前吹气，说“小金龙”会活，最后要浇酒烧尸体，被人制止。

案发后，周某被刑事拘留。拘留期间哭闹、摔碗，表情做作。司法精神医学鉴定的过程中，出现附体状态，自称“卢文英，60 岁”，问：“卢文英是干什么的?”唱道：“三万八千里，坐火车 4 天 4 宿，我就是从那儿来的。”问：“卢文英会不会治病?”答道：“黑头、疯子。”再问不答，手足开始抽搐。经针刺治疗后，意识恢复常态，知自己是周某，可作正常交谈。体格检查及神经系统检查均无异常发现。

① 案例摘自胡泽卿主编：《法医精神病学（第 4 版）》，人民卫生出版社 2016 年版，第 145 页。

讨论分析：周某系无文化农村妇女，原有癔症性格，受封建迷信影响，自信成神，“大神附体”时出现片断妄想，意识状态改变，肌肉抽搐，性质属于自我暗示催眠所引起的意识分离状态。由于其附体状态可随意自我诱发，其实质性的控制能力并未丧失。

鉴定意见：被鉴定人属于迷信、巫术所致精神障碍，在附体状态（癔症性分离障碍）下发生危害行为，其实质性的控制能力并未丧失。评定为完全刑事责任能力。

## 习题》

1. 简述精神障碍的发生、治疗与文化的相关性。
2. 简述病理性激情和生理性激情的区别。

## 拓展阅读文献》

1. 胡泽卿主编：《法医精神病学（第4版）》，人民卫生出版社2016年版。
2. 郑瞻培：《司法精神病学鉴定实践》，知识产权出版社2017年版。
3. 郑瞻培、汤涛、管唯主编：《司法精神鉴定的难点与文书》，上海科学技术出版社2009年版。
4. 江绍原：《民俗与迷信》，北京出版社2016年版。
5. 刘正峰、周新国：《邪教的法律治理》，社会科学文献出版社2012年版。

# 下篇

第十七章

# 精神疾病的伪装与识别

**内容提要：** 本章主要介绍伪装精神疾病的定义、分类、特点、临床表现、诊断与鉴别诊断。

**核心词汇：** 诈病　匿病　无精神病　癔症

**学习要求：** 熟悉掌握伪装精神疾病的定义、分类、特点、临床表现、诊断与鉴别诊断。

## 第一节　概　　述

### 一、伪装精神疾病的定义及分类

（一）定义

伪装精神疾病又称诈精神病，是诈病中的一种，是指为了逃避外界某种不利于个人的情境，摆脱某种责任或获取某种个人利益，故意模拟或夸大精神障碍或伤残的行为。诈病者出于明显的欺骗企图而故意模仿，有意识地装出一些精神病症状，以达到某些明确的个人目的，或为逃避罪责，或为减轻处罚，或为争取保外就医，或为获得更高的赔偿、牟取私利等各种可以理解的目的。

（二）分类

（1）诈病：狭义的诈病指当事人无中生有地伪装某种疾病，又称模拟病。精神疾病是其中的一种，也有的把原有疾病症状扩大，轻病装重病。

（2）匿病：当事人隐瞒自己存在的疾病，或者把病情减轻而称是痊愈。

（3）造作病（伤）：当事人利用各种机械的、化学的、物理的或者生物的方法，故意损害自己身体或授意别人代为操作，其部位多在本人可及之处。伪装精神疾病的鉴定涉及诉讼过程中的各个环节及许多案件类型，例如刑事及民事案件中的当事人，也可以在处理某些纠纷、争议、赔偿、公正、信访等工作中遇到。

伪装精神疾病的精神症状各种各样，其伪装症状的表现形式不尽相同，持续时间可长可短，短则数天，长则数月，甚至可达数年，因人而异，取决于当事人的不同目的，并与他们的职业、文化水平及对精神病知识的了解程度等有关。在司法精神医学鉴定中所见的伪装病者，一般报道多见于男性，至少具有初中以上的文化水平，绝少是智力低下者。人格健全或素质较高者，发生率较低；较多见于反社会性人格障碍、幼稚不成熟，或有犯罪前科者。

伪装精神疾病的鉴定是司法精神医学鉴定中的一个特殊问题，情况比较复杂，原则上一是警惕，二是谨慎。如果把患有精神病的人误诊为伪装精神疾病者，势必造成冤案；若将伪装精神疾病者错认为精神病患者，等于放纵了罪犯。因此，伪装精神疾病的鉴定是一项极为严肃、科学性很强的专门技术。

### 二、伪装精神疾病者的心理活动

在刑事案件中，伪装精神疾病者的行为大多发生在案发之后，案发前、案发时的心理活动和一般犯罪嫌疑人无明显差别。某些犯罪嫌疑人为了摆脱目前的处境，回想起过去曾经耳闻目睹过的有关犯罪分子为逃避法律制裁采用装疯卖傻的手法，模仿某个（如幻觉、妄想等）或不成规律的精神病症状来蒙蔽办案人员；有些犯罪嫌疑人受到其他犯罪嫌疑人点拨、教唆，认为犯了罪要想出去，只有伪装精神疾病；有的犯罪嫌疑人通过内外勾结、递条子、通风报信，教唆其如何伪装精神疾病；还有些犯罪嫌疑人受到家中精神病人影响，一知半解地模仿一些精神病症状来伪装精神疾病。值得注意的是，近些年来，伪装精神疾病者受到某些文学艺术及影视影响，其伪装的技巧已日益高明起来，增加了鉴别的难度。这些犯罪嫌疑人经过一番构思后，作出了伪装精神疾病的选择，随即出现了一系列的精神异常表现。

由于装病者伪装的精神症状都是在他们自愿和有意识的控制之下进行的自我意识活动，装病者总是认为既然可伪装，就要伪装得逼真，这样才能使别人相信。为了使别人相信自己是精神病患者，装病者常常要夸张自己的症状，乐于讲述本人的症状，喋喋不休地陈述症状细节，以唤起他人的注意，或者他们的精神症状“表现”比真正精神病患者的行为更加“荒唐不可理解”，例如把粪便涂在自己身上，或者明显过分渲染症状，往往给人以一种过分做作的印象。所以，他们总是把所谓的精神症状和盘托出，内容尽可能详尽、生动，并将作案行为和精神症状明白无误地联系起来，直截了当的说明两者之间的因果关系。如称作案时受到幻觉、妄想的支配，或者称不能回忆作案过程、部分遗忘，也有装聋作哑、形若痴呆者，其内心活动均存在侥幸心理，企图装出精神病表现，不易被他人识破，蒙混过关，其最终目的是逃避法律制裁。

伪装精神疾病者为了不让别人识破，除了装得逼真，还要坚持相当长的时间，并表现出异常意志和毅力，超出了一般人的想象。因为装病者意识是清楚的，心里明白自己在装病，只能靠自己的意志和毅力坚持到底，否则功亏一篑。

## 第二节 伪装精神疾病的表现及特点

### 一、伪装精神疾病的表现

伪装精神疾病者一般选择比较简单的、易于模仿的症状，如缄默、意识障碍、感觉丧失、拒食、违拗、生活疏懒、木僵状态或单个幻觉、妄想等。有时伪装主观性质的症状，如头痛、头晕、焦虑、抑郁等。当然这些症状并非是在一个被鉴定人身上出现，但有时一个被鉴定人可具有多种上述症状。

（一）遗忘

伪装精神疾病者可伪装作案时有意识障碍，对实施的犯罪行为称有遗忘，在对其进行精神检查时，可发现对答切题，能理解提问内容，能回答一般问题，但当涉及作案行为时，往往回答“不知道”“忘记了”“想不起来了”，这就是一种“抗审”表现，在伪装精神疾病中，较多发生。

（二）情感障碍

情感是人们对现实环境和事物产生的内心体验以及所采取的态度。装病者可表现为对外界和提问毫无反应，表现为表情呆板，目光呆滞，坐着或站立一动不动，若对其进行耐心细致的精神检查，给予晓之以理、动之以情的强烈言语刺激，可观察到有闭眼、肢体颤抖等细微变化，企图竭力抑制自己的愤怒和内在情绪的外现。这就要鉴定人员在精神检查时必须耐心，舍得花时间，不要认为被鉴定人不开口，问了数语就结束，应以敏锐眼光，及时观察被鉴定人的面部或躯体的一些细微变化，乘胜追击，使其暴露真相。

（三）幻觉和妄想

大多为幻听，也有幻视，内容生动，十分具体，但伪装精神疾病者的幻觉多为孤立性存在，思维、情感、意志及行为等方面的精神活动相互协调。妄想可模拟被害、被跟踪等内容，并作详尽描述，且将作案行为均归咎于这些幻觉妄想，并主动向鉴定人暴露，与大多数精神病患者拒绝暴露精神症状的特点不同。他们虽然能模仿个别的幻觉和妄想，但他们不能或难于模仿典型的精神病的综合症状。

（四）动作与行为异常

装病者伪装木僵、缄默状态较多见，表现为不言不语，呼之不应，不主动进食，不搞个人卫生，大小便都解在身上，周身肮脏不堪，办案单位把这种被鉴定人称为“活死人”，是最难对付的人，许多承办人员为这种人编了一句顺口溜，即“宝宝不开口，神仙难下手”，意为被鉴定人在审理中不讲话，对其提问不作任何回答，任凭你对其苦口婆心，耐心说服教育，就是不开口，使办案人员难以进一步审理，也结不了案，定不了罪。对于这种人，只要在看守所内安排有关人员对其进行仔细严密的观察，总会有蛛丝马迹暴露出来，如发现其对周围环境非常关心，注意窥视周围人的态度，当认为环境对其无障碍时，可出现正常活动，如进食、舒展肢体、怕冷的举动等，如能掌握这些细微的表现，有助于攻破装病者的心理防线。

（五）痴呆

装病者表现为智能减退，行为幼稚，不会料理最基本的日常个人生活及卫生，要靠他人帮助完成。令其做简单的计算，可出现明显的笨拙或近似错误回答，有时表现出简单计算困难，而较复杂的计算却能完成等其他不合实际的表现。

## 二、伪装精神疾病的特点

各种精神疾病均有其临床特征和疾病发展的演变规律，然而伪装精神疾病本身不能证明它是一种精神疾病，而是一种特殊的心理行为现象，也有它本身的客观规律，其基本特征如下：

### （一）具有非常明确强烈的动机和目的

这是每个伪装精神疾病者的共同特点，装病者认为伪装可以获得成功，而能改变其所处的不利地位或获得更多利益才产生这种行为，所以他们的动机和目的常人完全可以理解。反之，如果一个犯罪嫌疑人的多次口供中早已承认了犯罪事实，且与其他证据材料完全吻合，后出现“装疯卖傻”的表现，否认作案行为，这种“装疯”的动机和目的显得模糊时，要谨慎伪装精神疾病的诊断。

### （二）伪装精神疾病前一般表现是正常的

如果对装病者进行取证、调查，也会证实他们的精神状态是正常的。变疯只是案发后在看守所关押期间或事出有因的情况下才出现的。他们经过一番调查和思考后，才作出伪装的决定。所以，他们的“精神症状”的出现往往是突然的，很少呈缓慢发展的趋势。如果症状是发作性的，则多带有间歇性质，比如在白天“发作”，夜间“休息”，没有症状而安然入睡。当认为伪装已无必要或被识破后，伪装症状立即消失。这种“精神症状”的突然出现和突然消失，不符合一般精神疾病的发展规律。

### （三）伪装症状的夸张性和做作性

伪装精神疾病者既然作出了伪装选择，就要求伪装得逼真、生动、有声有色，才能骗取有精神病的结论，来达到他们的目的，其实这种想法本身已经不符合精神病的规律。因为精神病患者一般都是否认自己患有精神病，即使有了精神病也加以掩盖、否认，有妄想的患者更不愿暴露自己的想法。某些幻听患者，尽管从表情、姿势上已经肯定其幻听的存在，但当问及时，还要千方百计加以否认。相反，装病者在鉴定人员未问及要害问题时，就会主动暴露出精神症状内容，将作案行为和“精神症状”相互联系起来，给人以两者有因果关系的印象。

### （四）伪装的这些精神症状不符合精神疾病特征症状和演变规律

精神疾病有许多种类，但每一种精神疾病都有症状组合特征与发展规律，这是一般装病者很难彻底了解和掌握的，他们为了装得更像，往往把一些不可能或者极少能同时存在的两种或两种以上的精神症状混合在一起，或者其伪装症状多具孤立性，缺少某种精神疾病综合征的特点，或者症状不符合任何一种精神疾病的诊断标准，使人有一种“四不像”的感觉，或是病程发展变化不符合某种精神疾病的发展规律。

# 第三节　伪装精神疾病的诊断和鉴别诊断

## 一、伪装精神疾病的诊断

伪装精神疾病者都有明确的个人目的，如为了逃避外界某种不利于个人的情境，摆脱某种责任或获取某种个人利益等，故意模拟或夸大精神障碍或伤残。对伪装精神疾病者，主要应根据其临床表现和特点，依据相关标准，进行诊断。

根据 CCMD-3，诈病的诊断标准为：

(1) 有明显的装病动机和目的；

(2) 症状表现不符合任何一种疾病的临床相，躯体症状或精神症状中的幻觉、妄想，思维障碍，以及情感与行为障碍等均不符合疾病的症状表现规律；

(3) 对躯体或精神状况检查通常采取回避、不合作、造假行为或敌视态度，回答问题时，反应时间延长，对治疗不合作，暗示治疗无效；

(4) 病程不定；

(5) 社会功能与躯体功能障碍的严重程度比真实疾病重，主诉比实际检查所见重；

(6) 有伪造病史或疾病证明，明显夸大自身症状的证据；

(7) 病人一旦承认伪装，随即伪装症状消失，是建立可靠诊断的必要条件。

## 二、伪装精神疾病的鉴别诊断

当怀疑对象有伪装精神疾病嫌疑时，主要是与癔症（包括拘禁性癔症反应）作区别。因为两者表现十分类似，夸张、做作、富有表演性和暗示性，而且症状多变，有时鉴别十分困难，在法律关系鉴定中也常遇到需要鉴别的案例。鉴别时可参考以下几点：

1. 病前性格

癔症患者多有癔症性格；而装病者多无。

2. 既往史

癔症是发作性疾病，既往可发现癔症发作史；而装病者都无此类病史。

3. 动机和目的

癔症发作无动机和目的，症状出现是无意识的；而装病者都有明确的动机和目的，症状出现是有意识的。

4. 发作时间

癔症发作时间上无特殊意义的选择；而装病者多选择在犯罪后的关键时刻。

5. 言语特征

癔症患者的言语很少有什么顾虑和计划，常常自相矛盾；装病者言语非常谨慎，唯恐被人找出破绽或抓住话柄和差错。

6. 行为特征

癔症发作时行为具有夸张、发泄色彩，但并不过火；装病者的行为过火，“比真疯子还疯”。

7. 对检查者态度

癔症不发作期间，患者往往不厌其烦地倾吐自己身体不适，希望检查者多同情他，关心他；装病者心里明白自己的精神病是装出来的，因此对检查者非常憎恶，总想逃避这个“灾难”时刻，常常在检查中故意任性和发脾气。

## 三、鉴定伪装精神疾病的注意点

迄今为止，大部分“功能性”精神障碍尚无客观检查方法，这对司法精神医学鉴定带来了一定的难度。在具体实践中，由于办案机关所处的位置和地位与鉴定人员不同，从他们的角度来分析，认为案件事实清楚，证据确凿，犯罪嫌疑人也承认作案事实，对有病的鉴定结论往往提出异议，其中办案单位向鉴定人提出最多的疑问就是该犯罪嫌疑人是否有伪装精神疾病嫌疑，要求与伪装精神疾病相区别。以下提出诊断伪装精神疾病应该注意的几个问题：

(1) 全面审阅卷宗材料，必须重视公检法各个部门审讯被鉴定人的笔录、证人和其他有关人员的询问笔录等。尤其是被鉴定人最初几次的审讯笔录，应该特别重视。按常人的犯罪心理活动，在案发后的突击数次提审时，犯罪嫌疑人一般思想上还未形成要伪装精神疾病的想法，求生欲望较明显，能端正态度，表现较好，积极、主动配合司法机关，能老实交代犯罪事实，以求得从宽处理。但随着被鉴定人在看守所内关押时间延长，心理活动发生变化，求生欲望越来越强烈，再加上同监犯对其不良教唆，使其认为想脱离这个环境，只有装精神疾病，才有一丝希望。

(2) 社会调查。由于司法精神医学鉴定的特殊性，材料的全面性甚为重要，虽办案单位提供了各方面材料，多数鉴定单位均是按照委托单位提供的材料，在精神检查和其他有关检查后，经讨论得出鉴定结论。这种方法对一般难度不大的案件是适用的，但遇到复杂的、影响很大的重大恶性案件时，如有条件的话，鉴定人员应尽可能亲临案发现场，多做社会调查。尽管送检材料中已有某些调查反映，但毕竟来源于办案人员，专业不同，调查的角度也不尽相同，所得到的效果也不相同，特别是对至关重要的证人，鉴定人在必要时应亲自进行调查。如果条件和时间允许，社会调查面应尽量广泛，与被鉴定人关系较密切的人，能调查到的尽量取证。调查对象包括委托单位承办人，被鉴定人家属、单位同事、邻居、亲朋好友、同案犯、管教干部、同监犯（包括在服刑的或刑满释放人员）等。刑事案件也需重视对被害方家属的调查，有时可能起到关键性效果。

(3) 精神检查应该在适宜的环境中进行，并保证精神检查有足够的时间。对某些精神症状需要从多个方面来进行询问，以证实这些精神症状的可信性。装病者因有明确的动机和目的，表现出来的精神状态往往不符合任何一种精神疾病的临床相，一般来说，装病者所选择的症状比较单一，并比较容易伪装，多表现为整天卧床，或不言不语，呈木僵状态或痴呆状态，拒绝与周围人接触和交谈。所以鉴定人员遇到这类表现，不要怕麻烦，应多次进行精神检查。还有些装病者对于躯体或精神检查常采取不合作的态度，当给予言语刺激时却可发现有关的情绪变化，可出现“顺竹竿往上爬”的暗示性增高现象。

(4) 对精神症状的内容多作细致分析。伪装精神疾病者伪装的精神症状不符合一般的精神疾病特点。每一种精神疾病的症状都有其内在组合的规律，而装病者只是根据表面现象进行模仿，对被模仿的精神现象表现的真正意义却不甚了解，这就决定了伪装不可能达到完美的程度，如表现胡言乱语，若仔细辨析其内容，就发现其有意识地不理周围人，有自我表演的性质。与缄默不语者接触时应注意交谈技巧，不要使其产生对立情绪，要有耐心，循循善诱，触动其感情后再进行深入询问，才能使其真实思想内容暴露出来。

## 习题》

1. 简述伪装精神疾病的定义、特点，熟悉其临床表现。
2. 简述伪装精神疾病的诊断与鉴别诊断。

## 拓展阅读文献》

1. 胡泽卿主编：《法医精神病学（第 4 版）》，人民卫生出版社 2016 年版。
2. 李建明主编：《司法精神病学》，人民卫生出版社 2009 年版。
3. 郝伟、陆林主编：《精神病学（第 8 版）》，人民卫生出版社 2018 年版。

# 第十八章
# 刑事诉讼中的法律能力评定

**内容提要**：本章主要介绍了刑事责任能力的概念，刑事责任能力评定的法律依据，辨认能力和控制能力概念，刑事责任能力评定的分级，以及受审能力、服刑能力、性自我防卫能力等的概念和评定标准。

**核心词汇**：刑事责任能力　受审能力　作证能力　性自我防卫能力　服刑能力　受行政处罚能力

**学习要求**：掌握《刑法》第 18 条的内容，该法条是对特殊人员进行刑事责任能力评定的法律依据，评定刑事责任能力必须掌握医学条件和法学条件；了解刑事责任能力评定采用“三分法”；了解其他常见的受审能力、服刑能力及性自我防卫能力等在司法精神医学鉴定中的具体应用。

## 第一节　刑事责任能力评定

刑事责任能力有时简称责任能力，是指具有承担刑事责任的资格，我国《刑法》第 17 条规定：“已满十六周岁的人犯罪，应当负刑事责任。”即十六周岁以上的人，其生理和心理功能已发育成熟，对自己行为的性质及后果应具备完全的辨认和控制能力，故在实施危害行为后应承担刑事责任。对精神障碍者的责任能力，是对他实施危害行为时的责任能力作出评价，这种评价不能脱离他的整体精神状态而孤立进行，刑法所指的行为，专指危害社会的行为，不是泛指其他各种行为。

### 一、刑事责任能力评定的法律依据

在我国，精神障碍者出现危害行为时，刑事责任能力评定主要是依据我国《刑法》第 18 条，该条规定：“精神病人在不能辨认或者不能控制自己行为的时候造成危害结果，经法定程序鉴定确认的，不负刑事责任，但是应当责令他的家属或者监护人严加看管和医疗；在必要的时候，由政府强制医疗。间歇性的精神病人在精神正常的时候犯罪，应当负刑事责任。尚未完全丧失辨认或者控制自己行为能力的精神病人犯罪的，应当负刑事责任，但是可以从轻或者减轻处罚。醉酒的人犯罪，应当负刑事责任。”根据这个规定，是否是精神病人是负该责任的医学标准，是否有辨认或控制自己行为的能力是评定责任能力的法学标准。在我国司法精神医学鉴定实践中，刑事责任能力评定是按照医学标准与法学标准相结合的原则进行的，两者缺一不可。

（一）《刑法》中“精神病人”的界定

关于精神病的概念，我国《刑法》中的“精神病”相当于医学上所说的“精神疾病”或者“精神障碍”，《刑法》中的“精神病人”，在立法原意上，是基于广义去理解的，也就是说，这种“精神病人”既包括患有狭义的精神病（psycbosis）的病人，也可包括患有各种非精神病性精神障碍（mental disorders）的人。主要包括三大类：(1) 精神病性精神障碍，如精神分裂症、偏执性精神病；(2) 非精神病性精神障碍（或称轻性精神障碍），如性变态、人格障碍；(3) 精神发育迟滞。对精神病人含义的理解和认定仅仅是确定精神病人负刑事责任的医学标准，要认定其有无刑事责任能力，最终还要依据法学标准，即辨认能力和控制能力。

（二）《刑法》中的“辨认能力”和“控制能力”的概念

我国《刑法》第 18 条规定，精神病人在不能辨认或者不能控制自己行为的时候造成危害结果，经法定程序鉴定确认的，不负刑事责任。进一步确定不能辨认或者不能控制自己行为的精神病人缺乏刑事责任能力。可以说，刑事责任能力的核心内容就是辨认和控制能力，亦即辨认自己行为的性质、意义和后果并自觉地控制自己行为的能力。刑事责任能力是犯罪构成要件中犯罪主体的必要条件之一，也就是说是行为人构成犯罪和承担刑事责任能力所必需的条件。这有别于刑事责任，后者是指实施危害行为的人必须承担的法律责任。不具备刑事责任能力的人即使实施了危害社会的行为，但不能构成犯罪主体，不能追究其刑事责任。刑事责任能力的正确评定，对于犯罪主体的认定和定罪、量刑有至关重要的作用。

1. 辨认能力

辨认能力是指行为人对自己的行为在刑法上的意义、性质、作用、后果的分辨识别能力。具体地说，是行为人对危害行为是否意识到其行为的动机，要达到的目的，为实施目的而准备或采取的手段，在法律上的意义，是否预见行为的后果，是否理解犯罪性质，等等。处于发病期的精神障碍患者，其辨认能力往往受到严重损害，其危害行为往往受精神症状的支配或影响，主要反映在以下方面：

(1) 行为动机和目的荒谬离奇脱离现实。如精神障碍患者受妄想等精神病性症状的影响，把亲朋好友当作仇敌，把他们的善意认为是阴谋陷害，而实施报复杀人或伤害行为；或接受幻觉支配盲目杀人；或由于思维逻辑障碍，如认为杀人是试试用刀砍头是否会真的引起人死亡，而实施了不可思议的凶杀行为。

(2) 曲解行为的违法性质。如抑郁症患者杀害自己的亲人，是为了帮助他们解脱痛苦。

(3) 对行为的后果缺乏认识。杀人抵命是普通人都具有的基本法律常识，精神障碍患者对严重后果抱无所谓的态度，因此一般不采取逃避罪责或掩饰罪行的自我保护措施。

2. 控制能力

控制能力是指行为人选择自己实施或不实施为刑法所禁止、所制裁的行为的能力，即决定自己是否以行为触犯刑法的能力，主要是受到意志和情感活动的影响。在司法精神医学鉴定中，对精神障碍患者的控制能力往往难以准确把握，可以考虑以下几方面：

(1) 社会和生活功能的受损程度。一般认为控制能力损害程度与社会和生活功能的受损程度正相关，即当精神障碍患者控制能力严重受损时，常完全不能适应正常的社会生活，轻度损害者的社会生活功能影响程度相对较轻。

(2) 自知力。自知力丧失程度及主观上感到痛苦的程度往往与控制能力损害程度正相关。

(3) 自我保护能力。在危害行为过程中，自我保护能力亦反映个体的自我控制能力水平，如病理性冲动一旦出现就难以控制。例如，在警察或纠察人员出现时，正常个体的违法行为应有所收敛，而控制能力严重受损者，在此状况下仍然我行我素。

3. 辨认能力和控制能力的关系

辨认能力是刑事责任能力的基础，只有对自己行为能够充分认识到是否符合法律的约束和伦理道德规范，才能自觉、有效地选择和决定自己是否实施了触犯刑法的行为，即控制自己的行为。控制能力以辨认能力的存在为前提，也就是说丧失辨认能力的人，也就没有刑法意义上的控制能力。法学标准是根据辨认能力或控制能力二者择一而定，并不要求两者都具备。只要确定某人丧失辨认能力，其也就不具备刑事责任能力；只有在辨认能力存在的前提下，才需要确认其控制能力状况。一些精神障碍，如强迫症、习惯与冲动控制障碍、某些性心理障碍，可使患者控制能力减弱，但不影响其辨认能力。

## 二、责任能力评定的分级

我国《刑法》第 18 条已明确规定对精神病人的责任能力评定采取“三分法”，即无刑事责任能力、限定刑事责任能力、完全刑事责任能力。

(1) 无刑事责任能力

《刑法》第 18 条第 1 款规定：“精神病人在不能辨认或者不能控制自己行为的时候造成危害结果，经法定程序鉴定确认的，不负刑事责任”。

① 医学条件：精神病人发病期或未愈，中度或更重的精神发育迟滞（智商 50 以下）或者轻度精神发育迟滞伴发精神病发作以及智能严重缺陷的器质性精神病；与精神病等位的严重精神障碍，包括癔症性精神病、病理醉酒、病理性半醒状态、病理性激情、旅途精神病与其他短暂的精神病性障碍等。

② 法学条件：上述患者在发生危害行为时，由于严重的意识障碍或智能缺陷，或幻觉、妄想等精神病性症状的影响，使其丧失了实质性辨认能力或控制能力。患者的精神病病情与危害行为有直接因果关系，作案时多为病理性动机或不明动机均不负刑事责任能力。

一般认为重性精神病人，如精神分裂症患者在命令性幻听支配下将一陌生人杀害，癫痫患者在意识障碍状态下实施危害行为等，此时患者的危害行为是精神病理症状的直接结果，均应评定为无刑事责任能力。对此类患者的责任能力评定分歧较小。分歧最大的是处于发病期或慢性期的精神病人实施了危害行为，其危害行为不完全是基于精神病理症状，而是部分出于生理需要，或者存在某些常人能理解的现实矛盾或冲突作为危害行为的诱发因素。如精神分裂症患者由于生活逼迫去盗窃或抢劫，此时由于其危害行为与精神病理症状无直接因果关系，患者对危害行为的性质、后果有一定认识，而实施危害行为时存在辨认能力或控制能力，应评定为有刑事责任能力，但考虑到患者正处于发病期，疾病对患者精神功能整体性的破坏，势必削弱其辨认能力或控制能力，故常评定为限定刑事责任能力。

（2）限定（或部分）刑事责任能力

《刑法》第 18 条第 3 款规定："尚未完全丧失辨认或者控制自己行为能力的精神病人犯罪的，应当负刑事责任，但是可以从轻或减轻处罚。"这就是目前我国司法精神医学鉴定中评定为限定刑事责任能力的法律依据。

① 医学要件：精神病未愈，部分缓解或残留状态，轻或中度精神发育迟滞；其他明显的精神障碍（包括非精神病性障碍）。

② 法学要件：上述患者在发生犯罪行为时，由于明显的精神障碍，使其对危害行为的实质性辨认能力或控制能力有明显的削弱。患者的病情与其危害行为往往有一定的因果关系（如复杂性醉酒等）。

限定刑事责任能力评定是司法精神医学实践中的难点之一，一方面司法部门期望鉴定人员对于限定刑事责任能力评定结论更准确、量化，如责任能力限制的程度，有人提出负小部分责任（更有人明确提出负 30％责任），有人提出负部分责任是应负 50％责任，有人提出应负大部分责任（更有人明确提出负 70％责任）。当然，目前这些提法还是理论上的探讨，最后量刑应由法官根据案情自由裁定。另一方面，由于精神疾病本身的复杂性，就目前的认识水平，鉴定人员要作出明确结论尚无相关的法律依据或医学论据。法院的办案人员也不能单纯依据鉴定结论就作出量刑决定，而是要根据案件的具体情况全面分析才能作出合理的裁决。

（3）完全刑事责任能力

《刑法》第 18 条第 2 款规定："间歇性的精神病人在精神正常的时候犯罪，应当负刑事责任。"一般认为将完全刑事责任能力和限定刑事责任能力，统称为具有刑事责任能力。鉴定书中刑事责任能力评定中，对责任能力评定应规范叙述为：无刑事责任能力、限定刑事责任能力、完全刑事责任能力。

① 医学条件：精神病已愈或者缓解期，间歇性精神病通常包括了心境障碍（情感性精神障碍），各种原因导致的意识障碍，癔症性精神病，精神分裂症，完全缓解状态等；轻度精神发育迟滞或边缘智力；其他非精神病性障碍；普通醉酒；无病与诈病。

② 法学条件：上述这些人在发生危害行为时，无客观依据证明其辨认能力或控制能力有明显削弱，作案往往有现实动机和目的，其病情与危害行为无因果关系。

## 三、典型案例①

[案例 1]

张某，男性，35 岁，初中文化，已婚，农民。1995 年 12 月 12 日早上，张某起床后从厨房中拿了菜刀到自己的房内将 10 岁亲生儿子杀死，随后又到邻居家将邻居家的 5 岁幼儿也杀死而案发。

被鉴定人有精神分裂症病史，于 1988 年反复发作两次，表现为行为紊乱，常赤身裸体，外出乱跑，在有关精神病医院门诊治疗，症状很快消失，缓解较好。

精神检查时，问其为何要用刀杀人，答称："我睡在床上，突然听到有两个人对我说，走，走，快去完成任务，我又不认识他们，叫我去杀人，后来就去了。"告诉其将自己亲生儿子及邻居孩子杀死了，答称："怎么把小孩杀死了?"讲话时对杀小孩一事无所谓，说："随便法律处理。"情感明显淡漠，无自知力。

经司法精神医学鉴定，被鉴定人患有精神分裂症，在言语性幻听影响下，实施作案行为，评定为无刑事责任能力。

[案例 2]

李某，女性，35 岁，初中文化，2001 年 5 月 4 日早上，用刀砍伤楼上邻居而案发。

精神检查时，情绪激动，露出一副很气愤的样子，问其与楼上邻居有何矛盾，答称："楼上这户人家非常恶劣，经常在夜间用东西敲地板，敲得我没有办法睡觉，我曾几次跑到楼上邻居家，叫他们晚上不要敲地板，影响我们休息，但是他们不承认，硬说没有敲过。后来晚上被他们敲得实在睡不着觉，我也用一根木棒去戳天花板，也弄得他们睡不着觉，后来那家人下来骂我，为什么要戳天花板，我回答他们，这叫'以牙还牙'。再后来他们认为我是'好吃吃'的，半夜三更就开始骂我了，骂我'神经病'，骂的话很难听，我实在是忍无可忍，就用刀去砍他们了。"经鉴定，被鉴定人患有精神分裂症，在幻听下作案，评定为无刑事责任能力。

[案例 3]

李某，男，汉族，1973 年 5 月 4 日生，某某省某某市人，初中文化程度，某某市某某房产公司职工，户籍所在地为某某省某某市某某街×号，暂住某某市某某房产公司。

1. 案由

根据送检材料：2006 年 5 月 24 日下午，被鉴定人李某驾驶一辆黑色奥迪轿车，在某某市某某区撞伤警察及行人多名而案发。

审理中，为慎重处理本案，委托机关特委托本中心对其作精神疾病司法鉴定。

2. 被鉴定人概况

根据送检材料，被鉴定人自幼在原籍读书，1988 年至 2000 年无业，2000 年至 2005 年为某某市某某实业有限公司职工，2006 年至案发，为某某市某某房产公司职工。

摘录被鉴定人于 2006 年 5 月 26 日的讯问笔录："2006 年 5 月 24 日 12 时左右，我

① 本部分案例参见闵银龙主编：《司法精神医学》，法律出版社 2012 年版，第 235—236 页。

从女友处出来，我感觉到有人会对我不利，于是我边开车，边报警。用我自己的手机打了两次‘110’报警。……然后有个警察上来说，你开车打电话，我说，我在打电话报警，有人追我，（为什么要逃?）我感觉有人追我，我要找个地方保护。……（你感觉谁追你?）没有撞人前，我觉得有人骑摩托车跟着我，后来就是有警察和警车来追我，我要逃出来。”

摘录被鉴定人于2006年5月27日的讯问笔录：“因为我感觉到2006年5月24日那天，有人跟着我，是两辆摩托车跟着我，跟着我的摩托车还围着我打转。所以我想请律师去看监控录像，来证明我讲的话……2006年5月24日上午，我从女友家出来，在路上我给我女友打电话，可是她手机关机，家里电话停机，这时我感觉不对，我感觉有人对我不利，而且我在驾驶中，发现有摩托车和轿车在跟踪我。……那些跟踪我的车，始终在我左右，……并把驾驶证交给了他，然后这个警察对我说，你下来，我在这时看见原来跟踪我的车上的人，下来站在我车后和另一个警察说话，我就说，我不能下来，这样你不能保证我的安全。后来这个警察就用眼瞪着我，并拍我车窗，于是我害怕了……（你为什么一直开着车到处乱闯?）因为我觉得我车后那个开摩托车的警察始终在追我，我想找个保护我的地方……”

摘录被鉴定人于2006年5月28日的讯问笔录：“我看见张某（女友）的肛门口夹着一颗有外包装的物品，于是我肯定张某是吸毒的，并且怀疑张某肛门口尚未排出的有包装的物品是毒品。另外在近几天我也发现张某的神色不对，经常注意她自己屁股部位。……在途中，我发现有轿车和摩托车跟踪我，于是我就在某路、某路、某路、某路附近驾车绕圈子，但那些车仍跟着我。……这时我想，这些跟踪我的车，可能是因为我知道张某有关毒品的事，张某去叫的人，这样下去对我肯定不利。……由此，我当时非常紧张，生怕跟踪我的人加害于我，因此我接连打了三次‘110’报警电话，我说，我在某路、某路附近驾车，有人跟踪我，要加害我。……接着再次报警，要求多派些警察。……警察叫我出示驾驶证，叫我下车，当时我把驾驶证交给了警察，但我没下车。后来看到一个跟踪者在与一个警察（谈话），便觉得更没安全感了，于是我就驾车逃了，当时是想找一个大一点的公安机关求助，但没有找到，后来便发生了驾车撞人的事情了。……我知道张某有关毒品的事情，生怕她加害于我，我故意将张某吸毒的事告诉我的朋友，如果张某故意叫人加害于我，我的朋友就可能产生联想，可以向公安机关报案。……2006年5月24日我驾车发现有人驾车跟踪我，我便驾车绕圈子，这时我的一个叫‘小张’的东北朋友打我手机，问我干什么，我说‘丽丽’（其女友别名）吸毒，因我知道她吸毒，所以她叫人跟踪我，要整我。……如果她不想加害于我，为何要叫人跟踪我?”

摘录被鉴定人于2006年5月31日的讯问笔录：“途中我发现有轿车和摩托车跟踪我，于是我开着车……附近绕圈子，但那些车子还是跟着我，我在这过程中，用手机打张某手机，但打不通，打她暂住房内座机，但也是忙音，这时我想，这些跟踪我的车，可能是因为我知道了张某有关毒品的事，所以张某找来这些人对我不利。……因此我当时很紧张，怕这些人加害我。……打了三次‘110’报警，我说在某路、某路附近有人跟踪我，要加害我。……要求多派些警察。……因为我车后那个开摩托车的警察始终在追我，我想找个保护我的地方，我始终觉得他和跟踪我的人是一伙的……”

摘录被鉴定人女友张某于2006年5月29日的询问笔录：“(18或19日晚上）他就开始说我不正常，像吸过毒一样。……从扔手机，这次以后（即上述时间)，我和李某经常吵架，他打我，骂我，像发疯一样。……到了5月22日，（在车上）他又和我吵起来，原因是我坐在副驾驶位置上，当时我抓了一下头，他一把抓过我的手，指着我的指甲里面说，你看看，里面都是毒品，其实指甲里什么也没有，他硬说我吸毒，之后还在整个车上乱翻，说要找毒品，结果什么也没找到。之后他就像不正常的一样，比如说他抽完烟，把烟灰弹在车上，就把烟灰拿起来，说这是毒品。还把我吃的口香糖里的干燥剂拿出来，说里面的透明干燥剂也是毒品。……硬逼着问我有没有毒品，我说没有，他打得越凶，我就不敢吱声了，之后他掏我的耳朵，之后说耳朵里有毒品。……硬说我把毒品藏在身上，强行把我的衣裤脱掉，对我的头发、指甲、下身，反正是可以藏东西的地方进行检查。把我用过的卫生纸盒打开，对我说里面都是毒品。……李某进屋后指着我的头发（我的头发被他翻乱了）说，你看你玩那个玩意(指毒品)，玩得头发都爆炸了。”

摘录被鉴定人的老乡某高娃于2006年5月29日的询问笔录：“（张某平时‘抽、吸’东西吗?）她除了抽烟，别的东西，包括毒品据我所知，是从来不碰的……”

摘录某区公安分局2006年6月2日的工作情况：“我队于2006年5月24日下午对李某进行审讯过程中，李要提出喝水，随即用一次性杯子为其取纯水一杯，但他表示水里面有沉淀物，不能饮用，当即为其换第二杯，但李仍然认为杯子里有东西，不愿饮用。为此为其买来两瓶农夫山泉矿泉水，让李某饮用，他拿好一瓶农夫山泉矿泉水后，在未打开瓶盖前，对着灯光仔细查看，同时用力捏矿泉水瓶子，查看有无渗漏，且迟迟不愿意饮用矿泉水。”

摘录某市公安局“110”报警中心于2006年5月24日被鉴定人驾车途中三次报警的录音记录：

报警录音1。接警员（简称警)：“请讲。”李某（简称李)：“他们拾掇白纸还有石头是啥的，就是拿枪这个杀我。”警：“啊?”李：“拿枪杀我，我开个奥迪车。”警：“谁拿枪杀你了?”李：“他们是那个倒白粉那些吧，他是我知道吧，他们天天开始就那个追（到）我现在。”警：“他们现在人在吗?”李：“你现在赶快叫警察来……”警：“同志，我们哪里找得到你呢?”李：“……要不他们停车，他们就把我车别住，他们就拿枪开我。”警：“拿的什么枪?”李：“手枪，手枪……”警：“你车停下来跟现场民警讲话可以吗?”李：“我不能，你得保护我啊，我告诉你啊，他们都是团伙。”警：“那你跟某民警说一下好吗?”李：“我怕，我跟他说呀，我怕他们过来拿枪直崩我。”

报警录音2。警：“请讲。”李：“你再给我调几个警察，这两个警察现在在四岔路口那儿，可能都是一伙人，叫我下车，我说我可不敢下车，他那些人先凑了四五十人，七八十人，我下车我的命都没了。”

报警录音3。警：“请讲。”李：“你们这群根本跟他们都一伙……”警：“你现在是什么事情啦?”李:“就是他们拿枪杀人!”警:“杀谁了?”李:“现在就要追杀我。”警:“(这些人)和你什么关系?”李:“和我没关系,我,我处的女朋友。”警:“后面全是车吗?”李:“全是车灯啊,我那个还有骑个摩托车上,我今天怎么死的,今天我今天我我我得拼了今天。”

3. 精神检查

意识清,仪态尚整,接触可,检查合作,对提问能理解,对答切题,能回答自己的姓名、年龄、出生年月、老家地址及本人的简历。问其结识女友张某后,发现有无异常情况,答称:“出事前几天,约在(5月)20日,她老是把手放在鼻孔处吸手指甲,吸指甲里的粉末(指毒品)。她总是注意自己的臀部。在厕所(与其女友同居住地)的地砖缝间看到白色粉末,第二天早晨这些粉末(指毒品)没有了,她不肯承认。我要她脱下裤子,看到她肛门口有像毒品样东西没排掉……”问其2006年5月24日早晨出门后遇到什么情况,答称:“在中午12点以后,发现有好几部车子,有轿车、摩托车,约有5—8部跟着我的车,开这些车子的人我不认识,这些车围着我车转,当时我心里考虑张某吸毒对我不利,我怕她找人来,对我不利。……我打她手机打不进,打她家里电话是忙音,我想她肯定找人来对我不利,我害怕了,一个骑摩托车靠近我车时,他手就伸下他的箱子里摸东西,什么东西,我没看清,这肯定对我不利,我脑子里想他肯定在摸刀或枪来针对我,我从小到大,第一次碰到这情况。”问其在驾车途中打手机一事,则答称:“我是在打‘110’报警,报警有人要杀我。……第二次报警时,有两名警察堵我,我停下来,主动报警,看到这两名警察在讲话,我更害怕,所以我又逃了,心中想找一个大的公安机关,我不相信马路上的警察,他们勾结在一起,我一路逃跑,主要想甩掉这些警察。”问其为何要撞警察,答称:“我与这些警察、行人无冤无仇,为什么要去撞他们,警察没有要杀我的,主要是张某找的人要害我,反正是张某指派的人开车来追杀我。”问其这些追杀他的人为了达到什么目的,答称:“他们怕我把他们吸毒的情况反映给公安机关,肯定对我不利,对我下毒手,我肯定跑不了,就是怕他们要来害我。”问其何时发现张某吸毒的,答称:“(出事前)一周左右,她在卫生间时我叫她,她就很紧张。她用小餐纸搞小后放在腰间,或放到鼻子上吸(毒),我怕她把毒品放在车的什么地方害老板(被鉴定人是专门为其公司老板开车的驾驶员)。……尤其我怕她在我水中放什么,使我上瘾。有次她买饮料,所有的瓶盖都打开了。”问其现在是否仍有人追杀他的感觉,答称:“现在感觉是张某派人来追杀我。……认为有人跟踪我,害我是在出事前当天中午打了电话打不通后产生的。”问其对此事目前有何想法,答称:“我接受公安、法院判处。不过这件事是张引起的,撞了人,我不是故意的。”检查中,情感反应平淡,思维内容脱离现实,逻辑推理障碍,有明显的被害妄想,自知力无。

4. 分析说明

(1) 根据送检材料:被鉴定人以往体健,来沪后为一单位的老板做专职驾驶员,工作均能良好胜任。案发前一周左右,无端怀疑其女友在吸毒,并不断地搜查其女友头发、指甲、阴道、肛门口及使用的卫生纸盒,见到其女友用手指放在鼻孔处,说其手指甲中有毒品在吸入，在其女友坐过的汽车及居住地到处乱翻搜查毒品，又莫名其妙怀疑居住地厕所内地砖缝间藏有毒品而被其女友抹去，并从其女友的行走姿势，面部表情，用厕所时间长短，一举一动的日常微小生活细节中推断女友在吸毒，对此坚信不疑。在案发当天，被鉴定人用手机打他女朋友手机及她居住地的电话，但因故均未打通，此时，被鉴定人开始紧张，怀疑其女友因自己知道她在吸毒，而他向公安机关报案，对自己不利，后突然发现自己驾驶途中，后面有许多的摩托车、轿车在跟踪他，要追杀他，且拦住他车子的交警，也被认为与追杀他驾驶摩托车与轿车的人勾结在一起，是一伙人，也要对其加害，为此被鉴定人高度紧张、恐惧，认为均是自己女友指派他人对其跟踪和追杀，自己的生命受到极大的威胁，一方面因对其周围民警不信任，先后三次拨打“110”报警，声称自己被他人追杀，非常害怕，要求多派些警察来保护他，同时加速拼命向前逃，要去寻找一个大的公安机关来保护自己。为此被鉴定人在数小时内，突然产生结构松散，内容变幻不定的主要以被害妄想为主的精神病性症状，即使案发后当天讯问过程中，不敢饮用他人给其的纯净水，甚至买来的未开启的矿泉水，被鉴定人仍不敢饮用，怀疑水中有异物，会对其不利，其被害妄想仍未消失。结合本次精神检查，被鉴定人仍坚信案发当天所遇到的一系列之事，均是其女友指派他人来对其追杀和加害，被害妄想至今仍未动摇，这种被害妄想的精神病性症状，是与旁证材料、被鉴定人的多次供述、提审时的对饮水戒心及本次精神检查均相吻合的真实的表现。根据CCMD-3，被鉴定人案发时患有短暂性精神障碍——妄想阵发，现仍未缓解。

(2) 被鉴定人案发时，在精神病性症状的被害妄想影响下，坚信其女友指派他人对其追杀和加害，使其生命受到极大危险。为了逃脱他人对其伤害，在驾车飞快地逃避过程中，撞伤了多名警察和行人，丧失了对自己行为的辨认和控制能力，对本案应评定为无刑事责任能力。

5. 鉴定结论

被鉴定人李某案发时患有短暂性精神障碍——妄想阵发，被鉴定人李某对本案无刑事责任能力。

## 第二节　其他法律能力评定

### 一、受审能力评定

受审能力是指刑事案件中当事人接受法庭审判的能力。具体是指刑事案件的犯罪嫌疑人、被告人能否理解自己在刑事诉讼活动中的地位、权利，能否理解诉讼过程的含义，能否行使自己的诉讼权利的能力。受审能力要确认犯罪嫌疑人、被告人在刑事诉讼时的精神状态。

目前，我国尚无针对受审能力鉴定的法律规定，但近年来，由于办案实践需要，司法机关在委托司法精神医学鉴定时，除了以往的鉴定要求如被鉴定人在作案时的精神状态，有无精神病，有无刑事责任能力外，往往还要求对被鉴定人作受审能力评定，这对司法精神医学鉴定有更高的要求。

受审能力评定主要遵循医学要件和法学要件相结合的原则。(1) 医学要件：被鉴定人是否患有某种精神障碍，精神障碍的性质，严重程度如何，其精神状态在鉴定当时的合作性、真实性如何；(2) 法学要件：被鉴定人对审讯有无正确的理解，能否与辩护人合作，在法庭上能否正确回答问题，能否理解作案的性质与后果以及能否为自己作案行为辩护而维护其正当权益。

受审能力一般分为有、无两级，具备以下条件之一的，可认为无受审能力：(1) 有明显的意识障碍，不能辨认时间、地点与人物的；(2) 言语混乱不清，答非所问，不能正确表达自己的真实意思的；(3) 违拗不合作，缄默不语或者明显行为紊乱的；(4) 不理解受审性质，或虽能回答问题，但回答内容有明显逻辑矛盾或违背常理的。一个被鉴定人的刑事责任能力评定结论，一般是不会改变的，但受审能力评定结论在其精神状态改变时也可以改变，原来评定的无受审能力，可以因精神状态基本康复而恢复其受审能力。如经司法精神医学鉴定为无受审能力，但经鉴定对其作案行为评定为具有完全刑事责任能力和限定刑事责任能力，除暂时中止审理外，对严重罪行的被鉴定人可继续留在看守所内进行对症治疗，以期待在短时间内恢复受审能力。如病情未愈可转入公安部门安康医院或当地精神病院继续进行治疗。如案情较轻者，可给予保外就医，待被鉴定人恢复受审能力后再予审理。

## 二、服刑能力评定

服刑能力是指罪犯或服刑人员能够承受刑罚的惩罚，能够理解刑罚的性质、目的和意义的生理和心理条件。一个罪犯有无服刑能力，以判决后在刑罚执行期间的身体、精神状况能否服刑为准。一个罪犯如患有精神障碍，不能理解刑罚的性质、目的和意义，刑罚对其就不能产生积极效果，也就不能制止其本人或社会其他成员再次发生类似事件，反而使其病情恶化，产生消极效果，一般评定为无服刑能力。

判定一个人是否具有服刑能力，也应从医学和法学两要件进行分析。评定为无服刑能力的医学要件包括：(1) 精神分裂症发病期（包括在服刑期间新发病或原有精神分裂症在服刑时复发），拘禁性精神病等，言语和行为紊乱，攻击性冲动行为，生活不能自理；(2) 情感性精神障碍，表现为躁狂发作时兴奋、话多，不遵守监狱规范，明显影响工作秩序和扰乱他人的正常生活，或者抑郁发作时拒绝进食，出现消极言语和自杀行为，直接影响其生命和他人安全；(3) 智能缺损，生活被动不能自理，不能从事简单劳动，不能接受教训。评定为无服刑能力的法学要件包括：(1) 不能理解刑罚的性质、目的和意义；(2) 无法进行劳动改造和接受教育。

对无服刑能力的患者，可送往监狱医院内的精神科病房或公安系统的精神病安康医院进行治疗，住院治疗痊愈后刑期未满的应继续服刑改造，其医治期可以折抵刑期，目前一般情况是除了少数罪刑较严重的罪犯可送往有关精神病医院进行治疗外，多数情况是经司法精神医学鉴定为患有重性精神病，无服刑能力，均采取家属担保作保外就医，嘱家属送精神病医院进行积极治疗。但由于种种原因，实际情况是无服刑能力的精神病患者在保外就医期间没有得到及时的治疗，使其精神症状仍存在，且有可能随着时间的推移精神症状逐渐加重，再次发生违法犯罪行为。

## 三、作证能力评定

作证能力是指任何公民就自己看到或听到的真实情况，能够提供对案件有关系的证言的能力。我国《刑事诉讼法》第 62 条第 1 款规定："凡是知道案件情况的人，都有作证的义务。"但是证人作证的前提是能够提供对查清案件事实有助的情况，而在现实生活中有些人因生理上的缺陷，或者精神活动异常，或年幼无知，不能正确地辨别是非，或者不能正确对客观事实进行表达，以致不能准确地向司法机关提供对查清案件有意义的情况。因此，为了确保证据的准确性和可靠性，《刑事诉讼法》第 62 条第 2 款规定："生理上、精神上有缺陷或者年幼，不能辨别是非、不能正确表达的人，不能作证人。"《民事诉讼法》第 75 条第 2 款规定："不能正确表达意思的人，不能作证。"这就是说，法律为证人的法律主体资格规定了严格标准。

在法医精神病鉴定中，评定一个人是否具有作证能力，要具备医学要件和法学要件。医学要件是确定被鉴定人是否有精神障碍，精神障碍的性质和严重程度。法学要件是被鉴定人是否由于精神障碍影响其对客观事物的是非判别能力，能否正确通过言语或文字表达事实。作证能力只有有无之分，这是由作为八种证据形式之一的证人证言在法律中的特定地位所决定的。

## 四、性自我防卫能力评定

性自我防卫能力是指被害人对两性行为的社会意义、性质及其后果的理解能力。

1. 性自我防卫能力评定的法律依据

评定精神疾病妇女的性自我防卫能力的主要目的是对进行性侵害的男子是否评定为强奸罪提供证据。

最高人民法院、最高人民检察院、公安部、司法部于 1989 年共同颁布的《精神疾病司法鉴定暂行规定》第 22 条第 1 款规定："被鉴定人是女性，经鉴定患有精神疾病，在她的性不可侵犯权遭到侵害时，对自身所受的侵害或严重后果缺乏实质性理解能力的，为无自我防卫能力。"

精神正常的妇女，一般都具有对性行为的辨认能力（包括非婚怀孕等后果）以及自身在受到性侵犯时的自我防卫能力。性自我防卫能力的实质是被害女性对于性行为意义、性质和后果的理解能力和自卫、抗拒能力。为了评定性被害人在遭受奸污时的性自我防卫能力，必须明确了解被害女性对性行为意义、性质和后果的辨认和自卫、抗拒能力。具体反映在两个方面：（1）医学要件：被害人被奸污时是否患有精神疾病或精神发育迟滞，以及疾病性质和严重程度，如有无残疾或其他无能力情况。（2）法学要件：主要是评定被害人在遭受奸污时对不法性侵犯的实质性理解能力。包括：① 对非婚性行为的判断；② 法律道德意识，是否理解这种性行为的正当和不正当，合法与非法。是否了解妇女在性方面具有不可侵犯性，在法律上受到保护等；③ 后果认识，是否理解性行为的后果将对自己生理、心理、人格、声誉等方面带来影响，包括妊娠等躯体影响，以及对个人与家庭生活等方面带来不利的影响，还是认为无所谓；

④ 有关任何谋求利益的要求，如金钱、财物等；⑤ 有无自我保护表现，如是否为自己解脱责任，强调被骗，被威胁等。

2. 性自我防卫能力评定的分级

对于性自我防卫能力评定的分级，按照《精神疾病司法鉴定暂行规定》只分为有性自我防卫能力和无性自我防卫能力两种。但在司法精神医学鉴定的实践中，与刑事责任能力、民事行为能力分级一样。由于精神障碍者的病情各不相同，其严重程度有轻有重，对性行为的实质性理解能力也不完全一样，这就存在性自我理解能力削弱的事实，因此性自我防卫能力评定一般分为丧失、削弱和存在三级。

在性自我防卫能力评定中，所遇到的精神疾病患者绝大部分属于精神发育迟滞。由于精神发育迟滞的严重程度不同，有轻度、中度、重度和极重度四种类型，在司法精神医学鉴定的实践中，一般认为重度和极重度的精神发育迟滞患者的性自我防卫能力是丧失的，但轻度和中度精神发育迟滞者可存在性自我防卫能力削弱，在中度精神发育迟滞中，其性自我防卫能力可削弱，也可丧失。上述情况出现时，对于精神发育迟滞患者性自我防卫能力的评定，不能过高依赖心理测验的智商值，而应注意患者的社会适应能力水平，根据患者的实际情况进行综合分析、评定。有的患者智商值与社会适应能力状况明显不相称，应以社会适应能力状况为主要评定依据。但对性自我防卫能力相关因素分析、除与智商有关外，还与婚姻、职业、文化程度、性知识、自我保护、索要钱财等因素密切相关。对于某些情况，特别是具有完全或性自我防卫能力削弱的患者，为了防止不法分子钻法律的空子，在司法精神医学鉴定书上应说明此行为是否违背该妇女的意愿，以及有无自卫抗拒表现。这样即使她对该行为具有一定的辨认能力，但在坏人的暴力、威胁与其他手段下被奸污，经查明的确违背她的意思或有抗拒表现的，按强奸罪论处，而在司法精神医学鉴定时，不宜评定该患者的性自我防卫能力。

3. 典型案例

被鉴定人：刘某，女，1983 年 11 月 24 日出生，某某省某某县人，户籍地为某某省某某市某某村×组，现住地为某某市某某区某新型建材有限公司宿舍。

(1) 案由

根据送检材料：被鉴定人刘某于 2006 年 8 月 9 日下午 1 时许，去一小店内购买物品时，被该店的陈某奸污。

因被鉴定人家属提出，被鉴定人系低能，为确认被鉴定人的精神状态，委托机关特委托本中心对其作精神疾病司法鉴定。

(2) 被鉴定人概况

据其婶娘反映：被鉴定人在 4 岁左右不慎掉河里后脑子不够用了，无法进校学习，一直在家，由其父母照料，长大后不会干家务，即使简单的烧饭、洗衣等都不会做，整天在家与儿童玩耍，个人卫生如洗澡、换衣等均需家人反复督促和帮助料理，甚至每次月经来潮也不会料理，身上、床上弄得一塌糊涂。经常偷拿家中钱款去购买零食吃，不会算账，没有头脑，人家叫她干什么就去干什么，不会思考。有时外出去较远的地方会迷路不会回家。老家村上的人都叫她“傻子”。

据其丈夫反映：与她（被鉴定人）结婚几个月，婚前不了解，婚后感到她有点傻，平时好吃懒做，贪玩，经常去买零食吃，不会干家务，简单的衣服也洗不干净。

（3）精神检查

意识清，仪态尚整，接触可，检查合作，鉴定人员说她穿得很漂亮，傻笑不止，能回答自己的姓名，今年是 24 岁，但不会书写自己的姓名，不知出生年月，只知是洪北镇（谐音），其他均不能置答，问其是否读过书，答称：“读过 3 年，老师不要我读了。”不能回答辍学原因，不知结婚时间，问其何谓结婚，答称：“一起拍照片，（结婚证何用）不知道。”问其跟男的不拍照可否睡在一起，答称：“不可以的，我妈说不可以的。”问其昨天出什么事（被奸污），答称：“我去买草纸，……老头不认识，我买好后，他叫我到房里去……他帮我脱衣服，下面衣服，他自己脱衣服，他趴到我身上……（他小便东西有否放进你下面身体里）有的。”问其男女睡在一起女的可能出现什么情况，回答：“不知道。”问其几个月生小孩，答称：“三个月。”问其不与男的睡在一起会生孩子吗，回答：“不知道。”问其与丈夫已结婚，如何知道自己已怀孕了，回答：“不知道，我没有小孩。”（傻笑）问其公安局为何找她，答称：“不知道。”问其那个老头子做的事是好事还是坏事，回答：“坏事……男的趴在女的身上，是电视里讲的。”检查中，情感幼稚，无羞耻感，不时傻笑，小动作甚多，注意力不集中，答语简单，思维贫乏，不能回答简单的女性生理知识，对事物的理解、分析、判断等能力明显低于常人，对与他人发生非法性关系对社会影响及对本人身体带来的危害一无所知，也无明确的意志要求。

韦氏成人智力测验：智商值为 53。

（4）分析说明

① 根据送检材料及调查所得：被鉴定人幼年时有溺水史，后无法进校学习。从年幼到长大成人，日常生活及个人卫生均要他人照料，甚至月经来潮也不会自行料理。整天在家，无所事事，不会干简单的家务，有时外出迷路不知归来。平素只能与比她年龄小的儿童在一起玩耍。经常偷拿家中的钱款去购买零食，但不会算账。对事情缺乏主见和独立思考能力，听从他人使唤，令其干什么就会依从。家人问其被他人奸污一事，无羞耻感，呈现无所谓的态度，也无任何要求。结合本次精神检查，情感幼稚，表情呆傻，不时傻笑，言语简单，思维贫乏，对女性的简单的生理知识一无所知，对事物的理解、分析、判断等能力逊于常人，韦氏成人智力测验智商值为 53。根据 CCMD-3，被鉴定人患有轻—中度精神发育迟滞。

② 被鉴定人因存在明显的智能低下，不能了解女性的简单的生理知识，不知与他人发生非法性关系后，对社会、家庭及本人带来的影响和危害，与他人发生非法性关系也无金钱和物质的需求，丧失了对非法性关系的实质性辨认和对自己行为的控制能力，故对被鉴定人应评定为无性自我防卫能力。

（5）鉴定结论

被鉴定人刘某患有轻—中度精神发育迟滞，对本案无性自我防卫能力。

## 习题

1. 简述刑事责任能力评定的法律依据。

2. 刑事责任能力评定分几级?

3. 辨认能力和控制能力具体内容是什么?

4. 精神病人在犯罪时最常见的精神病性症状是什么?

5. 什么是受审能力、服刑能力及性自我防卫能力?

## 拓展阅读文献

1. 孙大明:《刑事责任能力评定研究》,法律出版社2013年版。

2. 纪术茂、高北陵、张小宁主编:《中国精神障碍者刑事责任能力评定与司法审判实务指南》,法律出版社2012年版。

3. 纪术茂、高北陵、张小宁主编:《中国精神障碍者刑事责任能力评定案例集》,法律出版社2011年版。

4. 胡泽卿主编:《法医精神病学(第4版)》,人民卫生出版社2016年版。

第十九章

# 民事活动中的法律能力评定

**内容提要：** 本章主要介绍民事行为能力的概念和评定依据，民事行为能力与司法精神医学鉴定的关系，民事行为能力关系，民事诉讼行为能力或诉讼能力评定依据和分类。

**核心词汇：** 民事行为能力　抽象民事行为能力　具体民事行为能力　诉讼行为能力

**学习要求：** 掌握民事行为能力的概念，民事行为能力的分类，民事诉讼行为能力或诉讼能力的概念和分类；了解离婚、劳动争议、财产分割或遗嘱等常见民事案件中民事行为能力的评定应用。

随着我国法治建设的不断完善，在各类民事案件审理中，涉及民事主体（自然人）是否具有民事行为能力的司法精神医学鉴定的需求迅猛增长。司法鉴定机构、司法鉴定人接受司法机关的委托，按照法定程序，运用自己掌握的专业知识或技能对诉讼活动中涉及的某些问题进行检验、判定，鉴定意见经司法机关查证采信后，成为法定证据在司法裁判中运用，其对案件处理的定向具有重要的作用，甚至成为裁决的依据。

民事案件涉及的精神鉴定从法学理论的角度可以分为三种类型，即针对某具体民事活动的民事行为能力评定、在特定诉讼活动中的诉讼行为能力评定和民事宣告特别程序案件中认定精神病人有无民事行为能力的评定。

## 第一节　民事行为能力评定

### 一、民事行为能力的概念

民事行为能力，是指公民能够通过自己的行为，取得民事权利和承担民事义务，从而设立、变更或终止法律关系的资格，亦即一个人的行为能否发生民事法律效力的资格。

民事行为能力不仅包含了公民以自己行为独立进行民事活动的能力，如结婚或离婚、赡养、抚养和收养、订立遗嘱和财产继承、签订合同、服兵役或参加选举活动等，而且包括了对自己过失行为承担民事责任的能力，如有民事行为能力的公民签订了房屋租赁合同，便取得了房屋的使用权并承担相应支付租金的义务，如违反了租赁合同义务，就要承担违约责任，若实施了侵权行为时，就要承担侵权责任。

民事行为能力有一般民事行为能力和特定民事行为能力之分。一般民事行为能力，指公民在取得民事行为能力资格后，直至这种资格消亡和终止的整个过程中，该公民对自己参加的所有民事活动所实施的行为，具有辨认和意思表达能力。特定民事行为能力，指公民在涉及某一项或某几项民事活动时，对自己相关行为的辨认和意思表达能力。民事行为能力评定以是否能够辨认本人行为的性质和后果，以及是否具有理智地、审慎地处理本人及事务的能力为依据。

## 二、民事行为能力的评定依据

《民法典》第 17 条规定："十八周岁以上的自然人为成年人。不满十八周岁的自然人为未成年人。"第 18 条规定："成年人为完全民事行为能力人，可以独立实施民事法律行为。十六周岁以上的未成年人，以自己的劳动收入为主要生活来源的，视为完全民事行为能力人。"按照法律规定，完全民事行为能力人的判断标准为：(1) 十八周岁以上的精神正常的自然人；(2) 十六周岁以上的有自己劳动收入的自然人。从法律条文上看，是否具有行为能力的标准是年龄，即达到一定年龄的人为成年人，他们具有行为能力，但实质上确定是否具有行为能力的标准是智力发育程度，只有智力发育到一定的水平，才能正确地以自己的行为取得民事权利、承担民事义务，在明确自己行为后果的前提下实施行为。

精神障碍患者虽然已达到具有完全民事行为能力的法定年龄，但是由于受智力水平或精神症状的影响，对自己行为认识和判断，存在不同程度的偏差，导致其行为能力削弱或丧失。为此《民法典》第 21 条规定："不能辨认自己行为的成年人为无民事行为能力人，由其法定代理人代理实施民事法律行为。八周岁以上的未成年人不能辨认自己行为的，适用前款规定。"第 22 条规定："不能完全辨认自己行为的成年人为限制民事行为能力人，实施民事法律行为由其法定代理人代理或者经其法定代理人同意、追认；但是，可以独立实施纯获利益的民事法律行为或者与其智力、精神健康状况相适应的民事法律行为。"

## 三、民事行为能力的司法精神医学鉴定

在民事案件的审理中，精神病患者是否具有民事行为能力的评定至关重要，要保障精神病患者的权益不受侵害。如确定为精神病患者，无民事行为能力，必须由其法定代理人来参与诉讼。在司法精神医学鉴定中，首先要确定被鉴定人是否患有精神障碍、患何种精神障碍、精神障碍对其意思表达能力的影响，以判定其有无民事行为能力（如婚姻能力、遗嘱能力、签订及履行契约的能力等）。

精神病患者的民事行为能力评定，有医学和法学两个要件。

医学要件：即被鉴定人患有精神疾病，并要确定其精神疾病性质，疾病不同阶段及严重程度，可能的预后等。

法学要件：是被鉴定人的意思表示，即是否具有独立地判断是非和理智地处理自

己事务的能力。

评定精神病患者的民事行为能力的总体原则是：结合被鉴定人的精神疾病的不同阶段及严重程度，看其是否具有独立判断是非和理智处理自己事务的能力，分别评为完全民事行为能力、限制民事行为能力和无民事行为能力。而在司法精神医学鉴定的实践中，行为能力评定包含两种情形，即一般的民事行为能力和特定的民事行为能力。

1. 一般民事行为能力评定

一般民事行为能力是指精神障碍者尚未涉及某一具体民事行为时，经其利害关系人申请，经人民法院受理，委托对其行为能力进行评定，并经人民法院认定、判决、宣告。

我国《民法典》第 24 条第 1 款规定："不能辨认或者不能完全辨认自己行为的成年人，其利害关系人或者有关组织，可以向人民法院申请认定该成年人为无民事行为能力人或限制民事行为能力人。"在鉴定实践中，患者的家人或亲属常因对患者遗产的处理或者因监护、抚养等问题向法院提出申请要求，对患者的行为能力进行评定和宣告。这类案件法院立案后，往往采用特别程序，也就是说此类案件无对抗方，无原告及被告之分，人民法院委托鉴定机构，要求对被鉴定人评定为无民事行为能力或限制民事行为能力，法院采纳鉴定书后，直接宣告被鉴定人为无民事行为能力人或限制民事行为能力人。由于我国人民生活水平和生活质量的不断提高，人口的平均寿命也逐年增长，尤其进入老龄社会的一些地区，老年人越来越多，由此引起的老年人赡养、遗产、遗嘱等问题也随之增多，他们的子女及近亲属因为财产等问题，要求法院宣告被鉴定人为无民事行为能力人或限制民事行为能力人。因此，人民法院要求委托作鉴定的此类案件比以往也明显增加。

一旦某精神障碍者被认定为无民事行为能力人，则意味着今后他不能参加法律规定的所有民事活动，直至下次宣告其行为能力恢复。《民法典》第 24 条第 2 款规定："被人民法院认定为无民事行为能力人或限制民事行为能力人的，经本人、利害关系人或者有关组织申请，人民法院可以根据其智力、精神健康恢复的状况，认定该成年人恢复为限制民事行为能力人或者完全民事行为能力人。"但在法医精神鉴定实践中，这一类型的鉴定并不多见。

2. 特定民事行为能力评定

特定民事行为能力是指精神病人针对某一民事行为时的行为能力，在司法精神医学鉴定的民事行为能力评定中，大部分属于此类鉴定，包括两种情况：(1) 精神疾病患者在完成某一民事行为时的民事行为能力，如生前或现在已立的遗嘱，已完成的财产公证，已签订的合同或已提交的辞职报告等。(2) 将要进行某一民事行为时的民事行为能力，如离婚诉讼、出庭作证、财产分割或处置等。对该类民事行为能力评定过程中应注意：(1) 精神障碍的性质和所处疾病阶段仅作为分析病情可能对其意思表示影响的参考标准，不能作为评定某一特定民事行为能力的标准。如不能因神经症属轻性精神障碍就评定为有民事行为能力，而精神分裂症属重性精神障碍就评定为无民事行为能力。(2) 评定要针对特定的已完成的或即将进行的民事行为作出具体分析，查明患者是否因疾病因素而影响了对该民事行为的真实意思表示能力，即影响了他对该民事行为的判断、理解和处理能力。

## 四、民事行为能力和刑事责任能力的区别

表 19-1

| | 民事行为能力 | 刑事责任能力 |
|---|---|---|
| 法律性质 | 依照民法调整财产人身关系问题 | 依照刑法解决定罪量刑问题 |
| 鉴定目的 | 侧重保护个人利益 | 作为无罪辩护的依据 |
| 起始年龄 | 18 岁（或 16 岁） | 16 岁，罪行严重的从 12 岁开始 |
| 医学标准 | 缺乏辨认力和判断力，或者缺乏自我保护能力 | 存在意识、思维、感知、情感或智能障碍等 |
| 法学标准 | 不能辨认自己的行为，不能独立进行民事活动 | 不能辨认或控制自己的行为 |
| 无能力的过程 | 持续时间较长 | 可长可短 |
| 能力的恢复 | 精神症状消失及人民法院宣告 | 精神症状消失 |
| 鉴定要点 | 疾病性质及严重程度 | 疾病与危害行为的关系 |

## 五、典型案例

1. 离婚案件

在民事案件中，涉及民事行为能力评定的最多的是离婚案件，在离婚案的诉讼活动中，无论是原告、被告，或双方疑有精神障碍，以往有精神病史的均要作民事行为能力鉴定。这种鉴定又分两种情况，第一种情况是要求评定在结婚登记时，是否患有精神障碍，如果经鉴定，确定被鉴定人在办理结婚登记时患有精神障碍，评定为无民事行为能力，婚姻为无效婚姻。第二种情况是在诉讼阶段，原告或被告任何一方如有精神障碍或以往有精神病史，需要作鉴定，以确认有无民事行为能力，这种情况需要作司法精神医学鉴定的最多。

[案例][①]

被鉴定人：吴某，男，1934 年 2 月 18 日出生，汉族，某某市籍，初中文化程度，退休职工，家住某某市某某路××弄××号。

（1）案由

根据民事诉状：被鉴定人吴某（原告）称其妻钱某（被告）有外遇而感情破裂，诉诸人民法院要求离婚。

审理中，疑被鉴定人有精神异常，为确认其精神状态，委托机关特委托本中心对其作司法精神医学鉴定。

（2）被鉴定人概况

据被鉴定人妻及邻居等人反映：被鉴定人以往体健，初中文化程度，与其妻结婚

① 案例摘自闵银龙主编：《司法精神医学》，法律出版社 2012 年版，第 215—217 页。

48年，育一女，现在日本工作。平素生活与工作无异，1992年退休后在社区参加各种活动。约于5—6年前发现其猜疑心极重，其妻外出搓麻将，如见有异性站在妻身旁观看，就认为其妻“拉皮条”；其妻与男性讲话，就认为与男性有不正当两性关系；其妻去扔垃圾，就说她去找男人了；其妻与他人打羽毛球就说与他人关系不正常。怀疑女儿不是自己亲生，认为是其妻与其亲兄弟所生的，为此，多次提出要作亲子鉴定。被鉴定人弟弟或是来电，或去被鉴定人住处探望，或说句公道话，又认为与其妻有不正当的关系。甚至带上录音机及照相机，跟踪其妻，在公园内见其妻与其他男性讲话时，将其声音录下，拍下照片，声称是其妻在乱找姘头的证据。其妻与被鉴定人在日本探望其女儿时，又说其妻和女儿在国外乱搞男女关系及共同吸毒。又怀疑其妻将其他男性藏匿在家中，令居委会干部来人在他家到处寻找其他男性，查看家里所有橱柜等物，结果一无所获。为了要“捉奸”，被鉴定人在深更半夜，潜入其妻单独居住地，声称听到房间内有男人声音，进门后结果仍没看到其他男性，就认为居委会干部帮忙，使其姘头逃掉。怀疑外甥女在读学校的其他学生的男性家长与其妻有不正常的两性关系，到学校吵闹，且在校门口谩骂他人，说某妻生活作风不正派。甚至当着许多人的面，将其妻子内衣短裤给他人观看，声称短裤上有许多脏的东西（其实是清洁短裤）。讲其妻子有“梅毒”。又怀疑其妻在食物中下毒要害死他，就餐时一定要妻子先吃，然后他放心再食；又怀疑其妻要用刀刺死他，而处处提防，多次更换自己单独居住的门锁。

（3）精神检查

鉴定人员在法官的陪同下来到被鉴定人居住地，开门后被鉴定人认识法官，但拒绝接待鉴定人员，说“不认识，害怕”。经法官耐心解释后才让进屋，很客气的让座等。意识清晰，待人有礼，接触合作，围绕妻子的行为不端讲得滔滔不绝，情绪高涨。问其妻生活作风，答称：“自62年起对她的行为就起疑心，当时她患有输卵管不通，经治疗后，63年我弟经常与妻子一起到单位看望我，弟与妻关系暧昧，64年妻就怀孕生了女儿，直到04年大姐就讲我是‘死人’，这就是女儿不是我所生。”又讲：“外甥女是女儿与龙华机场原党委书记所生。”问其妻有否对其陷害时，答称：“在她的住处喝酒时，感到舌头发麻，正要追查时，她就把整瓮酒倒掉，毁了证据。”又叙述了其妻曾多次用刀要砍他，为防不测，已把门锁等调换过。问其妻生活作风不轨还有否其他事实时，竟不知羞耻地当着许多人面，将自己偷偷保存起来的妻子短裤，给在场人员观看，并答称：“她的一条三角裤，上面有不洁污点，是她乱搞不正当关系之证据（具体说不出在什么时候的）。”检查中，情感协调，言语增多，滔滔不绝，其内容围绕于其妻在外有多名第三者，思维内容荒谬离奇，逻辑推理存在障碍，存在明显的嫉妒妄想，妄想对象泛化，有追溯性妄想、被害妄想，智能好，自知力无。

（4）分析说明

① 根据送检材料及调查所得：被鉴定人以往体健，平素性格固执，与他人交往一般，与其妻结婚40余年，夫妻感情好。近五六年，其妻与周围邻居均发现被鉴定人猜疑心极重，始终怀疑其妻与其他异性有不正当两性关系，如发现其妻与其他男性讲句话，或与男性打羽毛球，或搓搓麻将等日常一些琐碎的细微之事，就破口大骂其妻生

活作风不轨，或来到学校门口谩骂他人。对其妻外出活动进行跟踪、盯梢，偷偷地录下其妻与其他男性讲话的声音，拍下与其他男性讲话的照片，以为是抓到其妻生活作风不正派的“证据”。又为了达到“捉奸”的目的，深更半夜潜入妻子居住地，却未捉到其他男性，但仍不甘心，白天令居委会干部来到其妻居住地，胡说“野男人”藏匿在她家，搜查房内所有橱柜等物，但仍一无所获。又无端怀疑女儿不是自己亲生，是其弟弟与其妻所生，并多次提出要作亲子鉴定。其亲弟来电或亲自登门拜访自己的哥嫂时，却怀疑是其妻与自己亲弟弟不正当两性关系的依据。甚至不知羞耻地讲其妻有性病，当着众人面要他人观看其妻短裤上与其他男性发生两性关系的“污物”，以证实其妻在外乱搞男女关系。甚至还怀疑其妻要陷害他，不敢服用其妻烧煮的饭菜，一定要其妻先食后，自己才放心服用。又担心其妻要用刀来刺死他，将自己居住地房屋多次调换门锁，以防万一。其妻及周围邻居均发现其有精神异常，准备将其送往精神病医院治疗，又遭到他的拒绝。结合本次精神检查，情感协调，思维内容荒谬离奇，常人难以理解，将其妻子在日常生活中与其他男性接触的细微之事，均给予妄想性解释，坚信不疑地认为其妻与包括亲弟在内的多名男性存在不正当的两性关系，形成了妄想对象泛化的嫉妒妄想，以及有追溯性妄想、被害妄想，未见幻觉，智能好，自知力无。综上，根据 CCMD-3，被鉴定人患有偏执性精神病。

② 被鉴定人存在偏执性精神病，在嫉妒妄想、被害妄想等精神病性症状支配下，坚信其妻子有多名外遇而导致夫妻感情破裂，诉讼于法院要求离婚，丧失了对事物的实质性辨认能力，故对本案应评定为无民事行为能力。

(5) 鉴定结论

被鉴定人吴某患有偏执性精神病，对本案无民事行为能力。

2. 劳动争议案件

一般精神健康、有民事行为能力的人，可独立与用人方签订劳动合同。也可解除劳动合同。如果涉及精神障碍患者，可能出现两种情况：(1) 在签订劳动合同时有无民事行为能力，如果鉴定结果是无民事行为能力，签订的劳动合同无效。(2) 解除劳动合同时有无民事行为能力，如果鉴定结论是无民事行为能力，解除劳动合同无效，用人一方必须接纳被鉴定人，恢复劳动关系。

**[案例]**[①]

被鉴定人：曹某，男，1984 年 10 月 13 日生，汉族，家住某某市某某路××弄××号。

(1) 案由

根据委托书及民事诉状：2005 年 8 月 18 日被鉴定人曹某与某某市某某制药有限公司签订了劳动合同，期限为 2005 年 8 月 18 日到 2006 年 12 月 31 日。2005 年 11 月 28 日被鉴定人在被告要求下写了辞职申请书，造成其失去工作。现被鉴定人及其母亲向法院提起诉讼，要求被告恢复被鉴定人与被告的劳动关系。

审理中，因被鉴定人有精神病史，为慎重处理本案，委托机关特委托本中心对被

① 案例摘自闵银龙主编：《司法精神医学》，法律出版社 2012 年版，第 218—220 页。

鉴定人作上述委托事项的鉴定。

(2) 被鉴定人概况

据被鉴定人母亲反映：2002年12月23日，老师反映被鉴定人上课迟到，人伏在桌子上，为换位子上课不开心，拍桌子，还讲“要当特工”，送其到新华医院神经内科就诊。……回家时他冲出车门，不上电梯，而跑到11楼敲人家门，家人叫他回来，则逃到出租车里躲藏，后将他送到某区精神卫生中心就诊，给其服氯氮平。……到2003年2月19日开学时他边读书边吃药。去年8月与某某制药有限公司签订劳动合同，8月20日上班，回来讲人家都在议论他……2005年9月一天发脾气，从十五楼把价值200多元的凳子、电风扇、床头橱从窗口扔下去。……11月24日厂里说，他讲了好几个小时的话，语无伦次，将其带往精神病医院就诊时，殴打家人，并外出逃跑。11月27日发现其自言自语，点点头，还讲女朋友什么的，乱打电话，感到自己紧张。……11月28日回来后，有关辞职一事从未与家人讲过，一直在家也不去上班。……直至今年4月29日厂方将其辞职报告寄回，父母才知道此事。

摘录于某某市精神卫生中心2002年12月24日门诊记录：近两天无明显诱因在学校失控，砸了电脑台，晚上回来走错家门，不停自语“要当特工，我想做好人，救人家”。莫名自笑，整日不眠，烦躁不安……精神检查：接触不合作，坐立不安，自语自笑……情感不适切，自知力无。诊断为分裂样精神病。2003年1月×日就诊记录，精神检查：“……觉得自己是黑社会人，有一定的地位，中国保镖要找我去，……如果不是在黑社会，派出所肯定来把我抓去了，现在他们不敢来碰我……名声在外，好多人都知道，路上有人会来打招呼。”存在夸大与关系妄想，思维散漫，诊断为精神分裂症，根据门诊病史记录，以后一直在门诊就诊，病情尚稳定，但有时有情绪不稳，情感幼稚，与人交往有困难等记录，学习与实习等能胜任。2005年9月2日门诊记录，母代诉：近二周停药后好猜疑，精神检查：“……自己看了说明书，会有攻击性，环境不好，导致自己……胡思乱想，强迫症，家中不知生了什么病……同学也有……乡下人不能碰到我。”2005年11月24日门诊记录，父母代诊：病情波动3周，一门心思听别人的话，要做干部……看上隔壁女孩，写条子给她，称自己不是特工。喝酒，停药数日，今日中午来诊，候诊时显得紧张，突然……转身走了，对母亲态度粗暴。以后一直至2006年3月均有门诊就医记录，不愿服药，病情波动，行为紊乱，声称邻居小姑娘看中他，要结婚，夜眠差等。

(3) 精神检查

自行步入检查室，意识清，仪态端正，被动接触好，检查合作，注意力集中，情感反应协调，当讲到一些应该是不愉快的事情时，反而面露笑容，显愉快状，对答切题，问其何时发生不愉快事，答称：“三年级后，……去年8月份签合同，大约9月份去旅游，他们叫我喝酒。下一届同学说他看我不顺眼，……他在背后骂我下流话，我不认识他的。……组长叫我去压片，毛师傅不理我了，我感到很奇怪。……组长对我指指点点，这不行，那不行，……中午休息时他们都在讲我不好听的话……他们（下一届的同学）叫我曹师傅，是讽刺意思的。……（旅游）回来后，心里闷，不舒服。

很长时间（1—2 周）睡不着，……（车间主任）挑战性的提些问题，这不好，那不好……11 月份他叫我写辞职报告。”问其为何在家扔东西，回答：“在压片车间，刚去时，师傅很凶的，他们三三两两在讲我……他们讲我‘憨×’，我把他们捧得很高，我把他们推下去，每个师傅对我讲一句，我很烦。”问其有无特异功能，答称：“我有一次感到他（父亲）怪怪的，我眼睛发出的光与他（父亲）一样的，很可怕的，在旅游前，我眼睛有特异功能的，……特异功能是事实。”问其是否有病（精神病），回答：“我没有感到有毛病。”问其辞职之事，回答：“上面要我辞就辞。”问其辞职报告写什么，答称：“我没有看。”问其为何写辞职报告，回答：“我没有犯错误，我写了后一年之后可以不用去上班了。”问其辞职有没有想过工作前途，答称：“想过，到网上去报名做保险……”问其能否胜任保险工作，答称：“我没有考虑过。”检查中，情感反应欠协调，幻听未引出，存在牵连观念、猜疑、思维显松弛、夸大妄想，智能正常，自知力无，缺乏客观实际的意志要求。

（4）分析说明

① 根据送检材料及调查所得：被鉴定人于 2002 年 12 月 23 日起，无明显诱因下出现精神异常，表现为耳闻人语声，胡言乱语，冲动，毁物，莫名自笑，烦躁不安等。在上海市精神卫生中心诊断为精神分裂症。经过治疗以后病情有所好转，但病情未完全缓解，时有情绪激动，情感幼稚，与人交往困难等。2005 年 8 月 20 日又出现猜疑，声称别人都在议论他，于 2005 年 9 月左右病情反复，自行停药，出现在家中从十五楼窗口抛扔电风扇、凳子等物品的明显行为紊乱情况，之后病情逐渐加重，于 11 月 24 日去精神卫生中心就诊时，突然不辞而别逃脱到厂中言谈数个小时，语无伦次。又声称女孩看中他，紧张不安，对家人态度粗暴。后直至 2006 年 3 月最后一次就诊时，均有不愿服药，病情波动，行为紊乱等记录。结合本次精神检查，情感反应欠协调，存在牵连观念，猜疑，思维较松弛，夸大妄想，自知力无，缺乏客观实际的意志要求。根据 CCMD-3，被鉴定人患有偏执性精神分裂症，目前精神症状未完全缓解。

② 被鉴定人于 2002 年 12 月起出现精神异常，之后确诊为精神分裂症，病情经治疗虽有所好转，但未完全缓解。据上海市精神卫生中心病史记载，于 2005 年 9 月出现了旧病复发，表现为冲动、毁物、胡言乱语。后又于同年 11 月 24 日起病情反复更为明显，言语凌乱，出现了被钟情妄想。经治疗后，病情虽逐渐好转，但 2006 年 3 月病史记录其精神症状仍反复持续。据此，被鉴定人于 2005 年 8 月签订合同时，及 2005 年 11 月 28 日写辞职报告时正好处于其第二次发病期，均处于精神分裂症发病期，在精神病理症状影响下，不能表达自己的真实意思，不能运用法律手段来维护自己的合法权益，不能参与诉讼活动，故对被鉴定人于 2005 年 8 月 18 日签订合同时及 2005 年 11 月 28 日写辞职报告时均评定为无民事行为能力。

（5）鉴定结论

被鉴定人曹某患有偏执性精神分裂症，目前精神症状未完全缓解，曹某于 2005 年 8 月 18 日签订合同时及 2005 年 11 月 28 日写辞职报告时均无民事行为能力。

3. 财产分割或遗嘱案件

这类案件的一种情况是在住房动迁过程中，精神障碍患者签订动迁协议时，需要作民事行为能力评定；还有一种情况是多子女的老年人身后的家庭财产（包括住房、存款等），老年人如在生前要做出安排或者立遗嘱，这时也必须作精神状态的鉴定，以确定对财产安排或立遗嘱有无民事行为能力，能否表达自己的真实意思，以确定该老年人的行为是否有效。

**[案例]**[①]

被鉴定人：林某某，女，1949 年 1 月 9 日生，户籍地为某某市某某路××弄××号，现住址为某某市某某路××弄××号。

（1）情况摘要

根据鉴定委托书：被鉴定人丈夫张某某向我所提出申请，要求对被鉴定人林某某作有无民事行为能力的评定。由于被鉴定人以往有精神病史，为确认其精神状态，委托单位特委托本中心对被鉴定人作司法精神医学鉴定。

（2）被鉴定人概况

据其丈夫张某某反映：被鉴定人于 1969 年出现精神异常，住院于某某市精神卫生中心，后定期门诊随访。由于病情反复多次发作，曾多次住院于某某市精神卫生中心及某某区精神卫生中心。最后一次住院为 2004 年左右，目前仍是定期门诊。现已退休在家，能操持家务，个人卫生及住室理得干净整洁，也能坚持服药，对女儿及女婿准备离婚之事也有所了解，为购房一事要变更姓名也表示同意。

摘录某某市精神卫生中心出院小结：第一次住院于 1970 年 9 月 23 日至同年 12 月 20 日，出院诊断为精神分裂症。最后一次住院于 2004 年 4 月 3 日至同年 8 月 13 日，出院诊断同上。

摘录某某市精神卫生中心门诊病史：末次门诊为 2006 年 7 月，病史记载为病情稳定，夜眠可，生活如常，无不适，配药。

（3）精神检查

意识清，仪态整，接触良好，检查合作，对提问能理解，对答切题，言语流畅，能回答自己的姓名、年龄、家庭住址及家中人员情况，声称丈夫是搞技术的，待她很好，讲其女儿不会做家务，家务活均是自己做的。问其以往情况时，突然痛哭流涕，回答："我的命运不好，讲我家是逃亡地主，是乡下老祖宗传下来的土地，……实际上我是爱毛主席的，我想不通，白天、晚上天天想，想了好几年，现在我想通了，没有想了……'文革'我爹妈挨斗，讲我是坏人，我受不了。"问其是否受人欺侮，答称："人家欺侮我，在我面前哇哇大叫，我与人不搭界的。"问其女儿情况，答称："我女儿谈了个朋友，讲好的他（男方）来付贷款，但只付了二个月，我老公发现他不付了，家里人很着急，我们自己付（女儿及男方恋爱时购买的住房）。产权属我们，他欠的债我们也还了，今后我们来付。当时该男孩答应付的（购买住房时的银行贷款），后来不

① 本案例来自华东政法大学司法鉴定中心办理的司法鉴定案件。

知怎么不付了，我们的意思是取消这个男的名字，这样今后房子属于我们的。买房子时，男方首付款 15 万元，我们也还给他了，今后我女儿每月付贷款 3800 元，女儿工资高可以付的。……房子是二室一厅，我不想去，我去要大扫除，不要我去谢天谢地。”问其女儿住房为何要去公证处公证，回答：“我知道，要签个名，我们不欠钱，我们守信用，每月要还钱，他（男方）8 个月的欠债都是我老公支付的钱还清了，今后由我女儿付，房子归我们，与他（男方）不搭界。”检查中，情感反应尚协调，思维松弛，存在牵连观念，未引出幻觉、妄想等精神病性症状，有明确的合理的意志要求，自知力不全。

（4）分析说明

① 根据送检材料及调查所得：被鉴定人于 1969 年前后，精神逐渐出现异常，并于 1970 年首次住院于某某市精神卫生中心，诊断为精神分裂症，后又多次住院治疗，末次住院日期为 2004 年，出院诊断同上。据某某市精神卫生中心门诊记载，2004 年末次出院后至今能定期门诊，按时服药。末次门诊为 2006 年 7 月，病史记载为病情稳定，夜眠可，生活如常，无不适，配药。家属反映被鉴定人在家能很好操持家务，个人卫生能自行料理，住室环境搞得干净整洁。结合本次精神检查：情感反应尚协调，思维松弛，有牵连观念，未引出明显的精神病性症状，存在合理的意志要求，自知力不全。根据 CCMD-3，被鉴定人患有慢性精神分裂症。

② 被鉴定人对其女儿与男方所购买的一套住房，因情况发生变化现进行公证，变更住房人员姓名，对此事能表达自己的真实意思，能运用法律手段来维护自身的合法权益，能参与诉讼活动，故对本案应评定为具有完全民事行为能力。

（5）鉴定结论

被鉴定人林某某患有慢性精神分裂症，对本案具有完全民事行为能力。

4. 上访、信访案件

[案例][①]

被鉴定人：章某某，男，1933 年 12 月 29 日出生，离异，汉族，某某省某某市籍，初中文化，退休工人，家住某某市某某区某某村××号室。

（1）案由

据委托书称：某某区街道办事处在受理章某某的上访、信访中，疑其有精神异常。为慎重处理本案，委托机关特委托本中心对其作司法精神医学鉴定。

（2）被鉴定人概况

摘录送检材料：被鉴定人 1949 年参军，1954 年参加宝成铁路建设，1958 年在某某市某某铸造厂工作，同年因无理取闹被某某区某某路派出所送安徽劳动教养，1961 年解教后留场就业，1983 年退休回沪居住。1998 年经人介绍与一退休女医生结婚，婚后一段时间夫妻关系尚可，一年后章某某猜疑妻在他吃的食物里下毒，要害死他，以达到夺他财产之目的，后逐渐发展到对妻停电、停煤气，不让妻在家居住，写威吓信

---

① 案例摘自闵银龙主编：《司法精神医学》，法律出版社 2012 年版，第 224—226 页。

给对方，经常吵闹。2001年年底两人办理了离婚手续，至今一直独身居住。在居住地猜疑501室的一位许姓邻居（是某某市某某局的退休干部）经常偷他家的衣物、菜、腌制食品等，使他“防不胜防，”因此去购买了50余把形状、大小、功能不等的锁及重40多公斤的铁链子把自家的门锁起来，还在家安装摄像头，进行防盗监控。2003年他曾到街道司法科反映与邻居有纠纷，猜疑邻居偷他东西和对他有陷害的企图。2005年11月因其老家旧宅问题与亲戚的纠纷于2002年4月8日被某某市某某区人民法院驳回诉讼，不服而去北京上访。回沪后街道曾多次与他接触沟通，他始终坚持自己的观点，听不进解释疏导，认为其反映的问题只能通过中央领导才能解决，并直接向中央领导汇款2000元人民币被退回。街道有关领导上门走访其家，卫生状况极差，从不打扫卫生，室内臭气熏天。在居住小区不与任何居民说话，也从未见其有亲戚朋友来往。

（3）精神检查

意识清，情感适切，接触合作，谈话围绕老家旧宅被拆、地基被占之事滔滔不绝，强调当地法院判决不公，要求只要归还他70平方米的房屋就行了，否则决不罢休。谈及与邻居、同事之间关系时，答称：“总感觉有人看不起我，甚至走过人群时总感到他们在议论我，认为我是改造、吃过官司的人，我认为他们看不起我。所以也从不与他们交谈接触。”“94年我搬家到这里，洗澡时一双皮鞋没有了，我发现是501室姓许的人偷去的，这个人是某某市某某局的退休干部，后来我发现我买的鸡、肉、鱼等挂在阳台上，隔几天就会变小些，拆下来放在阳台上的纱窗马上被拿走，我烧的鸡汤、鸡腿他都要偷吃，他什么都要，我家有10多幅画、帽子、衣服都被他拿回他家去了，偷我的水壶、粉碎机的配件等，这个人不要脸，什么都要偷，我曾当他面讲过，也向派出所报了案，但派出所不理我，而要我负法律责任。我没有办法……我买了40多把锁及10米后加20米再加长有几十米，很重的铁链一起把门锁起来，但他还是乘我外出不在家时，毁坏锁而进屋偷。……有时，我还发现我买的面粉、粉丝多了，把多的烧了吃后感到全身无力、头晕，我去派出所报了案，（张××户籍警）但没理睬，也就把这些东西丢了。”问许姓邻居为什么要偷他的东西，答称：“对我家等于取之不尽。”问其是否有人对他监控，答称：“有，我估计是501室姓许的通过手段在我房内角落处放了一小小的铁器，我发现后交给居委会的蔡师傅，他收下后告诉我是监听、窃听器。”问其他人监控理由，答称：“就是要听我讲什么……”问其婚姻状况，答称：“成过二次家，第一次婚后对象有神经毛病——痴呆，她提出离就离了。第二次对象是医院里的医生，她心太坏，家务事都是我做的也就算了。她从安徽老家回来时，把砒霜带回给我吃过4—5次，她想毒死我后可得到我的房屋，我就提出与她离婚了……”检查中，情感适切，言语滔滔不绝，思维内容脱离现实，逻辑推理障碍，有明显的被害妄想、被窃妄想，自知力无。

（4）分析说明

① 根据送检材料及调查所得：被鉴定人早年参军，曾参加宝成铁路建设，1958年回沪在一厂里工作，后因有事被处以劳动教养，解教后留场就业，直至1983年退休回沪，现为独居。平素性格孤僻、固执、敏感多疑。无端猜疑妻子将砒霜放在饭菜中，

欲将他害死，为此与妻离婚。又怀疑邻居偷窃他家食品、衣服等物，在他家安装监视窃听器。为此荒唐地买了数十把各类门锁及重达数十公斤的铁链把自己家门锁住。声称仍无法防止邻居来家偷东西。曾多次向居委会、派出所报警，声称自己受他人陷害。生活懒散，家中脏乱不堪，臭气熏天。结合本次精神检查，情感协调，思维内容荒谬离奇，常人难以理解，逻辑推理障碍，存在明显的被害妄想、被窃妄想，未见幻觉，智能好，自知力无。根据 CCMD-3，被鉴定人患有偏执性精神病。

② 被鉴定人近 4—5 年来，将四五十年前自己老家早已解决的房屋一事，反复上访、信访于各级领导，对其反复多次解释均无济于事。后又诉讼于当地法院，败诉后，上诉又被驳回，但被鉴定人仍是固执己见，声称法院对其判决不公，继续上访至中央。甚至直接汇款给中央领导要求给予解决房屋一事。被鉴定人的这种有悖于常理的行为，是由于患有偏执性精神病，在精神病态思维影响下，丧失了对自己行为的辨认能力，不能表达自己的真实意思，不知自己应如何运用法律手段来维护自身的合法权益。故被鉴定人对反复信访、上访一事应评定为无民事行为能力。

(5) 鉴定结论

被鉴定人章某某患有偏执性精神病，对反复信访、上访一事无民事行为能力。

## 第二节　民事诉讼行为能力评定

### 一、民事诉讼行为能力的概念

民事诉讼行为能力是指公民能够亲自进行民事诉讼活动，具有独立行使诉讼权利和履行诉讼义务的能力，又称诉讼能力，在民事诉讼法理论上将其分为有民事诉讼行为能力和无民事诉讼行为能力。

### 二、民事诉讼行为能力与民事行为能力的关系

当事人的民事诉讼行为能力与民事行为能力有密切的联系，通常情况下有民事行为能力的人就有民事诉讼行为能力，但也有不一致的情形，比如，限制民事行为能力的人可以独立地进行与他们年龄、智力相适应的民事活动，但不能独立地进行民事诉讼活动，与其有关的民事法律关系发生争议，必须进行诉讼时，只能由其法定代理人代为进行诉讼。

### 三、民事诉讼行为能力评定分级

一般民事行为能力评定均采用“三分法”，即有完全民事行为能力、限制民事行为能力和无民事行为能力。但在民事诉讼行为能力评定时，均采用“二分法”，民事诉讼法学明确将民事诉讼行为能力分为有诉讼行为能力和无诉讼行为能力，并规定限制民事行为能力人不能独立地进行诉讼活动，应为无民事诉讼行为能力。

### 四、民事诉讼行为能力评定的要素

根据民事诉讼法的相关规定，人民法院怀疑当事人有精神状态异常的，可委托鉴定机构对当事人进行鉴定，评定其有无诉讼行为能力。作为诉讼当事人，必须对自己

的诉讼行为可能产生的法律后果有一定的鉴别与判断能力，有诉讼行为能力的当事人参加本案诉讼时一般要具备如下条件：(1) 理解和行使控诉权；(2) 理解审判事项和自身所处的地位；(3) 理解和行使辩护权；(4) 和辩护人保持联系并商讨法律上的对策；(5) 经得起可能对自己不利的裁决；(6) 理解和行使申请回避权；(7) 理解和行使申请采取诉讼保全措施的权利；(8) 理解和行使撤销或者变更诉讼请求的权利；(9) 理解和行使申请调解与对方达成协议以自行和解的权利；(10) 理解和行使阅读法庭笔录、发现遗漏或错误，可申请补正的权利；(11) 理解和正确行使在对方拒绝不执行已生效的判决、裁定、调解协议时，有申请人民法院执行的权利；(12) 理解如果败诉可以在上诉期限内行使上诉的权利。

有时还要求当事人能回忆与案情有关的情况，能理解证人提出的证据，准确辨别等。

## 习题

1. 什么叫民事行为能力？
2. 简述民事行为能力的法律依据。
3. 简述民事行为能力的分类。
4. 简述民事行为能力评定意见的主要用途。

## 拓展阅读文献

1. 郑瞻培、汤涛、管唯主编：《司法精神鉴定的难点与文书》，上海科学技术出版社 2009 年版。

2. 张小宁、石美森编著：《司法精神病学》，中国政法大学出版社 2020 年版。

3. 胡泽卿主编：《法医精神病学（第 4 版）》，人民卫生出版社 2016 年版。

# 第二十章 精神损伤类司法鉴定

**内容提要：** 本章主要介绍精神损伤程度鉴定、精神伤残等级鉴定、三期评定、护理依赖程度鉴定等内容。

**核心词汇：** 精神损伤　精神伤残　精神科护理依赖　劳动能力　三期评定

**学习要求：** 掌握精神损伤鉴定标准与程度评定、精神伤残鉴定标准与等级评定、精神损伤与伤残的三期评估及劳动能力鉴定理论及方法。

## 第一节　精神损伤鉴定标准与程度评定

### 一、基本概念

精神损伤的概念有广义和狭义之分。广义的精神损伤是指个体遭受外来物理、化学、生物或心理等因素作用后，大脑功能受损，出现认知、情感、意志和行为等方面的精神功能紊乱或缺损。

在司法精神医学中，狭义的精神损伤仅指对肇事方构成刑事处罚条件的一类精神损伤。鉴定的目的是确定肇事者的行为是否已构成刑事犯罪、是否追究肇事行为人的刑事责任。这类鉴定通常是评定受伤者精神损伤的性质、损伤程度及其关联关系，以便对肇事者实施刑事处罚。

### 二、鉴定标准

目前，我国对精神损伤与伤残无独立的评定标准，均与躯体损伤或躯体伤残的评定标准附在一起。同时，标准中涉及精神方面的条款甚少，且比较具有原则性，需要学科自身将这些原则性条款进一步细化，并对细化的评定方法等问题予以规范。

过去，我国将人体损伤的鉴定标准分为《人体重伤鉴定标准》《人体轻伤鉴定标准（试行）》和《人体轻微伤的鉴定标准》三个标准，且由不同的部门制定。2013 年 8 月 30 日，最高人民法院、最高人民检察院、公安部、国家安全部、司法部联合颁布了《人体损伤程度鉴定标准》（自 2014 年 1 月 1 日起施行，以下简称《损伤标准》）。该标准将过去的三个标准进行整合，成为目前我国对人体损伤程度（包括精神损伤在内）进行鉴定的唯一标准。本章仅对该标准的相关内容予以简要阐述。

（一）损伤程度的界定

《损伤标准》将损伤程度分为“三度五级”，“三度”即重伤、轻伤、轻微伤；“五级”即重伤一级、重伤二级、轻伤一级、轻伤二级、轻微伤。其中，“三度”的定义分别如下：

1. 重伤

重伤指使人肢体残废、毁人容貌、丧失听觉、丧失视觉、丧失其他器官功能或者其他对于人身健康有重大伤害的损伤，包括重伤一级和重伤二级。

2. 轻伤

轻伤指使人肢体或者容貌损害，听觉、视觉或者其他器官功能部分障碍，或者其他对于人身健康有中度伤害的损伤，包括轻伤一级和轻伤二级。

3. 轻微伤

轻微伤指各种致伤因素所致的原发性损伤，造成组织器官结构轻微损害或者轻微功能障碍。

（二）鉴定时机

《损伤标准》第 4.2.1 条规定：“以原发性损伤为主要鉴定依据的，伤后即可进行鉴定；以损伤所致的并发症为主要鉴定依据的，在伤情稳定后进行鉴定。”精神损伤通常是脑损伤的并发症，因此一般应在伤情稳定后再进行鉴定。这也是因为颅脑损伤所致精神障碍的伤情较为复杂，过早鉴定往往会影响诊断的准确性，且《损伤标准》第 4.2.3 条规定：“疑难、复杂的损伤，在临床治疗终结或者伤情稳定后进行鉴定。”

对于精神损伤而言，如何确定“伤情稳定”？应该说，损伤所致并发症的伤情稳定不应仅指原发性损伤的伤情，而应包括并发症的病情，即“病情稳定”。精神损伤的器质性精神病理综合征基本上都是脑损伤继发的精神功能后遗综合征的表现，即“脑损伤的后遗症”，也就是脑损伤后遗留的、不可恢复的残局。但是，某些器质性精神病理综合征，如精神病性症状、情感症状、冲动攻击行为通常被认为有治疗的必要性，因而原则上应当通过专科治疗，使后遗症的严重程度减轻或得到控制，直至复发的可能性较小为止，此时才应算是“病情稳定”。

## 三、精神损伤程度评定

（一）智力损伤程度评定

《损伤标准》的“损伤程度分级”中，仅在“5.1.1 重伤一级”中有与精神损伤有关的一个条款，即“e）重度智能减退或者器质性精神障碍，生活完全不能自理”，其他损伤程度中没有精神损伤的评定条款。同时，该标准在附录 B（规范性附录）的“功能损害判定”中将颅脑损伤所致智能减退分为极重度、重度、中度、轻度、边缘五级：

（1）极重度智能减退：IQ 低于 25；语言功能丧失；生活完全不能自理。

（2）重度智能减退：IQ25—39；语言功能严重受损，不能进行有效的语言交流；生活大部分不能自理。

（3）中度智能减退：IQ40—54；能掌握日常生活用语，但词汇贫乏，对周围环境辨别能力差，只能以简单的方式与人交往；生活部分不能自理，能做简单劳动。

(4) 轻度智能减退：IQ55—69；无明显语言障碍，对周围环境有较好的辨别能力，能比较恰当地与人交往；生活能自理，能做一般非技术性工作。

(5) 边缘智能状态：IQ70—84；抽象思维能力或者思维广度、深度机敏性显示不良；不能完成高级复杂的脑力劳动。

既然该标准将颅脑损伤所致智能减退分为五级，那么每一级人体损伤程度中就应当有相应的智能减退等级。据笔者对该标准的理解，各种程度的智能减退不可能只有重度智能减退才构成重伤，其他智能减退也应该构成相应损伤的程度，理由是：(1) 无论何种程度的颅脑损伤所致智能减退，都是重型颅脑损伤的后果（器质性智能减退），而脑挫伤在人体损伤标准中已构成重伤；器质性智能减退的任何程度至少比重伤二级中的"开放性颅骨骨折伴硬脑膜破裂"的伤情要重得多。(2) 中度或轻度智能减退一般都会对伤者的社会功能造成较大影响，不可能不构成损伤程度和等级。(3) 该标准既然列出不同程度的智能减退，不应该没有相应的损伤程度和等级。因此，中度以下智能减退在《损伤标准》中没有评定条款应当是疏漏或笔误。按照该标准给出的五个等级的颅脑损伤所致智能减退，各级智能减退对应的损伤程度应当如下：

重伤一级：重度及极重度颅脑损伤所致智能减退；

重伤二级：颅脑损伤所致中度智能减退；

轻伤一级：颅脑损伤所致轻度智能减退；

轻伤二级：颅脑损伤所致轻度认知障碍（边缘智力状态）。

然而，对肇事方进行刑事处罚是因为肇事方的行为恶劣，严重侵犯了公民人身权利。刑法为了维护正义、惩治邪恶，必须对肇事方进行刑事处罚。这就决定了刑法的处罚是根据当事人行为的恶劣性质以及违法行为当时造成的危害结果（非伤情稳定的情形）进行处罚的原则。受害方的原发性损伤通常最能反映行为的恶劣性质和程度，而精神损伤通常是继发性损伤，虽然在一定程度上可以反映原发性损伤的程度，但是其影响因素更复杂，不仅包括肇事方行为的直接作用，也包括非肇事方的因素（如个体差异等），有时难以反映肇事方行为的恶劣性质和程度。这也是精神损伤在刑事案件中十分少见的原因之一，因而很少需要等待精神损伤的病情稳定后再实施人体损伤程度的鉴定。

### （二）伤病关系分级

《损伤标准》首次对"伤病关系处理原则"作了明确规定："损伤为主要作用的，既往伤/病为次要或者轻微作用的，应依据本标准相应条款进行鉴定"；"损伤与既往伤/病共同作用的，即二者作用相当的，应依据本标准相应条款适度降低损伤程度等级，即等级为重伤一级和重伤二级的，可视具体情况鉴定为轻伤一级或者轻伤二级，等级为轻伤一级和轻伤二级的，均鉴定为轻微伤"；"既往伤/病为主要作用的，即损伤为次要或者轻微作用的，不宜进行损伤程度鉴定，只说明因果关系"。

《损伤标准》对伤病关系的分级虽无具体说明，但从上述处理原则可以看出，伤病关系分为完全作用、主要作用、部分作用、次要作用、轻微作用和无作用六级。

（三）其他精神障碍损伤程度评定

《损伤标准》对“器质性精神障碍”作了明确规定，指出器质性精神障碍“有明确的颅脑损伤伴不同程度的意识障碍病史，并且精神障碍发生和病程与颅脑损伤相关。症状表现为：意识障碍；遗忘综合征；痴呆；器质性人格改变；精神病性症状；神经症样症状；现实检验能力或者社会功能减退。”该标准在“器质性精神障碍”中虽然没有提及“器质性情感障碍”“器质性癔症”，但指出《道路交通事故受伤人员伤残评定》（GB 18667—2002，以下简称《道标》）及《劳动能力鉴定 职工工伤与职业病致残等级》（GB/T 16180—2014，以下简称《工标》）“对于本文件的应用是必不可少的”，而《工标》界定的“精神病性症状”包括“突出的妄想、持久或反复出现的幻觉、病理性思维联想障碍、紧张综合征、情感障碍显著且妨碍社会功能（包括生活自理功能、社交功能及职业和角色功能）”五个方面。因此，该标准的“器质性精神障碍”应当包括“器质性情感障碍”。“器质性癔症”在本学科中属于神经症性障碍的范畴，可以根据《损伤标准》附则 6.4 的规定“本标准未作具体规定的损伤，可以遵循损伤程度等级划分原则，比照本标准相近条款进行损伤程度鉴定”，比照“器质性神经症样症状”的损伤程度进行评定。

按照《损伤标准》，可将人体损伤分为三度五级，精神损伤是人体损伤的组成部分，因而也应该分为三度五级。

（1）重伤一级。《损伤标准》对该级别精神损伤有明确规定，即“5.1.1 重伤一级”之“e）重度智能减退或者器质性精神障碍，生活完全不能自理”。在该级别中，虽仅提及“重度智能减退”，但该程度智能减退的条件是“IQ25—39 之间；语言功能严重受损，不能进行有效的语言交流；生活大部分不能自理”，而极重度智能减退比重度智能减退要更严重。因此，完全可以理解为“极重度和重度器质性智能减退和器质性精神障碍，导致生活完全不能或大部分不能自理者”均应属于重伤一级。

在精神损伤方面，除极重度和重度器质性智能损害外的其他器质性精神障碍中，器质性谵妄、极重度和重度器质性遗忘、器质性精神病性障碍以及部分器质性情感障碍综合征等容易出现重度器质性精神障碍的社会损害程度，应评定为重伤一级。

（2）重伤二级。根据《损伤标准》附录 B“功能损害判定”将颅脑损伤中的智能减退划分五级的内容理解，中度器质性智能减退和器质性精神障碍，导致生活部分不能自理者，或/和对周围环境辨别能力差，只能以简单的方式与人交往者，应属于重伤二级。

在精神损伤方面，除器质性智能损害外的其他器质性精神障碍，如中度器质性遗忘、多数器质性精神病性障碍以及部分器质性情感障碍综合征等容易出现中度器质性精神障碍的社会损害程度，应评定为重伤二级。

（3）轻伤一级。轻度器质性智能减退和器质性精神障碍，对职业和人际交往等方面的社会功能构成明显影响，或不能从事伤前的技术性工作者，均符合轻伤定义的“人身健康有中度伤害”之程度，应属于轻伤一级。

在精神损伤方面，除器质性智能损害外的其他器质性精神障碍中，轻度器质性遗忘、程度较轻的器质性精神病性障碍、部分器质性情感障碍综合征以及较重的器质性人格改变等容易出现轻度器质性精神障碍的社会损害程度，应评定为轻伤一级。

（4）轻伤二级。轻度认知障碍（边缘器质性智能或记忆损害）或轻微器质性精神障碍，对职业和人际交往等方面的社会功能构成一定影响，或者抽象思维能力，思维广度、深度机敏性不良，不能较好地完成伤前从事的高级复杂的脑力劳动和技术性工作者，应属于轻伤二级。

在精神损伤方面，除器质性智能损害外的其他器质性精神障碍中，较轻的器质性情感障碍与器质性人格改变、器质性癔症与器质性神经症样综合征等容易出现轻度器质性精神障碍的社会损害程度，应评定为轻伤二级。

（5）轻微伤。不能完全排除器质性损伤因素的影响，但又有功能性临床特点的神经症性障碍、癔症样综合征等，应属于轻微伤的范畴。

上述"精神损伤程度"的划分是基于笔者对《损伤标准》的理解而言，由于这些理解的内容在该标准中并未直接提及，在正式运用时有可能出现分歧意见，需要引起注意。好在肇事方导致的"器质性智能减退或精神障碍"一般无须通过精神损伤的评定来确定肇事方的刑事责任，因为凡能导致"器质性智能减退或精神障碍"者，通常其颅脑损伤或躯体损伤的程度足以达到重伤标准，无须通过精神损伤的鉴定来判定其损伤程度；只有在躯体损伤达不到重伤或轻伤时，才需要通过精神损伤的鉴定来确定对方的法律责任。然而，此种情况基本上都是功能性精神障碍或不能用其大脑或躯体损伤来解释的器质性精神障碍，后者大多系被鉴定人本身有器质性疾病的基础，此时一般需要评定伤害因素对被鉴定人精神障碍的参与度大小。因此，狭义的精神损伤鉴定中很少有满足《损伤标准》的案件。

## 第二节　精神伤残鉴定

### 一、概念

精神伤残通常是指由器质性损伤因素导致个体出现不可逆的器质性精神功能缺损或残疾的情形。该概念包括三个方面的内容：（1）精神伤残是由器质性致病因素所致；（2）精神伤残的结果是永久性的精神功能缺损，并达到"残"的程度；（3）精神伤残是较为严重的精神损伤后果，即精神伤残首先是因为有精神损伤，当精神损伤达到了不可逆的损伤程度或后果时则为精神伤残。

目前我国尚无精神伤残评定专门标准，相关内容在现有的各类伤残评定标准中均有所体现。目前，司法鉴定领域使用最为广泛的标准是 2016 年 4 月 18 日由最高人民法院、最高人民检察院、公安部、国家安全部、司法部联合发布的《人体损伤致残程度分级》（以下简称《通标》），该文件于 2017 年 1 月 1 日起施行。其他在《工标》《道标》《人身保险伤残评定标准及代码》（JR/T 0083—2013）等标准中也有相关内容。

## 二、鉴定标准

(一) 评定总则的相关规定与解读

1. 相关定义

《通标》定义“损伤”为“各种因素造成的人体组织器官结构破坏和/或功能障碍”;定义“残疾”为“人体组织器官结构破坏或者功能障碍,以及个体在现代临床医疗条件下难以恢复的生活、工作、社会活动能力不同程度的降低或者丧失”。从这些定义可以看出,当损伤导致不可逆的功能障碍时,即为伤残程度。

2. 评定时机

《通标》指出,损伤致残“应在原发性损伤及其与之确有关联的并发症治疗终结或者临床治疗效果稳定后进行鉴定”。因此,原发性损伤导致精神障碍时,只要与原发性损伤有关联,原则上应当治疗,且效果稳定后才能进行鉴定。按照器质性精神病理综合征的病程标准和司法部有关规范的要求,精神伤残的等级评定原则上至少应当在受伤后 6 个月实施为宜。

3. 伤病关系处理

《通标》对“伤病关系的处理”作了明确规定:“当损伤与原有伤、病共存时,应分析损伤与残疾后果之间的因果关系”。同《损伤标准》一样,将损伤在残疾后果中的作用大小分为完全作用、主要作用、同等作用、次要作用、轻微作用、没有作用,共六级关联关系,且要求“除损伤‘没有作用’以外,均应按照实际残情鉴定致残程度等级,同时说明损伤与残疾后果之间的因果关系;判定损伤‘没有作用’的,不应进行致残程度鉴定”。也就是说,无论侵权责任大小,只要侵权行为在致残等级中有作用(除“没有作用”外),就应当对被鉴定人当前的实际残情进行等级鉴定,因而此时评定的致残等级是本次侵权责任损伤与被鉴定人自身伤病的共同结果。

4. 损伤致残等级划分及其依据

《通标》将人体损伤致残程度划分为十个等级,从一级(人体致残率 100%)到十级(人体致残率 10%),每级致残率相差 10%。

表 20-1 《通标》致残程度等级划分依据

| 残疾等级 | 残疾等级划分依据 |
|---|---|
| 一级 | a) 组织器官缺失或功能完全丧失,其他器官不能代偿<br>b) 存在特殊医疗依赖<br>c) 意识丧失<br>d) 日常生活完全不能自理<br>e) 社会交往完全丧失 |
| 二级 | a) 组织器官缺损或者畸形,有严重功能障碍,其他器官难以代偿<br>b) 存在特殊医疗依赖<br>c) 日常生活大部分不能自理<br>d) 各种活动严重受限,仅限于床上或椅子上的活动<br>e) 社会交往基本丧失 |

（续表）

| 残疾等级 | 残疾等级划分依据 |
| --- | --- |
| 三级 | a）组织器官严重缺损或者畸形，有严重功能障碍<br>b）存在特殊医疗依赖<br>c）日常生活大部分或者部分不能自理<br>d）各种活动严重受限，仅限于室内的活动<br>e）社会交往极度困难 |
| 四级 | a）组织器官严重缺损或者畸形，有重度功能障碍<br>b）存在特殊医疗依赖或者一般医疗依赖<br>c）日常生活能力严重受限、间或需要帮助<br>d）各种活动严重受限，仅限于居住范围内的活动<br>e）社会交往困难 |
| 五级 | a）组织器官大部分缺损或者明显畸形，有中度（偏重）功能障碍<br>b）存在一般医疗依赖<br>c）日常生活能力部分受限，偶尔需要帮助<br>d）各种活动中度受限，仅限于就近的活动<br>e）社会交往严重受限 |
| 六级 | a）组织器官大部分缺损或者明显畸形，有中度功能障碍<br>b）存在一般医疗依赖<br>c）日常生活能力部分受限，但能部分代偿，条件性需要帮助<br>d）各种活动中度受限，活动能力降低<br>e）社会交往贫乏或狭窄 |
| 七级 | a）组织器官大部分缺损或者明显畸形，有中度（偏轻）功能障碍<br>b）存在一般医疗依赖，无护理依赖<br>c）日常生活有关的活动能力极重度受限<br>d）各种活动中度受限，短暂活动不受限，长时间活动受限<br>e）社会交往能力降低 |
| 八级 | a）组织器官部分缺损或者畸形，有轻度功能障碍，并造成较明显影响<br>b）存在一般医疗依赖，无护理依赖<br>c）日常生活有关的活动能力重度受限<br>d）各种活动轻度受限，远距离活动受限<br>e）社会交往受约束 |
| 九级 | a）组织器官部分缺损或者畸形，有轻度功能障碍，并造成明显影响<br>b）无医疗依赖或者存在一般医疗依赖，无护理依赖<br>c）日常生活有关的活动能力中度受限<br>d）工作与学习能力下降<br>e）社会交往能力部分受限 |
| 十级 | a）组织器官部分缺损或者畸形，有轻度功能障碍，并造成一定影响<br>b）无医疗依赖或者存在一般医疗依赖，无护理依赖<br>c）日常生活有关的活动能力轻度受限<br>d）工作与学习能力受到一定影响<br>e）社会交往能力轻度受限 |

（二）精神损伤致残等级划分

《通标》将精神损伤的残疾程度分为十个等级，每一级均有一个精神损伤致残条款，具体规定如下：

**表 20-2 《通标》中精神损伤致残程度分级条款**

| 致残程度 | 精神损伤致残程度评定条款 |
| --- | --- |
| 一级 | 5.1.1.2 精神障碍或者极重度智能减退，日常生活完全不能自理 |
| 二级 | 5.2.1.1 精神障碍或者重度智能减退，日常生活随时需有人帮助 |
| 三级 | 5.3.1.1 精神障碍或者重度智能减退，不能完全独立生活，需经常有人监护 |
| 四级 | 5.4.1.1 精神障碍或者中度智能减退，日常生活能力严重受限，间或需要帮助 |
| 五级 | 5.5.1.1 精神障碍或者中度智能减退，日常生活能力明显受限，需要指导 |
| 六级 | 5.6.1.1 精神障碍或者中度智能减退，日常生活能力部分受限，但能部分代偿，部分日常生活需要帮助 |
| 七级 | 5.7.1.1 精神障碍或者轻度智能减退，日常生活有关的活动能力极重度受限 |
| 八级 | 5.8.1.1 精神障碍或者轻度智能减退，日常生活有关的活动能力重度受限 |
| 九级 | 5.9.1.1 精神障碍或者轻度智能减退，日常生活有关的活动能力中度受限 |
| 十级 | 5.10.1.1 精神障碍或者轻度智能减退，日常生活有关的活动能力轻度受限 |

《通标》将精神伤残的表现形式分为“精神障碍”和“智能减退”两大类。广义的精神障碍应当包括智能减退。《通标》关于“精神障碍”的症状标准中，除了“遗忘综合征、人格改变、意识障碍、精神病性症状、情感障碍综合征、解离（转换）综合征、神经症样综合征”外，还包括“智能损害综合征”。但是，几乎所有的损伤或伤残标准均将智能减退与精神障碍区分开来。主要原因有：（1）在精神损伤或伤残中，智能损害的情形最多见，因为大多数伤者有颅脑损伤的基础，而人们通常认为颅脑损伤的后果是智力受损；（2）智力损害的表现形式与其他精神障碍明显不同，前者主要是“傻”的表现，而人们将精神障碍通常理解为精神病样的症状表现；（3）智力损害的临床表现和评估方法均与其他精神障碍不同，智力损害有人们早已认识的标准化智力测验作为客观评价指标，而其他精神障碍尚缺乏为人们所接受的客观评估方法。

1. 精神障碍

《通标》已改变了《道标》的做法，不再将精神障碍的严重程度分为轻度、中度、重度、极重度，而是笼统地称为“精神障碍”，比较贴近精神医学专业的习惯用语。《通标》对“精神障碍”的严重程度与智力减退等级评定条件统一，主要以“日常生活能力”或“日常生活有关的活动能力”以及“致残程度等级划分依据”将10个等级的精神障碍伤残等级区分开来。《通标》根据《工标》的伤病关系理念，对“精神障碍的认定”规定了以下4个条件：

（1）精神障碍的发病基础需有颅脑损伤的存在；

（2）精神障碍的起病时间需与颅脑损伤的发生相吻合；

（3）精神障碍应随着颅脑损伤的改善而缓解；

（4）无证据提示精神障碍的发病存在其他原因（如强阳性家族史）。

关于“精神障碍应随着颅脑损伤的改善而缓解”，从理论上说，精神障碍的总体严重性虽应随着颅脑损伤的改善而缓解，但部分伤者不一定达到完全缓解的程度，甚至完全不遵循这一规律。鉴定实践中，不时可见部分伤者在外伤性颅脑损伤的影像学征象已经恢复正常后，精神症状仍然存在的现象，且符合颅脑损伤所致器质性精神障碍的临床特点。这说明精神功能的恢复相对于影像学外伤征象的恢复，时间要更长。因此，运用该条款时，应认真分析伤者精神障碍是否符合此次颅脑损伤所致的临床特点。若精神症状表现可以用本次颅脑损伤导致的脑器质性精神障碍来解释，即便影像学征象已经改善而精神症状并未缓解，仍然应当认定精神障碍与本次颅脑损伤存在关联关系，但应当分析说明这样判断的依据或理由。

此外，该标准与《工标》同样强调：“精神分裂症和躁郁症均为内源性疾病，发病主要决定于病人自身的生物学素质，不属于人身损害所致的精神障碍。”

2. 智能减退

从“精神损伤残疾程度分级条款”表中可以看出，《通标》将智能减退分为极重度、重度、中度和轻度 4 个程度、10 个等级。其中，极重度为 1 个级别（一级）；重度智能减退分为 2 个级别（二级、三级），并以“日常生活需要帮助的程度”进行轻、重分级；中度分为 3 个级别（四级、五级、六级），以“日常生活能力受限”轻、中、重的程度进行分级；轻度分为 4 个级别（七级、八级、九级、十级），以“日常生活能力、日常生活有关的活动能力”分为极重度、重度、中度、轻度 4 个等级。

（1）智能减退诊断标准。《通标》按照 CCMD-3 中有关智能损害的症状标准，规定了智能减退诊断标准。

（2）智能减退分级。《通标》虽将智能减退分为极重度、重度、中度和轻度 4 个程度的伤残等级，但却按照《工标》将其划分为以下 5 个等级：① 极重度智能减退：IQ 低于 20；语言功能丧失；生活完全不能自理。② 重度智能减退：IQ 20—34；语言功能严重受损，不能进行有效的交流；生活大部分不能自理。③ 中度智能减退：IQ 35—49；能掌握日常生活用语，但词汇贫乏，对周围环境辨别能力差，只能以简单的方式与人交往；生活部分不能自理，能做简单劳动。④ 轻度智能减退：IQ 50—69；无明显语言障碍，对周围环境有较好的辨别能力，能比较恰当地与人交往；生活能自理，能做一般非技术性工作。⑤ 边缘智能状态：IQ 70—84；抽象思维能力或者思维广度、深度及机敏性显示不良；不能完成高级或者复杂的脑力劳动。

（3）智力减退分级条件。《通标》是目前我国伤残标准中唯一对不同程度智能减退进行分级界定的标准，除了智商值与精神发育迟滞程度的诊断标准相同外，其他条件与现行国际、国内有关精神发育迟滞的诊断标准不同。

① 言语功能障碍的诊断条件。虽然一般情况下言语障碍属于神经功能的范畴，但言语理解与表达也是反映智力水平的重要因素，因而应当作为诊断智能减退的重要条件，也比较符合痴呆严重程度的临床特点，痴呆越严重，言语功能障碍也越重。例如，极重度痴呆通常丧失语言功能，而轻度痴呆通常无明显语言障碍。

② 将生活自理程度作为智能减退的另一个诊断条件。而对“生活自理能力”的评

定依据和评定项目内容，按照《人身损害护理依赖程度评定》（GB/T31147—2014）中界定的“日常生活自理能力”，即“人在正常思维支配的情况下，自我料理个人日常生活的能力”。

③ 精神功能的生活自理评定项目。《人身损害护理依赖程度评定》对精神障碍者的生活自理能力评定包括“进食，修饰，更衣，理发、洗澡、剪指甲，整理个人卫生，小便始末，大便始末，外出行走，睡眠，服药，使用日常生活用具，乘车”共12个能力项目。

（三）精神损伤致残等级划分的原则

《通标》虽对智力损害和精神障碍的每一个伤残级别条件作了具体规定，主要涉及“日常生活能力”或“日常生活有关的活动能力”，但没有对这两种能力予以定义。笔者虽在前文对这两个概念进行了理解性的解释，如把“日常生活能力”理解为与吃喝拉撒等日常生活直接有关的能力，而把“日常生活有关的活动能力”理解为与个人日常事务间接有关的能力，但在实际操作时仍有相当困难。例如，在日常生活能力方面，“日常生活随时需有人帮助”“不能完全独立生活，需经常有人监护”“日常生活能力严重受限，间或需要帮助”“日常生活能力明显受限，需要指导”“日常生活能力部分受限，但能部分代偿，部分日常生活需要帮助”之间难以清晰界定；在日常生活有关的活动能力方面，“极重度受限”“重度受限”“中度受限”“轻度受限”之间也难以清晰界定。鉴定实践中常发现，这些概念缺乏明确的界限，当被鉴定人存在日常生活有关的活动能力障碍时，既可以评定为重度受限，也可以评定为中度受限，缺乏统一的客观衡量指标，尚需要结合精神医学对智力损害和精神障碍严重程度的临床判断原则予以评定。

《通标》虽将“生活自理能力”定义为“日常生活自理能力”，即“人在正常思维支配的情况下，自我料理个人日常生活的能力”，也可以理解为“日常生活能力”和“日常生活有关的活动能力”；同时，规定按照《人身损害护理依赖程度评定》中的精神障碍者生活自理评定项目进行评定，但评定分值只有护理依赖程度的界分，且仅有部分护理依赖（总分80分—61分）、大部分护理依赖（总分60分—41分）以及完全护理依赖（总分40分以下）三档，无法与十个伤残等级相对应。若用护理依赖的评定项目作为《通标》伤残等级的生活自理能力障碍的参考依据，还需要作进一步的细化。

## 第三节　三期评定

### 一、基本概念

我国公共安全行业标准《人身损害误工期、护理期、营养期评定规范》（GA/T 1193—2014，以下简称《三期评定规范》）中，三期是指人身损害的误工期、营养期和护理期。精神损伤与伤残鉴定中的三期应当是因精神损伤（精神障碍）而产生的误工期、护理期和营养期。

（一）误工期

误工期，是指人体损伤后经过诊断、治疗达到临床医学一般原则所承认的治愈

（即临床症状和体征消失）或体征固定所需要的时间。

《最高人民法院关于审理人身损害赔偿案件适用法律若干问题的解释》（以下简称《人身损害赔偿解释》）第 7 条第 2 款规定，“误工时间根据受害人接受治疗的医疗机构出具的证明确定。受害人因伤致残持续误工的，误工时间可以计算至定残日前一天。”

（二）营养期

营养期，是指人体损伤后，需要补充必要的营养物质，以提高治疗质量或者加速损伤康复的时间。

（三）护理期

护理期，是指人体损伤后，在医疗或者功能康复期间生活自理困难，全部或部分需要他人帮助的时间。

根据《人身损害赔偿解释》第 8 条，护理期限应计算至受害人恢复生活自理能力时止。可根据护理依赖的程度估计护理依赖的时间，建议：

(1) 完全护理依赖者：暂评定为长期护理依赖。

(2) 大部分护理依赖者：暂评定为 2 年（2 年后需要再评）。

(3) 部分护理依赖者：暂评定为 1 年（1 年后需要再评）。

此外，《人身损害赔偿解释》第 8 条还对护理依赖的护理人数作出规定，即“护理人员原则上为一人”。

## 二、评定时机与原则

（一）评定时机

评定时机应以外伤直接所致的损伤或确因损伤所致的并发症经过诊断、治疗达到临床医学一般原则所承认的症状及体征稳定为准。

（二）评定原则

人身损害误工期、护理期和营养期的确定应以原发性损伤及后果为依据，包括损伤当时的伤情、损伤后的并发症和后遗症等，并结合治疗方法及效果，全面分析个体的年龄、体质等因素，进行综合评定。《三期评定规范》对一些特殊情况作了以下规定：

(1) 本标准中的“误工期、护理期、营养期”是指本次损伤/事故所致的期限，需排除既往损伤、疾病。

(2) 本标准中的“误工期、护理期、营养期”为各类损伤/事故的一般性期限，在具体案件的评定中，应遵循个性化为主、循证化为辅的原则，考虑不同个体的自身情况、损伤情况、临床治疗、恢复等因素具体分析，综合评定，不可机械照搬。

(3) 人身损害后的临床“误工期、护理期、营养期”低于本标准期限的，按临床实际发生的期限计算。

(4) 多处损伤，不能将多处损伤的“误工期、护理期、营养期”进行简单累加；一般以“误工期、护理期、营养期”较长的损伤为主，并结合其他损伤的期限综合考虑，必要时酌情延长。

(5) 对于一些损伤后恢复期较长，但已进入调解程序或诉讼程序的，“误工期、护理期、营养期”评定的上限可以至伤残评定前一日。

(6)“误工期、护理期、营养期”原则上不超过 24 个月。

(7) 遇有本标准以外的损伤，应根据临床治疗情况，或比照本标准相类似损伤所需的“误工期、护理期、营养期”进行评定。

(8) 继发性损伤、合并症、并发症或需二期治疗的，根据临床治疗恢复情况确定。

(9) 由于个体差异、潜在疾病、年龄等因素介入导致“误工期、护理期、营养期”有所变化的，应根据具体情况综合评定。

## 三、精神伤残的三期评定条件

### (一) 评定条款

(1) 精神损伤或伤残通常属于颅脑损伤的并发症或后遗症。《三期评定规范》规定：“根据临床治疗情况确定。涉及外伤性智力缺损或者精神障碍者，原则上，误工期可在原损伤条款的基础上加 90 日，上限可至评残前一日止；营养期同原损伤的条款，护理期视临床情况确定。”

例如，颅脑损伤所致器质性智能损害，根据临床诊断的颅脑损伤分级确定“原损伤”，若临床诊断为“中型颅脑损伤”，误工期为 90—180 日+90 日=180—270 日（一般误工期都算至“评残前一日止”），营养期为 30—60 日，护理期视临床情况确定；若为“重型颅脑损伤”，误工期、护理期和营养期均根据临床治疗情况确定，即在中型颅脑损伤的基础上，还可适当延长三期的时间。

(2) 据上海市地方标准《人身损害受伤人员休息期、营养期、护理期评定准则》(DB31/T875-2015) 5.3.2.b 之规定，脑挫裂伤伴有神经系统阳性体征：休息期 90—180 日，营养期 30—60 日，护理期 30—60 日。

据 5.3.3.b 之规定，蛛网膜下腔出血伴有神经系统阳性体征：休息 90—180 日，营养期 30—60 日，护理期 30—60 日。

据 5.3.4.b 之规定，颅内血肿伴有神经系统阳性体征：休息 90—180 日，营养期 30—60 日，护理期 30—60 日。

据 5.4.3 外伤性智力缺损或者精神障碍：

a) 轻度智力缺损或精神障碍：休息期在原发性损伤的基础上加 90 日，最长至评残日前一日，营养期同原发性损伤，护理期 60—120 日。

b) 中度智力缺损或精神障碍，日常生活能力明显受限，需要指导或者日常生活能力部分受限，但能部分代偿，部分日常生活需要帮助：休息期在原发性损伤的基础上加 90 日，最长至评残日前一日，营养期同原发性损伤，护理期 120—150 日。

c) 中度智力缺损或精神障碍，日常生活能力严重受限，间或需要帮助：休息期在原发性损伤的基础上加 90 日，最长至评残日前一日，营养期同原发性损伤，护理期至评残日前一日。

d) 重度智力缺损或精神障碍，不能完全独立生活：休息期在原发性损伤的基础上加 90 日，最长至评残日前一日，营养期同原发性损伤，护理期至评残日前一日。

e) 极度智力缺损或精神障碍，日常生活完全不能自理：休息期至评残日前一日，营养期同原发性损伤，护理期至评残日前一日。

（二）“原损伤”相关规定

器质性精神损伤或伤残通常系颅脑器质性损伤所致，“原损伤”即指颅脑器质性损伤。虽然这些“原损伤”一般由法医临床鉴定人作出三期评定，但颅脑损伤易并发器质性精神障碍，因此，司法精神医学鉴定人有必要了解《三期评定规范》中对“原损伤”（即各类头部损伤）的三期规定。

**表 20-3　《三期评定规范》中各类头部损伤的三期规定**

| 编码 | 各类头部损伤的三期规定 |
| --- | --- |
| 4.1 | **头皮血肿** |
| 4.1.1 | 头皮下血肿：误工 7—15 日，无须护理和营养 |
| 4.1.2 | 帽状腱膜下血肿/骨膜下血肿：<br>a）一般情况下：误工 15—30 日，护理 1—7 日，营养 1—7 日<br>b）需穿刺抽血/加压包扎：误工 30—60 日，护理 1—15 日，营养 7—15 日 |
| 4.2 | **头皮创** |
| 4.2.1 | 钝器创口长度小于或等于 6 cm、锐器创口长度小于或等于 8 cm：误工 20—30 日，护理 1—7 日，营养 1—7 日 |
| 4.2.2 | 钝器创口长度大于 6 cm、锐器创口长度大于 8 cm：误工 45—60 日，护理 1—7 日，营养 7—15 日 |
| 4.3 | **头皮撕脱伤** |
| 4.3.1 | 撕脱面积小于或等于 20 $cm^2$：误工 60—90 日，护理 7—15 日，营养 15—20 日 |
| 4.3.2 | 撕脱面积大于 20 $cm^2$：误工 90—120 日，护理 15—60 日，营养 20—60 日 |
| 4.4 | **头皮缺损** |
| 4.4.1 | 头皮缺损小于或等于 10 $cm^2$：误工 30—60 日，护理 7—15 日，营养 15—20 日 |
| 4.4.2 | 头皮缺损大于 10 $cm^2$：误工 60—120 日，护理 15—90 日，营养 20—60 日 |
| 4.5 | **颅盖骨骨折** |
| 4.5.1 | 单纯线状骨折：误工 30—60 日，护理 15—20 日，营养 20—30 日 |
| 4.5.2 | 凹陷骨折/多发粉碎骨折：<br>a）非手术修复：误工 90—120 日，护理和营养期可根据临床治疗情况确定<br>b）手术修复：误工 120—150 日，护理和营养期可根据临床治疗情况确定 |
| 4.6 | **颅底骨折** |
| 4.6.1 | 单纯颅底骨折：误工 60—90 日，护理 15—20 日，营养 20—30 日 |
| 4.6.2 | 伴有脑脊液漏和/或神经损伤：误工 90—120 日，护理 30—60 日，营养 30—60 日 |
| 4.6.3 | 手术治疗：根据临床治疗情况确定 |
| 4.7 | **闭合型颅脑损伤** |
| 4.7.1 | 轻型：误工 30—45 日，原则上不考虑护理、营养 |
| 4.7.2 | 中型：误工 90—180 日，护理 30—60 日，营养 30—60 日 |
| 4.7.3 | 重型：根据临床治疗情况确定 |

（续表）

| 编码 | 各类头部损伤的“三期”规定 |
| --- | --- |
| 4.7.4 | 极重型：根据临床治疗情况确定 |
| 4.8 | **开放型颅脑损伤** |
| 4.8.1 | 不伴有神经系统体征：误工 30—90 日，护理 20—30 日，营养 30—60 日 |
| 4.8.2 | 伴有神经系统体征：根据临床治疗情况确定 |
| 4.9 | **颅脑损伤并发症及后遗症**<br>根据临床治疗情况确定<br>涉及外伤性智力缺损或者精神障碍者，原则上，误工期可在原损伤条款的基础上加 90 日，上限可至评残前一日止；营养期同原损伤的条款，护理期视临床情况确定 |

## 第四节　劳动能力鉴定

### 一、基本概念

劳动能力是指人的工作能力和生活能力，包括体力和脑力两个部分。劳动能力主要反映一个人作为生存个体和社会成员完成全部生活和工作的能力，其能力的大小受个体的生物学因素、心理因素和社会因素影响。

劳动能力鉴定是指劳动者在职业活动中因工负伤或患职业病后，法定鉴定机关通过相关医学检查并依据国家标准所进行鉴别和判定的过程。劳动能力鉴定制度是国家针对劳动者伤残等级或劳动能力丧失程度进行评定的一种特殊制度。

精神障碍者劳动能力鉴定是指利用精神病学科学的技术方法，依据有关鉴定标准，对各种原因导致精神障碍患者的伤、病致残程度或劳动能力丧失程度进行诊断和鉴定的全过程。

通常情况下，劳动能力鉴定按照工伤保险条例等规定，由各地劳动能力委员会等机构组织鉴定，但涉及诉讼或在调解、仲裁等准司法程序中时，可以委托司法鉴定机构进行。

### 二、精神障碍者劳动能力鉴定依据

根据职工患精神病或非工伤、工伤或患职业病导致的精神障碍的最初原始诊断记录和系统门诊住院治疗情况，经系统治疗或工伤伤情处于稳定后 1 年内，由有专业知识的医师及有关劳动鉴定人员对精神障碍伤、病情进行有目的的检查，参照《中国精神障碍分类与诊断标准》研究确认伤、病情情况，最后依据《工标》等评残标准条款进行精神病劳动能力或伤残等级和护理依赖程度的鉴定。

### 三、精神障碍者劳动能力鉴定的注意事项

（1）对于《工标》未列入的损伤，可以参照该标准的分级原则，比照相近条款对伤残等级作出判定。

（2）伤残等级评定一般应在病情稳定、临床治疗终结后进行。对有明确规定的，应严格按照标准的相关规定进行评定，例如关于“人格改变”的诊断必须是在症状持

续 6 个月以上方可诊断等。

(3) 由于医疗依赖与生活自理障碍程度的判定与伤残等级密切相关，因此，医疗依赖、生活自理障碍程度的确定必须是在明确伤残等级的基础上进行判定。

(4) 精神障碍鉴定问题应该由具有司法精神医学鉴定执业资格的鉴定人评定。

(5) 评定伤残等级时，对于损伤后器官或者肢体功能障碍程度的判定，应以伤残等级鉴定时的检查结果作为判定的依据，同时应排除其原有损伤及疾病等因素。

## 四、精神障碍者劳动能力丧失的分类

### (一) 完全丧失劳动能力

凡有下列情况之一且治疗无效者：

(1) 慢性器质性精神障碍，经系统治疗 2 年仍有下述症状之一，并严重影响职业功能者：痴呆，持续或经常出现的妄想和幻觉，持续或经常出现的情绪不稳定以及不能自控的冲动攻击行为。

(2) 患精神分裂症经系统治疗 5 年仍不能恢复正常者；偏执性精神障碍，妄想牢固，持续 5 年仍不能缓解，严重影响职业功能者。

(3) 难治性情感障碍，经系统治疗 5 年仍不能恢复正常，男性 50 岁以上（含 50 岁），女性 45 岁以上（含 45 岁），严重影响职业功能者。

(4) 具有明显强迫型人格发病基础的难治性强迫障碍，经职工非因工伤病（精神科）鉴定标准的使用系统治疗 5 年无效，严重影响职业功能者。

(5) 智能障碍，IQ≤45。

### (二) 大部分丧失劳动能力

(1) 患精神分裂症经治疗后仍有轻度精神症状，社会功能轻度受损者。

(2) 慢性器质性精神障碍，经系统治疗后缓解，需定期随访者。

(3) 由癫痫导致的智能减退，IQ 55—69。

(4) 智能障碍，IQ 46—54。

### (三) 部分丧失劳动能力

凡有下列情况之一且治疗无效者：

(1) 患精神分裂症经 2 年治疗后仍残留某些精神功能缺损，而且相当长时间持续存在，个人生活尚可自理。

(2) 智能障碍，IQ 55—84。

## 五、劳动能力、职工工伤与职业病伤残等级评定

### (一) 与工伤、职业病相关的精神障碍的认定

(1) 精神障碍者的发病基础需有工伤、职业病的存在；

(2) 精神障碍者的起病时间需与工伤、职业病的发生相一致；

(3) 精神障碍应随着工伤、职业病的改善和缓解而恢复正常；

(4) 无证据提示精神障碍者的发病有其他原因（如强阳性家族病史）。

### (二) 精神障碍者劳动能力等级评定

对于精神障碍者劳动能力丧失程度的鉴定，目前我国只有职工工伤与职业病劳动

能力丧失鉴定的标准，对于职工工伤、职业病以外的劳动能力丧失的鉴定，如人身损害的伤残等级评定等，目前尚无特定的标准。

职工工伤与职业病伤残等级评定标准，即《工标》是根据《工伤保险条例》制定的，制定过程中参考了WHO有关“损害、功能障碍与残疾”的国际分类，以及美国、英国、日本等国家残疾的分级原则。

（1）职工工伤与职业病伤残等级划分。《工标》根据临床医学分科和各学科之间相互关联的原则，依据“器官损伤、功能障碍，对医疗与日常生活护理的依赖程度，以及由于伤残而引起的社会心理因素影响”，将伤残等级划分为一至十级共530个条目，最重的为一级，最轻的为十级。

（2）职工工伤与职业病伤残等级定级原则。《工标》主要根据器官是否有缺失或缺损，是否有畸形或形态异常，是否有功能丧失或障碍以及是否有并发症等，是否存在特殊或一般医疗依赖，生活自理障碍程度等情况来确定伤残等级与劳动能力级别。

① 一级伤残：器官缺失或功能完全丧失，其他器官不能代偿，存在特殊医疗依赖，或完全或大部分或部分生活自理障碍。

② 二级伤残：器官严重缺损或畸形，有严重功能障碍或并发症，存在特殊医疗依赖，或大部分或部分生活自理障碍。

③ 三级伤残：器官严重缺损或畸形，有严重功能障碍或并发症，存在特殊医疗依赖，或部分生活自理障碍。

④ 四级伤残：器官严重缺损或畸形，有严重功能障碍或并发症，存在特殊医疗依赖，或部分生活自理障碍或无生活自理障碍。

⑤ 五级伤残：器官大部分缺损或明显畸形，有较重功能障碍或并发症，存在一般医疗依赖，无生活自理障碍。

⑥ 六级伤残：器官大部分缺损或明显畸形，有中等功能障碍或并发症，存在一般医疗依赖，无生活自理障碍。

⑦ 七级伤残：器官大部分缺损或畸形，有轻度功能障碍或并发症，存在一般医疗依赖，无生活自理障碍。

⑧ 八级伤残：器官部分缺损，形态异常，轻度功能障碍，存在一般医疗依赖，无生活自理障碍。

⑨ 九级伤残：器官部分缺损，形态异常，轻度功能障碍，无医疗依赖或者存在一般医疗依赖，无生活自理障碍。

⑩ 十级伤残：器官部分缺损，形态异常，无功能障碍，无医疗依赖或者存在一般医疗依赖，无生活自理障碍。

## 第五节　人身损害护理依赖程度评定

### 一、概述

护理依赖是指精神障碍者的生活不能自理，需要他人帮助。生活自理的范围一般包括自主进食、翻身、大小便、穿衣洗漱、自主行动等五项内容。

护理依赖程度是指伤残者的生活需要他人帮助的程度。护理依赖程度分为三个级别，即完全护理依赖（指生活完全不能自理，上述五项均需护理者）、大部分护理依赖（指生活大部分不能自理，上述五项中三项需要护理者）和部分护理依赖（指部分生活不能自理，上述五项中一项需要护理者）。

## 二、评定要求

（1）对被评定者应进行详细询问，针对人身损害情况进行身体检查，必要时应做相关辅助检查。

（2）经检查，被评定人应有明确的临床体征，并与辅助检查、病历记载相一致。

（3）被评定人原有疾病或伤残与本次损害因素共同作用造成护理依赖的，应确定本次损伤参与度。

（4）精神障碍护理依赖程度的评定，应当有专科医疗机构精神科执业医师作出的诊断证明，或聘请精神科执业医师参加。

（5）被评定人同时有躯体伤残、精神障碍和精神障碍安全问题均需要护理依赖的，应分别评定，按护理依赖程度较高的定级。

## 三、评定时机

精神障碍护理依赖程度评定应在治疗满一年后进行。

## 四、精神障碍者护理依赖程度评定

根据《人身损害护理依赖程度评定》制定如下：

（一）精神障碍日常生活自理能力项目

5.1.1.1　进食

进食包括：

a）按时；b）定量；c）在规定地点完成进食。

5.1.1.2　修饰

修饰包括：

a）洗（擦）脸；b）刷牙；c）梳头；d）剃须。

5.1.1.3　更衣

更衣包括：

a）穿脱衣服；b）定时更换衣服；c）按季节、天气、温度变化适时增减衣服。

5.1.1.4　理发、洗澡、剪指甲

理发、洗澡、剪指甲包括：

a）去理发店理发；b）去洗浴处洗澡；c）自己或要求他人帮助剪指甲。

5.1.1.5　整理个人卫生

整理个人卫生包括：

a）整理自己的床铺；b）打扫室内卫生；c）清洗衣服；d）女性能处理经期卫生，使用更换卫生巾、清洗内裤等。

5.1.1.6 小便始末

小便始末包括：

a）到规定地方；b）解系裤带，完成小便过程；c）清理小便。

5.1.1.7 大便始末

大便始末包括：

a）到规定地方：b）解系裤带，完成大便过程；c）清理大便。

5.1.1.8 外出行走

外出行走包括：

a）自主外出；b）能找回出发处。

5.1.1.9 睡眠，按照一般正常人的作息时间、规律睡眠。

5.1.1.10 服药

服药包括：

a）保管药物；b）定时服药：c）定量服药。

5.1.1.11 使用日常生活用具

使用日常生活用具包括：

a）使用炉灶；b）使用日用电器；c）使用自来水。

5.1.1.12 乘车

乘坐交通工具，如公共汽车、出租车等。

**（二）精神障碍日常生活自理能力 12 项评定分值表（满分 120 分）**

| 序号 | 项目 | 评定分值 | | |
|---|---|---|---|---|
| 1 | 进食 | 10 分<br>能自主完成 5.1.1.1 的 a）b）c） | 5 分<br>经常需他人提醒、督促、引领、控制才能完成 5.1.1.1 的 a）b）c）中的 1 项或 2 项 | 0 分<br>完全依靠他人督促、帮助才能完成 5.1.1.1 的 a）b）c）或需他人喂食 |
| 2 | 修饰 | 10 分<br>能保持外貌整洁，自主完成 5.1.1.2 的 a）b）c）d）中 2 项以上 | 5 分<br>经常需他人提醒、督促、帮助才能完成 5.1.1.2 的 a）b）c）d）中 1 项以上 | 0 分<br>完全依靠他人帮助才能完成 5.1.1.2 的 a）b）和（或）c）d） |
| 3 | 更衣 | 10 分<br>衣着得体，能自主完成 5.1.1.3 的 a）b）c） | 5 分<br>经常需他人提醒、督促、帮助才能完成 5.1.1.3 的 a）b）c） | 0 分<br>完全依靠他人帮助才能完成 5.1.1.3 的 a）b）c） |
| 4 | 理发、洗澡、剪指甲 | 10 分<br>能自主完成 5.1.1.4 的 a）b）c） | 5 分<br>经常需他人提醒、督促、引领、帮助才能完成 5.1.1.4 的 a）b）c）中 1 项以上 | 0 分<br>从不主动理发、洗澡、剪指甲，完全需要他人强制、帮助才能完成 5.1.1.4 的 a）b）c） |
| 5 | 整理个人卫生 | 10 分<br>能自主完成 5.1.1.5 的 a）b）c），女性能自主完成 5.1.1.5 的 d） | 5 分<br>经常需他人提醒、指导才能完成 5.1.1.5 的 a）b）c）中 1 项以上。女性在他人提醒、指导下才能完成 5.1.1.5 的 d） | 0 分<br>完全依靠他人帮助才能完成 5.1.1.5 的 a）b）c）。女性完全依靠他人帮助才能完成 5.1.1.5 的 d） |

（续表）

| 序号 | 项目 | 评定分值 | | |
|---|---|---|---|---|
| 6 | 小便始末 | 10 分<br>能自主完成 5.1.1.6 的 a）b）c） | 5 分<br>经常需他人提醒、督促、引领才能完成 5.1.1.6 的 a），5.1.1.6 的 b）c）基本能自主完成 | 0 分<br>完全依靠他人帮助才能完成 5.1.1.6 的 a）b）c） |
| 7 | 大便始末 | 10 分<br>能自主完成 5.1.1.7 的 a）b）c） | 5 分<br>经常需他人提醒、督促、引领才能完成 5.1.1.7 的 a），5.1.1.7 的 b）c）基本能自主完成 | 0 分<br>完全依靠他人帮助才能完成 5.1.1.7 的 a）b）c） |
| 8 | 外出行走 | 10 分<br>能自主完成 5.1.1.8 的 a）b） | 5 分<br>完成 5.1.1.8 的 a）b），需要他人陪同，否则就有走失的危险；或从不外出 | 0 分<br>完成 5.1.1.8 的 a）b），必须有他人陪同，否则就会丢失 |
| 9 | 睡眠 | 10 分<br>能自主按正常人的作息时间、规律睡眠，或偶有异常睡眠但不需要他人监护、帮助 | 5 分<br>有下列异常睡眠表现：昼夜颠倒、白天思睡、夜间不宁、晚上不睡、早晨不起等 1 种以上，经常需要他人监护、帮助 | 0 分<br>有下列异常睡眠表现：昼夜颠倒、白天思睡、夜间不宁、晚上不睡、早晨不起等 1 种以上，长期需要他人监护、帮助 |
| 10 | 服药 | 10 分<br>不需要服药，或需要服药，但能遵照医嘱自主完成 5.1.1.10 的 a）b）c） | 5 分<br>需要服药，能自主完成 5.1.1.10 的 a），但 5.1.1.10 的 b）c）需他人提醒、督促、帮助才能完成 | 0 分<br>需要服药，完全依靠他人帮助才能完成 5.1.1.10 的 a）b）c） |
| 11 | 使用日常生活用具 | 10 分<br>能自主安全使用 5.1.1.11 的 a）b）c） | 5 分<br>经常需他人指导、监护才能使用 5.1.1.11 的 a）b）c）中 1 项以上 | 0 分<br>从不使用 5.1.1.11 的 a）b）c）或使用 5.1.1.11 的 a）b）c）经常引发危险 |
| 12 | 乘车 | 10 分<br>能自主完成乘坐交通工具 | 5 分<br>乘坐交通工具，经常需要有他人陪同 | 0 分<br>从不乘坐交通工具，或在他人陪同下，也很难完成乘坐交通工具 |
| 得分小计 | | | | |
| 总分 | | | | |

（三）计算

根据精神障碍者完成日常生活自理能力项目的情况，客观确定每项分值，将各项分值相加得出总分值。

| 序号 | 护理依赖等级 | 分值 | 备注 |
|---|---|---|---|
| 1 | 无护理依赖 | 81—120 | |
| 2 | 部分护理依赖 | 61—80 | |
| 3 | 大部分护理依赖 | 41—60 | 安全问题：有以下危害自身、他人和公共安全行为或倾向 1 项以上，治疗满 1 年，经专科医疗机构精神科执业主治以上职称医师或鉴定人员诊断、鉴定无明显改善的，为大部分护理依赖：a）自杀；b）自残；c）伤人；d）毁物；e）其他危害公共安全的情形或倾向 |
| 4 | 完全护理依赖 | 40 分以下 | |

## 习题

1. 精神损伤程度评定的依据主要有哪些？
2. 进行精神伤残等级鉴定时的注意事项有哪些？
3. 如何对精神伤残进行三期评定？
4. 简述精神障碍者劳动能力丧失的分类。
5. 简述精神障碍者护理依赖程度的评定方法？

## 拓展阅读文献

1. 胡泽卿主编：《法医精神病学（第 4 版）》，人民卫生出版社 2016 年版。
2. 刘技辉主编：《法医临床学（第 5 版）》，人民卫生出版社 2016 年版。
3. 庄洪胜编著：《劳动能力鉴定 职工工伤与职业病致残等级：标准详解及适用指南（上下册）》，中国法制出版社 2015 年版。

第二十一章

# 精神科医疗损害司法鉴定

**内容提要**：本章主要介绍精神科医疗损害司法鉴定，包括我国精神科医疗损害司法鉴定的现状、司法鉴定实践中具体的鉴定内容及难点、目前在司法鉴定实践中存在的问题。

**核心词汇**：精神科医疗损害　鉴定　医疗纠纷　医疗过错　侵权责任

**学习要求**：掌握精神科医疗损害司法鉴定实践中的鉴定内容；熟悉精神科医疗损害司法鉴定的现状与问题。

## 第一节　概　　述

### 一、我国精神医学的现状

精神医学是医学的一个重要分支，近年来精神医学这一领域受到国内外医学专家的广泛关注。精神疾病不仅包括抑郁症、精神分裂症等传统意义上具有显著精神症状的疾病，还包括酒精依赖、多动障碍、老年痴呆等常见的疾病。

有学者通过全国精神疾病流行病学调查发现，我国六大类精神障碍（心境障碍、焦虑障碍、酒精或药物使用障碍、精神分裂症及相关精神病性障碍、进食障碍、冲动控制障碍）加权终生患病率为16.6%。①

目前我国精神卫生服务的发展远远不能追上精神疾病发病率的发展。截至2015年初，我国每万人仅有1.71张精神专科床位，远远低于全球平均水平的每万人的4.36张。② 与医疗卫生事业的发展相同，精神卫生医学的发展也存在严重的地域差异，医学资源大多分布在城市，农村地区很少，约有2/3的县没有专门的精神医疗机构，而有的地级市甚至没有收治精神疾病患者的综合医院。精神医疗机构在我国各地区的分

① Jin Lu et al.，Prevalence of Depressive Disorders and Treatment in China：A Cross-sectional Epidemiological Study，*The Lancet Psychiatry*，Vol. 11，2021.

② 资料来源：https：//www.163.com/dy/article/DTMQNE37051482LC.html，2021年12月10日访问。

布极不均衡，东部发达地区与西部欠发达地区也存在巨大差异，其中华东地区的精神卫生服务机构数量最多，西北地区最少，这一不均衡的资源分布严重影响患者接受治疗的效率。同时，精神科专科医务人员的匮乏也是我国精神卫生事业发展的一大阻力。根据2018年中华医学会精神医学分会第十六次全国精神医学学术大会上的数据，2017年年底我国拥有3.4万多名精神科专科医生，但其中包括许多转岗培训医生，根据患者数据的推算，我国至少需要4万名精神科专科医生，但这只是基础数据，还需要更多的临床心理治疗师、相关社会工作者和精神卫生康复师才能真正满足我国精神卫生事业的需要。

我国精神卫生服务的需求量与实际精神医疗机构及医务人员资源匮乏、精神医疗资源的分布不均衡的巨大矛盾，给精神医学专家及相关卫生部门带来非常大的压力。

## 二、医疗损害的概念

“医疗损害”一词，在我国首次被提及是在2010年7月开始实施的《中华人民共和国侵权责任法》第七章“医疗损害责任”这一章中。医疗损害包括了医疗技术损害、医疗伦理损害及医疗产品损害。随着该法的公布和实施，实践中“医疗损害”这一表述越来越多被人们使用，本文主要讨论患者在诊疗行为中受到医疗损害后，身体或精神等方面遭到侵权而提起的诉讼案件。医疗损害是一种特殊的侵权损害，其损害范围、大小的认定不仅受到国家政策和医学发展水平的制约，还受到医疗机构的设备条件、医务人员的水平能力的限制，并且还受到所处地域经济发展水平、医学发展情况的影响，患者对具体诊疗结果的认同度也是影响因素之一。

## 三、精神科医疗损害鉴定

精神科医疗损害是医疗损害中较为特殊的一部分，医疗损害后果多为自杀、自伤、他杀、他伤等事件，这在一般躯体疾病科室的医疗损害案件中较少见。这一特殊性主要是由于精神疾病自身的特殊性、精神医疗机构管理模式的特殊性以及精神科医患关系的特殊性导致的。精神疾病的诊断缺乏客观的实验室数据或影像学分析，需要依靠医务人员根据自己的经验，根据患者的精神症状及病史资料来进行精神疾病的诊断，且由于大部分精神疾病患者的思维、情感等可因精神病理症状受到影响，患者缺乏自知力，甚至有些存在智力障碍，不能确切地表达自己的感想，多数问诊需由监护人代为回答，这也可能对最后的诊断造成偏差。许多人对精神科诊断抱有怀疑态度，这种医患之间的不信任加重了精神科的医患矛盾。同时，由于患者不能辨认或不能完全辨认自己的行为，多为限制民事行为能力人或无民事行为能力人，其监护人是其法定代理人，代理各种自主行为，如出入院、签署病情告知书、知情同意书等，且严重精神疾病患者大多被安排在封闭式病房，这其中涉及公民的人身自由权、知情同意权、通信权等，所涉及的法律问题更复杂。

即使精神科与其他躯体疾病科室的医疗损害案件涉及的关键点不同，但从根本上来说精神科医疗损害与其他科室的医疗损害案件无本质区别，都是发生在患者（及其家属）和医务人员及医疗机构之间的，由于患者认为医方的诊疗行为存在过错，导致其利益受到损害。

在医疗损害案件进入司法审判阶段时，由于医学专科的技术性，司法人员很难对医疗损害案件中关于疾病的诊断、诊疗的规范性等进行评判，而且医学的进展瞬息万变，同一种疾病随时都有新的医学技术进行治疗，司法从业人员很难通过简单的学习获得这一门专科知识，此时就需要借助司法鉴定对医疗损害案件中医学相关问题进行鉴定，帮助他们进行后续的审判、调解等。

由于医疗损害案件的增多，医疗损害司法鉴定的案件数量也急剧上升。2016 年，全国法院共审结医疗损害赔偿案件 20833 件，其中调解结案 6489 件，撤诉 3572 件。[①]因此，如何正确高效地处理医疗损害案件的司法鉴定，是目前鉴定机构面临的一大挑战。

随着国家对精神卫生事业的重视、人们对自身精神状态的关注以及医疗损害司法鉴定的普及，精神科医疗损害司法鉴定的启动数量将逐步上升。目前，学界针对医疗损害司法鉴定的专题研究不胜枚举，但其中就精神科专科医疗损害进行的研究数量较少，相关鉴定程序的理论依据、指导规范较缺乏，因此精神专科的医疗损害司法鉴定应引起学者们的重视。

## 第二节　精神科医疗损害司法鉴定的现状及问题

### 一、精神科医疗损害司法鉴定的现状

虽然精神疾病发生率和住院率急剧上升，但司法鉴定机构所受理的精神科专科医疗损害司法鉴定的案件比例并未上升，这是由于大部分精神科医疗损害案件倾向于委托精神卫生中心内部的鉴定人进行鉴定，因为其专业能力强、对诊疗措施更了解，但在公立医院进行鉴定难免会出现同行相护的情况，其鉴定结论的公正性会受到患方的质疑。司法鉴定机构的医疗损害司法鉴定人即使既往有临床经验，对于精神科专业知识也不可能比在职医生更熟悉，因此其鉴定意见的专业性欠缺，容易受到医方的质疑。但是，司法鉴定机构出具的鉴定意见，更具有中立性，且内容更偏向为司法审判服务。

### 二、精神科医疗损害司法鉴定存在的问题

#### （一）精神医学的专业性使鉴定难度增加

医务人员与普通人群不同之处在于其接受过正规的医学专业知识教育以及医学规范培训，具备专业知识与专业技能，经过专业考核，具有一般人不具有的行医资格。医务人员的诊疗活动具有很强的专业性，在给患者治疗疾病的同时可能存在一些风险，需要医务人员在诊疗过程中时刻注意防止意外发生。评判该医务人员是否尽到这一注意义务，应注意疾病的诊断、诊疗计划的制订、用药环节、医患沟通及知情告知方面

① 资料来源：https：//www.chinanews.com.cn/gn/2017/02-23/8157486.shtml，2021 年 12 月 10 日访问。

等是否符合相关卫生法律、法规、规章制度、诊疗规范等。同时，注意义务也要求医务人员达到一个普通水平的医生在面对相同的病情时应作出的判断。

精神疾病，又称精神障碍，泛指所有脑功能失调引起的精神活动异常。精神疾病的主要特点就是精神活动障碍。在进行精神科诊疗活动时，医生面对的是个体差异巨大的患者，每一名医生都可能根据不同情况对患者采用不同的诊疗方案，有时同样的症状可能采用不同的治疗方案，有时不同的症状采用相同的治疗方案。此外，有些精神科患者不仅患有精神障碍，可能合并其他躯体疾病，这可能与患者自身身体条件有关，也可能与服用抗精神疾病药物有关，因此精神科临床医生不仅需要对精神疾病的专业知识熟练掌握，还需了解各种疾病与药物带来的并发症、后遗症。

因此，判定医务人员的诊疗过程是否存在医疗过错是非常困难的事，司法鉴定人不仅需要了解精神科医学专业知识、目前最新的药物进展，在进行鉴定时还需要注意患者是否存在其他躯体疾病，医务人员是否及时发现躯体疾病，该躯体疾病是患者原有的、抗精神疾病药物引起还是由于医务人员在诊疗过程中的过失引起的。在对医务人员是否存在医疗过错进行判断时，司法鉴定人需具备同等水平的医学知识及专业水准。若不具备一定的医学专业知识，对医务人员所做的诊疗行为的评定错误，导致鉴定意见错误，就达不到保护医患双方合法权益的目的。

（二）司法鉴定机构对于精神损害案件的特殊性尚未重视

医疗损害司法鉴定意见作为诉讼证据的一种，需要具有一般证据应具有的属性：客观性、关联性和合法性。鉴定意见的客观性，是指鉴定所依据的材料都是客观真实的，是伴随着案件的发生、发展的过程而遗留下来的，不以人的意志为转移而存在的事实。因此，医疗损害司法鉴定依据的病历材料需要符合客观性这一要求，只有客观病史才具有客观性，才是鉴定所必需的材料。客观病史是指患者的临床症状、实验室检查结果、诊疗措施等情况的记录，而医务人员对患者病情的分析、会诊意见等记录则是主观病史。由于主观病史可能是不准确的，若直接使用这样的病史资料会导致鉴定意见的错误。因此，不能直接作为医疗损害司法鉴定意见的依据，只能作为鉴定人分析患者病情、判断因果关系、参与度时的依据。

临床精神医学这一专业学科，对于多数精神障碍的诊断，仍然缺乏精密的客观的理化检验手段或方法，更谈不上从病因学角度进行诊断，主要还是依靠病史和精神状况检查所见即临床表现进行确定。由于缺乏实验室检查结果或实验室结果与疾病确诊之间并无关联，司法鉴定人所依靠的鉴定依据就缺少了一项重要的评判标准。

精神科医疗损害司法鉴定的特殊性是由精神疾病自身的规律、精神疾病患者的特殊性和精神病院诊疗行为的特点共同决定的。

在精神科临床诊断上，病史提供者（一般为患者家属）叙述病史时，可能会带有某些主观性，医生对于病史的记录及后续诊断就会带有一定的主观性偏差。进行精神科医疗损害司法鉴定时，医务人员是否存在过错行为，需要鉴定人判断医方的疾病诊断是否符合医疗常规，当病史提供者所叙述的病史并不正确时，医生做出错误的诊断，这是否可以当成医疗过错较难把握。

病史资料是重要的诉讼证据，《医疗事故处理条例》第16条规定："发生医疗事故争议时，死亡病例讨论记录、疑难病例讨论记录、上级医师查房记录、会诊意见、病程记录应当在医患双方在场的情况下封存和启封。封存的病历资料可以是复印件，由医疗机构保管。"精神医疗机构的服务对象多数是无民事行为能力人或限制民事行为能力人，在损害发生后难以自己确认或要求封存病史资料，而监护人可能无法在医疗损害发生后及时赶到保护病史资料，因此精神科医疗损害案件的病史资料的取证是否真实可信，听证会中患方提出医务人员病史记录错误或诊断错误的情况，需要司法鉴定人严谨看待。

精神障碍患者的看护问题也是鉴定的重点。对于专门的精神医疗机构而言，由于病人的特殊性，除了如实告知义务、一般注意义务等法律责任外，还承担着复杂而艰巨的精神病人安全保障义务。精神疾病医疗机构应当配备适宜的设施、设备，保护就诊和住院治疗的精神障碍患者的人身安全，防止其受到意外伤害；也应该配备一定的监护设施，实时监控有危险行为的患者，防止其出现伤人行为，在一些安置严重精神障碍患者的病房或医务人员监护不利的死角设置监控设施，便于及时发现及时处置。这些监控资料也是鉴定人评判医疗机构是否存在过错的依据之一。

以上均为精神科医疗损害案件进行鉴定时需要鉴定人注意的问题，但目前由于司法鉴定机构对精神科专科特殊性的重视不够，导致其司法鉴定与其他科室司法鉴定的方式大同小异，大量精神科医疗损害案件的司法鉴定意见不能从疾病的特殊性出发进行分析，使精神科医疗损害得不到妥善的解决。

（三）精神科医疗损害司法鉴定缺乏统一标准

诊疗过程中是否存在医疗过错是医疗损害司法鉴定的关键问题。目前的医疗损害司法鉴定制度，对鉴定的启动、鉴定人的资质、鉴定程序等作出了规定，但是对医疗损害司法鉴定的评判标准并没有明确规定。司法部《司法鉴定程序通则》第23条规定："司法鉴定人进行鉴定，应当依下列顺序遵守和采用该专业领域的技术标准、技术规范和技术方法：（一）国家标准；（二）行业标准和技术规范；（三）该专业领域多数专家认可的技术方法。"不具备前款规定的技术标准和技术规范的，可以采用所属司法鉴定机构自行制定的有关技术规范。医疗损害司法鉴定目前尚无统一的国家、行业标准，有的鉴定机构根据临床医学诊疗指南鉴定，有的鉴定人根据医学专著进行评判，有的根据医学文献进行判断。由于鉴定标准的不统一，各鉴定机构所作出的鉴定意见有时互相矛盾也不难理解，有时同一家鉴定机构的鉴定人所参考的标准不同，在讨论阶段出现分歧也情有可原。由于鉴定意见的大相径庭，患者可能会要求多次鉴定，最后寻求更利于己方的鉴定意见，造成重复鉴定、多头鉴定的乱象。

精神科医疗损害司法鉴定尤甚，有的精神医疗机构对疾病的诊断参考CCMD-3的分类，有的机构参考ICD-10的分类标准，对同一个症状的诊断可能有不同，且精神障碍患者疾病情况发展、转归无迹可寻，病史提供带有主观情绪，加上缺乏实验室检查、影像检查的辅助诊断，有的患者甚至可能结合数种不同的疾病，临床上精神科的诊疗就非常困难。上海市司法鉴定协会、法医精神病学司法鉴定专业委员会于2016年编写了《法医精神病学司法鉴定使用手册》，作为上海市法医精神病司法鉴定的辅助标准。作为精神科医疗损害的鉴定依据，鉴定人所运用的医学知识之来源应可靠、权威。但目前缺乏统一的鉴定标准，鉴定人在收集到鉴定材料、听取医患双方的争议焦点后，需要花费较长时间寻找适合的鉴定标准，延长了鉴定意见出具的时间。在精神科医疗损害鉴定中采用不同的鉴定标准，往往使得各家鉴定机构所作出的鉴定意见相差甚远，而鉴定意见是司法机关审判医疗损害案件时的关键证据之一，若出现不同结论的情况，必然导致同案不同判，严重损害司法的统一性和权威性，且再次损害医患双方的利益。

（四）精神科医疗损害鉴定人的资质门槛较低

医学相关鉴定具有很强的专业性，医疗损害司法鉴定的鉴定意见作为证据材料需具备科学性这一特点，医学科学性是医疗损害鉴定意见的核心。医疗损害司法鉴定意见的科学性主要由鉴定方法、鉴定人员、鉴定标准的科学性体现。鉴定人作为鉴定意见生成的直接参与主体，其资质决定着鉴定意见的质量，影响着鉴定意见对于后续审判中的证据功能，因此鉴定人的资质问题很重要。医疗损害司法鉴定人应掌握法医学的专业技术手段、熟悉案件相关学科的医学专业知识，才能实施司法鉴定行为以确保最后鉴定意见的科学性。

在美国，专家证人须有特定领域的知识、技能、经验等。在德国，司法鉴定人主要评价其教育程度、从业经历、学术成果等，德国学者埃·施密特对鉴定人的定义就是："所谓鉴定人，就是根据审判官在诉讼上的委托，根据某一专门知识提出带有经验性的报告，或者对法院提供的事实材料，运用他的专门知识和法律上重要事实的推论相结合的方法，来帮助法院认识活动的人。"① 由此可以看出，外国鉴定人资质审核主要从专业知识和从业经验两方面着手，鉴定人必须与其从事的鉴定职业密切相关。我国虽有《司法鉴定人登记管理办法》规定鉴定人需具有专业技术资格条件，但目前部分鉴定机构仍存在对鉴定人资质要求不高、缺乏实践经验、钻管理漏洞进行登记的情况。

司法鉴定活动是区别于学术研究的实践性科学活动，由于精神障碍诊断缺乏客观的实验室检查，结果较为主观，精神科专业性非常强，临床经验有时发挥着专业知识无法替代的作用，因此精神科相关的司法鉴定人员应要求重视临床实践经验，才能从容、准确地进行鉴定事项的评定。《精神疾病司法鉴定暂行规定》第 13 条对于鉴定人规定："具有下列资格之一的，可以担任鉴定人：（一）具有五年以上精神科临床经验并具有司法精神病学知识的主治医师以上人员。（二）具有司法精神病学知识、经验和工作能力的主检法医师以上人员。"上述条款规定的是司法精神医学鉴定的人员要求，目前我国精神疾病司法鉴定人有精神科医师、法医师等，而精神科医疗损害司法鉴定的鉴定人多为法医临床司法鉴定人同时兼任，有的具有法医学背景，有的是临床医学背景。司法鉴定人如果没有临床经验，难免会被质疑外行鉴定内行，使医方对法医作

① 参见《大陆法系国家鉴定人的诉讼地位》，https：//www.lawtime.cn/zhishi/a1493742.html，2022 年 3 月 6 日访问。

出的鉴定意见不满。当不具备精神科医学背景的鉴定人评定精神科医疗行为时往往需要咨询医学专家的意见，在法庭质证时若法官、代理人对鉴定人的临床实践经验抱有怀疑态度，有损司法鉴定意见的科学性，会进一步引起医患双方以及司法机关人员质疑司法鉴定意见的公正性。在司法鉴定人缺乏相应临床经验时，司法鉴定机构会邀请临床专家作为医学顾问、专家辅助人参与到鉴定中，帮助解决相应的医学问题。但我国目前的专家辅助人制度的规定不完善，对这些临床专家聘请的程序、回避规定、资格认定、权利义务等内容都没有具体规定。

同时，目前我国对司法鉴定人的准入门槛较低，在鉴定事业飞速发展、鉴定机构遍地开花但鉴定人资源缺乏的情况下，有的鉴定机构对鉴定人的资质和道德品行审查不严格，冤假错案时常出现，降低了整个鉴定行业在人们心中的权威性。

## 第三节　鉴定内容

### 一、医疗损害司法鉴定具体事项

由于医疗损害司法鉴定最终的目的是帮助司法机构审判、调解司法损害案件，维护医患双方应有的合法利益，因此医疗损害司法鉴定的核心内容应紧密围绕《民法典》的要求，通常是：医疗机构在实施诊疗过程中有无医疗过错行为；若存在医疗过错行为，其与被鉴定人的损害后果之间是否存在因果关系；若存在因果关系，其过错的参与程度如何评定等事项。

（一）医疗过错的评定

从医学角度来说，医疗过错应理解为医疗机构及其医务人员在诊疗行为中违反了法律法规、医疗常识等，这是司法鉴定人员需要解决的问题。从法律角度来说，过错应理解为医务人员应承担相应法律责任的前提条件，有过错才需承担法律责任，此处的法律责任是在进行司法审判时由司法审判人员解决的问题。

《民法典》第1218条规定：“患者在诊疗活动中受到损害，医疗机构或者其医务人员有过错的，由医疗机构承担赔偿责任。”由此可以看出，医疗机构存在过错是医疗损害责任成立的基础。医疗行业存在高风险，医疗损害发生的概率非常高。在评定医疗机构是否存在医疗过错时，需要依据当时相关的法律法规、临床医学基本诊疗原则和具体疾病的治疗指南，同时结合患者自身的疾病情况、疾病的轻重程度、医疗机构的设备实力、当地的医疗水平等方面综合考虑。

《民法典》第1222条规定：“患者在诊疗活动中受到损害，有下列情形之一的，推定医疗机构有过错：（一）违反法律、行政法规、规章以及其他有关诊疗规范的规定；（二）隐匿或者拒绝提供与纠纷有关的病历资料；（三）遗失、伪造、篡改或者违法销毁病历资料。”从这一条规定可以看出，医疗损害是基于医疗机构的行为具有违法违规性质。有关医疗卫生管理方法的法律、法规主要包括：《中华人民共和国执业医师法》《病历书写基本规范》《医疗机构管理条例》《中华人民共和国传染病防治法》《中华人民共和国药品管理法》等，诊疗规范主要包括：《临床输血技术规范》《社区卫生服务中心医药服务管理基本规范》等其他卫生行政部门公开发布或医疗机构内部形成的规范性文件。根据以上法律法规判定医疗机构及医务人员在诊疗过程中是否有违法违规行为并不困难，关键在于鉴定人员需要熟知以上条款，需要指出医务人员错误的行为与法律法规中具体规定的出入。

（二）因果关系的评定

因果关系是指受害者的损害后果与加害人的行为之间存在的客观联系。在医疗损害案件中，评定医疗机构及其医务人员存在过错之后，需要其过错与患者所受的损害后果之间存在联系才能判定医方承担相应的法律责任，从而进行相应的医疗损害赔偿，对后续的案件审理起着至关重要的作用，因此因果关系的评定是医疗损害司法鉴定的重要内容之一。

医疗损害案件多属于多因一果的情况。在医疗过程中，最后影响医疗结果的因素有很多，如医务人员的诊疗行为、医疗机构的设备条件、患者的疾病情况、患者自身的身体素质、患者及家属的情绪行为、其他患者及家属的行为等都有可能成为损害后果发生的原因。在一些复杂的案件中还可能有其他更加复杂的因素掺杂其中。

因果关系可分为两种形式：直接因果关系和间接因果关系。直接因果关系是指患者的损害后果是由医方的过错行为直接引起的，没有其他因素的干扰，如果没有医方的过错行为，患方的损害后果不会发生。医方的过错行为在前，患方的损害结果在后，且在事件发生的顺序中没有受到其他新的因素影响。间接因果关系是指有一系列原因导致患者的损害后果出现，医方的过错行为仅是其中一个原因，或医方的过错行为导致一系列相关联的其他事件，最后引起了患者的损害结果。

（三）因果关系参与度的评定

所谓因果参与度，是指多个原因导致一个特定结果时不同的原因在其中的原因力（或作用力）大小。所谓医疗过错因果关系参与度评定，是指当患者的损害后果是由于医疗过错行为和其他原因（如患者自身的疾病情况、对药物的特殊反应、患者对医务人员的不如实告知、对医嘱的依从性差、第三方对医疗行为的干扰等）共同引起时，通常需要对医疗过错在损害后果中的原因力大小进行分析和评定。医疗损害案件中，因果关系参与度的大小是对损害赔偿进行量化的关键之一，需要公正、科学、客观。因此在司法鉴定过程中，参与度的评定是鉴定的重要内容之一。

因果关系是原因和结果之间的关联性，参与度则是原因和结果之间的关联程度。因果关系是评定原因与结果之间是否有其他因素的存在，与原因力/责任度大小没有必然联系，因此不能将直接/间接因果关系过渡到过错参与度的大小评判，一个合理的量化分析是准确评定过错参与度的基础。对于医疗损害司法鉴定的因果关系参与度的评定，目前我国尚无明确的国家标准、地方标准或行业标准，只有一些相对合理并得到大家认可的理论作为分析判定的依据。

1980 年，日本法医学家渡边富雄教授与其他法医学者一起提出了“事故寄与度”的概念，评定事故在损害结果中所起作用的大小。1986 年这一概念被引入我国法医学界改称为“损伤参与程度”。这之后渡边教授又提出了“事故寄与度”具体的十一项分类标准。1994年若英长杉教授在此基础上提出了更实用的五级分类标准，即“外因的相关判断标准”，采用“外因直接导致”（参与度100%）、“主要由外因导致”（75%）、“外因与原有疾病共同导致”（50%）、“外因属于诱发因素”（25%）、“与外因没有关系”（0）作为具体划分标准，间接清晰地确定了外因在损害后果中的参与程度。

以上损伤参与程度也被引入医疗损害的法医学鉴定中，医疗过错与损害后果之间的关系实际上等同于上述的“损伤参与程度”。目前，学界也有将致伤因素的作用力分为6级，从小到大依次为：没有作用（0）、轻微作用（10%）、次要作用（30%）、同等作用（50%）、主要作用（70%）和完全作用（100%）。具体评定方法如下：

（1）医疗过错行为在患者的损害后果中没有作用，即损害后果完全由其他损害因素所造成，则参与度的理论数值范围为0—4%，理论参考均值为0。即医疗机构及医务人员虽有过错，但这种过错与患者的死亡后果之间不存在因果关系。

（2）医疗过错行为在患者的损害后果中起轻微作用，即损害后果主要由其他损害因素所造成，则参与度的理论数值范围为5%—15%，理论参考均值为10%。

（3）医疗过错行为在患者的损害后果中起次要作用，即损害后果主要由其他损害因素所造成，则参与度的理论数值范围为16%—44%，理论参考均值为30%。

（4）医疗过错行为与其他损害因素共同造成患者的损害后果，且医疗过错行为与其他损害因素在损害后果中所起作用基本相当，属同等作用，则参与度的理论数值范围为45%—55%，理论参考均值为50%。

（5）医疗过错行为在患者的损害后果中起主要作用，即损害后果主要由医疗过错行为所造成，其他损害因素在损害后果中起次要作用，则参与度的理论数值范围为56%—95%，理论参考均值为75%。

（6）医疗过错行为在患者的损害后果中起完全作用，即损害后果完全由医疗过错行为所造成，则参与度的理论数值范围为96%—100%，理论参考均值为100%。

## 二、精神科医疗损害司法鉴定的具体鉴定事项

### （一）知情同意的鉴定

患者知情同意是现代医学伦理学的一个重要组成部分，主要包括：患者有权了解自身疾病的诊断、治疗、预后等具体内容，医务人员有义务向患者解释和说明与疾病有关的情况，这是患者的知情权；患者有权接受检查和治疗，也有权拒绝，无论是否有益于其健康，这是患者的同意权。

由于精神疾病的特殊性，患者自愿入院的比例不到10%，入院及出走问题是最容易引起医疗纠纷的情况，因此是否在入院时做好患者及家属的知情同意，是减少精神科医疗纠纷的关键。同时在治疗过程中，由于病房的封闭性，家属及监护人不可能全程陪护，在进行调整用药、突发性约束时，往往不能及时告知家属获得签字，医务人员应在入院时事先告知这些精神科特殊的突发情况，或在进行约束措施后及时补充告知，获得家属的理解，减少矛盾的产生。

严重的精神疾病患者缺乏自知力，此时各种住院、治疗同意书等由家属或监护人代为签字。但精神疾病患者并非永久丧失行为能力，不能直接越过患者直接由其家属

或监护人代为行使其知情同意权。治疗一段时间后，医务人员需判断患者是否恢复了知情同意的能力，是否能为自己所做决定负责。

因此，就这一争议焦点进行司法鉴定时需注意医务人员在精神疾病患者入院时是否与患者本人或其家属详尽地交代疾病可能发生的转归，以及特殊性事项的可能，医务人员是否在诊疗过程中了解患者的自知力情况，重视患者自身的知情同意权。

（二）用药规范引起的医患矛盾

药物治疗大多具有副作用，精神科治疗药物尤甚，目前精神科进行药物治疗时常出现的问题有：药物的选择、药物的联合运用、药物的用量、药物的禁用、药物的不良反应、药物的试验性运用等。在精神科确诊疾病进行药物治疗时，大多是依靠医生的临床经验以及疾病治疗指南进行药物的选择。对于相同疾病不同患者，由于年龄、症状、疾病缓解期发作期的区别，可能会选择不同的药物；而有时不同的疾病反而会选择同一种药物。在精神科进行药物治疗时，有时由于疾病的复杂性会出现联合运用两种或两种以上药物的情形，此时这些药物可能互相之间会产生影响，进而导致患者出现症状的加重或其他副作用，容易出现医疗纠纷。同时，精神科药物的用量也是易产生医疗纠纷的一大问题，如喹硫平的临床见效用量远远超出其处方剂量，临床实践也表明喹硫平的超剂量使用确实对治疗有帮助，此时若出现其他副作用，医患双方便容易产生争议。同样，药物的禁用与药物的剂量一样，也是精神科临床用药容易出现纠纷的一方面，医务人员用药参考的临床指南与药物的说明书有时存在一定的差异，有的药物说明书中的禁忌症在药物指南中可能只是慎用。大多数精神科药物的使用会产生一定的副作用，副作用的大小因人而异，有的患者存在耐药性或药物过敏现象，因此医务人员在患者服药后应仔细观察患者体征，谨防出现危害生命或加重病情的情况。

进行司法鉴定时，需要注意精神科用药并不是完全参照药物的说明书，或相关疾病的临床用药指南，对于用药方面的争议，司法鉴定人需关注医务人员在进行用药时对患者及家属是否告知药物的使用情况、产生的副作用及不良反应，对患者用药后的反应是否注意观察等，这些告知均需有书面的知情同意书佐证。

（三）约束措施造成的医疗损害

约束措施是精神科住院治疗过程中医务人员为防止患者出现伤人、自伤的情况，采取的一种强制性的限制患者行为活动的医疗保护措施。约束性措施旨在减少患者受到意外伤害的情况，据统计，精神科医疗纠纷中涉及约束措施问题的案件约占5%[①]，这一问题是精神科医疗损害案件特有的争议焦点。

医务人员采取约束性措施的主要原因有：防止患者冲动伤人、防范自伤自杀、预防有感知障碍的精神疾病患者跌倒、对拒绝接受治疗的患者进行约束治疗等。据赵志耘等人对两个病区实施约束措施的患者进行统计，约97%患者为被动约束，仅3%患

① 参见邢善勇、张长军、王文菊：《从过失角度谈精神科保护性约束中的潜在法律问题》，载《中国民康医学》2008年第14期。

者主动要求约束，54.5%的患者对约束措施持不认可态度。[①] 约束性措施易产生医疗纠纷的原因不仅是由于约束性措施限制了患者的人身自由，患者及家属不易接受，且长时间的约束措施伤及患者的自尊，突发紧急的约束措施不能及时通知到家属及监护人，损害患方的知情同意权。约束性措施违背了患者的自主意愿，但大多数突发伤人或自伤的患者在发病时丧失自知力，此时采取约束措施是为患者本人及他人的健康着想，是有必要的。初次住院就实施约束性措施的患者，对这种精神科的特殊护理措施不了解，容易产生抵触心理，家属也会担心患者受到约束是一种惩罚方式，从而表示不支持。因此，医务人员在患者入院时或采取约束性措施前应告知患者及家属这一强制性措施实施的原因、接触约束措施的情况并取得同意，在突发紧急情况需即刻实施约束措施，不能及时通知到家属时，应在事后向家属及监护人解释采取该措施的原因，取得理解。

针对约束措施这一精神科特有的护理措施，司法鉴定人进行评定时需注意医务人员就约束措施是否在住院时、实施前或实施后对患者及家属进行知情告知，在病史记录中是否记录完整实施该措施的原因及解除该措施的时间，在实施过程中是否对患者的约束措施进行检查、对抵触的患者进行疏导等。总而言之，医务人员在实施约束措施时是否存在医疗过错，需要评定患者是否需要进行约束措施，医务人员是否按照精神科诊疗规范进行操作，在进行强制性措施时是否充分尊重患者及家属的合法权利。

（四）病区安排

有别于一般科室的病房安排，精神医疗机构的病房分为开放式病房和封闭式病房，这关系到患者接受治疗的环境，也关系到医务人员的安全问题。由于部分精神疾病患者出现幻觉，认为医务人员要害他、想要外逃，或双相障碍患者受抑郁情绪影响，产生消极情绪想要结束生命，封闭式病房虽然损害了患者的人身自由，但在严格限制了患者的活动范围之后，发生外逃、自杀等行为的概率可以有效得到控制，减少了患者由于外逃造成的意外发生。在病区安排时，初诊患者、病情处于缓解期的患者或首次入住封闭式病房的患者及家属对这种限制人身自由的安排不了解，对患者的病情发展或可能会发生的冲动情绪没有预估能力，会对医务人员的安排产生怀疑，从而产生矛盾。

同时，作为具有精神科收治资格的医疗机构，其病区的基础设施必须符合精神科诊疗规范和精神科病房安全管理制度，包括病房内基础设施的定期检查、监控设备的安装、入住时对患者随身携带危险物品的检查、药品的服用监管、病房内医护人员、巡逻人员的配置等方面均需考虑精神科病房的安全隐患。同时在入院时，根据患者的病情对其进行分区，认真与患者及家属解释患者病情的特点、病区安排的原因、家属探视的时间等，并有书面记载和签字确认。

---

① 参见赵志耘：《精神科病房保护性约束存在的伦理冲突及对策》，载《护理研究》2011年第2期。

医患争议焦点涉及病区安排时，司法鉴定人员不仅要审核医务人员对精神疾病患者及家属的入院告知是否尽到责任，同时在有监管不到位的争议时，需查清精神医疗机构病房内的监控是否到位、巡逻人员是否到岗、对家属的探视是否有规范的规定等。

（五）合并躯体疾病引起的医疗损害

大多年老的精神疾病患者不可避免合并有一些常见的躯体疾病，如高血压、糖尿病、消化系统疾病等，在入院时患者本人或监护人可能都并不知道其已患有其他躯体疾病，或在汇报病史时忽略这些既往史；流浪精神疾病患者被送入民政系统医疗机构时，合并躯体疾病也可能包括外伤、各种感染、营养不良等，当精神科医务人员不能及时了解到患者患有的既往疾病时，会对医务人员的处理造成影响。对躯体疾病的发现不及时或处理不得当甚至会影响精神疾病的病情，这是医疗损害发生的前提。精神科医务人员对一般躯体疾病的初期症状以及疾病的诊治并不一定熟悉，尤其当患者合并多种躯体疾病或已到疾病中后期阶段时的治疗方法对于专科医师尚且是一种挑战，对精神科医务人员更是难上加难，因此需要尽早发现尽早联系专科医生进行会诊，讨论躯体疾病及精神疾病两者哪种情况较为严重，是否需先进行躯体疾病的治疗，再后续对精神疾病进行治疗。有时躯体疾病治疗的药物也会对精神疾病产生影响。

在精神科医疗损害案件涉及合并躯体疾病这一情况时，司法鉴定人需要谨慎核实，精神科医务人员是否在询问病史时问及患者的其他基础疾病，是否邀请这一疾病的专科或全科医师进行会诊，是否在病史书写或病例讨论时提到患者的其他疾病，在后续治疗精神疾病的同时是否对躯体疾病进行控制或治疗等。这些都是精神疾病患者合并躯体疾病时需要注意的诊疗要点，也是评定精神科医务人员是否存在过错的要点。

（六）精神科特殊治疗引起的医疗损害

精神科特殊治疗是对严重精神疾病患者、拒绝用药患者、极度躁狂抑郁患者、药物治疗效果不明显等情况的患者采取的治疗方式，包括：电休克治疗、电针治疗、音乐疗法、迷走神经刺激、深部脑刺激等。其中，最常见的是无抽搐电休克治疗（MECT）。和其他科室相同，在进行这些特殊治疗前，需要患者本人或家属签署治疗的知情同意书，但由于患者缺乏自知力、家属对这些治疗认知不完全认为是一种惩罚措施、对患者身体有害，常常拒绝签署或延迟签署。

同时电休克治疗、迷走神经刺激、深部脑刺激等治疗方式不可避免会有禁忌症，如电休克治疗的禁忌症包括对治疗药物过敏、大脑占位性病变、颅内高压、心功能不稳定的心脏疾病、嗜铬细胞瘤、不稳定的血管瘤、严重肝功能减退等。由于治疗时处于全麻状态，也容易发生一些手术常见的合并症如呼吸停止、吸入性肺炎等。因此进行治疗前，医生必须对患者是否适合该治疗方式进行评估，同时在治疗开始前对患者及家属进行可能发生的预后及并发症充分告知。

据统计，由精神科特殊治疗引起的医疗损害事件，76％与人员因素有关，其中评估不足和操作不当是最易引起矛盾产生的原因。[①] 在发生此类医疗损害案件后，司法鉴定人需注意医务人员在特殊治疗前是否完善了躯体疾病的评估、是否对患者及家属进行并发症的告知、治疗时是否尽到注意义务、麻醉和治疗时剂量及操作是否符合规范、治疗后是否对患者的状态进行监护。

（七）危害他人或自身生命、健康及患者出走引起的医疗损害

由于精神疾病的特殊性，部分患者存在情感障碍、幻视幻听等情况，发生伤害、杀害周围患者或医务人员，或自残、自杀的意外，部分患者住在开放式病房，若发病出现思维混乱的情况，或抵触住院发现医疗机构管理漏洞出逃，这些行为不仅危害患者自身的健康，也对病区其他患者、医务人员及社会带来很大的安全隐患。

患者出现自杀、自伤是精神科常见的一个现象，自杀、自伤的发生时间很难预测，有的患者会在主诉中提到存在自杀的念头，但大多数患者发生自杀、自伤行为都是受到病情的影响。虽然患者在主诉中没有提到自杀，精神科医生仍应对患者进行自杀危险的评估，同时对疑似或肯定有自杀风险的患者进行预防。自杀是不可预测的，但是可以预防的。显然这些评估都应记录在病史中，尤其关注那些身边有生活事件发生、既往有自杀企图、有自杀自伤行为的精神疾病患者，对于这些患者，医务人员须进行相关的心理干预或治疗措施，必要时可采取安排封闭式病房、实施保护性约束措施等特殊措施。

发生他杀、他伤等事件一般是由于精神疾病的影响，导致患者缺乏控制力，受幻想支配伤害其他患者，或患者自知力下降，不认为自己需要住院，对医护人员存在敌视心理，或患者担心自己的疾病对今后的生活生产影响，心理无法承受，对周围的家属、病友、医务人员进行伤害。同时，医务人员对一些具有攻击性的患者进行保护性约束措施时，容易遭到误伤。

精神疾病患者出走的原因与发生伤害、杀人事件的原因大致相同。患者长期待在同一个区域，受到医务人员和陪护家属的看护，思念家人或渴望自由，自我感觉恢复想要回家，但医生未同意其出院或家属不愿接其出院，此时易产生出走行为；有时医务人员态度差，使患者认为自己受到歧视、侮辱，令其萌生回家的冲动；医疗机构看护设施陈旧或存在漏洞，给患者的出走提供了便利。

精神科住院患者出现自杀、自伤、他杀、他伤、出走是较为常见的现象，对患者本人、家属、医疗机构及社会都会带来影响。涉及这些事件的医疗损害司法鉴定需要对医疗机构的防护措施、住院时是否进行自杀危险评估、对有攻击性的患者是否进行约束措施、对伤害出走事件的处理是否恰当等方面进行核查。

---

① 参见张丽英、练亚芬、马黎君：《精神科患者无抽搐电休克治疗不良事件分析及对策》，载《护理学报》2013年第1期。

# 第四节 典型案例

## 一、诊疗过程中的走失

**[案例]**[①] 2012年12月3日，傅某因身体不适到医院治疗，被诊断为抑郁症。当日13时左右住院治疗，同月10日14时左右到门诊部进行脑电治疗后走失，15时左右在家坠楼死亡。

据医院出院记录（住院日期：2012年12月3日至10日）记载：因失眠、早醒、情绪低落，烦躁半月而入院。一般情况：意识清晰；服饰整洁；接触主动；时间正确，地点正确，人物正确，自我定向力正确；饮食中，睡眠差，大小便未见异常，个人卫生完全自理。认识活动：无感觉障碍，无错觉；未引出幻觉；无感知综合障碍；思维迟缓，未引出妄想；注意力减弱；记忆力正常；理解判断一般，常识好，计算好；自知力存在。情感活动：表情焦虑，情感反应情绪低落，有消极意念；意志活动减退，行为安静。本能活动：食欲减退，性欲正常。入院诊断：抑郁症。诊疗经过：入院后给予相关检查，明确诊断，给予度洛西汀等抗抑郁剂治疗，配合心理治疗及脑电治疗，观察药物不良反应。出院诊断：抑郁症。

2012年12月3日 13∶38入院记录摘要：主诉：情绪低落，烦躁，失眠，早醒半月。现病史：患者半月前因家里买新房装修，对装修工人的装修不满意，想重新装修，又担心花费，经济紧张感到压力很大，开始出现失眠、早醒、烦躁、高兴不起来，兴趣减少，愁眉苦脸，胡思乱想，反应迟钝，自我评价低，自责内疚，有消极意念和行为。1周前到武警医院就医诊断为“睡眠障碍”给予“多虑平1片/日”“乌灵胶囊9粒/日”口服治疗，效果不明显，依旧失眠。为进一步治疗，门诊以“抑郁症”收入院。自发病以来，食欲减退，睡眠差，大小便正常，体重无减轻。专科检查：意识清晰；服饰整洁；接触合作；时间正确，地点正确，人物正确，自我定向力正确。饮食中，睡眠差，大小便未见异常，个人卫生完全自理。无感觉障碍，无错觉。未引出幻觉。无感知综合障碍。思维迟缓，存在自责，自罪妄想。注意力减弱。记忆力正常。智能理解判断一般，常识好，计算好。自知力部分存在。表情焦虑，情感反应情绪低落，有消极意念。意志活动减退，行为安静。本能活动方面，食欲减退，性欲正常。

2012年12月3日 医院住院患者汉密尔顿抑郁量表记载：周次0；日期：1203；总分为48。周次1；日期1210；总分为40。

2012年12月3日 医院临床疗效总评量表记载：病情严重程度为6。

2012年12月3日 18∶13病程记录摘要：根据入院病史、体检及辅助检查归纳，本病例特点如下：（1）患者为老年男性，61岁，病期半月余；（2）以抑郁综合征为临

① 本案例来自华东政法大学司法鉴定中心办理的司法鉴定案件。

床突出表现；(3) 体格检查无异常；(4) 精神检查：意识清，接触可，能详细简述病史，未引出幻觉妄想等精神症状，存在情绪低落，兴趣减少，饮食睡眠差，自我评价低，自责内疚，有消极意念和行为，自知力存在。初步诊断：抑郁症。诊断依据：临床症状学：情绪低落，兴趣减少，失眠，自我评价低，自责内疚；严重程度标准：严重影响患者社会功能，有消极意念和行为；病程标准：半月余。针对病情制订以下诊疗计划：(1) 完善必要的试验室检查，明确诊断；(2) 暂给予度洛西汀抗抑郁剂治疗；(3) 给予天麻素针改善大脑功能；(4) 请上级医师协助诊治；(5) 告知家属病情严重，需 24 小时看护，防意外。

2012 年 12 月 8 日　11：09 病程记录记载：今日查房，患者意识清，精神可，接触交谈可。抑郁情绪较前有所改善，但仍会纠结自己的家庭矛盾。主诉清晨情绪较烦躁，下午有所减轻，医生给予解释后患者能正确认识自己的病情。患者脑部 MRI 结果显示：(1) 右侧侧脑室角旁、双侧基底节区腔隙性梗死伴部分软化灶形成；(2) 双侧额顶叶，双侧脑室旁白质脱髓鞘；(3) 老年性脑萎缩；(4) 脑动脉硬化。根据结果给予银丹心脑通软胶囊 6 粒/日，奥拉西坦 4g/日静滴改善大脑认知功能，注意观察药物副反应。嘱其家属 24 小时加强看护，防意外。

2012 年 12 月 10 日　09：56 病程记录记载：今日患者病情略有好转，诉睡眠好转，饮食可，仍存在抑郁情绪，呈晨重夜轻，间断伴有自责内疚，觉得对不起家人，烦躁，自知力不完整，患者及家属反复要求出院，告知病情尚不稳定，仍需住院治疗，家属仍坚持要求出院，主任医师查房后指示：患者治疗 1 周，病情略有好转，但仍存在明显情绪低落，活动减少，病史中有消极意念，嘱加强治疗，再次告知家属需加强看护，继续度洛西汀及米氮平治疗，注意药物不良反应，配合心理治疗。嘱家属陪同并监护患者进行脑电治疗，注意安全。

2012 年 12 月 10 日　18：20 病程记录记载：患者未回病房，因患者既往曾有家属陪同监护下回家过夜的情况，告知值班护士如患者明日查房前仍未归，及时联系家属。

2012 年 12 月 10 日　22：30 患者妻妹来医院办理出院手续，给予办理。

[分析]　双方争议的焦点在于院方是否尽到说明与告知义务、安排重症抑郁症患者入住开放病房是否符合诊疗常规、患者在门诊治疗时走失院方是否存在医疗过错。鉴定机构的鉴定意见为：医院对被鉴定人傅某的诊疗、护理过程存在一定缺陷，与被鉴定人在住院期间诊疗后到家坠楼死亡之间存在的间接因果关系难以排除，医院责任参与度酌情为 10%—15%。

被鉴定人傅某经医院诊疗，被确诊为“抑郁症”入住治疗，医院通过《开放式病房住院须知》《精神科住院承诺书》《药物治疗知情同意书》《患者住院须知》及监护人李某手写的《住开放区声明》的形式，已告知其家属和监护人，该病人可能存在的消极自杀风险、自杀责任承担问题以及需要 24 小时不间断陪护等相关诊疗过程中的风险、注意事项，家属、监护人均签字确认上述事项，并自愿选择开放式病房入住治疗。因此，就现有病历资料，入院前检查完善，诊断明确，告知义务履行充分，各项手续完备，未发现医院存在明显违反诊疗常规和法律法规规范的行为。但是，作为一所综合性大型医院，内设专业的精神卫生机构，理应熟知精神科临床的诊治规范，在收治有严重自杀倾向的抑郁症患者时，应将病情实事求是地告知家属，应据理力争做好家属工作，将被鉴定人安排进入方便严密观察的封闭式病房治疗。严重抑郁症尤其自杀倾向明显者，在药物治疗未能达到疗效前，安排于开放式病房治疗中，视其病情表现，在开放式病房中的各种诊疗行为应有专职医护人员陪同或应及时做家属工作转入封闭式病房治疗。因此，医院对傅某收治、病区安排、治疗安排选择上存在一定缺陷，与被鉴定人住院期间在医院诊疗后离开其所在病区到家后坠楼身亡之间存在的间接因果关系难以排除。

## 二、精神科特殊治疗后的医疗损害

**[案例]**[①]　2006 年 3 月 26 日，高某因患抑郁症到某某市精神防治院诊治，诊断为“抑郁症”并住院治疗。3 月 28 日医院对高某行无抽搐电休克治疗，转送至病房时，发现呼吸、心跳停止，经抢救治疗，目前呈深昏迷状态。

某某市精神防治院住院病案（住院日期：2006 年 3 月 26 日至 2006 年 3 月 28 日）记载：以“沉默少语，情绪低落，有消极行为一年”入院，既往有多次自杀史，其姐姐、舅舅及大姨均有类似精神疾病。PE：神志清，头颈部（—），胸廓对称，腹平软，肝脾不大，脊柱无畸形，左手腕有长约 10cm 陈旧性横向疤痕，右手掌稍红肿，左右脚踝处各有一约 3cm 疤痕，四肢活动不受限。专科检查：（1）一般情况及行为：青年男性，年貌相称，衣冠不整，仪表不洁，由母亲陪伴下步入病房，情绪低落，接触差，态度违拗，由三条约束带保护在床上，反复出现想死的念头，用牙齿咬舌尖及舌周致出血，用压舌板经包扎后置病人口腔，严防咬舌，对时间、地点、人物及自身定向力完整。（2）情感方面：情绪低落，有消极言行，整天闷闷不乐，对周围事情失去兴趣。（3）感知觉方面：否认错觉、幻觉，感知综合障碍未引出。（4）思维方面：数问一答，语速缓慢，思维内容不愿暴露，无法进行有效交谈，未引出妄想等症状。（5）智能方面：检查不合作，远近及瞬时记忆力、计算力、理解力及常识判断无法检查，智能水平无法了解。（6）自知力方面：否认自己有精神病，无自知力，社会能力严重受损。初步诊断：抑郁症。

入院后完善相关辅助检查，头颅 CT 未见明显异常，空腹血糖 4.5 mmol/L，心电图大致正常。于 2006 年 3 月 28 日 9：10 至 MECT 室行 MECT 治疗，9：50 返回病房，发现患者面色苍白，口唇紫绀，呼之不应，瞳孔散大，立即行复苏抢救治疗，复苏成功后，患者一直处于深昏迷状态，转院治疗。出院诊断：（1）抑郁症；（2）心肺复苏术后；（3）缺血缺氧性脑病；（4）癫痫。

某某省医院病历（住院日期：2006 年 3 月 29 日至 2006 年 5 月 18 日）记载：心肺复苏术后，意识不清伴阵发抽搐一天。2006 年 3 月 28 日 9 时许行 MECT 治疗，返回病房后突发呼吸、心搏骤停，给予气管插管等心肺复苏术，半小时后呼吸、心搏恢复，但仍呈深昏迷状态，伴阵发性四肢抽搐、发热。于 3 月 29 日 0：30 转送我科，躯干仍

① 本案例来自华东政法大学司法鉴定中心办理的司法鉴定案件。

有阵发性抽搐，急诊查体温最高达 39.4℃，胸部 CT 示双下肺感染伴左侧少量胸腔积液。给予吸痰、呼吸机辅助呼吸、催醒等处理后，患者在自主呼吸的情况下血氧饱和度波动在 95%—97%，抽搐停止。遂于 2006 年 3 月 29 日 23：07 以缺氧性脑病、心肺复苏术后收住 EICU。既往有“抑郁症、静脉麻醉下行电休克治疗”病史。入院查体：体温 38.9℃，心率 104 次/分，呼吸频率 21 次/分，血压 142/67 mmHg，被动体位，深昏迷，查体不合作。骶尾部及背部可见大面积小水泡，头部 3 处直径约 5 cm×5 cm 圆形压迹，部分破溃，双侧瞳孔直径约 4 mm，对光反射消失。气管插管在位，双肺呼吸运动对称，双肺呼吸音减弱，可闻及少量湿性罗音。心率 105 次/分，心律齐。头颅 CT 显示：脑肿胀及蛛网膜下腔出血伴双侧顶部及右侧颞部皮下血肿。入院后给予深静脉置管、气管切开、退热、抗感染、清除脑自由基、催醒、扩张支气管、护肝及维持水电解质平衡等治疗，并做好翻身、拍背、吸痰及伤口处定期换药等治疗。5 月 6 日出现发热，体温波动于 37℃—38.2℃，尿常规示尿白细胞＋＋，尿白细胞计数 496.1 个/ul。头颅 MR 示缺氧性脑病治疗后，脑萎缩。5 月 15 日始出现多尿，24 小时尿量为 4200—4800 ml，复查示尿比重 1.015，白细胞计数 $15.94\times10^{9}$/L，中性粒细胞 87.31%。目前呈睁眼昏迷，强迫右偏头位，右手掌及右踝关节内侧轻度肿胀，双下肢外旋，体温波动于 37℃—37.6℃，心率波动于 120—152 次/分，呼吸 20—30 次/分，较深大，血压波动于 124—166/68—99 mmHg，血氧饱和度波动在 90%—97%。与送诊医院联系，同意返回该院继续治疗。出院诊断：（1）缺氧性脑病，癫痫持续状态，肺部感染，心肺复苏术后；（2）蛛网膜下腔出血；（3）院内感染（泌尿系感染）；（4）抑郁症，电休克治疗后；（5）尿崩症（中枢性）。

［分析］ 双方争议的焦点在于患方认为医方在患者高某进行电休克治疗前没有告知有导致植物状态的风险，未尽到如实告知义务，在治疗中未严格按照治疗程序进行操作，治疗后未仔细观察患者情况，丧失最佳抢救时间。医方认为诊断明确、符合诊疗规范、抢救及时，无医疗过错。最后鉴定机构的鉴定意见为：某某市精神防治院对鉴定人高某的医疗行为存在过错难以排除；该过错与被鉴定人目前呈植物状态之间因果关系难以排除，其过错参与度为 50%。

在本案中，需注意的是电休克治疗程序的鉴定。MECT 即精神科较常见的电休克治疗方法，在实施中需对患者进行全身麻醉，并且要使患者达到休克状态，具有一定的风险性。尤其在实施 MECT 过程中及治疗后，要严密观察患者各项生命体征及病情变化，对于生命体征不平稳及休克时间相对较长者，应及时进行复苏抢救治疗。而本例患者接受 MECT 治疗，虽然具有适应症，但是，医务工作者在具体操作中，对治疗时间等把握不准确，术后对病情观察欠细致，以致患者在被移动至病房时才发现处于心跳、呼吸停止状态。患者接受 MECT 治疗前，虽然患严重的精神疾病，但各项生命指征平稳，经 MECT 治疗后呼吸、心跳停止，经积极抢救治疗目前呈植物状态。由于 MECT 存在自身的特殊性，而且临床上很多治疗方法确实存在一定程度的风险，同时不同的病人尚有个体差异的存在，因此患者接受 MECT 治疗后呈植物状态应为医疗行为出现的过错与患者自身因素共同作用所致。

## 习题》

1. 简述精神科医疗损害与其他科室医疗损害的区别。
2. 简述我国精神科医疗损害司法鉴定的难点。
3. 简述精神科医疗损害司法鉴定的鉴定内容。
4. 请就我国目前精神科医疗损害司法鉴定的现状提出你的进一步完善方案。

## 拓展阅读文献》

1. 李从培：《司法精神病学鉴定的实践与理论》，北京医科大学出版社 2000 年版。

2. 郑瞻培、王善澄主编：《精神医学临床实践》，上海科学技术出版社 2006 年版。

3. 司法部司法鉴定科学技术研究所、上海市法医学重点实验室编著：《医疗纠纷的鉴定与防范》，科学出版社 2015 年版。

4. 邱爱民、郭兆明编著：《医疗纠纷立法与处理专题整理》，中国人民公安大学出版社 2012 年版。

# 第二十二章

# 司法精神医学鉴定人出庭作证

**内容提要：** 本章主要介绍司法精神医学鉴定人出庭需要具备的基础法律知识、出庭基本要求以及出庭作证的重点内容。这些知识、要求与内容包括司法精神医学鉴定人出庭的价值、诉讼地位、出庭前准备、出庭程序以及法庭上需要应对的争议点等。

**核心词汇：** 出庭价值　诉讼地位　出庭程序　权利义务　保护职责

**学习要求：** 掌握司法精神医学鉴定意见出庭质证的重点；熟悉鉴定人出庭作证的程序和权利；了解鉴定人出庭作证的价值。

## 第一节　司法精神医学鉴定人出庭概述

司法精神医学鉴定人作为法定的诉讼参与人，出庭作证不仅是当事人（控辩）质证权的基本要求，保障当事人质证权实现的主要途径，还是法庭通过司法精神医学鉴定人出庭查明事实真相和在争议基础上决定是否采纳司法精神医学鉴定意见的关键环节，是司法精神医学鉴定意见作为定案根据获得可信性的重要程序保障。司法精神医学鉴定意见作为言词证据，尽管不同于证人证言、当事人陈述等，依照直接言词的审判原则，司法精神医学鉴定人应当出庭对提出的鉴定意见作出说明、解释、论证并接受质证、询问，主要是针对法官提出的质疑或者询问予以积极解答与细致诠释。否则，其鉴定意见被视为传闻证据，不被法庭采纳，无法发挥司法精神医学的鉴定功能。为此，我国《刑事诉讼法》《民事诉讼法》《行政诉讼法》等相关法律法规以及规范性文件对司法精神医学鉴定人出庭作证作出相应规定，较为充分地体现了司法精神医学鉴定人出庭作证在司法鉴定制度、证据制度和诉讼制度中的重要地位。

### 一、司法精神医学鉴定人出庭作证的基本要求

司法精神医学鉴定意见作为证据只有经过法定程序查证属实，才能作为定案根据。而法庭查证属实的基本程序是通过司法精神医学鉴定人出庭对涉及有争议或者存在疑问的司法精神医学鉴定的相关问题接受质证、询问并予以解答，对其作出的司法精神医学鉴定意见接受当事人双方与法庭的审查，充分有效地揭示司法精神医学鉴定意见

的科学性，从而消除控方、当事人以及辩护人、诉讼代理人的争议或者怀疑，在一定程度上还可以使可能存在差错或者瑕疵的司法精神医学鉴定意见被发现，以免因错误鉴定作为定案根据酿成冤假错案，影响司法公正的实现。基于此，法律对司法精神医学鉴定人出庭作证作出了明确的规定与要求，并将司法精神医学鉴定人出庭作证规定为司法精神医学鉴定人的一项法定义务。

司法精神医学鉴定意见作为专家对有关精神病问题的鉴别、分析与判断，因为专业的缘故，办案人员以及当事人常常因缺乏精神病知识难以对精神病鉴定问题作出判断，相反，往往还会基于常人的知识对此提出异议，甚至出现脱离精神医学知识的质疑，这就需要司法精神医学鉴定人对鉴定意见作出科学合理的解释与论证，司法精神医学鉴定人出庭作证对诉讼活动起着重要乃至决定性的作用。为此，各国法律将鉴定人出庭作证确定为一项法律义务。如《德国刑事诉讼法典》第 77 条规定："负有鉴定义务的鉴定人如果应传不到或者拒绝作鉴定者，要承担由此产生的费用。对他同时还要科处秩序罚款。如果再次不服从命令的除了要求承担费用外，还可以对他再次科处秩序罚款。负有鉴定义务的鉴定人拒绝与法官约定第七十三条第一款第二句的适当期限或者是延误约定期限的时候，对他可以科处秩序罚款。科处秩序罚款之前，必须先予以规定了宽限期限的警告。如果再次延误期限的，可以再次科处秩序罚款。"国外之所以如此要求，是因为司法精神医学鉴定意见在认定案件事实过程中属于关键性证据，在刑事案件中关系到罪与非罪以及量刑的轻重甚至包括是否判处死刑的问题。如果不经过法定正当程序审查或者审查不严致使有错误的鉴定意见作为定案根据，法官就会作出错误裁判。实质上，司法精神医学鉴定意见不是医学判断，也非科学的判决，其涉及法律问题的鉴定意见本身有可能偏离法律要求而存在错误或者差错，特别是存在争议的司法精神医学鉴定意见未经司法精神医学鉴定人出庭作证接受质证难以判断真伪，如果法庭不加审视而基于普通法律知识直接将其作为定案根据，则可能会给案件事实的准确认定带来风险甚至灾难，使得"假冒精神病"被告人逃避应有的惩罚而放纵犯罪。为此，我国法律对于鉴定人应当出庭作证而不出庭作证的，将其做出的鉴定意见不作为定案的根据，而且还要求鉴定人返还因此获得的鉴定费用，并对作虚假鉴定的鉴定人追究刑事责任。我国《刑事诉讼法》第 192 条第 3 款规定："公诉人、当事人或者辩护人、诉讼代理人对鉴定意见有异议，人民法院认为鉴定人有必要出庭的，鉴定人应当出庭作证。经人民法院通知，鉴定人拒不出庭作证的，鉴定意见不得作为定案的根据。"《民事诉讼法》第 81 条规定："当事人对鉴定意见有异议或者人民法院认为鉴定人有必要出庭的，鉴定人应当出庭作证。经人民法院通知，鉴定人拒不出庭作证的，鉴定意见不得作为认定事实的根据；支付鉴定费用的当事人可以要求返还鉴定费用。"这些规定通用于所有鉴定人，对于主观性较强的司法精神医学鉴定意见而言，司法精神医学鉴定人通过出庭作证的方式澄清异议显得尤为必要，以便提升司法精神医学鉴定的权威性。因此，法律特别强调司法精神医学鉴定人出庭，还规定了一定的措施促进司法精神医学鉴定人依法及时出庭，借此来保障司法精神医学鉴定人能够依法及时出庭，从而保证司法精神医学鉴定意见作为定案根据的质量和当事人的质证权利。

### 二、司法精神医学鉴定人出庭作证的价值意义

司法精神医学鉴定意见具有一定精神医学科学知识，需要司法精神医学鉴定人出庭作证予以说明、解释。如果当事人对司法精神医学鉴定意见存在异议，其涉及是否存在精神病、何种精神病以及精神病对其行为影响程度如何等问题也就会存在分歧，司法精神医学鉴定人不出庭作证，这些问题就难以得到很好的解决，极易引发重新鉴定或者造成裁判迟延，最终出现“案结了，案后纠缠不断”等影响司法公正性问题。因此，司法精神医学鉴定人出庭作证对及时澄清争议和尽快查明事实具有特别重要的意义。

司法精神医学鉴定意见作为法定证据的一种，除了应当接受法庭审查外，还需要经过当事人质证，这是正当法律程序的必然要求，否则当事人享有的质证权就会落空，在一定程度上妨碍法庭有效发现案件事实，进而影响裁判的正当性。另外，如果司法精神医学鉴定人不出庭作证，当事人就不能在法庭上对司法精神医学鉴定意见进行质证，对司法精神医学鉴定意见的疑问难以消除，在一定程度上又会加深当事人对司法精神医学鉴定人的公正性和鉴定意见科学性的怀疑，从而对科学的司法精神医学鉴定意见作为定案根据带来消极影响，最终有损司法精神医学鉴定的公信力。

司法精神医学鉴定人出庭作证可以使司法精神医学鉴定意见得到正当程序的检验，可使法庭在司法精神医学鉴定意见质证的基础上作出合理的判断，通过庭审的质证排除错误的司法精神医学鉴定意见，从而保证法庭的公正性，提高诉讼效率，提升司法鉴定的权威，促进司法公正。

## 第二节　司法精神医学鉴定人出庭作证的权利义务

司法精神医学鉴定人作为特殊的诉讼参与人，提供的司法精神医学鉴定意见常常对当事人（控辩）双方证明的案件事实起着关键性的作用，对于法院认定案件事实也会发生实质性影响，其出庭作证不仅仅是履行法定的义务，更是作为专家的职责。司法精神医学鉴定人享有相应的诉讼权利，当其权利受到阻碍、损害或者威胁时，还需要受到法律的特殊保护。但不履行法定职责或者出庭作证义务的，应当承担相应责任，甚至受到法律的制裁。

### 一、司法精神医学鉴定人出庭作证的权利

根据法律、法规、规章以及规范性文件的规定，结合司法鉴定人出庭作证实践的需要，以及法庭澄清争议鉴定意见的要求，司法精神医学鉴定人出庭作证享有以下权利：

#### （一）司法精神医学鉴定人出庭作证对鉴定意见的充分表达权

司法精神医学鉴定人出庭作证不仅享有出庭作证的权利，还享有自愿主动要求出庭的权利，而且在法庭上有权充分表达自已依据法定程序以及科学鉴定的方法和精神

病学专门知识提供鉴定意见并对此作出诠释与说明，不受随意阻止或者无端、无理的打断或者不正常的干扰，保证连续不断地作证。司法精神医学鉴定人有权充分阐释鉴定过程和鉴定依据，在共同鉴定的案件中，司法精神医学鉴定人有权表达与其他鉴定人不同的意见，并能够充分论证自己意见的科学性。对于可能影响其公正、独立表达鉴定意见的，有权要求通过远程视频作证或者采取遮蔽容貌以及不公开信息等方式表达自己的鉴定意见。但是，对于与司法精神医学鉴定事项无关的问题，有拒绝回答的权利。司法精神医学鉴定人的这种拒绝回答属于消极行使表达权的一种方式，对此应当需要依法予以充分尊重，还需要给予有效保障。

（二）司法精神医学鉴定人出庭作证的人身保护权

司法精神医学鉴定意见不可能对双方当事人都有利或者获得所有当事人的理解，一旦司法精神医学鉴定意见对当事人一方不利且又影响其利益，当事人有可能采取阻碍、威胁、恐吓等极端的手段危及司法精神医学鉴定人及其近亲属的人身安全或者财产安全，影响司法精神医学鉴定人以及近亲属的正常工作秩序和生活安宁。对于影响、威胁司法精神医学鉴定人及其亲属人身权利的行为，司法精神医学鉴定人享有请求职权机关保障其合法权益不受侵犯的权利。同时，职权机关负有职责采用特别措施保障司法精神医学鉴定人及其近亲属的人身安全。为此，《刑事诉讼法》第 64 条规定：“对于危害国家安全犯罪、恐怖活动犯罪、黑社会性质的组织犯罪、毒品犯罪等案件，证人、鉴定人、被害人因在诉讼中作证，本人或者其近亲属的人身安全面临危险的，人民法院、人民检察院和公安机关应当采取以下一项或者多项保护措施：（一）不公开真实姓名、住址和工作单位等个人信息；（二）采取不暴露外貌、真实声音等出庭作证措施；（三）禁止特定的人员接触证人、鉴定人、被害人及其近亲属；（四）对人身和住宅采取专门性保护措施；（五）其他必要的保护措施。证人、鉴定人、被害人认为因在诉讼中作证，本人或者其近亲属的人身安全面临危险的，可以向人民法院、人民检察院、公安机关请求予以保护。人民法院、人民检察院、公安机关依法采取保护措施，有关单位和个人应当配合。”人民法院、人民检察院、公安机关依法采取的保护措施不仅要有效，还应当及时。

基于法律的要求，对司法精神医学鉴定人出庭作证进行司法保护时，应注意以下问题：(1) 在保护对象上，不仅要保护司法精神医学鉴定人本人，还要保护司法精神医学鉴定人的近亲属甚至包括其他利害关系人；(2) 在保护范围上，不仅要保护司法精神医学鉴定人的身体及其财产权不受侵犯，而且还要保护司法精神医学鉴定人的名誉权、荣誉权及人格尊严不受侵犯；(3) 在保护形态上，不仅需要对特殊案件的司法精神医学鉴定人及其近亲属的人身安全“面临危险”予以保护，而且对威胁、侮辱、殴打或者打击报复司法精神医学鉴定人使其具有“现实危险”的也应当予以特别保护；(4) 在保护机关上，不仅在侦查阶段由侦查机关负责保护，在起诉阶段由检察机关负责保护，在审判阶段由审判机关负责保护，即使案件终审后，若需继续保护或者存在继续保护必要，司法精神医学鉴定人所在的辖区的公安机关仍负有保护职责，维护司法精神医学鉴定人以及近亲属与相关人员的合法权益，保护措施应当积极有效。

（三）司法精神医学鉴定人出庭作证的经济补偿权

司法精神医学鉴定人出庭作证属于司法精神医学鉴定人履行法定义务，此项义务的履行必然会影响司法精神医学鉴定人的正常生活、工作，必然为之付出一定的代价和丧失一定利益，影响到自身的合法权利，所以出庭作证的经济权也是不可或缺的。

我国《刑事诉讼法》第 65 条规定："证人因履行作证义务而支出的交通、住宿、就餐等费用，应当给予补助。证人作证的补助列入司法机关业务经费，由同级政府财政予以保障。"作为与证人作证具有相同性质的司法精神医学鉴定人也应当享有与证人相同的待遇。尽管法律对此没有规定，并不意味着司法鉴定人出庭是无偿的。从国外通行的做法来看，应当如此。如《美国联邦证据规则》第 706 条（b）规定："如此指定的专家证人有权在法庭允许的数额内获得补偿。在刑事案件和根据宪法第五条修正案包含此类补偿的民事诉讼中，补偿金在法律规定的款项中支付，在其他的民事诉讼中，补偿金将由当事人根据法庭以与确定其他费用类似的方式确定的比例和时间支付。"《德国刑事诉讼法典》第 71 条规定："对证人要依照《证人、鉴定人补偿法》予以补偿。"《日本刑事诉讼法》第 173 条也规定了鉴定人可以请求交通费、日津贴费、住宿费等经济补偿。

司法精神医学鉴定人出庭作证是其向国家履行义务而非是当事人的代言人，即使是当事人委托的司法精神医学鉴定人，也是履行国家义务，其目的是帮助法庭查明案件事实，准确地发现事实真相，实现司法的实体公正。司法精神医学鉴定人出庭作证虽然在客观上有利于当事人或者控方或辩方，扮演了当事人或者控方"证人"或辩方"证人"的角色，在一定意义上维护了他们各自的利益，但最终目的还是维护了司法公正，保障国家正确行使裁判权，否则司法精神医学鉴定人拒绝出庭作证的责任就无从谈起。因而，在刑事诉讼中，对司法精神医学鉴定人出庭作证费用的补偿应由委托的职权机关支付。职权机关对外聘请或者委托的鉴定人因出庭作证而产生的必要费用应当给予相应的经济补偿。一般来说，对于司法精神医学鉴定人因作证而支付的交通费、住宿费以及所造成的误工费等合理费用，司法鉴定人有权向传唤作证的人民法院提出补偿申请。对此问题的处理，可参照《民事诉讼法》第 77 条对证人的规定。该条规定："证人因履行出庭作证义务而支出的交通、住宿、就餐等必要费用以及误工损失，由败诉一方当事人负担。当事人申请证人作证的，由该当事人先行垫付；当事人没有申请，人民法院通知证人作证的，由人民法院先行垫付。"但是，司法精神医学鉴定人无正当理由拒绝作证或者出庭作虚假陈述的，不予补偿；已经给付的鉴定费用，应当予以返还。

对司法精神医学鉴定人出庭作证的费用应当限定在实际支出的范围内，包括直接费用和因出庭而减少的收入，体现补偿的性质，但应与作为专家的身份相称，体现对知识的尊重。在目前的条件下，我国还不鼓励司法精神医学鉴定人为了获取经济利益去出庭作证，司法精神医学鉴定人出庭作证费用仅仅表现为经济补偿，不是因出庭作证而获得的报酬，在特定条件下，可以比照"有专门知识的人"出庭费用予以确定，尽可能符合司法精神医学鉴定人作为专家的身份以及专家活动的内在要求。

（四）司法精神医学鉴定人对侵犯诉讼权利行为的控告权

司法精神医学鉴定人作为中立的诉讼参与人，在出庭作证过程中的合法权利受到侵害，尤其是受到职权机关的侵害，有权向人民检察院提出控告。对于司法精神医学鉴定人的控告，人民检察院应当依法受理并予以监督。《民事诉讼法》第 80 条第 1 款规定："鉴定人有权了解进行鉴定所需要的案件材料，必要时可以询问当事人、证人。"如司法精神医学鉴定人在询问当事人、证人过程中受到其他组织、个人干预的，或者司法精神医学鉴定人准备出庭作证而受到阻挠的，有权向人民法院、人民检察院、公安机关提出控告，人民法院、人民检察院、公安机关应当依法消除障碍。同时，司法精神医学鉴定人的控告权还包括司法精神医学鉴定人行使保障自己以及近亲属的人身安全的请求权时，职权机关没有及时予以保障，司法精神医学鉴定人依法享有对这种保护失职的职权机关提出控告，甚至有权申请国家赔偿。

## 二、司法精神医学鉴定人出庭作证的义务

司法精神医学鉴定人出庭作证，一般是基于法院认为有必要，当被通知鉴定人出庭作证时，其出庭作证义务随之产生，并承担不出庭以及不按时出庭、出庭不如实作证或者虚假作证的相应责任。法院在通知鉴定人时，应当告知相应的法律后果。如果司法精神医学鉴定人不出庭确有正当理由，应当及时向法院说明，对于司法精神医学鉴定人无正当理由，经法院依法通知而不到庭的，应当承担因此造成的费用。基于此，鉴定人负有积极出庭作证、出庭应当如实作证且不得作伪证的义务，否则，要承担不利的法律后果。

（一）司法精神医学鉴定人出庭的义务

《刑事诉讼法》第 192 条第 3 款规定："公诉人、当事人或者辩护人、诉讼代理人对鉴定意见有异议，人民法院认为鉴定人有必要出庭的，鉴定人应当出庭作证。经人民法院通知，鉴定人拒不出庭作证的，鉴定意见不得作为定案的根据。"司法精神医学鉴定人出庭作证既是法庭查明事实的需要，也是当事人质证权实现的必然要求，还是其应当履行的职责。对司法精神医学鉴定意见存在分歧或者争议，且该意见对案件事实的认定存在一定影响或者起到关键性作用的，如果司法精神医学鉴定人不出庭作证难以澄清分歧，也难以准确地定罪量刑，鉴定人应当出庭，否则，所提交的书面鉴定意见不具有证据能力，也不能作为认定案件事实的依据。在民事诉讼中，还应当承担返还鉴定费用的法律后果。法院可以建议司法行政部门依法给予拒绝出庭作证的鉴定人停止从事司法鉴定业务或者撤销登记的处罚。查证属实的，司法鉴定的管理部门应当依法给予处罚或者处分。

（二）司法精神医学鉴定人出庭作证的义务

司法精神医学鉴定人经过法院通知出庭后，不仅应履行依法出庭的义务，而且还应当履行出庭后作出解释、说明以及回答质疑、询问的义务。司法精神医学鉴定人在诉讼中接受指派或聘请，或者当事人的委托进行鉴定，除应当运用精神病医学知识客观、全面、负责地进行鉴定和提供鉴定意见外，还应当履行出庭作证的说明与解释义务。这种义务是实施鉴定的组成部分，也是基于鉴定活动而产生的"附随义务"，属于

一种无须协议或者合同约定的法定义务。作为一方当事人或者职权机关委托或者指派或聘请的司法精神医学鉴定人，应当出庭作证，说明鉴定依据原理的科学性、鉴定技术方法的科学性、适用鉴定标准的正确性以及如何得出鉴定结论的逻辑性和当然性，尤其是结论是否具有唯一性。如果仅仅出庭而不履行说明与解释义务，依然承担相应的责任。

（三）司法精神医学鉴定人出庭如实作证的义务

司法精神医学鉴定人不仅应当出庭作证，还应当如实作证或如实回答质询和询问，否则，也会承担相应的法律后果。对司法精神医学鉴定人作虚假鉴定，或者在法庭上不如实回答质询、询问或者故意作虚假回答造成损害的，应当予以处罚；情节严重的，应依法追究其刑事责任。

司法精神医学鉴定人出庭如实作证是鉴定发挥功能以及诉讼活动得以顺利进行的必要条件，也是鉴定作为保障诉讼发现案件事实的基本前提。许多国家对鉴定人（专家证人）故意弄虚作假、隐匿事实真相、妨碍司法活动的行为，规定了刑事责任。如《美国联邦地区法院民事诉讼规则》第 53 条第 4 款第（2）项规定，如果没有充分的理由，证人不出庭或不提供证言，将被处以藐视法庭罪。我国《刑法》第 305 条规定，在刑事诉讼中，证人、鉴定人、记录人、翻译人对与案件有重要关系的情节，故意作虚假证明、鉴定、记录、翻译，意图陷害他人或者隐匿罪证的，处三年以下有期徒刑或者拘役；情节严重的，处三年以上七年以下有期徒刑。

司法精神医学鉴定人出庭作证属于法定义务，如果司法精神医学鉴定人不履行其义务或不完全履行义务，或者不正确履行义务或履行义务有瑕疵的，应当承担不利的法律后果，并追究其责任，这也是程序正义的基本要求和设立鉴定制度的必然要求。司法精神医学鉴定人在刑事诉讼中故意作虚假鉴定，意图陷害他人或者隐匿罪证且虚假鉴定意见属于证明案件的关键性证据或者与案件有重要关系的，构成伪证罪。将此规定为犯罪，对于减少和消除鉴定人作虚假鉴定的现象具有积极意义。因此，有必要将司法精神医学鉴定人的伪证责任扩大到民事诉讼和行政诉讼中，以遏制虚假鉴定行为的发生。

另外，司法精神医学鉴定人还负有依法主动回避义务、保守在执业活动中知悉的国家秘密、商业秘密和个人隐私以及法律、法规规定的其他义务。

## 第三节 司法精神医学鉴定人的出庭程序

我国的司法精神医学鉴定人的诉讼地位既不同于英美法系国家当事人主义的专家证人，也与典型的职权主义国家的鉴定人不尽相同。我国不仅实行鉴定人资格审核制度，还规定了鉴定人的回避制度，诉讼定位为“中立的诉讼参与人”，其出庭程序也不同于其他国家的要求。司法精神医学鉴定人出庭作证是鉴定工作的继续和延伸，是其以诉讼参与人的身份参加案件审理活动的内在需要，也是法庭质证、认证以及当事人（控辩）双方行使质证权的必然要求。

## 一、司法精神医学鉴定人出庭作证的程序要求

司法精神医学鉴定意见往往对判定案件事实起着关键性的作用，本身是否科学、可靠、可信，普通人一般难以获得科学认识，办案人员也难以作出准确的判断，这就需要司法精神医学鉴定人出庭对其提供的意见予以说明与作出解释，接受当事人（控辩）双方的质疑和法官的询问。司法精神医学鉴定人对鉴定的案件一律出庭虽然能够满足法庭审查证据的需要，却不经济，在实践中往往也没有必要。为此，我国法律仅仅规定对鉴定意义有异议或者人民法院认为有必要的情况下，要求鉴定人出庭作证。如《刑事诉讼法》第 192 条第 3 款规定："公诉人、当事人或者辩护人、诉讼代理人对鉴定意见有异议，人民法院认为鉴定人有必要出庭的，鉴定人应当出庭作证。"《民事诉讼法》第 81 条规定："当事人对鉴定意见有异议或者人民法院认为鉴定人有必要出庭的，鉴定人应当出庭作证。"从上述规定来看，《刑事诉讼法》与《民事诉讼法》的规定相比，后者更为规范科学，对于控辩双方有异议的，法官需要在其相互辩论的基础上作出裁判，其司法精神医学鉴定意见甚为关键。基于以上规定，结合实践需求，司法精神医学鉴定人出庭作证的程序条件可作以下理解：

（1）当事人（控辩）双方或者当事人一方对作为证据的司法精神医学鉴定意见存在异议，或者存在不同意见，认为司法精神医学鉴定意见存在错误、鉴定方法不科学、鉴定程序有瑕疵、鉴定人需要回避等需要解决的问题，司法精神医学鉴定人在此种情形下应当出庭作证，在法庭上对自己作出的司法精神医学鉴定意见以精神病医学知识、原理等为基础，从科学依据、鉴定步骤、鉴定方法、鉴定程序以及提供意见的可靠性、科学性等方面予以解释和说明，并在法庭上接受质疑，当面回答质询、提问和询问。这样，可以使法庭能够更好地审查司法精神医学鉴定意见的可靠程度，或者对几个不同司法精神医学鉴定意见进行比较分析，或者将司法精神医学鉴定意见与其他证据结合起来综合判断，从中采信合理的司法精神医学鉴定意见或者排除不适当或者有错误的鉴定意见。需要重新鉴定的，进行重新鉴定；同时，也有利于当事人或者控辩双方进一步了解司法精神医学鉴定意见，进而消除不合理的疑虑，排除错误的异议分歧，更加信任采纳的精神医学鉴定意见，服从法院的裁判。

（2）当事人（控辩）申请或控方提出要求司法精神医学鉴定人出庭的，即使当事人没有申请或控方没有提出的，法院根据案件情况认为司法精神医学鉴定人有必要出庭的，特别是存在多个不同的司法精神医学鉴定意见时，法庭也有权通知司法精神医学鉴定人出庭，要求司法精神医学鉴定人从鉴定的科学依据、鉴定步骤、鉴定方法、鉴定程序等方面对异议进行说明，以免法院采信司法精神医学鉴定意见存在暗箱操作的嫌疑，出现利用错误鉴定意见枉法裁判的现象，继而损害判决的公正性。法院对于必要性判断仅仅属于程序上判断，只要当事人或者控辩双方对司法精神医学鉴定意见存在异议，该异议具有合理的理由，就应当认为有必要性，不应仅限于以其对司法精神医学鉴定意见存在的错误提出合理的理由。

（3）司法精神医学鉴定人出庭作证属于一项法定义务，经法院通知出庭的，司法精神医学鉴定人应当出庭作证。《全国人民代表大会常务委员会关于司法鉴定管理问题

的决定》将鉴定人出庭作证提升到一项诉讼程序制度的高度，这对于规范司法精神医学鉴定人出庭作证具有重要的意义。因为司法精神医学鉴定意见作为证据不仅涉及其本身的科学性，尤其是司法精神医学鉴定意见主观性较强的，公众对精神病学知识匮乏甚至认识上存在偏见，对超经验的结论不信任，司法精神医学鉴定人对有异议的鉴定意见出庭接受质证更有必要，同时还牵扯到当事人质证权能否实现的程序公正问题。只有司法精神医学鉴定人出庭作证，才能保障采用的鉴定意见的质量和当事人质证权。

但是，司法精神医学鉴定人存在有下列情形之一的，可以不出庭作证：(1) 庭前当事人（控辩）双方对鉴定意见没有争议的；(2) 不存在难以判断的不同鉴定意见的；(3) 鉴定意见对案件不起直接决定作用的；(4) 职权机关已经决定补充鉴定或者重新鉴定的。

## 二、司法精神医学鉴定人出庭作证的程序

司法精神医学鉴定人是否出庭应当以法院的出庭通知书为依据，法院的通知书是司法精神医学鉴定人出庭作证的法律凭证，也是衍生司法精神医学鉴定人出庭作证义务的法律文书。委托人或者当事人的要求不是司法精神医学鉴定人出庭的依据。法院根据案件情况的需要应当依法履行通知司法精神医学鉴定人出庭作证的职责。

(1) 法院通知司法精神医学鉴定人出庭的程序。当事人（控辩）双方对司法精神医学鉴定人出庭作证提出申请，或者法院根据案件情况认为需要司法精神医学鉴定人出庭作证的，如法院在对司法精神医学鉴定意见进行审查时，发现了疑点或瑕疵；或者对是否有精神病、何种精神病及其对刑事责任能力是否有影响、影响到何种程度等存在不同意见；或者司法精神医学鉴定人的不同鉴定意见互相矛盾的，法官可以直接向司法辅助工作部门的司法技术人员提出咨询或者技术审核，并参考司法辅助工作部门或者有关精神病专家的意见决定是否通知司法精神医学鉴定人出庭作证。

法院决定通知司法精神医学鉴定人出庭的，应当依法通知司法精神医学鉴定人。通知书最迟在开庭3日以前送达，同时应当给予足够的准备时间。法院按照普通程序审理的案件，如果司法精神医学鉴定人在外地的，应当考虑必要的在途时间。出庭通知应当采用书面形式，并注明开庭的时间、地点以及应注意的事项。

(2) 司法精神医学鉴定人接受法院出庭通知程序。司法精神医学鉴定人接到法院通知出庭的通知书时，应当在出庭通知书的送达回证上签字。对于逾期送达的，司法精神医学鉴定人可在送达回证上说明，也可以要求法院变更开庭日期。司法精神医学鉴定人签收送达回证后，应当积极准备出庭，按照法院通知要求的时间、地点等按时出庭作证，不得迟到或者拖延。

司法精神医学鉴定人认为符合不出庭作证情形的，应当写出书面申请，及时提交法院，由法院决定是否出庭；对法院准许不出庭的，司法精神医学鉴定人可以书面的形式答复当事人的质询。但是，司法精神医学鉴定人无故不出庭或者不出庭理由不正当的，应当承担相应的责任。

司法精神医学鉴定人有正当理由无法出庭作证的，可以通过远程视频、微信视频传送等方式进行作证；法院也可以到司法精神医学鉴定人所在的场所进行询问，但是

法院应当在合理的期间内通知检察院、当事人及其辩护人、诉讼代理人到场。

### 三、司法精神医学鉴定人出庭后的身份核实程序

司法精神医学鉴定人到庭后，审判人员应当先核实司法精神医学鉴定人的身份、与当事人及本案的关系，告知司法精神医学鉴定人应当如实地提供司法精神医学鉴定意见和有意作虚假鉴定要负的法律责任。一般说来，核实出庭的司法精神医学鉴定人的身份包括以下几个方面的内容：（1）司法精神医学鉴定人的自然身份，包括姓名、文化程度、执业资格、职业经验等；（2）出庭的司法精神医学鉴定人是否是该鉴定意见的鉴定人；（3）司法精神医学鉴定人的资格，查明鉴定人是否具有精神病专业知识所涉及问题的鉴定能力，是否取得了精神病专业鉴定的执业证书以及是否在核定的司法精神医学鉴定人名册中；（4）司法精神医学鉴定人与案件当事人之间是否具有亲属、朋友或者其他特殊关系；（5）司法精神医学鉴定人与案件是否有其他利害关系或者利益关系。

司法精神医学鉴定人出庭作证时，审判长核实其身份、鉴定资格、鉴定的业务范围、所在的鉴定机构以及与当事人、案件之间的关系后，告知其负有如实作证的义务。作证前，应当在如实作证的保证书上签名。

核实司法精神医学鉴定人身份的程序具有以下作用：（1）核实司法精神医学鉴定人的身份，以确定司法精神医学鉴定人是否是法庭通知的应当出庭的鉴定人，以避免出现代替出庭的问题；（2）核实司法精神医学鉴定人的身份对于确定鉴定意见的证据能力和证明力具有决定意义；（3）核实司法精神医学鉴定人的身份是国际上通行的做法，也是程序公正的必然要求。

## 第四节　司法精神医学鉴定人出庭接受质证与询问重点

司法精神医学鉴定不仅实体法有规定，程序法中也存在相关规定。司法精神医学鉴定活动除精神病医学知识外，还涉及心理学、社会学、法学等知识，实体法考量与程序法遵循以及多种知识汇聚致使形成了科学纠缠法律、法律纠缠医学以及鉴定纠缠价值的错综复杂现象，使得精神现象的评定演变成较为复杂的问题①，以至于鉴定意见极易产生异议和发生分歧，尤其是主观性较强的司法精神医学鉴定常常出现不同结论，致使其原有法律分歧没有解决，又衍生出新的精神医学上的争议。因此，司法精神医学鉴定人出庭接受质证和询问是解决问题的较为关键的环节。

### 一、司法精神医学鉴定意见质证对象与重点

#### （一）司法精神医学鉴定的质证对象

司法精神医学鉴定的质证对象主要集中在是否存在精神病、何种精神病以及精神病与行为时的关系、行为时辨认能力以及控制能力与刑事责任能力之间的关系等，其

---

① 参见郭华：《精神病司法鉴定若干法律问题研究》，载《法学家》2012年第2期。

焦点在是否存在精神病、行为的动机、精神病与行为时的因果关系，精神病与刑事责任能力的关系以及基于何种理由、证据材料、何种推理作出的判断。

（二）司法精神医学鉴定的质证重点

司法精神医学鉴定的精神医学问题的质证不仅在精神病与责任能力问题上，还存在对其基础的质疑。如果精神病鉴定的资料不全或者存在虚假，即使鉴定实施是严格的以及鉴定的依据、鉴定标准等是准确的，其结论也会是错误的。对于精神医学问题的质证事关重要，也成为目前鉴定的重点内容之一。

(1) 对精神病鉴定依据资料和事实的质证。司法精神医学鉴定意见依赖于鉴定资料和事实，其资料主要源于案卷材料以及与之相关信息。如果这些资料不客观、不充分，鉴定人就难以作出科学的判断。目前，司法精神医学鉴定完全依赖于办案机关提供的相关材料，这些资料包括对被鉴定人的讯问笔录、家族病史、个人就医记录与邻里反映的情况、现场目击证人的证言等相关书面材料。对于这些资料的采用应当建立在没有争议的基础上，对于存在争议的，应当通过审核或者质证后决定是否能够采用。精神病鉴定依据的资料和事实应当经得起质疑。同时，对于鉴定材料不足的，还需要鉴定人开展独立观察、全面调查、细致询问以及实地走访。通过这些活动核实鉴定材料真伪与瑕疵。但是，司法精神医学鉴定的这些活动也会成为质疑的对象，应当保证其依法、科学、合理地进行，不得违反司法精神医学的科学和法律。否则，鉴定意见不能作为定案根据。

(2) 对是否存在精神病的质证。对于是否存在精神病的质疑重点在有无精神病，其焦点在于鉴定存在的精神异常是精神病还是普通的精神障碍或者心理变态等，聚集在认知、情感、意志、行为等方面，还包括没有精神病的依据以及属于心理变态的理由与依据。由于有些精神病患者与正常人、心理有问题的人精神病的医学诊断与法律上的认识存在界限模糊问题，致使其在区分上可能存在不同理解，但是，鉴定人出庭作证对于有无精神病应当做到认定的依据充分、理由合理、标准一致并经得起质疑，即能够排除合理的怀疑和诘问。

(3) 对存在何种精神病的质证。对于同一精神现象，不同鉴定人也存在得出不同的鉴定意见的情况，这种不同意见极易引起质疑。例如，被告人刘某某乘被害人钱某某烧水待客之机，使用事先准备的刀具割其喉咙一刀，并捅刺其胸部一刀，致被害人钱某某死亡。对于刘某某情绪低落、闷闷不乐等现象，鉴定人存在不同的判断。某医院鉴定所鉴定人认为，刘某某有家族精神病史，作案前已有精神异常，存在明显的被害妄想，情感不适切，自知力缺失，据此认为刘某某患精神分裂症。另一鉴定机构的鉴定人认为，刘某某精神异常表现为情绪低落、闷闷不乐，在心境偏低的情况下，对自身疾病和客观事实进行了严重负性的、病态的联想和认知，这些思维虽有夸大和不符合现实的发生和发展规律，但是都具有客观现实基础，有其个性固执基础和不良社会现象基础，有一定的可理解性，不符合精神病性症状的个人独有、持续的坚信以及自我卷入等精神病性症状特征。刘某某在其个性固执基础上，叠加疾病的低落情绪及对客观现实事物复性联想和思维，评定其作案时患有抑郁症。由于精神分裂症不同于抑郁症，这种不同类型的精神病意见必然会引发质疑。

另外，人们对于超出经验常识的精神病类型也存在不同认识。如南京宝马车撞碎马自达车案被告人被司法鉴定为作案时患有的“急性短暂性精神障碍”，吉林导游在云南刺伤20人的案件中被告人患有“旅行性精神病”等，对这些精神病的认定因与一般精神病的经验常识存在不同，也会成为法庭质证的焦点。

(4) 对被鉴定人实施行为动机的质疑。司法精神医学鉴定被鉴定人描述作案的动机和经过，主要考察被鉴定人的认知、思维、智能、情感、行为、综合分析能力、自我控制能力以及辨认能力等，鉴定时配以脑电图、事件相关电位、智能测验等理化检查和心理测验，最终综合这些材料和事实做出结论。对于病理性动机或者非病理性动机应当解释清楚，对于行为难以解释的，也应当给予说明，尊重科学，不可回避或者无依据地推测。

(5) 精神病与被鉴定人行为时因果关系的质证。对精神病鉴定首先是从精神病学的基础出发，全面检查分析，确定有无精神病，同时从法律的角度确定犯罪时的精神状态及严重程度和它与犯罪行为之间的因果关系。对其问题的质疑应紧紧围绕被告人“作案时”的精神状况对辨认能力以及控制能力有无影响以及影响的程度，尤其是产生影响的现实证据及科学依据。精神病是其实施危害行为的起因，危害行为是其精神病直接导致的必然结果。例如，精神分裂症患者症状的复杂性以及认知、情感、行为等心理过程之间的相互影响，质证应当针对其相互影响之间关系是否存在以及关系紧密的程度等问题进行。但要特别注意的是，无法判断病因或者找不到病因甚至不知道病因，或者有些精神病属于多因等复杂情况，并不能简单否定其精神病对行为时的影响。

(6) 对司法精神医学鉴定责任能力程度评定的质证。对司法精神医学鉴定刑事责任能力程度评定的质证存在两个方面：一是对责任能力是法律问题不是医学问题的质疑。对此，因鉴定属于涉及法律问题的医学问题，尤其是精神病对责任能力的影响属于医学性法律问题，由鉴定人作出判断不失其正当性。二是对司法精神医学鉴定的嫌疑人的确患有较为严重的精神疾病不能辨认和控制自己的行为的质证。对该问题的质证，关键在于嫌疑人实施危害行为时的辨认、控制能力是否处于“不能”状态，即辨认其实施危害行为的意义、性质、作用、后果并加以控制的能力。对精神病鉴定的刑事责任能力质证应考虑以下因素：精神病的性质、程度以及与犯罪行为的当时关系，还需要通过对刑事责任能力的判断，进一步区分辨认能力与控制能力的丧失或减弱的依据与可能性。对于辨认能力丧失或减弱，可从被告人的精神病的病因、严重程度及其对行为的影响力的有无、强弱等方面判断。而对控制能力的丧失或减弱的判断需要特别谨慎并应从严掌握，不仅需要从其精神病的原因来判断，还需要排除合理的质疑。例如，有放火偏执狂的精神病患者通常在杀人或盗窃行为中的辨认或者控制能力并不丧失或者减弱。

对于精神病医学问题，法官应具有较强的拘束力，只要司法精神医学鉴定的结论没有明显的错误或者截然相反的鉴定意见，一般应当采信。如果对鉴定结果在内容上存在异议，尤其是医学上存在难以辨清的医学争议，应当启动重新鉴定，不宜仅仅凭一般的知识而轻易地予以否定。对于刑事责任能力的司法精神医学鉴定意见，对法官不应具有绝对的约束力。因为这一问题涉及法律问题，法官作为法律专家对此拥有裁量权。

### 二、专家辅助人出庭对司法精神医学鉴定意见的协助质证

随着我国推进以审判为中心的诉讼制度改革，出现了协助当事人出庭质证的专家辅助人。我国《民事诉讼法》第 82 条规定："当事人可以申请人民法院通知有专门知识的人出庭，就鉴定人作出的鉴定意见或者专业问题提出意见。"这种当事人专家辅助人制度在立法中出现，在一定程度上降低了司法精神医学鉴定人法官辅助人的诉讼地位，与鉴定相关的权利向保障当事人权利调整。我国尽管没有采用英美法系国家当事人自由地选择专家证人的做法，但司法实践尤其是司法解释对当事人鉴定申请权的规定，不同程度地淡化了司法鉴定人作为法官辅助人的色彩，强调了司法精神医学鉴定人出庭作证的证人成分，体现了司法精神医学鉴定人的特殊证人的诉讼地位。

我国《刑事诉讼法》第 197 条第 2 款规定："公诉人、当事人和辩护人、诉讼代理人可以申请法庭通知有专门知识的人出庭，就鉴定人作出的鉴定意见提出意见。"法院还需要借助于相对独立的量刑程序，由控辩双方及其聘请的精神病方面的专家辅助人对鉴定意见进行有效质疑。对于专家辅助人不宜因其提出意见存在偏差、不全面而对其否定，其质证主要是对鉴定意见存在瑕疵或者错误等提出意见，其本身不宜作出新的鉴定意见。即使给出不同的意见，其意见不是法定证据意义上的鉴定意见，仅仅是当事人陈述，应按照当事人陈述予以审查判断。

## 习题》

1. 简述司法精神医学鉴定人出庭作证的权利义务。
2. 简述司法精神医学鉴定人出庭作证的行为规范及注意事项。
3. 简述司法精神医学鉴定人出庭作证的常见重点内容。

## 拓展阅读文献》

1. 杜志淳主编：《司法鉴定概论（第三版）》，法律出版社 2018 年版。

2. 程荣斌、王新清主编：《刑事诉讼法（第七版）》，中国人民大学出版社 2019 年版。

第二十三章

# 重大疫情下精神卫生医疗机构依法抗疫

**内容提要**：本章主要介绍与疫情相关的突发公共卫生事件、重大传染病疫情、精神卫生等基本概念，重大疫情下精神卫生医疗机构面临的挑战，以及重大疫情下精神卫生医疗机构如何依法抗疫、防控院内感染、做好精神卫生急诊救治、慢病诊疗康复、应急心理救援等工作。

**核心词汇**：突发公共卫生事件　重大传染病疫情　精神卫生医疗机构　应对策略

**学习要求**：掌握重大疫情下精神卫生医疗机构的应对策略，理解如何正确应对重大传染病疫情等突发公共卫生事件。

2020 年突如其来的新冠肺炎疫情对各行各业的反应能力和风险防控能力提出挑战。医疗行业作为与新冠肺炎疫情防控关系最直接、最密切的行业，承担着医疗救治和疫情防控的重大职责和服务职能。医院是疫情防控中最关键的一道防线，也是发生交叉感染风险最大的地方。精神卫生医疗机构既有医疗机构的属性，又有与养老机构、福利机构、残疾人服务机构、救助机构、看守所、监狱、强制医疗所等场所相似的封闭管理的属性。鉴于精神卫生医疗机构的特殊性，在重大疫情下精神卫生医疗机构的应对策略与综合医院有明显差异。本章结合精神卫生医疗机构的实践情况，对重大疫情下影响精神卫生医疗机构工作的相关因素进行分析，并提出相应的应对措施。

## 第一节　相关概念

### 一、突发公共卫生事件

指突然发生，造成或者可能造成社会公众健康严重损害的重大传染病疫情、群体性不明原因疾病、重大食物和职业中毒以及其他严重影响公众健康的事件。

### 二、重大传染病疫情

指《中华人民共和国传染病防治法》所称的传染病的暴发、流行。其中，暴发是指在一个局部地区，短期内，突然出现多例同一种传染病病人；流行是指一个地区某种传染病发病率显著超过该病历年的一般发病率水平。

### 三、医疗机构

指按照《医疗机构管理条例》要求取得医疗机构执业许可证，从事疾病诊断、治疗活动的机构。

### 四、精神卫生医疗机构

指主要提供综合性精神卫生服务的医疗机构。

### 五、新型冠状病毒

新型冠状病毒（2019-nCoV，以下简称“新冠病毒”）属于β属冠状病毒，对紫外线和热敏感，乙醚、75%乙醇、含氯消毒剂、过氧乙酸和氯仿等脂溶剂均可有效灭活病毒。人群普遍易感。基于目前的流行病学调查和研究结果，新冠肺炎潜伏期为1—14天，多为3—7天；发病前1—2天和发病初期的传染性相对较强；传染源主要是新冠肺炎确诊病例和无症状感染者；主要经呼吸道飞沫和密切接触传播，接触病毒污染的物品也可造成感染，在相对封闭的环境中暴露于高浓度气溶胶情况下存在经气溶胶传播可能；由于在粪便、尿液中可分离出新冠病毒，应当注意其对环境污染可能造成接触传播或气溶胶传播。新冠病毒在流行过程中基因组不断发生变异，目前研究提示部分变异病毒传播力增高，但其潜在致病力和对疫苗效果的影响有待进一步研究。

### 六、重大传染病疫情的特点

(1) 突发性。重大传染病疫情常起病迅速，来势迅猛。(2) 难以预知性。随着环境污染加重和气候的变化，病毒变异加快，导致新传染病，病因不明确，诊断困难。(3) 广泛性。如近20年来，中国先后发生了非典型性肺炎、禽流感和甲型H1N1流感、新型冠状病毒肺炎等重大传染病疫情，其波及范围广泛，感染人群跨度大。

## 第二节　重大疫情下精神卫生医疗机构面临的挑战

### 一、人员密集，容易发生院内感染

精神卫生医疗机构住院患者大多为严重精神障碍患者，住院时间长，一个科室住院人数较多，封闭式管理，通风条件差，人员密集。如果患者感染传染性疾病时，由于自知力缺乏等原因不能及时告知医护人员，降低了传染性疾病的检出率。因此，病区传染病发生大范围暴发的概率较高，如果没有及时发现并隔离首发患者，则极易出现院内感染。

### 二、医疗硬件设施和流程不符合传染病防治要求

精神卫生医疗机构诊治对象绝大部分为精神障碍患者，少见常见病、多发病的患者就诊，医院的门诊部和住院病区的设置多数是按照精神疾病病种、病情急慢性和患者性别来进行科室分科，在应对重大疫情的医疗救治的硬件设施方面，与传染病防治相关要求有较大的差距。用于传染病检测的仪器设备相对综合医院较少，病原微生物培养条件、检测化验的项目少，增加了传染性疾病诊断的时间。由此可见，当发生突

发公共卫生事件时，精神卫生医疗机构的硬件设施、医疗流程和人员配备无法满足应对突发公共卫生事件的规范要求。

### 三、对医务人员传染病防治相关知识的培训力度与效果不佳

由于精神卫生医疗机构日常收治患者主要为精神障碍患者，医务人员实践中难有机会接触传染病相关知识，对交叉学科、边缘学科相关知识掌握不全。医学专业是个实践性强且不断进步的学科，医务人员可能由于平时学习的时间少、培训方式单一，缺乏系统、全面、综合的应对突发事件的技能演练和具体实践操作，导致学习效果不佳，甚至由于长时间不实践而遗忘。当突然发生重大疫情时，医务人员自身所具有的传染病防治相关知识和医疗救治能力难以适应处置重大疫情的规范要求。

### 四、各种应急物资、设备储备不充分

突发公共卫生事件的医疗应急处置是一种综合性、整体性、系统性的响应系统，该系统的建立对于功能方面要求较高，具有一次性投入大、初始成本高、系统维护成本高等特点。在国家投入不足且使用率不确定的情况下，精神卫生医疗机构在应对突发公共卫生事件的物资储备上，无论是质量还是数量均难达到配置要求，一旦突发公共卫生事件，必然会出现应急物资供求紧张，影响医疗救治工作及时有序开展。

### 五、医疗业务量明显减少和业务结构失衡

在重大疫情下多数精神卫生医疗机构的医疗业务量只有正常情况的1/3，甚至更少，这直接导致了医疗收入的明显减少，同时员工因疫情返岗受阻、隔离假期增加、采购防疫物资费用增加等情况，导致医疗成本大大增加，从而出现不同程度的医疗收支亏损、业务结构失衡的情况。

### 六、医务人员配置及床位不足

《全国精神卫生工作规划（2015—2020年）》指出，目前我国精神卫生服务资源十分短缺且分布不均，全国共有精神卫生专业机构1650家，精神科床位22.8万张，精神科医师2万多名，主要分布在各省级和地市级精神卫生机构。据《浙江省精神卫生服务资源蓝皮书》显示，即使是在全国精神卫生医疗机构数较为充足的浙江省，精神卫生医疗机构数量也表现出明显不足。首先，年门诊量大、住院需求大、医护人员与床位数量远远不能满足服务需求等软硬件配置不足；其次，各市精神卫生医疗机构分布及医疗资源分配不均，区县级精神卫生从业人员在人员数量、学历层次、职称结构等方面均低于市级医疗机构；最后，区县级的诊疗服务需求量大但服务能力与服务需求之间的矛盾较为显著。当发生重大疫情时，软硬件医疗设施不足将对落实防疫措施造成显著影响。

## 第三节　应对策略

精神卫生是公共卫生中最被忽视的领域之一。全世界近10亿人存在精神障碍，每

年 300 万人死于有害使用酒精，每 40 秒钟就有一人自杀身亡。[①] 如今，新型冠状病毒肺炎的流行更进一步影响着人类的心理情绪。然而，在病毒肆虐的当下，全世界有机会获得高质量精神卫生服务的人相对较少。有研究显示，在低收入和中等收入国家，75%以上患有精神、神经和物质使用障碍的患者得不到有效治疗。[②] 恩格斯说过，“没有哪一次巨大的历史灾难不是以历史的进步为补偿的”[③]。发生重大疫情时精神卫生医疗机构虽然面临许多困难与挑战，但也是实现精神卫生医疗机构可持续发展的催化剂，精神卫生医疗机构要从疫情防治中总结经验和教训，克服困难，主动出击，化被动为主动，将对精神卫生问题的短期关注转化为精神卫生改革的长期动力，这不仅有益于人类的精神健康，也有益于社会发展。

重大疫情之下，精神卫生医疗机构需要承担的主要任务有：一是根据国家传染病防治法律法规等，制定适合各医院实际情况的各项防疫制度，建立专门领导组织和运行机构。防范院内感染，确保院内患者、医护、第三方工作人员的安全。二是确保医院的急诊通道正常，服务社会紧急需要，减少避免各类严重的次生灾害。通过互联网医院、智慧医院等渠道解决慢病患者的续方购药和咨询指导需求，防止患者病情转变、加重。三是积极参与抗疫工作，利用专业所长为社会提供应急心理救援和心理知识普及，促进患者心理康复。

## 一、牢固树立危机管理意识，建立防控工作机制，落实防控责任

医院从领导、中层干部到一般职工都必须树立重大疫情等突发公共卫生事件危机管理意识，做到依法科学精准地防范、应对和处置疫情。要及时成立疫情防控工作领导小组，党政主要负责人任组长，其他院领导任副组长，成员包括各相关职能部门负责人，下设医疗保障、安全后勤保障、消毒组等职能小组，实行责任分区管理，各项工作责任落实到人，负责领导、组织、协调院内重大疫情防控的各项工作。建立健全应急预案，包括梳理疫情期间门诊、住院诊疗相关应急预案与工作流程，制定院内感染应对预案；针对病房可能发生疑似病例的情况，制定疑似病例应急处置方案；按照岗位风险和防护标准，制定细化防控方案，加强就诊患者风险评估，调整日常诊疗服务，严格细化医务人员分级防护和环境、物表消毒等防控工作。

## 二、建立健全感染防控的规章制度，构建感染控制体系，防止院内感染

（1）严格落实预防技术规范。要求医务人员在诊疗活动中坚持标准预防，按照《新冠肺炎疫情期间医务人员防护技术指南》做好个人防护，正确合理使用防护用品；在标准预防的基础上，根据诊疗操作的风险高低进行额外防护。

（2）强化人员培训，提高应急处置水平。重大疫情的发生具有暴发性和原因不明等特点，医疗救治工作难度大，人员素质要求高。精神卫生医疗机构平时要制定人员

---

① 资料来源：http：//finance. qianlong. com/2020/0828/4641175. shtml，2021 年 12 月 10 日访问。

② 同上。

③ 《马克思恩格斯全集》第 39 卷，人民出版社 1974 年版，第 173 页。

培训计划，对职工进行系统、全面、综合的相关知识和应对技能的培训，定期或不定期开展传染病分级防护、手卫生、医疗垃圾处理、环境卫生和消毒隔离等医院感染知识的系统培训和进行各类突发公共卫生事件的应急演练，提高应急处理能力，确保所有接触患者的医务人员熟练掌握传染病的防控知识与技能，提高医务人员排查传染病的意识与能力。

（3）做好应急物资储备，保障医疗救治需要。“兵马未动，粮草先行。”精神卫生医疗机构必须每年有一定的预算经费或者申请一定的专项经费，按照应急要求配备相应的药品、医疗器材以及防护用品，以保障重大疫情发生时紧急医疗救治的顺利开展。

（4）减少甚至暂停患者家属的探视，做好病区清洁和消毒管理，加强诊疗环境的通风换气，保持室内空气流通。做到每日通风 2—3 次，每次不少于 30 分钟。

（5）做好诊疗环境、医疗器械及设施等清洁消毒并加强消毒质量监测。所有诊疗用品、物体表面和环境等均应当加强日常清洁消毒；每月均开展消毒质量监测，内容包括手样、物表、空气消毒质量、灭菌器械等，促进各部门清洁消毒工作高质量完成。

## 三、落实疫情防控措施，依法科学精准防范，保障患者和医务人员安全

### （一）把好医院入口关，筑牢第一道防线

（1）加强医院入口管理、严把医院入口关。整个医院实行封闭式管理，进入院区的路线按照室外距离最短、接触人员最少的原则进行制定，一入一出单循环管理，关闭其余出入口。设立门诊入口唯一通道，门诊入口和出口分列，工作人员和就诊人员通道分列。

（2）对所有进入医院人员进行体温检测，进入医院所有人员必须正确佩戴口罩。配置红外线测温仪、非接触式粗测体温，体温异常者再使用红外线耳温仪或水银体温计复测。加强流行病学史调查与登记，限制陪诊人员数量，原则上最多 1 名固定人员陪同。有发热或呼吸道症状的陪同人员禁止进入门诊诊疗、辅检等公共区域，并对该陪诊人员按相关防控措施进行管理。

### （二）加强门诊预检分诊管理，压实防控责任

（1）严格落实《医疗机构传染病预检分诊管理办法》，在门诊设置独立的预检分诊台，制定预检分诊制度及预检分诊流程图，在预检分诊点由有经验的医务人员询问症状体征和流行病学史，对就诊患者进行手卫生和打喷嚏的健康宣教，就诊过程中要求保持距离，避免人群聚集。

（2）严格落实“三级筛查”，织密疫情防控网。进入医院人员在门诊入口需测体温、配合流行病学史询问和登记，督促出示健康码；在接诊室内接诊医生除依据精神科诊疗规范予以诊治外，还需再次进行流行病学史调查，在病史中记录有无发热、呼吸系统症状和流行病学史，做好相关检查排除疑似病例可能，方按规定收治入院；入院后主管医生和护士再次进行流行病学史筛查。

（3）做好发热患者及高度疑似患者处置及转移规范。精神卫生医疗机构要与当地具有传染病诊疗能力的综合性医疗机构建立联络会诊机制；医院一旦发现疑似病例，立即按流程进行隔离、会诊、救治、上报，专人专车转诊至定点医院进一步诊治。

（三）强化智慧医院建设，加强线上就医指导，发挥“互联网＋医疗”的优势作用

（1）按照分时段全预约诊疗的原则开展预约诊疗，实现分流错峰，达到避免人群聚集的目的。充分运用网络预约、电话预约、微信预约、第三方平台预约等方式进行预约，分时段预约精确到30分钟。

（2）充分利用网络指导基层组织做好居家严重精神障碍患者的管理治疗和社区照护，对在封闭管理区居住的患者，采取送药上门、网络诊疗等方式，保障患者居家治疗。

（3）设立视频会见室。在医院相应区域设置视频会见室，让家属可以通过视频对长期住院的患者探视。既达到了缓解家属和患者的思念之情和焦虑情绪的目的，又避免了直接探视的交叉感染风险。

（4）发挥互联网诊疗优势，在线上开展复诊，通过合规的第三方平台配送药物给患者，将慢性病患者带药时间延长至3个月，大大减少到医院复诊的人数，为疫情防控和改善人民群众就医体验创造有利条件。

（四）以患者安全为中心，强化患者的管理

（1）严格落实“一人一诊室一消毒”制度，门（急）诊的医务人员接诊不同患者时应当加强手卫生，所有医务人员严格按照“两前三后”的指征做好手卫生。

（2）精神卫生医疗机构应当设立观察隔离病区，建立相关工作制度及流程。疫情期间尽可能在门诊调整药物治疗方案和落实居家康复，加强门诊、社区随访治疗管理。对于有严重兴奋躁动、冲动伤人毁物或消极自杀自伤行为的患者必须要求住院治疗；对于无疫情相关流行病学史和临床表现的患者，需完善体温、血常规、胸部CT等必要检查并确认无疫情相关疾病后办理入院。新入院的精神障碍患者在观察隔离病区观察14天后再转入普通病区。

（3）有条件的精神卫生医疗机构，应当设立发热病区，在医院感染控制专家的指导下，改造医务人员和患者的通行通道，科学设置医务人员和患者通道及医疗垃圾转运通道，降低交叉感染风险。

（4）住院患者发现有疑似或者确诊病例，立即采取隔离措施，将患者转诊到医院发热病区或者辖区的定点医院治疗；隔离有密切接触的医务人员和患者并进行医学观察；在疾病预防控制机构技术指导下，进行终末消毒。

（5）对住院患者及时完善诊疗方案，尽可能缩短住院时间，以避免病区人员过于密集。住院患者的检查、治疗和康复原则上应在病区内开展，与门诊患者及其他病区患者做到物理隔离，避免患者交叉感染。若必须共用检查设备或治疗场所，采取分时段进行，期间加强清洁消毒。强化患者手卫生知识及督促其在饭前便后严格执行。加强住院患者的饮食管理，病房采用送餐制，餐（饮）具应当一人一具一用一消毒，避免集中进餐，分散错峰就餐。

（五）加强全员管理，严防输入性感染

（1）提升全院职工“人人都是感染防控责任人”的理念，将院内感染预防与控制等各项制度执行落实到位，确保院内“零感染”。

（2）进行医务人员健康监测及报告制度。要求医务人员强制报告个人健康状况及每日行程，尽早发现感染隐患。科室领导每日掌握医务人员暴露情况，医务人员每日自我监测是否有发热、咳嗽等感染的早期症状，对于有临床症状，有可能感染的，要立即进行病原学检测。医务人员日常要做好自我防护，保障自身安全及防止输入性感染。

（3）坚持医院公益性属性，科学建立重大传染病疫情下的绩效管理模式。重大传染性疫情暴发时，要重新梳理明确医院各部门应对疫情的风险等级、技术含量和工作强度等，科学、合理地重新界定各岗位的价值，绩效可向应对疫情一线和关键岗位倾斜。

（4）重大疫情下，坚持“人物同防”，加强对人员流通、物资流通等渠道的监测、检测、消毒，防止输入性风险。

**四、积极参与抗疫，扎实做好疫情下的紧急心理援助工作**

在疫情期间，公众很需要心理方面的疏导和积极情绪应对。精神卫生医疗机构在卫生健康行政部门统一协调下，发挥特长，高度重视病人、隔离在家的群众、病亡者家属等重点人群的心理健康，为他们提供专业、实用的心理干预和心理援助等服务。动员各方面力量全面加强心理疏导，将心理干预工作融入社会基层治理之中，形成共建共治共享的合理局面，真正做到疏导个体心病、防范社会问题。只有社会面总体安全了，精神卫生医疗机构才能真正长久安全。

**五、持续加大对精神卫生的资源投入力度，做到平战结合，实现持续健康发展**

在2020年的世界精神卫生日，世卫组织、全球精神卫生联盟和世界精神卫生联合会等伙伴组织共同呼吁增加对精神卫生的投资比例。世卫组织总干事谭德塞博士说：“世界精神卫生日给全世界一个机会，让我们团结起来，开始纠正对精神卫生的历史性忽视。我们已经看到了新冠病毒肺炎大流行对人们精神健康的影响，而这仅仅是个开始。除非我们现在就做出严肃承诺，加大对精神卫生的投资，否则终将产生深远的健康、社会和经济后果。”①

（1）加大对精神卫生的资源投入力度，缓解精神卫生服务资源十分短缺且分布不均的问题。各精神卫生医疗机构在新建和改扩建时必须按照“平战结合”原则进行，严格按照传染病防治的相关流程和规范进行设计布局，做到平时是为群众提供精神卫生诊疗服务的医疗机构，发生重大疫情时，能够积极有效地应对疫情。建章立制，落实专门经费，加大各精神卫生医疗机构防疫物资储备力度。

（2）制定并落实好长期可持续的政策、规划支持精神卫生改革顺利进行。党和政府高度重视精神卫生工作，先后采取一系列政策措施，推动精神卫生事业发展。将精神卫生工作作为保障和改善民生以及加强和创新社会管理的重要举措，列入国民经济和社会发展总体规划。我国出台了《中华人民共和国精神卫生法》《全国精神卫生工作

① 资料来源：https：//www.sohu.com/a/423640389_771635，2021年12月10日访问。

规划（2015—2020 年）》《“健康中国 2030”规划纲要》《健康中国行动》等一系列法规政策，有力地促进了精神卫生事业的快速发展。但也存在一些短板，如精神卫生服务资源短缺且分布不均；精神障碍社区康复体系尚未建立；部分地区严重精神障碍患者发现、随访、管理工作仍不到位；部分贫困患者得不到有效救治；依法被决定强制医疗和有肇事肇祸行为的患者收治困难。为解决这些难题，党和政府应加快推进省、市、县三级精神卫生工作政府领导与部门协调机制；积极组建乡镇（街道）精神卫生综合管理小组；进一步健全精神卫生服务体系和网络；增加全国精神科执业（助理）医师数量；基层医疗卫生机构配备专职或兼职精神卫生防治人员；加快推进实施心理健康促进行动；适当扩大精神卫生专业招生规模，加大人才培养力度，破解人才数量短缺矛盾；提高薪酬待遇，减少精神卫生专业人才流失。

（3）健全应急医疗救助机制。加大对贫困精神障碍患者医药费的支持力度，提高医保报销比例，减轻困难群众就医就诊的后顾之忧。

疫情无情，“医”有情。面对疫情考验，精神卫生医疗机构应从制度、管理、布局、环境、流程、人员等诸多层面充分考虑，提高医务人员的医院感染防控意识和防控措施的执行力。提升传染病救治能力，完善传染病防治设施建设，补齐短板弱项，实现平时满足正常需求，“战时出征沙场”披坚执锐，为精神障碍患者构筑起有力屏障。

因此，重大疫情下如何确保精神卫生医疗机构内的人员安全，值得各类精神卫生医疗机构、卫生行政机关、各级政府有关部门和司法机关予以充分关注。给予特殊的、充分的资源保障、政策支持，确保精神卫生专业机构在疫情下能坚守安全、为抗击重大疫情提供专业支持。

## 习题

1. 简述重大疫情下精神卫生医疗机构面临的问题与困难。
2. 简述重大疫情下精神卫生医疗机构的应对策略。

## 拓展阅读文献

1.《中华人民共和国传染病防治法》。
2.《中华人民共和国传染病防治法实施办法》。
3.《新型冠状病毒肺炎防控方案（第八版）》。
4.《精神卫生医疗机构新冠肺炎防控技术方案》。
5.《增进恢复：紧急情况发生后可持续的精神卫生保健概述》。
6.《精神卫生医疗机构新冠肺炎防控技术方案》。
7.《重大突发传染病（新型冠状病毒肺炎）防控期间精神障碍诊治流程和路径专家建议》。

# 附录

附录一

# 司法精神医学法律法规、司法解释、行政规章汇编

目　　录

# 中华人民共和国宪法（节选）

| 条次 | 原文 |
| --- | --- |
| 37 | 中华人民共和国公民的人身自由不受侵犯。<br>任何公民，非经人民检察院批准或者决定或者人民法院决定，并由公安机关执行，不受逮捕。<br>禁止非法拘禁和以其他方法非法剥夺或者限制公民的人身自由，禁止非法搜查公民的身体。 |
| 42 | 中华人民共和国公民有劳动的权利和义务。<br>国家通过各种途径，创造劳动就业条件，加强劳动保护，改善劳动条件，并在发展生产的基础上，提高劳动报酬和福利待遇。<br>劳动是一切有劳动能力的公民的光荣职责。国有企业和城乡集体经济组织的劳动者都应当以国家主人翁的态度对待自己的劳动。国家提倡社会主义劳动竞赛，奖励劳动模范和先进工作者。国家提倡公民从事义务劳动。<br>国家对就业前的公民进行必要的劳动就业训练。 |
| 45 | 中华人民共和国公民在年老、疾病或者丧失劳动能力的情况下，有从国家和社会获得物质帮助的权利。国家发展为公民享受这些权利所需要的社会保险、社会救济和医疗卫生事业。<br>国家和社会保障残废军人的生活，抚恤烈士家属，优待军人家属。<br>国家和社会帮助安排盲、聋、哑和其他有残疾的公民的劳动、生活和教育。 |
| 46 | 中华人民共和国公民有受教育的权利和义务。<br>国家培养青年、少年、儿童在品德、智力、体质等方面全面发展。 |

# 中华人民共和国民法典（节选）

| 条次 | 原文 |
| --- | --- |
| 13 | 自然人从出生时起到死亡时止，具有民事权利能力，依法享有民事权利，承担民事义务。 |
| 16 | 涉及遗产继承、接受赠与等胎儿利益保护的，胎儿视为具有民事权利能力。但是，胎儿娩出时为死体的，其民事权利能力自始不存在。 |
| 17 | 十八周岁以上的自然人为成年人。不满十八周岁的自然人为未成年人。 |
| 18 | 成年人为完全民事行为能力人，可以独立实施民事法律行为。<br>十六周岁以上的未成年人，以自己的劳动收入为主要生活来源的，视为完全民事行为能力人。 |
| 19 | 八周岁以上的未成年人为限制民事行为能力人，实施民事法律行为由其法定代理人代理或者经其法定代理人同意、追认；但是，可以独立实施纯获利益的民事法律行为或者与其年龄、智力相适应的民事法律行为。 |
| 20 | 不满八周岁的未成年人为无民事行为能力人，由其法定代理人代理实施民事法律行为。 |

（续表）

| 条次 | 原文 |
| --- | --- |
| 21 | 不能辨认自己行为的成年人为无民事行为能力人，由其法定代理人代理实施民事法律行为。<br>八周岁以上的未成年人不能辨认自己行为的，适用前款规定。 |
| 22 | 不能完全辨认自己行为成年人为限制民事行为能力人，实施民事法律行为由其法定代理人代理或者经其法定代理人同意、追认；但是，可以独立实施纯获利益的民事法律行为或者与其智力、精神健康状况相适应的民事法律行为。 |
| 23 | 无民事行为能力人、限制民事行为能力人的监护人是其法定代理人。 |
| 24 | 不能辨认或者不能完全辨认自己行为的成年人，其利害关系人或者有关组织，可以向人民法院申请认定该成年人为无民事行为能力人或者限制民事行为能力人。<br>被人民法院认定为无民事行为能力人或者限制民事行为能力人的，经本人、利害关系人或者有关组织申请，人民法院可以根据其智力、精神健康恢复的状况，认定该成年人恢复为限制民事行为能力人或者完全民事行为能力人。<br>本条规定的有关组织包括：居民委员会、村民委员会、学校、医疗机构、妇女联合会、残疾人联合会、依法设立的老年人组织、民政部门等。 |
| 26 | 父母对未成年子女负有抚养、教育和保护的义务。<br>成年子女对父母负有赡养、扶助和保护的义务。 |
| 27 | 父母是未成年子女的监护人。<br>未成年人的父母已经死亡或者没有监护能力的，由下列有监护能力的人按顺序担任监护人：<br>（一）祖父母、外祖父母；<br>（二）兄、姐；<br>（三）其他愿意担任监护人的个人或者组织，但是须经未成年人住所地的居民委员会、村民委员会或者民政部门同意。 |
| 28 | 无民事行为能力或者限制民事行为能力的成年人，由下列有监护能力的人按顺序担任监护人：<br>（一）配偶；<br>（二）父母、子女；<br>（三）其他近亲属；<br>（四）其他愿意担任监护人的个人或者组织，但是须经被监护人住所地的居民委员会、村民委员会或者民政部门同意。 |
| 29 | 被监护人的父母担任监护人的，可以通过遗嘱指定监护人。 |
| 30 | 依法具有监护资格的人之间可以协议确定监护人。协议确定监护人应当尊重被监护人的真实意愿。 |
| 31 | 对监护人的确定有争议的，由被监护人住所地的居民委员会、村民委员会或者民政部门指定监护人，有关当事人对指定不服的，可以向人民法院申请指定监护人；有关当事人也可以直接向人民法院申请指定监护人。<br>居民委员会、村民委员会、民政部门或者人民法院应当尊重被监护人的真实意愿，按照最有利于被监护人的原则在依法具有监护资格的人中指定监护人。<br>依据本条第一款规定指定监护人前，被监护人的人身权利、财产权利以及其他合法权益处于无人保护状态的，由被监护人住所地的居民委员会、村民委员会、法律规定的有关组织或者民政部门担任临时监护人。<br>监护人被指定后，不得擅自变更；擅自变更的，不免除被指定的监护人的责任。 |

（续表）

| 条次 | 原文 |
| --- | --- |
| 32 | 没有依法具有监护资格的人的，监护人由民政部门担任，也可以由具备履行监护职责条件的被监护人住所地的居民委员会、村民委员会担任。 |
| 33 | 具有完全民事行为能力的成年人，可以与其近亲属、其他愿意担任监护人的个人或者组织事先协商，以书面形式确定自己的监护人，在自己丧失或者部分丧失民事行为能力时，由该监护人履行监护职责。 |
| 34 | 监护人的职责是代理被监护人实施民事法律行为，保护被监护人的人身权利、财产权利以及其他合法权益等。<br>监护人依法履行监护职责产生的权利，受法律保护。<br>监护人不履行监护职责或者侵害被监护人合法权益的，应当承担法律责任。<br>因发生突发事件等紧急情况，监护人暂时无法履行监护职责，被监护人的生活处于无人照料状态的，被监护人住所地的居民委员会、村民委员会或者民政部门应当为被监护人安排必要的临时生活照料措施。 |
| 35 | 监护人应当按照最有利于被监护人的原则履行监护职责。监护人除为维护被监护人利益外，不得处分被监护人的财产。<br>未成年人的监护人履行监护职责，在作出与被监护人利益有关的决定时，应当根据被监护人的年龄和智力状况，尊重被监护人的真实意愿。<br>成年人的监护人履行监护职责，应当最大程度地尊重被监护人的真实意愿，保障并协助被监护人实施与其智力、精神健康状况相适应的民事法律行为。对被监护人有能力独立处理的事务，监护人不得干涉。 |
| 36 | 监护人有下列情形之一的，人民法院根据有关个人或者组织的申请，撤销其监护人资格，安排必要的临时监护措施，并按照最有利于被监护人的原则依法指定监护人：<br>（一）实施严重损害被监护人身心健康的行为；<br>（二）怠于履行监护职责，或者无法履行监护职责且拒绝将监护职责部分或者全部委托给他人，导致被监护人处于危困状态；<br>（三）实施严重侵害被监护人合法权益的其他行为。<br>本条规定的有关个人、组织包括：其他依法具有监护资格的人，居民委员会、村民委员会、学校、医疗机构、妇女联合会、残疾人联合会、未成年人保护组织、依法设立的老年人组织、民政部门等。<br>前款规定的个人和民政部门以外的组织未及时向人民法院申请撤销监护人资格的，民政部门应当向人民法院申请。 |
| 37 | 依法负担被监护人抚养费、赡养费、扶养费的父母、子女、配偶等，被人民法院撤销监护人资格后，应当继续履行负担的义务。 |
| 38 | 被监护人的父母或者子女被人民法院撤销监护人资格后，除对被监护人实施故意犯罪的外，确有悔改表现的，经其申请，人民法院可以在尊重被监护人真实意愿的前提下，视情况恢复其监护人资格，人民法院指定的监护人与被监护人的监护关系同时终止。 |
| 39 | 有下列情形之一的，监护关系终止：<br>（一）被监护人取得或者恢复完全民事行为能力；<br>（二）监护人丧失监护能力；<br>（三）被监护人或者监护人死亡；<br>（四）人民法院认定监护关系终止的其他情形。<br>监护关系终止后，被监护人仍然需要监护的，应当依法另行确定监护人。 |

# 中华人民共和国民事诉讼法（节选）

| 条次 | 原文 |
| --- | --- |
| 187 | 申请认定公民无民事行为能力或者限制民事行为能力，由其近亲属或者其他利害关系人向该公民住所地基层人民法院提出。<br>申请书应当写明该公民无民事行为能力或者限制民事行为能力的事实和根据。 |
| 188 | 人民法院受理申请后，必要时应当对被请求认定为无民事行为能力或者限制民事行为能力的公民进行鉴定。申请人已提供鉴定意见的，应当对鉴定意见进行审查。 |
| 189 | 人民法院审理认定公民无民事行为能力或者限制民事行为能力的案件，应当由该公民的近亲属为代理人，但申请人除外。近亲属互相推诿的，由人民法院指定其中一人为代理人。该公民健康情况许可的，还应当询问本人的意见。<br>人民法院经审理认定申请有事实根据的，判决该公民为无民事行为能力或者限制民事行为能力人；认定申请没有事实根据的，应当判决予以驳回。 |
| 190 | 人民法院根据被认定为无民事行为能力人、限制民事行为能力人或者他的监护人的申请，证实该公民无民事行为能力或者限制民事行为能力的原因已经消除的，应当作出新判决，撤销原判决。 |

# 中华人民共和国刑法（节选）

| 条次 | 原文 |
| --- | --- |
| 18 | 精神病人在不能辨认或者不能控制自己行为的时候造成危害结果，经法定程序鉴定确认的，不负刑事责任，但是应当责令他的家属或者监护人严加看管和医疗；在必要的时候，由政府强制医疗。<br>间歇性的精神病人在精神正常的时候犯罪，应当负刑事责任。<br>尚未完全丧失辨认或者控制自己行为能力的精神病人犯罪的，应当负刑事责任，但是可以从轻或者减轻处罚。<br>醉酒的人犯罪，应当负刑事责任。 |
| 37 | 对于犯罪情节轻微不需要判处刑罚的，可以免予刑事处罚，但是可以根据案件的不同情况，予以训诫或者责令具结悔过、赔礼道歉、赔偿损失，或者由主管部门予以行政处罚或者行政处分。 |
| 37-1 | 因利用职业便利实施犯罪，或者实施违背职业要求的特定义务的犯罪被判处刑罚的，人民法院可以根据犯罪情况和预防再犯罪的需要，禁止其自刑罚执行完毕之日或者假释之日起从事相关职业，期限为三年至五年。<br>被禁止从事相关职业的人违反人民法院依照前款规定作出的决定的，由公安机关依法给予处罚；情节严重的，依照本法第三百一十三条的规定定罪处罚。<br>其他法律、行政法规对其从事相关职业另有禁止或者限制性规定的，从其规定。 |
| 49 | 犯罪的时候不满十八周岁的人和审判的时候怀孕的妇女，不适用死刑。<br>审判的时候已满七十五周岁的人，不适用死刑，但以特别残忍手段致人死亡的除外。 |

（续表）

| 条次 | 原文 |
|---|---|
| 61 | 对于犯罪分子决定刑罚的时候，应当根据犯罪的事实、犯罪的性质、情节和对于社会的危害程度，依照本法的有关规定判处。 |
| 305 | 在刑事诉讼中，证人、鉴定人、记录人、翻译人对与案件有重要关系的情节，故意作虚假证明、鉴定、记录、翻译，意图陷害他人或者隐匿罪证的，处三年以下有期徒刑或者拘役；情节严重的，处三年以上七年以下有期徒刑。 |
| 306 | 在刑事诉讼中，辩护人、诉讼代理人毁灭、伪造证据，帮助当事人毁灭、伪造证据，威胁、引诱证人违背事实改变证言或者作伪证的，处三年以下有期徒刑或者拘役；情节严重的，处三年以上七年以下有期徒刑。<br>辩护人、诉讼代理人提供、出示、引用的证人证言或者其他证据失实，不是有意伪造的，不属于伪造证据。 |
| 307 | 以暴力、威胁、贿买等方法阻止证人作证或者指使他人作伪证的，处三年以下有期徒刑或者拘役；情节严重的，处三年以上七年以下有期徒刑。<br>帮助当事人毁灭、伪造证据，情节严重的，处三年以下有期徒刑或者拘役。<br>司法工作人员犯前两款罪的，从重处罚。 |
| 308 | 对证人进行打击报复的，处三年以下有期徒刑或者拘役；情节严重的，处三年以上七年以下有期徒刑。 |
| 309 | 有下列扰乱法庭秩序情形之一的，处三年以下有期徒刑、拘役、管制或者罚金：<br>（一）聚众哄闹、冲击法庭的；<br>（二）殴打司法工作人员或者诉讼参与人的；<br>（三）侮辱、诽谤、威胁司法工作人员或者诉讼参与人，不听法庭制止，严重扰乱法庭秩序的；<br>（四）有毁坏法庭设施，抢夺、损毁诉讼文书、证据等扰乱法庭秩序行为，情节严重的。 |

# 中华人民共和国刑事诉讼法（节选）

| 条次 | 原文 |
|---|---|
| 29 | 审判人员、检察人员、侦查人员有下列情形之一的，应当自行回避，当事人及其法定代理人也有权要求他们回避：<br>（一）是本案的当事人或者是当事人的近亲属的；<br>（二）本人或者他的近亲属和本案有利害关系的；<br>（三）担任过本案的证人、鉴定人、辩护人、诉讼代理人的；<br>（四）与本案当事人有其他关系，可能影响公正处理案件的。 |
| 30 | 审判人员、检察人员、侦查人员不得接受当事人及其委托的人的请客送礼，不得违反规定会见当事人及其委托的人。<br>审判人员、检察人员、侦查人员违反前款规定的，应当依法追究法律责任。当事人及其法定代理人有权要求他们回避。 |

（续表）

| 条次 | 原文 |
|---|---|
| 31 | 审判人员、检察人员、侦查人员的回避，应当分别由院长、检察长、公安机关负责人决定；院长的回避，由本院审判委员会决定；检察长和公安机关负责人的回避，由同级人民检察院检察委员会决定。<br>对侦查人员的回避作出决定前，侦查人员不能停止对案件的侦查。<br>对驳回申请回避的决定，当事人及其法定代理人可以申请复议一次。 |
| 32 | 本章关于回避的规定适用于书记员、翻译人员和鉴定人。<br>辩护人、诉讼代理人可以依照本章的规定要求回避、申请复议。 |
| 35 | 犯罪嫌疑人、被告人是盲、聋、哑人，或者是尚未完全丧失辨认或者控制自己行为能力的精神病人，没有委托辩护人的，人民法院、人民检察院和公安机关应当通知法律援助机构指派律师为其提供辩护。 |
| 42 | 辩护人收集的有关犯罪嫌疑人不在犯罪现场、未达到刑事责任年龄、属于依法不负刑事责任的精神病人的证据，应当及时告知公安机关、人民检察院。 |
| 43 | 辩护律师经证人或者其他有关单位和个人同意，可以向他们收集与本案有关的材料，也可以申请人民检察院、人民法院收集、调取证据，或者申请人民法院通知证人出庭作证。 |
| 44 | 辩护人或者其他任何人，不得帮助犯罪嫌疑人、被告人隐匿、毁灭、伪造证据或者串供，不得威胁、引诱证人作伪证以及进行其他干扰司法机关诉讼活动的行为。<br>违反前款规定的，应当依法追究法律责任，辩护人涉嫌犯罪的，应当由办理辩护人所承办案件的侦查机关以外的侦查机关办理。辩护人是律师的，应当及时通知其所在的律师事务所或者所属的律师协会。 |
| 50 | 可以用于证明案件事实的材料，都是证据。<br>证据包括：<br>（一）物证；<br>（二）书证；<br>（三）证人证言；<br>（四）被害人陈述；<br>（五）犯罪嫌疑人、被告人供述和辩解；<br>（六）鉴定意见；<br>（七）勘验、检查、辨认、侦查实验等笔录；<br>（八）视听资料、电子数据。<br>证据必须经过查证属实，才能作为定案的根据。 |
| 51 | 公诉案件中被告人有罪的举证责任由人民检察院承担，自诉案件中被告人有罪的举证责任由自诉人承担。 |
| 54 | 人民法院、人民检察院和公安机关有权向有关单位和个人收集、调取证据。有关单位和个人应当如实提供证据。<br>行政机关在行政执法和查办案件过程中收集的物证、书证、视听资料、电子数据等证据材料，在刑事诉讼中可以作为证据使用。<br>对涉及国家秘密、商业秘密、个人隐私的证据，应当保密。<br>凡是伪造证据、隐匿证据或者毁灭证据的，无论属于何方，必须受法律追究。 |

（续表）

| 条次 | 原文 |
| --- | --- |
| 55 | 对一切案件的判处都要重证据，重调查研究，不轻信口供。只有被告人供述，没有其他证据的，不能认定被告人有罪和处以刑罚；没有被告人供述，证据确实、充分的，可以认定被告人有罪和处以刑罚。<br>证据确实、充分，应当符合以下条件：<br>（一）定罪量刑的事实都有证据证明；<br>（二）据以定案的证据均经法定程序查证属实；<br>（三）综合全案证据，对所认定事实已排除合理怀疑。 |
| 56 | 采用刑讯逼供等非法方法收集的犯罪嫌疑人、被告人供述和采用暴力、威胁等非法方法收集的证人证言、被害人陈述，应当予以排除。收集物证、书证不符合法定程序，可能严重影响司法公正的，应当予以补正或者作出合理解释；不能补正或者作出合理解释的，对该证据应当予以排除。<br>在侦查、审查起诉、审判时发现有应当排除的证据的，应当依法予以排除，不得作为起诉意见、起诉决定和判决的依据。 |
| 59 | 在对证据收集的合法性进行法庭调查的过程中，人民检察院应当对证据收集的合法性加以证明。<br>现有证据材料不能证明证据收集的合法性的，人民检察院可以提请人民法院通知有关侦查人员或者其他人员出庭说明情况；人民法院可以通知有关侦查人员或者其他人员出庭说明情况。有关侦查人员或者其他人员也可以要求 出庭说明情况。经人民法院通知，有关人员应当出庭。 |
| 61 | 证人证言必须在法庭上经过公诉人、被害人和被告人、辩护人双方质证并且查实以后，才能作为定案的根据。法庭查明证人有意作伪证或者隐匿罪证的时候，应当依法处理。 |
| 62 | 凡是知道案件情况的人，都有作证的义务。<br>生理上、精神上有缺陷或者年幼，不能辨别是非、不能正确表达的人，不能作证人。 |
| 63 | 人民法院、人民检察院和公安机关应当保障证人及其近亲属的安全。<br>对证人及其近亲属进行威胁、侮辱、殴打或者打击报复，构成犯罪的，依法追究刑事责任；尚不够刑事处罚的，依法给予治安管理处罚。 |
| 64 | 对于危害国家安全犯罪、恐怖活动犯罪、黑社会性质的组织犯罪、毒品犯罪等案件，证人、鉴定人、被害人因在诉讼中作证，本人或者其近亲属的人身安全面临危险的，人民法院、人民检察院和公安机关应当采取以下一项或者多项保护措施：<br>（一）不公开真实姓名、住址和工作单位等个人信息；<br>（二）采取不暴露外貌、真实声音等出庭作证措施；<br>（三）禁止特定的人员接触证人、鉴定人、被害人及其近亲属；<br>（四）对人身和住宅采取专门性保护措施；<br>（五）其他必要的保护措施。<br>证人、鉴定人、被害人认为因在诉讼中作证，本人或者其近亲属的人身安全面临危险的，可以向人民法院、人民检察院、公安机关请求予以保护。<br>人民法院、人民检察院、公安机关依法采取保护措施，有关单位和个人应当配合。 |
| 65 | 证人因履行作证义务而支出的交通、住宿、就餐等费用，应当给予补助。证人作证的补助列入司法机关业务经费，由同级政府财政予以保障。<br>有工作单位的证人作证，所在单位不得克扣或者变相克扣其工资、奖金及其他福利待遇。 |

（续表）

| 条次 | 原文 |
|---|---|
| 74 | 人民法院、人民检察院和公安机关对符合逮捕条件，有下列情形之一的犯罪嫌疑人、被告人，可以监视居住：<br>（一）患有严重疾病、生活不能自理的；<br>（二）怀孕或者正在哺乳自己婴儿的妇女；<br>（三）系生活不能自理的人的唯一扶养人；<br>（四）因为案件的特殊情况或者办理案件的需要，采取监视居住措施更为适宜的；<br>（五）羁押期限届满，案件尚未办结，需要采取监视居住措施的。<br>对符合取保候审条件，但犯罪嫌疑人、被告人不能提出保证人，也不交纳保证金的，可以监视居住。<br>监视居住由公安机关执行。 |
| 101 | 被害人由于被告人的犯罪行为而遭受物质损失的，在刑事诉讼过程中，有权提起附带民事诉讼。被害人死亡或者丧失行为能力的，被害人的法定代理人、近亲属有权提起附带民事诉讼。<br>如果是国家财产、集体财产遭受损失的，人民检察院在提起公诉的时候，可以提起附带民事诉讼。 |
| 108 | “诉讼参与人”是指当事人、法定代理人、诉讼代理人、辩护人、证人、鉴定人和翻译人员； |
| 109 | 公安机关或者人民检察院发现犯罪事实或者犯罪嫌疑人，应当按照管辖范围，立案侦查。 |
| 113 | 人民检察院认为公安机关对应当立案侦查的案件而不立案侦查的，或者被害人认为公安机关对应当立案侦查的案件而不立案侦查，向人民检察院提出的，人民检察院应当要求公安机关说明不立案的理由。人民检察院认为公安机关不立案理由不能成立的，应当通知公安机关立案，公安机关接到通知后应当立案。 |
| 114 | 对于自诉案件，被害人有权向人民法院直接起诉。被害人死亡或者丧失行为能力的，被害人的法定代理人、近亲属有权向人民法院起诉。人民法院应当依法受理。 |
| 116 | 公安机关经过侦查，对有证据证明有犯罪事实的案件，应当进行预审，对收集、调取的证据材料予以核实。 |
| 118 | 讯问犯罪嫌疑人必须由人民检察院或者公安机关的侦查人员负责进行。讯问的时候，侦查人员不得少于二人。 |
| 121 | 讯问聋、哑的犯罪嫌疑人，应当有通晓聋、哑手势的人参加，并且将这种情况记明笔录。 |
| 123 | 侦查人员在讯问犯罪嫌疑人的时候，可以对讯问过程进行录音或者录像；对于可能判处无期徒刑、死刑的案件或者其他重大犯罪案件，应当对讯问过程进行录音或者录像。<br>录音或者录像应当全程进行，保持完整性。 |
| 124 | 侦查人员询问证人，可以在现场进行，也可以到证人所在单位、住处或者证人提出的地点进行，在必要的时候，可以通知证人到人民检察院或者公安机关提供证言。在现场询问证人，应当出示工作证件，到证人所在单位、住处或者证人提出的地点询问证人，应当出示人民检察院或者公安机关的证明文件。<br>询问证人应当个别进行。 |
| 125 | 询问证人，应当告知他应当如实地提供证据、证言和有意作伪证或者隐匿罪证要负的法律责任。 |

（续表）

| 条次 | 原文 |
|---|---|
| 126 | 本法第一百二十二条的规定，也适用于询问证人。 |
| 127 | 询问被害人，适用本节各条规定。 |
| 128 | 侦查人员对于与犯罪有关的场所、物品、人身、尸体应当进行勘验或者检查。在必要的时候，可以指派或者聘请具有专门知识的人，在侦查人员的主持下进行勘验、检查。 |
| 131 | 对于死因不明的尸体，公安机关有权决定解剖，并且通知死者家属到场。 |
| 132 | 为了确定被害人、犯罪嫌疑人的某些特征、伤害情况或者生理状态，可以对人身进行检查，可以提取指纹信息，采集血液、尿液等生物样本。<br>犯罪嫌疑人如果拒绝检查，侦查人员认为必要的时候，可以强制检查。<br>检查妇女的身体，应当由女工作人员或者医师进行。 |
| 133 | 勘验、检查的情况应当写成笔录，由参加勘验、检查的人和见证人签名或者盖章。 |
| 134 | 人民检察院审查案件的时候，对公安机关的勘验、检查，认为需要复验、复查时，可以要求公安机关复验、复查，并且可以派检察人员参加。 |
| 135 | 为了查明案情，在必要的时候，经公安机关负责人批准，可以进行侦查实验。<br>侦查实验的情况应当写成笔录，由参加实验的人签名或者盖章。<br>侦查实验，禁止一切足以造成危险、侮辱人格或者有伤风化的行为。 |
| 136 | 为了收集犯罪证据、查获犯罪人，侦查人员可以对犯罪嫌疑人以及可能隐藏罪犯或者犯罪证据的人的身体、物品、住处和其他有关的地方进行搜查。 |
| 146 | 为了查明案情，需要解决案件中某些专门性问题的时候，应当指派、聘请有专门知识的人进行鉴定。 |
| 147 | 鉴定人进行鉴定后，应当写出鉴定意见，并且签名。<br>鉴定人故意作虚假鉴定的，应当承担法律责任。 |
| 148 | 侦查机关应当将用作证据的鉴定意见告知犯罪嫌疑人、被害人。如果犯罪嫌疑人、被害人提出申请，可以补充鉴定或者重新鉴定。 |
| 149 | 对犯罪嫌疑人作精神病鉴定的期间不计入办案期限。 |
| 163 | 在侦查过程中，发现不应对犯罪嫌疑人追究刑事责任的，应当撤销案件；犯罪嫌疑人已被逮捕的，应当立即释放，发给释放证明，并且通知原批准逮捕的人民检察院。 |
| 187 | 人民法院决定开庭审判后，应当确定合议庭的组成人员，将人民检察院的起诉书副本至迟在开庭十日以前送达被告人及其辩护人。<br>在开庭以前，审判人员可以召集公诉人、当事人和辩护人、诉讼代理人，对回避、出庭证人名单、非法证据排除等与审判相关的问题，了解情况，听取意见。<br>人民法院确定开庭日期后，应当将开庭的时间、地点通知人民检察院，传唤当事人，通知辩护人、诉讼代理人、证人、鉴定人和翻译人员，传票和通知书至迟在开庭三日以前送达。公开审判的案件，应当在开庭三日以前先期公布案由、被告人姓名、开庭时间和地点。<br>上述活动情形应当写入笔录，由审判人员和书记员签名。 |

（续表）

| 条次 | 原文 |
| --- | --- |
| 190 | 开庭的时候，审判长查明当事人是否到庭，宣布案由；宣布合议庭的组成人员、书记员、公诉人、辩护人、诉讼代理人、鉴定人和翻译人员的名单；告知当事人有权对合议庭组成人员、书记员、公诉人、鉴定人和翻译人员申请回避；告知被告人享有辩护权利。<br>被告人认罪认罚的，审判长应当告知被告人享有的诉讼权利和认罪认罚的法律规定，审查认罪认罚的自愿性和认罪认罚具结书内容的真实性、合法性。 |
| 192 | 公诉人、当事人或者辩护人、诉讼代理人对证人证言有异议，且该证人证言对案件定罪量刑有重大影响，人民法院认为证人有必要出庭作证的，证人应当出庭作证。<br>人民警察就其执行职务时目击的犯罪情况作为证人出庭作证，适用前款规定。<br>公诉人、当事人或者辩护人、诉讼代理人对鉴定意见有异议，人民法院认为鉴定人有必要出庭的，鉴定人应当出庭作证。经人民法院通知，鉴定人拒不出庭作证的，鉴定意见不得作为定案的根据。 |
| 193 | 经人民法院通知，证人没有正当理由不出庭作证的，人民法院可以强制其到庭，但是被告人的配偶、父母、子女除外。<br>证人没有正当理由拒绝出庭或者出庭后拒绝作证的，予以训诫，情节严重的，经院长批准，处以十日以下的拘留。被处罚人对拘留决定不服的，可以向上一级人民法院申请复议。复议期间不停止执行。 |
| 194 | 证人作证，审判人员应当告知他要如实地提供证言和有意作伪证或者隐匿罪证要负的法律责任。公诉人、当事人和辩护人、诉讼代理人经审判长许可，可以对证人、鉴定人发问。审判长认为发问的内容与案件无关的时候，应当制止。<br>审判人员可以询问证人、鉴定人。 |
| 195 | 公诉人、辩护人应当向法庭出示物证，让当事人辨认，对未到庭的证人的证言笔录、鉴定人的鉴定意见、勘验笔录和其他作为证据的文书，应当当庭宣读。审判人员应当听取公诉人、当事人和辩护人、诉讼代理人的意见。 |
| 196 | 法庭审理过程中，合议庭对证据有疑问的，可以宣布休庭，对证据进行调查核实。<br>人民法院调查核实证据，可以进行勘验、检查、查封、扣押、鉴定和查询、冻结。 |
| 197 | 法庭审理过程中，当事人和辩护人、诉讼代理人有权申请通知新的证人到庭，调取新的物证，申请重新鉴定或者勘验。<br>公诉人、当事人和辩护人、诉讼代理人可以申请法庭通知有专门知识的人出庭，就鉴定人作出的鉴定意见提出意见。<br>法庭对于上述申请，应当作出是否同意的决定。 |
| 204 | 在法庭审判过程中，遇有下列情形之一，影响审判进行的，可以延期审理：<br>（一）需要通知新的证人到庭，调取新的物证，重新鉴定或者勘验的；<br>（二）检察人员发现提起公诉的案件需要补充侦查，提出建议的；<br>（三）由于申请回避而不能进行审判的。 |
| 210 | 自诉案件包括下列案件：<br>（一）告诉才处理的案件；<br>（二）被害人有证据证明的轻微刑事案件；<br>（三）被害人有证据证明对被告人侵犯自己人身、财产权利的行为应当依法追究刑事责任，而公安机关或者人民检察院不予追究被告人刑事责任的案件。 |

（续表）

| 条次 | 原文 |
|---|---|
| 215 | 有下列情形之一的，不适用简易程序：<br>（一）被告人是盲、聋、哑人，或者是尚未完全丧失辨认或者控制自己行为能力的精神病人的；<br>（二）有重大社会影响的；<br>（三）共同犯罪案件中部分被告人不认罪或者对适用简易程序有异议的；<br>（四）其他不宜适用简易程序审理的。 |
| 219 | 适用简易程序审理案件，不受本章第一节关于送达期限、讯问被告人、询问证人、鉴定人、出示证据、法庭辩论程序规定的限制。但在判决宣告前应当听取被告人的最后陈述意见。 |
| 236 | 第二审人民法院对不服第一审判决的上诉、抗诉案件，经过审理后，应当按照下列情形分别处理：<br>（一）原判决认定事实和适用法律正确、量刑适当的，应当裁定驳回上诉或者抗诉，维持原判；<br>（二）原判决认定事实没有错误，但适用法律有错误，或者量刑不当的，应当改判；<br>（三）原判决事实不清楚或者证据不足的，可以在查清事实后改判；也可以裁定撤销原判，发回原审人民法院重新审判。<br>原审人民法院对于依照前款第三项规定发回重新审判的案件作出判决后，被告人提出上诉或者人民检察院提出抗诉的，第二审人民法院应当依法作出判决或者裁定，不得再发回原审人民法院重新审判。 |
| 281 | 对于未成年人刑事案件，在讯问和审判的时候，应当通知未成年犯罪嫌疑人、被告人的法定代理人到场。无法通知、法定代理人不能到场或者法定代理人是共犯的，也可以通知未成年犯罪嫌疑人、被告人的其他成年亲属，所在学校、单位、居住地基层组织或者未成年人保护组织的代表到场，并将有关情况记录在案。到场的法定代理人可以代为行使未成年犯罪嫌疑人、被告人的诉讼权利。<br>到场的法定代理人或者其他人员认为办案人员在讯问、审判中侵犯未成年人合法权益的，可以提出意见。讯问笔录、法庭笔录应当交给到场的法定代理人或者其他人员阅读或者向他宣读。<br>讯问女性未成年犯罪嫌疑人，应当有女工作人员在场。<br>审判未成年人刑事案件，未成年被告人最后陈述后，其法定代理人可以进行补充陈述。<br>询问未成年被害人、证人，适用第一款、第二款、第三款的规定。 |
| 302 | 实施暴力行为，危害公共安全或者严重危害公民人身安全，经法定程序鉴定依法不负刑事责任的精神病人，有继续危害社会可能的，可以予以强制医疗。 |
| 303 | 根据本章规定对精神病人强制医疗的，由人民法院决定。<br>公安机关发现精神病人符合强制医疗条件的，应当写出强制医疗意见书，移送人民检察院。对于公安机关移送的或者在审查起诉过程中发现的精神病人符合强制医疗条件的，人民检察院应当向人民法院提出强制医疗的申请。人民法院在审理案件过程中发现被告人符合强制医疗条件的，可以作出强制医疗的决定。<br>对实施暴力行为的精神病人，在人民法院决定强制医疗前，公安机关可以采取临时的保护性约束措施。 |

（续表）

| 条次 | 原文 |
| --- | --- |
| 304 | 人民法院受理强制医疗的申请后，应当组成合议庭进行审理。<br>人民法院审理强制医疗案件，应当通知被申请人或者被告人的法定代理人到场。被申请人或者被告人没有委托诉讼代理人的，人民法院应当通知法律援助机构指派律师为其提供法律帮助。 |
| 305 | 人民法院经审理，对于被申请人或者被告人符合强制医疗条件的，应当在一个月以内作出强制医疗的决定。<br>被决定强制医疗的人、被害人及其法定代理人、近亲属对强制医疗决定不服的，可以向上一级人民法院申请复议。 |
| 306 | 强制医疗机构应当定期对被强制医疗的人进行诊断评估。对于已不具有人身危险性，不需要继续强制医疗的，应当及时提出解除意见，报决定强制医疗的人民法院批准。<br>被强制医疗的人及其近亲属有权申请解除强制医疗。 |
| 307 | 人民检察院对强制医疗的决定和执行实行监督。 |

# 最高人民法院关于适用《中华人民共和国刑事诉讼法》的解释（节选）

| 条次 | 原文 |
| --- | --- |
| 47 | 对下列没有委托辩护人的被告人，人民法院应当通知法律援助机构指派律师为其提供辩护：<br>（一）盲、聋、哑人；<br>（二）尚未完全丧失辨认或者控制自己行为能力的精神病人；<br>（三）可能被判处无期徒刑、死刑的人。<br>高级人民法院复核死刑案件，被告人没有委托辩护人的，应当通知法律援助机构指派律师为其提供辩护。<br>死刑缓期执行期间故意犯罪的案件，适用前两款规定。 |
| 72 | 应当运用证据证明的案件事实包括：<br>（一）被告人、被害人的身份；<br>（二）被指控的犯罪是否存在；<br>（三）被指控的犯罪是否为被告人所实施；<br>（四）被告人有无刑事责任能力，有无罪过，实施犯罪的动机、目的；<br>（五）实施犯罪的时间、地点、手段、后果以及案件起因等；<br>（六）是否系共同犯罪或者犯罪事实存在关联，以及被告人在犯罪中的地位、作用；<br>（七）被告人有无从重、从轻、减轻、免除处罚情节；<br>（八）有关涉案财物处理的事实；<br>（九）有关附带民事诉讼的事实；<br>（十）有关管辖、回避、延期审理等的程序事实；<br>（十一）与定罪量刑有关的其他事实。<br>认定被告人有罪和对被告人从重处罚，适用证据确实、充分的证明标准。 |

（续表）

| 条次 | 原文 |
|---|---|
| 75 | 行政机关在行政执法和查办案件过程中收集的物证、书证、视听资料、电子数据等证据材料，经法庭查证属实，且收集程序符合有关法律、行政法规规定的，可以作为定案的根据。<br>根据法律、行政法规规定行使国家行政管理职权的组织，在行政执法和查办案件过程中收集的证据材料，视为行政机关收集的证据材料。 |
| 80 | 下列人员不得担任见证人：<br>（一）生理上、精神上有缺陷或者年幼，不具有相应辨别能力或者不能正确表达的人；<br>（二）与案件有利害关系，可能影响案件公正处理的人；<br>（三）行使勘验、检查、搜查、扣押、组织辨认等监察调查、刑事诉讼职权的监察、公安、司法机关的工作人员或者其聘用的人员。<br>对见证人是否属于前款规定的人员，人民法院可以通过相关笔录载明的见证人的姓名、身份证件种类及号码、联系方式以及常住人口信息登记表等材料进行审查。<br>由于客观原因无法由符合条件的人员担任见证人的，应当在笔录材料中注明情况，并对相关活动进行全程录音录像。 |
| 81 | 公开审理案件时，公诉人、诉讼参与人提出涉及国家秘密、商业秘密或者个人隐私的证据的，法庭应当制止；确与本案有关的，可以根据具体情况，决定将案件转为不公开审理，或者对相关证据的法庭调查不公开进行。 |
| 82 | 对物证、书证应当着重审查以下内容：<br>（一）物证、书证是否为原物、原件，是否经过辨认、鉴定；物证的照片、录像、复制品或者书证的副本、复制件是否与原物、原件相符，是否由二人以上制作，有无制作人关于制作过程以及原物、原件存放于何处的文字说明和签名；<br>（二）物证、书证的收集程序、方式是否符合法律、有关规定；经勘验、检查、搜查提取、扣押的物证、书证，是否附有相关笔录、清单，笔录、清单是否经调查人员或者侦查人员、物品持有人、见证人签名，没有签名的，是否注明原因；物品的名称、特征、数量、质量等是否注明清楚；<br>（三）物证、书证在收集、保管、鉴定过程中是否受损或者改变；<br>（四）物证、书证与案件事实有无关联；对现场遗留与犯罪有关的具备鉴定条件的血迹、体液、毛发、指纹等生物样本、痕迹、物品，是否已作 DNA 鉴定、指纹鉴定等，并与被告人或者被害人的相应生物特征、物品等比对；<br>（五）与案件事实有关联的物证、书证是否全面收集。 |
| 85 | 对与案件事实可能有关联的血迹、体液、毛发、人体组织、指纹、足迹、字迹等生物样本、痕迹和物品，应当提取而没有提取，应当鉴定而没有鉴定，应当移送鉴定意见而没有移送，导致案件事实存疑的，人民法院应当通知人民检察院依法补充收集、调取、移送证据。 |
| 86 | 在勘验、检查、搜查过程中提取、扣押的物证、书证，未附笔录或者清单，不能证明物证、书证来源的，不得作为定案的根据。<br>物证、书证的收集程序、方式有下列瑕疵，经补正或者作出合理解释的，可以采用：<br>（一）勘验、检查、搜查、提取笔录或者扣押清单上没有调查人员或者侦查人员、物品持有人、见证人签名，或者对物品的名称、特征、数量、质量等注明不详的；<br>（二）物证的照片、录像、复制品，书证的副本、复制件未注明与原件核对无异，无复制时间，或者无被收集、调取人签名的；<br>（三）物证的照片、录像、复制品，书证的副本、复制件没有制作人关于制作过程和原物、原件存放地点的说明，或者说明中无签名的；<br>（四）有其他瑕疵的。<br>物证、书证的来源、收集程序有疑问，不能作出合理解释的，不得作为定案的根据。 |

（续表）

| 条次 | 原文 |
| --- | --- |
| 87 | 对证人证言应当着重审查以下内容：<br>（一）证言的内容是否为证人直接感知；<br>（二）证人作证时的年龄，认知、记忆和表达能力，生理和精神状态是否影响作证；<br>（三）证人与案件当事人、案件处理结果有无利害关系；<br>（四）询问证人是否个别进行；<br>（五）询问笔录的制作、修改是否符合法律、有关规定，是否注明询问的起止时间和地点，首次询问时是否告知证人有关权利义务和法律责任，证人对询问笔录是否核对确认；<br>（六）询问未成年证人时，是否通知其法定代理人或者刑事诉讼法第二百八十一条第一款规定的合适成年人到场，有关人员是否到场；<br>（七）有无以暴力、威胁等非法方法收集证人证言的情形；<br>（八）证言之间以及与其他证据之间能否相互印证，有无矛盾；存在矛盾的，能否得到合理解释。 |
| 88 | 处于明显醉酒、中毒或者麻醉等状态，不能正常感知或者正确表达的证人所提供的证言，不得作为证据使用。<br>证人的猜测性、评论性、推断性的证言，不得作为证据使用，但根据一般生活经验判断符合事实的除外。 |
| 89 | 证人证言具有下列情形之一的，不得作为定案的根据：<br>（一）询问证人没有个别进行的；<br>（二）书面证言没有经证人核对确认的；<br>（三）询问聋、哑人，应当提供通晓聋、哑手势的人员而未提供的；<br>（四）询问不通晓当地通用语言、文字的证人，应当提供翻译人员而未提供的。 |
| 97 | 对鉴定意见应当着重审查以下内容：<br>（一）鉴定机构和鉴定人是否具有法定资质；<br>（二）鉴定人是否存在应当回避的情形；<br>（三）检材的来源、取得、保管、送检是否符合法律、有关规定，与相关提取笔录、扣押清单等记载的内容是否相符，检材是否可靠；<br>（四）鉴定意见的形式要件是否完备，是否注明提起鉴定的事由、鉴定委托人、鉴定机构、鉴定要求、鉴定过程、鉴定方法、鉴定日期等相关内容，是否由鉴定机构盖章并由鉴定人签名；<br>（五）鉴定程序是否符合法律、有关规定；<br>（六）鉴定的过程和方法是否符合相关专业的规范要求；<br>（七）鉴定意见是否明确；<br>（八）鉴定意见与案件事实有无关联；<br>（九）鉴定意见与勘验、检查笔录及相关照片等其他证据是否矛盾；存在矛盾的，能否得到合理解释；<br>（十）鉴定意见是否依法及时告知相关人员，当事人对鉴定意见有无异议。 |
| 98 | 鉴定意见具有下列情形之一的，不得作为定案的根据：<br>（一）鉴定机构不具备法定资质，或者鉴定事项超出该鉴定机构业务范围、技术条件的；<br>（二）鉴定人不具备法定资质，不具有相关专业技术或者职称，或者违反回避规定的；<br>（三）送检材料、样本来源不明，或者因污染不具备鉴定条件的；<br>（四）鉴定对象与送检材料、样本不一致的；<br>（五）鉴定程序违反规定的；<br>（六）鉴定过程和方法不符合相关专业的规范要求的；<br>（七）鉴定文书缺少签名、盖章的；<br>（八）鉴定意见与案件事实没有关联的；<br>（九）违反有关规定的其他情形。 |

（续表）

| 条次 | 原文 |
| --- | --- |
| 99 | 经人民法院通知，鉴定人拒不出庭作证的，鉴定意见不得作为定案的根据。<br>鉴定人由于不能抗拒的原因或者有其他正当理由无法出庭的，人民法院可以根据情况决定延期审理或者重新鉴定。<br>鉴定人无正当理由拒不出庭作证的，人民法院应当通报司法行政机关或者有关部门。 |
| 100 | 因无鉴定机构，或者根据法律、司法解释的规定，指派、聘请有专门知识的人就案件的专门性问题出具的报告，可以作为证据使用。<br>对前款规定的报告的审查与认定，参照适用本节的有关规定。<br>经人民法院通知，出具报告的人拒不出庭作证的，有关报告不得作为定案的根据。 |
| 101 | 有关部门对事故进行调查形成的报告，在刑事诉讼中可以作为证据使用；报告中涉及专门性问题的意见，经法庭查证属实，且调查程序符合法律、有关规定的，可以作为定案的根据。 |
| 102 | 对勘验、检查笔录应当着重审查以下内容：<br>（一）勘验、检查是否依法进行，笔录制作是否符合法律、有关规定，勘验、检查人员和见证人是否签名或者盖章；<br>（二）勘验、检查笔录是否记录了提起勘验、检查的事由，勘验、检查的时间、地点，在场人员、现场方位、周围环境等，现场的物品、人身、尸体等的位置、特征等情况，以及勘验、检查的过程；文字记录与实物或者绘图、照片、录像是否相符；现场、物品、痕迹等是否伪造、有无破坏；人身特征、伤害情况、生理状态有无伪装或者变化等；<br>（三）补充进行勘验、检查的，是否说明了再次勘验、检查的原由，前后勘验、检查的情况是否矛盾。 |
| 103 | 勘验、检查笔录存在明显不符合法律、有关规定的情形，不能作出合理解释的，不得作为定案的根据。 |
| 108 | 对视听资料应当着重审查以下内容：<br>（一）是否附有提取过程的说明，来源是否合法；<br>（二）是否为原件，有无复制及复制份数；是复制件的，是否附有无法调取原件的原因、复制件制作过程和原件存放地点的说明，制作人、原视听资料持有人是否签名；<br>（三）制作过程中是否存在威胁、引诱当事人等违反法律、有关规定的情形；<br>（四）是否写明制作人、持有人的身份，制作的时间、地点、条件和方法；<br>（五）内容和制作过程是否真实，有无剪辑、增加、删改等情形；<br>（六）内容与案件事实有无关联。<br>对视听资料有疑问的，应当进行鉴定。 |
| 109 | 视听资料具有下列情形之一的，不得作为定案的根据：<br>（一）系篡改、伪造或者无法确定真伪的；<br>（二）制作、取得的时间、地点、方式等有疑问，不能作出合理解释的。 |
| 110 | 对电子数据是否真实，应当着重审查以下内容：<br>（一）是否移送原始存储介质；在原始存储介质无法封存、不便移动时，有无说明原因，并注明收集、提取过程及原始存储介质的存放地点或者电子数据的来源等情况；<br>（二）是否具有数字签名、数字证书等特殊标识；<br>（三）收集、提取的过程是否可以重现；<br>（四）如有增加、删除、修改等情形的，是否附有说明；<br>（五）完整性是否可以保证。 |

（续表）

| 条次 | 原文 |
| --- | --- |
| 111 | 对电子数据是否完整，应当根据保护电子数据完整性的相应方法进行审查、验证：<br>（一）审查原始存储介质的扣押、封存状态；<br>（二）审查电子数据的收集、提取过程，查看录像；<br>（三）比对电子数据完整性校验值；<br>（四）与备份的电子数据进行比较；<br>（五）审查冻结后的访问操作日志；<br>（六）其他方法。 |
| 112 | 对收集、提取电子数据是否合法，应当着重审查以下内容：<br>（一）收集、提取电子数据是否由二名以上调查人员、侦查人员进行，取证方法是否符合相关技术标准；<br>（二）收集、提取电子数据，是否附有笔录、清单，并经调查人员、侦查人员、电子数据持有人、提供人、见证人签名或者盖章；没有签名或者盖章的，是否注明原因；对电子数据的类别、文件格式等是否注明清楚；<br>（三）是否依照有关规定由符合条件的人员担任见证人，是否对相关活动进行录像；<br>（四）采用技术调查、侦查措施收集、提取电子数据的，是否依法经过严格的批准手续；<br>（五）进行电子数据检查的，检查程序是否符合有关规定。 |
| 114 | 电子数据具有下列情形之一的，不得作为定案的根据：<br>（一）系篡改、伪造或者无法确定真伪的；<br>（二）有增加、删除、修改等情形，影响电子数据真实性的；<br>（三）其他无法保证电子数据真实性的情形。 |
| 115 | 对视听资料、电子数据，还应当审查是否移送文字抄清材料以及对绰号、暗语、俗语、方言等不易理解内容的说明。未移送的，必要时，可以要求人民检察院移送。 |
| 143 | 下列证据应当慎重使用，有其他证据印证的，可以采信：<br>（一）生理上、精神上有缺陷，对案件事实的认知和表达存在一定困难，但尚未丧失正确认知、表达能力的被害人、证人和被告人所作的陈述、证言和供述；<br>（二）与被告人有亲属关系或者其他密切关系的证人所作的有利于被告人的证言，或者与被告人有利害冲突的证人所作的不利于被告人的证言。 |
| 249 | 公诉人、当事人或者辩护人、诉讼代理人对证人证言有异议，且该证人证言对定罪量刑有重大影响，或者对鉴定意见有异议，人民法院认为证人、鉴定人有必要出庭作证的，应当通知证人、鉴定人出庭。<br>控辩双方对侦破经过、证据来源、证据真实性或者合法性等有异议，申请调查人员、侦查人员或者有关人员出庭，人民法院认为有必要的，应当通知调查人员、侦查人员或者有关人员出庭。 |
| 253 | 证人具有下列情形之一，无法出庭作证的，人民法院可以准许其不出庭：<br>（一）庭审期间身患严重疾病或者行动极为不便的；<br>（二）居所远离开庭地点且交通极为不便的；<br>（三）身处国外短期无法回国的；<br>（四）有其他客观原因，确实无法出庭的。<br>具有前款规定情形的，可以通过视频等方式作证。 |

（续表）

| 条次 | 原文 |
| --- | --- |
| 254 | 证人出庭作证所支出的交通、住宿、就餐等费用，人民法院应当给予补助。 |
| 255 | 强制证人出庭的，应当由院长签发强制证人出庭令，由法警执行。必要时，可以商请公安机关协助。 |
| 256 | 证人、鉴定人、被害人因出庭作证，本人或者其近亲属的人身安全面临危险的，人民法院应当采取不公开其真实姓名、住址和工作单位等个人信息，或者不暴露其外貌、真实声音等保护措施。辩护律师经法庭许可，查阅对证人、鉴定人、被害人使用化名情况的，应当签署保密承诺书。<br>审判期间，证人、鉴定人、被害人提出保护请求的，人民法院应当立即审查；认为确有保护必要的，应当及时决定采取相应保护措施。必要时，可以商请公安机关协助。 |
| 257 | 决定对出庭作证的证人、鉴定人、被害人采取不公开个人信息的保护措施的，审判人员应当在开庭前核实其身份，对证人、鉴定人如实作证的保证书不得公开，在判决书、裁定书等法律文书中可以使用化名等代替其个人信息。 |
| 258 | 证人出庭的，法庭应当核实其身份、与当事人以及本案的关系，并告知其有关权利义务和法律责任。证人应当保证向法庭如实提供证言，并在保证书上签名。 |
| 259 | 证人出庭后，一般先向法庭陈述证言；其后，经审判长许可，由申请通知证人出庭的一方发问，发问完毕后，对方也可以发问。<br>法庭依职权通知证人出庭的，发问顺序由审判长根据案件情况确定。 |
| 260 | 鉴定人、有专门知识的人、调查人员、侦查人员或者其他人员出庭的，参照适用前两条规定。 |
| 261 | 向证人发问应当遵循以下规则：<br>（一）发问的内容应当与本案事实有关；<br>（二）不得以诱导方式发问；<br>（三）不得威胁证人；<br>（四）不得损害证人的人格尊严。<br>对被告人、被害人、附带民事诉讼当事人、鉴定人、有专门知识的人、调查人员、侦查人员或者其他人员的讯问、发问，适用前款规定。 |
| 262 | 控辩双方的讯问、发问方式不当或者内容与本案无关的，对方可以提出异议，申请审判长制止，审判长应当判明情况予以支持或者驳回；对方未提出异议的，审判长也可以根据情况予以制止。 |
| 263 | 审判人员认为必要时，可以询问证人、鉴定人、有专门知识的人、调查人员、侦查人员或者其他人员。 |
| 264 | 向证人、调查人员、侦查人员发问应当分别进行。 |
| 265 | 证人、鉴定人、有专门知识的人、调查人员、侦查人员或者其他人员不得旁听对本案的审理。有关人员作证或者发表意见后，审判长应当告知其退庭。 |
| 266 | 审理涉及未成年人的刑事案件，询问未成年被害人、证人，通知未成年被害人、证人出庭作证，适用本解释第二十二章的有关规定。 |
| 267 | 举证方当庭出示证据后，由对方发表质证意见。 |

（续表）

| 条次 | 原文 |
|---|---|
| 295 | 对第一审公诉案件，人民法院审理后，应当按照下列情形分别作出判决、裁定：<br>（七）被告人是精神病人，在不能辨认或者不能控制自己行为时造成危害结果，不予刑事处罚的，应当判决宣告被告人不负刑事责任；被告人符合强制医疗条件的，应当依照本解释第二十六章的规定进行审理并作出判决。 |
| 427 | 复核死刑、死刑缓期执行案件，应当全面审查以下内容：<br>（一）被告人的年龄，被告人有无刑事责任能力、是否系怀孕的妇女；<br>（二）原判认定的事实是否清楚，证据是否确实、充分；<br>（三）犯罪情节、后果及危害程度；<br>（四）原判适用法律是否正确，是否必须判处死刑，是否必须立即执行；<br>（五）有无法定、酌定从重、从轻或者减轻处罚情节；<br>（六）诉讼程序是否合法；<br>（七）应当审查的其他情况。<br>复核死刑、死刑缓期执行案件，应当重视审查被告人及其辩护人的辩解、辩护意见。 |
| 589 | 被告人的近亲属经被告人同意，可以代为和解。<br>被告人系限制行为能力人的，其法定代理人可以代为和解。<br>被告人的法定代理人、近亲属依照前两款规定代为和解的，和解协议约定的赔礼道歉等事项，应当由被告人本人履行。 |
| 630 | 实施暴力行为，危害公共安全或者严重危害公民人身安全，社会危害性已经达到犯罪程度，但经法定程序鉴定依法不负刑事责任的精神病人，有继续危害社会可能的，可以予以强制医疗。 |
| 631 | 人民检察院申请对依法不负刑事责任的精神病人强制医疗的案件，由被申请人实施暴力行为所在地的基层人民法院管辖；由被申请人居住地的人民法院审判更为适宜的，可以由被申请人居住地的基层人民法院管辖。 |
| 632 | 对人民检察院提出的强制医疗申请，人民法院应当审查以下内容：<br>（一）是否属于本院管辖；<br>（二）是否写明被申请人的身份，实施暴力行为的时间、地点、手段、所造成的损害等情况，并附证据材料；<br>（三）是否附有法医精神病鉴定意见和其他证明被申请人属于依法不负刑事责任的精神病人的证据材料；<br>（四）是否列明被申请人的法定代理人的姓名、住址、联系方式；<br>（五）需要审查的其他事项。 |
| 633 | 对人民检察院提出的强制医疗申请，人民法院应当在七日以内审查完毕，并按照下列情形分别处理：<br>（一）属于强制医疗程序受案范围和本院管辖，且材料齐全的，应当受理；<br>（二）不属于本院管辖的，应当退回人民检察院；<br>（三）材料不全的，应当通知人民检察院在三日以内补送；三日以内不能补送的，应当退回人民检察院。 |
| 634 | 审理强制医疗案件，应当通知被申请人或者被告人的法定代理人到场；被申请人或者被告人的法定代理人经通知未到场的，可以通知被申请人或者被告人的其他近亲属到场。<br>被申请人或者被告人没有委托诉讼代理人的，应当自受理强制医疗申请或者发现被告人符合强制医疗条件之日起三日以内，通知法律援助机构指派律师担任其诉讼代理人，为其提供法律帮助。 |

（续表）

| 条次 | 原文 |
| --- | --- |
| 635 | 审理强制医疗案件，应当组成合议庭，开庭审理。但是，被申请人、被告人的法定代理人请求不开庭审理，并经人民法院审查同意的除外。审理强制医疗案件，应当会见被申请人，听取被害人及其法定代理人的意见。 |
| 636 | 开庭审理申请强制医疗的案件，按照下列程序进行：<br>（一）审判长宣布法庭调查开始后，先由检察员宣读申请书，后由被申请人的法定代理人、诉讼代理人发表意见；<br>（二）法庭依次就被申请人是否实施了危害公共安全或者严重危害公民人身安全的暴力行为、是否属于依法不负刑事责任的精神病人、是否有继续危害社会的可能进行调查；调查时，先由检察员出示证据，后由被申请人的法定代理人、诉讼代理人出示证据，并进行质证；必要时，可以通知鉴定人出庭对鉴定意见作出说明；<br>（三）法庭辩论阶段，先由检察员发言，后由被申请人的法定代理人、诉讼代理人发言，并进行辩论。<br>被申请人要求出庭，人民法院经审查其身体和精神状态，认为可以出庭的，应当准许。出庭的被申请人，在法庭调查、辩论阶段，可以发表意见。<br>检察员宣读申请书后，被申请人的法定代理人、诉讼代理人无异议的，法庭调查可以简化。 |
| 637 | 对申请强制医疗的案件，人民法院审理后，应当按照下列情形分别处理：<br>（一）符合刑事诉讼法第三百零二条规定的强制医疗条件的，应当作出对被申请人强制医疗的决定；<br>（二）被申请人属于依法不负刑事责任的精神病人，但不符合强制医疗条件的，应当作出驳回强制医疗申请的决定；被申请人已经造成危害结果的，应当同时责令其家属或者监护人严加看管和医疗；<br>（三）被申请人具有完全或者部分刑事责任能力，依法应当追究刑事责任的，应当作出驳回强制医疗申请的决定，并退回人民检察院依法处理。 |
| 638 | 第一审人民法院在审理刑事案件过程中，发现被告人可能符合强制医疗条件的，应当依照法定程序对被告人进行法医精神病鉴定。经鉴定，被告人属于依法不负刑事责任的精神病人的，应当适用强制医疗程序，对案件进行审理。<br>开庭审理前款规定的案件，应当先由合议庭组成人员宣读对被告人的法医精神病鉴定意见，说明被告人可能符合强制医疗的条件，后依次由公诉人和被告人的法定代理人、诉讼代理人发表意见。经审判长许可，公诉人和被告人的法定代理人、诉讼代理人可以进行辩论。 |
| 639 | 对前条规定的案件，人民法院审理后，应当按照下列情形分别处理：<br>（一）被告人符合强制医疗条件的，应当判决宣告被告人不负刑事责任，同时作出对被告人强制医疗的决定；<br>（二）被告人属于依法不负刑事责任的精神病人，但不符合强制医疗条件的，应当判决宣告被告人无罪或者不负刑事责任；被告人已经造成危害结果的，应当同时责令其家属或者监护人严加看管和医疗；<br>（三）被告人具有完全或者部分刑事责任能力，依法应当追究刑事责任的，应当依照普通程序继续审理。 |
| 640 | 第二审人民法院在审理刑事案件过程中，发现被告人可能符合强制医疗条件的，可以依照强制医疗程序对案件作出处理，也可以裁定发回原审人民法院重新审判。 |
| 641 | 人民法院决定强制医疗的，应当在作出决定后五日以内，向公安机关送达强制医疗决定书和强制医疗执行通知书，由公安机关将被决定强制医疗的人送交强制医疗。 |

（续表）

| 条次 | 原文 |
|---|---|
| 642 | 被决定强制医疗的人、被害人及其法定代理人、近亲属对强制医疗决定不服的，可以自收到决定书第二日起五日以内向上一级人民法院申请复议。复议期间不停止执行强制医疗的决定。 |
| 643 | 对不服强制医疗决定的复议申请，上一级人民法院应当组成合议庭审理，并在一个月以内，按照下列情形分别作出复议决定：<br>（一）被决定强制医疗的人符合强制医疗条件的，应当驳回复议申请，维持原决定；<br>（二）被决定强制医疗的人不符合强制医疗条件的，应当撤销原决定；<br>（三）原审违反法定诉讼程序，可能影响公正审判的，应当撤销原决定，发回原审人民法院重新审判。 |
| 644 | 对本解释第六百三十九条第一项规定的判决、决定，人民检察院提出抗诉，同时被决定强制医疗的人、被害人及其法定代理人、近亲属申请复议的，上一级人民法院应当依照第二审程序一并处理。 |
| 645 | 被强制医疗的人及其近亲属申请解除强制医疗的，应当向决定强制医疗的人民法院提出。<br>被强制医疗的人及其近亲属提出的解除强制医疗申请被人民法院驳回，六个月后再次提出申请的，人民法院应当受理。 |
| 646 | 强制医疗机构提出解除强制医疗意见，或者被强制医疗的人及其近亲属申请解除强制医疗的，人民法院应当审查是否附有对被强制医疗的人的诊断评估报告。<br>强制医疗机构提出解除强制医疗意见，未附诊断评估报告的，人民法院应当要求其提供。<br>被强制医疗的人及其近亲属向人民法院申请解除强制医疗，强制医疗机构未提供诊断评估报告的，申请人可以申请人民法院调取。必要时，人民法院可以委托鉴定机构对被强制医疗的人进行鉴定。 |
| 647 | 强制医疗机构提出解除强制医疗意见，或者被强制医疗的人及其近亲属申请解除强制医疗的，人民法院应当组成合议庭进行审查，并在一个月以内，按照下列情形分别处理：<br>（一）被强制医疗的人已不具有人身危险性，不需要继续强制医疗的，应当作出解除强制医疗的决定，并可责令被强制医疗的人的家属严加看管和医疗；<br>（二）被强制医疗的人仍具有人身危险性，需要继续强制医疗的，应当作出继续强制医疗的决定。<br>对前款规定的案件，必要时，人民法院可以开庭审理，通知人民检察院派员出庭。<br>人民法院应当在作出决定后五日以内，将决定书送达强制医疗机构、申请解除强制医疗的人、被决定强制医疗的人和人民检察院。决定解除强制医疗的，应当通知强制医疗机构在收到决定书的当日解除强制医疗。 |
| 648 | 人民检察院认为强制医疗决定或者解除强制医疗决定不当，在收到决定书后二十日以内提出书面纠正意见的，人民法院应当另行组成合议庭审理，并在一个月以内作出决定。 |
| 649 | 审理强制医疗案件，本章没有规定的，参照适用本解释的有关规定。 |

# 人民检察院刑事诉讼规则（节选）

| 条次 | 原文 |
|---|---|
| 37 | 本规则关于回避的规定，适用于书记员、司法警察和人民检察院聘请或者指派的翻译人员、鉴定人。<br>书记员、司法警察和人民检察院聘请或者指派的翻译人员、鉴定人的回避由检察长决定。<br>辩护人、诉讼代理人可以依照刑事诉讼法及本规则关于回避的规定要求回避、申请复议。 |
| 64 | 行政机关在行政执法和查办案件过程中收集的物证、书证、视听资料、电子数据等证据材料，经人民检察院审查符合法定要求的，可以作为证据使用。<br>行政机关在行政执法和查办案件过程中收集的鉴定意见、勘验、检查笔录，经人民检察院审查符合法定要求的，可以作为证据使用。 |
| 65 | 监察机关依照法律规定收集的物证、书证、证人证言、被调查人供述和辩解、视听资料、电子数据等证据材料，在刑事诉讼中可以作为证据使用。 |
| 70 | 收集物证、书证不符合法定程序，可能严重影响司法公正的，人民检察院应当及时要求公安机关补正或者作出书面解释；不能补正或者无法作出合理解释的，对该证据应当予以排除。<br>对公安机关的补正或者解释，人民检察院应当予以审查。经补正或者作出合理解释的，可以作为批准或者决定逮捕、提起公诉的依据。 |
| 73 | 人民检察院经审查认定存在非法取证行为的，对该证据应当予以排除，其他证据不能证明犯罪嫌疑人实施犯罪行为的，应当不批准或者决定逮捕。已经移送起诉的，可以依法将案件退回监察机关补充调查或者退回公安机关补充侦查，或者作出不起诉决定。被排除的非法证据应当随案移送，并写明为依法排除的非法证据。<br>对于侦查人员的非法取证行为，尚未构成犯罪的，应当依法向其所在机关提出纠正意见。对于需要补正或者作出合理解释的，应当提出明确要求。<br>对于非法取证行为涉嫌犯罪需要追究刑事责任的，应当依法立案侦查。 |
| 77 | 证人在人民检察院侦查、审查起诉阶段因履行作证义务而支出的交通、住宿、就餐等费用，人民检察院应当给予补助。 |
| 79 | 人民检察院在办理危害国家安全犯罪、恐怖活动犯罪、黑社会性质的组织犯罪、毒品犯罪等案件过程中，证人、鉴定人、被害人因在诉讼中作证，本人或者其近亲属人身安全面临危险，向人民检察院请求保护的，人民检察院应当受理并及时进行审查。对于确实存在人身安全危险的，应当立即采取必要的保护措施。人民检察院发现存在上述情形的，应当主动采取保护措施。<br>人民检察院可以采取以下一项或者多项保护措施：<br>（一）不公开真实姓名、住址和工作单位等个人信息；<br>（二）建议法庭采取不暴露外貌、真实声音等出庭作证措施；<br>（三）禁止特定的人员接触证人、鉴定人、被害人及其近亲属；<br>（四）对人身和住宅采取专门性保护措施；<br>（五）其他必要的保护措施。<br>人民检察院依法决定不公开证人、鉴定人、被害人的真实姓名、住址和工作单位等个人信息的，可以在起诉书、询问笔录等法律文书、证据材料中使用化名。但是应当另行书面说明使用化名的情况并标明密级，单独成卷。<br>人民检察院依法采取保护措施，可以要求有关单位和个人予以配合。<br>对证人及其近亲属进行威胁、侮辱、殴打或者打击报复，构成犯罪或者应当给予治安管理处罚的，人民检察院应当移送公安机关处理；情节轻微的，予以批评教育、训诫。 |

（续表）

| 条次 | 原文 |
|---|---|
| 173 | 在初查过程中，可以采取询问、查询、勘验、检查、鉴定、调取证据材料等不限制初查对象人身、财产权利的措施。不得对初查对象采取强制措施，不得查封、扣押、冻结初查对象的财产，不得采取技术侦查措施。 |
| 236 | 对于查封、扣押的财物和文件，检察人员应当会同在场见证人和被查封、扣押物品持有人查点清楚，当场开列查封、扣押清单一式四份，注明查封、扣押物品<br>的名称、型号、规格、数量、质量、颜色、新旧程度、包装等主要特征，由检察人员、见证人和持有人签名或者盖章，一份交给文件、资料和其他物品持有人，一份交被查封、扣押文件、资料和其他物品保管人，一份附卷，一份保存。持有人拒绝签名、盖章或者不在场的，应当在清单上记明。<br>查封、扣押外币、金银珠宝、文物、名贵字画以及其他不易辨别真伪的贵重物品，应当在拍照或者录像后当场密封，由检察人员、见证人和被扣押物品持有人在密封材料上签名或者盖章，根据办案需要及时委托具有资质的部门出具鉴定报告。启封时应当有见证人或者持有人在场并且签名或者盖章。<br>查封、扣押存折、信用卡、有价证券等支付凭证和具有一定特征能够证明案情的现金，应当注明特征、编号、种类、面值、张数、金额等，由检察人员、见证人和被扣押物品持有人在密封材料上签名或者盖章。启封时应当有见证人或者持有人在场并签名或者盖章。<br>查封、扣押易损毁、灭失、变质以及其他不宜长期保存的物品，应当用笔录、绘图、拍照、录像等方法加以保全后进行封存，或者经检察长批准后委托有关部门变卖、拍卖。<br>变卖、拍卖的价款暂予保存，待诉讼终结后一并处理。 |
| 247 | 人民检察院为了查明案情，解决案件中某些专门性的问题，可以进行鉴定。 |
| 248 | 鉴定由检察长批准，由人民检察院技术部门有鉴定资格的人员进行。必要的时候，也可以聘请其他有鉴定资格的人员进行，但是应当征得鉴定人所在单位的同意。<br>具有刑事诉讼法第二十八条、第二十九条规定的应当回避的情形的，不能担任鉴定人。 |
| 249 | 人民检察院应当为鉴定人进行鉴定提供必要条件，及时向鉴定人交有关检材和对比样本等原始材料，介绍与鉴定有关的情况，并明确提出要求鉴定解决的问题，但是不得暗示或者强迫鉴定人作出某种鉴定意见。 |
| 250 | 鉴定人进行鉴定后，应当出具鉴定意见、检验报告，同时附上鉴定机构和鉴定人的资质证明，并且签名或者盖章。<br>多个鉴定人的鉴定意见不一致的，应当在鉴定意见上写明分歧的内容和理由，并且分别签名或者盖章。 |
| 251 | 鉴定人故意作虚假鉴定的，应当承担法律责任。 |
| 252 | 对于鉴定意见，检察人员应当进行审查，必要的时候，可以提出补充鉴定或者重新鉴定的意见，报检察长批准后进行补充鉴定或者重新鉴定。检察长也可以直接决定进行补充鉴定或者重新鉴定。 |
| 253 | 用作证据的鉴定意见，人民检察院办案部门应当告知犯罪嫌疑人、被害人；被害人死亡或者没有诉讼行为能力的，应当告知其法定代理人、近亲属或诉讼代理人。<br>犯罪嫌疑人、被害人或被害人的法定代理人、近亲属、诉讼代理人提出申请，经检察长批准，可以补充鉴定或者重新鉴定，鉴定费用由请求方承担，但原鉴定违反法定程序的，由人民检察院承担。犯罪嫌疑人的辩护人或者近亲属以犯罪嫌疑人有患精神病可能而申请对犯罪嫌疑人进行鉴定的，鉴定费用由请求方承担。 |
| 254 | 人民检察院决定重新鉴定的，应当另行指派或者聘请鉴定人。 |

（续表）

| 条次 | 原文 |
| --- | --- |
| 255 | 对犯罪嫌疑人作精神病鉴定的期间不计入羁押期限和办案期限。 |
| 256 | 对于因鉴定时间较长、办案期限届满仍不能终结的案件，自期限届满之日起，应当依法释放被羁押的犯罪嫌疑人或者变更强制措施。 |
| 366 | 人民检察院认为需要对案件中某些专门性问题进行鉴定而侦查机关没有鉴定的，应当要求侦查机关进行鉴定；必要时也可以由人民检察院进行鉴定或者由人民检察院送交有鉴定资格的人进行。<br>人民检察院自行进行鉴定的，可以商请侦查机关派员参加，必要时可以聘请有鉴定资格的人参加。 |
| 367 | 在审查起诉中，发现犯罪嫌疑人可能患有精神病的，人民检察院应当依照本规则的有关规定对犯罪嫌疑人进行鉴定。<br>犯罪嫌疑人的辩护人或者近亲属以犯罪嫌疑人可能患有精神病而申请对犯罪嫌疑人进行鉴定的，人民检察院也可以依照本规则的有关规定对犯罪嫌疑人进行鉴定，鉴定费用由申请方承担。 |
| 368 | 人民检察院对鉴定意见有疑问的，可以询问鉴定人并制作笔录附卷，也可以指派检察技术人员或者聘请有鉴定资格的人对案件中的某些专门性问题进行补充鉴定或者重新鉴定。<br>公诉部门对审查起诉案件中涉及专门技术问题的证据材料需要进行审查的，可以送交检察技术人员或者其他有专门知识的人审查，审查后应当出具审查意见。 |
| 369 | 人民检察院审查案件的时候，对公安机关的勘验、检查，认为需要复验、复查的，应当要求公安机关复验、复查，人民检察院可以派员参加；也可以自行复验、复查，商请公安机关派员参加，必要时也可以聘请专门技术人员参加。 |
| 370 | 人民检察院对物证、书证、视听资料、电子数据及勘验、检查、辨认、侦查实验等笔录存在疑问的，可以要求侦查人员提供获取、制作的有关情况。必要时也可以询问提供物证、书证、视听资料、电子数据及勘验、检查、辨认、侦查实验等笔录的人员和见证人并制作笔录附卷，对物证、书证、视听资料、电子数据进行技术鉴定。 |
| 371 | 人民检察院对证人证言笔录存在疑问或者认为对证人的询问不具体或者有遗漏的，可以对证人进行询问并制作笔录附卷。 |
| 372 | 讯问犯罪嫌疑人或者询问被害人、证人、鉴定人时，应当分别告知其在审查起诉阶段所享有的诉讼权利。 |
| 373 | 讯问犯罪嫌疑人，询问被害人、证人、鉴定人，听取辩护人、被害人及其诉讼代理人的意见，应当由二名以上办案人员进行。<br>讯问犯罪嫌疑人，询问证人、鉴定人、被害人，应当个别进行。<br>询问证人、被害人的地点按照刑事诉讼法第一百二十二条的规定执行。 |
| 374 | 对于随案移送的讯问犯罪嫌疑人录音、录像或者人民检察院调取的录音、录像，人民检察院应当审查相关的录音、录像；对于重大、疑难、复杂的案件，必要时可以审查全部录音、录像。 |
| 393 | 起诉书应当附有被告人现在处所，证人、鉴定人、需要出庭的有专门知识的人的名单，需要保护的被害人、证人、鉴定人的名单，涉案款物情况，附带民事诉讼情况以及其他需要附注的情况。<br>证人、鉴定人、有专门知识的人的名单应当列明姓名、性别、年龄、职业、住址、联系方式，并注明证人、鉴定人是否出庭。 |

（续表）

| 条次 | 原文 |
|---|---|
| 394 | 关于被害人姓名、住址、联系方式、被告人被采取强制措施的种类、是否在案及羁押处所等问题，人民检察院应当在起诉书中列明，不再单独移送材料；对于涉及被害人隐私或者为保护证人、鉴定人、被害人人身安全，而不宜公开证人、鉴定人、被害人姓名、住址、工作单位和联系方式等个人信息，可以在起诉书中使用化名替代证人、鉴定人、被害人的个人信息，但是应当另行书面说明使用化名等情况，并标明密级。 |
| 428 | 公诉人在人民法院决定开庭审判后，应当做好如下准备工作：<br>（一）进一步熟悉案情，掌握证据情况；<br>（二）深入研究与本案有关的法律政策问题；<br>（三）充实审判中可能涉及的专业知识；<br>（四）拟定讯问被告人、询问证人、鉴定人、有专门知识的人和宣读、出示、播放证据的计划并制定质证方案；<br>（五）对可能出现证据合法性争议的，拟定证明证据合法性的提纲并准备相关材料；<br>（六）拟定公诉意见，准备辩论提纲；<br>（七）需要对出庭证人等的保护向人民法院提出建议或者配合做好工作的，做好相关准备。 |
| 431 | 在庭前会议中，公诉人可以对案件管辖、回避、出庭证人、鉴定人、有专门知识的人的名单、辩护人提供的无罪证据、非法证据排除、不公开审理、延期审理、适用简易程序、庭审方案等与审判相关的问题提出和交换意见，了解辩护人收集的证据等情况。 |
| 434 | 公诉人在法庭上应当依法进行下列活动：<br>（一）宣读起诉书，代表国家指控犯罪，提请人民法院对被告人依法审判；<br>（二）讯问被告人；<br>（三）询问证人、被害人、鉴定人；<br>（四）申请法庭出示物证，宣读书证、未到庭证人的证言笔录、鉴定人的鉴定意见、勘验、检查、辨认、侦查实验等笔录和其他作为证据的文书，播放作为证据的视听资料、电子数据等；<br>（五）对证据采信、法律适用和案件情况发表意见，提出量刑建议及理由，针对被告人、辩护人的辩护意见进行答辩，全面阐述公诉意见；<br>（六）维护诉讼参与人的合法权利；<br>（七）对法庭审理案件有无违反法律规定的诉讼程序的情况记明笔录；<br>（八）依法从事其他诉讼活动。 |
| 436 | 公诉人讯问被告人，询问证人、被害人、鉴定人，出示物证，宣读书证、未出庭证人的证言笔录等应当围绕下列事实进行：<br>（一）被告人的身份；<br>（二）指控的犯罪事实是否存在，是否为被告人所实施；<br>（三）实施犯罪行为的时间、地点、方法、手段、结果，被告人犯罪后的表现等；<br>（四）犯罪集团或者其他共同犯罪案件中参与犯罪人员的各自地位和应负的责任；<br>（五）被告人有无刑事责任能力，有无故意或者过失，行为的动机、目的；<br>（六）有无依法不应当追究刑事责任的情况，有无法定的从重或者从轻、减轻以及免除处罚的情节；<br>（七）犯罪对象、作案工具的主要特征，与犯罪有关的财物的来源、数量以及去向；<br>（八）被告人全部或者部分否认起诉书指控的犯罪事实的，否认的根据和理由能否成立；<br>（九）与定罪、量刑有关的其他事实。 |

（续表）

| 条次 | 原文 |
| --- | --- |
| 440 | 公诉人对证人证言有异议，且该证人证言对案件定罪量刑有重大影响的，可以申请人民法院通知证人出庭作证。<br>人民警察就其执行职务时目击的犯罪情况作为证人出庭作证，适用前款规定。<br>公诉人对鉴定意见有异议的，可以申请人民法院通知鉴定人出庭作证。经人民法院通知，鉴定人拒不出庭作证的，公诉人可以建议法庭不得采纳该鉴定意见作为定案的根据，也可以申请法庭重新通知鉴定人出庭作证或者申请重新鉴定。<br>必要时公诉人可以申请法庭通知有专门知识的人出庭，就鉴定人作出的鉴定意见提出意见。<br>当事人或者辩护人、诉讼代理人对证人证言、鉴定意见有异议的，公诉人认为必要时，可以申请人民法院通知证人、鉴定人出庭作证。 |
| 442 | 询问鉴定人、有专门知识的人参照上述规定进行。 |
| 444 | 对于鉴定意见、勘验、检查、辨认、侦查实验等笔录和其他作为证据的文书以及经法院通知未到庭的被害人的陈述笔录，公诉人应当当庭宣读。 |
| 445 | 宣读书证应当对书证所要证明的内容、获取情况作概括的说明，向当事人、证人问明书证的主要特征，并让其辨认。对该书证进行鉴定的，应当宣读鉴定意见。 |
| 451 | 在法庭审理过程中，合议庭对证据有疑问并在休庭后进行勘验、检查、查封、扣押、鉴定和查询、冻结的，人民检察院应当依法进行监督，发现上述活动有违法情况的，应当提出纠正意见。 |
| 455 | 法庭审判过程中遇有下列情形之一的，公诉人可以建议法庭延期审理：<br>（四）申请人民法院通知证人、鉴定人出庭作证或者有专门知识的人出庭提出意见的；<br>（五）需要调取新的证据，重新鉴定或者勘验的； |
| 469 | 公诉人出席简易程序法庭时，应当主要围绕量刑以及其他有争议的问题进行法庭调查和法庭辩论。在确认被告人庭前收到起诉书并对起诉书指控的犯罪事实没有异议后，可以简化宣读起诉书，根据案件情况决定是否讯问被告人，是否询问证人、鉴定人，是否需要出示证据。<br>根据案件情况，公诉人可以建议法庭简化法庭调查和法庭辩论程序。 |
| 477 | 人民检察院办理死刑上诉、抗诉案件，应当进行下列工作：<br>（五）对鉴定意见有疑问的，可以重新鉴定或者补充鉴定； |
| 478 | 检察人员出席第二审法庭前，应当制作讯问被告人，询问被害人、证人、鉴定人和出示、宣读、播放证据计划，拟写答辩提纲，并制作出庭意见。 |
| 479 | 在法庭审理中，检察人员应当针对原审判决或者裁定认定事实或适用法律、量刑等方面的问题，围绕抗诉或者上诉理由以及辩护人的辩护意见，讯问被告人，询问被害人、证人、鉴定人，出示和宣读证据，并提出意见和进行辩论。 |
| 539 | 对于实施暴力行为，危害公共安全或者严重危害公民人身安全，已经达到犯罪程度，经法定程序鉴定依法不负刑事责任的精神病人，有继续危害社会可能的，人民检察院应当向人民法院提出强制医疗的申请。 |
| 540 | 人民检察院审查公安机关移送的强制医疗意见书，向人民法院提出强制医疗的申请以及对强制医疗决定的监督，由公诉部门办理。 |
| 541 | 强制医疗的申请由被申请人实施暴力行为所在地的基层人民检察院提出；由被申请人居住地的人民检察院提出更为适宜的，可以由被申请人居住地的基层人民检察院提出。 |

（续表）

| 条次 | 原文 |
|---|---|
| 542 | 人民检察院向人民法院提出强制医疗的申请，应当制作强制医疗申请书。强制医疗申请书的主要内容包括：<br>（一）涉案精神病人的基本情况，包括姓名、性别、出生年月日、出生地、户籍地、身份证号码、民族、文化程度、职业、工作单位及职务、住址，采取临时保护性约束措施的情况及处所等；<br>（二）涉案精神病人的法定代理人的基本情况，包括姓名、住址、联系方式等；<br>（三）案由及案件来源；<br>（四）涉案精神病人实施危害公共安全或者严重危害公民人身安全的暴力行为的事实，包括实施暴力行为的时间、地点、手段、后果等及相关证据情况；<br>（五）涉案精神病人不负刑事责任的依据，包括有关鉴定意见和其他证据材料；<br>（六）涉案精神病人继续危害社会的可能；<br>（七）提出强制医疗申请的理由和法律依据。 |
| 543 | 人民检察院审查公安机关移送的强制医疗意见书，应当查明：<br>（一）是否属于本院管辖；<br>（二）涉案精神病人身份状况是否清楚，包括姓名、性别、国籍、出生年月日、职业和单位等；<br>（三）涉案精神病人实施危害公共安全或者严重危害公民人身安全的暴力行为的事实；<br>（四）公安机关对涉案精神病人进行鉴定的程序是否合法，涉案精神病人是否依法不负刑事责任；<br>（五）涉案精神病人是否有继续危害社会的可能；<br>（六）证据材料是否随案移送，不宜移送的证据的清单、复制件、照片或者其他证明文件是否随案移送；<br>（七）证据是否确实、充分；<br>（八）采取的临时保护性约束措施是否适当。 |
| 544 | 人民检察院应当在接到公安机关移送的强制医疗意见书后三十日以内作出是否提出强制医疗申请的决定。<br>对于公安机关移送的强制医疗案件，经审查认为不符合刑事诉讼法第二百八十四条规定条件的，应当作出不提出强制医疗申请的决定，并向公安机关书面说明理由；认为需要补充证据的，应当书面要求公安机关补充证据，必要时也可以自行调查。<br>公安机关补充证据的时间不计入人民检察院办案期限。 |
| 545 | 人民检察院发现公安机关应当启动强制医疗程序而不启动的，可以要求公安机关在七日以内书面说明不启动的理由。<br>经审查，认为公安机关不启动理由不能成立的，应当通知公安机关启动程序。 |
| 546 | 人民检察院发现公安机关对涉案精神病人进行鉴定的程序违反法律或者采取临时保护性约束措施不当的，应当提出纠正意见。<br>公安机关应当采取临时保护性约束措施而尚未采取的，人民检察院应当建议公安机关采取临时保护性约束措施。 |
| 547 | 人民检察院发现公安机关对涉案精神病人采取临时保护性约束措施时有体罚、虐待等违法情形的，应当提出纠正意见。<br>前款规定的工作由监所检察部门负责。 |
| 548 | 在审查起诉中，犯罪嫌疑人经鉴定系依法不负刑事责任的精神病人的，人民检察院应当作出不起诉决定。认为符合刑事诉讼法第二百八十四条规定条件的，应当向人民法院提出强制医疗的申请。 |

（续表）

| 条次 | 原文 |
| --- | --- |
| 549 | 人民法院对强制医疗案件开庭审理的，人民检察院应当派员出席法庭。 |
| 550 | 人民检察院发现人民法院或者审判人员审理强制医疗案件违反法律规定的诉讼程序，应当向人民法院提出纠正意见。<br>人民检察院认为人民法院作出的强制医疗决定或者驳回强制医疗申请的决定不当，应当在收到决定书副本后二十日以内向人民法院提出书面纠正意见。 |
| 551 | 人民法院在审理案件过程中发现被告人符合强制医疗条件，作出被告人不负刑事责任的判决后，拟作出强制医疗决定的，人民检察院应当在庭审中发表意见。 |
| 622 | 人民检察院侦查部门、侦查监督部门、公诉部门在办理案件过程中，犯罪嫌疑人、被告人被羁押的，具有下列情形之一的，应当在作出决定或者收到决定书、裁定书后十日以内通知负有监督职责的人民检察院监所检察部门或者案件管理部门以及看守所：<br>（三）对犯罪嫌疑人、被告人进行精神病鉴定的； |
| 624 | 人民检察院发现公安机关的侦查羁押期限执行情况有下列情形之一的，应当依法提出纠正意见：<br>（三）对犯罪嫌疑人进行精神病鉴定，没有书面通知人民检察院和看守所的。 |

# 关于办理刑事案件排除非法证据若干问题的规定（节选）

| 条次 | 原文 |
| --- | --- |
| 7 | 经审查，法庭对被告人审判前供述取得的合法性有疑问的，公诉人应当向法庭提供讯问笔录、原始的讯问过程录音录像或者其他证据，提请法庭通知讯问时其他在场人员或者其他证人出庭作证，仍不能排除刑讯逼供嫌疑的，提请法庭通知讯问人员出庭作证，对该供述取得的合法性予以证明。公诉人当庭不能举证的，可以根据刑事诉讼法第一百六十五条的规定，建议法庭延期审理。<br>经依法通知，讯问人员或者其他人员应当出庭作证。 |
| 14 | 物证、书证的取得明显违反法律规定，可能影响公正审判的，应当予以补正或者作出合理解释，否则，该物证、书证不能作为定案的根据。 |

# 关于办理死刑案件审查判断证据若干问题的规定（节选）

| 条次 | 原文 |
| --- | --- |
| 1 | 办理死刑案件，必须严格执行刑法和刑事诉讼法，切实做到事实清楚，证据确实、充分，程序合法，适用法律正确，确保案件质量。 |
| 4 | 经过当庭出示、辨认、质证等法庭调查程序查证属实的证据，才能作为定罪量刑的根据。 |

（续表）

| 条次 | 原文 |
| --- | --- |
| 5 | 办理死刑案件，对被告人犯罪事实的认定，必须达到证据确实、充分。<br>证据确实、充分是指：<br>（一）定罪量刑的事实都有证据证明；<br>（二）每一个定案的证据均已经法定程序查证属实；<br>（三）证据与证据之间、证据与案件事实之间不存在矛盾或者矛盾得以合理排除；<br>（四）共同犯罪案件中，被告人的地位、作用均已查清；<br>（五）根据证据认定案件事实的过程符合逻辑和经验规则，由证据得出的结论为唯一结论。<br>办理死刑案件，对于以下事实的证明必须达到证据确实、充分：<br>（一）被指控的犯罪事实的发生；<br>（二）被告人实施了犯罪行为与被告人实施犯罪行为的时间、地点、手段、后果以及其他情节；<br>（三）影响被告人定罪的身份情况；<br>（四）被告人有刑事责任能力；<br>（五）被告人的罪过；<br>（六）是否共同犯罪及被告人在共同犯罪中的地位、作用；<br>（七）对被告人从重处罚的事实。 |
| 6 | 对物证、书证应当着重审查以下内容：<br>（一）物证、书证是否为原物、原件，物证的照片、录像或者复制品及书证的副本、复制件与原物、原件是否相符；物证、书证是否经过辨认、鉴定；物证的照片、录像或者复制品和书证的副本、复制件是否由二人以上制作，有无制作人关于制作过程及原件、原物存放于何处的文字说明及签名。<br>（二）物证、书证的收集程序、方式是否符合法律及有关规定；经勘验、检查、搜查提取、扣押的物证、书证，是否附有相关笔录或者清单；笔录或者清单是否有侦查人员、物品持有人、见证人签名，没有物品持有人签名的，是否注明原因；对物品的特征、数量、质量、名称等注明是否清楚。<br>（三）物证、书证在收集、保管及鉴定过程中是否受到破坏或者改变。<br>（四）物证、书证与案件事实有无关联。对现场遗留与犯罪有关的具备检验鉴定条件的血迹、指纹、毛发、体液等生物物证、痕迹、物品，是否通过DNA鉴定、指纹鉴定等鉴定方式与被告人或者被害人的相应生物检材、生物特征、物品等作同一认定。<br>（五）与案件事实有关联的物证、书证是否全面收集。 |
| 7 | 对在勘验、检查、搜查中发现与案件事实可能有关联的血迹、指纹、足迹、字迹、毛发、体液、人体组织等痕迹和物品应当提取而没有提取，应当检验而没有检验，导致案件事实存疑的，人民法院应当向人民检察院说明情况，人民检察院依法可以补充收集、调取证据，作出合理的说明或者退回侦查机关补充侦查，调取有关证据。 |
| 8 | 据以定案的物证应当是原物。只有在原物不便搬运、不易保存或者依法应当由有关部门保管、处理或者依法应当返还时，才可以拍摄或者制作足以反映原物外形或者内容的照片、录像或者复制品。物证的照片、录像或者复制品，经与原物核实无误或者经鉴定证明为真实的，或者以其他方式确能证明其真实的，可以作为定案的根据。原物的照片、录像或者复制品，不能反映原物的外形和特征的，不能作为定案的根据。<br>据以定案的书证应当是原件。只有在取得原件确有困难时，才可以使用副本或者复制件。书证的副本、复制件，经与原件核实无误或者经鉴定证明为真实的，或者以其他方式确能证明其真实的，可以作为定案的根据。书证有更改或者更改迹象不能作出合理解释的，书证的副本、复制件不能反映书证原件及其内容的，不能作为定案的根据。 |

（续表）

| 条次 | 原文 |
| --- | --- |
| 9 | 经勘验、检查、搜查提取、扣押的物证、书证，未附有勘验、检查笔录，搜查笔录，提取笔录，扣押清单，不能证明物证、书证来源的，不能作为定案的根据。<br>物证、书证的收集程序、方式存在下列瑕疵，通过有关办案人员的补正或者作出合理解释的，可以采用：<br>（一）收集调取的物证、书证，在勘验、检查笔录，搜查笔录，提取笔录，扣押清单上没有侦查人员、物品持有人、见证人签名或者物品特征、数量、质量、名称等注明不详的；<br>（二）收集调取物证照片、录像或者复制品，书证的副本、复制件未注明与原件核对无异，无复制时间、无被收集、调取人（单位）签名（盖章）的；<br>（三）物证照片、录像或者复制品，书证的副本、复制件没有制作人关于制作过程及原物、原件存放于何处的说明或者说明中无签名的；<br>（四）物证、书证的收集程序、方式存在其他瑕疵的。<br>对物证、书证的来源及收集过程有疑问，不能作出合理解释的，该物证、书证不能作为定案的根据。 |
| 10 | 具备辨认条件的物证、书证应当交由当事人或者证人进行辨认，必要时应当进行鉴定。 |
| 11 | 对证人证言应当着重审查以下内容：<br>（一）证言的内容是否为证人直接感知。<br>（二）证人作证时的年龄、认知水平、记忆能力和表达能力，生理上和精神上的状态是否影响作证。<br>（三）证人与案件当事人、案件处理结果有无利害关系。<br>（四）证言的取得程序、方式是否符合法律及有关规定：有无使用暴力、威胁、引诱、欺骗以及其他非法手段取证的情形；有无违反询问证人应当个别进行的规定；笔录是否经证人核对确认并签名（盖章）、捺指印；询问未成年证人，是否通知了其法定代理人到场，其法定代理人是否在场等。<br>（五）证人证言之间以及与其他证据之间能否相互印证，有无矛盾。 |
| 12 | 以暴力、威胁等非法手段取得的证人证言，不能作为定案的根据。<br>处于明显醉酒、麻醉品中毒或者精神药物麻醉状态，以致不能正确表达的证人所提供的证言，不能作为定案的根据。<br>证人的猜测性、评论性、推断性的证言，不能作为证据使用，但根据一般生活经验判断符合事实的除外。 |
| 13 | 具有下列情形之一的证人证言，不能作为定案的根据：<br>（一）询问证人没有个别进行而取得的证言；<br>（二）没有经证人核对确认并签名（盖章）、捺指印的书面证言；<br>（三）询问聋哑人或者不通晓当地通用语言、文字的少数民族人员、外国人，应当提供翻译而未提供的。 |
| 15 | 具有下列情形的证人，人民法院应当通知出庭作证；经依法通知不出庭作证证人的书面证言经质证无法确认的，不能作为定案的根据：<br>（一）人民检察院、被告人及其辩护人对证人证言有异议，该证人证言对定罪量刑有重大影响的；<br>（二）人民法院认为其他应当出庭作证的。<br>证人在法庭上的证言与其庭前证言相互矛盾，如果证人当庭能够对其翻证作出合理解释，并有相关证据印证的，应当采信庭审证言。<br>对未出庭作证证人的书面证言，应当听取出庭检察人员、被告人及其辩护人的意见，并结合其他证据综合判断。未出庭作证证人的书面证言出现矛盾，不能排除矛盾且无证据印证的，不能作为定案的根据。 |

（续表）

| 条次 | 原文 |
|---|---|
| 16 | 证人作证，涉及国家秘密或者个人隐私的，应当保守秘密。<br>证人出庭作证，必要时，人民法院可以采取限制公开证人信息、限制询问、遮蔽容貌、改变声音等保护性措施。 |
| 23 | 对鉴定意见应当着重审查以下内容：<br>（一）鉴定人是否存在应当回避而未回避的情形。<br>（二）鉴定机构和鉴定人是否具有合法的资质。<br>（三）鉴定程序是否符合法律及有关规定。<br>（四）检材的来源、取得、保管、送检是否符合法律及有关规定，与相关提取笔录、扣押物品清单等记载的内容是否相符，检材是否充足、可靠。<br>（五）鉴定的程序、方法、分析过程是否符合本专业的检验鉴定规程和技术方法要求。<br>（六）鉴定意见的形式要件是否完备，是否注明提起鉴定的事由、鉴定委托人、鉴定机构、鉴定要求、鉴定过程、检验方法、鉴定文书的日期等相关内容，是否由鉴定机构加盖鉴定专用章并由鉴定人签名盖章。<br>（七）鉴定意见是否明确。<br>（八）鉴定意见与案件待证事实有无关联。<br>（九）鉴定意见与其他证据之间是否有矛盾，鉴定意见与检验笔录及相关照片是否有矛盾。<br>（十）鉴定意见是否依法及时告知相关人员，当事人对鉴定意见是否有异议。 |
| 24 | 鉴定意见具有下列情形之一的，不能作为定案的根据：<br>（一）鉴定机构不具备法定的资格和条件，或者鉴定事项超出本鉴定机构项目范围或者鉴定能力的；<br>（二）鉴定人不具备法定的资格和条件、鉴定人不具有相关专业技术或者职称、鉴定人违反回避规定的；<br>（三）鉴定程序、方法有错误的；<br>（四）鉴定意见与证明对象没有关联的；<br>（五）鉴定对象与送检材料、样本不一致的；<br>（六）送检材料、样本来源不明或者确实被污染且不具备鉴定条件的；<br>（七）违反有关鉴定特定标准的；<br>（八）鉴定文书缺少签名、盖章的；<br>（九）其他违反有关规定的情形。<br>对鉴定意见有疑问的，人民法院应当依法通知鉴定人出庭作证或者由其出具相关说明，也可以依法补充鉴定或者重新鉴定。 |
| 27 | 对视听资料应当着重审查以下内容：<br>（一）视听资料的来源是否合法，制作过程中当事人有无受到威胁、引诱等违反法律及有关规定的情形；<br>（二）是否载明制作人或者持有人的身份，制作的时间、地点和条件以及制作方法；<br>（三）是否为原件，有无复制及复制份数；调取的视听资料是复制件的，是否附有无法调取原件的原因、制作过程和原件存放地点的说明，是否有制作人和原视听资料持有人签名或者盖章；<br>（四）内容和制作过程是否真实，有无经过剪辑、增加、删改、编辑等伪造、变造情形；<br>（五）内容与案件事实有无关联性。对视听资料有疑问的，应当进行鉴定。对视听资料，应当结合案件其他证据，审查其真实性和关联性。 |

（续表）

| 条次 | 原文 |
| --- | --- |
| 28 | 具有下列情形之一的视听资料，不能作为定案的根据：<br>（一）视听资料经审查或者鉴定无法确定真伪的；<br>（二）对视听资料的制作和取得的时间、地点、方式等有异议，不能作出合理解释或者提供必要证明的。 |
| 29 | 对于电子邮件、电子数据交换、网上聊天记录、网络博客、手机短信、电子签名、域名等电子证据，应当主要审查以下内容：<br>（一）该电子证据存储磁盘、存储光盘等可移动存储介质是否与打印件一并提交；<br>（二）是否载明该电子证据形成的时间、地点、对象、制作人、制作过程及设备情况等；<br>（三）制作、储存、传递、获得、收集、出示等程序和环节是否合法，取证人、制作人、持有人、见证人等是否签名或者盖章；<br>（四）内容是否真实，有无剪裁、拼凑、篡改、添加等伪造、变造情形；<br>（五）该电子证据与案件事实有无关联性。<br>对电子证据有疑问的，应当进行鉴定。<br>对电子证据，应当结合案件其他证据，审查其真实性和关联性。 |
| 33 | 没有直接证据证明犯罪行为系被告人实施，但同时符合下列条件的可以认定被告人有罪：<br>（一）据以定案的间接证据已经查证属实；<br>（二）据以定案的间接证据之间相互印证，不存在无法排除的矛盾和无法解释的疑问；<br>（三）据以定案的间接证据已经形成完整的证明体系；<br>（四）依据间接证据认定的案件事实，结论是唯一的，足以排除一切合理怀疑；<br>（五）运用间接证据进行的推理符合逻辑和经验判断。<br>根据间接证据定案的，判处死刑应当特别慎重。 |
| 37 | 对于有下列情形的证据应当慎重使用，有其他证据印证的，可以采信：<br>（一）生理上、精神上有缺陷的被害人、证人和被告人，在对案件事实的认知和表达上存在一定困难，但尚未丧失正确认知、正确表达能力而作的陈述、证言和供述；<br>（二）与被告人有亲属关系或者其他密切关系的证人所作的对该被告人有利的证言，或者与被告人有利害冲突的证人所作的对该被告人不利的证言。 |
| 40 | 审查被告人实施犯罪时是否已满十八周岁，一般应当以户籍证明为依据；对户籍证明有异议，并有经查证属实的出生证明文件、无利害关系人的证言等证据证明被告人不满十八周岁的，应认定被告人不满十八周岁；没有户籍证明以及出生证明文件的，应当根据人口普查登记、无利害关系人的证言等证据综合进行判断，必要时，可以进行骨龄鉴定，并将结果作为判断被告人年龄的参考。<br>未排除证据之间的矛盾，无充分证据证明被告人实施被指控的犯罪时已满十八周岁且确实无法查明的，不能认定其已满十八周岁。 |

# 中华人民共和国治安管理处罚法（节选）

**第十二条**　已满十四周岁不满十八周岁的人违反治安管理的，从轻或者减轻处罚；不满十四周岁的人违反治安管理的，不予处罚，但是应当责令其监护人严加管教。

**第十三条**　精神病人在不能辨认或者不能控制自己行为的时候违反治安管理的，不予处罚，但是应当责令其监护人严加看管和治疗。间歇性的精神病人在精神正常的时候违反治安管理的，应当给予处罚。

**第十四条**　盲人或者又聋又哑的人违反治安管理的，可以从轻、减轻或者不予处罚。

**第十五条**　醉酒的人违反治安管理的，应当给予处罚。

醉酒的人在醉酒状态中，对本人有危险或者对他人的人身、财产或者公共安全有威胁的，应当对其采取保护性措施约束至酒醒。

**第四十四条**　猥亵他人的，或者在公共场所故意裸露身体，情节恶劣的，处五日以上十日以下拘留；猥亵智力残疾人、精神病人、不满十四周岁的人或者有其他严重情节的，处十日以上十五日以下拘留。

**第四十五条**　有下列行为之一的，处五日以下拘留或者警告：

（一）虐待家庭成员，被虐待人要求处理的；

（二）遗弃没有独立生活能力的被扶养人的。

# 中华人民共和国精神卫生法

（2012 年 10 月 26 日第十一届全国人民代表大会常务委员会第二十九次会议通过　根据 2018 年 4 月 27 日第十三届全国人民代表大会常务委员会第二次会议《关于修改〈中华人民共和国国境卫生检疫法〉等六部法律的决定》修正）

**目　　录**



## 第一章　总　　则

**第一条**　为了发展精神卫生事业，规范精神卫生服务，维护精神障碍患者的合法权益，制定本法。

**第二条**　在中华人民共和国境内开展维护和增进公民心理健康、预防和治疗精神障碍、促进精神障碍患者康复的活动，适用本法。

**第三条**　精神卫生工作实行预防为主的方针，坚持预防、治疗和康复相结合的原则。

**第四条** 精神障碍患者的人格尊严、人身和财产安全不受侵犯。

精神障碍患者的教育、劳动、医疗以及从国家和社会获得物质帮助等方面的合法权益受法律保护。

有关单位和个人应当对精神障碍患者的姓名、肖像、住址、工作单位、病历资料以及其他可能推断出其身份的信息予以保密；但是，依法履行职责需要公开的除外。

**第五条** 全社会应当尊重、理解、关爱精神障碍患者。

任何组织或者个人不得歧视、侮辱、虐待精神障碍患者，不得非法限制精神障碍患者的人身自由。

新闻报道和文学艺术作品等不得含有歧视、侮辱精神障碍患者的内容。

**第六条** 精神卫生工作实行政府组织领导、部门各负其责、家庭和单位尽力尽责、全社会共同参与的综合管理机制。

**第七条** 县级以上人民政府领导精神卫生工作，将其纳入国民经济和社会发展规划，建设和完善精神障碍的预防、治疗和康复服务体系，建立健全精神卫生工作协调机制和工作责任制，对有关部门承担的精神卫生工作进行考核、监督。

乡镇人民政府和街道办事处根据本地区的实际情况，组织开展预防精神障碍发生、促进精神障碍患者康复等工作。

**第八条** 国务院卫生行政部门主管全国的精神卫生工作。县级以上地方人民政府卫生行政部门主管本行政区域的精神卫生工作。

县级以上人民政府司法行政、民政、公安、教育、医疗保障等部门在各自职责范围内负责有关的精神卫生工作。

**第九条** 精神障碍患者的监护人应当履行监护职责，维护精神障碍患者的合法权益。

禁止对精神障碍患者实施家庭暴力，禁止遗弃精神障碍患者。

**第十条** 中国残疾人联合会及其地方组织依照法律、法规或者接受政府委托，动员社会力量，开展精神卫生工作。

村民委员会、居民委员会依照本法的规定开展精神卫生工作，并对所在地人民政府开展的精神卫生工作予以协助。

国家鼓励和支持工会、共产主义青年团、妇女联合会、红十字会、科学技术协会等团体依法开展精神卫生工作。

**第十一条** 国家鼓励和支持开展精神卫生专门人才的培养，维护精神卫生工作人员的合法权益，加强精神卫生专业队伍建设。

国家鼓励和支持开展精神卫生科学技术研究，发展现代医学、我国传统医学、心理学，提高精神障碍预防、诊断、治疗、康复的科学技术水平。

国家鼓励和支持开展精神卫生领域的国际交流与合作。

**第十二条** 各级人民政府和县级以上人民政府有关部门应当采取措施，鼓励和支持组织、个人提供精神卫生志愿服务，捐助精神卫生事业，兴建精神卫生公益设施。

对在精神卫生工作中作出突出贡献的组织、个人，按照国家有关规定给予表彰、奖励。

## 第二章 心理健康促进和精神障碍预防

**第十三条** 各级人民政府和县级以上人民政府有关部门应当采取措施，加强心理健康促进和精神障碍预防工作，提高公众心理健康水平。

**第十四条** 各级人民政府和县级以上人民政府有关部门制定的突发事件应急预案，应当包括心理援助的内容。发生突发事件，履行统一领导职责或者组织处置突发事件的人民政府应当根据突发事件的具体情况，按照应急预案的规定，组织开展心理援助工作。

**第十五条** 用人单位应当创造有益于职工身心健康的工作环境，关注职工的心理健康；对处于职业发展特定时期或者在特殊岗位工作的职工，应当有针对性地开展心理健康教育。

**第十六条** 各级各类学校应当对学生进行精神卫生知识教育；配备或者聘请心理健康教育教师、辅导人员，并可以设立心理健康辅导室，对学生进行心理健康教育。学前教育机构应当对幼儿开展符合其特点的心理健康教育。

发生自然灾害、意外伤害、公共安全事件等可能影响学生心理健康的事件，学校应当及时组织专业人员对学生进行心理援助。

教师应当学习和了解相关的精神卫生知识，关注学生心理健康状况，正确引导、激励学生。地方各级人民政府教育行政部门和学校应当重视教师心理健康。

学校和教师应当与学生父母或者其他监护人、近亲属沟通学生心理健康情况。

**第十七条** 医务人员开展疾病诊疗服务，应当按照诊断标准和治疗规范的要求，对就诊者进行心理健康指导；发现就诊者可能患有精神障碍的，应当建议其到符合本法规定的医疗机构就诊。

**第十八条** 监狱、看守所、拘留所、强制隔离戒毒所等场所，应当对服刑人员，被依法拘留、逮捕、强制隔离戒毒的人员等，开展精神卫生知识宣传，关注其心理健康状况，必要时提供心理咨询和心理辅导。

**第十九条** 县级以上地方人民政府人力资源社会保障、教育、卫生、司法行政、公安等部门应当在各自职责范围内分别对本法第十五条至第十八条规定的单位履行精神障碍预防义务的情况进行督促和指导。

**第二十条** 村民委员会、居民委员会应当协助所在地人民政府及其有关部门开展社区心理健康指导、精神卫生知识宣传教育活动，创建有益于居民身心健康的社区环境。

乡镇卫生院或者社区卫生服务机构应当为村民委员会、居民委员会开展社区心理健康指导、精神卫生知识宣传教育活动提供技术指导。

**第二十一条** 家庭成员之间应当相互关爱，创造良好、和睦的家庭环境，提高精神障碍预防意识；发现家庭成员可能患有精神障碍的，应当帮助其及时就诊，照顾其生活，做好看护管理。

**第二十二条** 国家鼓励和支持新闻媒体、社会组织开展精神卫生的公益性宣传，普及精神卫生知识，引导公众关注心理健康，预防精神障碍的发生。

**第二十三条** 心理咨询人员应当提高业务素质，遵守执业规范，为社会公众提供专业化的心理咨询服务。

心理咨询人员不得从事心理治疗或者精神障碍的诊断、治疗。

心理咨询人员发现接受咨询的人员可能患有精神障碍的，应当建议其到符合本法规定的医疗机构就诊。

心理咨询人员应当尊重接受咨询人员的隐私，并为其保守秘密。

**第二十四条** 国务院卫生行政部门建立精神卫生监测网络，实行严重精神障碍发病报告制度，组织开展精神障碍发生状况、发展趋势等的监测和专题调查工作。精神卫生监测和严重精神障碍发病报告管理办法，由国务院卫生行政部门制定。

国务院卫生行政部门应当会同有关部门、组织，建立精神卫生工作信息共享机制，实现信息互联互通、交流共享。

## 第三章　精神障碍的诊断和治疗

**第二十五条** 开展精神障碍诊断、治疗活动，应当具备下列条件，并依照医疗机构的管理规定办理有关手续：

（一）有与从事的精神障碍诊断、治疗相适应的精神科执业医师、护士；

（二）有满足开展精神障碍诊断、治疗需要的设施和设备；

（三）有完善的精神障碍诊断、治疗管理制度和质量监控制度。

从事精神障碍诊断、治疗的专科医疗机构还应当配备从事心理治疗的人员。

**第二十六条** 精神障碍的诊断、治疗，应当遵循维护患者合法权益、尊重患者人格尊严的原则，保障患者在现有条件下获得良好的精神卫生服务。

精神障碍分类、诊断标准和治疗规范，由国务院卫生行政部门组织制定。

**第二十七条** 精神障碍的诊断应当以精神健康状况为依据。

除法律另有规定外，不得违背本人意志进行确定其是否患有精神障碍的医学检查。

**第二十八条** 除个人自行到医疗机构进行精神障碍诊断外，疑似精神障碍患者的近亲属可以将其送往医疗机构进行精神障碍诊断。对查找不到近亲属的流浪乞讨疑似精神障碍患者，由当地民政等有关部门按照职责分工，帮助送往医疗机构进行精神障碍诊断。

疑似精神障碍患者发生伤害自身、危害他人安全的行为，或者有伤害自身、危害他人安全的危险的，其近亲属、所在单位、当地公安机关应当立即采取措施予以制止，并将其送往医疗机构进行精神障碍诊断。

医疗机构接到送诊的疑似精神障碍患者，不得拒绝为其作出诊断。

**第二十九条** 精神障碍的诊断应当由精神科执业医师作出。

医疗机构接到依照本法第二十八条第二款规定送诊的疑似精神障碍患者，应当将其留院，立即指派精神科执业医师进行诊断，并及时出具诊断结论。

**第三十条** 精神障碍的住院治疗实行自愿原则。

诊断结论、病情评估表明，就诊者为严重精神障碍患者并有下列情形之一的，应当对其实施住院治疗：

（一）已经发生伤害自身的行为，或者有伤害自身的危险的；

（二）已经发生危害他人安全的行为，或者有危害他人安全的危险的。

**第三十一条** 精神障碍患者有本法第三十条第二款第一项情形的，经其监护人同意，医疗机构应当对患者实施住院治疗；监护人不同意的，医疗机构不得对患者实施住院治疗。监护人应当对在家居住的患者做好看护管理。

**第三十二条** 精神障碍患者有本法第三十条第二款第二项情形，患者或者其监护人对需要住院治疗的诊断结论有异议，不同意对患者实施住院治疗的，可以要求再次诊断和鉴定。

依照前款规定要求再次诊断的，应当自收到诊断结论之日起三日内向原医疗机构或者其他具有合法资质的医疗机构提出。承担再次诊断的医疗机构应当在接到再次诊断要求后指派二名初次诊断医师以外的精神科执业医师进行再次诊断，并及时出具再次诊断结论。承担再次诊断的执业医师应当到收治患者的医疗机构面见、询问患者，该医疗机构应当予以配合。

对再次诊断结论有异议的，可以自主委托依法取得执业资质的鉴定机构进行精神障碍医学鉴定；医疗机构应当公示经公告的鉴定机构名单和联系方式。接受委托的鉴定机构应当指定本机构具有该鉴定事项执业资格的二名以上鉴定人共同进行鉴定，并及时出具鉴定报告。

**第三十三条** 鉴定人应当到收治精神障碍患者的医疗机构面见、询问患者，该医疗机构应当予以配合。

鉴定人本人或者其近亲属与鉴定事项有利害关系，可能影响其独立、客观、公正进行鉴定的，应当回避。

**第三十四条** 鉴定机构、鉴定人应当遵守有关法律、法规、规章的规定，尊重科学，恪守职业道德，按照精神障碍鉴定的实施程序、技术方法和操作规范，依法独立进行鉴定，出具客观、公正的鉴定报告。

鉴定人应当对鉴定过程进行实时记录并签名。记录的内容应当真实、客观、准确、完整，记录的文本或者声像载体应当妥善保存。

**第三十五条** 再次诊断结论或者鉴定报告表明，不能确定就诊者为严重精神障碍患者，或者患者不需要住院治疗的，医疗机构不得对其实施住院治疗。

再次诊断结论或者鉴定报告表明，精神障碍患者有本法第三十条第二款第二项情形的，其监护人应当同意对患者实施住院治疗。监护人阻碍实施住院治疗或者患者擅自脱离住院治疗的，可以由公安机关协助医疗机构采取措施对患者实施住院治疗。

在相关机构出具再次诊断结论、鉴定报告前，收治精神障碍患者的医疗机构应当按照诊疗规范的要求对患者实施住院治疗。

**第三十六条** 诊断结论表明需要住院治疗的精神障碍患者，本人没有能力办理住院手续的，由其监护人办理住院手续；患者属于查找不到监护人的流浪乞讨人员的，由送诊的有关部门办理住院手续。

精神障碍患者有本法第三十条第二款第二项情形，其监护人不办理住院手续的，由患者所在单位、村民委员会或者居民委员会办理住院手续，并由医疗机构在患者病历中予以记录。

**第三十七条** 医疗机构及其医务人员应当将精神障碍患者在诊断、治疗过程中享有的权利，告知患者或者其监护人。

**第三十八条** 医疗机构应当配备适宜的设施、设备，保护就诊和住院治疗的精神障碍患者的人身安全，防止其受到伤害，并为住院患者创造尽可能接近正常生活的环境和条件。

**第三十九条** 医疗机构及其医务人员应当遵循精神障碍诊断标准和治疗规范，制定治疗方案，并向精神障碍患者或者其监护人告知治疗方案和治疗方法、目的以及可能产生的后果。

**第四十条** 精神障碍患者在医疗机构内发生或者将要发生伤害自身、危害他人安全、扰乱医疗秩序的行为，医疗机构及其医务人员在没有其他可替代措施的情况下，可以实施约束、隔离等保护性医疗措施。实施保护性医疗措施应当遵循诊断标准和治疗规范，并在实施后告知患者的监护人。

禁止利用约束、隔离等保护性医疗措施惩罚精神障碍患者。

**第四十一条** 对精神障碍患者使用药物，应当以诊断和治疗为目的，使用安全、有效的药物，不得为诊断或者治疗以外的目的使用药物。

医疗机构不得强迫精神障碍患者从事生产劳动。

**第四十二条** 禁止对依照本法第三十条第二款规定实施住院治疗的精神障碍患者实施以治疗精神障碍为目的的外科手术。

**第四十三条** 医疗机构对精神障碍患者实施下列治疗措施，应当向患者或者其监护人告知医疗风险、替代医疗方案等情况，并取得患者的书面同意；无法取得患者意见的，应当取得其监护人的书面同意，并经本医疗机构伦理委员会批准：

（一）导致人体器官丧失功能的外科手术；

（二）与精神障碍治疗有关的实验性临床医疗。

实施前款第一项治疗措施，因情况紧急查找不到监护人的，应当取得本医疗机构负责人和伦理委员会批准。

禁止对精神障碍患者实施与治疗其精神障碍无关的实验性临床医疗。

**第四十四条** 自愿住院治疗的精神障碍患者可以随时要求出院，医疗机构应当同意。

对有本法第三十条第二款第一项情形的精神障碍患者实施住院治疗的，监护人可以随时要求患者出院，医疗机构应当同意。

医疗机构认为前两款规定的精神障碍患者不宜出院的，应当告知不宜出院的理由；患者或者其监护人仍要求出院的，执业医师应当在病历资料中详细记录告知的过程，同时提出出院后的医学建议，患者或者其监护人应当签字确认。

对有本法第三十条第二款第二项情形的精神障碍患者实施住院治疗，医疗机构认为患者可以出院的，应当立即告知患者及其监护人。

医疗机构应当根据精神障碍患者病情，及时组织精神科执业医师对依照本法第三十条第二款规定实施住院治疗的患者进行检查评估。评估结果表明患者不需要继续住院治疗的，医疗机构应当立即通知患者及其监护人。

**第四十五条**　精神障碍患者出院，本人没有能力办理出院手续的，监护人应当为其办理出院手续。

**第四十六条**　医疗机构及其医务人员应当尊重住院精神障碍患者的通讯和会见探访者等权利。除在急性发病期或者为了避免妨碍治疗可以暂时性限制外，不得限制患者的通讯和会见探访者等权利。

**第四十七条**　医疗机构及其医务人员应当在病历资料中如实记录精神障碍患者的病情、治疗措施、用药情况、实施约束、隔离措施等内容，并如实告知患者或者其监护人。患者及其监护人可以查阅、复制病历资料；但是，患者查阅、复制病历资料可能对其治疗产生不利影响的除外。病历资料保存期限不得少于三十年。

**第四十八条**　医疗机构不得因就诊者是精神障碍患者，推诿或者拒绝为其治疗属于本医疗机构诊疗范围的其他疾病。

**第四十九条**　精神障碍患者的监护人应当妥善看护未住院治疗的患者，按照医嘱督促其按时服药、接受随访或者治疗。村民委员会、居民委员会、患者所在单位等应当依患者或者其监护人的请求，对监护人看护患者提供必要的帮助。

**第五十条**　县级以上地方人民政府卫生行政部门应当定期就下列事项对本行政区域内从事精神障碍诊断、治疗的医疗机构进行检查：

（一）相关人员、设施、设备是否符合本法要求；

（二）诊疗行为是否符合本法以及诊断标准、治疗规范的规定；

（三）对精神障碍患者实施住院治疗的程序是否符合本法规定；

（四）是否依法维护精神障碍患者的合法权益。

县级以上地方人民政府卫生行政部门进行前款规定的检查，应当听取精神障碍患者及其监护人的意见；发现存在违反本法行为的，应当立即制止或者责令改正，并依法作出处理。

**第五十一条**　心理治疗活动应当在医疗机构内开展。专门从事心理治疗的人员不得从事精神障碍的诊断，不得为精神障碍患者开具处方或者提供外科治疗。心理治疗的技术规范由国务院卫生行政部门制定。

**第五十二条**　监狱、强制隔离戒毒所等场所应当采取措施，保证患有精神障碍的服刑人员、强制隔离戒毒人员等获得治疗。

**第五十三条**　精神障碍患者违反治安管理处罚法或者触犯刑法的，依照有关法律的规定处理。

## 第四章　精神障碍的康复

**第五十四条**　社区康复机构应当为需要康复的精神障碍患者提供场所和条件，对患者进行生活自理能力和社会适应能力等方面的康复训练。

**第五十五条**　医疗机构应当为在家居住的严重精神障碍患者提供精神科基本药物维持治疗，并为社区康复机构提供有关精神障碍康复的技术指导和支持。

社区卫生服务机构、乡镇卫生院、村卫生室应当建立严重精神障碍患者的健康档案，对在家居住的严重精神障碍患者进行定期随访，指导患者服药和开展康复训练，并对患者的监护人进行精神卫生知识和看护知识的培训。县级人民政府卫生行政部门应当为社区卫生服务机构、乡镇卫生院、村卫生室开展上述工作给予指导和培训。

**第五十六条**　村民委员会、居民委员会应当为生活困难的精神障碍患者家庭提供帮助，并向所在地乡镇人民政府或者街道办事处以及县级人民政府有关部门反映患者及其家庭的情况和要求，帮助其解决实际困难，为患者融入社会创造条件。

**第五十七条**　残疾人组织或者残疾人康复机构应当根据精神障碍患者康复的需要，组织患者参加康复活动。

**第五十八条**　用人单位应当根据精神障碍患者的实际情况，安排患者从事力所能及的工作，保障患者享有同等待遇，安排患者参加必要的职业技能培训，提高患者的就业能力，为患者创造适宜的工作环境，对患者在工作中取得的成绩予以鼓励。

**第五十九条**　精神障碍患者的监护人应当协助患者进行生活自理能力和社会适应能力等方面的康复训练。

精神障碍患者的监护人在看护患者过程中需要技术指导的，社区卫生服务机构或者乡镇卫生院、村卫生室、社区康复机构应当提供。

## 第五章　保障措施

**第六十条**　县级以上人民政府卫生行政部门会同有关部门依据国民经济和社会发展规划的要求，制定精神卫生工作规划并组织实施。

精神卫生监测和专题调查结果应当作为制定精神卫生工作规划的依据。

**第六十一条**　省、自治区、直辖市人民政府根据本行政区域的实际情况，统筹规划，整合资源，建设和完善精神卫生服务体系，加强精神障碍预防、治疗和康复服务能力建设。

县级人民政府根据本行政区域的实际情况，统筹规划，建立精神障碍患者社区康复机构。

县级以上地方人民政府应当采取措施，鼓励和支持社会力量举办从事精神障碍诊断、治疗的医疗机构和精神障碍患者康复机构。

**第六十二条**　各级人民政府应当根据精神卫生工作需要，加大财政投入力度，保障精神卫生工作所需经费，将精神卫生工作经费列入本级财政预算。

**第六十三条**　国家加强基层精神卫生服务体系建设，扶持贫困地区、边远地区的精神卫生工作，保障城市社区、农村基层精神卫生工作所需经费。

**第六十四条**　医学院校应当加强精神医学的教学和研究，按照精神卫生工作的实际需要培养精神医学专门人才，为精神卫生工作提供人才保障。

**第六十五条**　综合性医疗机构应当按照国务院卫生行政部门的规定开设精神科门诊或者心理治疗门诊，提高精神障碍预防、诊断、治疗能力。

**第六十六条**　医疗机构应当组织医务人员学习精神卫生知识和相关法律、法规、政策。

从事精神障碍诊断、治疗、康复的机构应当定期组织医务人员、工作人员进行在岗培训，更新精神卫生知识。

县级以上人民政府卫生行政部门应当组织医务人员进行精神卫生知识培训，提高其识别精神障碍的能力。

**第六十七条**　师范院校应当为学生开设精神卫生课程；医学院校应当为非精神医学专业的学生开设精神卫生课程。

县级以上人民政府教育行政部门对教师进行上岗前和在岗培训，应当有精神卫生的内容，并定期组织心理健康教育教师、辅导人员进行专业培训。

**第六十八条**　县级以上人民政府卫生行政部门应当组织医疗机构为严重精神障碍患者免费提供基本公共卫生服务。

精神障碍患者的医疗费用按照国家有关社会保险的规定由基本医疗保险基金支付。医疗保险经办机构应当按照国家有关规定将精神障碍患者纳入城镇职工基本医疗保险、城镇居民基本医疗保险或者新型农村合作医疗的保障范围。县级人民政府应当按照国家有关规定对家庭经济困难的严重精神障碍患者参加基本医疗保险给予资助。医疗保障、财政等部门应当加强协调，简化程序，实现属于基本医疗保险基金支付的医疗费用由医疗机构与医疗保险经办机构直接结算。

精神障碍患者通过基本医疗保险支付医疗费用后仍有困难，或者不能通过基本医疗保险支付医疗费用的，医疗保障部门应当优先给予医疗救助。

**第六十九条**　对符合城乡最低生活保障条件的严重精神障碍患者，民政部门应当会同有关部门及时将其纳入最低生活保障。

对属于农村五保供养对象的严重精神障碍患者，以及城市中无劳动能力、无生活来源且无法定赡养、抚养、扶养义务人，或者其法定赡养、抚养、扶养义务人无赡养、抚养、扶养能力的严重精神障碍患者，民政部门应当按照国家有关规定予以供养、救助。

前两款规定以外的严重精神障碍患者确有困难的，民政部门可以采取临时救助等措施，帮助其解决生活困难。

**第七十条**　县级以上地方人民政府及其有关部门应当采取有效措施，保证患有精神障碍的适龄儿童、少年接受义务教育，扶持有劳动能力的精神障碍患者从事力所能及的劳动，并为已经康复的人员提供就业服务。

国家对安排精神障碍患者就业的用人单位依法给予税收优惠，并在生产、经营、技术、资金、物资、场地等方面给予扶持。

**第七十一条** 精神卫生工作人员的人格尊严、人身安全不受侵犯，精神卫生工作人员依法履行职责受法律保护。全社会应当尊重精神卫生工作人员。

县级以上人民政府及其有关部门、医疗机构、康复机构应当采取措施，加强对精神卫生工作人员的职业保护，提高精神卫生工作人员的待遇水平，并按照规定给予适当的津贴。精神卫生工作人员因工致伤、致残、死亡的，其工伤待遇以及抚恤按照国家有关规定执行。

## 第六章 法律责任

**第七十二条** 县级以上人民政府卫生行政部门和其他有关部门未依照本法规定履行精神卫生工作职责，或者滥用职权、玩忽职守、徇私舞弊的，由本级人民政府或者上一级人民政府有关部门责令改正，通报批评，对直接负责的主管人员和其他直接责任人员依法给予警告、记过或者记大过的处分；造成严重后果的，给予降级、撤职或者开除的处分。

**第七十三条** 不符合本法规定条件的医疗机构擅自从事精神障碍诊断、治疗的，由县级以上人民政府卫生行政部门责令停止相关诊疗活动，给予警告，并处五千元以上一万元以下罚款，有违法所得的，没收违法所得；对直接负责的主管人员和其他直接责任人员依法给予或者责令给予降低岗位等级或者撤职、开除的处分；对有关医务人员，吊销其执业证书。

**第七十四条** 医疗机构及其工作人员有下列行为之一的，由县级以上人民政府卫生行政部门责令改正，给予警告；情节严重的，对直接负责的主管人员和其他直接责任人员依法给予或者责令给予降低岗位等级或者撤职、开除的处分，并可以责令有关医务人员暂停一个月以上六个月以下执业活动：

（一）拒绝对送诊的疑似精神障碍患者作出诊断的；

（二）对依照本法第三十条第二款规定实施住院治疗的患者未及时进行检查评估或者未根据评估结果作出处理的。

**第七十五条** 医疗机构及其工作人员有下列行为之一的，由县级以上人民政府卫生行政部门责令改正，对直接负责的主管人员和其他直接责任人员依法给予或者责令给予降低岗位等级或者撤职的处分；对有关医务人员，暂停六个月以上一年以下执业活动；情节严重的，给予或者责令给予开除的处分，并吊销有关医务人员的执业证书：

（一）违反本法规定实施约束、隔离等保护性医疗措施的；

（二）违反本法规定，强迫精神障碍患者劳动的；

（三）违反本法规定对精神障碍患者实施外科手术或者实验性临床医疗的；

（四）违反本法规定，侵害精神障碍患者的通讯和会见探访者等权利的；

（五）违反精神障碍诊断标准，将非精神障碍患者诊断为精神障碍患者的。

**第七十六条** 有下列情形之一的，由县级以上人民政府卫生行政部门、工商行政管理部门依据各自职责责令改正，给予警告，并处五千元以上一万元以下罚款，有违法所得的，没收违法所得；造成严重后果的，责令暂停六个月以上一年以下执业活动，直至吊销执业证书或者营业执照：

（一）心理咨询人员从事心理治疗或者精神障碍的诊断、治疗的；

（二）从事心理治疗的人员在医疗机构以外开展心理治疗活动的；

（三）专门从事心理治疗的人员从事精神障碍的诊断的；

（四）专门从事心理治疗的人员为精神障碍患者开具处方或者提供外科治疗的。

心理咨询人员、专门从事心理治疗的人员在心理咨询、心理治疗活动中造成他人人身、财产或者其他损害的，依法承担民事责任。

**第七十七条**　有关单位和个人违反本法第四条第三款规定，给精神障碍患者造成损害的，依法承担赔偿责任；对单位直接负责的主管人员和其他直接责任人员，还应当依法给予处分。

**第七十八条**　违反本法规定，有下列情形之一，给精神障碍患者或者其他公民造成人身、财产或者其他损害的，依法承担赔偿责任：

（一）将非精神障碍患者故意作为精神障碍患者送入医疗机构治疗的；

（二）精神障碍患者的监护人遗弃患者，或者有不履行监护职责的其他情形的；

（三）歧视、侮辱、虐待精神障碍患者，侵害患者的人格尊严、人身安全的；

（四）非法限制精神障碍患者人身自由的；

（五）其他侵害精神障碍患者合法权益的情形。

**第七十九条**　医疗机构出具的诊断结论表明精神障碍患者应当住院治疗而其监护人拒绝，致使患者造成他人人身、财产损害的，或者患者有其他造成他人人身、财产损害情形的，其监护人依法承担民事责任。

**第八十条**　在精神障碍的诊断、治疗、鉴定过程中，寻衅滋事，阻挠有关工作人员依照本法的规定履行职责，扰乱医疗机构、鉴定机构工作秩序的，依法给予治安管理处罚。

违反本法规定，有其他构成违反治安管理行为的，依法给予治安管理处罚。

**第八十一条**　违反本法规定，构成犯罪的，依法追究刑事责任。

**第八十二条**　精神障碍患者或者其监护人、近亲属认为行政机关、医疗机构或者其他有关单位和个人违反本法规定侵害患者合法权益的，可以依法提起诉讼。

## 第七章　附　　则

**第八十三条**　本法所称精神障碍，是指由各种原因引起的感知、情感和思维等精神活动的紊乱或者异常，导致患者明显的心理痛苦或者社会适应等功能损害。

本法所称严重精神障碍，是指疾病症状严重，导致患者社会适应等功能严重损害、对自身健康状况或者客观现实不能完整认识，或者不能处理自身事务的精神障碍。

本法所称精神障碍患者的监护人，是指依照民法通则的有关规定可以担任监护人的人。

**第八十四条**　军队的精神卫生工作，由国务院和中央军事委员会依据本法制定管理办法。

**第八十五条** 本法自2013年5月1日起施行。

## 全国人民代表大会常务委员会关于司法鉴定管理问题的决定

（2005年2月28日第十届全国人民代表大会常务委员会第十四次会议通过，根据2015年4月24日第十二届全国人民代表大会常务委员会第十四次会议《全国人民代表大会常务委员会关于修改〈中华人民共和国义务教育法〉等五部法律的决定》修正）

为了加强对鉴定人和鉴定机构的管理，适应司法机关和公民、组织进行诉讼的需要，保障诉讼活动的顺利进行，特作如下决定：

一、司法鉴定是指在诉讼活动中鉴定人运用科学技术或者专门知识对诉讼涉及的专门性问题进行鉴别和判断并提供鉴定意见的活动。

二、国家对从事下列司法鉴定业务的鉴定人和鉴定机构实行登记管理制度：

（一）法医类鉴定；

（二）物证类鉴定；

（三）声像资料鉴定；

（四）根据诉讼需要由国务院司法行政部门商最高人民法院、最高人民检察院确定的其他应当对鉴定人和鉴定机构实行登记管理的鉴定事项。

法律对前款规定事项的鉴定人和鉴定机构的管理另有规定的，从其规定。

三、国务院司法行政部门主管全国鉴定人和鉴定机构的登记管理工作。省级人民政府司法行政部门依照本决定的规定，负责对鉴定人和鉴定机构的登记、名册编制和公告。

四、具备下列条件之一的人员，可以申请登记从事司法鉴定业务：

（一）具有与所申请从事的司法鉴定业务相关的高级专业技术职称；

（二）具有与所申请从事的司法鉴定业务相关的专业执业资格或者高等院校相关专业本科以上学历，从事相关工作五年以上；

（三）具有与所申请从事的司法鉴定业务相关工作十年以上经历，具有较强的专业技能。

因故意犯罪或者职务过失犯罪受过刑事处罚的，受过开除公职处分的，以及被撤销鉴定人登记的人员，不得从事司法鉴定业务。

五、法人或者其他组织申请从事司法鉴定业务的，应当具备下列条件：

（一）有明确的业务范围；

（二）有在业务范围内进行司法鉴定所必需的仪器、设备；

（三）有在业务范围内进行司法鉴定所必需的依法通过计量认证或者实验室认可的检测实验室；

（四）每项司法鉴定业务有三名以上鉴定人。

六、申请从事司法鉴定业务的个人、法人或者其他组织，由省级人民政府司法行政部门审核，对符合条件的予以登记，编入鉴定人和鉴定机构名册并公告。

省级人民政府司法行政部门应当根据鉴定人或者鉴定机构的增加和撤销登记情况，定期更新所编制的鉴定人和鉴定机构名册并公告。

七、侦查机关根据侦查工作的需要设立的鉴定机构，不得面向社会接受委托从事司法鉴定业务。

人民法院和司法行政部门不得设立鉴定机构。

八、各鉴定机构之间没有隶属关系；鉴定机构接受委托从事司法鉴定业务，不受地域范围的限制。

鉴定人应当在一个鉴定机构中从事司法鉴定业务。

九、在诉讼中，对本决定第二条所规定的鉴定事项发生争议，需要鉴定的，应当委托列入鉴定人名册的鉴定人进行鉴定。鉴定人从事司法鉴定业务，由所在的鉴定机构统一接受委托。

鉴定人和鉴定机构应当在鉴定人和鉴定机构名册注明的业务范围内从事司法鉴定业务。

鉴定人应当依照诉讼法律规定实行回避。

十、司法鉴定实行鉴定人负责制度。鉴定人应当独立进行鉴定，对鉴定意见负责并在鉴定书上签名或者盖章。多人参加的鉴定，对鉴定意见有不同意见的，应当注明。

十一、在诉讼中，当事人对鉴定意见有异议的，经人民法院依法通知，鉴定人应当出庭作证。

十二、鉴定人和鉴定机构从事司法鉴定业务，应当遵守法律、法规，遵守职业道德和职业纪律，尊重科学，遵守技术操作规范。

十三、鉴定人或者鉴定机构有违反本决定规定行为的，由省级人民政府司法行政部门予以警告，责令改正。

鉴定人或者鉴定机构有下列情形之一的，由省级人民政府司法行政部门给予停止从事司法鉴定业务三个月以上一年以下的处罚；情节严重的，撤销登记：

（一）因严重不负责任给当事人合法权益造成重大损失的；

（二）提供虚假证明文件或者采取其他欺诈手段，骗取登记的；

（三）经人民法院依法通知，拒绝出庭作证的；

（四）法律、行政法规规定的其他情形。

鉴定人故意作虚假鉴定，构成犯罪的，依法追究刑事责任；尚不构成犯罪的，依照前款规定处罚。

十四、司法行政部门在鉴定人和鉴定机构的登记管理工作中，应当严格依法办事，积极推进司法鉴定的规范化、法制化。对于滥用职权、玩忽职守，造成严重后果的直接责任人员，应当追究相应的法律责任。

十五、司法鉴定的收费标准由省、自治区、直辖市人民政府价格主管部门会同同级司法行政部门制定。

十六、对鉴定人和鉴定机构进行登记、名册编制和公告的具体办法，由国务院司法行政部门制定，报国务院批准。

十七、本决定下列用语的含义是：

（一）法医类鉴定，包括法医病理鉴定、法医临床鉴定、法医精神病鉴定、法医物证鉴定和法医毒物鉴定。

（二）物证类鉴定，包括文书鉴定、痕迹鉴定和微量鉴定。

（三）声像资料鉴定，包括对录音带、录像带、磁盘、光盘、图片等载体上记录的声音、图像信息的真实性、完整性及其所反映的情况过程进行的鉴定和对记录的声音、图像中的语言、人体、物体作出种类或者同一认定。

十八、本决定自 2005 年 10 月 1 日起施行。

## 精神疾病司法鉴定暂行规定

最高法院/最高检察院/公安部/司法部/卫生部

1989 年 7 月 11 日颁布　1989 年 8 月 1 日实施

### 第一章　总　　则

**第一条**　根据《中华人民共和国刑法》、《中华人民共和国刑事诉讼法》、《中华人民共和国民法通则》、《中华人民共和国民事诉讼法》（试行）、《中华人民共和国治安管理处罚条例》及其他有关法规，为司法机关依法正确处理案件，保护精神疾病患者的合法权益，特制定本规定。

**第二条**　精神疾病的司法鉴定，根据案件事实和被鉴定人的精神状态，作出鉴定结论，为委托鉴定机关提供有关法定能力的科学证据。

### 第二章　司法鉴定机构

**第三条**　为开展精神疾病的司法鉴定工作，各省、自治区、直辖市、地区、地级市，应当成立精神疾病司法鉴定委员会，负责审查、批准鉴定人，组织技术鉴定组，协助、开展鉴定工作。

**第四条**　鉴定委员会由人民法院、人民检察院和公安、司法、卫生机关的有关负责干部和专家若干人组成，人选由上述机关协商确定。

**第五条**　鉴定委员会根据需要，可以设置若干个技术鉴定组，承担具体鉴定工作，其成员由鉴定委员会聘请、指派。技术鉴定组不得少于两名成员参加鉴定。

**第六条**　对疑难案件，在省、自治区、直辖市内难以鉴定的，可以由委托鉴定机关重新委托其他省、自治区、直辖市鉴定委员会进行鉴定。

### 第三章　鉴 定 内 容

**第七条**　对可能患有精神疾病的下列人员应当进行鉴定：

（一）刑事案件的被告人、被害人；

（二）民事案件的当事人；

（三）行政案件的原告人（自然人）；

（四）违反治安管理应当受拘留处罚的人员；

（五）劳动改造的罪犯；

（六）劳动教养人员；

（七）收容审查人员；

（八）与案件有关需要鉴定的其他人员。

**第八条** 鉴定委员会根据情况可以接受被鉴定人补充鉴定、重新鉴定、复核鉴定的要求。

**第九条** 刑事案件中，精神疾病司法鉴定包括：

（一）确定被鉴定人是否患有精神疾病，患何种精神疾病，实施危害行为时的精神状态，精神疾病和所实施的危害行为之间的关系，以及有无刑事责任能力。

（二）确定被鉴定人在诉讼过程中的精神状态以及有无诉讼能力。

（三）确定被鉴定人在服刑期间的精神状态以及对应当采取的法律措施的建议。

**第十条** 民事案件中精神疾病司法鉴定任务如下：

（一）确定被鉴定人是否患有精神疾病，患何种精神疾病，在进行民事活动时的精神状态，精神疾病对其意思表达能力的影响，以及有无民事行为能力。

（二）确定被鉴定人在调解或审理阶段期间的精神状态，以及有无诉讼能力。

**第十一条** 确定各类案件的被害人等，在其人身、财产等合法权益遭受侵害时的精神状态，以及对侵犯行为有无辨认能力或者自我防卫、保护能力。

**第十二条** 确定案件中有关证人的精神状态，以及有无作证能力。

## 第四章 鉴 定 人

**第十三条** 具有下列资格之一的，可以担任鉴定人：

（一）具有五年以上精神科临床经验并具有司法精神病学知识的主治医师以上人员。

（二）具有司法精神病学知识、经验和工作能力的主检法医师以上人员。

**第十四条** 鉴定人权利

（一）被鉴定人案件材料不充分时，可以要求委托鉴定机关提供所需要的案件材料。

（二）鉴定人有权通过委托鉴定机关，向被鉴定人的工作单位和亲属以及有关证人了解情况。

（三）鉴定人根据需要有权要求委托鉴定机关将被鉴定人移送至收治精神病人的医院住院检查和鉴定。

（四）鉴定机构可以向委托鉴定机关了解鉴定后的处理情况。

**第十五条** 鉴定人义务

（一）进行鉴定时，应当履行职责，正确、及时地作出鉴定结论。

（二）解答委托鉴定机关提出的与鉴定结论有关的问题。

（三）保守案件秘密。

（四）遵守有关回避的法律规定。

**第十六条** 鉴定人在鉴定过程中徇私舞弊、故意作虚假鉴定的，应当追究法律责任。

## 第五章 委托鉴定和鉴定书

**第十七条** 司法机关委托鉴定时，需有《委托鉴定书》，说明鉴定的要求和目的，并应当提供下列材料：

（一）被鉴定人及其家庭情况；

（二）案件的有关材料；

（三）工作单位提供的有关材料；

（四）知情人对被鉴定人精神状态的有关证言；

（五）医疗记录和其他有关检查结果。

**第十八条** 鉴定结束后，应当制作《鉴定书》。《鉴定书》包括以下内容：

（一）委托鉴定机关的名称；

（二）案由、案号，鉴定书号；

（三）鉴定的目的和要求；

（四）鉴定的日期、场所、在场人；

（五）案情摘要；

（六）被鉴定人的一般情况；

（七）被鉴定人发案时和发案前后各阶段的精神状态；

（八）被鉴定人精神状态检查和其他检查所见；

（九）分析说明；

（十）鉴定结论；

（十一）鉴定人员签名，并加盖鉴定专用章；

（十二）有关医疗或监护的建议。

## 第六章 责任能力和行为能力的评定

**第十九条** 刑事案件被鉴定人责任能力的评定：被鉴定人实施危害行为时，经鉴定患有精神疾病，由于严重的精神活动障碍，致使不能辨认或者不能控制自己行为的，为无刑事责任能力。被鉴定人实施危害行为时，经鉴定属于下列情况之一的，为具有责任能力：

1. 具有精神疾病的既往史，但实施危害行为时并无精神异常；

2. 精神疾病的间歇期，精神症状已经完全消失。

**第二十条** 民事案件被鉴定人行为能力的评定：

（一）被鉴定人在进行民事活动时，经鉴定患有精神疾病，由于严重的精神活动障碍致使不能辨认或者不能保护自己合法权益的，为无民事行为能力。

（二）被鉴定人在进行民事活动时，经鉴定患有精神疾病，由于精神活动障碍，致使不能完全辨认、不能控制或者不能完全保护自己合法权益的，为限制民事行为能力。

（三）被鉴定人在进行民事活动时，经鉴定属于下列情况之一的，为具有民事行为能力：

1. 具有精神疾病既往史，但在民事活动时并无精神异常；

2. 精神疾病的间歇期，精神症状已经消失；

3. 虽患有精神疾病，但其病理性精神活动具有明显局限性，并对他所进行的民事活动具有辨认能力和能保护自己合法权益的；

4. 智能低下，但对自己的合法权益仍具有辨认能力和保护能力的。

**第二十一条** 诉讼过程中有关法定能力的评定

（一）被鉴定人为刑事案件的被告人，在诉讼过程中，经鉴定患有精神疾病，致使不能行使诉讼权利的，为无诉讼能力。

（二）被鉴定人为民事案件的当事人或者是刑事案件的自诉人，在诉讼过程中经鉴定患有精神疾病，致使不能行使诉讼权利的，为无诉讼能力。

（三）控告人、检举人、证人等提供不符合事实的证言，经鉴定患有精神疾病，致使缺乏对客观事实的理解力或判断力的，为无作证能力。

**第二十二条** 其他有关法定能力的评定

（一）被鉴定人是女性，经鉴定患有精神疾病，在她的性不可侵犯权遭到侵害时，对自身所受的侵害或严重后果缺乏实质性理解能力的，为无自我防卫能力。

（二）被鉴定人在服刑、劳动教养或者被裁决受治安处罚中，经鉴定患有精神疾病，由于严重的精神活动障碍，致使其无辨认能力或控制能力，为无服刑、受劳动教养能力或者无受处罚能力。

### 第七章 附 则

**第二十三条** 本规定自1989年8月1日起施行。

## 司法鉴定程序通则（节选）

**第二十五条** 鉴定过程中，需要对无民事行为能力人或者限制民事行为能力人进行身体检查的，应当通知其监护人或者近亲属到场见证；必要时，可以通知委托人到场见证。

对被鉴定人进行法医精神病鉴定的，应当通知委托人或者被鉴定人的近亲属或者监护人到场见证。

对需要进行尸体解剖的，应当通知委托人或者死者的近亲属或者监护人到场见证。

到场见证人员应当在鉴定记录上签名。见证人员未到场的，司法鉴定人不得开展相关鉴定活动，延误时间不计入鉴定时限。

# 上海市精神卫生条例

（2001 年 12 月 28 日上海市第十一届人民代表大会常务委员会第三十五次会议通过；根据 2010 年 9 月 17 日上海市第十三届人民代表大会常务委员会第二十一次会议《关于修改本市部分地方性法规的决定》修正；2014 年 11 月 20 日上海市第十四届人民代表大会常务委员会第十六次会议修订）

## 第一章 总　　则

**第一条** 为了发展精神卫生事业，规范和完善精神卫生服务，维护精神障碍患者的合法权益，根据《中华人民共和国精神卫生法》，结合本市实际，制定本条例。

**第二条** 本市行政区域内开展维护和增进市民心理健康、预防和治疗精神障碍、促进精神障碍患者康复等活动，推进精神卫生服务体系建设，适用本条例。

**第三条** 市和区、县人民政府领导精神卫生工作，组织编制精神卫生发展规划并将其纳入国民经济和社会发展规划，建设和完善精神障碍的预防、治疗和康复服务体系，建立健全精神卫生工作协调机制和工作责任制，统筹协调精神卫生工作中的重大事项，对有关部门承担的精神卫生工作进行考核、监督。

乡、镇人民政府和街道办事处根据本地区的实际情况，组织开展预防精神障碍发生、促进精神障碍患者康复等工作。

**第四条** 市卫生计生部门主管本市精神卫生工作。区、县卫生计生部门负责本辖区内的精神卫生工作。

民政、公安、工商行政管理、人力资源社会保障、教育、发展改革、财政、司法行政、规划国土资源等行政部门按照各自职责，协同做好精神卫生工作。

**第五条** 各级残疾人联合会依照法律、法规或者接受政府委托，动员社会力量开展精神卫生工作。

居民委员会、村民委员会依照法律和本条例的规定开展精神卫生工作，并对所在地人民政府开展的精神卫生工作予以协助。

鼓励和支持工会、共产主义青年团、妇女联合会、红十字会、科学技术协会等团体，以及行业协会、慈善组织、志愿者组织、老龄组织等社会组织和个人，依法开展精神卫生工作。

**第六条** 精神障碍患者的人格尊严、人身和财产安全不受侵犯。

精神障碍患者的教育、劳动、医疗以及从国家和社会获得物质帮助等方面的合法权益受法律保护。

学校或者单位不得以曾患精神障碍为由，侵害精神障碍患者康复后享有的合法权益。

**第七条**　精神障碍患者的监护人应当履行监护职责，帮助精神障碍患者及时就诊，照顾其生活，做好看护管理，并维护精神障碍患者的合法权益。

精神障碍患者的家庭成员应当创造和睦、文明的家庭环境，帮助精神障碍患者提高社会适应能力和就学、就业能力。

禁止对精神障碍患者实施家庭暴力，禁止遗弃精神障碍患者。

**第八条**　各级人民政府及其有关部门应当组织医疗机构和专业人员开展精神卫生宣传活动，鼓励和支持各类团体和社会组织普及精神卫生知识，引导公众关注心理健康，提高公众对精神障碍的认知和预防能力。

广播电台、电视台、报刊、互联网站等媒体应当宣传心理健康和精神障碍预防知识，营造全社会尊重、理解、关爱精神障碍患者的舆论环境。

## 第二章　精神卫生服务体系

**第九条**　本市建立以精神卫生专科医疗机构和精神疾病预防控制机构为主体，设置精神科门诊或者心理治疗门诊的综合性医疗机构、专门从事心理治疗的医疗机构为辅助，社区卫生服务机构、精神障碍患者社区康复机构、精神障碍患者社区养护机构和心理咨询机构等为依托的精神卫生服务体系。

**第十条**　精神卫生服务内容包括：

（一）精神障碍的预防；

（二）心理咨询；

（三）心理治疗以及精神障碍的诊断与治疗；

（四）社区精神康复和慢性精神障碍患者养护；

（五）有助于市民心理健康的其他服务。

**第十一条**　市和区、县精神疾病预防控制机构根据同级卫生计生部门的要求，组织开展精神障碍的预防和监测，社区精神障碍防治工作的指导、评估、培训等工作。

**第十二条**　心理咨询机构为社会公众提供下列心理咨询服务：

（一）一般心理状态与功能的评估；

（二）心理发展异常的咨询与干预；

（三）认知、情绪或者行为问题的咨询与干预；

（四）社会适应不良的咨询与干预；

（五）国家有关部门规定的其他心理咨询服务。

**第十三条**　精神卫生专科医疗机构和设置精神科门诊的综合性医疗机构（以下统称精神卫生医疗机构）开展精神障碍的诊断与治疗服务。

设置心理治疗门诊的综合性医疗机构、专门从事心理治疗的医疗机构开展心理治疗服务。

社区卫生服务机构开展精神障碍的社区预防和康复服务。精神疾病预防控制机构与精神卫生专科医疗机构应当主动向社区卫生服务机构提供相关技术支持。

**第十四条**　精神障碍患者社区康复机构为精神障碍患者提供生活自理能力和社会

适应能力等方面的康复训练。

精神障碍患者社区养护机构为生活自理困难的精神障碍患者提供护理和照料服务。

**第十五条** 从事精神卫生服务工作的执业医师、护士、心理治疗师、心理咨询师、康复治疗专业人员和社会工作者等人员应当按照国家和本市的有关规定以及执业规范，从事精神卫生服务。

## 第三章 心理健康促进和精神障碍预防

**第十六条** 乡、镇人民政府和街道办事处可以通过政府购买服务、招募志愿者等方式，组织社会力量和具有精神卫生专业知识的人员，为社区居民提供公益性的心理健康指导。

社区卫生服务机构应当按照卫生计生部门的要求，进行精神障碍的识别和转诊，配合进行精神障碍的早期干预和随访管理。

居民委员会、村民委员会应当协助街道办事处和乡、镇人民政府开展心理健康促进、精神卫生知识宣传教育等活动。社区卫生服务机构应当为居民委员会、村民委员会提供技术指导。

**第十七条** 教育部门应当会同卫生计生部门将学生心理健康教育纳入学校整体教育工作，开展学生心理问题和精神障碍的评估和干预。

学校应当按照本市有关规定，配备或者聘请具有相应专业技术水平的心理健康教育教师、辅导人员，设立校内心理健康教育与咨询机构，对学生开展心理健康监测、心理健康教育和咨询服务，为精神障碍学生接受教育创造条件。学前教育机构应当开展符合幼儿特点的心理健康教育。

鼓励具有专业资质的精神卫生服务机构参与学生心理健康教育工作。

**第十八条** 用人单位应当创造有益于职工身心健康的工作环境，关注职工的心理健康，对处于职业发展特定时期或者在易引发心理健康问题的特殊岗位工作的职工，组织社会力量和专业心理咨询人员，有针对性地开展心理健康教育和服务。

**第十九条** 市卫生计生部门应当设立心理危机干预服务平台，组织开展心理危机干预的服务、监测、教育、培训、技术研究和评估等工作，并为公安、民政、司法行政、教育等行政部门和工会、共产主义青年团、妇女联合会、红十字会等团体以及慈善组织、志愿者组织等社会组织开展相关工作提供技术支持。

医疗机构应当与心理危机干预服务平台建立联系机制。医疗机构的医务人员开展诊疗活动时，发现就诊者需要进行心理危机干预的，应当及时联系其近亲属，并建议接受心理危机干预服务平台的帮助。

**第二十条** 各级人民政府及其有关部门应当建立心理危机干预应急处置的协调机制，将心理危机干预列入突发事件应急预案，组建应急处置队伍，开展心理危机干预应急处置工作。

**第二十一条** 在发生自然灾害、事故灾难、公共卫生事件和社会安全事件等可能影响公众心理健康的突发事件时，市卫生计生部门应当及时组织精神卫生服务机构以及社会组织、志愿者为有需求的公众提供心理援助。

## 第四章　心理咨询机构

**第二十二条**　单位或者个人可以申请设立心理咨询机构，提供心理咨询服务。设立营利性心理咨询机构应当向工商行政管理部门申请登记，取得《营业执照》。设立非营利性心理咨询机构应当向民政部门申请登记，取得《民办非企业单位登记证书》。

工商行政管理部门、民政部门应当按照有关规定，对申请设立心理咨询机构，作出准予登记或者不予登记的决定。作出准予登记决定的，颁发《营业执照》或者《民办非企业单位登记证书》，同时应当抄告卫生计生部门，并由卫生计生部门将心理咨询机构名单向社会公布；作出不予登记决定的，应当书面告知理由。未经工商行政管理部门或者民政部门登记，不得开展心理咨询服务。

**第二十三条**　心理咨询机构开展心理咨询服务应当符合下列要求：

（一）有固定的提供心理咨询服务的场所；

（二）具备必要的心理测量设施和设备；

（三）有三名以上符合心理咨询师从业要求的咨询人员，其中至少有两名具有心理咨询师二级以上国家职业资格。

**第二十四条**　心理咨询师应当按照心理咨询师国家职业标准的要求，经考试合格取得国家职业资格证书，并在依法设立的心理咨询机构或者精神卫生医疗机构实习一年，经实习单位考核合格后，方可从事心理咨询服务。

心理咨询师实习考核管理办法，由市卫生计生部门另行制定。

**第二十五条**　心理咨询机构应当建立健全内部管理制度，加强自律，依法开展心理咨询服务。

心理咨询机构应当定期对从业人员进行职业道德教育，组织开展业务培训，提高其职业道德素养和业务能力。

心理咨询机构不得安排不符合从业要求的人员提供心理咨询服务。

**第二十六条**　心理咨询机构及其从业人员应当按照法律、法规、规章和执业规范提供心理咨询服务，并遵守下列规定：

（一）向接受咨询者告知心理咨询服务的性质以及相关的权利和义务；

（二）未经接受咨询者同意，不得对咨询过程进行录音、录像，确实需要进行案例讨论或者采用案例进行教学、科研的，应当隐去可能据以辨认接受咨询者身份的有关信息；

（三）发现接受咨询者有伤害自身或者危害他人安全倾向的，应当采取必要的安全措施，防止意外事件发生，并及时通知其近亲属；

（四）发现接受咨询者可能患有精神障碍的，应当建议其到精神卫生医疗机构就诊。

心理咨询人员不得从事心理治疗或者精神障碍的诊断、治疗。

**第二十七条** 卫生计生部门应当规范和促进心理咨询行业协会建设，指导行业协会开展工作。

心理咨询行业协会应当建立健全行业自律的规章制度，督促会员依法开展心理咨询活动，组织开展业务培训，引导行业健康发展。对违反自律规范的会员，行业协会应当按照协会章程的规定，采取相应的惩戒措施。

**第二十八条** 卫生计生部门应当对心理咨询机构提供心理咨询服务进行业务指导，加强监督检查，定期公布检查结果，并根据检查结果实施分类管理。

心理咨询机构应当于每年 3 月 31 日前，向卫生计生部门报告上一年度开展心理咨询业务的情况以及从业人员变动情况。

## 第五章 精神障碍患者的看护、诊断与治疗

**第二十九条** 精神障碍患者的监护人在对精神障碍患者进行看护管理时，应当履行下列职责：

（一）妥善看护未住院治疗的精神障碍患者，避免其因病伤害自身或者危害他人安全；

（二）根据医嘱，督促精神障碍患者接受门诊或者住院治疗，协助办理精神障碍患者的住院或者出院手续；

（三）协助精神障碍患者进行康复治疗或者职业技能培训，帮助其融入社会。

**第三十条** 公安机关、精神障碍患者所在地居民委员会或者村民委员会，应当为精神障碍患者的监护人提供必要的帮助。

精神障碍患者就诊的精神卫生医疗机构及其精神科执业医师、社区卫生服务机构，应当为精神障碍患者的监护人提供专业指导和必要的帮助。

**第三十一条** 除疑似精神障碍患者本人自行到精神卫生医疗机构进行精神障碍诊断外，疑似精神障碍患者的近亲属可以将其送往精神卫生医疗机构进行精神障碍诊断。

疑似精神障碍患者发生伤害自身、危害他人安全的行为，或者有伤害自身、危害他人安全危险的，其近亲属、所在学校或者单位、当地公安机关应当立即采取措施予以制止，并将其送往精神卫生医疗机构进行精神障碍诊断。学校或者单位、当地公安机关送诊的，应当以书面形式通知其近亲属。其他单位或者个人发现的，应当向当地公安机关报告。

精神卫生医疗机构接到送诊的疑似精神障碍患者，不得拒绝为其作出诊断。

**第三十二条** 精神障碍的诊断应当由具有主治医师以上职称的精神科执业医师作出。

精神卫生医疗机构对于送诊的发生伤害自身、危害他人安全的行为，或者有伤害自身、危害他人安全危险的疑似精神障碍患者，应当立即指派具有主治医师以上职称的精神科执业医师进行诊断。无法立刻作出诊断结论的，应当将其留院观察，并在七十二小时内作出诊断结论。

除法律另有规定外，精神卫生医疗机构不得违背本人意志进行精神障碍的医学

检查。

**第三十三条** 在疑似精神障碍患者留院观察期间，精神卫生医疗机构认为需要治疗的，应当经疑似精神障碍患者或者其近亲属书面同意，方可实施治疗。其中，对不予治疗可能危害疑似精神障碍患者生命安全的躯体疾病，无法及时取得疑似精神障碍患者或者其近亲属书面同意的，精神卫生医疗机构可以先行治疗，将治疗的理由告知疑似精神障碍患者及其近亲属，并在病历中予以记录。

**第三十四条** 精神卫生医疗机构应当为经门诊、急诊诊断的精神障碍患者制定相应的治疗方案，并告知其监护人有关注意事项。接受非住院治疗的精神障碍患者的监护人应当配合精神卫生医疗机构做好精神障碍患者的治疗工作。

**第三十五条** 诊断结论、病情评估表明就诊者为严重精神障碍患者并已经发生伤害自身的行为或者有伤害自身的危险的，应当对其实施住院治疗，但其监护人不同意的除外。

诊断结论、病情评估表明就诊者为严重精神障碍患者并已经发生危害他人安全的行为或者有危害他人安全的危险的，应当对其实施住院治疗。

**第三十六条** 实施暴力行为，危害公共安全或者严重危害公民人身安全，经法定程序鉴定依法不负刑事责任的精神障碍患者，有继续危害社会可能需要强制医疗的，依照法律规定的程序执行。

**第三十七条** 严重精神障碍患者已经发生危害他人安全的行为或者有危害他人安全的危险，精神障碍患者或者其监护人对需要住院治疗的诊断结论有异议，不同意对精神障碍患者实施住院治疗的，可以要求原精神卫生医疗机构或者其他精神卫生医疗机构再次诊断。

接受再次诊断申请的精神卫生医疗机构应当在接到申请之日起五个工作日内，指派两名以上具有主治医师以上职称的精神科执业医师进行再次诊断，并于面见、询问精神障碍患者之日起五个工作日内，出具再次诊断结论。

精神障碍患者或者其监护人对再次诊断结论有异议的，可以依法自主委托具有执业资质的鉴定机构进行精神障碍医学鉴定。

**第三十八条** 诊断结论表明精神障碍患者需要住院治疗的，精神卫生医疗机构应当出具书面通知。精神障碍患者本人可以自行办理住院手续，也可以由其监护人办理住院手续。

严重精神障碍患者因存在危害他人安全的行为或者危险而需要住院，其监护人不办理住院手续的，由其所在的学校或者单位、居民委员会、村民委员会办理住院手续，必要时可以由公安机关协助，并由精神卫生医疗机构在精神障碍患者病历中予以记录。

**第三十九条** 精神卫生医疗机构应当根据患者的不同病情提供相适宜的设施、设备，并为患者创造接近正常生活的环境和条件。

**第四十条** 精神卫生医疗机构对精神障碍患者实施药物治疗，应当以诊断和治疗为目的，使用安全、有效的药物。

精神卫生医疗机构对精神障碍患者实施心理治疗，应当由符合要求的心理治疗人员提供。

**第四十一条** 住院精神障碍患者符合出院条件的，应当及时办理出院手续。

精神障碍患者可以自行办理出院手续，也可以由其监护人办理出院手续；精神障碍患者本人没有能力办理出院手续的，其监护人应当为其办理出院手续。

**第四十二条** 精神障碍患者本人或者其监护人需要获得精神障碍医学诊断证明的，可以向作出医学诊断的精神卫生医疗机构提出申请。

精神障碍医学诊断证明应当经两名具有主治医师以上职称的精神科执业医师诊断后出具，由精神卫生医疗机构审核并加盖公章后签发。

精神障碍患者或者其监护人对医学诊断证明中的结论提出异议的，出具医学诊断证明的精神卫生医疗机构应当组织两名以上精神科执业医师（其中至少有一名具有副主任医师以上职称）进行医学诊断证明的复核。

精神障碍患者或者其监护人对复核结论提出异议的，精神卫生医疗机构应当组织会诊。

**第四十三条** 对查找不到近亲属的流浪乞讨疑似精神障碍患者，由民政等有关部门按照职责分工帮助送往精神卫生医疗机构进行精神障碍诊断。其中，涉嫌违反治安管理处罚法的，由公安机关帮助送往精神卫生医疗机构进行精神障碍诊断。

查找不到近亲属的流浪乞讨精神障碍患者需要住院治疗的，由送诊的有关部门办理住院手续。

流浪乞讨精神障碍患者经救治，病情稳定或者治愈的，民政部门应当及时进行甄别和确认身份。经甄别属于救助对象的，可以移交救助管理站实施救助；不属于救助对象的，相关部门应当协助精神卫生医疗机构做好精神障碍患者出院工作。

**第四十四条** 严重精神障碍患者出院时，经具有主治医师以上职称的精神科执业医师病情评估，认为有接受定期门诊治疗和社区随访必要的，严重精神障碍患者的监护人应当协助其接受定期门诊治疗和社区随访。

市卫生计生部门应当会同市公安等行政部门制定定期门诊和社区随访的工作规范。

**第四十五条** 与精神障碍患者有利害关系的精神科执业医师不得为该精神障碍患者进行诊断和出具医学诊断证明。

对精神障碍进行诊断的精神科执业医师不得为同一精神障碍患者进行再次诊断、复核、会诊和医学鉴定。

**第四十六条** 精神障碍患者在精神卫生医疗机构内已经发生或者将要发生伤害自身、危害他人安全、扰乱医疗秩序的行为，精神卫生医疗机构及其医务人员在没有其他可替代措施的情况下，可以实施约束、隔离等保护性医疗措施。精神障碍患者病情稳定后，应当及时解除保护性医疗措施。实施约束、隔离等保护性医疗措施的，一般不超过二十四小时。

保护性医疗措施的决定应当由精神科执业医师作出，并在病历资料中记载和说明理由。实施保护性医疗措施应当遵循诊断标准和治疗规范，并在实施后及时告知精神障碍患者的监护人。

禁止利用约束、隔离等保护性医疗措施惩罚精神障碍患者。

**第四十七条**　精神卫生医疗机构应当严格执行住院治疗管理制度，保护精神障碍患者的安全，避免住院治疗的精神障碍患者擅自离院。

精神卫生医疗机构发现住院治疗的精神障碍患者擅自离院的，应当立即寻找，并通知其监护人或者其他近亲属；精神障碍患者行踪不明的，精神卫生医疗机构应当在二十四小时内报告所在地公安机关。

精神障碍患者的监护人、其他近亲属或者公安机关在发现擅自离院的精神障碍患者后，应当通知其住院治疗的精神卫生医疗机构，并协助将其送回。

**第四十八条**　精神卫生医疗机构及其医务人员应当将精神障碍患者在诊断、治疗以及其他相关服务过程中享有的权利和承担的义务，以书面形式告知精神障碍患者及其监护人。精神障碍患者及其监护人可以向医务人员了解与其相关的病情、诊断结论、治疗方案及其可能产生的后果。

医学教学、科研等活动涉及精神障碍患者个人的，应当向精神障碍患者及其监护人书面告知医学教学、科研等活动的目的、方法以及可能产生的后果，并取得精神障碍患者的书面同意；无法取得精神障碍患者意见的，应当取得其监护人书面同意后方可进行。

**第四十九条**　因医学教学、学术交流、宣传教育等需要在公开场合介绍精神障碍患者的病情资料的，应当隐去能够识别该精神障碍患者身份的资料。

## 第六章　精神障碍的康复

**第五十条**　市和区、县人民政府应当根据精神卫生事业的发展要求，组织推进精神障碍患者社区康复机构和养护机构的布点建设，逐步形成布局合理、功能完善的康复、养护服务网络。

乡、镇人民政府和街道办事处应当为公益性社区康复机构的建设、改造和管理提供支持，组织社区康复机构为精神障碍患者提供就近康复的场所和生活技能、职业技能训练，满足精神障碍患者社区康复和生活的基本需求。使用残疾人就业保障金对社区康复机构和养护机构的相关费用予以补贴的，按照有关规定执行。

鼓励社会力量建设精神障碍患者社区康复机构和养护机构，或者提供康复、养护服务。

税务部门应当按照国家有关规定，给予精神障碍患者社区康复机构和养护机构税收减免优惠。

鼓励企业扶持社区康复机构，将适合精神障碍患者生产、经营的产品、项目优先安排给社区康复机构生产或者经营。

**第五十一条**　区、县民政部门会同残疾人联合会指导街道、乡、镇精神障碍患者社区康复机构和养护机构的组建和管理，组织开展精神障碍患者生活技能、职业技能康复及护理和照料服务等工作。

**第五十二条** 精神障碍患者社区康复机构应当配备康复治疗专业人员，为精神障碍患者提供专业化的精神康复服务，并安排精神障碍患者参加有利于康复的职业技能训练、文化娱乐、体育等活动，提供工作能力、社交技巧、日常生活能力等方面的康复训练，增强精神障碍患者生活自理能力和社会适应能力，帮助精神障碍患者参与社会生活。参加劳动的精神障碍患者应当获得相应的报酬。

**第五十三条** 精神卫生医疗机构应当为接受治疗的精神障碍患者提供康复服务，帮助精神障碍患者进行自我管理能力和社会适应能力的训练。

有条件的精神卫生医疗机构可以为精神障碍患者提供社区康复和社区养护服务。

精神卫生医疗机构和社区卫生服务机构应当对精神障碍患者社区康复机构开展精神障碍康复训练进行专业指导，向精神障碍患者及其监护人普及康复知识，传授康复方法。

## 第七章 保障措施

**第五十四条** 各级人民政府应当根据精神卫生工作需要，加大财政投入力度，将精神卫生工作经费列入本级财政预算，促进精神卫生事业持续健康发展。

各级人民政府应当切实保障公立精神卫生专科医疗机构基本建设、日常运行、学科建设和人才培养所需的经费。

**第五十五条** 各级人民政府应当完善政策措施，建立健全购买精神卫生相关服务的机制，及时向社会公布购买服务信息。

鼓励和支持机关、企业事业单位、社会团体、其他组织和个人基于公益目的，通过志愿服务等方式，为精神障碍患者及其家庭提供帮助，推动精神卫生事业发展。向精神卫生事业捐赠财产的，依法享受税收优惠。

**第五十六条** 卫生计生、人力资源社会保障、教育等行政部门和残疾人联合会应当采取措施，发展和完善满足社会需求的精神卫生服务和人员队伍建设。

鼓励和支持开展精神卫生科学技术研究和精神卫生专门人才的培养，将精神医学纳入医学相关专业的教学计划。有关科研院所、大专院校、医疗机构应当加强精神障碍的预防、诊断、治疗、康复的基础研究和临床研究，提高精神卫生服务水平。

市卫生计生部门应当将精神障碍预防、诊断、治疗、康复知识教育纳入全科医师培养大纲和非精神科执业医师继续教育内容，提高其识别精神障碍的能力。

人力资源社会保障、民政等行政部门和残疾人联合会应当加强精神障碍患者社区康复机构和养护机构工作队伍建设，提高专业化、职业化水平。

教育部门对教师进行上岗前和在岗培训，应当有精神卫生的内容，并定期组织心理健康教育教师、辅导人员进行专业培训。

**第五十七条** 精神卫生工作人员的人格尊严、人身安全不受侵犯，精神卫生工作人员依法履行职责受法律保护。全社会应当尊重精神卫生工作人员。

市和区、县人民政府及其有关部门、精神卫生医疗机构、精神障碍患者社区康复机构和养护机构应当采取措施，加强对精神卫生工作人员的职业保护，提高精神卫生工作人员的待遇水平，并按照规定给予适当的津贴，具体标准由市人力资源社会保障部门会同市卫生计生部门确定。精神卫生工作人员因工致伤、致残、死亡的，其工伤待遇以及抚恤按照国家有关规定执行。

**第五十八条**　市人力资源社会保障部门、市卫生计生部门应当按照国家有关规定，完善相关医疗保险政策，引导参加城镇居民基本医疗保险、职工基本医疗保险和新型农村合作医疗的精神障碍患者接受门诊、社区治疗等服务。

民政部门应当会同相关部门确定精神障碍患者医疗救助的内容和标准，并依法给予医疗救助和适当的生活救助。

**第五十九条**　市卫生计生部门应当会同相关部门，按照国家和本市有关规定，对严重精神障碍患者实施医疗费用减免。

市和区、县卫生计生部门应当按照国家和本市有关规定，组织医疗卫生机构为严重精神障碍患者免费提供基本公共卫生服务。

**第六十条**　市和区、县人民政府应当采取措施促进福利企业发展，扶持有劳动能力的精神障碍患者从事力所能及的工作，帮助精神障碍患者融入社会。

人力资源社会保障部门和残疾人联合会应当推动精神障碍患者的就业培训工作。精神障碍患者有权参加职业技能培训，提高就业能力。

鼓励企业事业单位聘用有相应劳动能力的精神障碍患者。劳动关系存续期间，精神障碍患者所在单位应当安排精神障碍患者从事力所能及的工作，保障精神障碍患者享有同等待遇。

**第六十一条**　精神障碍患者因合法权益受到侵害需要法律援助的，可以向法律援助机构申请法律援助。法律援助机构应当依法提供法律援助。

**第六十二条**　本市建立健全精神卫生服务行业自律组织和管理机制，培育并提高行业自律组织自身服务管理能力。行业自律组织应当加强本行业从业机构和人员的自我监督和管理，促进本行业服务水平的提高。

**第六十三条**　任何单位和个人发现有违反本条例规定的情形，有权向卫生计生、工商行政管理、民政、公安等行政部门投诉举报。接到投诉举报的部门应当按照规定及时处理，并将处理结果反馈投诉举报人。

**第六十四条**　市卫生计生部门应当会同公安、民政等有关部门建立精神卫生工作信息共享机制，并按照各自职责，负责相关信息的录入和更新，实现信息互联互通、交流共享。卫生计生、公安、民政等行政部门及其工作人员在精神卫生工作中获得的精神障碍患者个人信息，应当予以保密。

市卫生计生部门应当推进各类精神卫生服务机构加强信息交流。

## 第八章　法 律 责 任

**第六十五条**　违反本条例规定的行为，法律、行政法规有处理规定的，依照有关法律、行政法规的规定处理。

**第六十六条**　卫生计生等行政部门有下列情形之一的，由本级人民政府或者上级主管部门责令改正，通报批评；对直接负责的主管人员和其他直接责任人员依法给予行政处分：

（一）未组织开展心理危机干预工作的；

（二）未将心理咨询机构名单向社会公布的；

（三）未对心理咨询机构提供心理咨询服务进行业务指导和监督检查的；

（四）未按照规定对严重精神障碍患者实施医疗费用减免的；

（五）未按照规定组织医疗卫生机构为严重精神障碍患者免费提供基本公共卫生服务的；

（六）接到投诉举报未及时进行处理的；

（七）未建立精神卫生工作信息共享机制的；

（八）其他滥用职权、玩忽职守、徇私舞弊的情形。

**第六十七条** 单位或者个人违反本条例第二十二条第三款规定，未经工商行政管理部门或者民政部门登记，擅自开展心理咨询服务的，由工商行政管理部门或者民政部门依法处理。

**第六十八条** 心理咨询机构开展心理咨询服务不符合本条例第二十三条规定要求的，由卫生计生部门责令改正，给予警告，并处以五千元以上三万元以下的罚款；有违法所得的，没收违法所得；情节严重的，责令暂停六个月以上一年以下执业活动；拒不改正的，移送工商行政管理部门或者民政部门依法予以撤销登记。

**第六十九条** 心理咨询机构有下列情形之一的，由卫生计生部门责令改正，给予警告，并处以五千元以上三万元以下的罚款；有违法所得的，没收违法所得；情节严重的，责令暂停三个月以上一年以下执业活动：

（一）违反本条例第二十五条第三款规定，安排不符合从业要求的人员提供心理咨询服务的；

（二）违反本条例第二十六条第一款规定，提供心理咨询服务的。

**第七十条** 不符合心理咨询人员从业要求的人员，违反本条例第二十四条第一款规定，从事心理咨询服务的，由卫生计生部门责令改正，给予警告，并处以五千元以上一万元以下的罚款；有违法所得的，没收违法所得。

心理咨询人员违反本条例第二十六条第一款规定，提供心理咨询服务的，由卫生计生部门责令改正，给予警告，并处以五千元以上一万元以下的罚款；有违法所得的，没收违法所得；情节严重的，责令暂停三个月以上一年以下执业活动。

**第七十一条** 精神卫生医疗机构及其工作人员有下列情形之一的，由卫生计生部门责令改正，并处以五千元以上三万元以下的罚款；对有关医务人员，责令暂停六个月以上一年以下执业活动；情节严重的，依法吊销有关医务人员的执业证书；主管部门或者所在单位应当对直接负责的主管人员和其他直接责任人员依法给予或者责令给予降低岗位等级、撤职或者开除的处分：

（一）违反本条例第三十二条第一款、第三十七条第二款、第四十二条第二款和第三款规定，安排不符合要求的精神科执业医师进行精神障碍诊断、再次诊断、出具医学诊断证明、医学诊断证明复核的；

（二）违反本条例第四十五条规定，对精神障碍患者进行诊断、再次诊断、出具医学诊断证明、复核、会诊和医学鉴定的；

（三）违反本条例第四十八条第二款规定，未经精神障碍患者或者其监护人书面同意，擅自进行涉及精神障碍患者个人的医学教学、科研等活动的。

**第七十二条**　违反本条例规定，给精神障碍患者或者他人造成人身、财产损害的，应当依法承担民事责任；构成违反治安管理行为的，依法给予治安管理处罚；构成犯罪的，依法追究刑事责任。

### 第九章　附　　则

**第七十三条**　本条例自 2015 年 3 月 1 日起施行。

## 司法部关于认真贯彻落实精神卫生法做好精神障碍医学鉴定工作的通知

司发通〔2013〕104 号

各省、自治区、直辖市司法厅（局），新疆生产建设兵团司法局：

做好精神障碍医学鉴定工作，既是精神卫生法赋予司法行政机关的一项新的管理职能，也是对司法鉴定管理工作提出的新要求。为贯彻落实精神卫生法，维护精神障碍患者的合法权益，规范精神障碍医学鉴定工作，现就有关问题通知如下。

**一、认真履行精神障碍医学鉴定的管理职能**

1. 精神障碍医学鉴定以被鉴定人的精神健康为依据，属于医学判断的问题，是一项独立的鉴定类别。精神障碍医学鉴定的鉴定内容主要是被鉴定人是否患有严重精神障碍；被鉴定人是否需要住院治疗。

2. 从事精神障碍医学鉴定的鉴定机构，除应当具备《全国人大常委会关于司法鉴定管理问题的决定》、《司法鉴定机构登记管理办法》等法律法规和规章规定的条件外，还应当具有副高级以上专业技术职称的精神科执业医师作为鉴定人。从事精神障碍医学鉴定的鉴定人，应当具备《全国人民代表大会常务委员会关于司法鉴定管理问题的决定》、《司法鉴定人登记管理办法》等法律法规和规章规定的条件。未经省级司法行政机关登记并取得精神障碍医学鉴定执业资质的鉴定机构和鉴定人不得开展精神障碍医学鉴定活动。

3. 省级司法行政机关应当组织专家对现有法医精神病司法鉴定机构、鉴定人的执业资质进行审查，符合要求的予以核准，并分别在司法鉴定机构许可证和司法鉴定人执业证上增加“精神障碍医学鉴定”的业务范围。现有鉴定机构不能满足需要的，对于资质条件好的经卫生计生行政部门推荐的精神卫生医疗机构，省级司法行政机关可以按照《司法鉴定机构登记管理办法》对其进行审核登记，设立精神障碍医学鉴定机构。

4. 省级司法行政机关应当单独编制精神障碍医学鉴定机构名册，并于每年 3 月 31 日前将本地区开展精神障碍医学鉴定活动的机构名单和联系方式提供给本省（区、市）卫生计生行政部门，同时向社会公告并报司法部备案。

**二、严格规范精神障碍医学鉴定的实施活动**

精神卫生法关于由鉴定机构进行精神障碍医学鉴定的规定，目的是为了维护精神障碍患者的合法权益，防止非自愿住院治疗措施的滥用。精神障碍医学鉴定活动，应当参照《司法鉴定程序通则》执行，并遵守以下要求。

1. 对于精神障碍医学鉴定委托，应当由被鉴定人本人或者其监护人向精神障碍医学鉴定机构提出书面申请。鉴定机构根据需要，可以要求申请人提供病史和治疗资料、诊断结论、再次诊断结论等鉴定必需的材料。

2. 对于符合精神障碍医学鉴定受理条件的鉴定委托，鉴定机构应当接受委托并签订《精神障碍医学鉴定委托协议书》。对于申请人不能提供必要资料，导致鉴定无法进行的，鉴定机构可以不受理鉴定委托。

3. 对于鉴定机构、鉴定人或其近亲属与鉴定事项有利害关系的，或者鉴定机构、鉴定人曾参与被鉴定人住院治疗诊断或再次诊断的，以及其他可能影响其独立、客观、公正进行鉴定的情形，应当回避。

4. 接受委托的鉴定机构应当指定本机构二名以上鉴定人共同进行鉴定，包括具有副高级以上专业技术职称的精神科执业医师。对于疑难复杂的鉴定，应当指定三名或者三名以上鉴定人共同进行，包括具有正高级专业技术职称的精神科执业医师。鉴定人应当到收治被鉴定人的医疗机构面见、询问被鉴定人，医疗机构应当予以协助、配合。

5. 鉴定机构、鉴定人应当遵守有关法律、法规、规章的规定，尊重科学，恪守职业道德，依法独立进行鉴定。鉴定人应当对鉴定过程进行实时记录并签名。记录的内容应当真实、客观、准确、完整，记录的文本或者声像载体应当妥善保存。必要时，鉴定机构可以在有关部门配合下开展听证活动。

6. 精神障碍医学鉴定的技术标准适用国家卫生计生行政部门组织制定的分类、诊断标准和诊疗规范。

7. 鉴定过程中，因医疗机构、被鉴定人或其近亲属的原因无法面见被鉴定人，或者被鉴定人拒绝配合，以及有其他导致无法继续鉴定行为的，鉴定机构可以中止鉴定。

8. 司法鉴定机构应当在与委托人签订协议书之日起十个工作日内完成委托事项的鉴定。复杂、疑难、特殊的技术问题或者检验过程需要较长时间的，完成鉴定的时间可以延长，延长时间一般不得超过二十个工作日（不含面见所需的旅途时间）。鉴定报告应当对被鉴定人是否患有严重精神障碍，被鉴定人是否需要住院治疗作出客观公正的判断。鉴定报告由鉴定人签名并加盖鉴定机构印章后，应统一按照本通知规定的文书格式出具（见附件）。鉴定报告一式三份，一份交委托人收执，一份交收治被鉴定人的医疗机构收执，一份存档。

9. 在精神障碍医学鉴定收费标准制定颁布前，可以参照司法鉴定相关业务的收费项目和收费标准执行，也可由当事双方协商确定。收费内容包括鉴定费和鉴定人面见被鉴定人所发生的交通、住宿、生活和出庭误工等相关费用。

**三、切实做好组织工作**

1. 加强管理监督。各地要抓住契机，对现有法医精神病司法鉴定机构进行摸底调查，掌握基本情况，加强监督管理，及时清理整顿严重违规或者不符合条件的鉴定机构和鉴定人。要大力推进法医精神病鉴定机构内部质量管理体系建设，提升法医精神病司法鉴定的整体质量水平。机构数量较多的地方，可以根据当地情况，组织引导现有机构通过重新整合资源配置，调整优化布局结构。

2. 加强协调合作。要加强与卫生计生行政部门的工作联系和合作，共同推动精神障碍医学鉴定工作的顺利进行，共同促进医学鉴定机构与精神卫生医疗机构的交流协作，为开展精神障碍医学鉴定活动创造有利条件。

3. 加强业务培训。各地司法行政机关应当与卫生计生行政部门联合举办专题培训班，对新取得执业资质的精神障碍医学鉴定人进行精神医学专业培训、法律培训，定期开展业务交流与合作，不断提高医学鉴定的能力水平。

各地接到本通知后，要结合本地区的实际情况，认真研究落实。请及时将执行中遇到的问题报我部。

附件：精神障碍医学鉴定报告文本格式

**附件**

**精神障碍医学鉴定报告文本格式**

××鉴定中心〔20××〕精医鉴字××号

<table>
<tr><td>被鉴定人</td><td></td><td>性别</td><td colspan="2"></td><td>出生年月</td><td></td></tr>
<tr><td colspan="2">身份证号码</td><td colspan="5"></td></tr>
<tr><td>委托人</td><td colspan="2"></td><td>委托日期</td><td colspan="3"></td></tr>
<tr><td colspan="2">送检材料</td><td colspan="5"></td></tr>
<tr><td colspan="2">收治情况</td><td colspan="5"></td></tr>
<tr><td colspan="2">再次诊断结论</td><td colspan="5"></td></tr>
<tr><td colspan="2">鉴定日期</td><td colspan="5"></td></tr>
<tr><td colspan="2">鉴定情况</td><td colspan="5"></td></tr>
<tr><td colspan="2">鉴定结论</td><td colspan="5">鉴定人签名<br>日期（机构章）</td></tr>
</table>

注：本鉴定报告一式三份，委托人、收治机构、鉴定机构各执一份。

# 暂予监外执行规定

**第一条** 为了规范暂予监外执行工作，严格依法适用暂予监外执行，根据刑事诉讼法、监狱法等有关规定，结合刑罚执行工作实际，制定本规定。

**第二条** 对罪犯适用暂予监外执行，分别由下列机关决定或者批准：

（一）在交付执行前，由人民法院决定；

（二）在监狱服刑的，由监狱审查同意后提请省级以上监狱管理机关批准；

（三）在看守所服刑的，由看守所审查同意后提请设区的市一级以上公安机关批准。

对有关职务犯罪罪犯适用暂予监外执行，还应当依照有关规定逐案报请备案审查。

**第三条** 对暂予监外执行的罪犯，依法实行社区矫正，由其居住地的社区矫正机构负责执行。

**第四条** 罪犯在暂予监外执行期间的生活、医疗和护理等费用自理。

罪犯在监狱、看守所服刑期间因参加劳动致伤、致残被暂予监外执行的，其出监、出所后的医疗补助、生活困难补助等费用，由其服刑所在的监狱、看守所按照国家有关规定办理。

**第五条** 对被判处有期徒刑、拘役或者已经减为有期徒刑的罪犯，有下列情形之一，可以暂予监外执行：

（一）患有属于本规定所附《保外就医严重疾病范围》的严重疾病，需要保外就医的；

（二）怀孕或者正在哺乳自己婴儿的妇女；

（三）生活不能自理的。

对被判处无期徒刑的罪犯，有前款第二项规定情形的，可以暂予监外执行。

**第六条** 对需要保外就医或者属于生活不能自理，但适用暂予监外执行可能有社会危险性，或者自伤自残，或者不配合治疗的罪犯，不得暂予监外执行。

对职务犯罪、破坏金融管理秩序和金融诈骗犯罪、组织（领导、参加、包庇、纵容）黑社会性质组织犯罪的罪犯适用保外就医应当从严审批，对患有高血压、糖尿病、心脏病等严重疾病，但经诊断短期内没有生命危险的，不得暂予监外执行。

对在暂予监外执行期间因违法违规被收监执行或者因重新犯罪被判刑的罪犯，需要再次适用暂予监外执行的，应当从严审批。

**第七条** 对需要保外就医或者属于生活不能自理的累犯以及故意杀人、强奸、抢劫、绑架、放火、爆炸、投放危险物质或者有组织的暴力性犯罪的罪犯，原被判处死刑缓期二年执行或者无期徒刑的，应当在减为有期徒刑后执行有期徒刑七年以上方可适用暂予监外执行；原被判处十年以上有期徒刑的，应当执行原判刑期三分之一以上方可适用暂予监外执行。

对未成年罪犯、六十五周岁以上的罪犯、残疾人罪犯，适用前款规定可以适度从宽。

对患有本规定所附《保外就医严重疾病范围》的严重疾病，短期内有生命危险的罪犯，可以不受本条第一款规定关于执行刑期的限制。

**第八条** 对在监狱、看守所服刑的罪犯需要暂予监外执行的，监狱、看守所应当组织对罪犯进行病情诊断、妊娠检查或者生活不能自理的鉴别。罪犯本人或者其亲属、监护人也可以向监狱、看守所提出书面申请。

监狱、看守所对拟提请暂予监外执行的罪犯，应当核实其居住地。需要调查其对所居住社区影响的，可以委托居住地县级司法行政机关进行调查。

监狱、看守所应当向人民检察院通报有关情况。人民检察院可以派员监督有关诊断、检查和鉴别活动。

**第九条** 对罪犯的病情诊断或者妊娠检查，应当委托省级人民政府指定的医院进行。医院出具的病情诊断或者检查证明文件，应当由两名具有副高以上专业技术职称的医师共同作出，经主管业务院长审核签名，加盖公章，并附化验单、影像学资料和病历等有关医疗文书复印件。

对罪犯生活不能自理情况的鉴别，由监狱、看守所组织有医疗专业人员参加的鉴别小组进行。鉴别意见由组织鉴别的监狱、看守所出具，参与鉴别的人员应当签名，监狱、看守所的负责人应当签名并加盖公章。

对罪犯进行病情诊断、妊娠检查或者生活不能自理的鉴别，与罪犯有亲属关系或者其他利害关系的医师、人员应当回避。

**第十条** 罪犯需要保外就医的，应当由罪犯本人或者其亲属、监护人提出保证人，保证人由监狱、看守所审查确定。

罪犯没有亲属、监护人的，可以由其居住地的村（居）民委员会、原所在单位或者社区矫正机构推荐保证人。

保证人应当向监狱、看守所提交保证书。

**第十一条** 保证人应当同时具备下列条件：

（一）具有完全民事行为能力，愿意承担保证人义务；

（二）人身自由未受到限制；

（三）有固定的住处和收入；

（四）能够与被保证人共同居住或者居住在同一市、县。

**第十二条** 罪犯在暂予监外执行期间，保证人应当履行下列义务：

（一）协助社区矫正机构监督被保证人遵守法律和有关规定；

（二）发现被保证人擅自离开居住的市、县或者变更居住地，或者有违法犯罪行为，或者需要保外就医情形消失，或者被保证人死亡的，立即向社区矫正机构报告；

（三）为被保证人的治疗、护理、复查以及正常生活提供帮助；

（四）督促和协助被保证人按照规定履行定期复查病情和向社区矫正机构报告的义务。

**第十三条** 监狱、看守所应当就是否对罪犯提请暂予监外执行进行审议。经审议决定对罪犯提请暂予监外执行的，应当在监狱、看守所内进行公示。对病情严重必须立即保外就医的，可以不公示，但应当在保外就医后三个工作日以内在监狱、看守所内公告。

公示无异议或者经审查异议不成立的，监狱、看守所应当填写暂予监外执行审批表，连同有关诊断、检查、鉴别材料、保证人的保证书，提请省级以上监狱管理机关或者设区的市一级以上公安机关批准。已委托进行核实、调查的，还应当附县级司法行政机关出具的调查评估意见书。

监狱、看守所审议暂予监外执行前，应当将相关材料抄送人民检察院。决定提请暂予监外执行的，监狱、看守所应当将提请暂予监外执行书面意见的副本和相关材料抄送人民检察院。人民检察院可以向决定或者批准暂予监外执行的机关提出书面意见。

**第十四条** 批准机关应当自收到监狱、看守所提请暂予监外执行材料之日起十五个工作日以内作出决定。批准暂予监外执行的，应当在五个工作日以内将暂予监外执行决定书送达监狱、看守所，同时抄送同级人民检察院、原判人民法院和罪犯居住地社区矫正机构。暂予监外执行决定书应当上网公开。不予批准暂予监外执行的，应当在五个工作日以内将不予批准暂予监外执行决定书送达监狱、看守所。

**第十五条** 监狱、看守所应当向罪犯发放暂予监外执行决定书，及时为罪犯办理出监、出所相关手续。

在罪犯离开监狱、看守所之前，监狱、看守所应当核实其居住地，书面通知其居住地社区矫正机构，并对其进行出监、出所教育，书面告知其在暂予监外执行期间应当遵守的法律和有关监督管理规定。罪犯应当在告知书上签名。

**第十六条** 监狱、看守所应当派员持暂予监外执行决定书及有关文书材料，将罪犯押送至居住地，与社区矫正机构办理交接手续。监狱、看守所应当及时将罪犯交接情况通报人民检察院。

**第十七条** 对符合暂予监外执行条件的，被告人及其辩护人有权向人民法院提出暂予监外执行的申请，看守所可以将有关情况通报人民法院。对被告人、罪犯的病情诊断、妊娠检查或者生活不能自理的鉴别，由人民法院依照本规定程序组织进行。

**第十八条** 人民法院应当在执行刑罚的有关法律文书依法送达前，作出是否暂予监外执行的决定。

人民法院决定暂予监外执行的，应当制作暂予监外执行决定书，写明罪犯基本情况、判决确定的罪名和刑罚、决定暂予监外执行的原因、依据等，在判决生效后七日以内将暂予监外执行决定书送达看守所或者执行取保候审、监视居住的公安机关和罪犯居住地社区矫正机构，并抄送同级人民检察院。

人民法院决定不予暂予监外执行的，应当在执行刑罚的有关法律文书依法送达前，通知看守所或者执行取保候审、监视居住的公安机关，并告知同级人民检察院。监狱、看守所应当依法接收罪犯，执行刑罚。

人民法院在作出暂予监外执行决定前，应当征求人民检察院的意见。

**第十九条**　人民法院决定暂予监外执行，罪犯被羁押的，应当通知罪犯居住地社区矫正机构，社区矫正机构应当派员持暂予监外执行决定书及时与看守所办理交接手续，接收罪犯档案；罪犯被取保候审、监视居住的，由社区矫正机构与执行取保候审、监视居住的公安机关办理交接手续。

**第二十条**　罪犯原服刑地与居住地不在同一省、自治区、直辖市，需要回居住地暂予监外执行的，原服刑地的省级以上监狱管理机关或者设区的市一级以上公安机关监所管理部门应当书面通知罪犯居住地的监狱管理机关、公安机关监所管理部门，由其指定一所监狱、看守所接收罪犯档案，负责办理罪犯收监、刑满释放等手续，并及时书面通知罪犯居住地社区矫正机构。

**第二十一条**　社区矫正机构应当及时掌握暂予监外执行罪犯的身体状况以及疾病治疗等情况，每三个月审查保外就医罪犯的病情复查情况，并根据需要向批准、决定机关或者有关监狱、看守所反馈情况。

**第二十二条**　罪犯在暂予监外执行期间因犯新罪或者发现判决宣告以前还有其他罪没有判决的，侦查机关应当在对罪犯采取强制措施后二十四小时以内，将有关情况通知罪犯居住地社区矫正机构；人民法院应当在判决、裁定生效后，及时将判决、裁定的结果通知罪犯居住地社区矫正机构和罪犯原服刑或者接收其档案的监狱、看守所。

罪犯按前款规定被判处监禁刑罚后，应当由原服刑的监狱、看守所收监执行；原服刑的监狱、看守所与接收其档案的监狱、看守所不一致的，应当由接收其档案的监狱、看守所收监执行。

**第二十三条**　社区矫正机构发现暂予监外执行罪犯依法应予收监执行的，应当提出收监执行的建议，经县级司法行政机关审核同意后，报决定或者批准机关。决定或者批准机关应当进行审查，作出收监执行决定的，将有关的法律文书送达罪犯居住地县级司法行政机关和原服刑或者接收其档案的监狱、看守所，并抄送同级人民检察院、公安机关和原判人民法院。

人民检察院发现暂予监外执行罪犯依法应予收监执行而未收监执行的，由决定或者批准机关同级的人民检察院向决定或者批准机关提出收监执行的检察建议。

**第二十四条**　人民法院对暂予监外执行罪犯决定收监执行的，决定暂予监外执行时剩余刑期在三个月以下的，由居住地公安机关送交看守所收监执行；决定暂予监外执行时剩余刑期在三个月以上的，由居住地公安机关送交监狱收监执行。

监狱管理机关对暂予监外执行罪犯决定收监执行的，原服刑或者接收其档案的监狱应当立即赴羁押地将罪犯收监执行。

公安机关对暂予监外执行罪犯决定收监执行的，由罪犯居住地看守所将罪犯收监执行。

监狱、看守所将罪犯收监执行后，应当将收监执行的情况报告决定或者批准机关，并告知罪犯居住地县级人民检察院和原判人民法院。

**第二十五条**　被决定收监执行的罪犯在逃的，由罪犯居住地县级公安机关负责追捕。公安机关将罪犯抓捕后，依法送交监狱、看守所执行刑罚。

**第二十六条** 被收监执行的罪犯有法律规定的不计入执行刑期情形的，社区矫正机构应当在收监执行建议书中说明情况，并附有关证明材料。批准机关进行审核后，应当及时通知监狱、看守所向所在地的中级人民法院提出不计入执行刑期的建议书。人民法院应当自收到建议书之日起一个月以内依法对罪犯的刑期重新计算作出裁定。

人民法院决定暂予监外执行的，在决定收监执行的同时应当确定不计入刑期的期间。

人民法院应当将有关的法律文书送达监狱、看守所，同时抄送同级人民检察院。

**第二十七条** 罪犯暂予监外执行后，刑期即将届满的，社区矫正机构应当在罪犯刑期届满前一个月以内，书面通知罪犯原服刑或者接收其档案的监狱、看守所按期办理刑满释放手续。

人民法院决定暂予监外执行罪犯刑期届满的，社区矫正机构应当及时解除社区矫正，向其发放解除社区矫正证明书，并将有关情况通报原判人民法院。

**第二十八条** 罪犯在暂予监外执行期间死亡的，社区矫正机构应当自发现之日起五日以内，书面通知决定或者批准机关，并将有关死亡证明材料送达罪犯原服刑或者接收其档案的监狱、看守所，同时抄送罪犯居住地同级人民检察院。

**第二十九条** 人民检察院发现暂予监外执行的决定或者批准机关、监狱、看守所、社区矫正机构有违法情形的，应当依法提出纠正意见。

**第三十条** 人民检察院认为暂予监外执行不当的，应当自接到决定书之日起一个月以内将书面意见送交决定或者批准暂予监外执行的机关，决定或者批准暂予监外执行的机关接到人民检察院的书面意见后，应当立即对该决定进行重新核查。

**第三十一条** 人民检察院可以向有关机关、单位调阅有关材料、档案，可以调查、核实有关情况，有关机关、单位和人员应当予以配合。

人民检察院认为必要时，可以自行组织或者要求人民法院、监狱、看守所对罪犯重新组织进行诊断、检查或者鉴别。

**第三十二条** 在暂予监外执行执法工作中，司法工作人员或者从事诊断、检查、鉴别等工作的相关人员有玩忽职守、徇私舞弊、滥用职权等违法违纪行为的，依法给予相应的处分；构成犯罪的，依法追究刑事责任。

**第三十三条** 本规定所称生活不能自理，是指罪犯因患病、身体残疾或者年老体弱，日常生活行为需要他人协助才能完成的情形。

生活不能自理的鉴别参照《劳动能力鉴定—职工工伤与职业病致残等级分级》(GB/T16180—2006）执行。进食、翻身、大小便、穿衣洗漱、自主行动等五项日常生活行为中有三项需要他人协助才能完成，且经过六个月以上治疗、护理和观察，自理能力不能恢复的，可以认定为生活不能自理。六十五周岁以上的罪犯，上述五项日常生活行为有一项需要他人协助才能完成即可视为生活不能自理。

**第三十四条** 本规定自 2014 年 12 月 1 日起施行。最高人民检察院、公安部、司法部 1990 年 12 月 31 日发布的《罪犯保外就医执行办法》同时废止。

附件：保外就医严重疾病范围（略）

# 司法行政强制隔离戒毒所强制隔离戒毒人员行为规范

## 第一章　总　　则

**第一条**　为了规范司法行政强制隔离戒毒所强制隔离戒毒人员（以下简称戒毒人员）行为，教育引导戒毒人员养成良好行为习惯，促进戒毒人员顺利回归社会，根据《中华人民共和国禁毒法》、《戒毒条例》、《司法行政机关强制隔离戒毒工作规定》等法律、法规和规章，制定本规范。

**第二条**　戒毒人员行为规范是戒毒人员在所期间生活、学习、医疗康复、生产劳动时应当遵守的行为标准，是对戒毒人员进行诊断评估的重要依据。

**第三条**　戒毒人员应当遵守法律法规和本规范，服从强制隔离戒毒所工作人员的管理教育。

**第四条**　戒毒人员不得交流吸毒信息，不得传授犯罪方法，发现其他戒毒人员有违反规定和违法犯罪行为的，应当立即报告和制止。

**第五条**　戒毒人员应当正确行使权利，依法维护个人合法权益。

## 第二章　生活规范

**第六条**　保持个人卫生，定期换洗衣物、被褥。按规定统一着装，衣着整齐。

**第七条**　按时打扫宿舍卫生，洗漱用品及其他生活用品摆放整齐，保持环境整洁。

**第八条**　听到起床号令立即起床、整理内务。听到就寝号令立即按指定床位就寝，保持安静。

**第九条**　列队行进时保持队列整齐，不喧哗打闹。

**第十条**　就餐时按照指定位置入座，保持安静。爱惜粮食，不乱倒剩菜剩饭。

**第十一条**　自由活动时在规定区域内从事健康有益的活动。

**第十二条**　按照规定使用亲情电话或者网络视频通讯，不得使用无线、移动通讯设备。

## 第三章　学习规范

**第十三条**　遵守学习纪律，自觉维护课堂秩序。尊重教师，认真听讲。

**第十四条**　认真接受入所教育，学习强制隔离戒毒有关法律法规、强制隔离戒毒所所规所纪和戒毒人员权利义务等内容。

**第十五条**　按时完成学习任务，接受社会主义核心价值观、卫生、法治、道德和形势政策等教育。

**第十六条**　认真参加职业技能培训和职业技能鉴定，掌握实用技能，增强就业能力。

**第十七条** 认真参加强制隔离戒毒所组织的文娱活动，阅读健康有益书刊。按规定收听、收看广播电视，使用内部计算机网络。

**第十八条** 认真接受出所前的回归社会教育，学习戒毒康复、戒毒药物维持治疗等相关知识，参加强制隔离戒毒所组织到戒毒康复场所及戒毒药物维持治疗场所的参观、体验活动。

## 第四章 医疗康复规范

**第十九条** 如实陈述病情，配合医务人员做好各项检查和治疗，不自伤自残。遵照医嘱按时服药，不私藏药品。

**第二十条** 积极参加心理辅导和心理治疗，逐步改善和消除心理问题。

**第二十一条** 积极参加康复训练，正确使用训练器材，恢复身体机能，重塑健康体格。

## 第五章 生产劳动规范

**第二十二条** 按时参加康复劳动，遵守操作规程，按照规定佩戴、使用防护用品。

**第二十三条** 按照规定区域、工位参加劳动，不擅自串岗离岗。

**第二十四条** 爱惜生产工具、生产材料和生产设施，发现工具遗失应当立即报告。

## 第六章 文明礼貌规范

**第二十五条** 言谈举止文明，使用文明用语。规范称呼，戒毒人员之间称呼姓名。

**第二十六条** 尊重警察、医务人员、管理服务人员、来宾和其他戒毒人员，相遇时主动礼让。进入警察、医务人员、管理服务人员办公室应当敲门并喊报告，经准许方可进入。

**第二十七条** 诚信友善，团结互助，建立和谐人际关系。

## 第七章 附　则

**第二十八条** 本规定自印发之日起施行。

# 司法鉴定文书格式

### 目录及样本

1. 司法鉴定委托书
2. 司法鉴定意见书
3. 延长鉴定时限告知书
4. 终止鉴定告知书
5. 司法鉴定复核意见
6. 司法鉴定意见补正书
7. 司法鉴定告知书

**文书 1**

## 司法鉴定委托书

编号：________

<table>
<tr><td>委托人</td><td></td><td>联系人<br>（电话）</td><td></td></tr>
<tr><td>联系地址</td><td></td><td>承办人</td><td></td></tr>
<tr><td>司法鉴定<br>机构</td><td colspan="3">名称：　　　　　　　　　　　　　　　　　　　　邮编：<br>地址：　　　　　　　　　　　　　　　　　　　　联系电话：<br>联系人：</td></tr>
<tr><td>委托<br>鉴定事项</td><td colspan="3"></td></tr>
<tr><td>是否属于<br>重新鉴定</td><td colspan="3"></td></tr>
<tr><td>鉴定用途</td><td colspan="3"></td></tr>
<tr><td>与鉴定有关<br>的基本案情</td><td colspan="3"></td></tr>
<tr><td>鉴定材料</td><td colspan="3"></td></tr>
<tr><td rowspan="2">预计费用<br>及收取方式</td><td colspan="3">预计收费总金额：￥：________，大写：________。</td></tr>
<tr><td colspan="3"></td></tr>
<tr><td>司法鉴定<br>意见书<br>发送方式</td><td colspan="3">□自取<br>□邮寄　地址：<br>□其他方式（说明）</td></tr>
<tr><td colspan="4">约定事项：<br>1.（1）关于鉴定材料：<br>□所有鉴定材料无需退还。<br>□鉴定材料须完整、无损坏地退还委托人。<br>□因鉴定需要，鉴定材料可能会损坏、耗尽，导致无法完整退还。<br>□对保管和使用鉴定材料的特殊要求：____________________。<br>（2）关于剩余鉴定材料：<br>□委托人于________周内自行取回。委托人未按时取回的，鉴定机构有权自行处理。<br>□鉴定机构自行处理。如需要发生处理费的，按有关收费标准或协商收取________元处理费。<br>□其他方式：<br><br>2. 鉴定时限：<br>□____年____月____日之前完成鉴定，提交司法鉴定意见书。<br>□从该委托书生效之日起________个工作日内完成鉴定，提交司法鉴定意见书。<br>注：鉴定过程中补充或者重新提取鉴定材料所需的时间，不计入鉴定时限。<br>3. 需要回避的鉴定人：________，回避事由：________。<br>4. 经双方协商一致，鉴定过程中可变更委托书内容。<br>5. 其他约定事项：</td></tr>
</table>

（续表）

<table>
<tr><td>鉴定风险提示</td><td colspan="2">1. 鉴定意见属于专家的专业意见，是否被采信取决于办案机关的审查和判断，鉴定人和鉴定机构无权干涉；<br>2. 由于受鉴定材料或者其他因素限制，并非所有的鉴定都能得出明确的鉴定意见；<br>3. 鉴定活动遵循依法独立、客观、公正的原则，只对鉴定材料和案件事实负责，不会考虑是否有利于任何一方当事人。</td></tr>
<tr><td>其他需要说明的事项</td><td colspan="2"></td></tr>
<tr><td colspan="2">委托人<br>（承办人签名或者盖章）<br>×年×月×日</td><td>司法鉴定机构<br>（签名、盖章）<br>×年×月×日</td></tr>
</table>

注：

1.“编号”由司法鉴定机构缩略名、年份、专业缩略语及序号组成。

2.“委托鉴定事项”用于描述需要解决的专门性问题。

3. 在“鉴定材料”一项，应当记录鉴定材料的名称、种类、数量、性状、保存状况、收到时间等，如果鉴定材料较多，可另附《鉴定材料清单》。

4. 关于“预计费用及收取方式”，应当列出费用计算方式；概算的鉴定费和其他费用，其中其他费用应尽量列明所有可能的费用，如现场提取鉴定材料时发生的差旅费等；费用收取方式、结算方式，如预收、后付或按照约定方式和时间支付费用；退还鉴定费的情形等。

5. 在“鉴定风险提示”一项，鉴定机构可增加其他的风险告知内容，有必要的，可另行签订风险告知书。

**文书 2**

**×××司法鉴定中心（所）**

**司法鉴定意见书**

司法鉴定机构许可证号：________

**声　　明**

1. 司法鉴定机构和司法鉴定人根据法律、法规和规章的规定，按照鉴定的科学规律和技术操作规范，依法独立、客观、公正进行鉴定并出具鉴定意见，不受任何个人或者组织的非法干预。

2. 司法鉴定意见书是否作为定案或者认定事实的根据，取决于办案机关的审查判断，司法鉴定机构和司法鉴定人无权干涉。

3. 使用司法鉴定意见书，应当保持其完整性和严肃性。

4. 鉴定意见属于鉴定人的专业意见。当事人对鉴定意见有异议，应当通过庭审质证或者申请重新鉴定、补充鉴定等方式解决。

地址：××省××市××路××号（邮政编码：000000）

联系电话：000-00000000

## ×××司法鉴定中心（所）
## 司法鉴定意见书

编号：（司法鉴定专用章）

一、基本情况

二、基本案情

三、资料摘要

四、鉴定过程

五、分析说明

六、鉴定意见

七、附件

司法鉴定人签名（打印文本和亲笔签名）

及《司鉴定人执业证》证号（司法鉴定专用章）

×年×月×日

---

共 页 第 页

注：

1. 本司法鉴定意见书文书格式包含了司法鉴定意见书的基本内容，各省级司法行政机关或司法鉴定协会可以根据不同专业的特点制定具体的格式，司法鉴定机构也可以根据实际情况作合理增减。

2. 关于“基本情况”，应当简要说明委托人、委托事项、受理日期、鉴定材料等情况。

3. 关于“资料摘要”，应当摘录与鉴定事项有关的鉴定资料，如法医鉴定的病史摘要等。

4. 关于“鉴定过程”，应当客观、翔实、有条理地描述鉴定活动发生的过程，包括人员、时间、地点、内容、方法，鉴定材料的选取、使用，采用的技术标准、技术规范或者技术方法，检查、检验、检测所使用的仪器设备、方法和主要结果等。

5. 关于“分析说明”，应当详细阐明鉴定人根据有关科学理论知识，通过对鉴定材料，检查、检验、检测结果，鉴定标准，专家意见等进行鉴别、判断、综合分析、逻辑推理，得出鉴定意见的过程。要求有良好的科学性、逻辑性。

6. 司法鉴定意见书各页之间应当加盖司法鉴定专用章红印，作为骑缝章。司法鉴定专用章制作规格为：直径 4 厘米，中央刊五角星，五角星上方刊司法鉴定机构名称，自左向右呈环行；五角星下方刊司法鉴定专用章字样，自左向右横排。印文中的汉字应当使用国务院公布的简化字，字体为宋体。民族自治地区司法鉴定机构的司法鉴定专用章印文应当并列刊汉字和当地通用的少数民族文字。司法鉴定机构的司法鉴定专用章应当经登记管理机关备案后启用。

7. 司法鉴定意见书应使用A4纸，文内字体为4号仿宋，两端对齐，段首空两格，行间距一般为1.5倍。

**文书3**

**×××司法鉴定中心（所）**

**延长鉴定时限告知书**

（编号）________

×××（委托人）：

贵单位委托我中心（所）的________鉴定一案，我中心（所）已受理（编号：________）并开展了相关鉴定工作，现由于×××××××××（原因）无法在规定的时限内完成该鉴定，根据《司法鉴定程序通则》第二十八条的规定，经我中心（所）负责人批准，需延长鉴定时限________日，至×年×月×日。

联系人：×××；联系电话：×××。

特此告知。

×××司法鉴定中心（所）（公章）

×年×月×日

**文书4**

**×××司法鉴定中心（所）**

**终止鉴定告知书**

（编号）________

×××（委托人）：

贵单位委托我中心（所）的________鉴定一案，（编号：________），现因×××××××××（原因）致使鉴定工作无法继续进行。

根据《司法鉴定程序通则》第二十九条第（×）款“……（引原文）”之规定，我鉴定中心（所）决定终止此次鉴定工作。

请于×年×月×日前到我鉴定中心（所）办理退费、退还鉴定材料等手续。

联系人：×××；联系电话：×××。

特此告知。

××××司法鉴定中心（所）（公章）

×年×月×日

**文书 5**

## ××××司法鉴定中心（所）
## 司法鉴定复核意见

（编号）________

一、基本情况：

（一）司法鉴定案件编号：

（二）司法鉴定人：

（三）司法鉴定意见：

二、复核意见：

（一）关于鉴定程序：

（二）关于鉴定意见：

复核人签名：

日期：×年×月×日

**文书 6**

## ×××司法鉴定中心（所）
## 司法鉴定意见补正书

（编号）________

×××（委托人）：

根据贵单位委托，我中心（所）已完成________鉴定并出具了司法鉴定意见书（编号：________）。我中心（所）现发现该司法鉴定意见书存在以下不影响鉴定意见原意的瑕疵性问题，现予以补正：

1.（需补正的具体位置、补正理由及补正结果）

2.（需补正的具体位置、补正理由及补正结果）

3.（需补正的具体位置、补正理由及补正结果）

……

附件：（如补正后的图像、谱图、表格等）

司法鉴定人签名（打印文本和亲笔签名）

及《司鉴定人执业证》证号

×××司法鉴定中心（所）（司法鉴定专用章）

×年×月×日

**文书 7**

## 司法鉴定告知书

一、委托人委托司法鉴定，应提供真实、完整、充分、符合鉴定要求的鉴定材料，并提供案件有关情况。因委托人或当事人提供虚假信息、隐瞒真实情况或提供不实材料产生的不良后果，司法鉴定机构和司法鉴定人概不负责。

二、司法鉴定机构和司法鉴定人按照客观、独立、公正、科学的原则进行鉴定，委托人、当事人不得要求或暗示司法鉴定机构或司法鉴定人按其意图或者特定目的提供鉴定意见。

三、由于受到鉴定材料的限制以及其他客观条件的制约，司法鉴定机构和司法鉴定人有时无法得出明确的鉴定意见。

四、因鉴定工作的需要，可能会耗尽鉴定材料或者造成不可逆的损坏。

五、如果存在涉及鉴定活动的民族习俗等有关禁忌，请在鉴定工作开始前告知司法鉴定人。

六、因鉴定工作的需要，有下列情形的，需要委托人或者当事人近亲属、监护人到场见证并签名。现场见证时，不得影响鉴定工作的独立性，不得干扰鉴定工作正常开展。未经司法鉴定机构和司法鉴定人同意，不得拍照、摄像或者录音。

1. 需要对无民事行为能力人或者限制民事行为能力人进行身体检查

2. 需要对被鉴定人进行法医精神病鉴定

3. 需要到现场提取鉴定材料

4. 需要进行尸体解剖

七、因鉴定工作的需要，委托人或者当事人获悉国家秘密、商业秘密或者个人隐私的，应当保密。

八、鉴定意见属于专业意见，是否成为定案根据，由办案机关经审查判断后作出决定，司法鉴定机构和司法鉴定人无权干涉。

九、当事人对鉴定意见有异议，应当通过庭审质证或者申请重新鉴定、补充鉴定等方式解决。

十、有下列情形的，司法鉴定机构可以终止鉴定工作：

（一）发现鉴定材料不真实、不完整、不充分或者取得方式不合法的；

（二）鉴定用途不合法或者违背社会公德的；

（三）鉴定要求不符合司法鉴定执业规则或者相关鉴定技术规范的；

（四）鉴定要求超出本机构技术条件或者鉴定能力的；

（五）委托人就同一鉴定事项同时委托其他司法鉴定机构进行鉴定的；

（六）鉴定材料发生耗损，委托人不能补充提供的；

（七）委托人拒不履行司法鉴定委托书规定的义务、被鉴定人拒不配合或者鉴定活动受到严重干扰，致使鉴定无法继续进行的；

（八）委托人主动撤销鉴定委托，或者委托人、诉讼当事人拒绝支付鉴定费用的；

（九）因不可抗力致使鉴定无法继续进行的；

（十）其他不符合法律、法规、规章规定，需要终止鉴定的情形。

被告知人签名：

日期：×年×月×日

# 上海市司法鉴定收费管理办法

**第一条**　为规范本市司法鉴定收费行为，维护委托人、当事人和司法鉴定机构的合法权益，促进司法鉴定行业的健康发展，依据《中华人民共和国价格法》、《全国人民代表大会常务委员会关于司法鉴定管理问题的决定》、《司法鉴定程序通则》、《上海市定价目录》等有关规定，制定本办法。

**第二条**　司法鉴定收费是指司法鉴定机构依法接受委托，在诉讼活动中运用科学技术或者专门知识对诉讼涉及的专门性问题进行鉴别和判断并提供鉴定意见，由司法鉴定机构向当事人或委托人收取服务费用的行为。

本办法所称司法鉴定机构是指经市人民政府司法行政部门审核登记的司法鉴定机构。

**第三条**　司法鉴定收费应当遵循公开公平、诚实信用、平等有偿的原则。

**第四条**　司法鉴定收费按不同鉴定项目分别实行政府指导价和市场调节价管理。

**第五条**　实行政府指导价管理的司法鉴定收费标准，由市司法行政主管部门会同市价格主管部门，按照有利于司法鉴定事业可持续发展和兼顾社会承受能力原则，合理制定《上海市司法鉴定项目基本目录和收费标准》（见附件1）。

在《上海市司法鉴定项目基本目录和收费标准》中列明的司法鉴定项目的具体收费标准由司法鉴定机构与委托人在不超过政府指导价的范围内协商确定。

对个别疑难、复杂和有重大社会影响的司法鉴定案件（认定标准见附件2），司法鉴定机构可在与委托人协商一致的前提下，按不高于《上海市司法鉴定项目基本目录和收费标准》标准2倍的幅度内收取。

**第六条**　未列入《上海市司法鉴定项目基本目录和收费标准》的司法鉴定项目的收费实行市场调节价管理，由司法鉴定机构与委托人协商确定。司法鉴定机构与委托人协商司法鉴定收费应当考虑以下主要因素：

（一）司法鉴定工作的成本；

（二）司法鉴定工作的难易程度；

（三）委托人的承受能力；

（四）司法鉴定机构、司法鉴定人可能承担的风险和责任；

（五）司法鉴定机构、司法鉴定人的社会信誉和工作水平等；

（六）相近司法鉴定项目的收费标准。

法医、物证、声像资料类以外的司法鉴定收费，国务院价格主管部门或市价格主管部门对相关行业的收费有规定的，从其规定。

**第七条**　司法鉴定机构决定受理鉴定委托的，应当与委托人签订司法鉴定委托书。委托书中应载明收费项目、收费标准、收费方式、收费金额、结算方式、争议解决办法等条款。

**第八条**　司法鉴定机构在实施复杂、疑难和有重大社会影响的司法鉴定服务过程中，邀请专家提供咨询意见的，除委托人书面同意另行支付的外，专家咨询费原则上应由鉴定机构承担。委托人同意另行支付专家咨询费的，应在司法鉴定委托书中注明。

**第九条** 司法鉴定人或司法鉴定机构工作人员到异地实施鉴定、提取鉴定材料发生的交通、住宿、就餐等差旅费，不属于司法鉴定收费范围，由委托人据实另行支付。

司法鉴定机构收取前款规定的差旅费，应与委托人协商一致，并在司法鉴定委托书中注明。

**第十条** 司法鉴定人在人民法院指定日期出庭作证发生的交通费、住宿费、误餐费及误工损失等费用，不属于司法鉴定收费范围，可由双方协商根据实际发生的费用另行收取。

**第十一条** 司法鉴定服务收费原则上实行委托人付费。当事人付费的，应当在司法鉴定委托书或者收费收据上注明。

司法鉴定机构应当统一收取司法鉴定费用以及其他相关费用。司法鉴定人不得私自向委托人或有关当事人收取任何费用。

**第十二条** 司法鉴定机构收取司法鉴定费用，应当向委托人出具合法票据。

司法鉴定机构向委托人收取其他相关费用，应当提供费用清单或合法票据。

不能提供费用清单或合法票据的，委托人可不予支付。

**第十三条** 符合法律援助条件的受援人，凭法律援助机构提供的有效证明申请司法鉴定的，司法鉴定机构按照有关规定减收或者免收受援人的司法鉴定费用。

对于不符合法律援助条件但确有困难的，司法鉴定机构可以酌情减收或者免收相关的司法鉴定费用。

**第十四条** 司法鉴定机构实行明码标价制度。司法鉴定机构应当在办公场所的显著位置、司法鉴定机构官方网站等公布本市司法鉴定收费管理办法、政府指导价标准和本机构的司法鉴定服务项目、收费标准、计费方法以及其他与收费相关的信息，接受社会监督。

**第十五条** 因司法鉴定收费发生争议的，司法鉴定机构应当与委托人协商解决，也可以申请仲裁或者依法向人民法院提起诉讼。

**第十六条** 任何公民和组织发现司法鉴定机构有价格违法行为的，可以向司法鉴定机构所在地司法行政部门、价格主管部门举报、投诉。

**第十七条** 本市司法行政部门、本市价格主管部门应加强对司法鉴定收费的监督检查。

对司法鉴定机构、司法鉴定人的价格违法行为，由政府司法行政部门、价格主管部门依照有关法律法规实施行政处罚。

**第十八条** 本办法由上海市司法局和上海市发展和改革委员负责解释。

**第十九条** 本办法自 2016 年 7 月 1 日起施行，有效期 5 年。

附件：1.《上海市司法鉴定项目基本目录和收费标准》

2.《上海市关于疑难、复杂和有重大社会影响的司法鉴定案件认定标准》

**附件1：**

## 上海市司法鉴定项目基本目录和收费标准

| | | | | | |
|---|---|---|---|---|---|
| （六）法医精神病鉴定 | 66 | 精神状态鉴定 | 例 | 900 | 包括智能障碍评定、精神疾病医学诊断等 |
| | 67 | 刑事能力评定 | 例 | 2250 | 包括责任能力、服刑能力、性自卫能力等 |
| | 68 | 民事能力评定 | 例 | 2250 | 包括民事行为能力、劳动能力等 |
| | 69 | 诉讼能力评定 | 例 | 1500 | 包括受审能力、作证能力、诉讼行为能力等 |
| | 70 | 司法精神病因果关系鉴定 | 例 | 3000 | 包括精神损失、精神伤残评定、精神伤病关系鉴定等 |
| | 71 | 多导心理生理检测评定 | 例 | 3000 | |
| | 72 | 法医精神病鉴定文证审查 | 例 | 1500 | |

注："法医病理鉴定"中的（二）"法医临床鉴定"和（六）"法医精神病鉴定"需要进行医学辅助检查的，检查收费标准按照当地价格主管部门制定的相应医疗服务收费标准另行收取费用。

**附件2：**

## 上海市关于疑难、复杂和有重大社会影响的司法鉴定案件认定标准

一、符合以下情形之一的，可以认定为疑难、复杂和有重大社会影响的司法鉴定案件：

1. 重大涉外案件、危害国家安全案件、恐怖活动案件；
2. 可能判处无期徒刑、死刑或涉及巨额民事诉讼的案件；
3. 中级以上人民法院、省（直辖市、自治区）检察院及其分院、省（直辖市、自治区）公安局委托的案件；
4. 涉及多门学科或需要实验室特殊检验的鉴定案件；
5. 涉及特殊检材样品检验的案件；
6. 二次以上（不含二次）鉴定的案件；
7. 鉴定人出庭质证后仍存有较大争议的鉴定案件。

二、界定是否属于疑难、复杂和有重大社会影响的司法鉴定案件需由司法鉴定机构作出，并在司法鉴定委托书中注明。承担疑难、复杂和有重大社会影响司法鉴定案件的鉴定人应当具有相关专业的高级职称（相关专业无高级职称评定的除外）。

三、司法鉴定机构在受理疑难、复杂和有重大社会影响的司法鉴定案件并按相关规定收取鉴定费用时，应当书面告知委托人并经其确认。

# 司法鉴定执业分类规定（试行）

（2000年11月29日司法部司发通〔2000〕159号文件印发）

### 第一章　总　　则

**第一条**　为加强对面向社会服务的司法鉴定工作的管理，规范司法鉴定执业活动，

根据面向社会服务的司法鉴定工作的实际需要，制定本执业分类规定。

**第二条** 本执业分类规定根据当前我国司法鉴定的专业设置情况、学科发展方向、技术手段、检验和鉴定内容，并参考国际惯例而制订。

**第三条** 本执业分类规定是确定面向社会服务的司法鉴定人职业（执业）资格和司法鉴定机构鉴定业务范围的依据。

## 第二章 分 则

**第四条** 法医病理鉴定：运用法医病理学的理论和技术，通过尸体外表检查、尸体解剖检验、组织切片观察、毒物分析和书证审查等，对涉及与法律有关的医学问题进行鉴定或推断。其主要内容包括：死亡原因鉴定、死亡方式鉴定、死亡时间推断、致伤（死）物认定、生前伤与死后伤鉴别、死后个体识别等。

**第五条** 法医临床鉴定：运用法医临床学的理论和技术，对涉及与法律有关的医学问题进行鉴定和评定。其主要内容包括：人身损伤程度鉴定、损伤与疾病关系评定、道路交通事故受伤人员伤残程度评定、职工工伤与职业病致残程度评定、劳动能力评定、活体年龄鉴定、性功能鉴定、医疗纠纷鉴定、诈病（伤）及造作病（伤）鉴定、致伤物和致伤方式推断等。

**第六条** 法医精神病鉴定：运用司法精神病学的理论和方法，对涉及与法律有关的精神状态、法定能力（如刑事责任能力、受审能力、服刑能力、民事行为能力、**监护能力**、被害人自我防卫能力、作证能力等）、精神损伤程度、智能障碍等问题进行鉴定。

**第七条** 法医物证鉴定：运用免疫学、生物学、生物化学、分子生物学等的理论和方法，利用遗传学标记系统的多态性对生物学检材的种类、种属及个体来源进行鉴定。其主要内容包括：个体识别、亲子鉴定、性别鉴定、种族和种属认定等。

**第八条** 法医毒物鉴定：运用法医毒物学的理论和方法，结合现代仪器分析技术，对体内外未知毒（药）物、毒品及代谢物进行定性、定量分析，并通过对毒物毒性、中毒机理、代谢功能的分析，结合中毒表现、尸检所见，综合作出毒（药）物中毒的鉴定。

**第九条** 司法会计鉴定：运用司法会计学的原理和方法，通过检查、计算、验证和鉴证对会计凭证、会计账簿、会计报表和其他会计资料等财务状况进行鉴定。

**第十条** 文书司法鉴定：运用文件检验学的原理和技术，对文书的笔迹、印章、印文、文书的制作及工具、文书形成时间等问题进行鉴定。

**第十一条** 痕迹司法鉴定：运用痕迹学的原理和技术，对有关人体、物体形成痕迹的同一性及分离痕迹与原整体相关性等问题进行鉴定。运用枪械学、弹药学、弹道学的理论和技术，对枪弹及射击后残留物、残留物形成的痕迹、自制枪支和弹药及杀伤力进行鉴定。

**第十二条** 微量物证鉴定：运用物理学、化学和仪器分析等方法，通过对有关物质材料的成分及其结构进行定性、定量分析，对检材的种类、检材和嫌疑样本的同类性和同一性进行鉴定。

**第十三条**　计算机司法鉴定：运用计算机理论和技术，对通过非法手段使计算机系统内数据的安全性、完整性或系统正常运行造成的危害行为及其程度等进行鉴定。

**第十四条**　建筑工程司法鉴定：运用建筑学理论和技术，对与建筑工程相关的问题进行鉴定。其主要内容包括：建筑工程质量评定、工程质量事故鉴定、工程造价纠纷鉴定等。

**第十五条**　声像资料司法鉴定：运用物理学和计算机学的原理和技术，对录音带、录像带、磁盘、光盘、图片等载体上记录的声音、图像信息的真实性、完整性及其所反映的情况过程进行鉴定；并对记录的声音、图像中的语言、人体、物体作出种类或同一认定。

**第十六条**　知识产权司法鉴定：根据技术专家对本领域公知技术及相关专业技术的了解，并运用必要的检测、化验、分析手段，对被侵权的技术和相关技术的特征是否相同或者等同进行认定；对技术转让合同标的是否成熟、实用，是否符合合同约定标准进行认定；对技术开发合同履行失败是否属于风险责任进行认定；对技术咨询、技术服务以及其他各种技术合同履行结果是否符合合同约定，或者有关法定标准进行认定；对技术秘密是否构成法定技术条件进行认定；对其他知识产权诉讼中的技术争议进行鉴定。

### 第三章　附　　则

**第十七条**　本执业分类规定尚未确定具体类别称谓的司法鉴定由省级司法行政机关确定，报司法部备案。

**第十八条**　本执业分类规定由司法部负责解释。

**第十九条**　本执业分类规定自 2000 年 1 月 1 日起施行。

## 法医类司法鉴定执业分类规定（节选）

（司规〔2020〕3 号）

### 第四章　法医精神病鉴定

**第二十四条**　法医精神病鉴定是指运用法医精神病学的科学技术或者专门知识，对涉及法律问题的被鉴定人的精神状态、行为/法律能力、精神损伤及精神伤残等专门性问题进行鉴别和判断并提供鉴定意见的活动。

法医精神病鉴定包括精神状态鉴定、刑事类行为能力鉴定、民事类行为能力鉴定、其他类行为能力鉴定、精神损伤类鉴定、医疗损害鉴定、危险性评估、精神障碍医学鉴定以及与心理、精神相关的其他法医精神病鉴定等。

**第二十五条**　精神状态鉴定。对感知、思维、情感、行为、意志及智力等精神活动状态的评估。包括有无精神障碍（含智能障碍）及精神障碍的分类。

**第二十六条**　刑事类行为能力鉴定。对涉及犯罪嫌疑人或被告人、服刑人员以及强奸案件中被害人的行为能力进行鉴定。包括刑事责任能力、受审能力、服刑能力

(含是否适合收监)、性自我防卫能力鉴定等。

**第二十七条** 民事类行为能力鉴定。对涉及民事诉讼活动中相关行为能力进行鉴定。包括民事行为能力、诉讼能力鉴定等。

**第二十八条** 其他类行为能力鉴定。对涉及行政案件的违法者（包括吸毒人员）、各类案件的证人及其他情形下的行为能力进行鉴定。包括受处罚能力，是否适合强制隔离戒毒，作证能力及其他行为能力鉴定等。

**第二十九条** 精神损伤类鉴定。对因伤或因病致劳动能力丧失及其丧失程度，对各类致伤因素所致人体损害后果的等级划分，及损伤伤情的严重程度进行鉴定。包括劳动能力，伤害事件与精神障碍间因果关系，精神损伤程度，伤残程度，休息期（误工期）、营养期、护理期及护理依赖程度等鉴定。

**第三十条** 医疗损害鉴定。对医疗机构实施的精神障碍诊疗行为有无过错、诊疗行为与损害后果间是否存在因果关系及原因力大小进行鉴定。

**第三十一条** 危险性评估。适用于依法不负刑事责任精神病人的强制医疗程序，包括对其被决定强制医疗前或解除强制医疗时的暴力危险性进行评估。

**第三十二条** 精神障碍医学鉴定。对疑似严重精神障碍患者是否符合精神卫生法规定的非自愿住院治疗条件进行评估。

**第三十三条** 与心理、精神相关的其他法医精神病鉴定或测试。包括但不限于强制隔离戒毒适合性评估、多道心理生理测试（测谎）、心理评估等。

**附表 法医类司法鉴定执业分类目录（部分）**

| | | |
|---|---|---|
| 03 | 法医精神病 | 0301 精神状态鉴定 |
| | | 0302 刑事类行为能力鉴定 |
| | | 0303 民事类行为能力鉴定 |
| | | 0304 其他类行为能力鉴定 |
| | | 0305 精神损伤类鉴定 |
| | | 0306 医疗损害鉴定 |
| | | 0307 危险性评估 |
| | | 0308 精神障碍医学鉴定 |
| | | 0309 与心理、精神相关的其他法医精神病鉴定或测试 |

# 司法鉴定人登记管理办法

## 第一章 总 则

**第一条** 为了加强对司法鉴定人的管理，规范司法鉴定活动，建立统一的司法鉴定管理体制，适应司法机关和公民、组织的诉讼需要，保障当事人的诉讼权利，促进司法公正和效率，根据《全国人民代表大会常务委员会关于司法鉴定管理问题的决定》和其他相关法律、法规，制定本办法。

**第二条** 司法鉴定人从事《全国人民代表大会常务委员会关于司法鉴定管理问题

的决定》第二条规定的司法鉴定业务，适用本办法。

**第三条**　本办法所称的司法鉴定人是指运用科学技术或者专门知识对诉讼涉及的专门性问题进行鉴别和判断并提出鉴定意见的人员。

司法鉴定人应当具备本办法规定的条件，经省级司法行政机关审核登记，取得《司法鉴定人执业证》，按照登记的司法鉴定执业类别，从事司法鉴定业务。

司法鉴定人应当在一个司法鉴定机构中执业。

**第四条**　司法鉴定管理实行行政管理与行业管理相结合的管理制度。

司法行政机关对司法鉴定人及其执业活动进行指导、管理和监督、检查，司法鉴定行业协会依法进行自律管理。

**第五条**　全国实行统一的司法鉴定机构及司法鉴定人审核登记、名册编制和名册公告制度。

**第六条**　司法鉴定人应当科学、客观、独立、公正地从事司法鉴定活动，遵守法律、法规的规定，遵守职业道德和职业纪律，遵守司法鉴定管理规范。

**第七条**　司法鉴定人执业实行回避、保密、时限和错鉴责任追究制度。

## 第二章　主 管 机 关

**第八条**　司法部负责全国司法鉴定人的登记管理工作，依法履行下列职责：

（一）指导和监督省级司法行政机关对司法鉴定人的审核登记、名册编制和名册公告工作；

（二）制定司法鉴定人执业规则和职业道德、职业纪律规范；

（三）制定司法鉴定人诚信等级评估制度并指导实施；

（四）会同国务院有关部门制定司法鉴定人专业技术职称评聘标准和办法；

（五）制定和发布司法鉴定人继续教育规划并指导实施；

（六）法律、法规规定的其他职责。

**第九条**　省级司法行政机关负责本行政区域内司法鉴定人的登记管理工作，依法履行下列职责：

（一）负责司法鉴定人的审核登记、名册编制和名册公告；

（二）负责司法鉴定人诚信等级评估工作；

（三）负责对司法鉴定人进行监督、检查；

（四）负责对司法鉴定人违法违纪执业行为进行调查处理；

（五）组织开展司法鉴定人专业技术职称评聘工作；

（六）组织司法鉴定人参加司法鉴定岗前培训和继续教育；

（七）法律、法规和规章规定的其他职责。

**第十条**　省级司法行政机关可以委托下一级司法行政机关协助办理本办法第九条规定的有关工作。

## 第三章　执 业 登 记

**第十一条**　司法鉴定人的登记事项包括：姓名、性别、出生年月、学历、专业技术职称或者行业资格、执业类别、执业机构等。

**第十二条** 个人申请从事司法鉴定业务，应当具备下列条件：

（一）拥护中华人民共和国宪法，遵守法律、法规和社会公德，品行良好的公民；

（二）具有相关的高级专业技术职称；或者具有相关的行业执业资格或者高等院校相关专业本科以上学历，从事相关工作五年以上；

（三）申请从事经验鉴定型或者技能鉴定型司法鉴定业务的，应当具备相关专业工作十年以上经历和较强的专业技能；

（四）所申请从事的司法鉴定业务，行业有特殊规定的，应当符合行业规定；

（五）拟执业机构已经取得或者正在申请《司法鉴定许可证》；

（六）身体健康，能够适应司法鉴定工作需要。

**第十三条** 有下列情形之一的，不得申请从事司法鉴定业务：

（一）因故意犯罪或者职务过失犯罪受过刑事处罚的；

（二）受过开除公职处分的；

（三）被司法行政机关撤销司法鉴定人登记的；

（四）所在的司法鉴定机构受到停业处罚，处罚期未满的；

（五）无民事行为能力或者限制行为能力的；

（六）法律、法规和规章规定的其他情形。

**第十四条** 个人申请从事司法鉴定业务，应当由拟执业的司法鉴定机构向司法行政机关提交下列材料：

（一）申请表；

（二）身份证、专业技术职称、行业执业资格、学历、符合特殊行业要求的相关资格、从事相关专业工作经历、专业技术水平评价及业务成果等证明材料；

（三）应当提交的其他材料。

个人兼职从事司法鉴定业务的，应当符合法律、法规的规定，并提供所在单位同意其兼职从事司法鉴定业务的书面意见。

**第十五条** 司法鉴定人审核登记程序、期限参照《司法鉴定机构登记管理办法》中司法鉴定机构审核登记的相关规定办理。

**第十六条** 经审核符合条件的，省级司法行政机关应当作出准予执业的决定，颁发《司法鉴定人执业证》；不符合条件的，作出不予登记的决定，书面通知其所在司法鉴定机构并说明理由。

**第十七条** 《司法鉴定人执业证》由司法部统一监制。《司法鉴定人执业证》是司法鉴定人的执业凭证。

《司法鉴定人执业证》使用期限为五年，自颁发之日起计算。

《司法鉴定人执业证》应当载明下列内容：

（一）姓名；

（二）性别；

（三）身份证号码；

（四）专业技术职称；

（五）行业执业资格；

（六）执业类别；

（七）执业机构；

（八）使用期限；

（九）颁证机关和颁证时间；

（十）证书号码。

**第十八条**　司法鉴定人要求变更有关登记事项的，应当及时通过所在司法鉴定机构向原负责登记的司法行政机关提交变更登记申请书和相关材料，经审核符合本办法规定的，司法行政机关应当依法办理变更登记手续。

**第十九条**　《司法鉴定人执业证》使用期限届满后，需要继续执业的，司法鉴定人应当在使用期限届满三十日前通过所在司法鉴定机构，向原负责登记的司法行政机关提出延续申请，司法行政机关依法审核办理。延续申请的条件和需要提交的材料按照本办法第十二条、第十三条、第十四条、第十五条的规定执行。

不申请延续的司法鉴定人，《司法鉴定人执业证》使用期限届满后，由原负责登记的司法行政机关办理注销登记手续。

**第二十条**　司法鉴定人有下列情形之一的，原负责登记的司法行政机关应当依法办理注销登记手续：

（一）依法申请终止司法鉴定活动的；

（二）所在司法鉴定机构注销或者被撤销的；

（三）《司法鉴定人执业证》使用期限届满未申请延续的；

（四）法律、法规规定的其他情形。

## 第四章　权利和义务

**第二十一条**　司法鉴定人享有下列权利：

（一）了解、查阅与鉴定事项有关的情况和资料，询问与鉴定事项有关的当事人、证人等；

（二）要求鉴定委托人无偿提供鉴定所需要的鉴材、样本；

（三）进行鉴定所必需的检验、检查和模拟实验；

（四）拒绝接受不合法、不具备鉴定条件或者超出登记的执业类别的鉴定委托；

（五）拒绝解决、回答与鉴定无关的问题；

（六）鉴定意见不一致时，保留不同意见；

（七）接受岗前培训和继续教育；

（八）获得合法报酬；

（九）法律、法规规定的其他权利。

**第二十二条**　司法鉴定人应当履行下列义务：

（一）受所在司法鉴定机构指派按照规定时限独立完成鉴定工作，并出具鉴定意见；

（二）对鉴定意见负责；

（三）依法回避；

（四）妥善保管送鉴的鉴材、样本和资料；

（五）保守在执业活动中知悉的国家秘密、商业秘密和个人隐私；

（六）依法出庭作证，回答与鉴定有关的询问；

（七）自觉接受司法行政机关的管理和监督、检查；

（八）参加司法鉴定岗前培训和继续教育；

（九）法律、法规规定的其他义务。

## 第五章　监督管理

**第二十三条**　司法鉴定人应当在所在司法鉴定机构接受司法行政机关统一部署的监督、检查。

**第二十四条**　司法行政机关应当就下列事项，对司法鉴定人进行监督、检查：

（一）遵守法律、法规和规章的情况；

（二）遵守司法鉴定程序、技术标准和技术操作规范的情况；

（三）遵守执业规则、职业道德和职业纪律的情况；

（四）遵守所在司法鉴定机构内部管理制度的情况；

（五）法律、法规和规章规定的其他事项。

**第二十五条**　公民、法人和其他组织对司法鉴定人违反本办法规定的行为进行举报、投诉的，司法行政机关应当及时进行调查处理。

**第二十六条**　司法行政机关对司法鉴定人进行监督、检查或者根据举报、投诉进行调查时，可以依法查阅或者要求司法鉴定人报送有关材料。司法鉴定人应当如实提供有关情况和材料。

**第二十七条**　司法行政机关依法建立司法鉴定人诚信档案，对司法鉴定人进行诚信等级评估。评估结果向社会公开。

## 第六章　法律责任

**第二十八条**　未经登记的人员，从事已纳入本办法调整范围司法鉴定业务的，省级司法行政机关应当责令其停止司法鉴定活动，并处以违法所得一至三倍的罚款，罚款总额最高不得超过三万元。

**第二十九条**　司法鉴定人有下列情形之一的，由省级司法行政机关依法给予警告，并责令其改正：

（一）同时在两个以上司法鉴定机构执业的；

（二）超出登记的执业类别执业的；

（三）私自接受司法鉴定委托的；

（四）违反保密和回避规定的；

（五）拒绝接受司法行政机关监督、检查或者向其提供虚假材料的；

（六）法律、法规和规章规定的其他情形。

**第三十条**　司法鉴定人有下列情形之一的，由省级司法行政机关给予停止执业三个月以上一年以下的处罚；情节严重的，撤销登记；构成犯罪的，依法追究刑事责任：

（一）因严重不负责任给当事人合法权益造成重大损失的；

（二）具有本办法第二十九规定的情形之一并造成严重后果的；

（三）提供虚假证明文件或者采取其他欺诈手段，骗取登记的；

（四）经人民法院依法通知，非法定事由拒绝出庭作证的；

（五）故意做虚假鉴定的；

（六）法律、法规规定的其他情形。

**第三十一条**　司法鉴定人在执业活动中，因故意或者重大过失行为给当事人造成损失的，其所在的司法鉴定机构依法承担赔偿责任后，可以向有过错行为的司法鉴定人追偿。

**第三十二条**　司法行政机关工作人员在管理工作中滥用职权、玩忽职守造成严重后果的，依法追究相应的法律责任。

**第三十三条**　司法鉴定人对司法行政机关的行政许可和行政处罚有异议的，可以依法申请行政复议。

### 第七章　附　　则

**第三十四条**　本办法所称司法鉴定人不含《全国人民代表大会常务委员会关于司法鉴定管理问题的决定》第七条规定的鉴定机构中从事鉴定工作的鉴定人。

**第三十五条**　本办法自公布之日起施行。2000 年 8 月 14 日公布的《司法鉴定人管理办法》（司法部令第 63 号）同时废止。

## 司法鉴定执业活动投诉处理办法

### 第一章　总　　则

**第一条**　为了规范司法鉴定执业活动投诉处理工作，加强司法鉴定执业活动监督，维护投诉人的合法权益，根据《全国人民代表大会常务委员会关于司法鉴定管理问题的决定》等规定，结合司法鉴定工作实际，制定本办法。

**第二条**　投诉人对司法行政机关审核登记的司法鉴定机构或者司法鉴定人执业活动进行投诉，以及司法行政机关开展司法鉴定执业活动投诉处理工作，适用本办法。

**第三条**　本办法所称投诉人，是指认为司法鉴定机构或者司法鉴定人违法违规执业侵犯其合法权益，向司法行政机关投诉的与鉴定事项有利害关系的公民、法人和非法人组织。

本办法所称被投诉人，是指被投诉的司法鉴定机构或者司法鉴定人。

**第四条**　投诉人应当自知道或者应当知道被投诉人鉴定活动侵犯其合法权益之日起三年内，向司法行政机关投诉。法律另有规定的除外。

**第五条**　司法行政机关开展司法鉴定执业活动投诉处理工作，应当遵循属地管理、分级负责、依法查处、处罚与教育相结合的原则。

司法行政机关应当依法保障和维护投诉人、被投诉人的合法权益。

**第六条**　司法行政机关应当向社会公布投诉受理范围、投诉处理机构的通讯方式等事项，并指定专人负责投诉接待和处理工作。

**第七条**　司法部负责指导、监督全国司法鉴定执业活动投诉处理工作。

省级司法行政机关负责指导、监督本行政区域内司法鉴定执业活动投诉处理工作。

**第八条**　司法行政机关指导、监督司法鉴定协会实施行业惩戒；司法鉴定协会协助和配合司法行政机关开展投诉处理工作。

**第九条**　司法行政机关可以引导双方当事人在自愿、平等的基础上，依法通过调解方式解决涉及司法鉴定活动的民事纠纷。

## 第二章　投 诉 受 理

**第十条**　公民、法人和非法人组织认为司法鉴定机构或者司法鉴定人在执业活动中有下列违法违规情形的，可以向司法鉴定机构住所地或者司法鉴定人执业机构住所地的县级以上司法行政机关投诉：

（一）司法鉴定机构组织未取得《司法鉴定人执业证》的人员违规从事司法鉴定业务的；

（二）超出登记的业务范围或者执业类别从事司法鉴定活动的；

（三）司法鉴定机构无正当理由拒绝接受司法鉴定委托的；

（四）司法鉴定人私自接受司法鉴定委托的；

（五）违反司法鉴定收费管理规定的；

（六）违反司法鉴定程序规则从事司法鉴定活动的；

（七）支付回扣、介绍费以及进行虚假宣传等不正当行为的；

（八）因不负责任给当事人合法权益造成损失的；

（九）司法鉴定人经人民法院通知，无正当理由拒绝出庭作证的；

（十）司法鉴定人故意做虚假鉴定的；

（十一）其他违反司法鉴定管理规定的行为。

**第十一条**　省级司法行政机关接到投诉的，可以交由设区的市级或者直辖市的区（县）司法行政机关处理。

设区的市级或者直辖市的区（县）司法行政机关以及县级司法行政机关接到投诉的，应当按照本办法的规定直接处理。

**第十二条**　投诉人应当向司法行政机关提交书面投诉材料。投诉材料内容包括：被投诉人的姓名或者名称、投诉事项、投诉请求、相关的事实和理由以及投诉人的联系方式，并提供投诉人身份证明、司法鉴定委托书或者司法鉴定意见书等与投诉事项相关的证明材料。投诉材料应当真实、合法、充分，并经投诉人签名或者盖章。

投诉人或者其法定代理人委托他人代理投诉的，代理人应当提供投诉人或者其法定代理人的授权委托书、代理人的联系方式和投诉人、代理人的身份证明。

**第十三条** 负责处理的司法行政机关收到投诉材料后，应当及时进行登记。登记内容应当包括投诉人及其代理人的姓名或者名称、性别、身份证号码、职业、住址、联系方式，被投诉人的姓名或者名称、投诉事项、投诉请求、投诉理由以及相关证明材料目录，投诉的方式和时间等信息。

**第十四条** 司法行政机关收到投诉材料后发现投诉人提供的信息不齐全或者无相关证明材料的，应当在收到投诉材料之日起七个工作日内一次性书面告知投诉人补充。书面告知内容应当包括需要补充的信息或者证明材料和合理的补充期限。

投诉人经告知后无正当理由逾期不补充的，视为投诉人放弃投诉。

**第十五条** 有下列情形之一的，不予受理：

（一）投诉事项已经司法行政机关处理，或者经行政复议、行政诉讼结案，且没有新的事实和证据的；

（二）对人民法院、人民检察院、公安机关以及其他行政执法机关等在执法办案过程中，是否采信鉴定意见有异议的；

（三）仅对鉴定意见有异议的；

（四）对司法鉴定程序规则及司法鉴定标准、技术操作规范的规定有异议的；

（五）投诉事项不属于违反司法鉴定管理规定的。

**第十六条** 司法行政机关应当及时审查投诉材料，对投诉材料齐全，属于本机关管辖范围并符合受理条件的投诉，应当受理；对不属于本机关管辖范围或者不符合受理条件的投诉，不予受理并说明理由。对于司法行政机关已经按照前款规定作出不予受理决定的投诉事项，投诉人重复投诉且未能提供新的事实和理由的，司法行政机关不予受理。

**第十七条** 投诉材料齐全的，司法行政机关应当自收到投诉材料之日起七个工作日内，作出是否受理的决定，并书面告知投诉人。情况复杂的，可以适当延长作出受理决定的时间，但延长期限不得超过十五个工作日，并应当将延长的时间和理由书面告知投诉人。

投诉人补充投诉材料所需的时间和投诉案件移送、转办的流转时间，不计算在前款规定期限内。

## 第三章 调查处理

**第十八条** 司法行政机关受理投诉后，应当全面、客观、公正地进行调查。调查工作不得妨碍被投诉人正常的司法鉴定执业活动。

上级司法行政机关认为有必要的，可以委托下一级司法行政机关进行调查。

**第十九条** 司法行政机关进行调查，应当要求被投诉人说明情况、提交有关材料，调阅被投诉人有关业务案卷和档案材料，向有关单位、个人核实情况、收集证据；并根据情况，可以组织专家咨询、论证或者听取有关部门的意见和建议。

调查应当由两名以上工作人员进行。必要时，应当制作调查笔录，并由相关人员签字或者盖章；不能或者拒绝签字、盖章的，应当在笔录中注明有关情况。

调查人员应当对被投诉人及有关单位、个人提供的证据和有关材料进行登记、审核并妥善保管；不能保存原件的，应当经调查人员和被投诉人或者有关单位、个人确认，并签字或者盖章后保留复制件。

**第二十条** 司法行政机关根据投诉处理工作需要，可以委托司法鉴定协会协助开展调查工作。

接受委托的司法鉴定协会可以组织专家对投诉涉及的相关专业技术问题进行论证，并提供论证意见；组织有关专家接待投诉人并提供咨询等。

**第二十一条** 被投诉人应当配合调查工作，在司法行政机关要求的期限内如实陈述事实、提供有关材料，不得提供虚假、伪造的材料或者隐匿、毁损、涂改有关证据材料。

被投诉人为司法鉴定人的，其所在的司法鉴定机构应当配合调查。

**第二十二条** 司法行政机关在调查过程中发现有本办法第十五条规定情形的，或者投诉人书面申请撤回投诉的，可以终止投诉处理工作，并将终止决定和理由书面告知投诉人、被投诉人。

投诉人书面申请撤回投诉的，不得再以同一事实和理由投诉。但是，投诉人能够证明撤回投诉违背其真实意思表示的除外。

**第二十三条** 司法行政机关在调查过程中，发现被投诉人的违法违规行为仍处在连续或者继续状态的，应当责令被投诉人立即停止违法违规行为。

**第二十四条** 司法行政机关应当根据对投诉事项的调查结果，分别作出以下处理：

（一）被投诉人有应当给予行政处罚的违法违规行为的，依法给予行政处罚或者移送有处罚权的司法行政机关依法给予行政处罚；

（二）被投诉人违法违规情节轻微，没有造成危害后果，依法可以不予行政处罚的，应当给予批评教育、训诫、通报、责令限期整改等处理；

（三）投诉事项查证不实或者无法查实的，对被投诉人不作处理，并向投诉人说明情况。

涉嫌违反职业道德、执业纪律和行业自律规范的，移交有关司法鉴定协会调查处理；涉嫌犯罪的，移送司法机关依法追究刑事责任。

**第二十五条** 司法行政机关受理投诉的，应当自作出投诉受理决定之日起六十日内作出处理决定；情况复杂，不能在规定期限内作出处理的，经本机关负责人批准，可以适当延长办理期限，但延长期限不得超过三十日，并应当将延长的时间和理由书面告知投诉人。

**第二十六条** 司法行政机关应当自作出处理决定之日起七个工作日内，将投诉处理结果以及不服处理结果的救济途径和期限等书面告知投诉人、被投诉人。

**第二十七条** 对于被投诉人存在违法违规行为并被处罚、处理的，司法行政机关应当及时将投诉处理结果通报委托办案机关和相关司法鉴定协会，并向社会公开。

司法行政机关应当将前款中的投诉处理结果记入被投诉人的司法鉴定执业诚信档案。

**第二十八条** 投诉人、被投诉人认为司法行政机关的投诉处理结果侵犯其合法权益的，可以依法申请行政复议或者提起行政诉讼。

**第二十九条** 司法行政机关应当建立司法鉴定执业活动投诉处理工作档案，并妥善保管和使用。

**第三十条** 司法行政机关应当对被投诉人履行处罚、处理决定，纠正违法违规行为的情况进行检查、监督，发现问题应当责令其限期整改。

### 第四章 监 督

**第三十一条** 上级司法行政机关应当加强对下级司法行政机关投诉处理工作的指导、监督和检查，发现有违法、不当情形的，应当及时责令改正。下级司法行政机关应当及时上报纠正情况。

**第三十二条** 司法行政机关工作人员在投诉处理工作中有滥用职权、玩忽职守或者其他违法行为，构成犯罪的，依法追究刑事责任；尚不构成犯罪的，依法给予处分。

**第三十三条** 司法行政机关应当按年度将司法鉴定执业活动投诉处理工作情况书面报告上一级司法行政机关。

对于涉及重大违法违规行为的投诉处理结果，应当及时报告上一级司法行政机关。

### 第五章 附 则

**第三十四条** 与司法鉴定活动没有利害关系的公民、法人和非法人组织举报司法鉴定机构或者司法鉴定人违法违规执业的，司法行政机关应当参照本办法第十八条至第二十四条有关规定进行处理。

**第三十五条** 对司法鉴定机构或者司法鉴定人在诉讼活动之外开展的相关鉴定业务提出投诉的，参照本办法规定执行。

**第三十六条** 外国人、无国籍人、外国组织提出投诉的，适用本办法。

**第三十七条** 本办法由司法部解释。

**第三十八条** 本办法自2019年6月1日起施行。2010年4月8日发布的《司法鉴定执业活动投诉处理办法》（司法部令第123号）同时废止。

## 上海市司法鉴定协会法医精神病专业委员会会议纪要

为了进一步规范本市法医精神病司法鉴定工作，加强行业管理，上海市司法鉴定协会法医精神病专业委员会于2019年3月14日对脑震荡后综合征伤残与“三期”评定有关事项进行了讨论，形成纪要如下：

**一、脑震荡后综合征伤残评定要求**

1. 有明确的头部外伤和昏迷史

1.1 伤后昏迷持续时间不超过半小时；

1.2 病史中有明确的昏迷史，典型描述如“昏迷”、“意识丧失”、“意识障碍”或“意识不清”等；

1.2.1 如伤后由救护车送至医院，鉴定时必须提供“120院前急救病历”，且病历中有昏迷史典型描述；

1.2.2 如“120院前急救病历”中没有昏迷史描述，则必须有关于头部外伤的相关描述，且后续医院门急诊病历中有昏迷史典型描述；

1.2.3 如伤后非救护车送到医院，必须有伤后立即就诊的门急诊病历，该病历中有昏迷史典型描述；

1.3 头颅影像学资料支持存在头部外伤的表现（如头皮血肿等）；

1.4 以下情形不予评定伤残等级：

1.4.1 门急诊病历关于昏迷史的描述有涂改或事后补充的；

1.4.2 病历材料中关于昏迷史的描述前后矛盾（如“120院前急救病历”记载无昏迷史，而急诊病历记载有昏迷史等）；

1.4.3 伤后48小时内未就诊的；

1.4.4 伤后立即就诊，但门急诊病历中没有关于昏迷史描述，受伤24小时后的病历中才提及伤后有昏迷史。

2. 伤后因脑震荡后综合征症状到医院诊疗连续6个月以上前3个月每月至少2次，后3个月每月至少1次。

3. 鉴定检查时发现的症状与病史材料反映一致，且符合《ICD-10精神与行为障碍分类》脑震荡后综合征的诊断标准；

4. 脑震荡后综合征致日常生活有关的活动能力轻度受限，可根据《人体损伤致残程度分级》之5.10.1.1）条款，评定为十级伤残。

**二、脑震荡后综合征“三期”评定**

5. 脑震荡后综合征可参照《人身损害受伤人员休息期、营养期、护理期评定准则》(DB31/T 875—2015)，给予休息期60—90日，营养期15日，护理期15日。

上海市司法鉴定协会法医精神病专业委员会<br>2019年6月3日

## 上海市司法鉴定质量检查办法

（2016年3月18日上海市司法鉴定协会第二届理事会第二次会议通过）

**第一条** 为了规范本市司法鉴定质量检查工作，保障司法鉴定质量，提升司法鉴定整体形象，根据《上海市司法鉴定协会章程》及其他有关规定，制定本办法。

**第二条**　本办法适用于经上海市司法行政机关审核登记的司法鉴定机构和司法鉴定人。

**第三条**　司法鉴定质量检查应当遵循规范、公开、公平、公正、专业的原则。

**第四条**　司法鉴定质量检查的主要内容包括：

（一）司法鉴定文书；

（二）司法鉴定程序；

（三）司法鉴定档案；

（四）司法鉴定机构内部质量控制情况；

（五）协会认为需要检查的其他内容。

**第五条**　被检查机构的义务主要包括：

（一）及时全面地提交检查所需的全部资料，并保证所提交资料的完整性和真实性；

（二）为检查组提供必要的工作场所和办公条件；

（三）确定专人负责与检查组的联络，并配合检查组开展工作；

（四）如实回答检查人员的询问，准时参加检查组召集的会议，及时进行意见反馈。

**第六条**　被检查机构的权利主要包括：

（一）听取检查组对本机构检查情况的反馈意见；

（二）对被检查内容作出相关说明和陈述；

（三）必要时，可就检查结果向协会申诉，并要求复查。

**第七条**　司法鉴定质量检查工作组由协会各专业委员会成员和秘书处工作人员组成，亦可根据检查工作需要，聘请其他具有专业特长的专家参加检查。

**第八条**　司法鉴定质量检查工作组人员的权利主要包括：

（一）对被检查机构的鉴定文书、工作底稿、质量控制制度、相关内部管理制度及与检查内容有关的归档资料等进行查阅、记录；

（二）对被检查机构有关人员进行询问；

（三）必要时，可将鉴定文书和相关材料调回协会查阅。

**第九条**　司法鉴定质量检查工作组人员的义务主要包括：

（一）对检查中了解到的国家机密、鉴定机构及被鉴定人的秘密应注意保密，不得用于与检查工作无关的任何用途，也不得泄露给与检查工作无关的任何人员；

（二）与被检查机构或其所涉检查事项存在利害关系的，应主动回避；

（三）保持廉洁自律，不得接受被检查机构的宴请、礼品或礼金等。

**第十条**　协会秘书处组织各专业委员会结合各自专业特点制定详细的检查和评分细则，由协会发布实施。

**第十一条**　司法鉴定质量检查工作组实行组长负责制，组长对司法鉴定质量检查报告负责。

**第十二条**　协会秘书处负责司法鉴定质量检查的组织协调工作。

**第十三条** 协会各专业委员会在秘书处的统一协调下，根据各专业特点，每年开展司法鉴定质量检查。

**第十四条** 司法鉴定质量检查可采取书面检查和现场检查、定期检查和突击检查、全面检查和专项检查等方式进行，检查样本随机抽取。

**第十五条** 司法鉴定质量检查工作结束后，由司法鉴定质量检查工作组出具质量检查报告，并提出整改意见。

**第十六条** 司法鉴定质量检查的结果由协会秘书处汇总，作为司法鉴定人和司法鉴定机构执业考评的依据之一，并报司法行政机关，同时在司法机关及行业内部通告。

**第十七条** 司法鉴定质量检查的结果将作为协会会员表彰奖励依据之一，并纳入协会会员的诚信系统。

**第十八条** 本办法由上海市司法鉴定协会理事会负责解释。

**第十九条** 本办法自理事会审议通过之日起生效。

# 司法鉴定教育培训规定

## 第一章 总 则

**第一条** 为了提高司法鉴定队伍的政治素质、业务素质和职业道德素质，保障司法鉴定质量，根据国家有关法律、法规和《司法鉴定机构登记管理办法》、《司法鉴定人登记管理办法》等有关规定，制定本规定。

**第二条** 本规定适用于申请和已取得司法鉴定人执业证书的人员。

本规定所称的司法鉴定教育培训包括岗位培训和继续教育。

**第三条** 司法鉴定教育培训工作根据国家“先培训后上岗”和终身教育的要求，坚持统筹规划、分级负责、按需组织、分类实施的原则。

**第四条** 司法鉴定人应当积极参加教育培训，学习政治理论和业务知识，不断提高执业能力和水平，加强职业道德修养。

司法鉴定人接受岗位培训后，方可以司法鉴定人的名义独立进行执业活动；司法鉴定人完成规定的继续教育学时是申报评定司法鉴定专业技术职称任职资格的条件之一。

**第五条** 司法鉴定机构应当按照本规定的要求，组织本机构司法鉴定人参加教育培训。

司法鉴定机构组织教育培训的情况，纳入对其进行资质评估、考核评价的内容。

**第六条** 司法行政机关负责对司法鉴定教育培训工作进行规划、组织和指导，对司法鉴定机构及其司法鉴定人参加教育培训的情况进行监督、检查。

## 第二章 岗位培训

**第七条** 岗位培训是指以适应职业岗位任职的需要，达到司法鉴定岗位资质要求和执业能力为目的的学习和培训活动。

岗位培训的对象包括申请司法鉴定执业的人员和已取得司法鉴定人执业证书尚未独立执业的人员。

岗位培训的内容包括国家有关政策方针、鉴定业务知识、相关法律知识、职业道德、职业纪律和执业规则等。

**第八条** 岗位培训分为岗前培训和转岗培训。

岗前培训是指对未取得司法鉴定人执业证书的人员和已取得司法鉴定人执业证书尚未独立执业的人员进行的培训。培训对象是相同专业的人员。

转岗培训是指对取得司法鉴定人执业证书已经执业和尚未独立执业的人员进行的培训。培训对象是相关专业的人员。

**第九条** 岗前培训方案由省级司法行政机关制定并组织实施。岗前培训应当统一培训内容、统一培训要求、统一培训时间、统一考核形式和统一颁发证书。

转岗培训方案由司法部制定并指导实施。

**第十条** 岗位培训应当在司法部或者省级司法行政机关确定的司法鉴定人继续教育基地和培训机构进行。

## 第三章 继续教育

**第十一条** 继续教育是指司法鉴定人执业后，为进一步改善知识结构、提高执业能力而进行的学历教育和非学历教育。

**第十二条** 继续教育的目的是不断提高司法鉴定人的政治素质、业务素质和职业道德素质，实现可持续发展。继续教育的内容主要是司法鉴定的新理论、新知识、新技术、新方法。

**第十三条** 继续教育实行年度学时制度。司法鉴定人参加继续教育，每年不得少于 40 学时。

继续教育的每学时为 50 分钟。

**第十四条** 司法鉴定人参加下列活动的，计入学时：

（一）司法部或者省级司法行政机关组织或者委托举办的研讨、交流和培训；

（二）司法部或者省级司法行政机关认可的国内、国外的大专院校、科研机构开展的相关专业学历教育和进修；

（三）省级司法行政机关认可，由所在业务主管部门或者行业组织开展的专业对口的研讨、交流和培训；

（四）教育行政部门认可的对口专业教育；

（五）国际性司法鉴定研讨、交流和培训；

（六）司法部或者省级司法行政机关认可的其他教育培训。

**第十五条** 司法鉴定人参加国际性研讨、交流和培训的，计 16 学时；参加全国性研讨、交流和培训的，计 12 学时；参加省级研讨、交流和培训的，计 8 学时；参加其他教育培训活动计入学时的标准由司法部或者省级司法行政机关另行确定。

**第十六条** 司法鉴定机构每年应当在规定的时间内，将本机构司法鉴定人参加继续教育活动的有关证明材料统一提交司法行政机关，由司法行政机关核计学时并记入档案。

**第十七条** 司法鉴定人有下列情形之一的，经省级司法行政机关批准后，可以免修年度继续教育学时：

（一）本年度内在境外工作六个月以上；

（二）本年度内病假、事假六个月以上；

（三）女性司法鉴定人在孕期、产假、哺乳期内；

（四）其他特殊情况。

**第十八条** 对于无正当理由，未达到规定的年度继续教育学时要求的，司法行政机关应当根据有关规定予以处理。

## 第四章 继续教育的组织管理

**第十九条** 司法部负责规划、指导和监督全国司法鉴定人继续教育工作，履行下列职责：

（一）制定全国司法鉴定人继续教育规划并指导实施；

（二）组织编写和推荐司法鉴定人继续教育教材；

（三）指导全国司法鉴定人继续教育评估工作；

（四）公布全国司法鉴定人继续教育基地名单。

**第二十条** 省级司法行政机关负责组织和管理本行政区域司法鉴定人继续教育工作，履行下列职责：

（一）制定本行政区域司法鉴定人继续教育计划并组织实施；

（二）确定本行政区域司法鉴定人继续教育基地；

（三）组织检查本行政区域司法鉴定人继续教育工作。

**第二十一条** 司法鉴定行业协会在司法行政机关指导下，组织实施继续教育活动。

**第二十二条** 司法鉴定机构应当为司法鉴定人参加继续教育提供便利条件。

鼓励司法鉴定机构建立教育培训基金，用于司法鉴定人的教育培训。

## 第五章 附 则

**第二十三条** 本规定第八条第二款所称“相同专业”是指鉴定人的专业学历、专业技术职称任职资格和执业资格与所拟从事的鉴定执业类别相一致。

本规定第八条第三款所称“相关专业”是指鉴定人的专业学历、专业技术职称任职资格和执业资格与所拟从事的鉴定执业类别相关联。

**第二十四条** 本规定自 2008 年 1 月 1 日起施行。

附录二

# 司法精神医学鉴定标准、技术规范、规范性文件目录汇编（统计截止到2020年8月30日）

| 序号 | 文件名称及编号 | 适用范围 | 发布主体 | 发布、实施时间 | 备注 |
|---|---|---|---|---|---|
| 1 | 《中国精神疾病分类与诊断标准》(CCMD) | 适用于医疗、教学、科研、保险、行政管理等 | 中华医学会神经精神科学会精神疾病分类方案与诊断标准制定工作组 | 1981 发布 | 被 CCMD-2 替代 |
| 2 | 《人体重伤鉴定标准（试行）》 | 仅适用于《刑法》规定的重伤的法医学鉴定，不适用于专门性的劳动能力的鉴定 | 最高人民法院、最高人民检察院、司法部、公安部 | 1986-08-15 发布<br>1986-10-01 至<br>1988-09-30 实施<br>1990-07-01 废止 | 实施了近 4 年 |
| 3 | 《中国精神疾病分类与诊断标准（第二版）》(CCMD-2) | 适用于医疗、教学、科研、保险、行政管理等 | 中华医学会精神科分会 | 1989-04 发布 | 被 CCMD-2R 替代 |
| 4 | 《精神疾病司法鉴定暂行规定》(卫医字〔89〕第 17 号) | 为司法机关依法正确处理案件，保护精神疾病患者的合法权益，适用于刑事、民事、行政执法、行政管理等领域 | 最高人民法院、最高人民检察院、公安部、司法部、卫生部 | 1989-07-11 发布<br>1989-08-01 实施 | 暂行规定至今已经 30 多年 |
| 5 | 《人体重伤鉴定标准》（司发〔1990〕070 号） | 仅适用于《中华人民共和国刑法》规定的重伤的法医学鉴定 | 司法部、最高人民法院、最高人民检察院、公安部 | 1990-03-29 发布<br>1990-07-01 实施<br>2014-01-01 废止 | 实施了 23.5 年 |
| 6 | 《人体轻伤鉴定标准（试行）》（法（司）发〔1990〕6 号） | 适用于《中华人民共和国刑法》规定的伤害他人身体健康的法医学鉴定 | 最高人民法院、最高人民检察院、公安部、司法部 | 1990-04-02 发布<br>1990-07-01 试行<br>2014-01-01 废止 | 该标准一直处于试行状态，试行了 24 年 |

（续表）

| 序号 | 文件名称及编号 | 适用范围 | 发布主体 | 发布、实施时间 | 备注 |
|---|---|---|---|---|---|
| 7 | 《职工工伤与职业病致残程度鉴定标准（试行）》劳险字〔1992〕6号 | 适用于职工中经当地劳动部门证明属于工伤，或经卫生行政部门批准具有职业病诊断权的医疗卫生机构诊断为职业病后，经医疗单位确定医疗终结时，需进行伤残医疗检查及劳动能力鉴定者 | 劳动部、卫生部、中华全国总工会 | 1992-03-09 发布、实施<br>1996-10-01 废止 | |
| 8 | 《道路交通事故受伤人员伤残评定》（GA 35—1992） | 适用于道路交通事故受伤人员的伤残程度评定 | 公安部 | 1992-04-04 发布<br>1992-05-01 实施<br>2002-12-01 废止 | |
| 9 | 《疾病和有关健康问题的国际统计分类》（ICD-10） | 适用于医疗、教学、科研、保险、行政管理和经费管理等 | WHO | 1994 年初次发布<br>2000 年更新 | 即将被 ICD-11 替代 |
| 10 | 《中国精神疾病分类方案与诊断标准（第二版修订本）》（CCMD-2R） | 适用于医疗、教学、科研、保险、行政管理等 | 中华医学会精神科学会 | 1994-05 发布 | 被 CCMD-3 替代 |
| 11 | 《人身损伤致残程度鉴定标准（试行）》 | 本标准适用于民法、刑法、国家赔偿法、行政诉讼法中所涉及的人身损伤，经医疗终结后留有永久后遗功能障碍，而又没有其他行业标准的致残程度鉴定 | 湖南省高级人民法院 | 1995-06-30 发布<br>1995-10-01 实施 | |
| 12 | 《人身损伤医疗赔偿暂行规定》 | 为人体损伤的医疗赔偿提供鉴定依据，特制定本规定 | 湖南省高级人民法院 | 1995-10-01 试行 | |
| 13 | 《职工工伤与职业病致残程度鉴定标准》（GB/T 16180—1996） | 本标准适用于职工在职业活动中因工负伤和因职业病致残程度的鉴定 | 国家技术监督局 | 1996-03-01 发布<br>1996-10-01 实施<br>2007-05-01 废止 | |
| 14 | 《人体轻微伤的鉴定标准》（GA/T 146—1996） | 适用于一切违反民法通则和《中华人民共和国治安管理处罚条例》所造成的轻微损害。 | 公安部 | 1996-07-25 发布<br>1997-01-01 实施<br>2014-01-01 废止 | 中华人民共和国公共安全行业推荐性标准 |

（续表）

| 序号 | 文件名称及编号 | 适用范围 | 发布主体 | 发布、实施时间 | 备注 |
| --- | --- | --- | --- | --- | --- |
| 15 | 《江苏省高级人民法院人体损伤致残程度鉴定标准（试行）》苏高法发〔1998〕10号 | 本标准适用于全省各级人民法院审理案件中涉及人体损伤的残疾程鉴定，但法律、法规、最高人民法院另有规定的除外 | 江苏省高级人民法院 | 1998-05-29发布<br>1998-07-01实施 | |
| 16 | 《中国人民银行关于下发〈人身保险残疾程度与保险金给付比例表〉的通知》银发〔1998〕322号 | 为规范保险公司人身保险残疾程度的核定，便于产品开发，有利于费率测算，中国人民银行制定了人身保险残疾程度与保险金给付比例表 | 中国人民银行 | 1998-07-11发布、实施 | |
| 17 | 《关于"人体轻、重伤鉴定标准参考细则"的说明》 | 北京市法医学人体轻伤、重伤鉴定 | 北京市法医学鉴定委员会 | 1998-11-09发布<br>1990-01-01实施 | |
| 18 | 《人体轻伤鉴定标准（试行）及参考细则》 | 北京市法医学人体轻伤鉴定 | 北京市法医学鉴定委员会 | 1998-11-09发布<br>1990-01-01实施 | |
| 19 | 《人体重伤鉴定标准及参考细则》 | 北京市法医学人体重伤鉴定 | 北京市法医学鉴定委员会 | 1998-11-09发布<br>1990-01-01实施 | |
| 20 | 《人身伤害致残程度评定（试行）》（桂高法〔1999〕31号文 | 适用于全区司法机关办理案件中涉及人体损伤的残疾评定 | 广西壮族自治区高级人民法院、人民检察院、公安厅 | 1999-04-28发布<br>1999-07-01施行 | |
| 21 | 江西省《人体损伤分级鉴定标准（试行）》（赣法（技）发〔1990〕8号） | 以最高人民法院、最高人民检察院、公安部、司法部联合发布的《人体重伤鉴定标准》和《人体轻伤鉴定标准（试行）》为根据，以医学和法医学的理论和技术为基础，结合我省法医检案的实践经验制定，为人体损伤程度的分级鉴定提供科学依据和统一标准 | 江西省高级人民法院、检察院、公安厅、司法厅 | 1999-09-25发布、实施 | |

（续表）

| 序号 | 文件名称及编号 | 适用范围 | 发布主体 | 发布、实施时间 | 备注 |
| --- | --- | --- | --- | --- | --- |
| 22 | 《关于继续使用〈人身保险残疾程度与保险金给付比例表〉的通知》保监发〔1999〕237号 | 各保险公司报备的险种条款与新签单业务条款中对残疾程度的定义及保险金给付比例仍继续按照《人身保险残疾程度与保险金给付比例表》执行 | 中国保险监督管理委员会 | 1999-12-13发布<br>2013-06-04废止 | |
| 23 | 《关于适用〈人体轻伤鉴定标准（试行）〉和〈人体重伤鉴定标准〉部分条款的座谈会纪要》（苏高法〔2000〕123号） | 江苏省各级人民法院、检察院、公安局的法医据鉴定人体损伤程度，2000年5月1日以后尚未审结的一、二审案件的人体损伤程度鉴定也参照本纪要，再审案件的人体损伤程度鉴定不参照本纪要 | 江苏省高级人民法院、江苏省人民检察院、江苏省公安厅 | 2000-04-11颁布<br>2000-05-01起参照执行 | |
| 24 | 《云南省人体轻伤分级鉴定标准》 | 适用于本省内《刑法》规定的人身伤害法医学鉴定 | 云南省高级人民法院 | 2000-10-20发布、实施 | |
| 25 | 《中国精神障碍分类与诊断标准（第三版）》（CCMD-3） | （1）遵循为病人服务的原则，满足病人和社会的需要；（2）具有中国特色，符合中国国情；（3）继承CCMD以前版本的优点；（4）注意与国际接轨；（5）简明，便于操作 | 中华医学会精神科分会 | 2001-04发布 | |
| 26 | 《疾病分类与代码》（GB/T 14396—2001） | 适用于统计、医疗卫生、公安、民政、保险福利等部门各级行政管理机构对疾病、伤残、死亡原因等进行宏观管理和统计分析，也适用于各医学学科领域进行有关资料的收集、整理和分析 | 中华人民共和国国家质量监督检验检疫总局 | 2001-11-02发布<br>2002-06-01实施 | 采标WHO国际标准ICD-10，代替GB/T 14396—1993 |
| 27 | 《道路交通事故受伤人员伤残评定》（GB 18667—2002） | 适用于道路交通事故受伤人员的伤残程度评定 | 国家质量监督检验检疫总局 | 2002-03-01发布<br>2002-12-01实施<br>2017-03-23废止 | 代替GA 35—1992 |
| 28 | 《职工非因工伤残或因病丧失劳动能力程度鉴定标准》（劳社部发〔2002〕8号） | 适用于职工非因工伤残或因病需进行劳动能力鉴定时，对其身体器官缺损或功能损失程度的鉴定 | 劳动和社会保障部 | 2002-04-05发布、实施 | |

（续表）

| 序号 | 文件名称及编号 | 适用范围 | 发布主体 | 发布、实施时间 | 备注 |
| --- | --- | --- | --- | --- | --- |
| 29 | 《公安部关于印发〈公安机关办理伤害案件规定〉的通知》（公通字〔2005〕98号） | 为规范公安机关办理伤害案件，正确适用法律，确保案件合法、公正、及时处理制定本规定 | 公安部 | 2005-12-27 发布<br>2006-02-01 实施 | |
| 30 | 《劳动能力鉴定 职工工伤与职业病致残等级》（GB/T 16180—2006） | 适用于职工在职业活动中因工负伤和因职业病致残程度的鉴定 | 国家质量监督检验检疫总局、中国国家标准化管理委员会发布 | 2006-11-03 发布<br>2007-05-01 实施<br>2015-01-01 废止 | 替代 GB/T 16180—1996 |
| 31 | 《劳动能力鉴定 职工工伤与职业病致残等级代码》（LD/T 107—2008） | 本标准适用于职工在职业活动中因工负伤和因职业病致残程度的鉴定 | 人力资源和社会保障部 | 2008-11-11 发布<br>2009-01-01 实施<br>2016-02-17 宣布失效 | 替代 LD/T 107—1998 |
| 32 | 《精神障碍者司法鉴定精神检查规范》（SF/Z JD 0104001—2011） | 适用于进行精神疾病司法鉴定时精神检查 | 司法部司法鉴定管理局 | 2011-03-17 发布、生效 | |
| 33 | 《中国保监会关于人身保险伤残程度与保险金给付比例有关事项的通知》（保监发〔2013〕46号） | 保险条款中约定的伤残程度评定标准为经国家标准化行政主管部门制定的国家标准，或由国务院有关行政主管部门制定并报国务院标准化行政主管部门备案的行业标准的，条款内容应包含该标准的全称、发布机构、发文号及标准编号 | 中国保监会 | 2013-06-04 发布、实施 | |
| 34 | 《人身保险伤残评定标准》 | 以保险行业自律方式在全行业推广使用。保险责任涉及意外伤残给付的个人保险可使用本标准，保险责任涉及意外伤残给付的团体保险可参考使用 | 中国保险行业协会、中国法医学会 | 2013-06-08 发布，2014-01-01 实施 | |

（续表）

| 序号 | 文件名称及编号 | 适用范围 | 发布主体 | 发布、实施时间 | 备注 |
|---|---|---|---|---|---|
| 35 | 《人体损伤程度鉴定标准》（司发通〔2013〕146号） | 适用于《中华人民共和国刑法》及其他法律、法规所涉及的人体损伤程度鉴定 | 最高人民法院、最高人民检察院、公安部、国家安全部、司法部 | 2013-08-30 发布<br>2014-01-01 实施 | 五部门联合公告 |
| 36 | 《关于适用〈人体损伤程度鉴定标准〉问题的通知》（〔2014〕司鉴1号） | 适用于《中华人民共和国刑法》及其他法律、法规所涉及的人体损伤程度鉴定 | 司法部 | 2014-01-06 发布 | |
| 37 | 《人身保险伤残评定标准及代码》（JR/T 0083—2013） | 适用于意外险产品或包括意外责任的保险产品中的伤残保障，用于评定由于意外伤害因素引起的伤残程度 | 中国保险监督管理委员会 | 2014-01-17 发布、实施 | |
| 38 | 《道路交通事故受伤人员精神伤残评定规范》（SF/Z JD 0104004—2014） | 适用于对道路交通事故受伤人员精神伤残程度的评定，其他人身损害所致精神伤残程度的评定亦可参照执行。 | 司法部司法鉴定管理局 | 2014-03-17 发布、生效 | |
| 39 | 《劳动能力鉴定 职工工伤与职业病致残等级》（GB/T 16180—2014） | 适用于职工在职业活动中因工负伤和因职业病致残程度的鉴定 | 中华人民共和国国家质量监督检验检疫总局、中国国家标准化管理委员会 | 2014-09-03 发布<br>2015-01-01 实施 | 替代 GB/T 16180—2006 |
| 40 | 《人体损伤致残程度分级》 | 适用于人身损害致残程度等级鉴定 | 最高人民法院、最高人民检察院、公安部、国家安全部、司法部 | 2016-04-18 发布<br>2017-01-01 实施 | 五部门联合公告，无文号 |
| 41 | 《精神障碍者刑事责任能力评定指南》（SF/Z JD 0104002—2016） | 适用于对被鉴定人（犯罪嫌疑人、被告人）的刑事责任能力评定，有关违法案件的受处罚能力评定亦可参照执行 | 司法部司法鉴定管理局 | 2016-09-22 发布、生效 | |
| 42 | 《精神障碍者服刑能力评定指南》（SF/Z JD 0104003—2016） | 适用于精神障碍服刑人员（被鉴定人）的服刑能力评定 | 司法部司法鉴定管理局 | 2016-09-22 发布、生效 | |

（续表）

| 序号 | 文件名称及编号 | 适用范围 | 发布主体 | 发布、实施时间 | 备注 |
|---|---|---|---|---|---|
| 43 | 《疾病分类与代码》（GB/T 14396—2016） | 适用于医疗卫生服务、医疗保障、人口管理等部门中对疾病、伤残等分类，并用于信息处理与交换、统计分析 | 国家卫生和计划生育委员会、中国国家标准化管理委员会 | 2016-10-13 发布<br>2017-02-01 实施 | 代替 GB/T 14396—2001 |
| 44 | 《上海市司法局、上海市司法鉴定协会关于〈人体损伤致残程度分级〉标准衔接适用问题的意见》 | (1) 发生在2017年3月23日之前的交通事故或者其他人身损害，以鉴定委托为准；(2) 2017年3月23日起发生的交通事故或者其他人身损害，适用《人体损伤致残程度分级》；(3) 法律法规或国家有关部门出台专门性规定时，按照有关规定执行 | 上海市司法局司法鉴定管理处、上海市司法鉴定协会 | 2017-05-23 发布、实施 | 江苏、广西、山东、新疆、江西、广东、山西、上海、浙江、湖北、河北等地在2017年先后发布类似文件 |
| 45 | 《浙江省高级人民法院浙江省司法厅关于适用〈人体损伤致残程度分级〉有关事项的通知》（浙高法〔2017〕110号） | (1) 2017年1月1日起人身损害评残统一适用新标准；(2) 2017年1月1日前人身损害评残按原规定执行 | 浙江省高级人民法院、浙江省司法厅 | 2017-06-19 发布、实施 | |
| 46 | 《关于〈人体损伤程度鉴定标准〉相关条款的适用意见》（苏公通〔2017〕384号） | 为统一全省法医工作者对《人体损伤程度鉴定标准》的理解和适用，在广泛征求公安、检察、法院、司法行政各系统意见基础上，省高级人民法院、省人民检察院、省公安厅和省司法厅结合我省工作实际，就有关问题进行了座谈会商，达成了一致意见，形成了会议纪要，并制定本意见作为鉴定时的指引 | 江苏省高级人民法院、江苏省人民检察院、江苏省公安厅、江苏省司法厅 | 2017-09-04 发布、实施 | 涉及解释权的归属，值得关注 |
| 47 | 《关于印发全省统一精神障碍司法鉴定标准技术规范专题研讨会会议纪要的通知》（黑司鉴协发〔2017〕5号） | 规范全省精神障碍司法鉴定职业活动，推进精神障碍司法鉴定的规范化建设，提高精神障碍司法鉴定质量和公信力 | 黑龙江省司法鉴定人协会 | 2017-09-19 印发 | |

（续表）

| 序号 | 文件名称及编号 | 适用范围 | 发布主体 | 发布、实施时间 | 备注 |
|---|---|---|---|---|---|
| 48 | 《国际疾病分类第十一次修订本》（ICD-11） | 世界范围广泛应用的诊断分类系统，如广泛用于临床时有利于规范化诊断，为指导治疗打下基础；也用于疾病预防控制，统一化登记及管理制度；也用于医疗保险范围 | WHO | 2018-06-18 发布<br>2022-01-01 实施 | |
| 49 | 《法医精神病学行为能力评定规范》（T/SHSFJD 0001—2018） | 适用于上海市法医精神病学鉴定机构进行法医精神病学行为能力评定 | 上海市司法鉴定协会 | 2018-10-08 发布<br>2018-11-01 实施 | 团体标准 |
| 50 | 《精神障碍者受审能力评定指南》（SF/Z JD 0104005—2018） | 适用于对刑事诉讼活动中犯罪嫌疑人/被告人的受审能力（刑事诉讼能力）评定 | 司法部公共法律服务管理局 | 2018-11-08 发布<br>2019-01-01 生效 | |
| 51 | 《精神障碍者民事行为能力评定指南》（SF/Z JD 0104004—2018） | 本技术规范规定了民事行为能力的术语和定义、总则、判定标准。本技术规范适用于对民事活动中当事人的民事行为能力评定 | 司法部公共法律服务管理局 | 2018-11-08 发布<br>2019-01-01 实施 | |
| 52 | 《上海市司法鉴定协会法医精神病专业委员会会议纪要》（沪司鉴协〔2019〕8号） | 为了进一步规范本市法医精神病司法鉴定工作，加强行业管理，上海市司法鉴定协会法医精神病专业委员会于2019年3月14日对脑震荡后综合征伤残与“三期”评定有关事项进行了讨论，形成纪要 | 上海市司法鉴定协会 | 2019-06-21 参照执行 | |
| 53 | 《湖北省人体损伤程度鉴定指引（试行）》（鄂司鉴协〔2019〕1号） | 为规范我省对损伤程度鉴定标准的认识，防止鉴定意见杂乱无序，结合我省实际鉴定工作情况，供鉴定人参考执行 | 湖北省司法鉴定协会 | 2019-07-24 发布<br>2019-09-01 施行 | 《关于法医临床学损伤程度若干问题的鉴定指引（试行）》同时废止 |
| 54 | 《精神障碍者性自我防卫能力评定指南》（SF/T 0071—2020） | 本标准规定了精神障碍者性自我防卫能力评定的总体要求和性自我防卫能力判定。本标准适用于对涉嫌强奸案件中女性被鉴定人的性自我防卫能力评定 | 司法部 | 2020-05-29 发布、实施 | |

附录三

# 《国际疾病分类第十一次修订本（ICD-11）中文版》（节选）

## 《国际疾病分类第十一次修订本（ICD-11）中文版》（节选）

国卫医发〔2018〕52 号

各省、自治区、直辖市及新疆生产建设兵团卫生健康委（卫生计生委）：

为落实《国务院办公厅关于促进“互联网＋医疗健康”发展的意见》（国办发〔2018〕26 号），健全统一规范的医疗数据标准体系，进一步规范医疗机构疾病分类管理，我委组织世界卫生组织国际分类家族中国合作中心、中华医学会及有关医疗机构专家对世界卫生组织公布的《国际疾病分类第十一次修订本（ICD-11）》进行了编译，形成了《国际疾病分类第十一次修订本（ICD-11）中文版》（以下简称 ICD-11 中文版）（可以在国家卫生健康委官方网站“医政医管”栏目下载）。现印发你们，并提出以下要求：

**一、充分认识统一疾病分类与代码的重要意义**

疾病分类与代码、手术操作分类与代码、病案首页、医学名词术语等是推进医疗服务规范化、标准化管理的重要基础。近年来，我委大力加强医疗机构病案管理，先后明确要求医疗机构在病案书写中统一使用 ICD-9、ICD-10。推广使用世界卫生组织最新修订公布并经我委组织编译的 ICD-11 中文版，对于提高医疗服务标准化水平和医疗管理效率，促进诊疗信息有效互联互通具有积极意义。

**二、积极推进 ICD-11 中文版全面使用**

各级各类医疗机构要认真组织做好培训，结合新版疾病分类与代码特点，修订完善病案首页填写等相关管理制度，更新电子病历系统，做好 ICD-11 中文版和原有疾病分类与代码之间的衔接。自 2019 年 3 月 1 日起，各级各类医疗机构应当全面使用 ICD-11 中文版进行疾病分类和编码。

**三、加大 ICD-11 中文版应用管理和监督指导力度**

地方各级卫生健康行政部门要加大宣传贯彻和监督指导力度，指导辖区内医疗机构做好相关工作。自 2019 年 3 月 1 日起，卫生健康行政部门开展医疗机构绩效考核、质量控制与评价等工作时，均应当采用 ICD-11 中文版进行医疗数据统计分析。

工作中如有问题及建议，请与我委医政医管局联系。

联系人：医政医管局　张丁丁、张萌

联系电话：010-68791976、68792196

传真：010-68792206

附件：国际疾病分类第十一次修订本（ICD-11）中文版

国家卫生健康委

2018 年 12 月 14 日

**附件：**

## 国际疾病分类第十一次修订本（ICD-11）中文版

章节或编码中文名称是否为有效码（注意：标示为“否”者是章、节代码，或具有细分亚目的类目编码；在编码时应当采用有效码）

### 第 6 章　精神、行为或神经发育障碍否

L1-6A0　神经发育障碍　否

6A00　智力发育障碍　否

6A00.0　智力发育障碍，轻度　是

6A00.1　智力发育障碍，中度　是

6A00.2　智力发育障碍，重度　是

6A00.3　智力发育障碍，极重度　是

6A00.4　智力发育障碍，暂时的　是

6A00.Z　智力发育障碍，未特指的　是

6A01　发育性言语或语言障碍　否

6A01.0　发育性语音障碍　是

6A01.1　发育性言语流畅障碍　是

6A01.2　发育性语言障碍　否

6A01.20　发育性语言障碍伴感受性和表达性语言受损　是

6A01.21　发育性语言障碍主要伴表达性语言受损　是

6A01.22　发育性语言障碍主要伴语用语言受损　是

6A01.23　发育性语言障碍，伴其他特指的语言受损　是

6A01.Y　其他特指的发育性言语或语言障碍　是

6A01.Z　发育性言语或语言障碍，未特指的　是

6A02　孤独症谱系障碍　否

6A02.0　孤独症谱系障碍不伴智力发育障碍，伴轻度或不伴功能性语言受损　是

6A02.1　孤独症谱系障碍伴智力发育障碍，伴轻度或不伴功能性语言损害　是

6A02.2　孤独症谱系障碍不伴智力发育障碍，伴功能性语言损害　是
6A02.3　孤独症谱系障碍伴智力发育障碍，伴功能性语言损害　是
6A02.4　孤独症谱系障碍不伴智力发育障碍，伴功能性语言缺失　是
6A02.5　孤独症谱系障碍伴智力发育障碍，伴功能性语言缺失　是
6A02.Y　其他特指的孤独症谱系障碍　是
6A02.Z　孤独症谱系障碍，未特指的　是
6A03　发育性学习障碍　否
6A03.0　发育性学习障碍伴阅读受损　是
6A03.1　发育性学习障碍伴书面表达受损　是
6A03.2　发育性学习障碍伴数学受损　是
6A03.3　发育性学习障碍伴其他特指的学习受损　是
6A03.Z　发育性学习障碍，未特指的　是
6A04　发育性运动共济障碍　是
6A05　注意缺陷多动障碍　否
6A05.0　注意缺陷多动障碍，主要表现为注意力不集中　是
6A05.1　注意缺陷多动障碍，主要表现为多动冲动　是
6A05.2　注意缺陷多动障碍，联合表现　是
6A05.Y　注意缺陷多动障碍，其他特指的表现　是
6A05.Z　注意缺陷多动障碍，未特指的表现　是
6A06　刻板性运动障碍　否
6A06.0　刻板性运动障碍不伴自伤　是
6A06.1　刻板性运动障碍伴自伤　是
6A06.Z　刻板性运动障碍，未特指的　是
6A0Y　其他特指的神经发育障碍　是
6A0Z　神经发育障碍，未特指的　是
L1-6A2　精神分裂症或其他原发性精神病性障碍　否
6A20　精神分裂症　否
6A20.0　精神分裂症，首次发作　否
6A20.00　精神分裂症，首次发作，目前为症状性　是
6A20.01　精神分裂症，首次发作，部分缓解　是
6A20.02　精神分裂症，首次发作，完全缓解　是
6A20.0Z　精神分裂症，首次发作，未特指的　是
6A20.1　精神分裂症，多次发作　否
6A20.10　精神分裂症，多次发作，目前为症状性　是
6A20.11　精神分裂症，多次发作，部分缓解　是
6A20.12　精神分裂症，多次发作，完全缓解　是
6A20.1Z　精神分裂症，多次发作，未特指的　是

6A20.2　精神分裂症，连续病程　否
6A20.20　精神分裂症，连续病程，目前为症状性　是
6A20.21　精神分裂症，连续病程，部分缓解　是
6A20.22　精神分裂症，连续病程，完全缓解　是
6A20.2Z　精神分裂症，连续病程，未特指的　是
6A20.Y　其他特指的精神分裂症　是
6A20.Z　精神分裂症，未特指的　是
6A21　分裂情感性障碍　否
6A21.0　分裂情感性障碍，首次发作　否
6A21.00　分裂情感性障碍，首次发作，目前为症状性　是
6A21.01　分裂情感性障碍，首次发作，部分缓解　是
6A21.02　分裂情感性障碍，首次发作，完全缓解　是
6A21.0Z　分裂情感性障碍，首次发作，未特指的　是
6A21.1　分裂情感性障碍，多次发作　否
6A21.10　分裂情感性障碍，多次发作，目前为症状性　是
6A21.11　分裂情感性障碍，多次发作，部分缓解　是
6A21.12　分裂情感性障碍，多次发作，完全缓解　是
6A21.1Z　分裂情感性障碍，多次发作，未特指的　是
6A21.2　分裂情感性障碍，连续病程　否
6A21.20　分裂情感性障碍，连续病程，目前为症状性　是
6A21.21　分裂情感性障碍，连续病程，部分缓解　是
6A21.22　分裂情感性障碍，连续病程，完全缓解　是
6A21.2Z　分裂情感性障碍，连续病程，未特指的　是
6A21.Y　其他特指的分裂情感性障碍　是
6A21.Z　分裂情感性障碍，未特指的　是
6A22　分裂型障碍　是
6A23　急性短暂性精神病性障碍　否
6A23.0　急性短暂性精神病性障碍，首次发作　否
6A23.00　急性短暂性精神病性障碍，首次发作，目前为症状性　是
6A23.01　急性短暂性精神病性障碍，首次发作，部分缓解　是
6A23.02　急性短暂性精神病性障碍，首次发作，完全缓解　是
6A23.0Z　急性短暂性精神病性障碍，首次发作，未特指的　是
6A23.1　急性短暂性精神病性障碍，多次发作　否
6A23.10　急性短暂性精神病性障碍，多次发作，目前为症状性　是
6A23.11　急性短暂性精神病性障碍，多次发作，部分缓解　是
6A23.12　急性短暂性精神病性障碍，多次发作，完全缓解　是
6A23.1Z　急性短暂性精神病性障碍，多次发作，未特指的　是

6A23.Y　其他特指的急性短暂性精神病性障碍　是

6A23.Z　急性短暂性精神病性障碍，未特指的　是

6A24　妄想性障碍　否

6A24.0　妄想性障碍，目前为症状性　是

6A24.1　妄想性障碍，目前为部分缓解　是

6A24.2　妄想性障碍，目前为完全缓解　是

6A24.Z　妄想性障碍，未特指的　是

6A25　原发性精神病性障碍的症状表现　否

6A25.0　原发性精神病性障碍的阳性症状　是

6A25.1　原发性精神病性障碍的阴性症状　是

6A25.2　原发性精神病性障碍的抑郁症状　是

6A25.3　原发性精神病性障碍的躁狂症状　是

6A25.4　原发性精神病性障碍的精神运动性症状　是

6A25.5　原发性精神病性障碍的认知症状　是

6A2Y　其他特指的精神分裂症或其他原发性精神病性障碍　是

6A2Z　精神分裂症或其他原发性精神病性障碍，未特指的　是

L1-6A4　紧张症　否

6A40　与其他精神障碍有关的紧张症　是

6A41　精神活性物质（包括治疗药物）所致紧张症　是

6A4Z　紧张症，未特指的　是

L1-6A6　心境障碍　否

L2-6A6　双相及相关障碍　否

6A60　双相障碍Ⅰ型　否

6A60.0　双相Ⅰ型障碍，目前为不伴精神病性症状的躁狂发作　是

6A60.1　双相Ⅰ型障碍，目前为伴精神病性症状的躁狂发作　是

6A60.2　双相Ⅰ型障碍，目前为轻躁狂发作　是

6A60.3　双相Ⅰ型障碍，目前为轻度抑郁发作　是

6A60.4　双相Ⅰ型障碍，目前为不伴精神病性症状的中度抑郁发作　是

6A60.5　双相Ⅰ型障碍，目前为伴精神病性症状的中度抑郁发作　是

6A60.6　双相Ⅰ型障碍，目前为不伴精神病性症状的重度抑郁发作　是

6A60.7　双相Ⅰ型障碍，目前为伴精神病性症状的重度抑郁发作　是

6A60.8　双相Ⅰ型障碍，目前为未特指严重程度的抑郁发作　是

6A60.9　双相Ⅰ型障碍，目前为不伴精神病性症状的混合性发作　是

6A60.A　双相Ⅰ型障碍，目前为伴精神病性症状的混合性发作　是

6A60.B　双相Ⅰ型障碍，目前为部分缓解，最近为躁狂或轻躁狂发作　是

6A60.C　双相Ⅰ型障碍，目前为部分缓解，最近为抑郁发作　是

6A60.D　双相Ⅰ型障碍，目前为部分缓解，最近为混合性发作　是

6A60.E　双相Ⅰ型障碍，目前为部分缓解，最近为未特指的发作　是

6A60.F　双相Ⅰ型障碍，目前为完全缓解　是

6A60.Y　其他特指的双相障碍Ⅰ型　是

6A60.Z　双相障碍Ⅰ型，未特指的　是

6A61　双相障碍Ⅱ型　否

6A61.0　双相Ⅱ型障碍，目前为轻躁狂发作　是

6A61.1　双相Ⅱ型障碍，目前为轻度抑郁发作　是

6A61.2　双相Ⅱ型障碍，目前为不伴精神病性症状的中度抑郁发作　是

6A61.3　双相Ⅱ型障碍，目前为伴精神病性症状的中度抑郁发作　是

6A61.4　双相Ⅱ型障碍，目前为不伴精神病性症状的重度抑郁发作　是

6A61.5　双相Ⅱ型障碍，目前为伴精神病性症状的重度抑郁发作　是

6A61.6　双相Ⅱ型障碍，目前为未特指严重程度的抑郁发作　是

6A61.7　双相Ⅱ型障碍，目前为部分缓解，最近为轻躁狂发作　是

6A61.8　双相Ⅱ型障碍，目前为部分缓解，最近为抑郁发作　是

6A61.9　双相Ⅱ型障碍，目前为部分缓解，最近为未特指发作　是

6A61.A　双相Ⅱ型障碍，目前为完全缓解　是

6A61.Y　其他特指的双相障碍Ⅱ型　是

6A61.Z　双相障碍Ⅱ型，未特指的　是

6A62　环性心境障碍　是

6A6Y　其他特指的双相及相关障碍　是

6A6Z　双相及相关障碍，未特指的　是

L2-6A7　抑郁障碍　否

6A70　单次发作的抑郁障碍　否

6A70.0　单次发作的抑郁障碍，轻度　是

6A70.1　单次发作的抑郁障碍，中度，不伴精神病性症状　是

6A70.2　单次发作的抑郁障碍，中度，伴精神病性症状　是

6A70.3　单次发作的抑郁障碍，重度，不伴精神病性症状　是

6A70.4　单次发作的抑郁障碍，重度，伴精神病性症状　是

6A70.5　单次发作抑郁障碍，未特指严重程度　是

6A70.6　单次发作抑郁障碍，目前为部分缓解　是

6A70.7　单次发作抑郁障碍，目前为完全缓解　是

6A70.Y　其他特指的单次发作的抑郁障碍　是

6A70.Z　单次发作的抑郁障碍，未特指的　是

6A71　复发性抑郁障碍　否

6A71.0　复发性抑郁障碍，目前为轻度发作　是

6A71.1　复发性抑郁障碍，目前为中度发作，不伴精神病性症状　是

6A71.2　复发性抑郁障碍，目前为中度发作，伴精神病性症状　是

6A71.3　复发性抑郁障碍，目前为重度发作，不伴精神病性症状　是
6A71.4　复发性抑郁障碍，目前为伴精神病性症状的重度发作　是
6A71.5　复发性抑郁障碍，目前发作，严重程度未特指　是
6A71.6　复发性抑郁障碍，目前为部分缓解　是
6A71.7　复发性抑郁障碍，目前为完全缓解　是
6A71.Y　其他特指的复发性抑郁障碍　是
6A71.Z　复发性抑郁障碍，未特指的　是
6A72　恶劣心境障碍　是
6A73　混合性抑郁焦虑障碍　是
6A7Y　其他特指的抑郁障碍　是
6A7Z　抑郁障碍，未特指的　是
6A80　心境障碍中，心境障碍发作的症状和病程表现　否
6A80.0　心境障碍发作突出的焦虑症状　是
6A80.1　心境障碍中的惊恐发作　是
6A80.2　目前抑郁发作持续　是
6A80.3　目前抑郁发作伴忧郁特征　是
6A80.4　心境障碍发作的季节特征　是
6A80.5　快速循环　是
6A8Y　其他特指的心境障碍　是
6A8Z　心境障碍，未特指的　是
L1-6B0　焦虑或恐惧相关性障碍　否
6B00　广泛性焦虑障碍　是
6B01　惊恐障碍　是
6B02　广场恐怖　是
6B03　特定的恐怖　是
6B04　社交性焦虑障碍　是
6B05　分离性焦虑障碍　是
6B06　选择性缄默症　是
6B0Y　其他特指的焦虑或恐惧相关性障碍　是
6B0Z　焦虑或恐惧相关性障碍，未特指的　是
L1-6B2　强迫性或相关障碍　否
6B20　强迫性障碍　否
6B20.0　强迫障碍伴一般或良好自知力　是
6B20.1　强迫障碍伴较差自知力或缺乏自知力　是
6B20.Z　强迫性障碍，未特指的　是
6B21　躯体变形障碍　否
6B21.0　躯体变形障碍伴一般或良好自知力　是

6B21.1　躯体变形障碍伴较差自知力或缺乏自知力　是
6B21.Z　躯体变形障碍，未特指的　是
6B22　嗅觉牵连障碍　否
6B22.0　嗅觉牵连障碍伴一般或良好自知力　是
6B22.1　嗅觉牵连障碍伴较差或缺乏自知力　是
6B22.Z　嗅觉牵连障碍，未特指的　是
6B23　疑病症　否
6B23.0　疑病症伴一般或良好自知力　是
6B23.1　疑病症伴较差自知力或缺乏自知力　是
6B23.Z　疑病症，未特指的　是
6B24　囤积障碍　否
6B24.0　囤积障碍伴一般或良好自知力　是
6B24.1　囤积障碍伴较差或缺乏自知力　是
6B24.Z　囤积障碍，未特指的　是
6B25　聚焦于躯体的重复行为障碍　否
6B25.0　拔毛癖　是
6B25.1　抓痕障碍　是
6B25.Y　其他特指的聚焦于躯体的重复行为障碍　是
6B25.Z　聚焦于躯体的重复行为障碍，未特指的　是
6B2Y　其他特指的强迫性或相关障碍　是
6B2Z　强迫性或相关障碍，未特指的　是
L1-6B4　应激相关障碍　否
6B40　创伤后应激障碍　是
6B41　复杂性创伤后应激障碍　是
6B42　延长哀伤障碍　是
6B43　适应障碍　是
6B44　反应性依恋障碍　是
6B45　脱抑制性社会参与障碍　是
6B4Y　其他特指的应激相关障碍　是
6B4Z　应激相关障碍，未特指的　是
L1-6B6　分离障碍　否
6B60　分离性神经症状障碍　否
6B60.0　分离性神经症状障碍，伴视觉症状　是
6B60.1　分离性神经症状障碍，伴听觉症状　是
6B60.2　分离性神经症状障碍，伴眩晕　是
6B60.3　分离性神经症状障碍，伴感觉改变　是
6B60.4　分离性神经症状障碍，不伴抽搐或痉挛　是

6B60.5　分离性神经症状障碍，伴言语生成症状　是
6B60.6　分离性神经症状障碍，伴无力或麻痹　是
6B60.7　分离性神经症状障碍，伴步态症状　是
6B60.8　分离性神经症状障碍，伴其他运动症状　否
6B60.80　分离性神经症状障碍，伴运动　是
6B60.81　分离性神经症状障碍，伴肌阵挛　是
6B60.82　分离性神经症状障碍，伴震颤　是
6B60.83　分离性神经症状障碍，伴肌张力障碍　是
6B60.84　分离性神经症状障碍，伴面肌痉挛　是
6B60.85　分离性神经症状障碍，伴帕金森综合征　是
6B60.8Y　分离性神经症状障碍，伴其他特指的运动紊乱　是
6B60.8Z　分离性神经症状障碍，伴未特指的运动紊乱　是
6B60.9　分离性神经症状障碍，伴认知症状　是
6B60.Y　分离性神经症状障碍，伴其他特指的症状　是
6B60.Z　分离性神经症状障碍，伴未特指的症状　是
6B61　分离遗忘症　是
6B62　出神障碍　是
6B63　附体出神障碍　是
6B64　分离性身份障碍　是
6B65　部分分离性身份障碍　是
6B66　人格解体—现实解体障碍　是
6B6Y　其他特指的分离障碍　是
6B6Z　分离障碍，未特指的　是
L1-6B8　喂食或进食障碍　否
6B80　神经性厌食　否
6B80.0　神经性厌食伴显著的低体重　否
6B80.00　神经性厌食伴显著的低体重，限制型　是
6B80.01　神经性厌食伴显著的低体重，暴食—清除型　是
6B80.0Z　神经性厌食伴显著低体重，未特指的　是
6B80.1　神经性厌食伴危险的低体重　否
6B80.10　神经性厌食伴危险的低体重，限制型　是
6B80.11　神经性厌食伴危险的低体重，暴食—清除型　是
6B80.1Z　神经性厌食伴危险的低体重，未特指的　是
6B80.2　神经性厌食恢复期伴正常体重　是
6B80.Y　其他特指的神经性厌食　是
6B80.Z　神经性厌食，未特指的　是
6B81　神经性贪食　是

6B82　暴食障碍　是
6B83　回避—限制性摄食障碍　是
6B84　异食癖　是
6B85　反刍—反流障碍　是
6B8Y　其他特指的喂食或进食障碍　是
6B8Z　喂食或进食障碍，未特指的　是
L1-6C0　排泄障碍　否
6C00　遗尿症　否
6C00.0　夜间遗尿症　是
6C00.1　日间遗尿症　是
6C00.2　夜间和日间遗尿症　是
6C00.Z　遗尿症，未特指的　是
6C01　遗粪症　否
6C01.0　遗粪症伴便秘或溢出性失禁　是
6C01.1　遗粪症不伴便秘或溢出性失禁　是
6C01.Z　遗粪症，未特指的　是
6C0Z　排泄障碍，未特指的　是
L1-6C2　躯体不适或躯体体验障碍　否
6C20　躯体不适障碍　否
6C20.0　轻度躯体不适障碍　是
6C20.1　中度躯体不适障碍　是
6C20.2　重度躯体不适障碍　是
6C20.Z　躯体不适障碍，未特指的　是
6C21　身体—致性烦恼　是
6C2Y　其他特指的躯体不适或躯体体验障碍　是
6C2Z　躯体不适或躯体体验障碍，未特指的　是
L1-6C4　物质使用或成瘾行为所致障碍　否
L2-6C4　物质使用所致障碍　否
6C40　酒精使用所致障碍　否
6C40.0　酒精单次有害性使用　是
6C40.1　酒精有害性使用模式　否
6C40.10　酒精有害性使用模式，间断性　是
6C40.11　酒精有害性使用模式，持续性　是
6C40.1Z　酒精有害性使用模式，未特指的　是
6C40.2　酒精依赖　否
6C40.20　酒精依赖，目前使用，持续性　是
6C40.21　酒精依赖，目前使用，间断性　是

6C40.22　酒精依赖，早期完全缓解　是
6C40.23　酒精依赖，持续性部分缓解　是
6C40.24　酒精依赖，持续性完全缓解　是
6C40.2Z　酒精依赖，未特指的　是
6C40.3　酒精中毒　是
6C40.4　酒精戒断　否
6C40.40　酒精戒断，无并发症　是
6C40.41　酒精戒断伴知觉紊乱　是
6C40.42　酒精戒断伴抽搐　是
6C40.43　酒精戒断伴知觉紊乱和抽搐　是
6C40.4Z　酒精戒断，未特指的　是
6C40.5　酒精所致谵妄　是
6C40.6　酒精所致精神病性障碍　否
6C40.60　酒精所致精神障碍伴幻觉　是
6C40.61　酒精所致精神病性障碍伴妄想　是
6C40.62　酒精所致精神病性障碍伴混合性精神病性症状　是
6C40.6Z　酒精所致精神病性障碍，未特指的　是
6C40.7　其他酒精所致障碍　否
6C40.70　酒精所致心境障碍　是
6C40.71　酒精所致焦虑障碍　是
6C40.Y　其他特指的酒精使用所致障碍　是
6C40.Z　酒精使用所致障碍，未特指的　是
6C41　大麻使用所致障碍　否
6C41.0　大麻有害性使用的单次发作　是
6C41.1　大麻有害性使用模式　否
6C41.10　大麻有害性使用模式，间断性　是
6C41.11　大麻有害性使用模式，持续性　是
6C41.1Z　大麻有害性使用模式，未特指的　是
6C41.2　大麻依赖　否
6C41.20　大麻依赖，目前使用　是
6C41.21　大麻依赖，早期完全缓解　是
6C41.22　大麻依赖，持续性部分缓解　是
6C41.23　大麻依赖，持续性完全缓解　是
6C41.2Z　大麻依赖，未特指的　是
6C41.3　大麻中毒　是
6C41.4　大麻戒断　是
6C41.5　大麻所致谵妄　是

6C41.6　大麻所致精神病性障碍　是

6C41.7　其他大麻所致障碍　否

6C41.70　大麻所致心境障碍　是

6C41.71　大麻所致焦虑障碍　是

6C41.Y　其他特指的大麻使用所致障碍　是

6C41.Z　大麻使用所致障碍，未特指的　是

6C42　合成大麻素使用所致障碍　否

6C42.0　合成大麻素单次有害性使用　是

6C42.1　合成大麻素有害性使用模式　否

6C42.10　合成大麻素有害性使用模式，间断性　是

6C42.11　合成大麻素有害性使用模式，持续性　是

6C42.1Y　其他特指的合成大麻素有害性使用模式　是

6C42.1Z　合成大麻素有害性使用模式，未特指的　是

6C42.2　合成大麻素依赖　否

6C42.20　合成大麻素依赖，目前使用　是

6C42.21　合成大麻素依赖，早期完全缓解　是

6C42.22　合成大麻素依赖，持续性部分缓解　是

6C42.23　合成大麻素依赖，持续性完全缓解　是

6C42.2Y　其他特指的合成大麻素依赖　是

6C42.2Z　合成大麻素依赖，未特指的　是

6C42.3　合成大麻素中毒　是

6C42.4　合成大麻素戒断　是

6C42.5　合成大麻素所致谵妄　是

6C42.6　合成大麻素所致精神病性障碍　是

6C42.7　其他合成大麻素所致障碍　否

6C42.70　合成大麻素所致心境障碍　是

6C42.71　合成大麻素所致焦虑障碍　是

6C43　阿片类物质使用所致障碍　否

6C43.0　阿片类物质单次有害性使用　是

6C43.1　阿片类物质有害性使用模式　否

6C43.10　阿片类物质有害性使用模式，间断性　是

6C43.11　阿片类物质有害性使用模式，持续性　是

6C43.1Z　阿片类物质有害性使用模式，未特指的　是

6C43.2　阿片类物质依赖　否

6C43.20　阿片类物质依赖，目前使用　是

6C43.21　阿片类物质依赖，早期完全缓解　是

6C43.22　阿片类物质依赖，持续部分缓解　是

6C43.23 阿片类物质依赖，持续完全缓解 是

6C43.2Z 阿片类物质依赖，未特指的 是

6C43.3 阿片类物质中毒 是

6C43.4 阿片类物质戒断 是

6C43.5 阿片类物质所致谵妄 是

6C43.6 阿片类物质所致精神病性障碍 是

6C43.7 其他阿片类物质所致障碍 否

6C43.70 阿片类物质所致心境障碍 是

6C43.71 阿片类物质所致焦虑障碍 是

6C43.Y 其他特指的阿片类物质使用所致障碍 是

6C43.Z 阿片类物质使用所致障碍，未特指的 是

6C44 镇静、催眠或抗焦虑药物使用所致障碍 否

6C44.0 镇静、催眠或抗焦虑药物单次有害性使用 是

6C44.1 镇静、催眠或抗焦虑药物有害性使用模式 否

6C44.10 镇静、催眠或抗焦虑药物有害性使用模式，间断性 是

6C44.11 镇静、催眠或抗焦虑药物有害性使用模式，持续性 是

6C44.1Z 镇静、催眠或抗焦虑药物有害性使用模式，未特指的 是

6C44.2 镇静、催眠或抗焦虑药物依赖 否

6C44.20 镇静、催眠或抗焦虑药物依赖，目前使用 是

6C44.21 镇静、催眠或抗焦虑药物依赖，早期完全缓解 是

6C44.22 镇静、催眠或抗焦虑药物依赖，持续性部分缓解 是

6C44.23 镇静、催眠或抗焦虑药物依赖，持续性完全缓解 是

6C44.2Z 镇静、催眠或抗焦虑药物依赖，未特指的 是

6C44.3 镇静、催眠或抗焦虑药物中毒 是

6C44.4 镇静、催眠或抗焦虑药物戒断 否

6C44.40 镇静、催眠或抗焦虑药物戒断，无并发症 是

6C44.41 镇静、催眠或抗焦虑药物戒断，伴知觉紊乱 是

6C44.42 镇静、催眠或抗焦虑药物戒断，伴抽搐 是

6C44.43 镇静、催眠或抗焦虑药物戒断，伴知觉紊乱及抽搐 是

6C44.4Z 镇静、催眠或抗焦虑药物戒断，未特指的 是

6C44.5 镇静、催眠或抗焦虑药物所致谵妄 是

6C44.6 镇静、催眠或抗焦虑药物所致精神病性障碍 是

6C44.7 其他镇静、催眠或抗焦虑药物所致障碍 否

6C44.70 镇静、催眠或抗焦虑药物所致心境障碍 是

6C44.71 镇静、催眠或抗焦虑药物所致焦虑障碍 是

6C44.Y 其他特指的镇静、催眠或抗焦虑药物使用所致障碍 是

6C44.Z 镇静、催眠或抗焦虑药物使用所致障碍，未特指的 是

6C45　可卡因使用所致障碍　否

6C45.0　可卡因单次有害性使用　是

6C45.1　可卡因有害性使用模式　否

6C45.10　可卡因有害性使用模式，间断性　是

6C45.11　可卡因有害性使用模式，持续性　是

6C45.1Z　可卡因有害性使用模式，未特指的　是

6C45.2　可卡因依赖　否

6C45.20　可卡因依赖，目前使用　是

6C45.21　可卡因依赖，早期完全缓解　是

6C45.22　可卡因依赖，持续性部分缓解　是

6C45.23　可卡因依赖，持续性完全缓解　是

6C45.2Z　可卡因依赖，未特指的　是

6C45.3　可卡因中毒　是

6C45.4　可卡因戒断　是

6C45.5　可卡因所致谵妄　是

6C45.6　可卡因所致精神病性障碍　否

6C45.60　可卡因所致精神病性障碍伴幻觉　是

6C45.61　可卡因所致精神病性障碍伴妄想　是

6C45.62　可卡因所致精神病性障碍伴混合性精神病性症状　是

6C45.6Z　可卡因所致精神病性障碍，未特指的　是

6C45.7　其他可卡因所致障碍　否

6C45.70　可卡因所致心境障碍　是

6C45.71　可卡因所致焦虑障碍　是

6C45.72　可卡因所致强迫或相关障碍　是

6C45.73　可卡因所致冲动控制障碍　是

6C45.Y　其他特指的可卡因使用所致障碍　是

6C45.Z　可卡因使用所致障碍，未特指的　是

6C46　兴奋剂（包括苯丙胺、甲基苯丙胺或甲卡西酮）使用所致障碍　否

6C46.0　兴奋剂（包括苯丙胺、甲基苯丙胺或甲卡西酮）单次有害性使用　是

6C46.1　兴奋剂（包括苯丙胺、甲基苯丙胺或甲卡西酮）有害性使用模式　否

6C46.10　兴奋剂（包括苯丙胺、甲基苯丙胺或甲卡西酮）有害性使用模式，间断性　是

6C46.11　兴奋剂（包括苯丙胺、甲基苯丙胺或甲卡西酮）有害性使用模式，持续性　是

6C46.1Z　兴奋剂（包括苯丙胺、甲基苯丙胺或甲卡西酮）有害性使用模式，未特指的　是

6C46.2　兴奋剂（包括苯丙胺、甲基苯丙胺或甲卡西酮）依赖　否

6C46.20　兴奋剂（包括苯丙胺、甲基苯丙胺或甲卡西酮）依赖，目前使用　是

6C46.21　兴奋剂（包括苯丙胺、甲基苯丙胺或甲卡西酮）依赖，早期完全缓解　是

6C46.22　兴奋剂（包括苯丙胺、甲基苯丙胺或甲卡西酮）依赖，持续性部分缓解　是

6C46.23　兴奋剂（包括苯丙胺、甲基苯丙胺或甲卡西酮）依赖，持续性完全缓解　是

6C46.2Z　兴奋剂（包括苯丙胺、甲基苯丙胺或甲卡西酮）依赖，未特指的　是

6C46.3　兴奋剂（包括苯丙胺、甲基苯丙胺或甲卡西酮）中毒　是

6C46.4　兴奋剂（包括苯丙胺、甲基苯丙胺或甲卡西酮）戒断　是

6C46.5　兴奋剂（包括苯丙胺、甲基苯丙胺或甲卡西酮）所致谵妄　是

6C46.6　兴奋剂（包括苯丙胺、甲基苯丙胺或甲卡西酮）所致精神病性障碍　否

6C46.60　兴奋剂（包括苯丙胺、甲基苯丙胺或甲卡西酮）所致精神病性障碍伴幻觉　是

6C46.61　兴奋剂（包括苯丙胺、甲基苯丙胺或甲卡西酮）所致精神病性障碍伴妄想　是

6C46.62　兴奋剂（包括苯丙胺，但不包括咖啡因或可卡因）所致精神病性障碍伴混合性精神病性症状　是

6C46.6Z　兴奋剂（包括苯丙胺，但不包括咖啡因或可卡因）所致精神病性障碍，未特指的　是

6C46.7　其他兴奋剂（包括苯丙胺、甲基苯丙胺或甲卡西酮）所致障碍　否

6C46.70　兴奋剂（包括苯丙胺、甲基苯丙胺或甲卡西酮）所致心境障碍　是

6C46.71　兴奋剂（包括苯丙胺、甲基苯丙胺或甲卡西酮）所致焦虑障碍　是

6C46.72　兴奋剂（包括苯丙胺、甲基苯丙胺或甲卡西酮）所致强迫或相关障碍　是

6C46.73　兴奋剂（包括苯丙胺、甲基苯丙胺或甲卡西酮）所致冲动控制障碍　是

6C46.Y　其他特指的兴奋剂（包括苯丙胺、甲基苯丙胺或甲卡西酮）使用所致障碍　是

6C46.Z　兴奋剂（包括苯丙胺、甲基苯丙胺或甲卡西酮）使用所致障碍，未特指的　是

6C47　合成卡西酮使用所致障碍　否

6C47.0　合成卡西酮单次有害性使用　是

6C47.1　合成卡西酮有害性使用模式　否

6C47.10　合成卡西酮有害性使用模式，间断性　是

6C47.11　合成卡西酮有害性使用模式，持续性　是

6C47.1Y　其他特指的合成卡西酮有害性使用模式　是

6C47.1Z　合成卡西酮有害性使用模式，未特指的　是
6C47.2　合成卡西酮依赖　否
6C47.20　合成卡西酮依赖，目前使用　是
6C47.21　合成卡西酮依赖，早期完全缓解　是
6C47.22　合成卡西酮依赖，持续性部分缓解　是
6C47.23　合成卡西酮依赖，持续性完全缓解　是
6C47.2Y　其他特指的合成卡西酮依赖　是
6C47.2Z　合成卡西酮依赖，未特指的　是
6C47.3　合成卡西酮中毒　是
6C47.4　合成卡西酮戒断　是
6C47.5　合成卡西酮所致谵妄　是
6C47.6　合成卡西酮所致精神病性障碍　否
6C47.60　合成卡西酮所致精神病性障碍伴幻觉　是
6C47.61　合成卡西酮所致精神病性障碍伴妄想　是
6C47.62　合成卡西酮所致精神病性障碍伴混合性精神病性症状　是
6C47.6Z　合成卡西酮所致精神病性障碍，未特指的　是
6C47.7　其他合成卡西酮所致障碍　否
6C47.70　合成卡西酮所致心境障碍　是
6C47.71　合成卡西酮所致焦虑障碍　是
6C47.72　合成卡西酮所致强迫或相关综合征　是
6C47.73　合成卡西酮所致冲动控制障碍　是
6C47.Y　其他特指的合成卡西酮使用所致障碍　是
6C47.Z　合成卡西酮使用所致障碍，未特指的　是
6C48　咖啡因使用所致障碍　否
6C48.0　咖啡因单次有害性使用　是
6C48.1　咖啡因有害性使用模式　否
6C48.10　咖啡因有害性使用模式，间断性　是
6C48.11　咖啡因有害性使用模式，持续性　是
6C48.1Z　咖啡因有害性使用模式，未特指的　是
6C48.2　咖啡因中毒　是
6C48.3　咖啡因戒断　是
6C48.4　咖啡因所致障碍　否
6C48.40　咖啡因所致焦虑障碍　是
6C48.Y　其他特指的咖啡因使用所致障碍　是
6C48.Z　咖啡因使用所致障碍，未特指的　是
6C49　致幻剂使用所致障碍　否
6C49.0　致幻剂单次有害性使用　是

6C49.1 致幻剂有害性使用模式 否
6C49.10 致幻剂有害性使用模式，间断性 是
6C49.11 致幻剂有害性使用模式，持续性 是
6C49.1Z 致幻剂有害性使用模式，未特指的 是
6C49.2 致幻剂依赖 否
6C49.20 致幻剂依赖，目前使用 是
6C49.21 致幻剂依赖，早期完全缓解 是
6C49.22 致幻剂依赖，持续性部分缓解 是
6C49.23 致幻剂依赖，持续性完全缓解 是
6C49.2Z 致幻剂依赖，未特指的 是
6C49.3 致幻剂中毒 是
6C49.4 致幻剂所致谵妄 是
6C49.5 致幻剂所致精神病性障碍 是
6C49.6 其他致幻剂所致障碍 否
6C49.60 致幻剂所致心境障碍 是
6C49.61 致幻剂所致焦虑障碍 是
6C49.Y 其他特指的致幻剂使用所致障碍 是
6C49.Z 致幻剂使用所致障碍，未特指的 是
6C4A 尼古丁使用所致障碍 否
6C4A.0 尼古丁单次有害性使用 是
6C4A.1 尼古丁有害性使用模式 否
6C4A.10 尼古丁有害性使用模式，间断性 是
6C4A.11 尼古丁有害性使用模式，持续性 是
6C4A.1Z 尼古丁有害性使用模式，未特指的 是
6C4A.2 尼古丁依赖 否
6C4A.20 尼古丁依赖，目前使用 是
6C4A.21 尼古丁依赖，早期完全缓解 是
6C4A.22 尼古丁依赖，持续性部分缓解 是
6C4A.23 尼古丁依赖，持续性完全缓解 是
6C4A.2Z 尼古丁依赖，未特指的 是
6C4A.3 尼古丁中毒 是
6C4A.4 尼古丁戒断 是
6C4A.Y 其他特指的尼古丁使用所致障碍 是
6C4A.Z 尼古丁使用所致障碍，未特指的 是
6C4B 挥发性吸入剂使用所致障碍 否
6C4B.0 挥发性吸入剂单次有害性使用 是
6C4B.1 挥发性吸入剂有害性使用模式 否

6C4B.10　挥发性吸入剂单次有害性使用模式，间断性　是
6C4B.11　挥发性吸入剂单次有害性使用模式，持续性　是
6C4B.1Z　挥发性吸入剂有害性使用模式，未特指的　是
6C4B.2　挥发性吸入剂依赖　否
6C4B.20　挥发性吸入剂依赖，目前使用　是
6C4B.21　挥发性吸入剂依赖，早期完全缓解　是
6C4B.22　挥发性吸入剂依赖，持续性部分缓解　是
6C4B.23　挥发性吸入剂依赖，持续性完全缓解　是
6C4B.2Z　挥发性吸入剂依赖，未特指的　是
6C4B.3　挥发性吸入剂中毒　是
6C4B.4　挥发性吸入剂戒断　是
6C4B.5　挥发性吸入剂所致谵妄　是
6C4B.6　挥发性吸入剂所致精神病性障碍　是
6C4B.7　其他挥发性吸入剂所致障碍　否
6C4B.70　挥发性吸入剂所致心境障碍　是
6C4B.71　挥发性吸入剂所致焦虑障碍　是
6C4B.Y　其他特指的挥发性吸入剂使用所致障碍　是
6C4B.Z　挥发性吸入剂使用所致障碍，未特指的　是
6C4C　MDMA 或相关药物（包括 MDA）使用所致障碍　否
6C4C.0　MDMA 或相关药物（包括 MDA）单次有害性使用　是
6C4C.1　MDMA 或相关药物（包括 MDA）有害性使用模式　否
6C4C.10　MDMA 或相关药物（包括 MDA）有害性使用，间断性　是
6C4C.11　MDMA 或相关药物（包括 MDA）有害性使用，持续性　是
6C4C.1Z　MDMA 或相关药物（包括 MDA）有害性使用模式，未特指的　是
6C4C.2　MDMA 或相关药物（包括 MDA）依赖　否
6C4C.20　MDMA 或相关药物（MDA）依赖，目前使用　是
6C4C.21　MDMA 或相关药物（包括 MDA）依赖，早期完全缓解　是
6C4C.22　MDMA 或相关药物（包括 MDA）依赖，持续部分缓解　是
6C4C.23　MDMA 或相关药物（包括 MDA）依赖，持续完全缓解　是
6C4C.2Z　MDMA 或相关药物（包括 MDA）依赖，未特指的　是
6C4C.3　MDMA 或相关药物（包括 MDA）中毒　是
6C4C.4　MDMA 或相关药物（包括 MDA）戒断　是
6C4C.5　MDMA 或相关药物（包括 MDA）所致谵妄　是
6C4C.6　MDMA 或相关药物（包括 MDA）所致精神病性障碍　是
6C4C.7　其他 MDMA 或相关药物（包括 MDA）所致障碍　否
6C4C.70　MDMA 或相关药物（包括 MDA）所致心境障碍　是
6C4C.71　MDMA 或相关药物所致焦虑障碍　是

6C4C.Y　其他特指的 MDMA 或相关药物（包括 MDA）使用所致障碍　是

6C4C.Z　MDMA 或相关药物（包括 MDA）使用所致障碍，未特指的　是

6C4D　分离性药物（包括氯胺酮和苯环利定［PCP］）使用所致障碍　否

6C4D.0　分离性药物（包括氯胺酮或 PCP）单次有害性使用　是

6C4D.1　分离性药物（包括氯胺酮或 PCP）有害性使用模式　否

6C4D.10　分离性药物（包括氯胺酮或 PCP）有害性使用模式，间断性　是

6C4D.11　分离性药物（包括氯胺酮或 PCP）有害性模式，持续性　是

6C4D.1Z　分离性药物（包括氯胺酮或 PCP）有害性模式，未特指的　是

6C4D.2　分离性药物（包括氯胺酮或 PCP）依赖　否

6C4D.20　分离性药物（包括氯胺酮或 PCP）依赖，目前使用　是

6C4D.21　分离性药物（包括氯胺酮或 PCP）依赖，早期完全缓解　是

6C4D.22　分离性药物（包括氯胺酮或 PCP）依赖，持续部分缓解　是

6C4D.23　分离性药物（包括氯胺酮或 PCP）依赖，持续完全缓解　是

6C4D.2Z　分离性药物（包括氯胺酮或 PCP）依赖，未特指的　是

6C4D.3　分离性药物（包括氯胺酮或 PCP）中毒　是

6C4D.4　分离性药物（包括氯胺酮或 PCP）所致谵妄　是

6C4D.5　分离性药物（包括氯胺酮或 PCP）所致精神病性障碍　是

6C4D.6　其他分离性药物（包括氯胺酮和苯环利定［PCP］）所致障碍　否

6C4D.60　分离性药物（包括氯胺酮或 PCP）所致心境障碍　是

6C4D.61　分离性药物（包括氯胺酮或 PCP）所致焦虑障碍　是

6C4D.Y　其他特指的分离性药物（包括氯胺酮和苯环利定［PCP］）使用所致障碍　是

6C4D.Z　分离性药物（包括氯胺酮和苯环利定［PCP］）使用所致障碍，未特指的　是

6C4E　其他特定的精神活性物质（包括治疗药物）使用所致障碍　否

6C4E.0　其他特定的精神活性物质单次有害性使用　是

6C4E.1　其他特定的精神活性物质有害性使用模式　否

6C4E.10　其他特定的精神活性物质有害性使用模式，间断性　是

6C4E.11　其他特定的精神活性物质有害性使用模式，持续性　是

6C4E.1Z　其他特定的精神活性物质有害性使用模式，未特指的　是

6C4E.2　其他特指的精神活性物质依赖　否

6C4E.20　其他特指的精神活性物质依赖，目前使用　是

6C4E.21　其他特指的精神活性物质依赖，早期完全缓解　是

6C4E.22　其他特指的精神活性物质依赖，持续部分缓解　是

6C4E.23　其他特指的精神活性物质依赖，持续完全缓解　是

6C4E.2Z　其他特指的精神活性物质依赖，未特指的　是

6C4E.3　其他特指的精神活性物质中毒　是

6C4E.4　其他特指的精神活性物质戒断　否

6C4E.40　其他特指的精神活性物质戒断，无并发症　是

6C4E.41　其他特指的精神活性物质戒断，伴知觉紊乱　是

6C4E.42　其他特指的精神活性物质戒断，伴抽搐　是

6C4E.43　其他特指的精神活性物质戒断，伴知觉紊乱和抽搐　是

6C4E.4Z　其他特指的精神活性物质戒断，未特指的　是

6C4E.5　其他特定的精神活性物质（包括治疗药物）所致谵妄　是

6C4E.6　其他特定的精神活性物质所致精神病性障碍　是

6C4E.7　其他特指的精神活性物质所致障碍　否

6C4E.70　其他特定的精神活性物质所致心境障碍　是

6C4E.71　其他特定的精神活性物质所致焦虑障碍　是

6C4E.72　其他特定的精神活性物质所致强迫或相关障碍　是

6C4E.73　其他特定的精神活性物质所致冲动控制障碍　是

6C4E.Y　其他特定的精神活性物质（包括治疗药物）使用所致其他特指的障碍　是

6C4E.Z　其他特定的精神活性物质（包括治疗药物）使用所致障碍，未特指的　是

6C4F　多种特定的精神活性物质（包括治疗药物）使用所致障碍　否

6C4F.0　多种特定的精神活性物质单次有害性使用　是

6C4F.1　多种特定的精神活性物质有害性使用模式　否

6C4F.10　多种特定的精神活性物质有害性使用模式，间断性　是

6C4F.11　多种特定的精神活性物质有害性使用模式，持续性　是

6C4F.1Z　多种特定的精神活性物质有害性使用模式，未特指的　是

6C4F.2　多种特定的精神活性物质依赖　否

6C4F.20　多种特定的精神活性物质依赖，目前使用　是

6C4F.21　多种特定的精神活性物质依赖，早期完全缓解　是

6C4F.22　多种特定的精神活性物质依赖，持续部分缓解　是

6C4F.23　多种特定的精神活性物质依赖，持续完全缓解　是

6C4F.2Z　多种特定的精神活性物质依赖，未特指的　是

6C4F.3　多种特定的精神活性物质所致中毒　是

6C4F.4　多种特定的精神活性物质戒断　否

6C4F.40　多种特定的精神活性物质戒断，无并发症　是

6C4F.41　多种特定的精神活性物质戒断，伴知觉紊乱　是

6C4F.42　多种特定的精神活性物质戒断，伴抽搐　是

6C4F.43　多种特定的精神活性物质戒断，伴知觉紊乱和抽搐　是

6C4F.4Y　其他特指的多种特定的精神活性物质戒断　是

6C4F.4Z　多种特定的精神活性物质戒断，未特指的　是

6C4F.5 多种特定的精神活性物质（包括治疗药物）所致谵妄 是

6C4F.6 多种特定的精神活性物质所致精神病性障碍 是

6C4F.7 多种特定的精神活性物质所致其他障碍 否

6C4F.70 多种特定的精神活性物质所致心境障碍 是

6C4F.71 多种特定的精神活性物质所致焦虑障碍 是

6C4F.72 多种特定的精神活性物质所致强迫或相关障碍 是

6C4F.73 多种特定的精神活性物质所致冲动控制综合征 是

6C4F.Y 多种特定的精神活性物质（包括治疗药物）使用所致其他特指的障碍 是

6C4F.Z 多种特定的精神活性物质（包括治疗药物）使用所致障碍，未特指的 是

6C4G 未知或未特定精神活性物质使用所致障碍 否

6C4G.0 未知或未特定精神活性物质单次有害性使用 是

6C4G.1 未知或未特定精神活性物质有害性使用模式 否

6C4G.10 未知或未特定精神活性物质有害性使用模式，间断性 是

6C4G.11 未知或未特定精神活性物质有害性使用模式，持续性 是

6C4G.1Z 未知或未特定精神活性物质有害性使用模式，未特指的 是

6C4G.2 未知或未特定精神活性物质依赖 否

6C4G.20 未知或未特定精神活性物质依赖，目前使用 是

6C4G.21 未知或未特定精神活性物质依赖，早期完全缓解 是

6C4G.22 未知或未特定精神活性物质依赖，持续部分缓解 是

6C4G.23 未知或未特定精神活性物质依赖，持续完全缓解 是

6C4G.2Z 未知或未特定的精神活性物质依赖，物质和缓解期未特指 是

6C4G.3 未知或未特定精神活性物质所致中毒 是

6C4G.4 未知或未特定精神活性物质所致戒断 否

6C4G.40 未知或未特定精神活性物质所致戒断，无并发症 是

6C4G.41 未知或未特定精神活性物质所致戒断，伴知觉紊乱 是

6C4G.42 未知或未特定精神活性物质所致戒断，伴抽搐 是

6C4G.43 未知或未特定精神活性物质所致戒断，伴知觉紊乱和抽搐 是

6C4G.4Z 未知或未特定精神活性物质所致戒断，未特指的 是

6C4G.5 未知或未特定精神活性物质所致谵妄 是

6C4G.6 未知或未特定精神活性物质所致精神病性障碍 是

6C4G.7 其他未知或未特定精神活性物质所致障碍 否

6C4G.70 未知或未特定精神活性物质所致心境障碍 是

6C4G.71 未知或未特定精神活性物质所致焦虑障碍 是

6C4G.72 未知或未特定精神活性物质所致强迫或相关障碍 是

6C4G.73 未知或未特定精神活性物质所致冲动控制障碍 是

6C4G.Y　未知或未特定精神活性物质使用所致其他特指的障碍　是
6C4G.Z　未知或未特定精神活性物质使用所致障碍，未特指的　是
6C4H　非精神活性物质使用所致障碍　否
6C4H.0　非精神活性物质单次有害性使用　是
6C4H.1　非精神活性物质有害性使用模式　否
6C4H.10　非精神活性物质有害性使用模式，间断性　是
6C4H.11　非精神活性物质有害性使用模式，持续性　是
6C4H.1Z　非精神活性物质有害性使用模式，未特指的　是
6C4H.Y　其他特指的非精神活性物质使用所致障碍　是
6C4H.Z　非精神活性物质使用所致障碍，未特指的　是
6C4Y　其他特指的物质使用所致障碍　是
6C4Z　物质使用所致障碍，未特指的　是
L2-6C5　成瘾行为所致障碍　否
6C50　赌博障碍　否
6C50.0　赌博障碍，线下为主　是
6C50.1　赌博障碍，线上为主　是
6C50.Z　赌博障碍，未特指的　是
6C51　游戏障碍　否
6C51.0　游戏障碍，线上为主　是
6C51.1　游戏障碍，线下为主　是
6C51.Z　游戏障碍，未特指的　是
6C5Y　其他特指的成瘾行为所致障碍　是
6C5Z　成瘾行为所致障碍，未特指的　是
L1-6C7　冲动控制障碍　否
6C70　纵火狂　是
6C71　偷窃狂　是
6C72　强迫性性行为障碍　是
6C73　间歇性暴怒障碍　是
6C7Y　其他特指的冲动控制障碍　是
6C7Z　冲动控制障碍，未特指的　是
L1-6C9　破坏性行为或社交紊乱型障碍　否
6C90　对立违抗障碍　否
6C90.0　对立违抗障碍，伴慢性易激惹—愤怒　否
6C90.00　亲社会情感受限的对立违抗障碍，伴慢性易激惹—愤怒　是
6C90.01　典型亲社会情感的对立违抗障碍，伴慢性易激惹—愤怒　是
6C90.0Z　对立违抗障碍，伴慢性易激惹—愤怒，未特指的　是
6C90.1　对立违抗障碍，不伴慢性易激惹—愤怒　否

6C90.10　亲社会情感受限的对立违抗障碍，不伴慢性易激惹—愤怒　是
6C90.11　典型亲社会情感的对立违抗障碍，不伴慢性易激惹—愤怒　是
6C90.1Z　对立违抗障碍，不伴慢性易激惹—愤怒，未特指的　是
6C90.Z　对立违抗障碍，未特指的　是
6C91　反社会品行障碍　否
6C91.0　反社会品行障碍，童年起病　否
6C91.00　亲社会情感受限的反社会品行障碍，童年起病　是
6C91.01　典型亲社会情感的对立违抗障碍，童年起病　是
6C91.0Z　反社会品行障碍，童年起病，未特指的　是
6C91.1　反社会品行障碍，成年起病　否
6C91.10　亲社会情感受限的反社会品行障碍，成年起病　是
6C91.11　典型亲社会情感的对立违抗障碍，成年起病　是
6C91.1Y　其他特指的反社会品行障碍，成年起病　是
6C91.Z　反社会品行障碍，未特指的　是
6C9Y　其他特指的破坏性行为或反社会型障碍　是
6C9Z　破坏性行为或反社会型障碍，未特指的　是
L1-6D1　人格障碍及相关人格特质　否
6D10　人格障碍　否
6D10.0　轻度人格障碍　是
6D10.1　中度人格障碍　是
6D10.2　重度人格障碍　是
6D10.Z　人格障碍，未特指严重程度　是
6D11　突出的人格特征或模式　否
6D11.0　人格障碍或人格困难中突出的负性情感特征　是
6D11.1　人格障碍或人格困难中突出的分离特征　是
6D11.2　人格障碍或人格困难中突出的社交紊乱特征　是
6D11.3　人格障碍或人格困难中突出的脱抑制特征　是
6D11.4　人格障碍或人格困难中突出的强迫性特征　是
6D11.5　边缘型模式　是
L1-6D3　性欲倒错障碍　否
6D30　露阴障碍　是
6D31　窥阴障碍　是
6D32　恋童障碍　是
6D33　强制性性施虐障碍　是
6D34　摩擦癖　是
6D35　涉及非自愿对象的其他性欲倒错障碍　是
6D36　涉及自身或自愿对象的性欲倒错障碍　是

6D3Z　性欲倒错障碍，未特指的　是
L1-6D5　做作性障碍　否
6D50　对自身的做作性障碍　是
6D51　对他人的做作性障碍　是
6D5Z　做作性障碍，未特指的　是
L1-6D7　神经认知障碍　否
6D70　谵妄　否
6D70.0　分类于他处的疾病所致谵妄　是
6D70.1　精神活性物质（包括治疗药物）所致谵妄　是
6D70.2　多种病因所致谵妄　是
6D70.3　未知或未特定的病因所致谵妄　是
6D71　轻度神经认知障碍　是
6D72　遗忘障碍　否
6D72.0　分类于他处的疾病所致遗忘障碍　是
6D72.1　精神活性物质（包括治疗药物）所致遗忘障碍　否
6D72.10　酒精使用所致遗忘障碍　是
6D72.11　镇静、催眠或抗焦虑药物使用所致遗忘障碍　是
6D72.12　其他特定的精神活性物质（包括治疗药物）使用所致遗忘障碍　是
6D72.13　挥发性吸入剂使用所致遗忘障碍　是
6D72.2　未知或未特定的病因所致遗忘障碍　是
6D72.Y　其他特指的遗忘障碍　是
6D72.Z　遗忘障碍，未特指的　是
L2-6D8　痴呆　否
6D80　阿尔采末病所致痴呆　否
6D80.0　早发性阿尔采末病所致痴呆　是
6D80.1　晚发性阿尔采末病所致痴呆　是
6D80.2　混合性阿尔采末病痴呆，伴脑血管病　是
6D80.3　混合性阿尔采末病痴呆，伴非脑血管病　是
6D80.Z　阿尔采末病所致的痴呆，发病时间未知或未特指　是
6D81　血管性痴呆　是
6D82　路易体病所致痴呆　是
6D83　额颞痴呆　是
6D84　精神活性物质（包括治疗药物）所致痴呆　否
6D84.0　酒精使用所致痴呆　是
6D84.1　镇静、催眠或抗焦虑药物使用所致痴呆　是
6D84.2　挥发性吸入剂使用所致痴呆　是
6D84.Y　其他特定的精神活性物质所致痴呆　是

6D85 分类于他处的疾病所致痴呆 否

6D85.0 帕金森病所致痴呆 是

6D85.1 亨廷顿舞蹈病性痴呆 是

6D85.2 暴露于重金属或其他毒素所致痴呆 是

6D85.3 人类免疫缺陷病毒所致痴呆 是

6D85.4 多发性硬化所致痴呆 是

6D85.5 朊病毒病所致痴呆 是

6D85.6 正常压力脑积水所致痴呆 是

6D85.7 头部损伤所致痴呆 是

6D85.8 糙皮病所致痴呆 是

6D85.9 唐氏综合征所致痴呆 是

6D85.Y 其他特定分类在他处的疾病所致痴呆 是

6D86 痴呆中的精神或者行为紊乱 否

6D86.0 痴呆中的精神病性症状 是

6D86.1 痴呆中的心境症状 是

6D86.2 痴呆中的焦虑症状 是

6D86.3 痴呆中的情感淡漠 是

6D86.4 痴呆中的激越或攻击性 是

6D86.5 痴呆中的脱抑制 是

6D86.6 痴呆中的漫游 是

6D86.Y 其他特指的痴呆中的精神或者行为紊乱 是

6D86.Z 痴呆中的精神或者行为紊乱，未特指的 是

6D8Z 痴呆，原因未知或未特定 是

6E0Y 其他特指的神经认知障碍 是

6E0Z 神经认知障碍，未特指的 是

L1-6E2 与妊娠、分娩和产褥期有关的精神或行为障碍 否

6E20 与妊娠、分娩和产褥期相关精神或行为障碍，不伴精神病性症状 否

6E20.0 产后抑郁 NOS 是

6E20.Y 其他特指的与妊娠、分娩和产褥期相关精神或行为障碍，不伴精神病性症状 是

6E20.Z 与妊娠、分娩和产褥期相关精神或行为障碍，不伴精神病性症状，未特指的 是

6E21 与妊娠、分娩或产褥期相关精神或行为障碍，伴精神病性症状 是

6E2Z 与妊娠、分娩和产褥期相关精神或行为障碍，未特指的 是

6E40 心理或行为因素影响分类于他处的疾患或疾病 否

6E40.0 影响分类于他处的障碍或疾病的精神障碍 是

6E40.1 影响分类于他处的障碍或疾病的心理症状 是

6E40.2　影响分类于他处的障碍或疾病的人格特征或应对方式　是

6E40.3　影响分类于他处的障碍或疾病的适应不良健康行为　是

6E40.4　影响分类于他处的障碍或疾病的应激相关生理反应　是

6E40.Y　其他特指的心理或行为因素影响分类于他处的疾患或疾病　是

6E40.Z　心理或行为因素影响分类于他处的疾患或疾病，未特指的　是

L1-6E6　与分类于他处的障碍或疾病相关的继发性精神或者行为综合征　否

6E60　继发性神经发育综合征　否

6E60.0　继发性言语或语言综合征　是

6E60.Y　其他特指的继发性神经发育综合征　是

6E60.Z　继发性神经发育综合征，未特指的　是

6E61　继发性精神病性综合征　否

6E61.0　继发性精神病性综合征，伴幻觉　是

6E61.1　继发性精神病性综合征，伴妄想　是

6E61.2　继发性精神病性综合征，伴幻觉和妄想　是

6E61.3　继发性精神病性综合征，伴未特指症状　是

6E62　继发性心境障碍　否

6E62.0　继发性心境综合征，伴抑郁症状　是

6E62.1　继发性心境综合征，伴躁狂症状　是

6E62.2　继发性心境综合征，伴混合性症状　是

6E62.3　继发性心境综合征，伴未特指症状　是

6E63　继发性焦虑综合征　是

6E64　继发性强迫性或相关综合征　是

6E65　继发性分离综合征　是

6E66　继发性冲动控制综合征　是

6E67　继发性神经认知综合征　是

6E68　继发性人格改变　是

6E69　继发性紧张综合征　是

6E6Y　其他特指的继发性精神或行为综合征　是

6E6Z　继发性精神或行为综合征，未特指的　是

6E8Y　其他特指的精神、行为或神经发育障碍　是

6E8Z　精神、行为或神经发育障碍，未特指的　是

## 第 21 章　症状、体征或临床所见，不可归类在他处者　否

L1-MB2　精神或行为的症状、体征或临床所见　否

MB20　涉及意识的症状、体征或临床所见　否

MB20.0　木僵　是

MB20.1　昏迷　是

MB20.2　意识模糊　是

MB20.Y　其他特指的涉及意识的症状、体征或临床所见　是

MB21　涉及认知的症状、体征或临床所见　否

MB21.0　年龄相关性认知减退　是

MB21.1　健忘症　否

MB21.10　顺行性遗忘　是

MB21.11　逆行性遗忘　是

MB21.12　短暂性全面遗忘　是

MB21.1Z　健忘症，未特指的　是

MB21.2　疾病失认症　是

MB21.3　虚构　是

MB21.4　定向障碍　是

MB21.5　注意力分散　是

MB21.6　抽象思维受损　是

MB21.7　执行功能受损　是

MB21.8　判断力受损　是

MB21.9　重复症　是

MB21.A　注意力下降　是

MB21.B　思维奔逸　是

MB21.Y　其他特指的涉及认知的症状和体征　是

MB21.Z　涉及认知的症状和体征，未特指的　是

MB22　涉及动机或动力的症状或表现　否

MB22.0　意志缺乏　是

MB22.1　性欲减退　是

MB22.2　沮丧　是

MB22.3　绝望　是

MB22.4　精力增加　是

MB22.5　目标导向的活动增加　是

MB22.6　性欲增高　是

MB22.7　疲倦　是

MB22.Y　其他特指的涉及动机或动力的症状或表现　是

MB22.Z　涉及动机或者动力的症状或表现，未特指的　是

MB23　涉及外表或行为的症状或表现　否

MB23.0　攻击性行为　是

MB23.1　反社会行为　是

MB23.2　回避行为　是

MB23.3　思维迟钝　是

MB23.4　强迫　是
MB23.5　秽语症　是
MB23.6　瓦解行为　是
MB23.7　不修边幅　是
MB23.8　挑衅性行为　是
MB23.9　模仿言语　是
MB23.A　儿童、青少年或成人的过度哭闹　是
MB23.B　伪装的症状　是
MB23.C　社交活动增多　是
MB23.D　缄默症　是
MB23.E　非自杀性自伤　是
MB23.F　外表古怪或奇特　是
MB23.G　古怪或奇特行为　是
MB23.H　惊恐发作　是
MB23.J　个人卫生不良　是
MB23.K　言语贫乏　是
MB23.L　言语迫促　是
MB23.M　精神运动性激越　是
MB23.N　精神运动性迟滞　是
MB23.P　刻板症　是
MB23.Q　社交退缩　是
MB23.R　自杀企图　是
MB23.S　自杀行为　是
MB23.Y　其他特指的涉及外表或行为的症状或表现　是
MB23.Z　涉及外表或行为的症状或表现，未特指的　是
MB24　涉及心境或者情感的症状或表现　否
MB24.0　矛盾心理　是
MB24.1　愤怒　是
MB24.2　快感缺乏　是
MB24.3　焦虑　是
MB24.4　淡漠　是
MB24.5　抑郁心境　是
MB24.6　情感紊乱　否
MB24.60　情感受限　是
MB24.61　情感迟钝　是
MB24.62　情感平淡　是
MB24.63　情感不稳定　是

MB24.64　情感不恰当　是
MB24.6Y　其他特指的情感紊乱　是
MB24.6Z　情感紊乱，未特指的　是
MB24.7　烦躁　是
MB24.8　心境高涨　是
MB24.9　欣快　是
MB24.A　恐惧　是
MB24.B　内疚感　是
MB24.C　易激惹　是
MB24.D　铅样麻痹　是
MB24.E　思维反刍　是
MB24.F　不安　是
MB24.G　发怒　是
MB24.H　担忧　是
MB24.Y　其他特指的涉及情绪或情感的症状和表现　是
MB24.Z　涉及情绪或情感的症状和表现，未特指的　是
MB25　涉及思维方式的症状或表现　否
MB25.0　思维障碍的症状和表现　否
MB25.00　赘述　是
MB25.01　离题　是
MB25.02　思维紊乱　是
MB25.03　不连贯　是
MB25.0Y　其他特指的思维障碍的症状和表现　是
MB25.0Z　思维障碍的症状和表现，未特指的　是
MB25.1　思维奔逸　是
MB25.2　语词新作　是
MB25.3　思维中断　是
MB25.Y　其他特指的思维形式的症状和表现　是
MB25.Z　思维形式的症状和表现，未特指的　是
MB26　涉及思维内容的症状或表现　否
MB26.0　妄想　否
MB26.00　怪异的妄想　是
MB26.01　被控制妄想　是
MB26.02　自罪妄想　是
MB26.03　关系妄想　是
MB26.04　被钟情妄想　是
MB26.05　夸大妄想　是

MB26.06　嫉妒妄想　是
MB26.07　被害妄想　是
MB26.08　宗教妄想　是
MB26.09　躯体症状妄想　是
MB26.0A　虚无妄想　是
MB26.0B　身份错误认同妄想　是
MB26.0C　贫穷妄想　是
MB26.0Y　其他特指的妄想　是
MB26.0Z　妄想，未特指的　是
MB26.1　被影响、被动、被控制的体验　否
MB26.10　思维被广播　是
MB26.11　思维被插入　是
MB26.12　思维被剥夺　是
MB26.1Y　被影响、被动、被控制的体验，其他特指的　是
MB26.1Z　被影响、被动、被控制的体验，未特指的　是
MB26.2　夸大　是
MB26.3　杀人意念　是
MB26.4　认同紊乱　是
MB26.5　强迫思维　是
MB26.6　超价观念　是
MB26.7　偏执观念　是
MB26.8　牵连观念　是
MB26.9　多疑　是
MB26.A　自杀观念　是
MB26.Y　其他特指的涉及思维内容的症状或表现　是
MB26.Z　涉及思维内容的症状或体征，未特指的　是
MB27　涉及知觉紊乱的症状或体征　否
MB27.0　人格解体　是
MB27.1　现实解体　是
MB27.2　幻觉　否
MB27.20　听幻觉　是
MB27.21　味幻觉　是
MB27.22　醒前幻觉　是
MB27.23　入睡前幻觉　是
MB27.24　嗅幻觉　是
MB27.25　躯体幻觉　是
MB27.26　触幻觉　是

MB27.27　视幻觉　是
MB27.2Y　其他特指的幻觉　是
MB27.2Z　幻觉，未特指的　是
MB27.3　体象紊乱　是
MB27.4　错觉　是
MB27.Y　其他特指的知觉紊乱的症状和表现　是
MB27.Z　知觉紊乱的症状和表现，未特指的　是
MB28　人格特质相关症状或表现　否
MB28.0　寻求关注　是
MB28.1　冷漠　是
MB28.2　古怪　是
MB28.3　资格　是
MB28.4　敌意　是
MB28.5　冲动　是
MB28.6　犹豫不决　是
MB28.7　不负责任　是
MB28.8　耐受挫折能力下降　是
MB28.9　低自尊　是
MB28.A　负性情感　是
MB28.B　违拗　是
MB28.C　完美主义　是
MB28.D　悲观主义　是
MB28.E　鲁莽　是
MB28.F　寻求感官刺激　是
MB28.G　固执　是
MB28.H　服从　是
MB28.Y　其他特指的人格特质相关症状和表现　是
MB28.Z　人格特质相关症状和表现，未特指的　是
MB29　涉及进食及其相关行为的症状和表现　否
MB29.0　回避或者限制进食　是
MB29.1　暴食　是
MB29.2　摄食非营养性物质　是
MB29.3　清除行为　是
MB29.4　反刍—反流　是
MB29.Y　其他涉及饮食及相关行为的症状和表现　是
MB29.Z　涉及饮食及相关行为的症状或表现，未特指的　是
MB2A　涉及排泄的症状或表现　否

MB2A.0　遗粪　是

MB2A.1　遗尿　是

MB2A.Y　其他特指的涉及排泄物的症状和表现　是

MB2A.Z　涉及排泄物的症状和表现，未特指的　是

MB2Y　其他特指的精神或行为的症状、体征或临床所见　是

## 第 26 章　传统医学病证—模块 1　否

L2-SD8　精神情志病类（TM1）　否

SD80　百合病（TM1）　是

SD81　躁病（TM1）　是

SD82　郁证（TM1）　是

SD83　脏躁（TM1）　是

SD84　不寐（TM1）　是

SD85　多寐（TM1）　是

SD86　痴呆（TM1）　是

SD87　火病（TM1）　是

SD8Y　其他特指的精神情志病类（TM1）　是

SD8Z　未特指的精神情志病类（TM1）　是

# 参考文献

## 一、著作及译著类


1.〔俄〕鲍·季·格里戈里扬：《关于人的本质的哲学》，汤侠声等译，生活·读书·新知三联书店 1984 年版。

2. 卜范城、陈俊丽：《关于司法鉴定管理问题的决定理解与适用》，中国法制出版社 2005 年版。

3. 陈卫东等：《司法精神病鉴定刑事立法与实务改革研究》，中国法制出版社 2011 年版。

4. 陈兴良：《刑法哲学（修订三版）》，中国政法大学出版社 1997 年版。

5. 陈兴良：《刑法的人性基础（第三版）》，中国人民大学出版社 2006 年版。

6. 戴庆康：《权利秩序的伦理正当性：以精神病人权利及其立法为例证》，中国社会科学出版社 2007 年版。

7. 杜志淳等：《司法鉴定法立法研究》，法律出版社 2011 年版。

8.〔意〕恩里科·菲利：《犯罪社会学》，郭建安译，商务印书馆 2017 年版。

9. 冯军：《刑事责任论》，法律出版社 1996 年版。

10. 冯军：《刑事责任论（修订版）》，社会科学文献出版社 2017 年版。

11. 高北陵主编：《现代司法精神医学兼论与伦理学相关问题》，北京大学出版社 2018 年版。

12.〔英〕格尔德、梅奥、考恩：《牛津精神病学教科书（中文版）》，刘协和等译，四川大学出版社 2004 年版。

13. 郭华：《鉴定结论论》，中国人民公安大学出版社 2007 年版。

14. 郭华：《鉴定意见证明论》，人民法院出版社 2008 年版。

15. 何恬：《重构司法精神医学：法律能力与精神损伤的鉴定》，法律出版社 2008 年版。

16. 何裕民：《中国传统精神病理学》，上海科学普及出版社 1995 年版。

17. 黄丁全：《刑事责任能力研究》，中国方正出版社 2000 年版。

18. 黄丁全：《刑事责任能力的构造与判断》，法律出版社 2010 年版。

19. 黄京平：《限制刑事责任能力研究》，中国政法大学出版社 1998 年版。

20. 黄丽勤：《精神障碍者刑事责任能力研究》，中国人民公安大学出版社 2009 年版。

21. 黄维智：《鉴定证据制度研究》，中国检察出版社 2006 年版。

22. 霍宪丹等：《中国司法鉴定制度改革与发展范式研究》，法律出版社 2011 年版。

23. 纪术茂：《精神疾病与法律》，法律出版社 1984 年版。

24. 贾静涛：《世界法医学与法科学史》，科学出版社 2000 年版。

25. 蒋丽华：《刑事鉴定质量控制法律制度研究》，中国检察出版社 2007 年版。

26. 李从培：《司法精神病学鉴定的实践与理论》，北京医科大学出版社 2000 年版。

27. 李玉华、杨军生：《司法鉴定的诉讼化》，中国人民公安大学出版社 2006 年版。

28. 林秉贤：《犯罪心理学纲要》，中国科学技术出版社 2001 年版。

29. 林秉贤等主编：《罪犯改造与心理矫正（上、下）》，吉林人民出版社 2003 年版。

30. 林宪：《文化与精神病理》，水牛出版社 1979 年版。

31. 刘白驹：《精神障碍与犯罪（上、下）》，社会科学文献出版 2000 年版。

32. 刘白驹：《性犯罪：精神病理与控制》，社会科学文献出版 2018 年版。

33. 刘建清：《犯罪动机与人格》，中国政法大学出版社 2009 年版。

34. 刘正峰、周新国：《邪教的法律治理》，社会科学文献出版社 2012 年版。

35. 马克昌主编：《犯罪通论》，武汉大学出版社 2010 年版。

36. 马克昌：《比较刑法原理——外国刑法学总论》，武汉大学出版社 2012 年版。

37. 美国精神医学学会：《理解精神障碍：你的 DSM-5 指南》，夏雅俐等译，北京大学出版社 2016 年版。

38. 〔法〕米歇尔·福柯：《疯癫与文明》，刘北成、杨远婴译，生活·读书·新知三联书店 2003 年版。

39. 邱国梁：《犯罪动机论》，法律出版社 1988 年版。

40. 邱仁宗等：《病人的权利》，北京医科大学、中国协和医科大学联合出版社 1996 年版。

41. 孙大明：《刑事责任能力评定研究》，法律出版社 2013 年版。

42. 孙业群：《司法鉴定制度改革研究》，法律出版社 2002 年版。

43. 王晨：《刑事责任的一般理论》，武汉大学出版社 1998 年版。

44. 王敏远、郭华：《司法鉴定与司法公正研究》，知识产权出版社 2009 年版。

45. 〔日〕西原春夫：《犯罪实行行为论》，戴波、江溯译，北京大学出版社 2006 年版。

46. 徐卉等：《司法鉴定与诉讼公正》，中国政法大学出版社 2018 年版。

47. 徐文宗：《论刑法的原因自由行为》，北京大学出版社 2006 年版。

48. 许又新：《精神病理学——精神症状的分析》，湖南科学技术出版社 1998 年版。

49. 许又新：《许又新文集》，北京大学医学出版社 2007 年版。

50. 〔美〕亚伦·T. 贝克等主编：《人格障碍的认知行为疗法》，王建平等译，人民邮电出版社 2018 年版。

51. 杨士隆：《暴力与精神病（第二版）》，五南图书出版有限公司 2008 年版。

52. 杨兴培：《刑法新理念》，上海交通大学出版社 2000 年版。

53. 张爱艳：《精神障碍者刑事责任能力的判定》，中国人民公安大学出版社 2011 年版。

54. 张华：《司法鉴定若干问题实务研究》，知识产权出版社 2009 年版。

55. 张丽卿：《司法精神医学：刑事法学与精神医学之整合》，中国检察出版社 2016 年版。

56. 张明楷：《刑事责任论》，中国政法大学出版社 1992 年版。

57. 张明楷：《刑法的基本立场》，中国法制出版社 2002 年版。

58. 张明楷：《刑法学（第五版）》，法律出版社 2016 年版。

59. 张明楷：《外国刑法纲要（第三版）》，法律出版社 2020 年版。

60. 张文等：《刑事责任要义》，北京大学出版社 1997 年版。

61. 张智辉：《刑事责任通论》，警官教育出版社 1995 年版。

62. 赵秉志：《犯罪主体论》，中国人民大学出版社 1989 年版。

63. 赵子琴主编：《法医病理学（第 4 版）》，人民卫生出版社 2009 年版。

64. 郑瞻培：《司法精神病学鉴定实践》，知识产权出版社 2017 年版。

65. 〔日〕中田修：《犯罪心理学》，水牛出版社 1982 年版。

66. 〔日〕中田修：《犯罪与精神医学》，吕荣泰编译，台北开朗出版社 1985 年版。

67. 朱富美：《科学鉴定与刑事侦查》，中国民主法制出版社 2006 年版。

68. 邹明理：《侦查与鉴定热点问题研究》，中国检察出版社 2004 年版。

## 二、编著类

1. 北京大学法学百科全书编委会编：《北京大学法学百科全书：民事诉讼法学 刑事诉讼法学 行政诉讼法学 司法鉴定学 刑事侦查学》，北京大学出版社 2001 年版。

2. 蔡晋主编：《刑事侦查与司法鉴定》，知识出版社 1982 年版。

3. 常林主编：《司法鉴定案例研究》，中国人民公安大学出版社 2008 年版。

4. 陈彦方主编：《CCMD-3 相关精神障碍的治疗与护理》，山东科学技术出版社 2001 年版。

5. 杜志淳、霍宪丹编著：《中国司法鉴定制度研究》，中国法制出版社 2002 年版。

6. 杜志淳主编：《司法鉴定论丛Ⅰ》，北京大学出版社 2009 年版。

7. 杜志淳主编：《司法鉴定概论（第三版）》，法律出版社 2018 年版。

8. 法律出版社法规中心编：《司法鉴定办案必携》，法律出版社 2005 年版。

9. 樊崇义主编：《司法鉴定法律知识导读》，法律出版社 2001 年版。

10. 高铭暄主编：《刑法专论（上下编）》，高等教育出版社 2002 年版。

11. 郝伟、陆林主编：《精神病学（第 8 版）》，人民卫生出版社 2018 年版。

12. 何伋等主编：《神经精神病学辞典》，中国中医药出版社 1998 年版。

13. 何家弘主编：《司法鉴定导论》，法律出版社 2000 年版。

14. 胡泽卿主编：《法医精神病学（第 4 版）》，人民卫生出版社 2016 年版。

15. 霍宪丹主编：《司法鉴定通论》，法律出版社 2009 年版。

16. 纪术茂、高北陵、张小宁主编：《中国精神障碍者刑事责任能力评定与司法审判实务指南》，法律出版社 2012 年版。

17. 贾福军、郭光全、蔡伟雄主编：《精神疾病司法鉴定——刑事篇》，人民卫生出版社 2015 年版。

18. 贾少微主编《精神活性物质依赖》，人民卫生出版社 2013 年版。

19. 金光正主编：《司法鉴定学》，中国政法大学出版社 2001 年版。

20. 金卫东等主编：《精神免疫学》，中国医药科技出版社 1997 年版。

21. 李方敏编著：《精神病患者劳动能力鉴定》，西泠印社出版社 2005 年版。

22. 李晓钟编著：《最新司法鉴定法律条文理解与适用》，中国检察出版社 2006 年版。

23. 林准主编：《精神疾病患者刑事责任能力和医疗监护措施》，人民法院出版社 1996 年版。

24. 刘技辉主编：《法医临床学（第 5 版）》，人民卫生出版社 2016 年版。

25. 刘家琛主编：《司法鉴定理论与实务》，人民法院出版社 2002 年版。

26. 刘勉、王一博主编：《精神分裂症（第 6 版）》，中国医药科技出版社 2019 年版。

27. 刘协和主编：《法医精神病学（第 2 版）》，人民卫生出版社 2004 年版。

28. 陆林主编：《沈渔邨精神病学（第 6 版）》，人民卫生出版社 2018 年版。

29. 马克昌主编：《刑罚通论》，武汉大学出版社 2015 年版。

30. 马克昌主编：《近代西方刑法学说史》，中国人民公安大学出版 2016 年版。

31. 马世民主编：《精神疾病的司法鉴定》，上海医科大学出版社 1998 年版。

32. 马原主编：《司法鉴定法律分解适用集成》，人民法院出版社 2006 年版。

33. 慕庆平等编著：《精神障碍与犯罪》，青岛海洋大学出版社 1992 年版。

34. 全国人大常委会法制工作委员会刑法室编：《全国人民代表大会常务委员会关于司法鉴定管

理问题的决定释义》，法律出版社 2005 年版。

35. 沈敏等编著：《司法鉴定机构质量管理与认证认可指南》，科学出版社 2009 年版。

36. 施红辉等主编：《毒品成瘾矫治概论》，科学出版社 2009 年版。

37. 司法部法规教育司编：《司法鉴定立法研究》，法律出版社 2002 年版。

38. 司法部法规教育司编：《司法鉴定研究文集（第 1 辑）》，法律出版社 2001 年版。

39. 司法部司法鉴定管理局编：《两大法系司法鉴定制度的观察与借鉴》，中国政法大学出版社 2008 年版。

40. 苏惠渔主编：《刑法学》，中国政法大学出版社 1994 年版。

41. 孙东东编：《精神病人的法律能力》，现代出版社 1992 年版。

42. 王声湧等主编：《暴力流行病学》，人民卫生出版社 2010 年版。

43. 翁永振主编：《精神障碍典型病例分析》，科学技术文献出版社 2003 年版。

44. 吴军等主编：《司法鉴定常规与技术操作规程》，上海科技教育出版社 1998 年版。

45. 萧榕主编：《世界著名法典选编（刑法卷）》，中国民主法制出版社 1998 年版。

46. 谢斌等编著：《人格障碍与冲动控制障碍》，人民卫生出版社 2012 年版。

47. 徐景和编著：《司法鉴定制度改革探索》，中国检察出版社 2006 年版。

48. 徐静主编：《精神医学》，水牛出版社 1971 年版。

49. 颜志伟等主编：《司法鉴定学》，中国检察出版社 1998 年版。

50. 杨德森主编：《中国精神疾病案例集》，湖南科学技术出版社 1999 年版。

51. 杨向东主编：《偏离常轨的行为：解读人格障碍》，陕西科学技术出版社 2012 年版。

52. 姚芳传主编：《情感性精神障碍》，湖南科学技术出版社 1998 年版。

53. 叶青主编：《刑事诉讼法学》，上海人民出版社 2004 年版。

54. 余发春、伍力主编：《实用临床精神检查手册》，云南大学出版社 2015 年版。

55. 袁尚贤等编著：《法医精神损伤学》，华中科技大出版社 2005 年版。

56. 张军主编：《中国司法鉴定制度改革与完善研究》，中国政法大学出版社 2008 年版。

57. 张世琦等主编：《中国公民法律咨询全书（第十册）》，吉林人民出版社 2002 年版。

58. 张小宁、石美森编著：《司法精神病学》，中国政法大学出版社 2020 年版。

59. 郑瞻培、汤涛、管唯主编：《司法精神鉴定的难点与文书》，上海科学技术出版社 2009 年版。

60. 郑瞻培主编：《精神疾病司法鉴定实务》，法律出版社 2009 年版。

61. 中国社会科学院社会学研究所主编：《青少年犯罪心理学》，上海人民出版社 1985 年版。

62. 周伟编著：《司法鉴定实用知识解答》，中国检察出版社 2007 年版。

63. 周长军、王胜科主编：《恢复性正义的实现：恢复性司法的理论维度与本土实践》，山东人民出版社 2010 年版。

64. 邹明理主编：《司法鉴定教程》，法律出版社 1995 年版。

65. 邹明理主编：《司法鉴定》，法律出版社 2000 年版。

66. 邹明理主编：《我国现行司法鉴定制度研究》，法律出版社 2001 年版。

67. 邹明理主编：《司法鉴定法律精要与依据指引》，人民出版社 2005 年版。

## 三、学术论文类

1. 蔡德明、丁万涛、刘波：《癫痫所致精神障碍患者凶杀行为分析》，载《中国民康医学杂志》2004 年第 8 期。

2. 蔡伟雄、黄富银、汤涛等：《精神病人刑事责任能力影响因素研究》，载《法医学杂志》2002

年第 4 期。

3. 蔡伟雄：《毒品所致精神障碍者刑事责任能力评定问题探讨》，载《中国司法鉴定》2006 年第 5 期。

4. 蔡伟雄等：《精神病患者限定责任能力评定分级依据的研究》，载《法医学杂志》2004 年第 3 期。

5. 曹家玉：《癔症性精神障碍与癫痫性精神障碍临床及脑电图对照分析》，载《现代电生理学杂志》2004 年第 3 期。

6. 陈兴良：《刑事责任能力研究》，载《浙江社会科学》1999 年第 6 期。

7. 褚剑鸿：《论原因之自由行为》，载《法令月刊》1993 年第 8 期。

8. 郭光全、贾福军、许明智等：《凶杀案件主体责任能力评定影响因素分析》，载《中国法医学杂志》2006 年第 3 期。

9. 郭沛彩：《122 例精神病患者凶杀案司法鉴定结果分析》，载《山东精神医学》2005 年第 2 期。

10. 韩臣柏、王菊芬、翟书涛等：《精神分裂症患者凶杀行为的犯罪学特征对照研究》，载《中华精神科杂志》1997 年第 1 期。

11. 何庆仁：《原因自由行为理论的困境与诠释》，载《中国刑事法杂志》2002 年第 2 期。

12. 何恬：《精神障碍吸毒者刑事责任能力研究》，载《法律与医学杂志》2006 年第 2 期。

13. 胡泽卿、刘协和：《刑事责任能力鉴定的资料来源及其影响因素分析》，载《中国法医学杂志》1999 年第 3 期。

14. 胡泽卿、刘协和：《精神疾病司法鉴定（二）精神病违法者的刑事责任能力与犯罪特征》，载《临床精神医学杂志》2000 年第 1 期。

15. 胡泽卿：《伪装精神障碍及其识别》，载《法律与医学杂志》2000 年第 3 期。

16. 贾谊诚、李玉珊：《对抑郁症患者违法行为责任能力的评定》，载《四川精神卫生》1997 年第 3 期。

17. 贾谊诚：《警惕抑郁症诊断扩大化》，载《上海精神医学》2002 年第 2 期。

18. 江明君、顾艳、于晓东等：《抑郁症和躁狂症患者违法行为的犯罪学特征及对照分析》，载《上海精神医学》2006 年第 Z1 期。

19. 寇振芬、孙付根：《精神病人凶杀案的作案特征与责任能力的比较研究》，载《中国健康心理学杂志》2005 年第 4 期。

20. 李文华：《294 例凶杀案司法精神医学鉴定》，载《临床心身疾病杂志》2005 年第 4 期。

21. 李志军：《吸毒成瘾的行为主义分析及其对策研究》，载《南方论刊》2007 年第 11 期。

22. 林勇、张东军等：《癫痫所致精神障碍患者的犯罪学特征研究》，载《法律与医学杂志》2006 年第 3 期。

23. 刘士心：《论中国刑法中的原因自由行为——兼论新〈刑法〉第 18 条的完善》，载《河北法学》2000 年第 2 期。

24. 刘小林、刘军训、江学锋等：《精神病患者性防卫能力司法鉴定的若干问题》，载《临床精神医学杂志》2006 年第 1 期。

25. 马克昌：《责任能力比较研究》，载《现代法学》2001 年第 3 期。

26. 马世民、杜钟祥、张学芳：《女性精神发育迟滞患者与正常人性被害心理对比分析》，载《中国心理卫生杂志》1994 年第 6 期。

27. 梅松丽、张明、刘莉：《成瘾行为的心理学分析》，载《医学与社会》2006 年第 10 期。

28. 欧阳筠淋：《191 例暴力犯罪司法精神医学鉴定案例分析》，载《中国司法鉴定》2003 年第 4

期。

29. 邵阳、谢斌、蔡伟雄等：《精神分裂症症状与暴力作案特征分析》，载《临床精神医学杂志》2006年第5期。

30. 石光、崔泽、栗克清等：《中国精神卫生服务投放研究（一）》，载《上海精神医学》2003年第5期。

31. 宋建成、吉中孚、徐宏平等：《精神病司法鉴定1389例分析》，载《神经疾病与精神卫生》2004年第3期。

32. 谈成文、郑瞻培：《性自我防卫能力司法鉴定的现状与问题》，载《临床精神医学杂志》1998年第3期。

33. 汪志良：《论原因自由行为与相关精神疾病的司法精神医学鉴定》，载《上海精神医学》2007年第4期。

34. 王充：《日本刑法中的原因自由行为理论》，载《法商研究》2004年第2期。

35. 王槐经：《对抑郁症的辨认与控制障碍的探讨》，载《临床精神医学杂志》1998年第2期。

36. 王健：《有关毒品所致精神障碍的鉴定问题》，载《上海精神医学》2006年第B12期。

37. 王小平、蔡伟雄、蒋少艾：《精神分裂症患者责任能力相关因素分析》，载《中国临床心理学杂志》2003年第3期。

38. 王跃、李秀荣、高自萍等：《影响精神发育迟滞女患者性自卫能力评定的非智力因素分析》，载《中国神经精神疾病杂志》2005年第4期。

39. 魏海燕、曹威、陈丽彬等：《精神病患者凶杀行为特征及与责任能力相关性的研究》，载《中国神经精神疾病杂志》2006年第2期。

40. 吴鉴明：《精神病人凶杀案的作案特征与刑事责任能力问题》，载《中国法医学杂志》2001年第3期。

41. 谢斌、郑瞻培、黄继忠等：《精神发育迟滞者性自卫能力评定的量化研究》，载《上海精神医学》1998年第1期。

42. 许昌麟：《对精神疾病司法鉴定中几个问题的商榷》，载《上海精神医学》1999年第B11期。

43. 颜志伟：《论精神分裂症患者涉案责任能力的鉴定》，载《中国实用神经疾病杂志》2004年第1期。

44. 杨德森：《诈病》，载《神经疾病与精神卫生》2003年第6期。

45. 杨加明、杨小兰：《刑事责任能力新论》，载《河北法学》2004年第6期。

46. 杨晓敏、马金芸、郑瞻培：《精神活性物质所致精神障碍及刑事责任能力评定问题》，载《上海精神医学》2007年第6期。

47. 于平华、王槐经、陈益民：《对抑郁症患者曲线自杀责任能力的评定》，载《临床精神医学杂志》1999年第2期。

48. 张明岛、张明园、谢斌：《〈上海市精神卫生条例〉的制定背景和内容释析》，载《上海精神医学》2002年第1期。

49. 张明楷：《外国刑法中的原因自由行为》，载《河北法学》1991年第5期。

50. 张明楷：《刑事责任能力若干问题的探讨》，载《法商研究》1994年第1期。

51. 郑继旺：《海洛因成瘾和海洛因成瘾者的治疗》，载《生物学通报》1998年第3期。

52. 郑瞻培、王士清：《精神发育迟滞司法精神鉴定的现状》，载《上海精神医学》1995年第2期。

53. 郑瞻培、王士清：《精神发育迟滞在司法精神鉴定中争论问题的探讨》，载《中华神经精神科杂志》1995 年第 5 期。

54. 郑瞻培：《关于司法精神病学鉴定中行为控制能力的概念与判断》，载《中国神经精神疾病杂志》1991 年第 5 期。

55. 钟杏圣：《抑郁症的法定能力评定问题》，载《中华精神科杂志》2002 年第 1 期。

## 四、文集类

1.《第六届全国司法精神病学学术会议论文集》，1999 年。

2.《第七届全国司法精神病学学术会议论文集》，2001 年。

3.《第八届全国司法精神病学学术会议论文集》，2003 年。

4.《第九届全国司法精神病学学术会议论文集》，2005 年。

5.《第十届全国司法精神病学学术会议论文集》，2007 年。

6.《第十一届全国司法精神病学学术会议论文集》，2009 年。

7.《第十二届全国司法精神病学学术会议论文集》，2011 年。

## 五、法律、法规类

1.《CCMD-3 中国精神障碍分类与诊断标准（第三版）》，山东科学技术出版社 2001 年版。

2.《ICD-10 精神与行为障碍分类 临床描述与诊断要点》，范肖东等译，人民卫生出版社 1993 年版。

3.《办理司法鉴定法律依据》，中国法制出版社 2002 年版。

4.《关于司法鉴定管理问题的决定及相关文件汇编》，中国法制出版社 2005 年版。

5.《日本刑法典》，张明楷译，法律出版社 1998 年版。

6.《瑞士联邦刑法典》，徐久生等译，中国方正出版社 2004 年版。

7.《司法鉴定办案手册（2005 年版）》，中国法制出版社 2005 年版。

8.《司法鉴定机构登记管理办法 司法鉴定人登记管理办法》，中国法制出版社 2005 年版。

9.《司法鉴定配套规定》，中国法制出版社 2005 年版。

10.《司法鉴定司法解释及相关法律规范》，人民法院出版社 2003 年版。

11.《中华人民共和国卫生法典》，中国法制出版社 2008 年版。

## 六、学位论文类

1. 陈洪强：《论刑事责任能力》，中国政法大学 2005 年硕士学位论文。

2. 陈霆宇：《论我国刑法中的精神病人、醉酒人及其刑事责任能力》，中国人民大学 2002 年硕士学位论文。

3. 程鹏：《刑事责任能力问题研究》，华东政法学院 2004 年硕士学位论文。

4. 储昭义：《刑事责任能力论》，华东政法学院 2005 年硕士学位论文。

5. 崔磊：《我国刑事责任年龄制度的立法缺陷及其完善》，河南大学 2010 年硕士学位论文。

6. 胡泽卿：《精神病人刑事责任能力评定与相关因素研究》，华西医科大学 1996 年博士学位论文。

7. 黄柏翔：《精神病性疾患及解离性身份疾患行为之有责性认定》，台湾大学 2008 年硕士学位论文。

8. 姜夷：《毒品致精神障碍者刑事责任研究》，大连海事大学 2009 年硕士学位论文。

9. 廖锦玉：《责任能力的认定与精神鉴定》，台湾政治大学法律研究所 1997 年硕士学位论文。

10. 林伯桦：《论精神障碍与心智缺陷不法行为责任问题——以人格疾患为中心》，台湾大学

2008 年硕士学位论文。

11. 林思频：《强制医疗与监护处分——对精神障碍者之社会控制》，台湾大学 2009 年硕士学位论文。

12. 林添进：《酒后驾车之刑事责任问题研究》，台湾警察大学 1999 年硕士学位论文。

13. 林勇：《癫痫所致精神障碍违法者的犯罪学特征及其刑事责任能力评定的影响因素研究》，四川大学 2007 年硕士学位论文。

14. 刘海山：《民事责任能力研究》，南昌大学 2008 年硕士学位论文。

15. 刘颖娜：《我国自然人行为能力制度重构研究》，大连海事大学 2008 年硕士学位论文。

16. 毛远毅：《精神分裂症患者的智力、社会功能和刑事责任能力的关系》，四川大学 2007 年硕士学位论文。

17. 欧阳晨：《论无民事行为能力人加害行为民事责任的归属》，南昌大学 2008 年硕士学位论文。

18. 尚庆娟：《精神发育迟滞患者的犯罪学特征及其刑事责任能力评定的相关因素分析》，四川大学 2006 年硕士学位论文。

19. 涂嘉益：《责任能力之研究——以部分责任能力为主》，台湾中兴大学法律学研究所 1995 年硕士学位论文。

20. 王富强：《精神鉴定》，台湾政治大学 2003 年硕士学位论文。

21. 王纪敏：《中美无刑事责任能力认定基准之比较研究》，台湾警官学校研究所 1992 年硕士学位论文。

22. 王家骏：《交互诘问对精神专科医师医疗业务影响之探讨》，台湾阳明大学 2004 年硕士学位论文。

23. 王兆鹏：《刑事审判中精神疾患证人证言证据能力标准之再构建》，东吴大学 2005 年硕士学位论文。

24. 吴秉祝：《整体法秩序对精神障碍犯罪者之处遇与对待》，东吴大学 2008 年硕士学位论文。

25. 吴建昌：《刑事责任能力之研究——法学与精神医学之交错》，台湾大学 2000 年硕士学位论文。

26. 吴文正：《从精神鉴定探讨被告心神丧失抗辩之主张》，东吴大学法律所 1996 年硕士学位论文。

27. 熊谷秀：《论鉴定制度之理论构成与实践》，台湾成功大学 2001 年硕士学位论文。

28. 徐伟俊：《论毒品犯罪》，苏州大学 2003 年硕士学位论文。

29. 于晓东：《精神分裂症患者的犯罪学特征和精神病理学因素与刑事责任能力的关系》，四川大学 2006 年硕士学位论文。

30. 袁晓仆：《论刑事责任能力》，苏州大学 2007 年硕士学位论文。

31. 张东军：《酒精相关违法行为者的犯罪学特征及饮酒特点与刑事责任能力的相关分析》，四川大学 2007 年硕士学位论文。

# 后记

“司法精神医学”是华东政法大学重点课程，该课程作为司法鉴定、侦查学、治安学等专业的基础课程以及全校各专业选修课，开设已有二十余年，授课学生达数千人，受到学生们的高度认可与欢迎。通过“司法精神医学”课程的学习，有助于学生拓宽知识面，为今后工作奠定一定专业基础。

为进一步加强“司法精神医学”课程的教学质量，深化教学改革成效，在学校、学院及有关职能部门的大力支持下，主编组织了我校司法鉴定教研室、司法鉴定中心、有关高校和医疗机构的专业教师、鉴定人、精神科医生等编写了这本《新编司法精神医学》教材。编写过程中，作者从政法类院校教学特点、学生的专业知识背景以及毕业后的工作实际能力需求等方面出发，量身定制了编写提纲。本书除作为政法类院校、法学院学生使用教材外，亦可为司法工作人员、司法鉴定人、司法行政管理干部等提供工作参考与借鉴。

本书撰写人员及分工如下（按章节顺序排列）：

孙大明　华东政法大学刑事法学院副教授、硕士生导师，司法鉴定中心主任法医师（编写说明、第 1—4 章、第 8—16 章、第 19 章、附录）；

项志清　上海市精神卫生中心副主任医师、司法鉴定人（第 5—6 章）；

张纯兵　华东政法大学刑事法学院副教授、副主任法医师、硕士生导师（第 7 章、第 17 章）；

王强　华东政法大学司法鉴定中心法医助理（第 15 章）。

钱玉林　原司法部司法鉴定科学技术研究所司法精神病研究室主任、主任法医师、上海市司法鉴定专家委员会精神疾病专业委员会委员（第 18 章）；

李孟孟　华东政法大学司法鉴定中心法医师（第 20 章）；

诸伊凡　友邦人寿保险有限公司职员（本科毕业于上海交通大学临床医学专业、硕士毕业于华东政法大学司法鉴定专业法医学方向）（第 21 章）；

郭华　中央财经大学法学院教授、博士生导师（第 22 章）；

张迎锋　大理州精神卫生中心副主任医师、司法鉴定人（第 23 章）。

本教材内容凝聚了各位撰稿人多年从事教学、科研及鉴定工作的经验和心得，在原有教学讲义的基础上，历经数年得以成稿。全书内容深入浅出，力求先进性与科学性相统一，语言上专业性和通俗性相结合。全书由主编统稿。但限于时间、经验，书中难免会存在不少错误，尚祈使用者多提宝贵意见，以资日后进一步完善。本书编写过程中，参阅并引用了部分资料、教材、文献、著作，谨向原作者表示诚挚的谢意。司法鉴定中心焦建平副主任法医师、陈晓冰主检法医师、鉴定人助理刘冰清、鞠扬波、王雪、沈静、王俊芬、王强等同志亦对本书的编写提供了不少帮助，在此一并致以谢意。本教材的出版获得了华东政法大学司法鉴定中心的资助。

孙大明

2022 年 3 月 31 日